修訂六版

國際私法論

Liu and Chen on Private International Law

劉鐵錚　　著
陳榮傳

三民書局

國家圖書館出版品預行編目資料

國際私法論／劉鐵錚,陳榮傳著.－－修訂六版二刷.
－－臺北市：三民，2022
面；　公分

ISBN 978-957-14-6411-4　（平裝）
1. 國際私法 2. 論述分析

579.9　　　　　　　　　　　　　107006509

國際私法論

作　者	劉鐵錚　陳榮傳
發 行 人	劉振強
出 版 者	三民書局股份有限公司
地　址	臺北市復興北路 386 號 (復北門市) 臺北市重慶南路一段 61 號 (重南門市)
電　話	(02)25006600
網　址	三民網路書店 https://www.sanmin.com.tw
出版日期	初版一刷 1996 年 10 月 修訂四版一刷 2008 年 9 月 修訂五版一刷 2010 年 9 月 修訂六版一刷 2018 年 8 月 修訂六版二刷 2022 年 8 月
書籍編號	S571050
I S B N	978-957-14-6411-4

三民書局

修訂六版序

　　中華民國在一百年前（民國七年），公布施行其第一部國際私法法典，即法律適用條例。一百多年來，國際私法得以在兩岸的土地上生根發芽，都是前輩們努力播種、灌溉的成果。民國四十二年公布施行的涉外民事法律適用法（簡稱舊涉外法），為我國國際私法的現代化，奠定厚實的基礎，民國九十九年對該法完成全面修正（簡稱新涉外法），並自民國一百年五月二十六日施行，更使我國國際私法邁入嶄新的階段。

　　本書初版發行時，舊涉外法研究修正的計畫尚未正式啟動，但本書已提出若干具體的修正建議。兩岸條例（如第七十四條第三項互惠條款）及新涉外法的一些條文，都採納了本書的建議。新涉外法的公布施行，在國內及國外都引起廣泛的重視，某些論述及英譯條文，更被納入外國出版的國際私法著作（如二〇一四年出版的 *Private International Law in Mainland China, Taiwan and Europe*）及百科全書（如二〇一七年出版的 *Encyclopedia of Private International Law*），成為比較國際私法的重要文獻。此次修訂是由榮傳學棣獨自費心盡力，將相關法規及國際公約的資訊更新到二〇一八年五月，並以全新的視野詮釋新涉外法的學術及實務意涵，使國際私法的世界趨勢與新脈動在本書的扉頁之中自然流淌。

　　在地球村裡，國際私法是各國法制之間的橋樑，也是全球法治環境的重要基石。我國國際私法的學理研究，在所有研究國際私法的前輩及同仁的共同努力下，已成為立法實踐及司法實務的黏著劑，共同構築起法律衝突的跨境橋樑。謹以本書第六版的修訂，向馬漢寶老師及所有前輩致敬，並期待有關機關能重視國際私法，維護國際私法應有的一席之地。

劉鐵錚 謹識

民國一〇七年六月

修訂五版序

　　本書修訂四版於二年前出版後，涉外民事法律適用法在民國九十八年底為配合民法關於監護及輔助宣告制度的變革，微幅修正二條條文，該法也經歷其施行以來的第一次修正。民國九十九年四月三十日立法院通過該法的全面修正，總統於同年五月二十六日公布所有修正條文（簡稱新法），新法將在民國一○○年五月二十六日生效施行。

　　新法和舊法比較，無論在法條的數量、編排形式或實質內容方面，變動的幅度都很大。對於新法的相關論述，各界目前都有深切的企盼。本書作者參與新法的研修並負責具體條文的擬訂，對新法的立法理由及相關問題，均可提供參與討論及近距離觀察的心得，特藉本書此次修訂，專闢第七篇討論新法，並修改舊版關於禁治產宣告及監護等二章之內容，以拋磚引玉，促進相關之學術研究。

劉鐵錚 謹識

民國九十九年九月

修訂四版序

　　本書於民國八十五年十月出版時，已對我國各地區的法律彼此之間的法律衝突問題，以〈區際私法論〉的專篇予以討論，後來為因應香港及澳門的主權分別由英國及葡萄牙返還給中國，以及我國制定香港澳門關係條例，並將涉及香港或澳門的民事法律關係的規範納入其中，形成我國的區際私法與國際私法分庭抗禮的情況，本書乃於民國八十七年八月作了第一次局部修正。

　　民國九十三年二月，有感於第二版印行以來，書中所引述的國際公約及我國法律又有一些新的發展，本書又做了第二次修正。這四年多以來，海牙國際私法會議又通過了數個公約，我國的國籍法、入出國及移民法、民法總則及親屬編等，也都有重要的修正。本書此次的修訂重點，主要是將這些年來相關法律的發展，反映在本書之中。司法院院會剛通過的涉外民事法律適用法修正草案共有條文六十三條，本書還沒將其列為討論的重點。

　　國際私法近年來在學界及法院實務上，所受到的重視程度已有顯著提升，涉外實務問題的研究不但讓相關的條文活潑起來，也加強了國際司法學的縱深及廣度。希望本書的修訂，能夠協助讀者掌握當代國際私法的精華及脈絡。

劉鐵錚 謹識

民國九十七年八月

初版序

國際交通愈發達，各國人民往來愈頻繁，涉外法律關係之發生，必也愈為增多，當事人間之糾紛自亦所難免，涉訟於法院時，為確定應適用之法律，其解決之道，惟國際私法是賴。為配合時代之進步，使涉外法律關係之適用法律更趨公平合理，本世紀七〇年代以還，眾多國家紛紛大幅修正其國際私法，彼等國家重視斯學之態度可見一斑。而以歐洲國家為主之海牙國際私法會議，以及以美洲國家為主之泛美國際私法會議，各自歷經一世紀不懈之努力，藉定期集會，持續研究，不斷的以簽訂國際公約之方式，以促進國際私法之進步與統一。歐美國家對衝突法學之重視，除令人敬佩外，相較之下，也著實令吾人汗顏。

三民書局劉振強先生關心法學教育、熱心出版事業，十餘年前多次枉駕，盛情邀約撰寫國際私法教科書。時間飛逝而過，本人雖常覺力有未逮，但在三民書局編輯部先生們鍥而不舍、熱心催稿下，復得學棣陳榮傳博士之鼎力支持，協助撰稿，本書終得問世。心頭重擔得以卸下，頗感安慰。

本書共分八篇，幾已涵蓋國際私法各個領域。茲簡介如下：

一、基礎論：介紹國際私法一些基本問題，包括國際私法學之演進及國際私法之立法沿革等問題。

二、連結因素論：連結因素為連結涉外法律關係與一國實體法之基礎，為國際私法法規構成要素之一。本篇擇要介紹數種。

三、外國人地位論：國際私法係以涉外法律關係為規範對象，一言涉外法律關係必涉及外國人或外國地，則外國人在內國公私法上究享何種權利與盡何種義務，似也應有一概括之認識。

四、外國法適用論：涉外法律關係之準據法，雖不限於外國法，即內國法有時亦為應適用之法律。然適用內國法時，雖與對內國法律關係適用內國法，無所差異，惟在以外國法為準據法時，則產生若干特殊問題，有待予討論之必要。

五、準據法適用論：分通則與分則兩部分。前者就準據法適用之共通問題，整理數項原則，加以說明；後者則係針對各種涉外法律關係，分別詳細探討其準據法適用之對象、立法主義及所生問題等。

六、輔助法規論：輔助法規者，非直接對涉外法律關係決定應適用何國法律之法規，而是用來補充解決法律適用時所生之問題。其包含之問題甚多，本書儘量予以納入討論。

七、涉外民事訴訟法論：本篇涉及各種訴訟程序上之問題，但僅擇其與涉外案件有重要關係者論之。包括裁判管轄權問題，外國法院判決承認與執行，以及外國仲裁判斷等諸問題。

八、區際私法論：我國當前與大陸地區及未來與港澳地區之關係，情況特殊。民商案件如何肆應，涉及國際私法之原理，亦有特別注意之必要。

作為大學教科書，內容既不應太簡略，也不應過分龐雜，取捨之間極為困難；惟據本人二十餘年教學經驗，雖知本書內容甚多部分，因受時間所限，在授課時必須省略，但如能由同學自行閱讀自修，相信會對國際私法整體之了解與啟發，有所幫助。又本書在體例編排與資料提供上，學棣賴來焜博士協助甚多，併此致意。最後本人願意以此書獻給劉師清波及馬師漢寶二位恩師，以表示最大之敬意：

劉師在政大法律學系於民國五十年草創時，即曾參與教學及系務之發展規劃，協助學校推動系務，奠定良好基礎，及後主持系務，在延攬培育師資、加強出版研究上，功不可沒。

馬師自臺大研究所授業以來，三十年間受其鼓勵提攜甚多，在為人及處世上，尤為吾人學習之榜樣，及後得以追隨其參與解釋憲法及統一解釋法令之工作，其溫文儒雅之風範，令人敬佩。

劉鐵錚　謹識於司法院
民國八十五年八月

國際私法論

目　次

第一篇　基礎論

第二篇　連結因素論

第三篇　外國人地位論

第一章　外國自然人之地位 ……………………………………… 127

第五篇　準據法適用論

第六篇　輔助法規論

第七篇　涉外程序法論

第八篇　區際私法論

第一篇

基礎論

第一章　國際私法的概念

第一節　國際私法的意義

　　國際私法原來是學術名詞，學者間的定義並不一致，近來有些國家制定以「國際私法」為名的法典，但因為規定的範圍不同，立法的定義仍有差異。在我國，目前並無以「國際私法」為名的法典，也暫時無須討論「形式的國際私法」的意義。「實質的國際私法」的意義著重在其實質內容，主要是指在涉及外國法律的涉外民事中，本於涉外因素所形成的法律規範而言。

　　從訴訟的過程觀察，國際私法的內容包含解決下列三大問題的法律規範：一、內國法院對於涉外民事訴訟或事件，其國際審判管轄權應如何決定？二、涉外民事在內、外國法律中，應如何決定其應適用的法律（準據法）？三、外國法院或仲裁庭對於涉外民事爭端，已作成確定的法院裁判或仲裁判斷時，是否應在內國承認其效力並予以強制執行？解決這三大法律問題的規範，都是實質的國際私法，其範圍也是廣義的國際私法。至於狹義的國際私法，通常僅指上述第二類問題的規範，即討論決定「準據法」或「應適用之法律」(applicable law) 的相關規則。本書採折衷說，對其定義如下：「國際私法者，乃對於涉外民事法律關係，就內外國之審判管轄權及法律，決定其由何國法院審判管轄及適用何國法律之國內公法。」茲就其定義所涉各點，進一步分析說明之：

1.國際私法實為國內公法

　　關於公、私法之區別，向有種種學說，若以法律關係之主體為其區別

標準，則凡規範國家或國家機關間之相互關係，以及國家或國家機關與私人間之相互關係者為公法；僅規範私人間或私團體間之相互關係者為私法。國際私法之規定，若就國家對法院審判管轄權及法律適用之關係而言，乃為國家與國家機關之關係；若就法院對涉外民事當事人之關係而言，則為國家機關與私人之關係。從此一角度言，國際私法所規定之關係，實非私人與私人之關係，其雖就私人間之關係，定其應適用之法律，仍為公法，至於其所適用之實體法，則為規定私人間之關係之私法。

國際法與國內法的區別也有不同標準，如果認為國際法規範國家與國家間之關係，係適用於國家之間，則國際私法當屬國內法，而非國際法。因為國際私法並非適用於國家之間，而是由一國的法院在該國之內適用的規範。如果認為國際法的效力，係在主權之上而具有超國家的性質，無論何國皆無單獨制定國際法之權力，由於國際私法的條文是由各國依其固有之立法權所制定，並非國際法，而屬於國內法。

2.國際私法是就內外國之審判管轄權及法律，決定由何國管轄及適用何國法律

國際私法規範之問題有二：一為法院審判管轄權之確定；一為法律適用之選擇。例如有住所在英國之德國人某甲於法國死亡，有遺產在我國，其子某乙在我國法院請求繼承遺產時，與本案有關之國家，有英國、德國、法國及我國等四國，如欲解決某乙之請求，應解決 1.本案應由有關之何國法院管轄； 2.管轄法院應依何國法律裁判等二問題。

上述法院審判管轄權是指各國的法院審判管轄權而言，且國際私法所規範者，乃是以「國家」為單位的法院審判管轄權，至於一國之內各法院的管轄權問題，則涉及該國之司法制度設計，通常規定於該國之民事訴訟法或相關法典中。 法律適用之選擇 (choice of law) 是指管轄法院應適用之法律，究為內國之法律或外國之法律？如應適用外國法律，究為何一外國之法律？此等以「國家」為單位之法律適用問題，始屬國際私法規範範圍，至於內國法制中各法律應如何適用之問題，則非國際私法之範圍。上例中，如準據法為英國、德國或法國法律等外國法時，將發生外國法的證明及適

用等相關問題，乙如未在我國法院起訴或被訴，而是持英國、德國或法國法院的判決，聲請我國法院就其內容予以強制執行時，我國法院應如何處理之問題，亦均屬於廣義國際私法之範圍。

上述問題都是法院審理涉外民事所面臨的特殊問題，與未涉及外國的純粹內國民事的問題之間，有些部分具有類似性，但仍屬於不同層次的問題。例如就法院的管轄權問題而言，國際私法所規範的，是國家與國家間的法院管轄權或司法審判權的確定或分配問題，不同於國內各法院的管轄權如何分配的國內管轄權問題；就準據法的問題而言，國際私法所規範的，是在內國及外國的各法律或法律系統 (legal system) 中，究應以何國的法律或法律系統為依據的問題，不同於適用內國法時，就特定法律關係究應適用普通法、特別法、地方法規、行政規則或民間習慣的問題；就法院裁判或仲裁判斷而言，國際私法規範的，是外國法院或仲裁庭作成的裁判或仲裁判斷的要件及效力問題，不同於內國的法院或仲裁庭應如何作成裁判或仲裁判斷，以及其裁判或仲裁判斷的效力問題。

3.國際私法應適用於涉外民事法律關係

所謂法律關係，是指法律所規範的社會生活關係，而此處之民事法律關係，是指非屬刑事、行政、公法關係的私法關係而言。涉外民事法律關係，相對於純粹內國民事法律關係之應由內國法院依內國法律予以裁判，乃是國際私法的規範對象，在我國法上簡稱為「涉外民事」。「涉外民事」的內容包含所有的涉外私法關係，即在民事、商事、家事分立的國家，係兼採此三種法律關係，在「民、商合一」，家事也包含在民事範圍的國家，其國際私法的範圍幾乎就等於是「國際民事法」的範圍。

「涉外」是「涉及外國」之意，即該民事法律關係含有外國因素或「涉外因素」而言。最高法院一〇四年度臺上字第一六九五號民事判決闡釋斯旨，並謂：「所稱涉外，係指構成民事事件事實，包括當事人、法律行為地、事實發生地等連繫因素，與外國具有牽連關係者而言。」本書討論的國際私法，是廣義的國際私法，另外也附論「類似」國際私法問題的「區際私法」或「準國際私法」，即未涉及外國，但涉及同一國家的數個「國內

法域」時，關於各法域的審判管轄權、各法域法律的適用、其他法域法院裁判或仲裁判斷的承認與執行等問題，所形成的各種規範。

4.涉外民事案例舉隅

在法院所審理的涉外民事法律關係中，較常見的是當事人為外國人（例一）、民事法律關係的行為地在外國、標的物在外國或事實發生地在外國（例二）、也有民事法律關係既涉及外國人，也涉及外國地者（例三）。對於此等民事法律關係，內國法院得否行使國際審判管轄權、應適用何國法律或其準據法應如何決定、外國法院或仲裁庭就其作成的裁判或仲裁判斷在內國的效力如何等問題，均應依國際私法決定之。

（例一）涉及外國人：例如美國人甲死於我國，並於我國遺有財產，其妻為美國人乙，在我國法院就遺產繼承涉訟，和曾與甲在我國結婚之我國國民丙及甲、丙在英國所生之丁、戊就遺產繼承發生爭議（最高法院四十六年臺上字第九四七號民事判例參照）。本案之法律關係因涉及外國人，乃是國際私法適用的範圍。民事法律關係的當事人無論是一方或雙方為外國人，均為涉外民事，即使涉及無國籍人，也屬於涉外民事。

（例二）涉及外國地：例如我國國民甲之子與我國籍乙公司，在我國簽訂前往菲律賓長灘島旅遊之契約，後來甲之子因在菲國浮潛溺死，甲、乙就甲之子死亡之賠償問題在我國法院涉訟（最高法院一○四年臺上字第三五八號民事判決參照）。與本案有關之國家，有菲律賓及我國，木案的法律關係因涉及在外國的旅遊，屬於國際私法適用的範圍。

（例三）涉及外國人與外國地：例如我國國民甲與越南國國人乙，在越南國結婚、辦理結婚登記，並育有一子丙，後來甲、乙就其在越南國之結婚是否屬於假結婚之問題，在我國法院涉訟（臺灣高等法院臺南分院一○二年家上字第六十七號民事判決參照）。與本案有關之國家為越南國及我國，而此案之法律關係，既涉及外國人，也涉及外國地，屬於國際私法適用的範圍。

除上述情形之外，民事法律關係的當事人如為有住所在外國的我國國民，或涉及在外國銀行的存款、在外國訂定的投資或合作契約，或涉及在

國內訂定，卻約定應適用外國法或在外國解決爭端的契約條款時，各國實務上偶有不同見解，我國不妨認定其為涉外民事，使國際私法成為全球化的民事活動的基本規範。

第二節　國際私法發展的條件

國際私法的發展，是以全球各地區劃為數個不同國家為前提，開始發展的時間較晚，目前仍屬於演進階段。一個具備立法權的國家，其制定或發展國際私法的條件，通常包含下列各點：

一、內外國人彼此交往

國際私法主要是解決涉外民事法律關係的問題，內國如閉關鎖國、與世隔絕，則所有法律關係均將與外國無涉，不致就涉外民事法律關係，發生內國法院得否行使國際管轄權、應適用何國法律、外國法院裁判或仲裁判斷效力如何等問題。內、外國人彼此交往，乃是涉外民事法律關係發生的重要原因，故如內國人民入出國門及外國人之入境出境均不受過度管制，國際交通發達、跨國投資及國際貿易興盛，涉外民事法律關係必然發生頻繁，也有必要發展國際私法，以解決相關問題。

二、外國人權利被保護

外國人權利被保護，是國際私法發展的條件，因為外國人權利如不受保護，訴訟上無作為當事人之能力，在民事法律關係中也不得作為權利主體，一切均以內國法律為準，即無針對涉外因素另為考量的必要，而國際私法也沒有發展的可能。

三、有獨立自主的司法審判權

國際私法是要解決涉外民事法律關係的問題，如一國沒有獨立自主的司法主權，對於涉及外國的民事法律關係，均由外國法院裁判，甚至由外

國駐在內國的大使或領事審判，完全排除內國法院審理涉外案件的可能，此時，即使內國已制定國際私法，也無適用的機會，當然也沒有發展國際私法的必要。在這種情形下，內國法院對涉外民事法律關係，既無行使國際審判管轄權的可能，也無考慮應適用何國法律的必要，而對外國法院裁判或仲裁判斷，也無判斷其效力的機會，國際私法既非所需，也無發展的可能。

四、各國法律的規定不一致

涉外民事法律關係由於涉及數個主權獨立的國家，乃發生究應由何國法院審判、應適用何國法律、外國法院裁判或仲裁判斷之效力如何等問題。國際私法的規範功能，是在各國由於社會狀態、國民精神、文化傳統及歷史發展均不相同，而法律的內容也互有差異的情形下，作為解決上述問題的依據。如各國法律的規定都相同，涉外民事法律關係無論由何國法院審判、適用何國法律，其結果均無差別，在此種情形下，國際私法純屬邏輯想像，在實務上並非必要，也無發展的可能。

五、內外國法律均可適用

內國法院審理涉外民事法律關係時，如僅適用內國法律，對於外國法均不予適用，此時對於涉外民事法律關係，或仍有決定應由何國法院審判的必要，但因必然適用內國法，已無判斷究應適用內外國法律的必要。在法制的設計上，如能平等看待內、外國法律，認為其對涉外民事法律關係，同樣具有可適用的資格，國際私法的規範功能才可彰顯，國際私法始有發展的可能。

第三節　國際私法的名稱

「國際私法」是對於上述問題解決規範的總稱，在各國的不同時期，由於交往的程度及情況不同，學說及立法所強調的重點互異，所使用的名稱大約有下列各種：

一、法則區別說 (Theory of Statutes)

這是世界上對國際私法的專業領域，最早使用的名稱，是西方國際私法學鼻祖、義大利學者巴塔魯斯 (Bartolus de Saxoferrato, 1313～1357) 所創用。當十四世紀中葉，義大利各自由城邦，都各有其制定的法規 (statute)，巴塔魯斯為解決各城邦法規間的衝突，力倡各城邦法規應依其性質而決定其適用範圍，並將城邦法規依其性質分為二類：一為關於人的地位身分的屬人法或屬人法規 (Personal Statute)，一為關於財產歸屬及利用的屬物法或屬物法規 (Real Statute)。人的問題應依其屬人法決定，故不問身處何一城邦，均應適用其應適用的屬人法；財產問題應依其屬物法決定，故不問為何人之物，均應依其財產所在地的屬物法決定。由於對系爭問題，只要判斷其為屬人問題或屬物問題，即可判斷其應適用的法規的性質究為屬人法或屬物法，即可判斷其應適用何一城邦的屬人法或屬物法，故被稱為「法則區別說」。歐洲學者援用此一名稱，以研究國際私法的期間，達四百多年。

法則區別說到十九世紀即大受學者排斥，主要原因是本說藉由對特定法規認定其為屬人法或屬物法，決定其適用的地域或範圍，而非就系爭法律關係探討其應適用何國法律，與近代國際私法所規範者不同；再加上法規的類別，在屬人法、屬物法之外，也包含同時兼有屬人及屬物等元素的法律，例如關於繼承及夫妻財產制的法規，即兼有屬人及屬物的性質，此時究應如何適用法律，即有問題。例如有住所在英國的法國人，在美國有不動產，而死於法國時，則其繼承問題，既涉及屬人法，也涉及屬物法，單以法則區別的理論，仍無法決定其應適用何國法律。故此一名稱已成為歷史遺跡，目前不復被各界採用。

二、法律衝突論 (Conflict of Laws)

在法則區別說之後，國際私法被稱為法律衝突論，其首創者為荷蘭學者羅登堡 (Rodenburg, 1618～1668)，當時是因法則區別說不切合於國際私法的本質，乃創此一名稱，認為對於同一涉外法律關係，各國法律的規定

各不相同，而因法律的屬人效力或屬地效力而皆可適用，乃發生法律衝突的現象，謀求其解決之道的國際私法，乃被稱為法律衝突論，以合其實，並正其名。歐美學者採用此一名稱者不少，包含荷蘭學者赫白爾 (Huber)、德國學者華西特爾 (Wächter)、英國學者戴雪 (Dicey)、美國學者史多利 (Story) 等皆採之。

　　法律衝突論至今仍為美國多數學者所採，其固可表現國際私法所規範的法律衝突現象，但對於在內、外國法律中選擇其一，而予以適用的原則並未體現，且國際私法的內容在法律衝突之外，亦包含管轄權衝突及外國法院裁判及仲裁判斷等問題，故其名稱仍欠允當。

三、法律選擇論 (Choice of Law)

　　此一名稱認為國際私法所規範者，是在法律衝突的情形下，就內、外國法選擇其一而予以適用，其中所謂法律選擇，是指法院選擇應適用之法律，而非當事人之合意選擇應適用之法律。此一名稱直指法院的職權，創設雖晚，現在仍有若干國家採用，但在理論上仍受非議。因為法律選擇一詞，在字面上主要是指就內國的數種法律予以選擇而言，國際私法雖就內、外國法律，規範究應適用何國法律，外國法的性質究竟是否為法律仍有爭執，其與法院就內國的數法律的適用或選擇，性質仍不相同。

四、外國法適用論 (The Application of Foreign Law)

　　此一名稱於十九世紀即為德國及英國學者所採，其理由是內國法院的適用外國法，是以國際私法為依據。但此一名稱因與國際私法的實際內容有下列不符之處，並非妥適： 1.國際私法對於涉外法律關係，是就內、外國法律規定究應適用何國法律的法則，其結果不僅適用外國法，有時也適用內國法，「外國法適用論」的名稱自屬不足； 2.外國法的範圍包括其公法及私法在內，依國際私法適用的外國法應否包含公法在內，仍有爭議，泛言「外國法適用論」實失之過廣； 3.國際私法所應解決之問題，除法律適用外，尚包含法院國際審判管轄權與外國法院裁判及仲裁判斷等問題，「外

國法適用論」的範圍顯然過狹。

五、法律之域外效力論 (The Extraterritorial Effect of Law)

西元十八世紀末葉以後，德國學者如薩維尼 (Von Savigny) 等認為國際私法主要在規範法律適用的地域範圍；由於一國的法律是依國際私法，而為他國法院所適用，學者乃認為國際私法是「法律之域外效力論」。此一名稱有欠妥當，因為國際私法的本質，非在規範一國法律適用的地域範圍，更非規範一國法律的域外效力。一國法律的效力範圍，主要是該國國家主權的作用，原則上只及於該國領域之內，即使 A 國法律有時被 B 國法院適用，也是 B 國的國際私法的作用所致，並非 A 國法律的效力及於 B 國。

六、國際私法 (International Private Law)

德國學者薛福納 (Schaeffner) 首創此一名稱 (Internationales Privatrecht)，其後德國學者及判例多予採用，荷蘭、瑞士的學者也使用此一名稱。我國學者及大學課程名稱，也都稱為國際私法。此一名稱雖為一般學者通用，但仍非適當。因為國際私法包含「國際」及「私法」二項文字元素，但其性質既非屬國際法（而為國內法），也與一般私法或實體法不甚符合（有主張其為公法及程序法者）。不過，由於國際私法已被長期普遍使用，現今學者仍多沿用此一名稱。

七、私國際法 (Private International Law)

此一名稱為法國學者費利克斯 (Foelix) 所創，當時歐洲之義法學派認為國際法應分為公、私兩種，規範公益關係者為公國際法，規範私益關係者為私國際法 (droit international privé)。此一名稱或譯詞並非妥當，因為其字詞本身含有國際私法乃是國際法的意義，與國際私法的本質不合，再加上公益、私益有時不易區別，以其作為公國際法及私國際法的區分標準，難謂合適。不過，由於日久成俗，再加上海牙國際私法會議 (Hague Conference on Private International Law) 的採用，此一名稱已成為通用的法

文及英文。

八、涉外私法論

此一名稱曾為日本學者所採，其理由是國際私法所規範者，是涉外私法關係的法律適用問題，與規範內國法律關係的其他國內法不同，乃以「涉外私法論」稱之。不過，國際私法並非直接規定涉外私法關係的實體問題，而僅規定其應適用之法律，此一名稱誤導其為涉外的實體私法，故非妥當。

九、法律適用法

近代各國立法，有將國際私法直接當作「法律適用法」或其主要部分者，例如日本曾於一八九八年的「法例」專法中予以規定，我國一九一八年舊「法律適用條例」實際上也是國際私法。此一名稱失諸廣泛，尚非妥當，因為法律適用一詞兼指公法及私法的適用，而國際私法主要是針對各國私法的適用而規定，並未對公法適用問題予以規定。不過，日本二○○六年新法仍採類似名稱，將國際私法規定於「法律適用通則法」（法の適用に★する通則法）。

十、涉外民事法律適用法

我國一九五三年制定「涉外民事法律適用法」，二○一○年新法予以大幅修正後，仍沿用其名稱，大陸二○一○年新法也稱為「涉外民事關係法律適用法」。此一名稱包含三種意義：一、適用對象為民事法律關係（我國採民商合一制，故包含商事及家事）；二、只要含有涉外因素或國際成分，即應適用本法；三、關於涉外民事的各項問題，本法主要是規定其法律適用問題，至於國際審判管轄權及外國法院裁判及仲裁判斷等，均未規定於本法。此一名稱藉由「涉外」一詞，避免被影射為國際法，再以「法律適用」一詞，將內、外國法律置於同一平臺，避免法律域外效力或國家主權的爭議，其內容較上述其他名稱妥當，但稍嫌冗長，也非完美。本書為求簡便，將一九五三年舊法稱為「舊涉外法」，將二○一○年新法稱為「新涉外法」。

第二章　國際私法的性質

國際私法在法制上，是自成系統的一種法律，但關於其性質，尤其應如何予以歸類的問題上，學者間的爭論尚未停歇。以下分為三節，分別探討國際私法的性質問題。

第一節　國際私法是國際法或國內法

國際私法的名稱冠有「國際」二字，學者對其是否與國際公法相對，而同屬國際法的一部，頗有爭議。對此，有採肯定說者，也有認其為國內法，而採否定說者。

一、國際法說

法國學者裴雷 (Pillét) 及瑞士學者魏斯 (Weiss) 認為，規範國家之間法律關係的法律有二類：涉及國家間的公益，而以國家為主體的，是國際公法；涉及國家間的私益，而以私人為主體的，是國際私法。各國法律關於私人的能力、婚姻、財產等衝突的問題，屬於國際私法的範圍，各國關於國家主權、領土等衝突的問題，則屬於國際公法的範圍，此二者均與國家相關，故均屬於國際法。不過，國家之間的法律關係幾乎無不涉及公益，即使是各國私人間的關係，只要引起國際關係（例如我國二〇〇一年的中巴混血孤兒吳憶樺的監護權事件），即難謂與公益無關，並均歸入國際公法的範圍。

二、國內法說

英美學者如戴雪 (Dicey)、史多利 (Story) 等多基於下列理由，主張國際私法為國內法，而非國際法：

㈠立法上之差異

國際法的發生，多由於各國共同協議或習慣，非任一國之自由制定；但國際私法則由一國自由制定，其立法程序與一般國內法律相同。

㈡內容上之差異

國際法對各國一體適用，其內容原則上不會因國而異；國際私法是由各國依各自國情及政策法理而制定，內容往往因國而異，對同一涉外民事應適用之法律，各國常有不同規定。

㈢實質上之差異

國際法與國際私法在實質上有下列差異： 1.國際法原則上以國家為主體，國際私法規範的涉外民事的主體，則通常為私人。 2.國際法多為規範國家權利義務的實體法，屬於直接法；國際私法非屬實體規定，而是就涉外民事指定其應適用之法律的適用法或衝突規則，屬於間接法。 3.國際法的規定被違反時，國際社會有其對應的制裁方法，例如採外交手段、訴諸國際法院、國際法庭、仲裁公斷，或依國際法實施報復等；國際私法如被違反，乃是裁判違背法令，應依法院地的程序法尋求救濟。

三、區別實益及評析

國際法和國內法的區別實益，是國際法對世界各國均有拘束力，國際法院依其規約 (Statute of International Court of Justice) 第三十八條並得援用為裁判依據，而國內法的適用受其立法國的主權限制，主要是作為該國法院的裁判依據。從此一角度言，國際私法乃是國內法院對涉外民事決定應適用之法律的依據，對於外國法院及國際法院均無拘束力，顯然是國內法，至於國際間針對國際私法的規定，而締結國際私法的公約的事實，乃是各國尋求國內法統一的努力成果，並不影響認定國際私法的性質為國內法的

結論。

第二節　國際私法是公法或私法

國際私法的名稱雖包含「私法」一詞，但學者間對其性質究為公法或私法，仍有不同見解。

一、公法說

此說認為國際私法是公法，理由是決定實體私法適用範圍的規定，並未具體規定實體的權利義務，故非實體私法，如認定其為程序法，即可認定其為公法。一國法院的國際審判管轄權也是國際私法的範圍，此說認為其與國家主權密切相關，尤可推知國際私法為公法。

二、私法說

此說認為國際私法乃是私法，理由是因國際私法所決定者，實際上是各國的實體私法的適用範圍，而決定實體私法適用範圍的法律，也屬於該實體私法的一部，故認為國際私法的性質應屬私法，而非公法。

三、區別實益及評析

關於公法、私法的區別標準本有數種，其區別實益主要是在判定各自的爭議解決途徑及救濟方法。國際私法的核心，是就涉外民事決定其應適用之法律，其條文並非具體權利義務的實體規定，而是以間接法或衝突規則的形式，規定其準據法。此等規定的爭議，基本上都屬於法院民事庭（民事法院）的管轄範圍，違法的救濟途徑也不是訴願或行政訴訟，似可認為其法律性質為私法。再加上公法、私法不宜從立法形式予以區別，國際私法的間接法或衝突規則的形式，不僅與一般實體私法不同，也與規定公法上權利義務的實體公法不同，故其究屬公法、私法的判斷，應依其規定所欲解決的問題論斷。從此一角度言，國際私法所欲解決的終局問題，乃是

民事問題中的「涉外民事」，如認定其性質為私法，似亦無妨。

第三節　國際私法是程序法或實體法

一、程序法說

　　此說大致認為國際私法與一般實體私法不同，而採英美學者認定其為程序法的見解。英美學者認為權利包含二種，即原始權 (Original Right) 與救濟權 (Remedial Right)，例如債務人不履行債務時，乃發生 1.債權人之損害救濟權，2.其救濟權如何獲得等兩問題；而實體法為於原始權受損害時，確定其救濟權之性質及範圍之法則，程序法為規定救濟權之如何獲得之法則，故民法、刑法稱為實體法，而民事訴訟法、刑事訴訟法稱為程序法。此說認為國際私法未直接規定涉外民事的具體權利義務等實體問題，其關於國際管轄權及法律適用的規定，均為程序法。

二、實體法說

　　此說認為國際私法所規定者為涉外民事，應如規定民事問題的民法一般，同為實體法。

三、區別實益及評析

　　實體法和程序法在我國的區別標準，與英美學者上述見解並不相同：實體法是攸關權利義務「是否存在及內容如何」的規定，程序法是關於權利「如何確保及如何實現」或對義務人強制執行的規定。至於區別實益，一般認為法院就實體法的爭議，應作成判決，就程序法的爭議，則作成裁定，當事人對法院的決定，應分別依上訴及抗告程序尋求救濟。國際私法為間接法及衝突規則，僅就涉外民事指定其應適用之法律，此種規定形式可適用於實體法及程序法，由國際私法最終是要解決涉外民事的實體問題之點觀之，似可認定其性質為實體法。從現行司法實務來看，法院關於國

際私法的適用錯誤，一般都認為是「判決」違背法令，即認定國際私法為實體法，但有些法院對於國際私法問題的討論，係在涉外民事判決的「程序」部分予以說明，未來發展仍值得注意。

第三章　國際私法的根據及法源

第一節　國際私法的根據

國際私法是就涉外民事法律關係，在內、外國法律中決定其應適用之法律。一國之所以得就內、外國法律的適用問題，特別是規定應適用外國法，其根據大約有四種理論。

一、主權說

此說認為內國法院依國際私法，而適用內、外國法律時，並無損於內國或外國主權。因為國際私法乃是內國法，內國法官無論適用內國法或外國法，均是遵守內國國際私法的結果。此說依附於主權觀念，僅可說明立法權源，隨著主權觀念改變，本說也發生動搖。

二、禮讓說

此說創自荷比學派，其後曾為英美學派所採，但今日已屬少數說。本說認為內國國際私法規定內國法官依法適用內、外國法律，並非在強制其服從內國主權，而是促其依國際禮讓原則，考量外國法的適用，其理由是內國法官絕無適用外國法的義務。此說以不確定的國際禮讓原則為標準，對現代國際私法而言，並非可取。

三、義務說

德國學者布爾梅林 (Von Bulmering) 主張此說，認為一國適用外國法，

並非出於國際禮讓，而是該國負有應予以適用的國際義務。不過，內國法院並無適用外國法之國際義務，其適用外國法乃因內國國際私法之規定使然，而國際私法的制定也非源於國際義務，故此說並非妥當。

四、實利說

德國學者薩維尼 (Von Savigny) 主張此說，認為一國國際私法就涉外民事法律關係，規定其應適用的內、外國法律，乃為調劑當事人的實利，因為一國如規定不許適用外國法，其結果往往自蒙不利，故此說認為國際私法是以實利為根據的立法。

實利說以司法實利為前提，較符合實際需要，在上述四說之中，顯較適當。

第二節　國際私法的法源

國際私法的法源，國際私法的法存在的形式，即指構成國際私法之各種資料而言。各國依其各自的法制環境，發展其自己的國際私法。我國二〇一〇年涉外民事法律適用法（本書簡稱其為「新涉外法」）第 1 條規定「涉外民事，本法未規定者，適用其他法律之規定；其他法律無規定者，依法理。」即說明我國國際私法的法源包含：1.本法、2.其他法律、3.法理。其中「其他法律」及「法理」所包含範圍及其具體意義，均仍有待實務及理論予以詮釋。在比較法上，國際私法的法源通常包含後述各種。

一、法　律

法律是指一國的成文法而言，包括憲法、法律及命令三種，其中如有關於涉外民事的規定，均可作為國際私法的法源。國際私法的規定，有散見於民法典之中者，如法國一八〇四年之民法典；有規定於民法施行法中者，如德國一八九六年之民法施行法；也有以單行法予以規定者，如瑞士一九八七年之國際私法。

　　我國國際私法的成文法，先是民國七年制定的法律適用條例，該條例後來為新法取代，即民國四十二年制定、九十九年全面修正的涉外民事法律適用法，在體例上屬於單行法。除本法之外，其他現行法上也有不少關於國際私法的規定，例如民法債編第二〇二條關於「以外國通用貨幣定給付額者，債務人得按給付時，給付地之市價，以中華民國通用貨幣給付之。」（票據法第七十五條參照），民法總則施行法第二條、第十一條至第十五條、公司法第七章有關於外國人、外國法人及外國公司的規定，民事訴訟法第四〇二條及強制執行法第四條之一也有關於外國法院判決的效力及強制執行的規定，仲裁法第四十七條以下有關於外國仲裁判斷的規定。此等法律均為實質的國際私法，但均非規定於國際私法的形式法典之中，性質上屬於新涉外法第一條規定的「其他法律」。

二、判　例

　　在英美法系國家的普通法 (Common Law) 上，法院判例乃是國際私法的主要法源。例如英國大法官威利斯 (Willes) 在一八七〇年 Phillips v. Eyre 一案作成的判決，即成為英國國際私法上侵權行為準據法的權威判例。在以成文法為主的大陸法系國家，法院判例對於國際私法條文的解釋，以及對於法律漏洞的補充的法理的闡明，對於法院於其後的類似案例，亦各依該國的法律有其拘束力，而得作為國際私法的法源。至於外國法院判例，法院可以作為比較法的材料而予以參考，國際法院的判例有時可以作為國際法的一部分，而賦予其效力。例如國際法院在一九五五年就 The Nottebohm Case (Second Phase) 作成的判決 (Liechtenstein v. Guatemala, [1955] I.C.J. Rep. 4)，認為當事人有多重國籍時，應以與其具有真實牽連 (genuine link) 者為準的判例見解，即作為修正舊涉外法第二十六條（新涉外法第二條）的重要依據。

三、習　慣

　　習慣是基於大眾認定其為法律的確信，而在社會上重複被宣示照辦的

規範，即習慣法。民事實體習慣在社會上較多，國際私法重點是對涉外民事決定其應適用之法律，有些習慣也具有國際私法的意義，例如「入境隨俗」、「場所支配行為」的原則，即可發展成「法律行為的方式應依行為地法」。習慣法的存在及其內容，在訴訟上常發生爭議，習慣法的內容更常因時空不同，而有重新調整的必要，故即使各國現行國際私法的許多規定，係整理自習慣法（尤其是國際習慣法），實務上直接適用習慣的案例已不多見。我國新涉外法第一條未將習慣列為國際私法的法源，如有必要，應將其內容作為「法理」，以補充法律規定的不足。

四、條　約

國際私法的條約，包含內國與某外國間個別締結之雙邊條約 (Bilateral Treaties) 及多數國家共同締結之多邊條約 (Multilaterial Treaties)，大致而言，其拘束力是源自內國立法機關的批准，其效力與法律相當。我國與外國締結之雙邊條約，曾有若干涉及國際私法問題者，例如民國三十五年簽訂之中、美友好通商航海條約曾規定：⑴無論有限責任或無限責任以及營利或非營利之法人，兩國均應互相認許，並准許在彼此境內執行業務（第三條）；⑵不動產物權應依物之所在地法；不動產之繼承及受遺贈能力受有限制，應許其於三年內出售之（第八條）；⑶侵權行為之責任，應依侵權行為地法（第十三條）。我國也曾參加幾個國際多邊條約，例如一九五〇年在紐約簽訂，一九五七年延長效力之「失蹤人死亡宣告公約 (Convention on the Declaration of Death of Missing Persons)」，一九五六年在紐約簽訂之「在國外請求扶養之公約 (Convention on the Recovery Abroad of Maintenance)」等是。我國新涉外法第一條未將條約明列為法源之一，在具體個案中，宜將對我國有拘束力的條約，視為該條之「其他法律」，而予以適用。

五、法　理

法理是法律的根本原理，此處是指國際私法的基本原理而言。由於各國國際私法所根據的理論不同，各國據以補充成文法闕漏的法理也未必盡

屬一致，必須由尋繹各國成文國際私法背後所本的原則決定之，不宜逕將外國立法、學說或條約之規定，視為內國的法理。法理作為國際私法的法源，是要濟法律規定的不足，故新涉外法第一條乃規定法律未規定始得依法理，如成文法已有規定，即應依法律解釋的方法解決問題，不宜率以法理為斷。

六、學　說

　　國際私法的發展先是依學說發聲，再逐步落實於立法及司法裁判之中。各國有力學說對該國國際私法的正確適用及立法，都具有一定的重要性，有些在比較國際私法上更引領一時風潮，例如薩維尼的法律關係本據說、史多利 (Story) 的訴訟地法說、馬志尼 (Mancini) 的本國法說等是。學說本身雖非法律，但其內容無非是解釋法律或對法理之闡明，仍得依附於新涉外法第一條的「法律」或「法理」，而作為國際私法的法源。

第四章 國際私法之研究方法及範圍

第一節 國際私法之研究方法

國際私法之研究方法，大別有二：理論的研究方法與實驗的研究方法。前者為大陸學者所採用，故又名為大陸派之研究法；後者多為英美學者所採用，故又稱為英美派之研究法。前者重學理之探討，以求發現國際私法之原理原則；後者重闡明現實之法則，以確定國際私法之性質，茲將二派研究之方法，述其概略如次：

一、大陸派之研究方法

大陸派注重理論的研究，即將一切問題，由理想上設定一基礎，本此基礎以探求國際私法之原理原則；據此原理原則，復批評現行國際私法之得失，俾各國得以遵循或修正。例如人之身分能力，所以以當事人之本國法為準據法者，蓋認為關係身分能力之法律，其目的在保護個人，而個人之保護，為其所屬國之天職；且惟其所屬國能為有效之保護，故依當事人者之本國法。又如關於財產之法律，其目的在保護財產所在地國之領土主權，故當依財產所在地法。總之，大陸派所採之研究方法為演繹法，由基本觀念，演繹之而發生各種法例，其視同國際私法類同法理學，其出發點，認國際私法為行於文明國家間之共通法規，為國際法之一支，其目的，在發現共通之原理原則，以明國際私法應當如何。

大陸派之理論研究方法，確定國際私法之共通原理原則，俾各國立法有所準據，論其利益，在能促進國際私法之發達，使漸趨統一，不能謂非

此派之優點。但專以理論方法研究整個之國際私法，不免有下列之失： 1.僅憑理論不務事實，難免有蹈空論，不切實際； 2.置現實之國際私法於不顧，不免沉於法律哲學，其制定之原理原則，恐不能適用於實際，未能達成統一之目的。

二、英美派之研究方法

英美派注重成例之研究，以本國之判例為基礎，探求國際私法之原則，以明本國現行國際私法之真相。此派學者，以國際私法為國內法，其法律之效力，乃由國家主權之立法、司法兩方面發生，故欲研究本國之國際私法，不能不採此種方法，至各國之國際私法若何，各國之共同原則若何，均非所問。例如，關於人之身分能力問題，英、美兩國，採住所地法為準，義、法大陸諸國，採本國法為準，此種不同之規定，不能以一共同原則解釋之。蓋英、美為一複數法域之國家，事實上不得不適用住所地法；法、義為統一法域之國家，故以本國法為最適宜。因各國之情形不同，有各別不同之規定，但其悉為國際私法之原則。英美派此種研究方法為歸納法，即由各種判例而歸納於國際私法之原則，其出發點認國際私法為內國法之一部，其目的則在闡明本國現實之國際私法。此蓋英、美二國對於國際私法無明文之規定，故不得不依一般判例，作為研究之根據。

英美派之成例研究方法，論其利益，在以判例為標準，而不尚空論，故原則與實際，能夠相符，是其優點；然國際私法之原則，在事實上，各國共通之點甚多，若專注重自己之國際私法，而忽視共通之原則，已屬不合；若對不合學理之判例，亦竭力保守，殊足妨害國際私法之進步。

總觀兩派研究方法，各有長短，是則吾人研究國際私法，究應採何種方法乎？吾人以為，研究法律固當以本國之法律為基礎，然亦不可拘泥於成文法，致阻礙其發達。故更應依據理論，以考驗成文法之得失，而謀求其改良之道。況我國現行之涉外民事法律適用法，研究之日，究嫌太短，研究之人，亦屬無多，其法文之意義及精神，均待研究，故不可不採取英美派之研究方法，明其真相。然僅就此條文而研討，又未免失之狹隘，若

無比較，何由改正其弊，因之各國之立法例及學說，又不可不搜求而討論，俾促其發達進步，此大陸派之研究方法，又不可不參用者也。本書之內容，即根據此種標準，一方面釋明我國國際私法之法則，一方面引證各國立法例，以資參考，俾取二種方法之所長，以臻完善。

第二節　國際私法之研究範圍

國際私法之研究範圍，係指國際私法究應以何種事項為其研究之對象而言。關於國際私法之研究範圍，學者間主張，頗不一致。姑無論其細目取捨不同，即其大綱，亦各因意見之紛歧，而不能一致。惟為一般所公認必當研究者，即 1.國籍及住所， 2.外國人之地位， 3.法律之衝突。茲逐一討論如下：

一、國籍及住所

國際私法，乃就涉外私法關係，而決定其應適用之法律者也，涉外私法關係，除涉於外國地外，即為涉及外國人者，故內外國人之國籍，不可不確定之。因是關於國籍應否列入國際私法之範圍，亦一問題。對此問題，學者之間主張亦有不同，可分為三派：

㈠主張不應研究者

此派以國籍問題，為國際公法之問題，因之舉凡國籍之取得、變更、喪失等，即不屬於國際私法之領域，退一步言，亦僅能視其為國內行政法上之問題，而不應在國際私法內研究之。德國學者多屬此派。

㈡主張應行研究者

此派以國籍問題，為國際私法之先決問題，蓋國際私法所應解決者，既為涉外法律關係，則誰為外國人不能不先為確定；欲確定當事人之所屬國，是惟賴國籍之研究，故國籍應在國際私法內研究。法、義學者多屬此派。

㈢主張相對研究者

此派以國籍問題，不全屬國際私法問題，例如國籍之取得、變更、喪

失等，或屬於國際公法範圍，或應獨立研究。但涉外私法關係，既以國籍為區別內外國人之標準，則於國際私法內，應就國籍之衝突問題，併加討論。

國籍之性質，本應屬於國際法之範圍，即不然，亦應於憲法及行政法中研究。惟以其列入國際私法之範圍，亦有其實際上之便利。蓋各國之國際私法，有以當事人本國法為準據法者，設當事人有數國籍、或無國籍，而發生衝突時，非先解決其國籍問題，則不能確定其應適用之本國法，故國籍衝突問題，應屬於國際私法之範圍。然欲知國籍是否或如何衝突，即不能不先知國籍之取得、變更或喪失本體之事，因此合併研究，確有其便利，且能使吾人一窺國籍之全貌，故本書於國籍之衝突，固加討論，即對於國籍之本體，亦併入其中以說明之。

又關於住所問題，實與國籍問題同一重要。英美立法例，以當事人之住所地法為屬人法，以解決一切身分能力繼承等涉外問題，即採當事人之本國法為屬人法之大陸諸國，常規定於本採本國法之場合，遇當事人無國籍時，亦以住所地法為本國法之替用，此所以住所之取得、喪失以及衝突問題，國際私法亦應論及。再者，國籍及住所，皆連結因素 (connecting factors) 也，國籍及住所，既應研究，則其他重要連結因素也不容忽視，故合併於一章討論之。

二、外國人之地位

在國際私法上有內國人與外國人之區別，即為國籍法之目的。內外國人既經確定之後，則所研究者，即凡外國人應享何種權利，此即外國人之地位問題。惟此問題應否屬於國際私法研究範圍之內，學者意見亦不一致，可分為三派：

㈠主張不應研究者

此派以為國際私法，專為決定法律之適用問題，外國人地位與其實質上並非相同，既無管轄權之選定，又無適用法律選擇之必要，而純由法院地國依其內國法解決之可耳。故外國人地位，不應在國際私法內研究之。

此為英、美學者所主張。

(二)主張應當研究者

　　此派以為國際私法係以外國人享有一定之權利為其存在之條件，蓋不認外國人之權利享有，則法律之衝突問題即無由生。故外國人之地位，應於國際私法中詳細研究。此為法、義學者所主張。

(三)主張相當研究者

　　此派以為外國人之地位問題，雖應於國際公法或國際關係中研究之，但關於外國人之享有權利，亦應於國際私法中加以討論，故此派專以私權享有之大原則，列入國際私法範圍之內。此為德國學者所主張。

　　外國人地位雖非國際私法學本身之一部分，但對此一學科言，究不失為其存在之前提，則欲知國際私法之存在，不妨將外國人之地位兼論之，自亦有其便利之處。尤其有關外國法人之許多問題，如國籍之確定、法人人格之認許等，因性質特殊，更有於國際私法中討論之必要。

三、法律之衝突

　　國際私法乃就涉外法律關係，以定內外國法院審判管轄權及法律適用之法則，故國籍、住所與外國人之地位問題，雖與國際私法密切相關，然要非屬於國際私法之本論。國際私法本論之內容，雖如何複雜繁夥，而歸納之不外下列四端：

(一)法律之衝突

　　各國私法及國際私法，既由各國自由制定，其內容自亦因國而異。故同一之法律關係，各國立法之規定，各自相異殊難盡同，此即所謂法律之衝突。惟各國私法之衝突，固為國際私法發生之要件，無私法之衝突，對涉外法律關係即無特別解決之必要。惟關於各國私法衝突之實際，於國際私法上乃當然之假設，除因舉例之原因偶爾例示外，實不可能一一加以研究，其詳當讓諸比較民法、比較商法之研究。

(二)法律之適用

　　同一法律關係，各國法律規定既不相同，則遇有涉外法律關係，內國

國際私法究將以何國法律為其應適用之準據法，此即所謂法律之適用。

㈢法域之管轄

任何涉外法律關係中，適用何國法律固為應解決之問題，而應由關係國中何國法院審判管轄，尤為先決問題，此即所謂法域之管轄。

㈣法院判決之效力

凡甲國所解決之法律關係，其效力能否逾越國境而均束其他國家，此即所謂法院判決之效力。

以上㈠及㈡兩端，屬於各國之立法問題，亦可稱之曰立法之衝突；㈢及㈣兩端，屬於各國之司法問題，亦可稱之曰司法之衝突。立法衝突與司法衝突，雖互有連帶關係，然二者不可混合而為一。此二者之顯然不同，可於下列二點辨明之：

1.關於衝突解決之次序

司法衝突之解決（法域之管轄），當先於立法衝突之解決（法律之適用），此為一定不易之次序。今試舉例以明之：某甲國人夫婦，在美國法院提起離婚之訴，則關於離婚之條件所應適用之法律，究為何國之親屬法，固不可不抉擇之，此為立法衝突問題。然在解決此問題之先，尚有一先決問題，即須知美國法院對於此案有無審判管轄權。若該外國人在受訴法院並無住所或居所，則美國法院對此離婚案件，並無審判管轄權，而選擇適用法律問題，即不會發生。蓋惟有合法審判管轄之法域，始有權力為審判，其法院裁判方有法律之效力。故欲知某種涉外法律關係，究應由何國法院審判管轄，乃為第一問題。當此司法衝突之問題，業已確立，然後合法管轄之法域，究應適用何國法律以裁判之，此為第二問題──即立法衝突問題。

2.關於衝突適用之法律

司法衝突問題與立法衝突問題之不同，由其所應適用之法律方面，亦可辨明之。解決司法衝突時，常為內國法（法院地法），此則因當今各國既無共有之準據法則，是捨內國法實無他法可資適從。至於立法衝突問題則不然，有應適用內國民商法者，亦有應適用外國民商法者，此則因涉外案

件之性質及其關聯性不同使然耳。

　　由上所述，國際私法研究之範圍，為國籍、住所等連結因素，外國人之地位，法律之衝突等。本書於研討國際私法問題時，即以此等為範圍，而於篇章上，則加以擴大，並及於其他相關問題——如輔助法規、國際民事訴訟法以及區際國際私法等問題。

第五章　國際私法學之演進

第一節　古代（第十世紀以前）

　　國際私法之誕生，實由於近代國際交通之發達，自遠古以迄於中世之末葉，尚無關於斯學之研究。西洋近世之法學，幾莫不淵源於羅馬法，然於國際私法則並無若何之影響。當羅馬建國之初，疆域以外莫非敵國，敵國人民既無權利之可享，則所謂國際私法，自無從發生。及其盛時，統治西土者僅一羅馬帝國耳，帝國之外無鄰國，亦不能發生內外國私法如何適用之問題。羅馬帝國建立以後，幅員遼闊，民族複雜，羅馬市民固有之法律，即所謂市民法 (Jus Civile)，不適用於被征服之各民族，羅馬市民與非市民間，以及非羅馬市民相互間，一切關係，唯有依正義公平之觀念，由審判官確認若干權利義務之準則，而加以規範，此種規律即萬民法 (Jus Gentium)。萬民法中，偶或亦有一二關於外國人民之規定者，然皆係實體法上之規定，而非適用法則。要之，萬民法乃羅馬之統一私法，固係近代各國民法之淵源，但國際私法則非基於羅馬之萬民法。

　　至於古代希臘，自認為優越民族，雖有國際仲裁法庭之設立，並以保護各國人民之利益為目的，但此種保護外國人之思想，亦僅基於宗教觀念並無法理上之根據。至第五世紀中葉，羅馬滅亡，日耳曼人侵凌其地，代之而興，因日耳曼民族之酷好自由，各民族皆各依其固有法律而自相支配，雖在同一統治者之下，拉丁 (Latin) 民族依羅馬法，日耳曼 (German) 民族依日耳曼法，法蘭克 (Frank) 民族依法蘭克法。換言之，所謂法律也者，只支配其民族而已，與領土不甚相關涉，一民族固有之風俗習慣，常隨民族

之轉徙以俱來，雖易地而居，生活之紀律一仍舊貫，居住地之法律若何，則非所問。學者所謂中世之種族法時代或屬人法時代，即指此而言。自羅馬帝國滅亡，以迄封建制度樹立，其間三百餘年，各民族之法律皆採絕對的屬人主義，以整個民族為其法律適用之區域，而與土地無關，在此時代，自無需國際私法。

西元第九世紀以後，歐洲封建制度漸以盛行，不論貴族庶民，皆因土地權利之分配，而公私法上之權義乃定，故凡屬領域內之一切人物，皆須受其法律之支配，不容外國法律稍行於其間。是法律與土地有不可分離之關係，向之屬人主義之種族法，一變而為嚴格的屬地主義之法律，此固封建制度下必然之趨勢，然一國之法律，於其領土以內，既得支配一切法律關係，則外國人民，在任何情況下，皆非遵從居留地之法律不可，於是因格於居留地之法律，致不能為結婚或遺囑者，亦復不尠。欲求通商貿易之發展，並使外國人民往還交易獲得安全，此種嚴格之屬地法之適用，誠有加以限制之必要，國際私法，即應此需要而誕生之法則。

國際私法發生於封建制度發達以後，經多次之變遷，始成為今日獨立之學科。茲就其演進之概要，分述於後：

第二節　義大利學派

自第十世紀以後，封建制度正盛行於德法諸國之時，而義大利之自由都市已紛紛成立，至第十二世紀，此種都市悉已完全獨立自治，頒行市政條例，稱曰法則 (Statuta)。此種法則之內容，恆因各都市之風俗習慣，互有出入，故其規定，不獨都市間不同，即與普通所行之羅馬法，亦有差異。此種都市面積雖小，卻因大都建設於商業之上，交往頻繁，致各都市頒行之法則間，不免引起衝突，即各法則與羅馬法間，亦難免發生同樣問題，於是產生三種問題：其一、法則與羅馬法衝突之處是否有效；其二、如認為有效，則法則與羅馬法個別適用之範圍，應如何劃分；其三、都市法則相互間之衝突，應如何解決。關於上述問題之解決，當時義大利學者，大

都主張應以顧全各都市間之共同利益為主，故為實現此種目的起見，即使適用他領域之法律，亦應認許，法則區別說，即源於此。

法則區別說為義大利羅馬法後期之註釋家巴塔魯斯 (Bartolus, 1314～1357) 所首創。其在當時為一代碩儒，頗受學者之崇拜，或稱之為法律之父 (pater juris) 或稱之為法律之光 (lucerna juris)，故後世稱其為國際私法學之鼻祖。

依巴氏之意見，當時法律之衝突，不外下列二種情形：其一、為通行之羅馬法與各都市習慣法之衝突；其二、為各都市習慣法相互間之衝突。關於前者，其主張引用羅馬法上特別法優於普通法原則，而適用各都市之習慣法；關於後者，其主張分都市間一切法律為人法 (Statuta Personalia) 及物法 (Statuta Relia) 二種。人法以適用人之住所地法為原則，物法以適用物之所在地法為原則。故某種衝突，如係物之關係，則適用該物之所在地法，如係人之關係，則視人之法律行為之性質而定其適用之準據法。此為巴氏所創之法則區別說，亦即所以樹立義大利學派者也。

依據此種學說之原則，巴氏進而研究法律適用之區域，究應及於何種人及物，於是釐定下列二問題，而為適用法則之根據：

其一、某地之法律，對於不屬其地之人，能否適用；

其二、某地法律之效力，能否及於其地之外；

上列第一問題，乃關於法則及於人的問題；第二問題，則關於法則及於物的問題。巴氏曾就下列各事舉例說明，茲扼要述之如後：

一、契　約

假定有外國人曾在某地訂立契約，而於其原籍所在地，發生有關該契約之訴訟時，氏以為應視其系爭點不同，解決之道，亦隨之而異。依契約方式言，得適用其方式作成地之法則；就訴訟程序言，得適用法院所在地之法則。至關於訴訟根本問題，也須分別言之，就當事人所預期之效果言，得依契約地法，未獲預期之效果者，則適用履行地之法則。

二、遺　囑

關於遺囑事件，氏以為就方式言，依遺囑地法則所定之方式而作成者，應屬有效。例如外國人民之屬人法律係羅馬法，其必須有證人五人或七人，如遺囑地之法律，只須證人二人或三人者，若該外國人民，以證人二人或三人作成遺囑，即為有效。良以關於方式之法則，係為個人之便利而設，是故對於不隸屬其地之外國人民，亦應予以便利也。關於遺囑之實質，氏則以之與契約同視，亦依遺囑作成地之法律。再就遺囑之能力言，氏以為一地方之法則，不能對於非隸屬其地之外國人遺囑能力，有所增損。居留地之法律，雖承認家族之子享有遺囑能力，然若該家族之子所屬之法律係羅馬法，不賦與遺囑能力者，則該外國人即不得為遺囑。就此點言，巴氏對人之能力一事，主張依屬人法，實始創現代國際私法上之一大原則也。

三、不動產

巴氏曾假定一外國人民在市內有房屋而發生糾紛，應如何適用法律之問題。其以為此乃直接關於房屋，亦即物之問題，應依其物所在法之原則，加以解決。此即後世學者所謂之物法，亦即所在法主義，而為巴氏所首先倡導者也。

四、繼　承

例如英國法律，採長子繼承制，義大利各都市，則採諸子均分制，茲若有一英國人民，在義大利死亡，究依何種法律，以定其繼承關係，在當時亦一至難解決之問題。其時學說，頗不一致，大體上皆主張適用屬地法。即遺產在英國者，依英國法律，在義大利者，依義大利各都市之法則。惟巴氏則謂此一問題，於物、於人均有關涉，不能特側重於物，而宜就法則之意義，加以研討。若法則之規定，側重於物者，例如「死亡者之財產，應屬於長子」，則對於全部財產，均應適用物之所在地法，蓋此項法則，乃以物之本身為目的，固不問其所有人之為內國人抑外國人。反是若法則之

規定，側重於人者，例如「長子應繼承死亡者之財產」，則死亡者倘非係英國人民，其在英國之遺產，不能適用此項法則。蓋關於人之規定，其效力不能及於外國人民也。但縱或死亡者係英國人民，其長子對於在英國之遺產，固可為全部之繼承，然若遺產在遵行羅馬法之地域，則仍須依其物之所在地法，雖身為長子，亦僅能繼承其一部分耳。

要而言之，巴氏認為法則之規定，有以人為主者，有以物為主者，應依其所主，而定其適用之區域。至巴氏對於法則目的之探討，則常視文句地位之先後，而異其適用，不免貽後世學者以「文句區別說」之譏。巴氏將一切法律，皆區分為關於人之法則與關於物之法則二大類，乃其立論欠當之處。誠以法律之有關於人者，亦有及於物者，純關於人或純關於物之規定，乃罕見之例外。雖然如此，但氏之學說，就矯正絕對屬地主義之弊害，就內外國法則之適用區域予以限制，則奠定近代國際私法之基石，功不可沒。抑且關於能力依屬人法，方式依行為地法，物權依所在地法，訴訟程序依法院地法，凡此諸大原則，皆為氏所倡導而為後世所師承，洵足當國際私法之鼻祖而無愧。

第三節　法蘭西學派

當第十六世紀，歐洲學術中心，已由義大利漸移於法蘭西。法為一封建制度盛行之國，屬地法適用於其領域內之一切法律關係，於是各地方間之特殊習慣，不免時有衝突，為使各方人民便於交往起見，此種衝突，有賴乎義大利法則學說之輸入而解決之，此所以國際私法盛行於當時之法國也。其時最享盛名者有杜穆林 (Dumnoulin, 1500～1566) 及阿根德里 (Argentrè, 1519～1590) 二氏。

杜氏為一律師而兼大學教授，嘗謀法國內國法之統一，而為具有遠大目光之國際主義者，其所倡學說，多襲義大利學派，但其區別人法物法之適用，殊較巴氏詳晰。杜氏認人法從人，其效力能及於本國領域以外之內國人；物法從物，不論所有人為內國人抑外國人，悉依物之所在地法為原

則；法律行為之方式，仍遵巴氏之說，依行為發生地法，如關於契約、判決、遺產及其他一切之書面或方式，悉依作成地法是。契約之實質要件及效力，杜氏以為遵巴氏主張依契約締結地法，殊嫌過廣，故應依契約當事人之合意，以定其應適用之法律，當事人無明示合意時，應以各種事實為根據，推斷其默示之意思。

阿氏學說又與杜氏不同，彼為一史學家兼法學家，認義大利派學說完全錯誤，而主張一切法律行為可歸納於下列三種公式：一、內國法得適用於國內之一切法律行為；二、但有時內國法附隨於人，其效力亦能及於國外；三、外國屬人法與內國屬地法衝突時，從屬地法。第一公式係規定關於物之關係，故為物法；第二公式係規定人之關係，故為人法；第三公式係規定關於人及物之共同關係，故為混合法 (Statuta Mixta)。例如，依外國屬人法之未成年人欲在內國轉讓不動產時，則適用不動產所在地法，其理由，蓋阿氏認為第一公式為原則，凡法律行為均應適用屬地法，第二公式為例外，認關於人之能力問題，則可依人之屬人法，然如無能力之外國人轉讓內國不動產等問題，雖然涉及人之能力問題，其本身實屬不動產之處分問題，自以適用上述原則為主，故仍依物法為準據。

杜、阿二氏學說，均受各別政治思想之影響，杜氏主張國內各處之法律，均具同等價值，阿氏主張聯省自主，為絕對屬地主義之先驅，其時法國之封建制度，漸形崩潰，故阿氏學說在法國未占優勢，然其影響於荷、比學者及後世英、美屬地主義學者，誠非淺鮮。

第四節　荷比學派

十七世紀之荷比學派，係繼十六世紀法國學派而興，當時學者如樸根達 (Burgurdus, 1586～1649)、葛拉斯丁尼 (Christineans, 1543～1631)、羅登堡 (Rodenburg, 1618～1668) 及赫白爾 (Huber, 1636～1671) 等均為該派之代表，而其中最有貢獻者，首推赫氏。赫氏主張一國之法律，在其境內，不論內外國人，絕對有效，但並無域外效力，所以甲國法無適用乙國法律

之義務，但有時因國際交往及禮讓，在不牴觸本國主權及本國人民之利益範圍內者，得適用外國法。故赫氏雖認法律行為之效力依行為地法，人之能力依其住所地法，關於不動產之法律行為依不動產所在地法，均為絕對屬地主義原則之例外。其所以原則上主張不適用外國法者，蓋有二種原因，1.各自治團體法律均各有獨立之主權，自無遵守外國法之義務；2.內國適用外國法，自不免有侵害內國主權之嫌。此種理由，法律上雖認為正當，實際上，則不能不略為變動，如能力身分問題，若絕對採內國法，往往反覺不妥，因此赫氏認此種場合，亦須適用外國法，但其適用之理由，非謂外國法當然能適用於內國之外國人，不過基於國際禮讓故耳。

荷、比學者，其學說雖各有不同，大都不外乎下列各點：1.國際私法為國際公法之一部，各自治團體既為法律上之主權者，無服從外國法之責；2.適用外國法，係一國根據國際禮讓之自動行為；3.關於人之身分依人之本地法。

荷、比學說，雖有人謂能排除妨礙國際私法發達之功效，但同樣也有人懷疑其能否促進國際私法之進步，然無論如何，其所持之禮讓主義，對若干英美學者，頗有影響，則為事實。

第五節　德國學派

第十六世紀時，德國學者，即已繼受法則區別說，自十七世紀，復盛行荷比學說，採法則三分主義，關於人之法則依住所地法；關於不動產之法則依所在地法；關於行為或關於人與物之法則則依其情形，有時依行為地法，有時依所在地法。此法則三分之說，自十八世紀以迄於十九世紀中葉，在德國頗能維持其權威。惟彼時學者對外國法適用之基本理由，認為係根據既得權之保護，此則與荷比學派，稍異其趣。以下擬扼要介紹著名學者之學說如後：

一、薛福納 (Wilhelm Peter Schaeffner, 1815～1897)

一八四一年薛氏著《國際私法之沿革》一書，對於舊時學說，一一予以批評，尤其就當時之權威學說，即所謂既得權保護說者，抨擊頗力，震驚德國法學界。氏以為誠如既得權保護說之所論，則在判定某一權利係依何種法律而取得時，即不能不先依該項法律而為權利取得之前提，循環論斷，殊無足取，薛氏倡導法律關係發生地法說，主張一切法律關係，皆須依其發生地之法律而定。例如身分能力，係發生於住所地之法律關係，故應依住所地法。物權關係，係基於標的物而生之法律關係，故應依所在地法。法律行為之方式，係發生於該行為地之法律關係，故應依行為地法。基於契約而生之債權債務，乃發生於契約成立地之法律關係，故應依契約地法。薛氏之主張，驟然視之似甚明晰，但若仔細推敲亦覺頗有未妥，蓋法律關係，未必皆有其一定之發生地，且也欲知某一特定事實，是否發生若何之法律關係，必先明悉究應依何種法律，始能斷定該項事實果否構成某特定法律關係，而氏之學說，對於此等疑問皆難於解釋。

二、華西特爾 (Carl Georg Wächter, 1798～1880)

華氏曾著《私法衝突論》，非難法則區別說，認係無法予以維持，而對私法衝突之問題，主張以下列三大原則為基礎，用求解決之道：

第一、法官原只須受其本國法律之拘束，是故解決外國法適用之問題，其基本原則，端在首先明悉內國法律之於此項問題，有否特殊之規定，如已有規定者，應從其規定。

第二、如無特殊之規定，則應探求內國法律，對於系爭事件之法律關係，所規定之意義與精神若何，以定其可適用之法律。

第三、若不能從該項規定之意義與精神上，發見有關系爭事件之解決方法，即對於內外國法律之適用，均有疑義時，則仍應適用內國法律。

上列三大原則，第一原則固屬允當，而第二原則則不免誤解國際私法與實體法之關係。蓋內外國家之實體法，往往不明其適用之區域，倘沒有

適用法則之存在，而僅研究實體法之意義與精神，即可發見內外國法律之適用區域，除實體法外，將別無國際私法之需要矣。是故遇有關於內外國私法之牴觸問題，在立法者未規定特殊之適用法則時，法官所應研究者，並非與系爭事件有關之內外國實體法、其所規定之意義與精神若何；其所應研究者，應係其本國之現行國際私法，成文或不成文者之意義與精神也。至氏所主張之第三原則，尤與國際私法之基本精神，有所刺謬。誠如氏之主張，倘若依內國實體法之意義與精神，對於能否適用外國法律具有疑義時，則只有適用內國法律之一途。在德國當時之法律，關於適用法則，殊鮮規定，是審判官殆無適用外國法律之機會矣。

三、薩維尼 (Friedrich Karl von Savigny, 1779～1861)

氏於一八四九年著有《現代羅馬法系統論》一書，共八卷。其第八卷研究法律場所之效力，而解釋法律衝突之問題。薩氏對於法律牴觸之問題，認為若專置重於主權獨立之原則，堅持一國之法律，在他國領土以內，不能有其效力，此種立場，殊不足以覓解決之道。又現代各國之法律，關於私權之保護，固咸認內外國人民一律平等，然因其所受審判之國家有不同，常不能獲同一法律之保護，真正之平等，尚難達成。故僅憑內外國人民一律平等之原則，尚不能解決此問題。依氏之見解，在立法者對於法律牴觸問題，已設有特別之規定者，固應從其所定，在未有明文規定時，審判官既無條文可據，則應運用解釋，認定僅可適用內國法律、或將適用外國法律，抑或二者均可適用，而取其最具保護內外國人民交通往來之安全者，以資解決。

蓋現代各國，莫不互相承認其國格與權利，形成一國際團體，而對於他國之憲法及其他法律，亦互為認許也。故內外國家之法律，因此亦形成一「法律共同團體」，任何法律，悉屬對等，並無優劣之分，此則基於各國及其人民之共同利益之要求，不得不如此耳。是故因內外國人民之交往，而發生法律關係，欲決定其應適用何國法律時，其情形恰如在同一國家之內，因各地方法律之不同，而惹起地方與地方間之法律牴觸問題，實無差

異。故只須就該法律關係之性質，以決定何種法律可為適用，便為已足，而無庸顧慮該項可為適用之法律，究為內國法抑外國法也。如是，則內外國家之法律方屬平等。是某一法律關係，欲定其應受何種法律之支配，則應先就該法律關係之性質，探究其屬於何種法域，乃屬當然之事。法律關係之應屬於某一法域之根據，薩氏稱之為法律關係之本據。國際私法學之研究，即在確定各種法律關係之本據也，以此而適用於各種法律關係，則知身分能力之本據在於住所地；物權關係之本據在於標的物之所在地；債權債務之本據在於債務人之住所地或履行地；親屬及繼承關係之本據在於當事人之住所地；至於訴訟程序及審判執行等之本據則在訴訟地，而各依其本據所屬地之法律，而受支配。惟薩氏對上述原則，復設有例外二事：其一、以絕對強行為目的之法律，例如禁止重婚及禁止猶太人取得土地所有權等等事件，乃基於公益上理由而設之強行法規，外國法律如有違背，則在任何情形，皆不予以適用。其二、內國不認其存在之外國制度，例如奴隸制度，關於規定此種制度之外國法律，則在任何情形，亦不得予以適用。

綜上所言，可知薩氏之根本思想，認內外國法律，概係平等，一切法律關係，均應依其性質，服從其所屬法域之法律。是故外國法律之適用，並非基於審判官之自由裁量，實則為增進各國人民相互間之共同利益，而確有此必要，審判官應認外國法亦係法律，而負有適用之義務也。氏之學說，賦予現代國際私法學新的基礎，一時風靡交相稱道，其風行於歐洲大陸各國無論矣，即英美學說及判例，亦受其重大影響。雖然，薩氏學說之所以為世人所尊崇者，乃在於根本思想之偉大，而其所主張之法律關係之本據一事，似尚非完美無缺；至於認國際私法，係法律之關於場所的效力之限界論，而謂一切法律關係，皆須依據其所屬地之法律予以決定，更為近今學者所非難。良以法律關係，乃存在於人與人之間之關係，未必皆有一定土地之所屬，然則認一切法律關係，各有其一定處所為其本據，而以此作為適用法律之前提，自難加以贊同。且某一事實，能否形成法律關係，必須依某一法律始得予以決定，倘如依法律關係之所屬地如何，以定其可

資準據之法律，則難免有限於循環論斷之嫌。

四、巴爾 (Carl Ludwig von Bar, 1836～1913)

氏於一八六二年，著《國際私法及刑法論》，一八八九年，其名著《理論及實用國際私法》問世，氏雖祖述薩維尼之根本思想，但否認國際私法係法律之關於場所的效力限界論。依氏之卓見，國際私法學之任務，端在確定內外國私法之適用區域，而欲確定此項適用區域，必須就法律關係所由構成之要件，觀察事務之自然性質，而認定以何種法律為準據，最為允當，而無庸探討法律關係之本據，究為如何。易言之，即以法律關係所由構成之當事人國籍、住所、居所、標的物所在地、法律行為或侵權行為之行為地、及法院所在地等為基礎，依事務之自然性質，以定內外國法律之孰應適用也。舉例言之，依薩氏之說，關於能力之有無，所以適用當事人之住所地法者，乃能力之本據，屬於住所地故也。而依巴氏之見解，關於能力之有無，所以適用當事人本國法之理由，並非認能力係屬於其本國領土以內，而住所地法、行為地法、所在地法或訴訟地法，原亦可以適用，惟觀察事物之自然性質，依當事人本國法，以定當事人能力之有無，最為妥洽耳。要之，氏之學說，係補充薩氏之未備而集其大成者，實德國國際私法學之權威者。

五、邱特爾曼 (Ernst Zitelmann, 1852～1923)

氏於一八九七年，著《國際私法》第一卷，至一九一二年，始完成其偉大之著述。對於此一學問，倡導新說，氏將國際私法，區別為純理論國際私法與應用國際私法，前者在研究各國所共通之基本原則，後者則在將此項基本原則，應用於各種法律關係，藉以明定其準據法。氏認國際私法係確定內外國私法適用區域之法則，並以為並世各國，現行適用法則，極不完備，故國際私法之目的，除闡明一國現行之適用法則外，尚須更進一步補充現行法之缺陷，致力若干統一原則，用以指導各國將來之立法。對於此種統一性原則之發見，認為應用演繹方法，以各國公認之原則為基礎，

加以敷陳推衍，而不宜採歸納方法，僅將各國現行不完備之法則，予以調整而已。惟有用此項演繹方法，在國際法上，始可要求各國立法者，制成統一的國際私法規則，足以拘束國家者也。氏更進一步說明，國際私法應分為二種，一為「超國家而施行的國際私法」，一為「國內施行的國際私法」。

　　邱氏之超國家的國際私法之見解，大要如下，在國際私法上，就某一法律關係，究應適用內外國何一法律之疑問，其實即係當事人一方，對於他方，有否可主張之權利之問題。所謂權利也者，乃依國家法律所賦予之法律上之力也；而國家之賦與私權，必以國家本身有權賦與為其前提要件，是故國家若不具有國際法上所承認之權力，而輒為權利之賦與者，則其所賦與之權利，即非國際法上所認許之權利。易言之，在私權之客體上，惟國家享有國際法上所承認之權力者，始得賦與國際間所承認之權利。

　　在國家主權所能及之範圍內，就其國民及領土，得為人的及物的限制。依據人民主權，對於國民可行使無限之權力，其他國家應予以承認，且不能予以妨害；依據領土主權，則得支配一切在其領土內之物，而亦得統治外國人民也。是故國家關於私法事件立法權之範圍，即所謂私法所支配之區域，亦不能不受此人的及物的限制矣。詳言之，國家基於人民主權，對於國民，不問其居住所何在，均得命其為積極的及消極的行為；又基於其領土主權之作用，在不侵害外國人民主權之限度內，於其領土內，得容許一切行為或禁止一切行為。從而對於外國人民，就其因侵權行為所生之損害賠償責任，得命其為給付，國家基於其領土主權之作用，得支配一切在領土內之物，則對於關涉物之行為之內容，不問其在於何地或與何人有關，均應受領土主權之支配也。各國關於私法之立法權，惟在上述範圍以內，於國際法上，始承認其為有效。是則國權之範圍，既有限定，各國私法之適用區域，亦自有其分際，一切國際私法上之問題，即可循此迎刃以解。此由於國際私法上之問題，實係以特定權利之得喪為歸屬，則惟有依國際法上所承認之國家法律，以資判斷，而此項法律，即當時有權賦與或消滅各該權利之法律也。

邱氏基於上述原則，以演繹純理論國際私法上之準據法重要者如下：

1.凡對人為直接支配之權利，及命特定人為某項給付之權利，依就該權利所受支配之人，對之享有人民主權之國之法律而定。

申言之，關於身分能力、親屬關係等問題，固無論矣，即在債之關係，亦應依債務人本國法，惟侵權行為所生之損害賠償債務，則根據領土主權之作用，應依侵權行為地之法律也。

2.關於動產、不動產得為某項行為之權利（亦即直接支配物之權利），依就該物所在領土上，對之享有領土主權之國家之法律，即物所在地法而定。

3.至不受屬人主權或屬地主權保護之權利，則依主張權利地法，即依主張其權利時，領土所屬國之法律。例如智能權、人權，以及一切無形財產權，皆應依其權利所以成立之法律是。

嚴格言之，邱氏理論，亦屬薩氏本據說之一派，不過以權利之觀念代替法律關係之本據而已。

第六節　義法學派

法國既因編纂民法之結果，以當事人本國法為屬人法，而十八世紀末葉，法國之法則區別說，以屬人法為原則，以屬地法為例外之思想漸次發達。此種思想傳入義大利，頗為學者所推崇，因之而有本國法說之產生，首創此說者，為義大利著名學者馬志尼 (Pasquale Stanislo Mancini, 1817～1888)。蓋當時義大利民族尚未統一，不能具有國際法上主體之資格，故馬氏自一八五一年發表「國民性是國際法的基礎」以來，即倡民族統一之說，謂凡同一之民族，當適用同一之法律。依馬氏之主張：1.今日國家組織國際團體，即應依法理之原則，而有相互尊重各國法律之義務；2.各國人民不論來自何國，均應適用其本國之法律；3.但有違背內國之公共秩序或善良風俗時，則視為例外，仍適用內國法律。

馬氏學說曾一時風靡於歐陸之學術界中，一八八〇年，比利時學者羅

蘭 (Laurent) 著有《國際民法論》一書，即以馬氏學說為張本，認人格附於國籍，不可分離，即既承認外國人之人格，則關於規範外國人人格之法律，自亦當承認，故凡關於身分、繼承、親屬等問題，應依當事人之本國法。其後法國學者如巴黎大學之魏斯 (Weiss) 亦因襲馬氏之本國法說，而以下列之形式，說明屬人法之原則：即「凡關於規定私益之法律，常以個人之便利為目的，故此種法律，僅在支配充當其目的之人，在原則上不問其人之在何處，其一切法律關係，皆須受其支配。但基於國際的公共秩序、場所支配行為之原則，及當事人之自由意思而設之限制，則不在此限。」

　　此種本國法主義之學說，為現今義法學者所採用，故名之曰義法學派。近世各國因編纂法典之結果，皆以屬人法之為住所地法者易而為本國法，此雖為法典編纂之偶然結果，但此派學說主張以屬人法為本國法，亦與有力焉。總之，此派學說既以本國法之適用為根本原則，是不獨推翻荷比學派所倡之屬地主權原則；且以民族主義為出發點，認本國法為屬人法，實亦推翻薩氏以住所地法為屬人法之主張。故此派學說對於國際私法學實在貢獻良多。但其所認之原則，置一切法律皆為屬人法，即以本國法為國際私法之惟一原則，於事實上及理論上，似均欠根據。蓋國際私法因法律關係之性質互異，而有各種不同之原則，如物權之所在地法，法律行為之行為地法，皆原則也，本國法也僅為其原則之一而已，且此派學者更認有多種之例外，其結果仍不得不依法律關係之性質，以定其適用之法。

第七節　英美學派

　　英美早期之國際私法，切於實際缺於學理，惟自十九世紀以後，斯學之在英美漸見發達，而二十世紀起，更是學者輩出，學說理論鼎盛，茲分理論與方法兩部分，作較為詳細之介紹。所謂理論，係在解釋外國法律何以在世界區分為上百個獨立主權國，而仍為法院地法院所適用；在方法方面，則在說明學者所提出之解決選法問題之新觀念，具有革命性，企圖廢棄歐陸傳統之選法規則之一些方法。

以下擬討論的理論為禮讓理論 (the Comity Theory) 、 既得權理論 (the Theory of Vested Rights) 以及當地法理論 (the Local Law Theory) ； 方法方面 ， 則包括重視選法規則而非管轄權選擇規則 (Method that Prefers Rule-selecting Rules to Jurisdiction-selecting Rules) 、政府利益之分析 (Governmental Interest Analysis)、優先原則 (Principles of Preference) 以及影響選法因素之方法 (Method of the Use of Choice Influencing Factors)。

一、理 論

英美國際私法理論，源於十七世紀荷比學派之國際禮讓主義，特別受赫白爾 (Ulrich Huber, 1636～1694) 之影響，至深且鉅。按赫氏為一傑出之法學教授及法官，他寫過國際私法上最短的論文（只有五頁），惟其對於英美國際私法之發展，則扮演舉足輕重之角色。

赫白爾認為：「所有法律都有領域性，超越制定國領域即無效力；但在其領域內，則有拘束所有人民——不論其為內國人或外國人之效力。」惟其也認為：「外國法在他國默許以及所執行適用者非該外國法，而係依該法產生之權利下，外國法也有域外之效力。」

赫白爾之解釋引起二個理論，其一，禮讓說，其二，既得權說。

㈠禮讓說

史多利 (Joseph Story, 1779～1845) 曾為美國最高法院法官及哈佛大學教授，其巨著，《法律衝突論》於一八三四年出版，曾被形容為最淵博及最具影響力之著作。

史多利學說雖多因襲荷蘭赫白爾學說，惟其對於國際禮讓之意義，則予以新解釋，而謂：「國際禮讓云者，乃一國法官之適用外國法，非係根據國際之好意，有自由裁量之權，而實為正義之要求，立法政策之必要，不得不適用之耳。」其所持之原則，則有三點：其一，基於一國主權之觀念，對於領域內之人及物有絕對支配權；其二，基於國家平等之觀念，一國法律之效力不能支配其領域外之人及物；其三，基於國際禮讓之觀念，外國之法律倘不反於內國之政策及利益者，亦得適用之。史多利之主張為美國

國際私法開一新途徑，蓋以歸納法代演繹法，尤注重法院實際管轄涉外案件及適用法律之情形，而不偏於致力建立若干原則，是其有異於歐陸學者之處。

㈡既得權說

既得權說亦可遠溯至赫白爾。英美學派之主要代表人物為與史多利同稱為國際私法泰斗者戴雪 (A. V. Dicey, 1835～1922) 氏為英國牛津大學教授，一八九六年著《法律衝突論》，倡既得權說，謂氏依文明國家法律所適當取得之權利，內國法院即應承認並執行之。但遇有下列情形之一時，則不在此限：其一，與有域外效力之英國成文法相牴觸時；其二，與英國之立法政策及公安制度相違背時；其三，與英國主權者之權利相衝突時。

按英國向採訴訟地法說，以適用內國之法律為原則，而戴雪之既得權說，雖以為一切法律關係均應適用內國之法律，但依文明國之法律，取得之權利亦應保護；既然保護，則不可不認有例外，而適用外國法。故戴雪之說不特與德國學派異，且與義法學派亦有不同，其於國際私法上不無有相當之貢獻；惟所謂既得權者，依何國法律而確定，並未說明，自不免有陷於循環論法之非難。

既得權理論受到美國知名法官之支持，包括侯默斯 (Holmes) 和柯多佐 (Cardozo) 兩法官。侯默斯法官在 Slater v. Mexican National Railway 一案中說：「若這種責任（侵權行為責任）在侵權行為地以外之管轄領域中被執行，顯然非意謂該行為之性質或結果完全受法庭地法支配；另一方面，亦非意謂行為地法可在其領域外運作。該外國訴訟之理論為：雖然受訴行為不受法庭地法之支配，但仍產生一種義務，這個義務跟隨著行為人，且可在發現行為人之地方執行之。」柯多佐法官在 Loucks v. Standard Oil Co. of New York 一案中說：「外國法規雖非訴訟地國之法律，但仍產生一種義務，若該義務可歸數地管轄，將跟隨著行為人，且可在發現行為人之地方執行之⋯⋯。原告所有之物，我們助其取回，除非有堅強的公共政策因素，使得我們的協助顯得不智，否則我們就應協助他。」更著名的是侯默斯法官在 Mutual Life Insurance Co. v. Leibing 一案中之說明：「憲法以及法律思想

的首要原則，允許以締約地法決定締約行為之效力及結果。」

哈佛教授畢爾 (J. H. Beale)，同時也是美國法律學會第一版《國際私法整編》之報告人，將既得權理論之地位予以提升，成為其體系之理論基礎。由於對此理論之執著，畢爾發表了令人驚異的獨斷說明，他說：「契約是否有效，依一般原則，可由規範當事人行為之法律決定，亦即由締約地法決定……；若……合意地法未賦予任何法律義務，則更無其他法律有權如此做。」同時，「除非原告已由某個法律賦予侵權行為訴訟之理由，否則不可能獲得賠償，且該訴訟理由只能由侵權行為地法賦予；該地為傷害事件發生地，因而其法律為該事件適用之法律。」

畢爾為哈佛大學教授，一九三五年發表《法律衝突論》，以既得權說詮釋適用外國法之根據。其領導編纂之第一版《國際私法整編》，係就一世紀來英美之判例，予以整理並推陳出新，在某些問題上，確實便利法官之實際工作，並激發學者之思想。

惟其既得權之理論，曾極受批評，而其主編之第一版《國際私法整編》，亦曾被譏為過分武斷，不符公平原則。其中耶魯大學教授辜克 (Walter W. Cook) 首先駁斥既得權。氏提出下列反對意見：

1.當訴訟原因發生地並無文明國家認為適當之法律時，例如在公海上，則此理論不能提供任何指導。

2.有時會發生準據法決定後，才發現其規定違反法院地之公共政策，因而原告基於外國法主張之權利不獲執行之情形。

3.同樣的情形亦會發生於原告權利所由生之外國法，被法院地歸為程序法，或因法院地某些程序規定而不能在法院地執行其權利。因此，Slater 一案中，原告對於在墨西哥之侵權致死行為，在德州請求損害賠償，其敗訴之原因為：依墨西哥法，可以分期給付代替一次付清之賠償，但德州並無執行之機構。

4.如薩維尼許久前所說，此理論「導致一種完全的循環。因為我們只有事先知道依何種實體法決定有關既得權之完全取得時，才能明瞭什麼是既得權。」

5.此理論假定:「在每種法律衝突之情況中,只存在一個管轄權有權決定既定情況中會產生什麼法律結果。」因而導致用以選擇相關管轄權之概括技術規定變得形式化,不顧法律之內容及有關之社會、經濟因素。傅爾德 (Fuld) 法官在 Babcock v. Jackson 一案中說:「既得權學說雖然有侯默斯法官及畢爾教授等知名人士之擁護,長久以來,仍受懷疑,因其在評估決定外國行為權義之重要性時,並未考慮基本政策因素。曾有一適切的說明:『既得權理論之缺點,在於其以未說明相關實際情況之概論,來影響個案之決定』。尤其在適用於侵權行為時,此理論忽視了侵權行為地以外之管轄權在解決特定爭端時之利益。」

6.此理論推論自一些簡單的案子,即事實全部發生在一個國家,但訴訟卻在另一國提起者。若事實發生於兩個外國,或一個外國和法院地之間,則所發生之衝突法問題,不僅關係到法院地,亦關係到該等外國,則此時情形即趨複雜,其適用法律,即難以既得權之理論說明之。

此外,美國法律學會,在哥倫比亞大學教授李思 (Willis L. M. Reese)主持下,進行《國際私法整編》之修正工作,歷時十餘年,終於一九七一年宣告完成。修正後之《第二次整編》已全然放棄畢爾根據既得權說所得之具體規則,而以與個別案件系爭問題具有最重要牽連關係之國家,作為選擇適用法律之原則。

㈢當地法理論

辜克提倡以當地權利 (a local right) 為基礎之當地法說 (Local Law Theory)。其使用之方法並非從對法律本質之先入觀念開始,而是以科學的經驗主義方法,歸納式的進行,其重視法院之所為,而非法官之所言。因而認為:「法院地通常執行當地法所產生之權利。」其理論謂:「當法院地法院受理一涉外案件時,永遠係適用自己之法律於個案,但是其如此作,係接受並執行在範圍上,一個與涉外案件有全部或一部牽連關係法域之裁判規則完全相同或高度近似之裁判規則,當作自己之法律在援用。因是之故,受訴法院所執行者,非一外國權利,而係由當地法所創設之權利。」

氏之用意雖在調和外國法之適用及領土主權學說。惟一國法院依照其

國際私法之指示而適用外國法，並無侵害內國主權之嫌；若說在審理涉外案件中一國法院不適用外國法，但卻執行依外國法所取得之權利，或依仿照外國法制定之裁判規則，而謂係適用當地法，豈非有玩弄文字遊戲之譏。

二、方　法

㈠選管轄權規則或選法規則

典型的衝突法規則說明：「不動產之繼承依不動產所在地法，婚姻之形式效力依締約地法，結婚能力依各該當事人結婚前之住所地法。」這些規則皆選擇某特定國家（或管轄區），以其法律規範有關事項，而不管該法之內容，亦即不選擇特定之法律規定。至少在理論上，法院不須了解外國法之內容，除非在該法被選擇之後。

一九三三年，哈佛教授蓋維斯 (Cavers) 發表一篇重要著作，為傳統衝突法體系中之「選管轄權」技術感到遺憾。他指出，適用特定管轄區之法律，而不管該法之內容，必定會在特定案件中導致不公平，及產生虛幻問題。法院不僅要選擇一個法律，而且要解決爭論，若不能考慮其選擇對該爭論之影響，如何能明智地選擇？法院之責任係在特定案件中達成公正之結果，因而不能無視於這兩種衝突法原則之內容。

為舉例說明，蓋維斯教授提出一個以 Milliken v. Pratt 為基礎之假設案例，僅顛倒兩州之法律。假設一個住在麻州之已婚婦女在緬因州締約，依麻州法，她有締約能力，依緬因州法則否。則若說應適用締約地法，從而契約無效，是否有意義？當然沒有，因為緬因州之法律係為保護居住在緬因州之已婚婦女而定，而非為居住在麻州之已婚婦女所定。因此，這是個虛幻問題。

乍看之下，蓋維斯教授之理論似乎很吸引人，但仔細檢視後，仍有若干疑問：

1.此理論不能適用於美國州際衝突以外之國際衝突案件，因後者「適用機械性法律規定，可視為使外國當事人免受無謂仇視所必需者；而自由裁量權只有在無私欲者手中，才是安全的工具，無私狀態，可在聯邦體制

拘束下之法院中，更快獲得確信。」

2.若要法院在兩種競爭性法律規定中做選擇，卻不給予任何影響其選擇之指導原則，將產生「選擇他們自認為較佳之規定」之危險。

3.若期望法院放棄數世紀以來累積的經驗，以及傳統的衝突法體系，實屬過分要求。

(二)政府利益分析

比蓋維斯對傳統體系更具革命性之反對者，為柯里 (Brainerd Currie) 教授。

柯里從徹底分析 Milliken v. Pratt 一案後，開始攻擊該體系。他指出，該案中兩州之政策相衝突，麻州法之政策係保護該州之已婚婦女，緬因州法之政策係對當事人之合理期待賦予效力，以保護交易安全。然後他以一些獨創的表格說明：締約地法之適用會產生更多的虛幻問題，然後經常以顯然不能接受的方法，即以毀掉兩州之利益，或者毀掉一州之利益而未增加另一州之利益，來解決虛幻問題。

取而代之的，他建議一種全新的方法，用以解決衝突問題，同時廢除傳統的衝突法規，其最新的理論說明如下：

1.當法院地要求適用異於法院地法之外域法時，須分別調查兩法之政策，以及各個法域可合理主張適用其政策之利益的情況。法院在做這些決定時，須適用一般的解釋程序。

2.若法院發現一法域在某案件之情況中適用其政策有其利益，而另一法域卻沒有時，則應適用前一利害關係法域之法律。

3.若法院發現兩法域間有明顯的利益衝突，須重加考慮。對其中一法域之政策或利益作更穩健及更限縮的解釋，以避免衝突。

4.若法院重新考慮後，發現兩法域之正當利益間之衝突無法避免，應適用法院地法。

5.若法院地並無利害關係，但另二法域間存在不可避免之衝突，而法院不能公正地拒絕裁判，則應適用法院地法，直到有人想出更好的意見為止。

柯里聲稱，採納其「政府利益分析」，不只將廢除傳統衝突規則，亦廢除反致、定性和公共政策等學說，俾使整個體系運作順暢。

在我們評估這個革命性理論之前，須作些解釋。首先，柯里並未發明「政府利益分析」方法，而是從一系列美國最高法院的勞工賠償案件中歸納所得。在這些案件中，法院認為，無論是僱傭或傷害所在之州，對於工業意外事故皆可合憲地適用其州法，只要其有足夠的「政府利益」因素。史東 (Stone) 法官在一領導性的案件中說：「衝突之解決，須藉評估各管轄區之政府利益，及依其重要性作判決，方可達成之。」

第二，若法院地及相關之法域皆有適用其法律之利益，柯里斷然表示應適用法院地法，即使該外法域有更大的利益。他不承認法院地有權衡量兩個法域之利益，理由在於：「衡量兩個主權法域間競爭性訴訟利益之個別價值，以決定哪個占優勢，是極高級的政治功能，在民主制度中，不能授予法院此種功能，否則法院將因欠缺必要權源，而無法有效運作。」但採納柯里之方法的美國法院並未能抗拒 「衡量競爭性利益」 的誘惑；Bernhard v. Harrah's Club 一案即提供了驚人的例子。案中，加州最高法院認為，依加州法，一內華達州之酒館經營人須對供應過多的酒給一酒醉顧客一事代負責任，該顧客於開車回家（在加州）途中，在加州過失傷害原告；但內華達州法律並未課以此種責任。法院發現，若被告不應負責，將嚴重減損加州保護其居民之利益，而若使被告負責，倒不致嚴重減損內華達州保護其旅館經營人之利益（至少若其已積極以廣告向加州顧客兜攬生意）。

第三，如其所承認，對於「棘手的無利害關係第三國之問題」，即法院地對結果無利益，但兩個外法域卻有衝突利益之案子，柯里之方法並不能提供令人滿意的解決方式。他曾多次討論此問題，稍後說明相關的實例相當稀少，以減少此問題實際上的重要性。他建議，若可能，法院應基於「不便利法院」之原則，拒絕管轄，以避免此問題；再行不通，則以發現兩外法域之一的利益實際上不存在，來解釋之。若欠缺上述任一種解決方式，則法院地勢必適用它認為國會立法時會採用之法律，或者法院地法。

　　惟柯里之理論也受到下列論點之質疑：

　　1.狹義的州利益之不當強調，此則易導致審判之不公平，亦違反內、外國人公平待遇之原則。

　　2.柯里之理論受美國憲法影響，尤其是受充分信任條款、正當法律程序條款，及法律之特許、豁免和平等保護條款等之影響。這些條款對於抑制受其理論鼓勵之各州，免於過分追求其本身利益，有相當程度的幫助。顯然他完全從美國法院，且幾乎完全從美國各州法律間衝突之角度來思考；因此，若移植到不同的環境，在缺乏憲法制衡的情況下，很難看出其理論如何可行。

　　3.政府利益分析理論另一為人詬病之處，在於將衝突問題視為公法而非私法的趨勢，因而在公法趨勢下，審判者的利益將超越當事人的利益，而被優先考慮。

　　4.柯里之主張：「當不同州間存在有不同之政策，且適用不同的政策亦使各州得到其合法利益時，法院沒有職權去衡量其相互衝突的利益或去評價它們的優點。」亦被批評為不切實際及忽略法院必須解決各種問題所應扮演的角色。

　　5.若期望法院放棄選法規則，進行藉著政府利益分析之逐案考慮，似乎徒勞無益。由於判例理論，經由政府利益分析之案子，必定會產生選法規則，這些規則可能異於傳統者，但仍屬規則，且同樣在未來的案子中拘束法院。因此，企圖丟棄選法規則，就像丟出回力棒一樣，仍會回到原處。

㈢優先原則

　　一九六五年，哈佛之蓋維斯教授出版 *The Choice of Law Process* 一書，內容係基於早年在密西根大學發表的一些演講。主旨在提出七項「優先原則」，作為法院遇到一些「法律衝突並非虛幻、亦非可避免」之案子時之指導。其中五項有關侵權行為，二項有關契約和讓與；蓋維斯教授否認其七個原則可形成一個完整的體系——即使是在此二種法律關係之領域中。他同時強調，若有一特例未包含於任一個原則之中，並不表示須為相反之選法，只表示該案提出了不同的問題，需要進一步的考慮。

1.五個侵權行為領域之原則

(1)若受害法域之法律所設定之行為或財產保護標準，高於被告行為地或住所地法所設定者，應適用前者。

(2)若被告之行為和造成傷害地法域之法律所設定之行為或財產保護標準，低於原告住所地法所設定者，應適用前者。一個附屬的原則規定，若原告和被告所住之法域並非受害法域，而受害法域之法律所設定之財產保護標準，低於兩造住所地法所設定者，則應適用設定較低保護標準者。

(3)若被告之行為地法域對於被告在另一法域對原告造成可預見傷害之行為，設立管制（包括民事責任），但該另一法域並無這種管制，則應適用前者法域之法律。

(4)若兩造關係所在地法域之法律，為當事人一方之利益，對另一方之行為或財產保護所課之標準，高於受害法域所課者，則應適用前者。

(5)若兩造關係所在地法域之法律，為當事人一方之利益，對另一方之行為或財產保護所課之標準，低於受害法域所課者，則應適用前者。

2.二個契約和讓與領域之原則

(1)若為避免無能力、輕率、無知或不平等交易力量之結果，一法域之法律對締約、轉讓財產或設定擔保之權力課以限制，倘若符合下列條件，其保護性條款可予以適用：(a)受保護之當事人住在該法域；且(b)受影響之交易或受保護之財產利益集中於該法域。

(2)若當事人明示，或推定其意圖，應適用合理關係到交易法域之法律，若該法律肯定該交易之效力，則即使當事人皆不住在該法域，或交易亦未集中於該地，亦應適用該法。但若其與上述(1)之原則相衝突，或若交易包括一土地契約，而土地所在地法之強制規定否認該契約形式或所生利益之效力，則不適用本原則。

㈣影響選法之因素

一九五二年，哥倫比亞大學之曲紳 (Cheatham) 和李思 (Reese) 教授，出版一篇文章，列舉並評論若干政策；他們相信這些政策會引導法院決定選法問題及形成選法規則。同年李思教授被任命為《國際私法整編》第二

版之報告人。其所列舉之政策並無排他性，其排列亦不表示其間之相對重要性，它們似乎在最簡單之案子中指出不同的方向，因此，選法規則須調和相衝突之價值。

　　美國法律學會在《國際私法整編》第二版已採納這些原則（有些修正），其第六條規定：若相關法規中欠缺直接的指示，則法院應衡量之因素包括下列各項：

1.州際體制和國際體制之需要

　　選法規則應尋求各州與各國間進一步的和諧關係，並促進其間之商業往來。依原條文，Cammell v. Sewell 為一適例。案中說明：「若個人財產之處置，依財產所在地法有效，則其處置在任何地方都有效。」論者認為該規則相當有道理。同時，Coetschius v. Brightman 一案亦可為例。案中，紐約法要求分期付款契約須為登記，紐約上訴法院對該法作限縮解釋，以保護一加州之所有人對抗一紐約之誠實商人。

2.法院地之相關政策

　　每一種法律規則，無論存在於制定法或法官造法，皆為達某種（些）目的而設計。因此，法院在決定應適用本身之規則或他國之規則判決特定爭端時，須考慮這些目的；若對某涉外事實適用某規則有助於這些目的，就是作上述考慮的重要理由。唯可期待的是，法院將偏愛其本地之政策。

3.其他利害關係法域之相關政策

　　《國際私法整編》第二版規定，法院地應不僅考慮本身之相關政策，亦須考慮其他所有利害關係法域之相關政策，並應尋求可使這些政策達到最佳調和狀態之結果。通常，本身利益最深受影響之法域，皆希望適用其法律。具決定性利益之法域為何，須賴涉案之爭端而定。因此，若一丈夫在住所地以外之法域傷害其妻，則行為及傷害所在法域於決定丈夫之行為是否侵權、或妻子是否與有過失時，有決定性的利益；但若問題在於丈夫是否可免除對妻子之侵權責任時，其住所地法域為具決定性利益之法域。某法域相關法律規則之內容，在決定該法域是否有決定性利益時，相當重要。

4.正當期待之保護

　　一般規定，若一個人依照某國（例如行為地國）之法律，規律其行為，則不會在另一國受到懷疑。當事人可在限制下自由選擇規範其契約之法律，法院亦可尋求適用維持信託效力之法律，皆受正當期待利益的保護。另一方面，有時，特別是在過失領域，若當事人行為時未考慮其行為之法律效果或可能適用之法律，則該當事人並無正當期待可予以保護。

5.特定法律領域之基本政策

　　有時，諸利害關係法域之政策大部分相同，只有在相關地方法間有小異；此時，法院極有理由適用最能達到特定法律領域之基本政策之法域的地方法。因此，於信託法，美國法院經常適用維持「依反永久所有權法係無效」之信託契約效力之法律。若兩法之一般政策一致，只是細節不同，則此可能為可接受之結果；但若一立遺囑人所住法域並無反永久所有權規定，而企圖設立一個違反該規定的英國財產信託（在英國執行），則此極可能不被英國法院接受。

6.結果確定、可預見及一致

　　《國際私法整編》說明，這些價值在所有法律領域都重要，若選法領域獲致這些成果，則可減少任擇法院。但換取之代價太大，通常，更重要的可能是「嘗試新規定」，而非不斷依賴既存的可疑規定，來確保結果之確定、可預見及一致。但結果之確定、可預見及一致，在當事人可能事先考慮其交易之法律效果之領域中，特別重要，例如契約和財產領域。同時，移轉一批位於兩個以上國家之動產時，結果一致也很重要。

7.易於決定及適用應適用之法律

　　理想上，選法規則應簡單而易於適用。推至合理的結論時，此方針應產生單一規則，亦即所有案件應依法院地法裁判。因此，此政策不可過分強調。無論如何，此方針提供了適用法院地法於程序問題之管轄權。

　　一九六六年李福拉 (Leflar) 教授列舉並討論五個影響選擇之因素： 1.結果之可預見性； 2.州際及國際秩序之維護； 3.司法工作之簡化； 4.法院地之政府利益之增進； 5.較佳法律規定之適用。可以看出，這些只是重述

《國際私法整編》所列之因素而已，只有一個例外，即第 5 項，李福拉認為此項最具爭論性。一些評論者不贊成適用較佳之法律，以為在衝突法案件中，藉著賦予最狹義之適用範圍或拒絕適用，意圖改革他國之法律，並非法院之工作，最好留待立法者或法律委員會來做。

三、結　論

有三點是所有現代美國衝突法專家都同意的：第一，既得權理論已過時；第二，《國際私法整編》第一版中僵化的締約地和侵權行為地規則，現已廢棄；第三，衝突問題須依個案及各個爭執，彈性解決。但同意僅止於此，每個學者各有其理論，且在每個重要新案中，傾向於支持本身之理論。

綜合言之，英美學派對個案研究之深入及精密，有補於實際問題之解決；但在理論上均不脫荷比學派「領土主權說」之範圍。惟美國晚近之學說，尤其所謂政策或利益之分析，確能使國際私法上之選法問題，擺脫傳統規則之束縛。不過，利用政策或利益之權衡，以解決美國聯邦制度下州際間之法律選擇問題，行之或不甚困難。但對解決國際間之法律衝突問題，則頗不易為。且如全然放棄規則，國際私法之確定性、預見可能性均將難以維持。凡此，皆可謂美國新說不足之處。

第六章　國際私法的立法沿革

第一節　國內立法的沿革

近代國家在法典中規定國際私法條文的，始於法國一八〇四年民法第三條等規定。後來各國民法多予仿傚，規定數條國際私法條文，例如一八一一年奧國民法、一八六五年義大利民法、一八六八年葡萄牙民法及一八八九年西班牙民法等是。十九世紀末，國際交通頻繁，內外國人往來密切，國際私法條文逐漸增加，並有制定專法予以規定者，例如一八九六年德國民法施行法有國際私法條文二十五條，一八九八年日本法例有三十條，我國民國七年制定之法律適用條例有二十七條。二十世紀後半，國際往來更多，涉外民事法律關係更複雜，國際私法的理論發展及立法實踐，乃邁入另一新階段。

從一九五三年（民國四十二年）我國制定公布涉外民事法律適用法（三十一條）時起，世界各國紛紛投入相關法典的制定或修正，其條文也趨於細膩多元。例如奧地利於一九七八年制定國際私法（四十九條）、前南斯拉夫於一九八二年制定國際私法（一百零九條）、祕魯於一九八四年制定民法第十編（六十五條）、德國於一九八六年及一九九九年兩度修正民法施行法（四十六條）、瑞士於一九八七年制定國際私法（二百條，一九八九年生效）、羅馬尼亞於一九九二年制定國際私法（一百八十三條）、義大利於一九九五年制定國際私法（七十四條）、列支敦斯登於一九九七年制定國際私法（五十六條）。到二十一世紀初期，國際私法立法仍處在高峰。比利時於二〇〇四年制定國際私法（一百四十條），日本於二〇〇六年修正法例並更

名為法律適用通則法（四十三條），我國於二〇一〇年四月完成涉外民事法律適用法之修訂（六十三條），中國大陸亦於二〇一〇年十月制定涉外民事關係法律適用法（五十二條）❶。

第二節　國際立法的沿革

國際私法的國際立法，目的是要藉由國際公約的締結，統一各國的國際私法。從十九世紀後半迄今，有幾項重要的國際立法活動。

一、里馬會議 (Lima Conference)

一八七八年十一月，祕魯政府召集南美諸國於其首都里馬開會，共同討論關於國際私法、訴訟法及刑法等條約議案，參加會議者，除祕魯外，尚有阿根廷、玻利維亞、哥斯大黎加、智利、厄瓜多及委內瑞拉等國。本會議通過國際私法條約，分八章，條文六十條，規定人之身分、能力、財產、婚姻、繼承、法律行為、法院之管轄、判決之執行等問題，該條約雖經各國簽字，但未能施行。

❶ 兩岸的新法名稱和架構都很類似：臺灣的涉外民事法律適用法新法共有條文六十三條，並將條文分為八章，第一章「通則」八條（第一條至第八條）、第二章「權利主體」七條（第九條至第十五條）、第三章「法律行為之方式及代理」四條（第十六條至第十九條）、第四章「債」十八條（第二十條至第三十七條）、第五章「物權」七條（第三十八條至第四十四條）、第六章「親屬」十三條（第四十五條至第五十七條）、第七章「繼承」四條（第五十八條至第六十一條）及第八章「附則」二條（第六十二條至第六十三條）；大陸的新法（涉外民事關係法律適用法）條文共五十二條，也分為八章，分別是第一章「一般規定」十條（第一條至第十條）、第二章「民事主體」十條（第十一條至第二十條）、第三章「婚姻家庭」十條（第二十一條至第三十條）、第四章「繼承」五條（第三十一條至第三十五條）、第五章「物權」五條（第三十六條至第四十條）、第六章「債權」七條（第四十一條至第四十七條）、第七章「知識產權」三條（第四十八條至第五十條）和第八章「附則」二條（第五十一條至第五十二條）。

二、蒙特維地奧會議 (Montevideo Conference)

由阿根廷、烏拉圭二國發起，召集南美諸國，於一八八八年至一八八九年間於烏拉圭首都蒙特維地奧集會。會議設四個委員會，分別負責下列領域的條約案：㈠民法，㈡商法，㈢刑法，㈣訴訟法、著作權、專利發明及商標權等。本會議通過國際民法、商法、訴訟法、著作權法、刑法、商標法、專利法等各種條約，除巴拉圭、智利二國對於國際民法及國際刑法二種條約未簽署外，其餘出席各國均簽署上述條約。

三、泛美會議 (Pan-American Conference)

美國於一八九一年召集南、北美洲各國，於華盛頓集會，企圖統一美洲各國之國際私法及國際公法，並討論關於財政、經濟、交通等問題。一九二三年舉行第五屆泛美會議，根據南美諸國代表之提議，為謀國際私法之統一，特囑託美洲國際法學會，預行草成法典，該法學會旋於一九二四年十二月，在里馬開臨時大會，公推古巴布斯特曼地 (Bustamante) 等四大法學家，組織國際私法法典編纂委員會。一九二五年十二月，該法典編纂委員會，由布斯特曼地主稿，擬就法典草案共四百三十五條，提交國際法學會。國際法學會略予修正，即轉送泛美會議理事會。該理事會於一九二六年二月三日，復致送美洲各國政府，請予以審查研究，又於一九二七年，在巴西首都里約熱內盧，召集各國代表組成專家委員會，就原草案逐條審議，經一個月之仔細研討後，除略有保留外，予以通過，全法案計四百三十七條（第二九六條以下規定國際刑法及國際民事訴訟法）。

一九二八年一月，第六屆泛美會議於哈瓦那集會討論該法案，與會二十一國於表決時有十八國同意通過該法案。尼加拉瓜代表提議，一致決議為對於法案起草者表示敬意，將該案稱為「布氏 (Bustamante) 法典」。布氏法典之通過，彰顯美洲國家統一國際私法運動的成就，不過，北美的加拿大、美國及墨西哥並未予以批准，布氏法典對於人之身分、能力事項，仍任由各國決定依住所地法或本國法，批准該法典的國家也多附帶保留條款，

各國國際私法未真正統一。此後，泛美會議於一九五八年、一九六一年及一九六四年，曾由專設之法律委員會，從事法典修訂工作，試圖使此法典與蒙特維地奧公約，互相協調，並致力於二大目標：一、確定身分能力事項依住所地法；二、限制各締約國附保留條款。

　　一九七〇年代起，美洲國家組織 (The Organization of American States) 又成立美洲國家間國際私法專門會議 (Inter-American Specialized Conference on Private International Law)，並曾於一九七五年、一九七九年、一九八四年、一九八九年及一九九四年分別集會，針對眾多不同問題，分別簽訂各種公約，其名稱如下：

1. **第一次美洲國家間國際私法專門會議通過六個公約**

　　⑴有關在國外使用委託權之司法制度公約；

　　⑵有關在國外調查證據之公約；

　　⑶有關匯票、本票及發票之國際私法公約；

　　⑷有關支票之國際私法公約；

　　⑸有關商務仲裁之公約；

　　⑹有關公證之公約。

2. **第二次美洲國家間國際私法專門會議通過八個公約**

　　⑴有關支票之國際私法公約；

　　⑵有關商業公司之公約；

　　⑶有關外國判決及仲裁判斷效力之公約；

　　⑷有關預防措施之執行公約；

　　⑸有關外國法之資訊及證明公約；

　　⑹有關國際私法上自然人住所之公約；

　　⑺有關國際私法上一般規則之公約；

　　⑻有關公證公約之附加議定書。

3. **第三次美洲國家間國際私法專門會議通過四個公約**

　　⑴有關收養未成年人之國際私法公約；

　　⑵有關國際私法上法人人格及能力之公約；

⑶有關外國判決域外效力之國際管轄權公約；

⑷有關國外調查證據公約之附加議定書。

4. 第四次美洲國家間國際私法專門會議通過三個公約

⑴有關兒童之國際返還公約；

⑵有關扶養義務之公約；

⑶有關公路國際貨物運送契約之公約。

5. 第五次美洲國家間國際私法專門會議通過二個公約

⑴有關國際買賣未成年人之公約；

⑵有關國際契約之準據法公約。

美洲國家組織現共有三十五個會員國，以上簽訂之每個公約，只要有二個國家批准，即可在批准國間生效。目前待討論之議題，包括：

⑴有關委託權及商務代理之問題；

⑵非契約責任之法律衝突問題；

⑶自由貿易之標準商業文件問題；

⑷國際破產之問題；

⑸國際私法上私人國際借貸契約之問題；

⑹超越國界污染之民事國際責任之問題；

⑺國際私法上兒童之國際保護之問題；

⑻證券交易法之統一及協調之問題。

四、海牙會議

歐洲國家在十九世紀末，也開始致力於國際私法的統一。荷蘭政府在其法學家阿塞 (Asser) 之建議下，於一八九三年邀請歐洲各國，於海牙召開第一次國際私法會議。當時參加會議者，除荷蘭外，有奧、匈、德、俄、法、瑞士、比、義、西、葡、丹麥、盧森堡、羅馬尼亞等十餘國。此次會議決定不仿照南美諸國先例，以制定一部完整國際私法公約為目標，使其從一般原則到特別問題均無所不包，而採逐項通過的方式，即只就事實上有統一必要的原則，分別訂立單獨公約的方式，逐漸完成國際私法規定的

統一，並減少阻力。故本次會議僅討論㈠婚姻之成立，㈡繼承及遺囑，㈢民事訴訟程序，㈣法律行為之方式等問題。

一八九四年六月，召開第二屆會議，討論範圍除第一屆所討論者外，更及於㈠婚姻之效力，㈡監護及禁治產，㈢訴訟上之擔保及救助，㈣破產等問題。此等事項最初悉由各國於國內法自由決定，迨至第二屆會議，各國政府主張應以國際公約予以規定，較為允當。其中關於民事訴訟程序之公約案，比、西、法、義、盧、荷、葡、瑞士等國相繼於一八九六年批准，德、匈、俄、丹、羅、及瑞典、挪威等國亦於翌年加入。一九〇〇年五月，召開第三屆會議，通過㈠關於婚姻事件法律衝突公約（共十一條），㈡關於離婚及別居事件法律衝突及管轄權公約（共十三條），㈢關於未成年人監護公約（共十三條），均於一九〇二年六月十二日經德、比、法、匈、義、盧、荷、葡、羅、瑞典、瑞士等國批准，一九〇四年施行。第四案關於繼承及遺囑法律衝突之公約，決議留待下屆會議再行討論。

一九〇四年五月，荷蘭政府召開第四屆會議，修正一八九九年生效之民事訴訟程序公約，並討論未經確定之各項公約案。本屆會議，通過五項公約：㈠民事訴訟程序公約（共二十九條），㈡繼承及遺囑法律衝突之公約（共十四條），㈢婚姻效力及於夫妻財產與身分上權利義務法律衝突之公約（共十五條），㈣禁治產及準禁治產監護之公約（共十九條），㈤破產公約（共十條）。民事訴訟程序公約於一九〇五年七月十七日，經德、西、法、義、盧、荷、葡、俄、羅、端典等十國批准，自一九〇九年四月二十七日施行，舊條約即因而廢止。第二及第四項公約於一九〇五年七月，經德、比、法、義、荷、葡、羅、瑞典等八國批准，自一九一二年八月施行。此次會議，日本亦曾派遣代表出席。

一九二五年十一月，第五屆海牙國際私法會議召開，參加者共有二十一國，即德、奧、比、西、英、法、匈、義、荷、盧、挪威、瑞典、丹麥、瑞士、波蘭、芬蘭、捷克、日本、羅馬尼亞、南斯拉夫、立陶宛。除第一次歐戰後各新興國家外，英國亦加入，而歷屆與會之俄國，此次則無代表參加。本屆會議，除通過破產公約及有關外國判決之承認與執行之公約外，

並修正一九〇二年及一九〇五年之公約。

　　一九二八年一月，第六屆海牙國際私法會議召開，與會者仍係上列之二十一國代表。除通過第三屆以來之各懸案，如關於繼承及遺囑之法律衝突及管轄權之公約外，並議決關於無償的司法援助及身分證明書謄本之無償的發給之公約（共十四條），此外，也就歷屆會議所成立之公約，通過修正草案三件。當時國際法學會及國際商會建議就買賣契約準據法統一問題，加以討論，但第六屆會議對此僅作預備草案三件，作為將來討論之基礎，而參與本問題審議之各國代表，曾組織委員會詳予研究，並徵詢各種法律、產業及商業團體之意見，以供下屆會議之討論。惟自本屆會議後，以迄第二次世界大戰之發生，海牙國際私法會議，未能繼續舉行。

　　第二次世界大戰以後，海牙國際私法會議為加強組織，於一九五一年通過憲章，成立常設局，並擴大會員國範圍。海牙國際私法會議除於一九五一年舉行第七屆會議，及一九六六年、一九八五年與一九九九年舉行特別會議外，該組織並曾於一九五六年、一九六〇年、一九六四年、一九六八年、一九七二年、一九七六年、一九八〇年、一九八四年、一九八八年、一九九三年、一九九六年、二〇〇一年、二〇〇五年、二〇〇七年，分別舉行第八屆、第九屆、第十屆、第十一屆、第十二屆、第十三屆、第十四屆、第十五屆、第十六屆、第十七屆、第十八屆、第十九屆、第二十屆及第二十一屆會議。會員國已由歐洲國家，次第擴及亞洲、非洲、美洲及大洋洲。 其會員在二〇一八年五月包括八十二個國家及一個經濟整合組織（即：歐洲聯盟），中華人民共和國和許多重要國家均為其會員國，並有數十個國家雖非為其會員國，但已批准或加入一個以上的海牙公約。

　　截至二〇一八年五月止，在二次大戰後之歷次會議中，共通過三十八個公約，其中約八成已經生效，成績斐然，會員國並在二〇一五年三月十九日通過 「國際商事契約法律選擇原則」 (Principles on Choice of Law in International Commercial Contracts)，作為各國立法及實務操作的示範性規範。茲將目前官網上列示的已通過公約及文件，分列如次，其已生效者，並附記其生效日期。

1. 海牙國際私法會議組織章程 (Statute of the Hague Conference on Private International Law)。

2. 民事之程序之公約 (Convention of 1 March 1954 on civil procedure)，已於一九五七年四月十二日生效。

3. 國際貨物買賣之準據法之公約 (Convention of 15 June 1955 on the law applicable to international sales of goods)，已於一九六四年九月一日生效。

4. 國際貨物買賣中所有權移轉之準據法之公約 (Convention of 15 April 1958 on the law governing transfer of title in international sales of goods)。

5. 國際貨物買賣中被選定法院之管轄權之公約 (Convention of 15 April 1958 on the jurisdiction of the selected forum in the case of international sales of goods)。

6. 解決本國法與住所地法間之衝突之公約 (Convention of 15 June 1955 relating to the settlement of the conflicts between the law of nationality and the law of domicile)。

7. 承認外國公司、社團及財團法律人格之公約 (Convention of 1 June 1956 concerning the recognition of the legal personality of foreign companies, associations and institutions)。

8. 子女扶養義務之準據法之公約 (Convention of 24 October 1956 on the law applicable to maintenance obligations towards children)，已於一九六二年一月一日生效。

9. 承認及執行關於子女扶養義務之判決之公約 (Convention of 15 April 1958 concerning the recognition and enforcement of decisions relating to maintenance obligations towards children)，已於一九六二年一月一日生效。

10. 保護未成年人之機關權限及準據法之公約 (Convention of 5 October 1961 concerning the powers of authorities and the law applicable in respect of the protection of infants)，已於一九六九年二月四日生效。

11. 關於遺囑方式之法律衝突之公約 (Convention of 5 October 1961 on

the Conflicts of Laws Relating to the Form of Testamentary Dispositions) ，已於一九六四年一月五日生效。

12. 外國公文書免除認證要件之公約 (Convention of 5 October 1961 Abolishing the Requirement of Legalisation for Foreign Public Documents)，已於一九六五年一月二十四日生效。

13. 收養裁決之管轄權、準據法及承認之公約 (Convention of 15 November 1965 on Jurisdiction, Applicable Law and Recognition of Decrees Relating to Adoptions)，已於一九七八年十月二十三日生效。

14. 民商事案件之司法及非司法文書之國外送達之公約 (Convention of 15 November 1965 on the Service Abroad of Judicial and Extrajudicial Documents in Civil or Commercial Matters)，已於一九六九年二月十日生效。

15. 合意選擇法院之公約 (Convention of 25 November 1965 on the Choice of Court)。

16. 承認及執行外國民商事案件之判決之公約 (Convention of 1 February 1971 on the Recognition and Enforcement of Foreign Judgments in Civil and Commercial Matters)，已於一九七九年八月二十日生效。

17. 關於承認及執行外國民商事案件之判決之公約之補充議定書 (Supplementary Protocol of 1 February 1971 to the Hague Convention on the Recognition and Enforcement of Foreign Judgments in Civil and Commercial Matters)，已於一九七九年八月二十日生效。

18. 離婚及分居之承認之公約 (Convention of 1 June 1970 on the Recognition of Divorces and Legal Separations)，已於一九七五年八月二十四日生效。

19. 交通事故準據法之公約 (Convention of 4 May 1971 on the Law Applicable to Traffic Accidents)，已於一九七五年七月三日生效。

20. 民商事案件在國外調查證據之公約 (Convention of 18 March 1970 on the Taking of Evidence Abroad in Civil or Commercial Matters)，已於一九七二年十月七日生效。

21.死亡者遺產之國際管理之公約 (Convention of 2 October 1973 Concerning the International Administration of the Estates of Deceased Persons)，已於一九九三年七月一日生效。

22.產品責任準據法之公約 (Convention of 2 October 1973 on the Law Applicable to Products Liability)，已於一九七七年十月一日生效。

23.扶養義務之判決之承認與執行之公約 (Convention of 2 October 1973 on the Recognition and Enforcement of Decisions Relating to Maintenance Obligations)，已於一九七六年八月一日生效。

24.扶養義務準據法之公約 (Convention of 2 October 1973 on the Law Applicable to Maintenance Obligations)，已於一九七七年十月一日生效。

25.夫妻財產制準據法之公約 (Convention of 14 March 1978 on the Law Applicable to Matrimonial Property Regimes)，已於一九九二年九月一日生效。

26.婚姻之舉行及承認其有效性之公約 (Convention of 14 March 1978 on Celebration and Recognition of the Validity of Marriages)，已於一九九一年五月一日生效。

27.代理準據法之公約 (Convention of 14 March 1978 on the Law Applicable to Agency)，已於一九九二年五月一日生效。

28.國際誘拐兒童民事問題之公約 (Convention of 25 October 1980 on the Civil Aspects of International Child Abduction)，已於一九八三年十二月一日生效。

29.國際請求司法救濟之公約 (Convention of 25 October 1980 on International Access to Justice)，已於一九八八年五月一日生效。

30.信託之準據法及其承認之公約 (Convention of 1 July 1985 on the Law Applicable to Trusts and on their Recognition)，已於一九九二年一月一日生效。

31.國際貨物買賣契約之準據法公約 (Convention of 22 December 1986 on the Law Applicable to Contracts for the International Sale of Goods)。

32.死亡者遺產繼承之準據法公約 (Convention of 1 August 1989 on the Law Applicable to Succession to the Estates of Deceased Persons)。

33.未成年人之保護及國際收養之合作公約 (Convention of 29 May 1993 on Protection of Children and Co-operation in Respect of Intercountry Adoption)，已於一九九五年五月一日生效。

34.關於保護子女之父母責任及措施之管轄權、準據法、承認、執行及合作之公約 (Convention of 19 October 1996 on Jurisdiction, Applicable Law, Recognition, Enforcement and Co-operation in Respect of Parental Responsibility and Measures for the Protection of Children)，已於二〇〇二年一月一日生效。

35.成年人之國際保護公約 (Convention of 13 January 2000 on the International Protection of Adults)，已於二〇〇九年一月一日生效。

36.中介者所保管之證券若干權利之準據法公約 (Convention of 5 July 2006 on the Law Applicable to Certain Rights in Respect of Securities held with an Intermediary)。

37.法院選擇合意之公約 (Convention of 30 June 2005 on Choice of Court Agreements)，已於二〇一五年十月一日生效。

38.國際請求子女贍養費及其他形式之親屬扶養之公約 (Convention of 23 November 2007 on the International Recovery of Child Support and Other Forms of Family Maintenance)，已於二〇一三年一月一日生效。

39.扶養義務準據法之議定書 (Protocol of 23 November 2007 on the Law Applicable to Maintenance Obligations)，已於二〇一三年八月一日生效。

40.國際商事契約法律選擇原則 (Principles on Choice of Law in International Commercial Contracts)，二〇一五年三月十九日通過並即生效。

第二篇

連結因素論

第一章　連結因素的意義與種類

　　狹義的國際私法，其規範作用主要在為涉外民事法律關係，決定究應適用何國法律。法院適用其相關規定，即在使涉外民事與一國的實體法發生連繫。不過，特定涉外民事法律關係常因當事人、行為或其他原因，與二國以上之法律有不同之牽連關係，國家於制定國際私法時，何以以某種牽連關係為基礎，而捨棄其他牽連關係，以決定其應適用之法律，固係出於政策上之種種考慮，但被選中之該牽連關係，與特定涉外民事法律關係之間，也必定具有決定其應適用之法律的某種重要性或密切關係。例如我國國民甲，生前有住所於德國，在英國病逝，有遺產在法國，其子乙為日本國民，因甲的遺產繼承問題在我國法院涉訟時，本案中可用以決定其應適用之法律的基礎，包括被繼承人的國籍、其在德國的住所、死亡地之英國、遺產所在地之法國、繼承人的國籍及法院地等牽連關係。此等可用以指向應適用之法律的牽連關係或基礎，學者稱為連結因素 (connecting factors) 或連結點 (points of contact)。

　　各國國際私法規定的上述牽連關係，目前已相當多樣，預料將來仍會不斷推陳出新。綜合而言，大致仍可歸納為下列各類：

一、與主體 (subject) 有關的連結因素

　　此等連結因素，皆與涉外民事法律關係的當事人或主體相關。較常見者，在自然人，為其國籍、住所、居所、經常居所、現在地；在法人，為其國籍、住所、經常居所、事務所、營業所、設立之準據等。

二、與客體 (object) 有關的連結因素

此等連結因素，指與涉外民事法律關係的權利客體或物相關者，例如物之所在地、不動產所在地、權利之成立地、船舶之船籍、航空器之登記國、車輛之登記國、智慧財產之應受保護國等。

三、與行為 (action) 或法律事實有關的連結因素

此等連結因素，皆與涉外民事法律關係所由發生的行為或法律事實相關，例如行為地 (locus actus)、侵權行為地、事實發生地、發要約通知地、承諾地、履行地、加害行為實施地、損害結果發生地、婚姻舉行地、訴訟地或法院地等。

四、與當事人意思有關的連結因素

此種連結因素，係指據以決定應適用之法律的當事人意思，最常見的是債權契約的雙方當事人選擇其應適用之法律的合意，單獨行為的當事人指定其應適用之法律的意思，均為此種連結因素。

五、綜合相關因素的軟性連結因素

此種連結因素，係指所據以決定應適用之法律者，並非單一種上述連結因素，而是綜合涉外民事法律關係相關的所有因素，而以具有最重要牽連關係或關係最密切的法律，為應適用之法律。相對於前述各種硬性的連結因素，此種連結因素是就各種因素均予以平衡考量的結果，可稱為彈性或軟性連結因素 (soft connecting factor)。在立法上，此種連結因素被稱為「最密切連結」 (the closest connection) 或 「最重要牽連關係」 (the most significant relationship)，其應適用之法律則為「關係最切之法律」。

從以上關於連結因素之分類，可知與涉外民事法律關係當事人或主體有關的連結因素，係以人為重心，而凡身分、能力以及親屬、繼承等有關人之事項，均應依以其連結因素決定的屬人法 (personal law) 決定。國際私

法上決定人的屬人法的連結因素，大致是依人的國籍及其住所，其中以國籍為基礎者形成本國法主義 (lex patriae)，以住所地為基礎者形成住所地法主義 (lex domicilii)，此二者構成傳統國際私法上所謂屬人法二大原則。晚近鑑於各國法律對於住所的規定甚不一致，許多國家均以「經常居所」(habitual residence) 取代住所的概念，但仍維持二大原則的態勢。對於此二種連結因素有關之各項問題，以下各章節中，將予以較廣泛與詳盡之討論。

此外，與權利客體、行為或法律事實有關的連結因素，均是以地域為重心，以特定地域的連結因素為基礎，所形成各種應適用之法律或準據法，稱為屬地法 (territorial law)；而當事人意思及軟性連結因素，均在各種連結因素中獨樹一幟。本篇除對當事人意思也作較為深入之探討外，對於其他連結因素，則擬省略，而於其他相關章節略論之。

第二章　屬人法的兩大原則

「屬人法」(lex personalis, personal law) 乙詞，起源於十三世紀時義大利後註釋學派 (post glossators) 關於人之法則之理論。當時，法則分為人之法則、物之法則及混合法則。其中人之法則，隨人之所至而具有域外效力；而物之法則，則僅在一定領域內有其效力；而混合法則，係規定關於人及物之共同關係，於外國屬人法與內國屬地法衝突時，從屬地法。其後，學者對屬人法之意義，雖有爭議，但一般均認為，個人法律地位上之某些事項，應專受與其人有永久關係之國家之法律管轄，而不受其人偶然所在之國家之法律支配。此一與其人永保關係之國家之法律，即為其人之屬人法。至受此一法律管轄之事項，其範圍如何，各國法制並不一致。如從廣義解釋，則舉凡有關個人身分能力之問題、親屬之關係，如夫妻、親子、監護、婚姻、離婚、收養等，以及繼承之問題，均屬之。

個人之屬人法，雖云係與其人關係永固之國家之法律，而事實上則有本國法與住所地法之分。本國法為個人國籍所屬之國家之法律，而住所地法則為個人住所所在之國家之法律。在十三世紀以後之五百餘年間，個人之屬人法一向取決於住所。因為在此期間，既無現代法制完備之國家，亦無忠順之觀念。與個人關係最深之地域，即為其住所之所在地；故屬人法之決定，惟有依據住所之一途。時至現代，此一連結因素在複數法域之國家，仍極具重要性。例如，在英、美兩國，屬人法即仍藉住所而定。其他英美法系之國家，如加拿大、澳大利亞亦然，此外北歐之丹麥、挪威、冰島，中南美之阿根廷、巴西、瓜地馬拉、巴拉圭、祕魯等國，亦均以住所地法為屬人法。在國際公約中，則有蒙特維地奧公約採之。

關於以住所地法為屬人法，其理論上之根據，約言之，不外下列四端：

一、住所乃個人生活的中心地，一切法律關係，莫不與住所相關聯；二、人既於某地設置住所，即有服從該地法律之意思；三、以住所地法為屬人法，可生對於本國人及外國人一視同仁之結果。且不若本國法主義之須查考一人的國籍，故對於無國籍人或雙重國籍人，即可不發生適用法律上的困難；四、一人的住所何在，不難知悉，非若國籍之可以隱蔽偽造，或有因各國規定不同，致常發生國籍之各種衝突。

不過，自一八〇四年法國之統一民法《拿破崙法典》問世以後，個人之屬人法應依國籍而定之原則，初見建立。此可由該法典第三條之規定知之，即有關身分能力之法律，支配一切法國人，而無論其在國內或國外。嗣後，義大利學者馬志尼 (Mancini) 於一八五一年著文，高倡有關個人人格之一切問題，均應受其本國法之支配，繼之，義大利民法即以本國法為屬人法；並將屬人法之範圍，由身分能力而擴及於親屬關係之全部。此一趨勢，使個人之屬人法事項，不依個人身體之所在，而轉依其人政治忠順之所屬。於是，歐洲各國以及亞洲、中南美洲之一部分國家，群起仿傚。例如，比、荷、盧、羅、保、捷、芬、德、希、匈、波、西、土、敘利亞、以色列、南斯拉夫、埃及、泰國、中、日、哥倫比亞、古巴、多明尼加、厄瓜多、海地、宏都拉斯、墨西哥、委內瑞拉等國均是。若干國際條約，如海牙一九〇二年及一九〇五年關於親屬法問題之公約；日內瓦一九三〇年及一九三一年關於匯票支票之公約，亦均採本國法主義。

關於以本國法為屬人法，其理論上之根據，大約有下列各項：一、國籍為人民與國家間之連鎖，以本國法為屬人法，最為適宜，因屬人法中的各項民事法律關係，與一國之風土、氣候、人種、文化均有密切關係，惟有其本國法，方於此各方面，斟酌盡善。二、近代國家以統一民族為本，故屬人的法律，亦應本諸全民族的準則，而適用其本國法。三、如以住所地法或行為地法為當事人的屬人法，則以現代國際交通頻繁，民事法律關係之變動遂多，不能始終受同一法律的管轄，有失法律的統一性與永久性。四、國籍雖可變更，究不如變更住所之易，國籍雖有衝突情形，但住所固同有積極及消極衝突之情形，況住所的意義，各國不甚一致，而住所與居

所的區別，各國也尚未有一致的標準。

採住所地法或本國法為屬人法，除上述理由外，住所地法主義每為一般接受移民之國家所樂用，因為此等國家對於外來移民，於歸化前，關於屬人法事項，仍需適用其祖國法律，自感不便。因此，無不依住所地法主義，藉使外來移民能於最短期間內，適用內國之法律。美國與瑞士，為最顯著之例證。又如阿根廷與巴西，原來均採本國法主義，後為便利移民政策之推行，乃次第改採住所地法主義。反之，因為接受移民之國家採取上述政策，大宗移民所來自之國家，即不得不轉而堅持本國法主義，藉以維繫移出人民與內國間之關係。德、義兩國人民，在十九世紀末季投奔新大陸者，數以百萬計。論者以為，此即本國法主義所以在此二國得勢之原因之一。

最後，應予一提者，即在採本國法主義之國家，仍不得不附有以住所地法主義為例外之規定。此項必要之例外情形有二：其一、因適用當事人本國法，而反致適用住所地法時，此時即仍需選擇當事人的住所地法，以為應適用之法律（如我國舊涉外法第二十九條、新涉外法第六條）。其二、因當事人無國籍，而無法以國籍為連結因素定其應適用之法律時，各國國際私法多規定以其住所地法為其本國法（如我國舊涉外法第二十七條第一項、新涉外法第三條）。

從以上所述，可知本國法主義與住所地法主義，各有其立法理由，且深受傳統與政策之影響，兩者對峙之勢，一時並無消除之跡象或可能，此影響判決一致之國際私法理想者甚鉅。海牙國際私法會議雖於一九五五年通過「解決本國法與住所地法間之衝突之公約」（Convention of 15 June 1955 relating to the settlement of the conflicts between the law of nationality and the law of domicile），宣示其曾經努力之方向，惟成效不彰，後來以「經常居所」(habitual residence) 取代住所之概念，本國法主義雖為部分國內立法採用，似已逐漸式微。

第三章　國　籍

第一節　國籍的意義

　　國籍有廣狹二義。廣義的國籍，是指權利之主體或客體隸屬於某一國家之關係，故除自然人外，法人以及船舶或航空器亦有國籍之問題。狹義的國籍，僅指人的國籍，尤其是指自然人的國籍而言，即個人隸屬於某一國家之關係，即表示其為國民之資格。本章所探討的國籍，是指狹義的國籍。國籍與人民，名雖異而實則同。因為個人之於國家的關係，從縱的觀察即為統治權之客體，即所謂人民；從橫的觀察，則 A 國人民與 B 國人民之所以有區別，乃因國籍不同也。所謂某人保有特定國家的國籍，即其為該國之人民，對於該國家有絕對服從之義務。此處所謂絕對服從，非謂服從之內容絕對無限，而是其服從關係具有屬人性與永續性。例如有中華民國國籍之中華民國國民，無論在國內或國外，均須服從中華民國之主權，而非若外國人之僑居我國，僅於居留國內之期間內，始應服從我國之主權。

　　國家對於特定之個人，究竟基於何種事實而發生國籍關係，基於何種事實而消滅國籍關係，乃是該國立法權之決定，而各國均各自有自由決定之權。故晚近國家對於國籍之得喪，皆各有其詳密之規定。國際私法上探討有關國籍衝突問題之解決，是以各國國籍法的規定不同為前提，以下各節特先就國籍法之規定，闡述國籍關係之如何發生、變更、消滅，以及國籍之衝突等問題。

第二節　國籍法之立法體制

關於國籍得喪之規定，在國內法制上究應在何一位階予以規定，即其立法編制如何之問題，大約有下列三種立法主義❶：

一、憲法主義

南美及中美諸國，常有於憲法之首端，詳定關於國民之地位，與國籍之得喪。美國亦於西元一八六八年憲法第十四修正案條文中，揭載美國國籍之認定標準（詳後）。在歐洲大陸，一八七六年西班牙憲法第一條，及一八七九年保加利亞憲法第九十四條，亦規定國籍取得之原則。蓋以國籍之意義，不外指統治權客體之國民而言，故國民之權利義務以及為國民之資格，自應規定於憲法中。此種法制，在理論上不能不謂為正當，且對國籍得喪之保障，亦必然強固，是其優點；惟有關國籍之得喪變更問題，常須予以詳密之規定，應時勢之需求，有時有修正之必要，既記載於憲法中，則非依修正憲法之程序，無由予以改善，實際上頗不方便。

二、民法主義

一八〇四年法國民法第一編第一章，題為私權之享有，首將關於國籍之得喪，予以規定（一九七三及一九九三年曾修正）。後來各國民法仿法國之例，於民法法典之首端，揭載國籍之得喪者，亦頗有其例，諸如一八一一年奧地利民法、一八二九年荷蘭民法、一八六五年義國民法及同年之羅馬尼亞民法、一八六七年葡萄牙民法、一八八八年西班牙民法皆是。上述各國是認為國籍係有關國民之身分，其情形與親屬法上身分同，而應規定於民法之中。不過，國籍關係係確定公法上之權利與義務，其本質乃是國

---

❶ 各國國籍立法的演進及我國新國籍法的實質內容，請參閱賴來焜，《國際（私）法之國籍問題——以新國籍法為中心》（臺北：自版，民國八十九年九月），頁83以下。

家與其統治權之客體，即個人間之服從關係，故規定於民法法典似有未當，上述各國後來之立法乃多改為單行法之方式。

三、單行法主義

自一八七〇年德國國籍法（現行法為一九六九年國籍法）頒行以來，現時各國之法制，大抵皆採單行法主義，原來將國籍關係規定於民法法典的前述各國，後來也多改以單行法規定國籍關係。荷蘭（一八九二年，現行法為一九八五年國籍法）、奧地利（現行法為一九六五年國籍法）、義大利（一九一二年，現行法為一九九二年國籍法）、比利時（一九二二年，現行法為一九九一年國籍法）、瑞典（一九二四年）、丹麥（一九二五年）、日本（一九五〇年，最近之修正在一九八四年）等國皆採此種方式制定其國籍法。我國現行國籍法亦採單行法主義，該法原係民國十八年二月五日制定公布，同日施行，並於八十九年二月、九十年六月、九十四年六月、九十五年一月及一〇五年十二月局部修正相關條文。此種立法方式，具有方便、單純、完整之優點，實為最適當之立法例。

第三節　國籍法之立法原則

國籍乃個人對於國家服從關係，而非契約關係，故各國法制均採國籍強制主義，國家對於具備一定條件之個人，強制的賦與該國之國籍，且一經賦與國籍以後，不復任其脫離。此種古代之原則，在英國普通法上成為「一為英國臣民，永為英國臣民」(Once a British subject, always a British subject.) 之格言，故英國人民負有對國家永久忠順 (perpetual allegiance) 之義務，終其一生，不得變更國籍。美國之情形則不同，因為美國原由歐洲各國之移民組成，若恪守英國普通法上述原則，則移居美國的大部分人民將仍屬外國人，故美國國會於一八六八年七月通過美國憲法第十四修正案，規定「所有在美國出生或歸化者，並受其管轄之人，均為美國國民並為其居住州之州民。」(All persons born or naturalized in the United States, and subject to the jurisdiction thereof, are citizens of the United States and of the State wherein they reside.) 本憲法修正案採取出生地主義之原則，國會同年通過脫籍法 (Expatriation Act of 1868)，明訂移居脫籍乃是人類之自然及固有權利 (the right of expatriation is a natural and inherent right of all people)。影響所及，一八七〇年英國亦制定歸化條例，修正普通法上之基本原則，承認英國臣民歸化於外國時，則喪失其英國國籍。歐陸諸國在十八世紀以後，因海外移民之禁制漸見和緩，准許脫離國籍者亦時有所見，大體皆受美國國會宣言之影響，認許移居脫籍之自由。

到十九世紀後半葉，歐美各國幾乎無一不尊重個人之權利與自由，已取得之國籍，仍可依個人自由意思使之喪失，而以不違反個人意思，不強制其國籍之永續為基本原則，即改採國籍之非強制主義。我國現行國籍法，順應潮流，不採國籍強制主義，但亦不採絕對的非強制主義，所採者係一種相對的非強制主義。

關於國籍法的立法原則，大致可綜合為下述三點：

一、國籍必有原則

國籍是人和特定國家間的連結，人如無國籍，無所歸屬，猶如物之無主，權利亦難獲有力之保障，故應貫徹人人皆有國籍原則，並設法避免任何人無國籍的不正常狀態。為此，一九四八年世界人權宣言第十五條指出：「人人有權享有國籍。」「任何人之國籍不容無理褫奪，其更改國籍之權利不容否認。」一九六一年有聯合國減少無國籍狀態公約之締結，一九九七年歐洲聯盟理事會通過歐洲國籍公約 (European Convention on Nationality)，於第四條規定：「各締約國之國籍法應遵循下列原則：一、人人皆有權取得一國之國籍。二、無國籍狀態應予以避免。三、人之國籍不得任意予以剝奪。」我國新國籍法第十四條規定已喪失中華民國國籍者，如未取得外國國籍時，得經內政部之許可，撤銷其國籍之喪失，而仍保有其中華民國國籍，亦為此一原則之具體表現❷。

---

❷　法務部曾於函釋中，直接以國籍法公約之規定，作為我國應採國籍單一原則之

二、國籍單一原則

　　人既因其國籍，而受其所屬國的保護與統治，任何人均不得同時有二以上之國籍，以免因國籍衝突而發生權利義務之衝突，增加法律適用之困難。一九三〇年國際聯合會國籍法公約第五條規定：「在第三國之領土內，有一個以上之國籍者，應視為祇有一個國籍，在不妨礙該國關於身分事件法律之適用，及有效條約等範圍之內，該國就此人所有之各國籍中，應擇其通常或主要居所所在之國家之國籍，或在諸種情形之下，似與該人實際上關係最切之國家之國籍，而承認為其唯一之國籍。」第六條規定：「有一個以上國籍之人，而此等國籍非自願取得者，經一國之許可，得放棄該國之國籍。但該國給與更優出籍權利之自由，不在此限。倘此人在國外有習慣及主要之居所，而適合其所欲出籍國家之法定條件者，前項許可不應拒絕。」我國十八年的舊國籍法未明文規定國籍單一之原則，但實務上認其為當然之原則。司法院民國三十五年院解字第三〇九一號解釋指出：「依呈請歸化人之本國法不因取得中華民國國籍而喪失其國籍者，須依其本國法

依據，並認為舊國籍法施行條例之規定與公約牴觸者，應優先適用公約之規定。見法務部民國八十一年六月十六日（八一）法律決字第〇八八四二號函（《法務部公報》，第一四六期，頁 119）：㈠按立法院審查條約案時，與審查法律案之程序完全相同，是經立法院議決之條約在我國應具有國內法之效力。復從憲法第一四一條之精神以觀，條約與國內法牴觸時，似宜優先適用條約（參照本部七十二年二月二十一日法七十二律字第一八一三號函）。㈡又按西元一九三〇年（民國十九年）之「國際聯合會國籍法公約」業經我國代表簽字（部分保留），同年十二月二十七日經我國立法院通過，一九三四年（民國二十三年）十二月十八日由我國民政府將已簽字部分批准，性質上為條約之一種。該公約第七條第一項規定：「一國之法律規定發給出籍許可證書，倘領得證書之人非有另一國籍或取得另一個國籍時，此項證書對之不應有喪失國籍之效果。倘領得證書之人在發給證書國家所規定之時間內不取得另一國籍，則證書失其效力。但領得證書之時已有另一國籍者，不在此限。」如與國籍法施行條例第五條規定有所牴觸，核諸前揭法律見解，似宜優先適用該公約第七條第一項之規定。

喪失其國籍後，始得為歸化之許可，此在國籍法雖無明文，而由同法第二條第一款但書及第八條但書避免國籍重複之本旨推之，實為當然之解釋。」現行國籍法為求明確，乃於第九條第一項前段規定：「外國人申請歸化，應於許可歸化之日起，或依原屬國法令須滿一定年齡始得喪失原有國籍者自滿一定年齡之日起，一年內提出喪失原有國籍證明。」

　　各國國籍法均只規定該國國籍的問題，我國國籍法亦僅規定中華民國國籍之取得、喪失及回復，至於外國國籍之問題，則非屬於其規範之範圍。我國國籍法對於中華民國國民取得外國國籍者，亦未規定其當然喪失中華民國國籍，但為強調國籍單一之原則，並重視其取得且繼續擁有外國國籍之忠誠意涵，現行國籍法第二十條乃規定：「中華民國國民取得外國國籍者，不得擔任中華民國公職；其已擔任者，除立法委員由立法院；直轄市、縣（市）、鄉（鎮、市）民選公職人員，分別由行政院、內政部、縣政府；村（里）長由鄉（鎮、市、區）公所解除其公職外，由各該機關免除其公職。但下列各款經該管主管機關核准者，不在此限：一、公立大學校長、公立各級學校教師兼任行政主管人員與研究機關（構）首長、副首長、研究人員（含兼任學術研究主管人員）及經各級主管教育行政或文化機關核准設立之社會教育或文化機構首長、副首長、聘任之專業人員（含兼任主管人員）。二、公營事業中對經營政策負有主要決策責任以外之人員。三、各機關專司技術研究設計工作而以契約定期聘用之非主管職務。四、僑務主管機關依組織法遴聘僅供諮詢之無給職委員。五、其他法律另有規定者。」「前項第一款至第三款人員，以具有專長或特殊技能而在我國不易覓得之人才且不涉及國家機密之職務者為限。」「第一項之公職，不包括公立各級學校未兼任行政主管之教師、講座、研究人員、專業技術人員。」「中華民國國民兼具外國國籍者，擬任本條所定應受國籍限制之公職時，應於就（到）職前辦理放棄外國國籍，並於就（到）職之日起一年內完成喪失該國國籍及取得證明文件。但其他法律另有規定者，從其規定。」此外，外國人取得中華民國國籍，仍保留外國國籍者，依國籍法施行細則第十九條第二項，亦適用上述規定。

上述規定所限制者，係中華民國國民兼具外國國籍，但在政務人員之任命實務上，目前已有擴及中華民國國民取得外國永久居留權之趨勢。

三、意思尊重原則

有國籍之任何人，既有移居脫籍之自由，亦得依法自主變更其國籍，但因國籍之得喪與相關國家的主權有關，除尊重當事人意思之外，相關國家對其國籍得喪之決定也不可忽略。一九五七年聯合國已婚婦女國籍公約 (Convention on the Nationality of Married Women) 第一條規定：「締約國同意其本國人與外國人結婚者，不因婚姻關係之成立或消滅，或婚姻關係存續中夫之國籍變更，而當然影響妻之國籍。」一九九七年歐洲國籍公約第四條第四款規定：「各締約國之國籍法應遵循下列原則：……四、締約國國民與外國人間婚姻之成立或解消，或其一方配偶於婚姻存續期間之變更國籍，他方配偶之國籍均不因而自動受影響。」凡此規定，均是尊重當事人意思的表現，而各國國籍法（例如我國國籍法第三條以下）規定外國人及無國籍人得「申請歸化」之制度，也是尊重當事人意思而給予國籍的規定。

第四節　生來國籍之取得

生來國籍是指因人之出生而取得之國籍，一般稱為固有國籍。國家因人之出生而賦予其國籍，主要是以其人與該國的某種連結為依據。就沿革而言，此種連結在早期是採血統主義 (jus sanguinis)，以新生兒與國民的血統連結為主，故以父母的國籍為其國籍，中世紀以後強調與國家土地的連結，有採出生地主義 (jus soli) 者，以新生兒的出生地決定其國籍，只要新生兒出生在國境之內，即取得其出生地所在國的國籍。目前由於強調血統連結的國家民族觀念，及強調土地連結的區域整合觀念交互影響，血統主義及出生地主義均仍為重要原則，但多數國家並非純粹採用其中某一原則，而是以併合主義兼採血統主義及出生地主義，因所採的基本原則的不同，又可分為以血統主義為基礎之併合主義及以出生地主義為基礎之併合主義。

一、各種立法主義

㈠血統主義

血統主義是指純依人之血統,以定其固有國籍之主義。此種主義不問當事人出生於何地,純依據其父或母之所屬國,以定其國籍。傳統上採用此種主義的國家,包括德國、奧地利、匈牙利、挪威、羅馬尼亞、瑞士等國。

㈡出生地主義

出生地主義是指純依人之出生地,以定其固有國籍之主義。此種主義不問其父母所屬的國籍為何,單純依其出生地在何國境內,而決定其國籍。傳統上採用此種主義的國家,包括阿根廷、智利、玻利維亞、厄瓜多、哥倫比亞、巴拉圭、祕魯、烏拉圭、委內瑞拉等國。

㈢以血統主義為基礎之併合主義

此種主義原則上是依血統主義定新生兒的固有國籍;但出生在其國境之內的新生兒,即使其父、母為外國人,倘符合一定之條件,亦能取得該內國的國籍,即以血統主義為主,出生地主義為輔。傳統上採用此種併合主義的國家,包括義大利、法國、比利時及日本等國。例如義大利雖以血統主義為原則,但生於義國,其父母無可考或無國籍者,或依其父母之本國法不能取得父母之國籍者,皆取得義大利國籍。

㈣以出生地主義為基礎之併合主義

此種主義原則上是依出生地主義定新生兒的固有國籍;但在具備一定條件時,亦得保其父母之國籍,即以出生地主義為主,血統主義為輔。傳統上採用此種併合主義的國家,包括英國及美國等,此等國家的國民在外國所生的子女,仍取得該內國的國籍。

二、我國國籍法之規定

民國十八年舊國籍法第一章「固有國籍」,原係指基於出生之事實而取得之國籍,八十九年修正之國籍法刪除章名,也無「固有國籍」之名稱,

故本書均稱之為「生來國籍」。舊國籍法對於因出生而依法 (ex lege) 取得之生來國籍，係以血統主義為主，出生地主義為輔，即採以血統主義為基礎之併合主義。各國如以人口問題為標準而決定立法原則，人口充足並能向外發展的國家宜採血統主義，國內人口不足尚須藉外國人充實其人力者宜採出生地主義，舊國籍法立法時人口充沛，血統主義在當時自為適當之選擇。此外，我國僑胞當時在國外者甚多，採用血統主義不但可保存其本身原有國籍，並可使其子女取得我國國籍，以壯大國族。為避免極端採用血統主義而發生問題，當時立法乃輔以出生地主義，予以調劑。

　　現行國籍法第二條關於中華民國國籍之取得，規定：「有下列各款情形之一者，屬中華民國國籍：一、出生時父或母為中華民國國民。二、出生於父或母死亡後，其父或母死亡時為中華民國國民。三、出生於中華民國領域內，父母均無可考，或均無國籍者。四、歸化者。」「前項第一款及第二款之規定，於本法修正公布時之未成年人，亦適用之。」茲將現行國籍法關於生來國籍之規定，分為下列二點說明之。

(一)依父或母之血統主義

　　按血統主義，中華民國國民之子女即可取得中華民國國籍，但仍發生下列問題：如父、母的國籍不同，子女的國籍應如何決定？如父、母的國籍在子女出生前曾有變更，應以何時的國籍為準？對此，我國舊國籍法第一條明定子女出生時父為中華民國國民者，即屬中華民國國籍，即採父系原則而僅以父之中華民國國籍為準，即使子女生在外國或母為外國人或父母未結婚，均不妨害子女之取得中華民國國籍。現行國籍法第二條採父、母雙系之原則，只要出生時父或母為中華民國國民，即均可依法取得中華民國國籍。至於父母的國籍究應以子女出生時或以受胎時為準，由於受胎之時實際上殊難明確認定，雖然子女於受胎時即已遺傳父、母之血統，我國法律乃以出生之時父、母的國籍為準，賦予子女國籍。但子女生於父或母死後者，則此種原則無法適用，只能取得其父或母死亡時之國籍，質言之，出生於父或母死亡後，其父或母死亡時為中華民國國民者，均屬中華民國國籍（國籍法第二條第一項第二款）。

依我國舊國籍法第一條第三款規定，父之國籍固為確定子女國籍之原則，在父無可考或無國籍，而無法適用此項原則時，例外則依母之血統主義，以確定子女之國籍。依現行法規定，母之血統與父之血統已具相同之重要性，非惟在非婚生子女或父無可考或無國籍之情形，即使在婚生子女且父具有外國國籍時，只須其母為中華民國國民，不問其出生地何在，概屬中華民國國籍。此種規定，對於生在外國地者，亦必強其取得中華民國國籍，就立法上言，是否失之過寬，原非無疑義，但依現行國籍法第二條第二項規定，關於依母之血統確定子女之國籍之規定，得溯及既往，適用於本法修正公布時之未成年人。

㈡依出生地主義

我國現行國籍法以血統主義為原則，第二條第一項第三款針對例外情形，輔以出生地主義，以避免初生之人淪為無國籍人。其例外情形有二：

1.父母均無可考者

父母均無可考者，戶籍法第六條稱為「無依兒童」，實際上棄嬰或無依兒童被遺棄於中華民國者，其出生地多在內國，但亦有在外國者，其在血統上多為內國人之子女，但亦有為外國人之子女者。為濟血統主義之窮，出生地主義之外更輔以發現地主義，故就生於中華民國或在中華民國發現之棄嬰或無依兒童，賦與中華民國之國籍。

2.無國籍人之子女

生在中華民國領域，但父、母皆無任何國家之國籍者，其子女如依血統主義亦將成為無國籍人，故我國法律規定，生於中華民國，其父母均無國籍者，屬中華民國國籍。此時採出生地主義，乃貫徹國籍必有原則，避免無國籍人之問題發生。

第五節　傳來國籍之取得

傳來國籍之取得，是指因出生之原因取得國籍（生來國籍）後，由於其他原因而取得他國國籍。此等原因，大致可分為國際法上之原因及國內

法上之原因二種，而後者即指歸化之制度。

一、國際法上之原因

　　一國人民因國際法上之原因，隨其本國主權之變更，而被迫或被動變更其國籍者，均屬此類。例如因國家與國家之合併、征服、獨立、割讓或返還領土，致領土主權由 A 國變更為 B 國時，該領土上原屬 A 國之人民，其國籍除另有安排外，都將連動而變更為 B 國。各國國籍法對於此種變更通常未明文規定，因為此種國籍變更乃是領土主權變動的結果，是依國際法當然發生，無法依國內法而自主決定❸。

㈠國家合併時之國籍取得

　　兩國相與合併時，被合併國之人民，常取得合併國之國籍，因為國籍亦為國家主權之表現，被合併國的主權既已變更，其人民之國籍亦自然變更。在國際法上，通常在合併條約明訂領土主權及人民主權之移轉事項。

㈡國家被征服時之國籍取得

　　一國征服他國時，被征服國之人民，原則上即取得征服國之國籍，但依現代國際法之原則，使用威脅或武力取得之領土僅於例外情形被認為合法，如為合法的征服兼併，因為被征服國的主權因國家滅亡而消滅，征服國在征服後宣告兼併而原始取得被征服國之領土，被征服國之人民喪失其原有國籍後，即自動取得征服國之國籍。但如在國家被征服以前，已居住他國，或因反抗征服而逃亡者，其是否取得征服國之國籍，尚無定論。

㈢割讓時之國籍取得

　　國家以領土之一部，割讓與他國時，實際上是連同被割讓領土上之人民，一併割讓，故其人民喪失讓與國的國籍，並取得受讓國的國籍。有時在領土割讓條約中，對上述原則訂有例外約款，約定割讓地之人民可選擇保留原有國籍，以外國人之資格而繼續留居於割讓地。十八世紀後半期以後因戰爭結果而締結的領土割讓條約，通常附加條件，明定割讓地之居民

---

❸　關於此一部分，請參閱丘宏達，《現代國際法》（臺北：三民，民國八十四年十一月初版），頁 493 以下。

應於一定期間內退出割讓地,使其享有居民之國籍選擇權。

割讓之領土嗣後如由受讓國再返還給讓與國,居民之國籍亦將隨之變動。此種變動並非出於居民之選擇,與歸化不同,故司法院民國三十六年院解字第三五七一號解釋指出:「我國人民於馬關條約生效二年後移住臺灣,因歸化結婚或其他原因取得日本國籍而於臺灣光復時仍為臺灣住民者,因臺灣之光復當然喪失日本國籍,其前已依國籍法之規定喪失我國國籍者,並因此取得我國國籍,因臺灣光復而恢復我國國籍者,與國籍法第十八條所稱之回復國籍不同,自不受同條之限制。」香港於一九九七年回歸中國時,英國及中國亦分別於備忘錄表示:「凡根據聯合王國實行的法律,在一九九七年六月三十日由於同香港的關係為英國屬土公民者,從一九九七年七月一日起,不再是英國屬土公民,但將有資格保留某種適當地位,使其可繼續使用聯合王國政府簽發的護照,而不賦予在聯合王國的居留權」;「根據中華人民共和國國籍法,所有香港中國同胞,不論其是否持有英國屬土公民護照,都是中國公民。」

為避免居民之國籍因上述變動而發生無國籍狀態,一九六一年減少無國籍狀態公約第十條乃規定:「一、凡締約國間所訂規定領土的條約,均應包括旨在保證任何人不致因此項移轉而成為無國籍人的條款。締約國應盡最大努力以保證其與非本公約締約國之國家所訂之任何此類條約,均包括此種條款。二、倘無此種條款,接受領土移轉之締約國及以其他方式取得領土之締約國,對於因此項移轉及取得以致於非取得各該國之國籍即無國籍之人,應給予各該國之國籍。」

二、歸 化

我國舊國籍法第二章「國籍之取得」,即為規定外國人或無國籍人傳來取得中華民國國籍之方法,新國籍法刪除章名後,第二條第一項第四款更將傳來國籍統稱為因「歸化」而取得中華民國國籍。

㈠歸化之意義

歸化 (naturalization) 是指外國人民或無國籍人呈請允許其為內國人

民，而由國家對之賦與國籍之程序。故歸化實由個人之申請，經國家以行政處分予以許可而成立❹。

㈡歸化之一般條件

　　歸化乃國家之特惠，而非個人之權利，故國家得設種種條件予以限制。條件如何，因國而異，但通常不外一定期間於內國有住居所、行為能力、無害於內國社會。我國現行國籍法第三條第一項規定：「外國人或無國籍人，現於中華民國領域內有住所，並具備下列各款條件者，得申請歸化：一、於中華民國領域內，每年合計有一百八十三日以上合法居留之事實繼續五年以上。二、年滿二十歲並依中華民國法律及其本國法均有行為能力。三、無不良素行，且無警察刑事紀錄證明之刑事案件紀錄。四、有相當之財產或專業技能，足以自立，或生活保障無虞。五、具備我國基本語言能力及國民權利義務基本常識。」

㈢特別歸化之條件

　　歸化人如依一般歸化之規定，其於中華民國領域內，每年合計應有一百八十三日以上合法居留之事實，並應「繼續五年以上」，但對於因特殊原因而申請特別歸化者，我國國籍法亦就其設有特別規定。

1.居留期間應達三年以上者

　　現行國籍法第四條第一項規定：「外國人或無國籍人，現於中華民國領域內有住所，具備前條第一項第二款至第五款要件，於中華民國領域內，每年合計有一百八十三日以上合法居留之事實繼續三年以上，並有下列各款情形之一者，亦得申請歸化：一、為中華民國國民之配偶，不須符合前條第一項第四款。二、為中華民國國民配偶，因受家庭暴力離婚且未再婚；或其配偶死亡後未再婚且有事實足認與其亡故配偶之親屬仍有往來，但與其亡故配偶婚姻關係已存續二年以上者，不受與親屬仍有往來之限制。三、對無行為能力、或限制行為能力之中華民國國籍子女，有扶養事實、行使

---

❹　關於國籍與歸化問題的討論，請參閱何明瑜，〈論國籍與歸化兼評我國之外國人歸化法制〉，《政大法學評論》，第七十期（民國九十一年六月），頁149～201。

負擔權利義務或會面交往。四、父或母現為或曾為中華民國國民。五、為中華民國國民之養子女。六、出生於中華民國領域內。七、為中華民國國民之監護人或輔助人。」

2.居留期間無須滿三年者

現行國籍法第四條第二項規定:「未婚未成年之外國人或無國籍人,其父、母、養父或養母現為中華民國國民者,在中華民國領域內合法居留雖未滿三年且未具備前條第一項第二款、第四款及第五款要件,亦得申請歸化。」第五條規定:「外國人或無國籍人,現於中華民國領域內有住所,具備第三條第一項第二款至第五款要件,並具有下列各款情形之一者,亦得申請歸化:一、出生於中華民國領域內,其父或母亦出生於中華民國領域內。二、曾在中華民國領域內合法居留繼續十年以上。」第六條第一項規定:「外國人或無國籍人,有殊勳於中華民國者,雖不具備第三條第一項各款要件,亦得申請歸化。」

㈣歸化之程序

關於歸化程序之繁簡,常與各國人口政策相關。因為人口不足之國家,規定歸化程序較簡;反之,人口過剩之國家,規定歸化程序較繁。我國規定之歸化程序,可分述如次:

1.須經內政部之許可

許可乃行政行為,其許可與否,完全由主管機關自由裁量。現行國籍法第八條規定:「外國人或無國籍人依第三條至第七條申請歸化者,應向內政部為之,並自許可之日起取得中華民國國籍。」由於歸化之許可性質上屬於行政處分,依目前之法治觀念,如當事人認該處分為違法或失當,自應許其依內國法律之規定尋求救濟。如歸化後二年內發現有與本法之規定不合情形,依現行國籍法第十九條規定,內政部應撤銷其歸化之許可,但自歸化之日起逾五年,不得撤銷。

2.須當事人出具申請書及相關文件

國籍法第九條規定:「外國人申請歸化,應於許可歸化之日起,或依原屬國法令須滿一定年齡始得喪失原有國籍者自滿一定年齡之日起,一年內

提出喪失原有國籍證明。屆期未提出者，除經外交部查證因原屬國法律或行政程序限制屬實，致使不能於期限內提出喪失國籍證明者，得申請展延時限外，應撤銷其歸化許可。未依前二項規定提出喪失原有國籍證明前，應不予許可其定居。外國人符合下列情形之一者，免提出喪失原有國籍證明：一、依第六條規定申請歸化。二、由中央目的事業主管機關推薦科技、經濟、教育、文化、藝術、體育及其他領域之高級專業人才，有助中華民國利益，並經內政部邀請社會公正人士及相關機關共同審核通過。三、因非可歸責於當事人之事由，致無法取得喪失原有國籍證明。前項第二款所定高級專業人才之認定標準，由內政部定之。」此一規定是為避免國籍重複而設，其他問題則於國籍法施行細則第八條、第十條規定之。

(五)歸化之效力

1.歸化效力發生之時期

歸化是對將來發生效力，不溯及既往。關於歸化效力發生的時期，立法例中有認為始於歸化許可證書交付之時者，也有認為歸化人收受許可證書後，須在官署為忠誠之宣誓，並自宣誓時起，始發生效力者。現行國籍法第八條明定自許可之日起發生效力，即自當日取得中華民國國籍，國籍法施行細則第十六條雖規定，「依本法申請歸化、喪失或回復國籍經許可者，由內政部核發歸化、喪失或回復國籍許可證書」，但許可證書乃其已獲許可之證明文件，與其何時取得國籍無涉。

2.歸化效力之範圍

歸化之效力，在使外國人或無國籍人取得內國國籍，而與內國國民享有同等權利及負有同等義務，自其效力發生時起，對歸化人本身及其親屬，都將發生一定影響。關於歸化效力之範圍，可再分二點加以闡明：

(1)及於歸化人本身之效力：歸化人原則上與內國人享受同一權利並負同一義務，但各國法律對其所享之權利之範圍，特別是公權中之參政權，通常予以限制。例如美國憲法第一條規定，凡歸化人於歸化後七年內不得為眾議員，九年內不得為參議員，第二條規定非在美國境內居住十四年者，不得為總統。我國現行國籍法第十條第一項亦規定：「外國人或無國籍人歸

化者，不得擔任下列各款公職：一、總統、副總統。二、立法委員。三、行政院院長、副院長、政務委員；司法院院長、副院長、大法官；考試院院長、副院長、考試委員；監察院院長、副院長、監察委員、審計長。四、特任、特派之人員。五、各部政務次長。六、特命全權大使、特命全權公使。七、蒙藏委員會副委員長、委員；僑務委員會副委員長。八、其他比照簡任第十三職等以上職務之人員。九、陸海空軍將官。一〇、民選地方公職人員。」

上列規定，並未就歸化之原因而限制其適用，但擔任公職之權利，對於歸化人並非終身予以剝奪之，故同法第十條第二項規定：「前項限制，自歸化日起滿十年後解除之。但其他法律另有規定者，從其規定。」此一規定適用於所有歸化之情形，即於中華民國有殊勳者，亦未因其顯與一般歸化者不同，而受有縮短其受限之年限之優遇。但外國人取得中華民國國籍，仍保留外國國籍者，依國籍法施行細則第十九條第二項規定，亦應適用國籍法第二十條第一項中華民國國民取得外國國籍者，不得擔任中華民國公職之規定。

(2)**及於歸化人未婚未成年子女之效力**：現行國籍法第七條規定：「歸化人之未婚未成年子女，得申請隨同歸化。」本條規定未包含配偶在內，故夫歸化為中華民國國民者，其妻之國籍非當然變更，即非由妻自行申請歸化者，則不對其發生歸化之效力。本條規定子女之成年，但未明定其成年與否判斷標準之準據法，對照同法第三條第一項第二款關於「年滿二十歲並依中華民國法律及其本國法均有行為能力」者，得獨立申請歸化之規定，似應從寬認定，認為依中華民國法律或其本國法未成年者，均有其適用。

第六節　國籍之喪失

國籍喪失是指一國之人民脫離其原有的國籍，在承認移居脫籍自由的原則下，現行國籍法遂有中華民國國民喪失中華民國國籍之相關規定。

一、國籍喪失之原因

國籍喪失之原因僅有人為之原因，即親屬法上之原因、歸化上之原因及國際法上之原因。國際法上之原因已略述於前，現行國籍法對於前二種原因，於第十一條規定：「中華民國國民有下列各款情形之一者，經內政部許可，喪失中華民國國籍：一、由外國籍父、母、養父或養母行使負擔權利義務或監護之無行為能力人或限制行為能力人，為取得同一國籍且隨同至中華民國領域外生活。二、為外國人之配偶。三、依中華民國法律有行為能力，自願取得外國國籍。但受輔助宣告者，應得其輔助人之同意。」「依前項規定喪失中華民國國籍者，其未婚未成年子女，經內政部許可，隨同喪失中華民國國籍。」

國籍法第十一條上述規定具有避免國籍積極衝突之作用，其中第一項第一款，是鑒於目前國人與外國人通婚頻繁，亦有為外國人收養情形，基於人權保障宜尊重其子女選擇國籍之自由，並考量無行為能力或限制行為能力之子女或養子女與外國籍父、母、養父或養母隨同生活之最佳利益，乃規定得申請喪失國籍，以解決子女或養子女與外國籍父、母、養父或養母不同國籍之困擾；第一項第二款係依兩性平等原則，使該為外國人之配偶之中華民國國民，得自請脫離中華民國國籍；第一項第三款基於國籍之非強制主義，規定自願取得外國國籍者，以依中華民國法律有行為能力者為限，且另受輔助宣告者，應得其輔助人之同意，以符受輔助人之利益；至於歸化人之未婚未成年子女，因得申請隨同歸化，第二項乃規定其得申請喪失國籍。

二、國籍喪失之限制

各國立法例所以允許其國民喪失國籍，除避免國籍衝突之外，也在尊重個人意思。但為免自由脫籍造成問題，通常也對國籍喪失設有若干限制。在我國法上，也設有一般限制與特別限制。

㈠一般限制

國籍法第十二條規定:「依前條規定申請喪失國籍者,有下列各款情形之一,內政部不得為喪失國籍之許可:一、男子年滿十五歲之翌年一月一日起,未免除服兵役義務,尚未服兵役者。但僑居國外國民,在國外出生且於國內無戶籍者或在年滿十五歲當年十二月三十一日以前遷出國外者,不在此限。二、現役軍人。三、現任中華民國公職者。」

本條第一款及第二款之規定,實為現在採徵兵制之國家所共認,其目的在避免破壞兵役制度。為方便第一款之適用,國籍法施行細則第十三條更規定:「本法第十二條第一款但書所稱僑居國外國民,在年滿十五歲當年十二月三十一日以前遷出國外者,指僑居國外國民在年滿十五歲當年十二月三十一日以前出國,且其戶籍資料已載明遷出國外日期者。」至第三款之規定,亦為各國所共認,故凡現任中華民國公職者,皆不得喪失其國籍,以免內國公職由外國人擔任。

㈡特別限制

國籍法第十三條規定:「有下列各款情形之一者,雖合於第十一條之規定,仍不喪失國籍:一、為偵查或審判中之刑事被告。二、受有期徒刑以上刑之宣告,尚未執行完畢者。三、為民事被告。四、受強制執行,未終結者。五、受破產之宣告,未復權者。六、有滯納租稅或受租稅處分罰鍰未繳清者。」本條規定在避免奸狡之徒,藉由國籍喪失而脫免法律責任,故內政部審核喪失國籍之申請時,若發現有各款情事之一者,當拒絕其申請。

三、國籍喪失之效力

國籍喪失乃失去為內國人民之資格,即喪失非內國人民不能享有之一切權利,但非內國國民所不負擔之義務,亦因而免除。國籍喪失之效力,僅關將來,不溯既往。內政部之所以許可喪失中華民國國籍,其目的係為避免發生國籍積極衝突現象,而非在處罰當事人,故如當事人喪失中華民國國籍在先,後來卻未能如願取得外國國籍,反而形成無國籍之情形,自

非妥適。故國籍法乃於第十四條規定：「依第十一條規定喪失中華民國國籍者，未取得外國國籍時，得經內政部之許可，撤銷其國籍之喪失。」但如喪失中華民國國籍後，有國籍法第十九條規定之情形，其喪失國籍之處分仍得依法撤銷。

㈠關於喪失國籍者本身之效力

喪失國籍乃喪失為中華民國國民之資格，而取得為外國人之資格，故凡非中華民國國民不能享有之權利，在國籍喪失時亦喪失之。喪失國籍者之配偶及子女，是否隨同喪失國籍，各國立法例頗不一致，而我國國籍法關於配偶之部分並無明文規定，在解釋上，配偶不能隨同他方喪失中華民國國籍。

㈡關於喪失國籍者未成年子女之效力

至關於喪失國籍者之未婚未成年子女，國籍法第十一條第二項已規定：「經內政部許可，隨同喪失中華民國國籍。」

第七節　國籍之回復

國籍回復 (recovery or resumption of nationality) 是指內國人喪失內國國籍之後，再度取得內國國籍而言。國籍回復與歸化不同，因為申請歸化者及請求回復國籍者雖均為外國人，但請求回復國籍者「本來」曾為內國人，喪失內國國籍後，再度請求回復內國國籍。故如原係歸化人，喪失內國國籍後，再欲取得內國國籍者，僅能視為國籍之「再取得」，並非國籍之回復。

世界各國雖均承認國籍回復制度，但其限制則有寬嚴之別，並可分為下列三種：1.便宜主義，對回復國籍者設有特別寬鬆之條件。2.嚴格主義，對回復國籍者設有特別嚴格之條件，其條件主要是針對服外國兵役或任外國公職而喪失國籍者所加，對於因一般歸化而喪失國籍者則未限制。3.折衷主義，對回復國籍者所設之條件，與外國人歸化之條件並無區別。我國國籍法採便宜主義，即以簡單之條件，使喪失國籍人回復中華民國國籍。

一、回復國籍之條件

國籍法第十五條第一項規定，依第十一條規定喪失中華民國國籍者，如欲回復中華民國國籍，須具備下列三項條件：

㈠現於中華民國領域內有住所

欲回復中華民國國籍者，必須有以中華民國為其本國之意思，方足以斷定其有復籍之誠心，而住所乃生活之本據，故只有在中華民國領域內有住所者，方可以測知其係以中華民國為其本國之意思。此一住所之認定，依國籍法施行細則第四條規定，乃以當事人是否持有有效之外僑居留證或外僑永久居留證為斷。故若因僑居海外而歸化於外國，在其回返中華民國後，須持有有效之外僑居留證或外僑永久居留證，始得為國籍回復之申請。

㈡具備第三條第一項第三款、第四款條件

即須「無不良素行，且無警察刑事紀錄證明之刑事案件紀錄」，且「有相當之財產或專業技能，足以自立，或生活保障無虞」。

㈢經內政部之許可

具備前述二項要件者，並非當然回復中華民國國籍，其僅得申請回復，須經內政部之許可，始發生回復國籍之效果。

以上三種條件，係專為原為中華民國國民，因歸化外國而喪失國籍，嗣後復行聲請回復中華民國國籍者而設。若原為外國人民，依國籍法第三條之規定，歸化中華民國，旋又喪失國籍，經歷歲月，再欲回復中華民國國籍者，則不能寬其條件，仍須依歸化程序，以取得中華民國國籍。其隨同原歸化人，而取得中華民國國籍之子女喪失中華民國國籍者，亦同。新國籍法第十五條第二項明文規定：「歸化人及隨同歸化之子女喪失國籍者，不適用前項規定。」即所以防止外國不肖之徒，利用國籍之變更，以遂其特別之企圖。

二、回復國籍之效力

申請回復國籍者，依國籍法第十七條之規定，應向內政部為之，並自

許可之日起回復中華民國國籍。至回復國籍後之效力，可分下列二點討論之。

(一)關於回復國籍者本身之效力

回復國籍人，因其一度為外國人，不能與一直為中華民國國民者，完全同視，故國籍法第十八條規定，「回復中華民國國籍者，自回復國籍日起三年內，不得任第十條第一項各款公職。但其他法律另有規定者，從其規定。」不過，本條僅規定三年期間，較諸歸化者之自歸化日起滿十年後解除之限制，顯然較寬，而依本條之規定，回復國籍人於滿三年後，原則上即可擔任各款公職，而不受限制。

(二)關於回復國籍者未成年子女之效力

回復國籍之效力，不僅及於本人而已，回復國籍人之未成年子女，亦隨同回復國籍。故國籍法第十六條規定：「回復中華民國國籍者之未成年子女，得申請隨同回復中華民國國籍。」但回復國籍之此項效力，僅及於喪失國籍前所生之子女，而尚未成年者，得隨同回復其國籍；倘其子女已成年，或未成年子女原為外國人時，則為新國籍之取得，而非舊國籍之回復，則須依歸化程序，而為國籍之取得。

第八節　國籍之衝突

依「國籍必有」及「國籍單一」之原則，凡人均應有國籍，且不應有二以上之國籍。但因各國國籍法均僅規定該國國籍之得喪，一人必須同時依據不同國家的國籍法，判斷其有無該國國籍，而各國國籍法所採之主義各不相同，具體規定也互有差異，其結果可能造成一人竟無一國籍，或一人竟有二以上之國籍的情形。無一國籍者，即無國籍的情形，學說上稱為國籍之消極衝突；有二以上之國籍者，即重（多重）國籍的情形，學說上稱為國籍之積極衝突。

國籍之衝突影響個人之公法上及私法上權利義務之確定，並成為國際間之重要課題，為此，各國一九三〇年在荷蘭締結國籍法公約，簽署國有

三十國。該公約締結之目的，在謀統一國籍之原則，但終以各國之利害不同，意見難歸一致，故縱有統一之原則，亦必設保留條款，以符各國現實之需要。在欠缺全球統一的國籍規範，各國關於國籍得喪之標準仍不一致的情形下，國籍之衝突仍無法避免，在國際私法上如以人之國籍作為連結因素，也必須探討國籍衝突時如何確定其本國法的問題。

一、國籍之積極衝突

國籍之積極衝突，是指一人有二以上之國籍，並可分為生來之國籍積極衝突與傳來之國籍積極衝突。前者是因出生時之事實而有重國籍，又稱同時之積極衝突；後者是因出生後之事實而有重國籍，又稱異時之積極衝突。茲就國籍積極衝突之原因及國際私法上之解決方案，分述如下。

㈠國籍積極衝突之原因

1.生來衝突之原因

⑴**由於採用主義之不同**：各國對於生來國籍之取得，所採用之主義各不相同：有採血統主義者，有採出生地主義者，有採併合主義者；併合主義之中，又有以出生地主義為原則者，有以血統主義為原則者。各國國籍法所採的主義不同，即可能發生國籍之積極衝突。例如我國國籍法，以血統主義為原則，凡屬中華民國國民之子女，不問其出生在何地，均應取得中華民國國籍，是故他國（如美國）若以出生地主義為原則，而中華民國國民之子女，又誕生在該國者，則因同時取得出生地之國籍之結果，該子女一人即同時有二個生來國籍。

⑵**由於立法規定之不同**：各國對於生來國籍之取得，所採用之主義縱屬相同，但因立法規定之不同，有時也發生國籍之積極衝突。例如 A、B 兩國均採父系血統主義，但 A 國採懷胎時之血統主義，B 國採出生時之血統主義，設某甲出生時父為 B 國人，懷胎時父為 A 國人，則甲因出生之事實，即同時取得 A、B 二國之國籍。

2.傳來衝突之原因

一人因出生後之原因，取得生來國籍以外的傳來國籍，而有重國籍的

情形，即屬此種國籍積極衝突。茲就其重要原因，再酌予略述。

(1)**婚姻**：對於同一人之婚姻，如一國認其為當然取得國籍之原因，但其原所屬國不認其為當然喪失國籍之原因，即可能形成其國籍之傳來積極衝突。例如甲原為 A 國人，與 B 國人乙結婚，A 國國籍法未規定 A 國國民為外國人之配偶者，即喪失其 A 國國籍，B 國國籍法規定該國國民之外籍配偶，當然取得 B 國國籍，甲將同時有 A、B 二國之國籍，而發生重國籍之現象。

(2)**認領**：對於被認領人，如一國認認領為當然取得國籍之原因，但其原所屬國不承認認領制度或不認認領為國籍喪失之原因，即可能形成其國籍之傳來積極衝突。例如 A 國人甲認領具 B 國國籍之非婚生子女乙，A 國國籍法規定被 A 國國民認領者，當然取得 A 國國籍，B 國國籍法並未規定該國國民為外國人認領者，即喪失 B 國國籍，此時乙將同時有 A、B 二國之國籍，而發生重國籍之現象。

(3)**收養**：對於被收養人，如一國認收養為取得國籍之原因，但其原所屬國不承認收養制度或不認收養行為係國籍喪失之原因，即可能形成其國籍之傳來積極衝突。例如 A 國人甲收養 B 國國民乙，A 國國籍法規定外國人為該國國民收養者，一律取得 A 國之國籍，B 國國籍法並未規定該國國民被外國人收養即喪失 B 國國籍，此時乙將同時有 A、B 二國之國籍，而發生重國籍之現象。

(4)**歸化**：對於歸化人，如其原所屬國不認其為國籍喪失之原因，即可能形成其國籍之傳來積極衝突。例如 B 國人甲因歸化而取得 A 國國籍，A 國國籍法規定外國人因歸化而取得 A 國國籍者，並不以喪失其原有之外國國籍為條件，B 國國籍法並未規定該國國民歸化外國者，即喪失 B 國國籍，則甲將同時有 A、B 二國之國籍，而發生重國籍之現象。

㈡**國籍積極衝突之解決**

國籍積極衝突之解決，有二種涵義：1.在國際公法或國籍法上，藉條約或立法之方式，消除重國籍之現象，使一人只有一國籍，避免重國籍之發生，例如在國際公約規定各國應均採血統主義或均採出生地主義，或在

國際公約或國籍法上規定當事人有結婚、認領或收養時，在相關國家之一方為當然取得國籍之原因，在他方為當然喪失國籍之原因等是。我國新國籍法第九條規定外國人因歸化而取得中華民國國籍，應證明其已喪失原有之外國國籍，即為適例。 2.在國際私法上，如對特定涉外民事法律關係規定應適用當事人之本國法，而當事人有二以上之國籍時，即應探究應如何決定其本國法之問題。國際私法的重點不在於消除國籍積極衝突，而在解決涉外民事的準據法問題。

國際私法上關於國籍積極衝突的解決，有區分情形而分別處理及一體適用單一原則等二種方法，我國舊涉外法採前者，新涉外法採後者。舊涉外法第二十六條規定：「依本法應適用當事人本國法，而當事人有多數國籍時，其先後取得者，依其最後取得之國籍定其本國法。同時取得者，依其關係最切之國之法。但依中華民國國籍法，應認為中華民國國民者，依中華民國法律。」新涉外法第二條規定：「依本法應適用當事人本國法，而當事人有多數國籍時，依其關係最切之國籍定其本國法。」

新涉外法第二條上述規定使本國法的確定趨於合理，對緩和本國法主義之缺點，具有重要的意義。至於其中「關係最切之國籍」的認定，並無固定的公式可依循，而需由法院在具體案例之中，參酌當事人之主觀意願（例如最後取得之國籍是否為當事人真心嚮往）及各種客觀因素（例如當事人之住所、營業所、工作、求學及財產之所在地及家庭生活等），逐案判斷各國籍的關係密切程度，而以其中關係最切的國籍所指向的本國法，作為該當事人的屬人法。至於中華民國賦予當事人國籍，因此而生之法律適用之利益，亦得一併於各國牽連關係之比較中，予以充分衡量，不宜再強調適用中華民國法律之必要性，以貫徹內、外國國籍平等的意旨。

新涉外法第二條對於國籍積極衝突，一律依其關係最切之國籍定其本國法，乃是屬人法決定方法的實質修正。因為當事人有先後取得的數國籍時，其本國法依此種以其最後取得之國籍為準的方法，在認定上固然比較簡便，但有時也會流於僵化或使當事人易於操控屬人法的指向。此外，國際法院在舊涉外法施行二年後（一九五五年）的判決中，已表示當事人的

多重國籍中應以與其具有真實牽連 (genuine link) 者為準❺，故舊涉外法的
規定顯有牴觸以該判決為核心的國際規範的問題，新涉外法乃參酌該國際
法院判決的精神予以修正。

二、國籍之消極衝突

國籍之消極衝突是指當事人無國籍的情形，並可分為出生時發生國籍
消極衝突的生來衝突，以及因出生後原因而發生國籍消極衝突的傳來衝突。

㈠國籍消極衝突之原因

1.生來衝突之原因

⑴由於採用主義之不同：各國對於生來國籍之取得，所採用之主義各
不相同，有時發生國籍消極衝突，例如 A 國人甲之子女在 B 國出生，A 國
採出生地主義，B 國採血統主義，甲之子女依 A 國及 B 國法律均未取得國
籍，即成為無國籍人。我國新國籍法第二條第一項第三款規定，出生於中
華民國領域內，但其父母均無可考，或均無國籍者，因採出生地主義，認
其取得中華民國國籍，但對有外國國籍之外國人子女，則不採出生地主義，
故如 A 國人甲之子女在我國出生，該子女不能取得我國國籍，如 A 國採出

---

❺　The Nottebohm Case (Second Phase), Liechtenstein v. Guatemala, [1955] I.C.J.
Rep. 4. 在本案中，Nottebohm 出生於漢堡，為德國國民，自一九〇五年起即至
瓜地馬拉經商，並在該國有固定之居所，一九三九年十月聲請歸化為列支敦斯
登國國民，於一九四〇年返回瓜地馬拉，嗣因一九四三年瓜地馬拉將其驅逐出
境且凍結其財產，列支敦斯登為其提起外交保護之國際訴訟，瓜地馬拉抗辯其
不具有列支敦斯登國國籍，雙方當事國發生爭議。國際法院在本案判決中指
出，雖然列支敦斯登國主張 Nottebohm 已因歸化而成為列國國民，但其歸化行
為之是否有效應依國際法判斷，而非以列國法律為準。國際法院認為事實顯
示，Nottebohm 與列國並無依存關係 (bond of attachment)，其非基於原有之真
實牽連關係而為之歸化，不足以削減其與瓜地馬拉間長期而密切之牽連關係，
也絲毫未影響其原有之生活方式，故應認此一重要之歸化行為欠缺真實性
(genuineness) 之要件。換言之，列國授與國籍之行為不符合國際法原則，所以
不得提起外交保護之國際訴訟。

生地主義，亦不能取得 A 國國籍，該子女為無國籍之人，乃是生來衝突。

　　(2)**由於立法規定之不同**：各國立法雖採同一主義，但因其程度有強弱之分，也可能發生國籍之消極衝突，例如甲為 A 國人，到 B 國擔任公職，A、B 二國同採血統主義，A 國法律規定內國人擔任外國公職者，即喪失 A 國國籍，甲因此而喪失 A 國國籍後，未取得新國籍，其子女在 B 國出生，該子女既不能取得 A 國國籍，也不能取得 B 國國籍，成為無國籍人，乃是生來衝突。

2.傳來衝突之原因

　　由於出生後之事實，而發生無國籍之情形，主要是原國籍既已喪失，而新國籍尚未取得，例如 A 國人甲因婚姻、認領、收養、歸化或國際法上之原因，而喪失其原有 A 國國籍後，如尚未因同一原因，而取得新國籍時，即造成國籍消極衝突之傳來衝突。

㈡國籍消極衝突之解決

　　國籍消極衝突之解決，有二種涵義： 1.在國際公法或國籍法上，即藉條約或立法之方式消除無國籍現象，使人人皆有國籍，例如在國際公約規定各國均採同一國籍主義，且無程度強弱之分，並規定當事人有結婚、認領或收養時，如當然喪失一國國籍，即當然取得另一國之國籍。我國國籍法第十四條規定已喪失中華民國國籍者，如未取得外國國籍時，得經內政部之許可，撤銷其國籍之喪失，而仍保有其中華民國國籍，乃其適例。 2.在國際私法上，國籍消極衝突之解決不在於消除無國籍之問題，也不在為當事人創設一國籍，而在於解決法律適用準據法之問題，故如國際私法規定特定之涉外民事應適用當事人之本國法，而當事人無國籍時，即應依國際私法予以決定。

　　國際私法上採本國法主義，而當事人無國籍時，其解決方法有以另一連結因素代替其國籍者，有以另一法律為其本國法者；也有區分生來衝突及傳來衝突，認為生來衝突應以當事人現在住所地法為其本國法，如無住所或住所不明時，以其居所地法為其本國法，而傳來衝突應以當事人之原屬國籍為其國籍者。我國新涉外法第三條規定：「依本法應適用當事人本國

法，而當事人無國籍時，依其住所地法。」（舊涉外法第二十七條第一項前段同），即不分生來衝突或傳來衝突，一律採用住所地法，代替當事人之本國法。至於住所衝突的問題，再另外於新涉外法第四條予以解決。

　　新涉外法第三條「依其住所地法」之規定，並非賦與當事人住所地的國籍，而是以住所地法代替本國法，即「以其住所地法為其本國法」之意。國際私法上的當事人本國法雖原則上是依其國籍決定，但有時國籍與本國法的認定並非一致。例如新涉外法在婚約之效力（第四十五條第二項）、婚姻之效力（第四十七條）、夫妻財產制（第四十八條第二項）、離婚及其效力（第五十條）等法律關係，均以當事人共同之本國法，為最優先適用的準據法，所謂「依共同之本國法」之意義，與「當事人同國籍者，依其本國法」並不相同。故如當事人有數國籍或無國籍的情形，宜先依新涉外法第二條及第三條之規定，各別認定各當事人之本國法為何國法律，再比較其是否相同；如非共同，再比較其住所地法是否共同；如亦不同，最後再依關係最切之法律。所以，當事人有相同之國籍者，如其國籍並非關係最切，未必有共同之本國法，例如甲為 A 國人，乙有 A 國及 B 國之國籍，但 B 國與乙的關係較密切，則甲之本國法為 A 國法，乙之本國法為 B 國法，甲、乙二人並無共同之本國法。又如甲為 A 國人，住所在 B 國，乙無任何之國籍，但在 A 國有住所，則甲之本國法為 A 國法，乙之本國法亦為 A 國法，甲、乙二人雖然國籍不同，但 A 國法仍然是甲、乙共同的本國法。

第四章 住 所

第一節 住所之意義

　　住所自羅馬法以來，即有二個要件：1.以久住之意思；2.而住於一定地域。不過，各國關於住所之法制及學說，仍未盡一致，例如法國民法（第一〇二條）及日本民法（第二十一條）皆認住所係生活本據之地域，義大利民法（第十六條）認為係業務及利害關係之中心所在地，西班牙民法（第四十條）認為係長時居住之地，但我國民法（第二十條）及德國民法（第七條）均明定以久住之意思，住於一定之地域者，即為設定其住所於該地，而瑞士之居民住民法（第三條）明定以久住之意思為必要，英美一般學說亦認住所係以久住之意思，而事實上所居住之地域。

　　由上述可知，各國法制關於住所之定義，在客觀要件的形式上大致分為二類，一類是生活之本據或業務中心之地域，一類是永久或長時居所所在之地域。 如果以人取得住所的時期為標準 ，住所可分為固有住所 (domicile of origin) 與取得住所 (domicile of choice)，前者是因出生而即取得之住所，後者是因出生以後之事實而取得之住所；如以人取得住所的原因為標準，住所可分為當事人任意選定的意定住所，以及依法律規定取得的法定住所。法定住所包括固有住所、無行為能力人、限制行為能力人的住所 (domicile of dependency)，妻如以夫之住所為住所，妻的住所亦為法定住所。我國民法第二十二條規定：「遇有下列情形之一，其居所視為住所：一、住所無可考者。二、在我國無住所者。但依法須依住所地法者，不在此限。」國際私法上因強調住所及居所的區別，故住所並不包含此種視為

住所的居所。

　　各國法制通常規定每人均應有一住所，但對於一人得否同時有二個以上之住所，規定仍未一致。例如德國民法（第七條第二項）明定一人可同時在多處設定住所，但我國民法（第二十條第二項）及瑞士民法（第二十三條第二項）則明文規定一人同時不得有兩住所。此外，各國法制對於無住所情形的容忍程度也不同，例如瑞士民法（第二十四條）及德國民法（第七條）均以為凡已拋棄原有住所而未取得新住所者，則為無住所之存在，英國法律則認為在取得新住所以前，其舊住所尚不消滅，若當事人未取得新住所而拋棄其意定住所，則其固有住所將因而復活，我國民法未規定無住所之情形，一般認為已拋棄原來之住所而未設定新住所者，即成為無住所之人。

第二節　住所之重要性

　　在國際私法上，住所在採住所地法主義的法制中，乃是重要的連結因素，部分國家以經常居所取代住所後，其重要性雖已降低，但只要國際私法仍使用住所的概念，即使住所並不作為屬人法的連結因素，住所仍有其重要性。我國新涉外法就屬人法採本國法主義，關於外國法人本國法的確定，第十三條更改弦易轍，將舊涉外法第二條的「以其住所地法為其本國法」，修正為「以其據以設立之法律為其本國法」，使住所地法的地位相當有限，但仍維持住所的概念並使用於若干規則之中，以下特就住所在我國國際私法上的重要性，分點予以探討。

一、以住所地法代替本國法之適用

　　在當事人無國籍時，住所作為決定其本國法的備位連結因素，完成本國法的適用：依本法應適用當事人之本國法，而當事人無國籍時，依新涉外法第三條規定，應依其住所地法（舊涉外法第二十七條第一項前段同）。此時法院依法應適用的準據法，其實是當事人的「本國法」，雖然最後被適

用的是住所地法，但住所地法仍然是以「本國法」的名義而被適用，而不是衝突規則直接指定要適用的準據法。例如甲無國籍，在 A 國有住所，因其行為能力問題在我國法院涉訟，此時依新涉外法第十條第一項規定應適用的是甲的「本國法」，但因甲無國籍，新涉外法第三條規定乃以 A 國法作為甲的本國法，A 國法之所以被適用，並不是因為當事人的行為能力應依其住所地法，而是因為此種情形下的甲，應以 A 國法作為其本國法。甲不能因為法律規定 A 國法為其本國法，而被認為具有 A 國國籍，乃是當然。

二、以住所地法為行為地法的補充性準據法

新涉外法第二十八條第一項規定：「侵權行為係經由出版、廣播、電視、電腦網路或其他傳播方法為之者，其所生之債，依下列各款中與其關係最切之法律：一、行為地法；行為地不明者，行為人之住所地法。二、行為人得預見損害發生地者，其損害發生地法。三、被害人之人格權被侵害者，其本國法。」其中第一款規定的住所地法，乃是補充行為地法的準據法，換言之，本項規定的準據法，乃是三款所規定的「候選」準據法中關係最切的法律，其中第一款的候選法律乃是行為地法，只有行為地不明時，行為人的住所地法才成為第一款的候選法律。

三、以共同住所地法為共同本國法的補充性準據法

新涉外法在當事人無共同之本國法時，有時以共同之住所地法作為補充性的準據法，例如關於婚約效力、婚姻效力、夫妻財產制及離婚的下列規定中，都採取此種方式：1.婚約之效力，於婚約當事人無共同之本國法時，依共同之住所地法（第四十五條第二項中段）。2.婚姻之效力，夫妻無共同之本國法時，依共同之住所地法（第四十七條中段）。3.夫妻財產制，夫妻以書面合意適用其一方之本國法或住所地法者，依其合意所定之法律（第四十八條第一項）；夫妻無前項之合意或其合意依前項之法律無效時，其夫妻財產制依夫妻共同之本國法；無共同之本國法時，依共同之住所地

法；無共同之住所地法時，依與夫妻婚姻關係最切地之法律（第四十八條第二項）。4.離婚及其效力，依協議時或起訴時夫妻共同之本國法；無共同之本國法時，依共同之住所地法；無共同之住所地法時，依與夫妻婚姻關係最切地之法律（第五十條）。

四、推定債務人住所地法為關係最切之法律

　　新涉外法第二十條規定：「法律行為發生債之關係者，其成立及效力，依當事人意思定其應適用之法律。」「當事人無明示之意思或其明示之意思依所定應適用之法律無效時，依關係最切之法律。」「法律行為所生之債務中有足為該法律行為之特徵者，負擔該債務之當事人行為時之住所地法，推定為關係最切之法律。但就不動產所為之法律行為，其所在地法推定為關係最切之法律。」本條第三項的本文所規定的住所地法，即是法律上所擬制的關係最切的法律，但因「推定」仍得以反證予以推翻，如當事人主張應適用債務人住所地法以外的法律者，應證明該其他法律為關係最切的法律。

五、作為遺囑方式選擇適用的準據法

　　新涉外法第六十一條規定：「遺囑及其撤回之方式，除依前條所定應適用之法律外，亦得依下列任一法律為之：一、遺囑之訂立地法。二、遺囑人死亡時之住所地法。三、遺囑有關不動產者，該不動產之所在地法。」本條第二款所規定的遺囑人死亡時之住所地法，乃是獨立的準據法，其非取代當事人本國法的補充性法律，與當事人有無國籍的問題無涉。

六、作為法院地法適用之條件

　　對於外國人的屬人法事項，有時須由法院以裁判予以宣告，新涉外法就死亡宣告及監護、輔助宣告，即以其在內國有住所為條件，作為內國法院得管轄並得依內國法予以判斷的條件，並於第十一條第一項規定：「凡在中華民國有住所或居所之外國人失蹤時，就其在中華民國之財產或應依中

華民國法律而定之法律關係，得依中華民國法律為死亡之宣告。」第十二條第一項規定：「凡在中華民國有住所或居所之外國人，依其本國及中華民國法律同有受監護、輔助宣告之原因者，得為監護、輔助宣告。」（舊涉外法第三條第一項、第四條第一項同）

七、作為法院審判管轄權之基礎

關於國際審判管轄權的決定，各國通常採取「以原就被」原則，認為被告住所所在地的法院有管轄權。我國涉外法未明文規定上述管轄權規則，但民事訴訟法第一條第一項前段「訴訟，由被告住所地之法院管轄」，將其規定類推適用於國際審判管轄權的決定，可獲得相同結論，此外，家事事件法第五十三條第一項第二款前段規定：「夫妻均非中華民國人而於中華民國境內有住所」，其婚姻事件由中華民國法院審判管轄，亦是以住所為行使法院審判管轄權的基礎。

在新涉外法上，住所既具有上述功能，體系上乃將其與國籍消極衝突的問題切割，在第四條規定其相關問題，不再作為本國法的附屬或延伸問題。

第三節　住所之確定

我國新涉外法第四條第一項謂「依本法應適用當事人之住所地法」，法院適用其規定時應先探求當事人的住所究竟是在何地，但因各地有關住所的法律規定並非完全一致，在法律衝突的理論上乃發生一個問題：決定住所地法的住所，應依據何國或何地的法律予以確定？本條並未明文規定。各國關於住所之得喪變更，法律規定的要件並不完全一致，當事人如在涉外案件中就住所的問題發生爭議，法院在就相關事實認定是否符合住所的主觀要件及客觀要件外，也將發生究竟應以何國或何地之法律，作為住所的要件的準據法的問題。對於確定住所地或住所的要件的準據法，學說及司法實踐上有三說。

一、法院地法說

此說認為當事人既在法院地涉訟，又發生住所確定的問題，則關於當事人住所之所在，應以法院地法為準。根據此說，在外國的住所亦以法院地法予以確定，其結果可能和住所地法及當事人的本國法不一致，雖然有簡便之效，但難免擅斷之批評。

二、本國法說

此說認為當事人住所之得喪變更，應依該當事人之本國法予以確定。不過，住所並非當事人的屬人法事項，適用其本國法並無合理依據，而且在國籍衝突時也將衍生法律適用的困難，故本說也受批評。

三、屬地法說

此說認為住所與國籍類似，其功能均在確定某人與某國（地）之政治社會關係，因此某人於某國是否有住所，即應以該國之法律為標準。依據此說，當事人之住所應依各地之法律分別決定，可能出現住所積極衝突及消極衝突，使相關問題更加複雜，故本說也受批評。

以上三說，並無絕對之優劣，但在我國國際私法上，作為屬人法之連結因素的住所，在欠缺明文規定的情形下，似無逕依法院地法之理，本國法說在住所非屬屬人法事項且無明文規定的情形下，也難謂合理，故以屬地法說較符合我國涉外法的規範意旨。因為我國民法及多數國家均規定住所必有及一人不得同時有兩住所之原則，如採法院地法說或本國法說而適用單一國家的法律，國際私法上較無規定住所衝突問題之必要；但新涉外法第四條（舊涉外法第二十七條同）仍規定當事人可能「有多數住所」，也可能「住所不明」，即住所有積極衝突及消極衝突等問題，其背後的理由乃是涉外法上的住所係依多數的法律分別決定，故應採住所的「屬地法說」，即當事人在各地的住所有無的問題，應依其各地關於住所的法律分別認定之。此種情形，與當事人有無某國的國籍問題，應依該國的國籍法決定的

原則類似。因此，涉外民事之當事人的住所，應依其各住所地的法律分別決定，如依涉外法應適用當事人之住所地法，而當事人有多數住所或無住所時，再依前述規定予以解決。

第四節　住所之衝突

關於自然人的固有住所，可能因各國法制規定不一致而在各國的認定結果不同，也可能因為原始事實無法考證，在各國都發生如何予以確定的困難；至於意定住所，各國法制大致是依二個要件予以認定：㈠居住的事實、㈡久住的意思。不過，此二要件均非確定而不變者，而各國法律的具體規定也不一致，因此可能發生當事人有無久住意思的認定差異，也可能就同一事實發生是否構成住所變更的歧異結論。在採屬地法說確定同一人在各地的住所的情形下，同一人可能出現原有的 A 地的住所尚未廢止，而又在 B 地依法取得新住所，發生重住所或住所的積極衝突的現象；也可能出現其在 B 地的新住所尚未取得，但其在 A 地的舊住所已經廢止，形成無住所或住所的消極衝突的現象。依他人的住所決定的法定住所，也可能因所仰賴的他人的住所的變更而變更，隨該他人的住所衝突而出現住所衝突的情形。

在國際私法上，如涉外民事應適用當事人住所地法，而當事人有二以上住所或無住所，即其住所發生積極衝突或消極衝突的情況時，應有適當的解決方法，茲就其情形分別說明如下。

一、住所之積極衝突

一人同時在二地以上有其住所，即重住所時，其在各地的住所均為合法住所，在涉外民事應適用其住所地法時，即發生應以何一住所為連結因素的問題。

㈠衝突之原因

重住所之發生原因，大致有二類：

1.各國法律規定不同

關於一人得否有二以上住所的問題，各國規定不一致，例如 A 國採否定說，規定一人僅有一住所，而 B 國採肯定說，規定一人得同時有二以上之住所，而甲在 A 國已有住所，仍到 B 國設定第二住所，此時甲在 A 國之住所依 A 國法未經廢止，在 B 國之住所依 A 國法不能設定，但依 B 國法則已設定；在住所的確定採屬地法說的情形下，甲即同時在 A 國及 B 國有住所，形成重住所。

2.各國關於事實之認定

例如棄嬰的住所因其出生地不明而以發現地為其住所，但對於同一棄嬰甲的發現地，A 國認為在 A 國境之內，甲在 A 國有住所，B 國認為發現地在 B 國境內，甲在 B 國有住所時，在採屬地法說的情形下，甲即同時在 A 國及 B 國有住所，形成重住所。

㈡衝突之解決

住所積極衝突之解決，有二種涵義：1.在國際公法及比較民法上，藉條約締結或統一立法的方式，使一人只有一住所，例如規定各國均採一人一住所之原則，避免重住所之發生。 2.在國際私法上，就特定涉外民事應適用當事人之住所地法，而當事人有二以上住所時，應決定如何確定其住所地法的問題。國際私法上對於住所積極衝突，重點不在於根本消除重住所之問題，而在於解決其住所地法的確定問題，茲更分述如下：

1.內外國住所之衝突

依住所確定的屬地法說，某人之在一國領土之內是否有住所，應依該國法律決定，如依內國之法律其在內國已有住所，有見解認為不問其是否另在外國依外國法亦有住所，即一律以法院地法（即內國法）為當事人之住所地法。依此種內國住所優先的原則，內、外國住所衝突時，不問其住所為意定住所或法定住所，亦不問各住所取得時間之先後，均以內國之住所決定其住所地法。

2.外國住所間之衝突

⑴同時衝突：一人同時取得二以上之外國住所時，其解決之方法有強

調居所之重要性，以其有居所的住所為準者，也有不以居所為唯一之標準，以其各住所中與當事人最有密切關係者為準，而決定其住所地法者。前一方法在當事人在各住所地均有居所，或均無居所時，亦將發生適用的疑義，故後一方法似較可採。

⑵**異時衝突**：當事人如先後取得二以上之住所，有認為應以當事人最先取得之住所為準，即依舊住所地法者，也有認為應以當事人最後取得之住所為準，即依新住所地法者。此二說各有所本，難分軒輊。

我國新涉外法第四條第一項就住所積極衝突問題，規定「依本法應適用當事人之住所地法，而當事人有多數住所時，適用其關係最切之住所地法。」相對於舊涉外法第二十七條第二項於內外國住所衝突時，係採內國住所優先之原則，於外國住所間之衝突，則不分同時衝突與異時衝突，一律適用關係最切之住所地法的規定❶，新涉外法不問住所積極衝突的原因及類型，貫徹內、外國的住所一律平等的原則，一律依關係最切之住所地法，較能落實「衝突正義」(conflicts justice)❷。

二、住所之消極衝突

一人於任何地方皆無住所，即所謂無住所時，關於住所地法之確定可分二點說明。

㈠衝突之原因

1.各國法律規定不同

關於住所的廢止及設定問題，各國規定不一致，例如 A 國規定住所之廢止，不因尚未設定新住所而不生效，B 國規定住所之廢止，須待新住所

---

❶ 舊涉外法第二十七條第二項規定：「當事人有多數住所時，依其關係最切之住所地法，但在中華民國有住所者，依中華民國法律。」

❷ 法院就涉外民事所作成的判決，所欲實現的正義包括實體正義及衝突正義，前者是實體結論的妥當問題，後者是各相關的法律的公平適用問題，請參閱陳榮傳，〈國際私法立法的新思維——衝突規則的實體正義〉，《月旦法學雜誌》，第八十九期（民國九十一年十月），頁 50～61。

設定始生效力，甲之住所原在 A 國，先予以廢止後，再赴 B 國設定新住所，在甲未取得於 B 國的住所前，甲即成為無住所之人。

2.各國關於事實之認定

例如甲終身在 A 國、B 國及其他國家之間旅行，無家可歸，到處飄泊，A 國認為甲在 A 國境之內無住所，B 國認為甲在 B 國境內亦無住所時，在採屬地法說的情形下，甲即成為無住所之人。

㈡衝突之解決

住所消極衝突之解決，有二種涵義：1.在國際公法及比較民法上，藉條約締結或統一立法的方式，使人人皆有住所，例如各國均規定新住所未設定前，不廢止其舊住所之原則等。2.在國際私法上，就特定涉外民事應適用當事人之住所地法，而當事人無住所時，應以何一法律替代其住所地法的問題。國際私法上對於住所消極衝突，重點不在於根本消除無住所之問題，而在於解決其住所地法的替代問題，其方法大致有二，茲分述之。

1.以居所代替住所

此說認為當事人無住所時，不分其係生來消極衝突或傳來消極衝突，一律以其居所地法代替住所地法。

2.以最後之住所為準，無最後之住所時，以居所代住所

此說認為在當事人有生來住所消極衝突時，以其居所地法替代住所地法，在其有傳來住所消極衝突時，則依最後之住所地法。

對於上述問題，我國新涉外法第四條第二項規定：「當事人住所不明時，適用其居所地法。」此一規定與舊涉外法第二十七條第一項之規定，均認為當事人之居所地與其人發生相當密切之地緣關係，其重要性僅次於住所，故現在住所不明，即未能證明其有任何住所，而為無住所狀態時，不問其過去有無住所，一律以居所地法，替代其住所地法，以解決法律適用之問題。新、舊涉外法雖均規定應以居所地法代替住所地法，但在體例設計上仍有差異，因為住所地法在新涉外法上，已經於一定程度內與本國法分道揚鑣：住所不明的問題，在舊涉外法是延續當事人無國籍之後才發生的問題，在新法則是因為適用住所地法所發生，當事人有國籍時也可能

發生此一問題。

在我國涉外法上，於住所及居所之間，並未承認「經常居所」之連結因素，新涉外法也未以經常居所取代住所的概念，其主要原因是我國民法上關於住所的「久住之意思」，並非純就當事人之主觀意思決定，而是「依一定之事實」為客觀上之認定❸，而經常居所概念之提出所針對的英美法上久住之主觀意思，在我國法上基本上並未形成問題。相對於住所的基本單一性，人基本上有二以上居所，在以居所地法替代住所地法之後，也必須解決居所衝突的問題。新涉外法第四條第三項規定：「當事人有多數居所時，適用其關係最切之居所地法；居所不明者，適用現在地法。」本項規定將居所地法定位為補充性的準據法，只是為完成適用住所地法的一項設計，而非某一法律關係的獨立準據法，乃未將居所衝突的問題設計為一條單獨的條文，而是在規定住所衝突的條文之中，其內容貫徹內、外國居所一律平等的原則，有助於衝突正義的實現。

---

❸　民法第二十條規定：「依一定事實，足認以久住之意思，住於一定之地域者，即為設定其住所於該地。」

第五章　當事人意思

　　在國際私法上，當事人意思為獨立之一種連結因素，即就涉外民事應適用之法律，有時是由當事人意思予以決定。此種連結因素與私法自治或學理上的「當事人意思自主原則」(the doctrine of autonomy of the parties)，有密不可分之關係。

第一節　當事人意思自主原則之意義

　　就特定涉外民事法律關係，法律允許當事人得以合意選擇應適用之法律時，即係以當事人意思為連結因素。此種當事人得以合意選擇應適用之法律之原則，學理上稱為當事人意思自主原則或當事人意思自治原則，通常被認為係第十六世紀法國學者杜慕蘭 (Charles Dumoulin, 1500～1566) 所創。各國國際私法多採用此一原則，並適用於法律行為發生債之關係（特別是債權契約關係），惟此一原則晚近，有被擴張適於其他法律關係之趨勢，例如一九八七年瑞士國際私法對夫妻財產制（第五十二條）、侵權行為（第一三二條），均在一定程度內採納當事人意思自主原則。

第二節　實體法上與國際私法上當事人意思自主原則

　　在實體法及國際私法上，均採當事人意思自主原則，實體法稱之為私法自治或契約自由原則，可比較如下：

一、實體法上當事人意思自主原則

指當事人得以其合意,代替原應適用之法律上之任意規定,但不得以其合意代替法律之強行規定,例如民法第二二二條「故意或重大過失之責任,不得預先免除。」為強行規定,當事人不得依契約自由原則,予以排除;但如民法第三五一條「買受人於契約成立時,知有權利之瑕疵者,出賣人不負擔保之責。但契約另有訂定者,不在此限。」則為任意規定,當事人若為相反之約定,法律應承認其約定有效。在契約自由原則下,當事人如合意以外國法律上的若干條款,作為契約的約款,只要不牴觸內國強行法的規定,法律應認其約款有效。

二、國際私法上當事人意思自主原則

指當事人得以合意選擇某一國家的法律或法制,作為特定法律關係應適用之法律或準據法。此時被選擇適用的國家的法律或法制,除其任意規定外,其強行規定也包括在應適用之法律或準據法的範圍之內。

實體法上與國際私法上當事人意思自主原則,雖在定義上有以上之區別,但彼此也有所牽連,因為當事人對涉外民事法律關係,在依國際私法上當事人意思自主原則選擇其準據法之後,仍可依該準據法所規定的實體法上當事人意思自主原則,即私法自治或契約自由原則的規定,享有形成其私法關係的自由。就理論而言,國際私法上當事人意思自主原則只能適用於涉外民事法律關係,「非涉外」民事法律關係的當事人僅能享有實體法上契約自由原則,但當事人如有「約定適用外國法」的約款,得否即從寬認定其有「涉外因素」,仍值得關注。

第三節　有關當事人意思自主原則之學說

關於國際私法上當事人意思自主原則,學理上曾有否認說與承認說之爭議,茲分述之。

一、否認說

即根本否認國際私法上當事人得以合意選擇應適用之法律，其理由如下：

㈠如承認當事人意思自主原則，不啻使個人成為立法者

對涉外法律關係究應適用何國法律，應由立法機關來決定，不應由當事人自己決定。

㈡如承認當事人意思自主原則，則有逃避原應適用法律之強行法之嫌

例如某一契約依法院地國際私法原應適用 A 國法，如允許當事人合意選擇 B 國法，而不受 A 國強行法之規範，似有縱容規避法律之嫌。

㈢會造成惡性循環

如當事人合意選擇 B 國法為應適用之法律，而當事人就是否有合意或該合意是否有效之問題發生爭議時，此時究應適用何國法律決定？如適用該合意選擇之 B 國法律為準據法，由於該法律是否即為應適用之法律，尚未確定，由其決定合意有效與否，會造成惡性循環，似有未妥。

二、承認說

即認為在國際私法上可以採取當事人意思自主原則，由雙方當事人合意選擇應適用之法律，其理由如下：

1.對涉外民事法律關係，適用雙方當事人合意適用之法律，則判決結果較易為當事人所接受。

2.承認當事人可合意選擇應適用之法律，不致使私人成為立法者，立法者仍為立法機關。

3.承認當事人可合意選擇應適用之法律，雖然會發生逃避原應適用法律之嫌，但當事人仍應受其合意選擇之法律之拘束，且外國法適用之結果仍不得違背法院地公序良俗。

4.以當事人合意選定之法律，決定合意本身有效與否，乃不得已之措

施，並非絕對不妥；何況在該法律之外，也可以依法院地法來決定，以避免惡性循環之批評。

以上二說，以承認說較為可採，惟在承認說下，又有二種不同之見解：

㈠自由說

即承認當事人有絕對之自由，可以合意選擇任何國家之法律為其契約之準據法；至於該法律與涉外案件是否有何牽連，則在所不問。

㈡限制說

即認為當事人只能於與契約有牽連關係國家中，選擇其法律為準據法，例如當事人任一方之本國法、住所地法、或訂約地法等，不可選擇與契約無牽連關係國家之法律。

以上二說，自由說較符合當事人意思自主原則之真意，其以當事人之選擇作為最重要之牽連關係，輔以法院地公序良俗條款對外國法適用之限制，乃是我國涉外法所採之原則。

第四節　當事人意思自主原則之實際運用

在採當事人意思自主原則下，當事人意思在理論及實務上可能包含下列三種類型。

一、明示意思

即指雙方當事人於契約中或契約外，明白表示雙方合意選擇之法律，此為明示之意思表示。此一意思表示不限於書面，口頭合意亦無不可，此一意思也不限於訂定契約時即為表示，訂定契約後訴訟前，甚至起訴後審理前，雙方所達成之合意亦為有效。明示意思的存在須要明確的證據予以證明，適用上較不致發生爭議，我國新涉外法第二十條第一項「當事人意思」對照同條第二項，即僅指明示之意思而言。

二、默示意思

當事人無明白之合意，但法院根據契約之性質、內容或文字用語，因而認定當事人有默示合意適用某國法律之意思，從而確定應適用之法律。例如甲、乙訂有金錢借貸契約，雙方合意適用 A 國法，甲、丙訂有保證契約，丙保證於乙不履行債務時，由其代負履行責任之契約，甲、丙雖未於契約中明白規定適用某國法，但從保證契約係屬從契約之性質，可以認定當事人有默示適用 A 國法之意思。契約當事人之一方為國家，另一方為他國之自然人，則如契約無明示合意時，應也有默示適用為當事人該國家之法律之意思。再如我國人民與日本國人民以中文簽訂契約，通常亦可認為雙方有合意適用中華民國法律之默示意思。我國舊涉外法第六條第一項「當事人意思」，除明示意思之外，最高法院裁判認為亦包含默示意思在內（八十九年度臺上字第一七八八號民事判決）。

三、假設意思或欠缺意思

當事人如於契約中無明示意思，也不能發現當事人有默示意思時，則在當事人意思自主原則下，如何確定契約之準據法，學說上有下列二種方式：

㈠準據法個別確定式

即受理訴訟之法官，應在個別契約中，推定當事人可能之意思或判斷各法律之牽連關係，以個別決定應適用之準據法 (individualized choice of law)。其具體作法，可分為下列二種：

1.當事人假設意思說

又稱主觀說，即認當事人雖無明示或默示意思存在，但如當事人在訂約時意識到準據法選擇之問題，必已形成決定適用某國法律之意念，故法院應依當事人當時可能存在之意念，確定其準據法，在個案中也應發現當事人此種假設其存在的合意 (presumed intention)。

2.最重要牽連關係說

又稱客觀說，即認當事人無明示或默示意思時，法院即不應求諸根本不存在的當事人假設意思，而應在當事人意思自主原則下，從當事人訂約時的客觀環境及相關聯事實中，分析比較各相關國家的法律與契約之間的牽連關係，而以與契約關係最密切國家之法律，作為該契約之準據法。

㈡準據法一般確定式

針對涉外契約無從發現當事人明示或默示意思的情形，一國立法者或法院應以明文規定或法院判例，樹立某種一般性規則 (general rules)，作為確定準據法的依據。其具體的規定可分為二種：

1.非絕對性規則

在無法發現當事人明示或默示意思時，此種一般性規則僅作為法院適用法律之起點，或適用法律之輔助參考，其對法院並無強制適用的拘束力，性質上屬於訓示規定或非絕對性規則 (prima facie rules)。

2.硬性規定

在法院無法發現當事人明示或默示意思時，此種規則是法院決定準據法的唯一且絕對的強制性規則，法院如未遵守而另行決定其準據法，即屬違背法令。此種規定不在就個案為柔性勸導，而是要求法院強制適用，其性質屬於硬性一般規則 (rigid general rules)。

其實，當事人假設意思說與最重要牽連關係說在理論上雖可區別，但在具體個案中甚難分辨是採何一見解，因在採主觀說時，法院仍不能不藉事實情況中的客觀因素，以推定當事人的主觀意思；其次，默示意思與推定意思之間亦難明顯區別，而在採準據法一般確定式中硬性規定之國家，其依國家法律之硬性規定確定之準據法，如再稱其為當事人之推定意思，實嫌牽強。

第五節　我國法律之規定

我國涉外法對於因法律行為發生的債之關係，新法第二十條及舊法第六條均採取當事人意思自主原則，並就當事人意思不明時規定確定其準據

法的規定，但新法採準據法個別確定式中的最重要牽連關係之法律，舊法採準據法一般確定式中的一般硬性規則，差異甚大。

一、準據法適用之對象

在當事人意思自主原則下，當事人合意選擇之法律，即為應適用之法律或準據法，至於此一原則適用的對象，各國法律規定未必完全相同，依我國新涉外法第二十條規定其為「法律行為發生債之關係者」，即債權行為所生之法律關係，主要為債權契約，並以其成立要件及效力為範疇（舊涉外法第六條同）。此外，新涉外法第二十一條規定：「法律行為發生票據上權利者，其成立及效力，依當事人意思定其應適用之法律。」第四十三條規定：「因載貨證券而生之法律關係，依該載貨證券所記載應適用之法律」，亦均屬當事人意思自主原則的表現，惟此處的探討是以新涉外法第二十條為基礎。

㈠實質要件

債權契約之實質要件，雖包括當事人行為能力問題、標的問題、意思表示問題及要約與承諾合致等問題，惟關於當事人行為能力，因我國新涉外法第十條（舊涉外法第一條）已有明文規定適用當事人之本國法，故不在當事人意思自主原則適用範圍之內。

㈡方式要件

債權契約之方式要件，雖也為債權契約成立要件，但新涉外法第十六條（舊涉外法第五條）對於法律行為之方式，已有關於準據法的一般性規定，故在適用上，契約之方式要件應適用第十六條以決定其準據法，而非適用第二十條，惟由於第十六條對法律行為之方式，係選擇適用法律行為實質要件所應適用之法律及行為地法，故其方式不符合依第二十條所適用之準據法時，得依第十六條適用行為地法。

㈢法律行為之效力

債權行為之效力 (effects) 與其有效性 (validity) 不同，是指債權契約當事人之權利義務的內容，包含債權之保全、契約之解除、定金、違約金、

債務不履行之損害賠償、危險負擔、債之消滅等，均在債權行為準據法之適用範圍。至於有效性，則是是否有效成立的問題，屬於債權行為之「成立」之問題。

二、無明示意思與意思不明

　　各國法制對於決定準據法的「當事人意思」的範圍，固有不同的規定，新涉外法第二十條第一項未予以明文規定，但對照同條第二項適用於「當事人無明示之意思」的規定，可知第一項的「當事人意思」僅限於「明示之意思」，不包含「默示之意思」在內，換言之，即使當事人間有決定準據法的「默示之意思」，仍不適用第一項，而應適用第二項規定。相對於此，舊涉外法第六條第二項的「當事人意思不明」有二種解釋：若其指當事人無明示之意思，即使其有默示之意思，仍應適用第二項之硬性規則；若其指當事人之意思無法證明，只要當事人有默示之意思，即應適用第一項當事人意思自主原則，必須連默示之意思均無法證明，始適用第二項硬性規則。二說相較，後說較符合當事人意思自主原則之立法本意，其縮小第二項硬性規則適用造成不合理結果，比較公平，並已為最高法院裁判採納（八十九年度臺上字第一七八八號民事判決）❶。

三、關係最切之法律與硬性規則

　　當事人的「準據法意思」不明時，舊涉外法第六條第二項係以硬性之一般規則，決定系爭債權行為的準據法，有時發生不合理情事，新涉外法第二十條第二項為此乃改採最重要牽連關係理論或關係最切之原則，由法

---

❶ 本書關於舊涉外法第六條第二項，初版曾認為當事人無明示意思，即為意思不明。理由為 1.若法官必須探求當事人默示意思，以確定應適用之法律，對習慣於援用成文法硬性規則之大陸法系法官，恐有不便、增加困擾、浪費時間之缺點；2.若雙方當事人皆不同意法院發現之默示意思，則理論上亦難自圓其說；3.如前所述，默示意思與推定意思，二者界限難以劃分，發現方式也難以區別，若必貫徹之，則第二項及第三項之硬性規則，將難有適用之機會，此應非立法者之本意。

院依具體案情個別決定其應適用之法律，並在比較相關國家之利益及關係後，以其中關係最切之法律為準據法，以兼顧當事人之主觀期待與具體客觀情況之需求。第二項明定採用關係最切原則的情形，包括「當事人無明示之意思或其明示之意思依所定應適用之法律無效」，除此之外，才是本條第一項依當事人意思決定準據法的情況。第二項規定「當事人無明示之意思」，即不適用第一項，表示第一項當事人決定債權行為準據法之意思，僅限定於明示之意思，不包含默示之意思在內，當然也不包含當事人未表示出來的「推定意思」或「假設意思」。

　　例如甲、乙訂定通訊器材的涉外買賣契約，同時約定有關該契約的問題應依 A 國法律予以解決，前者乃是涉外債權契約，應依新法第二十條決定其準據法，後者乃是「準據法合意」，如以書面訂定，也稱為「準據法約款」或「法律選擇條款」(Choice of Law Clause)。此二者通常記載於同一份文件，後者形式上只是前者諸多條款中的一條，甚至和法院管轄協議或仲裁協議合併為一條，但因為其法律效果不同，性質上屬於不同的法律行為，在國際私法上仍應分別探討其準據法問題。依本條規定，當事人關於準據法的合意如為有效，即可適用其合意決定的準據法；如果欠缺有效的準據法合意，無論是根本沒有合意，或雖有合意但該合意不能生效，該涉外買賣契約之準據法，應依第二項決定，適用關係最切之法律。

　　舊涉外法第六條第二項及第三項採硬性規則之形式，其規定之準據法有先後適用之順序，依序為當事人共同本國法、行為地法、發要約通知地法、要約人之住所地法（第二項）及履行地法（第三項），新涉外法第二十條第二項改採彈性規則後，此等法律之順序相同，得與其他法律同時作為關係最切之法律之候選者。

第六節　當事人意思自主原則之有關問題

　　當事人意思自主原則之理論、實際運用及在我國涉外法上，仍有下列相關問題值得探討。

一、準據法內容之涵義

當事人選擇以某國法律為債權契約之準據法，係指該契約應受該國法律有關債權契約之全部規定拘束之意，包括其強行法及任意法在內。對強行法雖不可再予排除不用，但對任意法之規定，當事人仍可再依實體法上契約自由原則，約定不予適用。

二、準據法內容之變更

當事人合意選擇之準據法，其範圍是指準據法之「整體」而言，包括該國有關債權契約之強行法及任意法在內，並應包含該國決定新、舊法律適用的時際衝突規則 (intertemporal conflicts rules)，故如當事人合意選擇準據法之後，該準據法之內容有增刪修正或廢止情形時，該契約究應適用新法或舊法之問題，應依其施行法的時際衝突規則予以決定，並非當然應適用裁判時的新法或訂約時的舊法。

三、多數法律之選定

涉外債權行為的當事人有時基於特殊原因，合意就同一契約的各部分法律關係，分別適用數國法律予以決定，例如關於某批貨物的買賣契約，既約定 A 國法為其準據法，又特別就貨物之檢查以及瑕疵之通知，約定應適用交貨地之 B 國法律，就貨款之支付約定以 C 國貨幣為單位，其相關問題以 C 國法為準據法。就同一契約之法律關係，合意適用多數準據法的情形，如各個準據法意思彼此矛盾，固應予以適度限制，但如各個準據法可以併行不悖，即使法律適用問題更形複雜，基於尊重當事人依意思自主原則所為的選擇，在當事人就準據法之選擇出現捨近求遠、捨易就難的情形時，由於風險及成本均由合意的當事人自己承擔，國際私法上似無予以限制的必要。

四、準據法意思與債權契約之無效

　　涉外債權契約的當事人合意選擇應適用之法律後，則其準據法意思之是否有效，應依何一法律予以決定？如依該合意的準據法，其契約不能成立或歸於無效時，其準據法合意是否亦歸於無效？如準據法意思無效，依該合意之準據法認定其債權契約是否有效成立，是否合理？對於最後的問題，一說認為當事人合意選擇法律時，通常是要促成契約之成立，而無有意使契約無效之理，故影響契約效力之該部分規定，應解為不在選擇適用之列；另一說認為契約此時歸於無效，不過係適用準據法之自然結果，且亦不失為當事人意思之所在，故應任其債權契約歸於無效。以上二說，新涉外法第二十條係採後一見解，並在條文中解決前此之相關問題。

　　當事人關於準據法的合意，固有是否有效成立的問題，新涉外法第二十條第二項也限定此種合意必須為「明示」的意思，否則即不應認定其為有效的合意。此一規定的出發點，是認為當事人意思自主原則雖應予以尊重，但決定準據法的合意應儘量求其明確，以免在訴訟上久懸難決，所以此一法定方式的要求，乃是源於我國法（即法院地法）的規定，其考慮之重點在於訴訟的效率。除了本法的限制之外，當事人關於準據法的合意也另外有其本身的準據法，以決定該合意是否有效成立的問題。對此，本條第二項於規定「其明示之意思……無效」時，明定為：「依所定應適用之法律」「無效」，即表示如當事人關於準據法之合意或意思，其是否有效成立的依據，乃是「所定應適用之法律」，即當事人「明示所定」之法律。

　　以前述甲、乙訂定通訊器材的涉外買賣契約的情形為例，甲、乙在該買賣契約的書面中，載有準據法約款，明示有關該契約的問題應依 A 國法律解決。此時，則甲、乙間的涉外買賣契約的成立及效力，如果要直接適用甲、乙選定的 A 國法，前提必須是該準據法約款有效成立，而該準據法約款的有效成立，除須依我國法為「明示」之外，也必須是依其本身的準據法有效。本條第二項將「依所定應適用之法律」「無效」，列為不適用第一項的情況，即表示 A 國法雖未必為甲乙涉外買賣契約的準據法，但 A 國

法乃是甲乙的準據法約款的準據法 ，即使該準據法約款依 A 國法乃是無效，亦屬無妨，但如該準據法約款依 A 國法為無效，則 A 國法即不能純粹因為其為準據法約款所定，而為涉外買賣契約的準據法。但法院如認定其為關係最切之法律，則仍為該涉外買賣契約的準據法。

五、反致問題

新涉外法關於反致之規定，是以「依本法適用當事人本國法」，為其適用之前提（第六條，舊涉外法第二十九條同），如涉外債權契約依第二十條決定之準據法，恰巧為當事人之本國法時，解釋上仍非反致條款適用之範圍。舊涉外法第六條第二項有「同國籍者依其本國法」之規定，債權契約依本規定決定其準據法時，亦無反致條款之適用，即無再依準據法國國際私法之規定，適用其他法律之必要。

第三篇

外國人地位論

第一章　外國自然人之地位

第一節　緒　言

　　國際私法的主要功能，是就涉外民事法律關係在內、外國法中，決定其準據法。我國涉外法就屬人法採本國法主義，在新涉外法第十條第三項、第十一條第一、二項、第十二條第一項、第五十六條第一項、第五十九條中，均針對「外國人」為規定，故在實務上須對當事人究為內國人或外國人，予以決定。外國人亦與內國人一般，有自然人與法人之分❶，於涉外案件作為當事人之外國法人除一般法人之外，有時也有以國家或國家機關為當事人者，所以在此均將一併予以討論。惟國家雖在性質上亦屬於公法人，但其地位及功能與一般法人仍有不同，故將於專節中單獨討論之。

　　外國人（英文 alien，法文 etranger，德文 Fremde）在我國古時多被稱為「異邦人」或「異族人」，在法律上則以「化外人」稱之❷。目前一般語意上雖有認其為具有異族血緣或久居國外、認同外國之政制與文化者，但在此係指與內國國民所屬之政治團體不相隸屬之人，換言之，區分內外國人之實質標準是對國家之忠順與否，其形式與具體之標準則為國籍。所以

---

❶　我國外國人投資條例（一九九七年修正）第三條第一項規定：「本條例所稱外國人，包括外國法人。」

❷　例如唐律名例門化外人相犯條規定：「諸化外人同類自相犯者，依其本俗法。異類相犯者，以法律論。」明律名例門化外人有犯條規定：「凡化外人犯罪者，並依律擬斷。」大清律例名例門化外人有犯條規定：「凡化外降來人犯罪者，並依律擬斷。」此等規定雖然都是刑事立法，但由於當時民、刑法尚無清楚分際，解釋上應認為其適用範圍及於民事部分。

不具有內國國籍者在法律上均被劃歸外國人之類,其他如血統、宗教、語言或居住地等社會因素,乃至是否具有其他國家之國籍,皆非所問❸。

此處所討論之外國人之地位,係指外國人在內國享有權利與負擔義務之資格或狀態,此項資格或狀態,原則上應依內國法律決定之,內國法上關於外國人之規定由於性質特殊,也可單獨稱之為外國人法 (Fremdenrecht)。外國人在內國之法律地位除內、外國間透過條約之締結,相互賦予締約國的國民與法人或團體,在其國境內所得享有的某種待遇外,原則上該外國人之本國法律如何規定,可不予斟酌,所以外國人法本身並無法律衝突之問題。不過外國人在內國享有某種權利並負擔一定義務,乃是國際私法存在之前提,因為權利義務之主體為人,外國人在內國如不能為權利之主體,國際私法試圖對涉外權利承認與實行之目的便無法實現,在涉外案件中,決定由何國法院管轄與應依何國法律判斷之程序,亦均無必要矣。可見外國人地位之討論,雖係從國家如何管理外國人之行政法角度著眼,在國際私法之研究上,亦有其不可忽略之重要性。

第二節　外國自然人地位之沿革

國家對於外國人地位問題之注意,起初是集中於自然人,所以由法制發展史上觀察外國人地位之沿革,大體上也是以此為中心,法人之問題被重視的時間較晚。概括地說,各國對於外國人的處遇大致是由仇視、敵視、歧視的立場發展成為一視同仁的平等地位,一般且將之分為四個時期,茲先分述於下,最後再探討外國人在我國的法律地位之沿革。

---

❸　自然人是否為外國人,雖以其依內國法律是否具有內國國籍為斷,但國家為保護其國民而依國際法為外交保護時,雖亦以該自然人具有該國國籍為要件,但此時國籍之決定,並非純依該國法律決定,而須依國際法之原則判斷。國際法院在一九五五年的 Nottebohm 案的判決 (Liechtenstein v. Guatemala, [1955] I.C.J. Rep. 4) 中指出,歸化行為如欠缺真實性 (genuineness),授與國籍之國家不得為歸化人提起外交保護之國際訴訟。

第一項　敵視時期

古時由於文化未開，人類都聚族而居，並劃地為界、各擁地盤，各族之間且相互讎視，所以各族往往認為族外人民不得享有任何權利，即其生命權與財產權亦不受內族法律之保護。後來社會進化，內外族人間之交往日趨頻繁，敵視外人之情形雖有所改善，但仍有尊卑之別，例如我國古代往往稱漢族以外之民族為東夷、西戎、南蠻、北狄；外國亦有因政教合一，而以宗教之理由賤視外人者，例如古埃及以外人為不潔之民，得代天行罰而虐待之，希伯來自稱為天之選民，而視外人為下賤人類等。

在此時期之末由於社會分工愈來愈細，並開始產生國際貿易的雛形，所以將所有外國人均視為敵人的觀念已不切實際，於是乃開始以有無發動戰爭之可能性為標準，再將外國人為某種階級之劃分。如羅馬自西元第三世紀起將外國人分為友民與蠻民二類，前者是指與羅馬有友好關係者，雖不能享有市民法 (Jus Civile) 上之權利，仍可以人之資格主張萬民法 (Jus Gentium) 上之保護；與羅馬無友好關係如北方之日耳曼民族者，則為蠻民，不僅在法律上不受保護，且時常施以凌虐。有的雖因戰勝而將外人納為本族，但仍予以不平等之差別待遇，例如印度之《摩奴法典》將國民分為二類，戰勝之國民在法律上之地位遠優於戰敗之國民，日耳曼民族亦曾以社團加入與否之方式，區分友民與蠻民，使蠻民不僅毫無權利可言，甚且動輒被剝奪其財產與身家性命。綜合以觀，外國人在此時期之末雖亦得享有一定程度之法律地位，但其實並未結束對外國人之歧視，因為當時賦予外國人某種法律地位的基本邏輯，是將外國人「內國化」，即先使外國人成為內國之屬民或臣民，再賦予該外國人（其實已是法律上的內國人）某種法律地位。

第二項　差別待遇時期

在敵視時期盛行屬人主義，人之身分地位往往係因世襲而得，一旦被劃歸為次等人種，即可謂已萬劫難復矣。西元第七世紀末葉以後，歐洲各

地開始盛行封建制度，以土地為政治之基礎，人民只是土地之附屬物。在此一時期由於統治土地即等於統治人民，地主的地位通常是等於農民的統治者，農民雖非如奴隸為權利客體，但仍必須依附於封建地主，被束縛於土地之上，不得任意遷徙，地位仍相當卑賤。此時因屬自給自足的自然經濟，國際間的政治、經濟與文化的交流仍是罕見，所以外國人的地位之問題仍不明顯。但在商業較諸以往已更發達的情況下，國家已不得不賦予外國人一定的法律地位，以使外國商人獲得從事商業的特權與封建君主的保護。不過當時已入境之外國人常須服特別公役或繳納特種稅租，甚至不得私相繼受財產，在許多方面受到不同內國人的消極地位限制。

封建制度衰微以後，適逢文藝復興運動時期，由於羅馬法之研究日漸發達，結果將權利分為二類，即萬民法與市民法所分別規定者。萬民法所規定者，如買賣、借貸、典質及贈與等權利，內、外國人均得享有之，至於市民法所規定之權利，如養子、父權及監護權等，則專屬於內國人。可見外國人在此時期雖已受到若干法律上之保護，其待遇仍與內國人有別。

第三項　互惠時期

十八世紀末葉以後，工業開始發達，國際間之交通日漸便利，基於比較利益的觀點，互通有無的貿易往來也日趨頻繁。由於貿易行為的需要，各國開始注意通商自由的問題，不僅要求在國內應使貨暢其流，並特別要求國際間的流通自由，所以以往排斥外人的立場開始被認為有礙貿易自由，對內國未見得有幾多益處；再加上自由主義於文藝復興運動以後大行其道，各國立法者乃紛紛在不妨害國家利益之範圍內，保障外國人之地位。其方法無非係由國家與國家締結條約，使本國人在外國也受到保障，或以內國立法的方式，規定內外國人在法律上一律平等，從而喚起外國進行類似之立法活動，使本國人亦受到外國法律之保護。前者稱為條約互惠主義，後者稱為法律互惠主義，茲謹再分述如下。

一、條約互惠主義

即藉外交之手段使內、外國間締結條約，讓當事國之國民在彼此之領域內，均得依條約之規定主張權利之保護，所以又稱為外交互惠主義。當然，外交權之行使在內國仍需要具備法律之授權基礎，其最典型者為法國一八〇四年民法典，其第十一條規定：「外國人之本國已與法國締結條約，或即將締結條約使法國人於該外國得享有權利者，在法國亦得享有同等之民事權利。」同法第十三條規定：「外國人經政府許可設定住所於法國者，於其繼續居住期間，享有一切民事權利。」希臘舊民法第十三條亦規定：「外國人除條約上另有互許之規定者外，不得享有原則上專屬於國民之權利。」（一九四〇年民法第四條已規定 「外國人與內國人享有同等之私權」。）這種互惠主義僅使締約國之國民在內國享有與內國人同一權利，實際上仍未脫差別待遇主義之遺緒，但其使平等之精神獲得部分之落實，仍不得謂非保障外國人權利之一大進步。

二、法律互惠主義

即關於外國人之保護以一般外國之法律為根據，而不以特定之國際條約為基礎，換言之，只要外國之立法規定內國人在該國亦得享受相當之權利保障者，內國立法亦給予該國國民相等之權利保護，由於其乃基於內國片面之立法要約或承諾，所以又稱為單純互惠主義。其最著名者乃奧地利一八一一年一般民法 (AGBG) 第三十三條，其規定為：「外國人與內國人享有同一權利，負擔同一義務；但專屬於內國人者，不在此限。外國人行使與內國人同一之權利者，應證明其本國對於奧國人之同一權利，亦有同等待遇之規定。」此一主義優於條約互惠主義者，係外國人無論其本國是否與內國友好或是否均為條約之締約國，只要其法律規定符合互惠之條件，即得享有權利，不僅保護之對象較廣，亦較符合內外國人平等之原則，但因其所保護之外國人並不包括無本國法律可資依據之無國籍人，仍有不足之憾。

第四項　平等時期

互惠時期基本上認為外國人地位之保障問題，乃是內國主權之內容之一，所以其內容屬於各國任意或自由之規定，直到近代受平等主義興起之影響，認為權利並非基於法律之規定而生，而係上天所賦予，因此法律上應無分內、外國人，平等保障其權利，從而促進人類文化之發展，便利國際貿易之進行。當然平等主義只是一項原則，各國在立法上之設計雖有依內外國人完全平等之原則而為規定者，亦有採平等之原則而對外國人之權利酌予限制者。前者如荷蘭一八二九年民法第二條之規定：「在王國之領域內者皆為自由人，有享受私權之能力。奴隸或其他人役，不問其性質或名稱如何，在王國境內皆不承認之。」後者如羅馬尼亞雖以內外國人同享平等待遇，但一八七九年之法律仍規定外國人不能取得農村不動產。而且目前各國通例雖採內外國人平等主義，一般仍認為應在保障國家安全與國民福祉之前提下，對外國人之權利在法律上酌予限制。

第五項　我國之沿革

我國古代關於國家的概念並不清晰，所以外國人的概念也呈現不斷變化的狀態。在以族群為中心的時代，史書常將居住於我國邊境地區的少數民族，稱為異族人或異邦人，以與居住於中原地區的漢族人相區別。如以時間區段來看，我國文明發達較早，所以當歐洲各國實行閉關自守政策，不承認外國人在其國內的法律地位時，我國卻已實行對外開放的政策，尤其在漢、唐、宋、元各朝及明朝中期以前，法律上不僅保護外國人的人身與財產，允許外國人在中國通商，與中國人通婚，遇有民事爭端亦可提起民事訴訟，甚至還一度規定外國人得在朝參政，其中尤以唐律等法律規定解決外國人間之爭端之準據法，與國際私法關係最密切。可惜當歐洲各國積極拓展對外關係時，我國自明代中期以後卻反而開始閉關鎖國，既不允許本國人出國經商，也限制外國人在我國的活動，似以外國人為洪水猛獸。直到一八四〇年西方列強以其堅船利砲打開中國門戶，我國人民才又開始

大規模與外國人接觸，但自此也開始飽受不平等條約之苦的滄桑史，形成我國近代國際私法無法正式開展的陣痛期。

中英鴉片戰爭之後，我國與英國簽訂第一個不平等條約南京條約，一八四三年七月二十二日中英五口通商章程且開始允許外國在中國有領事裁判權。其後一八四四年七月三日中美望廈條約更擴大外國人在我國的領事裁判權，一八五八年六月十八日天津條約使外國人取得在我國的傳教權，同月二十六日中英條約使外國人取得在中國內地遊覽行商之權，一九〇三年十月八日中美條約使外國人取得在中國的房地產永租權。這一系列的條約使外國人在我國享有在其他國家所難享有的特權，尤其領事裁判權使外國人免於我國法律之約束，並使我國將司法機關的管轄權拱手讓人，使在我國的外國人的地位與其在其本國完全相同，其地理位置上雖是「在我國」，在法律意義上卻等於在其本國，也失去討論其在我國的法律地位之必要與意義。難怪乎畢生從事國民革命的　國父，於逝世時仍諄諄以廢除不平等條約相囑！民國三十二年一月十一日我國廢除所有不平等條約，與各國另訂平等條約後，在我國的外國人既已成為名副其實的「外國人」，吾人今日再細說外國人地位之問題，實有重要之意義與價值。

第三節　外國自然人之國際保護

目前各國有關外國人地位之規定雖然均已朝平等待遇修正中，換言之，昔日仇視或敵視性之立法出現之可能性已大大降低，但如前所述，外國人地位之決定往往係依各國之政策任意決定，並無統一之絕對標準，而人類文明愈進步，人權之保障愈受重視，所以國際法上也漸漸形成舉世皆準的人權標準。有關外國人法律地位之討論，因而亦不得自外於此等國際性規範。

在傳統國際法上國家乃是國際法唯一之權利主體，自然人充其量僅可謂係國際法上的權利客體，不具有國際法上的權利能力或人格❹，當然一

---

❹　但隨著社會日益進步，國際交通日漸發達，目前已不得不承認自然人在海盜、

般也認為國家對於外國人之進入其國境，並無依國際法容許之義務；但一旦因實際之需要而許可外國人入境後，國家對於已入境之外國人即有若干應履行之義務。此等義務通常源自國家所自願接受其規範之條約，或為雙邊條約，或為地區性協定，或為全球性之公約，即使無此等條約性質之國際法上義務，習慣國際法亦要求國家至少應符合關於外國人待遇之最低標準。如國家未能遵守此等關於外國人待遇之義務，即應依國際法對該外國人之本國，負擔某種國際責任。

自人權之問題成為國際法關切之重點之一後，不論一般性之國際文件，如聯合國憲章、一九四八年世界人權宣言、一九六八年德黑蘭宣言等，或區域性之國際文件，如一九五〇年歐洲人權及自由保障公約與一九六九年美洲人權公約等，更以國際立法之方式直接規定人之資格與地位。要之，儘管國際法之效力及以上關於人權之文件之嚴格拘束力，都尚有待商榷，但從國際法以及國內關於外國人地位之法制之發展過程來看，只要是自然人，無論身處何地，更無論其國籍、種族、宗教有無或如何，皆應享有基本之尊嚴，而受到起碼之法律保障❺。

上述文件中較重要的是一九四八年世界人權宣言，其所確認之基本原則有以下各項：任何人在任何地方，均應被認為具有法律人格，在法律上一律平等，且應一體享受法律的平等保護；其依憲法或法律所得享有之基

劫機、間諜、破壞封鎖並運送禁制品、侵害他國法益、非法使用國旗及戰爭等國際法上之犯罪中，乃犯罪之主體。少數民族的問題浮現後，也有許多條約規定對所有自然人應無分種族與宗教，予以尊重與保障。因戰爭而被俘獲的戰俘或逃離其本國之難民，在國際法上也應該享有基本之尊嚴，與受符合人道標準之待遇之權利。換言之，依國際法上國家主權之原則，內國雖有獨立依其國內法決定外國人地位之權利，但國家在獨立決定外國人之待遇時，仍不得不斟酌已確立的國際法原則及各國之實踐。 在國際法上有時自然人無論其國籍為何（當然也無論依內國法之規定是否為外國人），均得主張某種國際法上之權利，有時甚至不僅可以此等權利對抗外國，亦得在必要時對抗自己所屬的本國。

❺ 一九四八年世界人權宣言第七條規定：「任何人在任何地方，均應被認為具有法律上之人格。」其旨意亦同。

本權利被侵害時，有權向國家法庭請求救濟；任何人的私生活、家庭、住所或通訊，均不容無理侵犯，其榮譽及信用亦不容侵害，人人為防止此種侵犯或侵害，有權受法律保護；成年男女有權結婚及成立家庭，不受種族、國籍或宗教的任何限制；人人有權單獨擁有或與他人共有財產，任何人之財產均不容無理剝奪等。

　　就國際法上的先例或成案而言，在一九〇二年的 Gelbtrunk 案中❻，仲裁人認為依普遍承認的習慣國際法規則，國家對於在國外的本國公民享有保護的權利，而與此項權利相對者，係國家對於在其領域內之外國人，亦有依某些法律規則或原則，給予適當待遇之義務。在對外國人的人身與財產之保護方面，應使其與本國人民受同等之保護，處於平等之地位。某國之公民居住於外國或在外國取得財產時，即被認為已接受該外國之權利與習慣，並須服從該外國政治之變遷，其本國無權再提出更高之保護標準。常設仲裁法庭在一九二二年關於美國徵收挪威船舶的判斷❼及常設國際法院在一九二六年的 Chorzow Factory 案中❽，均確認國家對於外國人的財產權，應依國際法之原則保護之；國家不得假借任何理由，包括在法律上規定得比照無償徵收內國人民財產之例，沒收外國人之財產；國家為保障公共利益，雖得於必要時徵收或徵用外國人之財產，但仍應循法定程序為之，並應給予適當之補償。

　　國家於其國民在外國遭受不法侵害，而無法依該外國之國內法定程序獲得救濟時，依國際法之原則得行使其外交保護權，即透過外交或國際司法程序請求該外國為適當之救濟。但此時被害人須已窮盡當地之救濟 (exhaustion of local remedies)，即在已於該外國尋求司法保護，而該外國拒絕提供司法保護，或無正當理由而故意拖延程序之進行，或對其歧視而拒絕給予充分之司法救濟時，其本國方得行使外交保護權。

　　國際間為保護本國僑居於外國之國民，常透過雙邊或地區性多邊條約

❻　United States v. Salvador, 1902 U.S. Foreign Rel. 876.

❼　Norway v. U.S., 1922, 1 U.N. Rep. Int'l Arb. Awards 307.

❽　Germany v. Poland, P.C.I.J., 1928, Series A., No. 17, at 33～34.

之締結，相互承諾給予締約他方當事國之國民，在內國得享有一定之法律地位。此等雙邊或地區性之條約雖僅具有拘束締約當事國之效力，不能產生概括拘束所有國際社會成員的普遍效力，但目前在聯合國的策劃下，也有若干舉世皆準的國際公約，直接規範外國人的地位問題。其中尤以一九五一年聯合國難民地位公約、一九六七年難民地位議定書及一九五四年聯合國無國籍人地位公約等最重要。

聯合國難民地位公約雖是具有實體性質的公約，但其中亦有關於法律適用之條款。公約開宗明義便指出，締約國對於難民，應無分種族、宗教或國籍，均適用本公約。公約中關於難民地位的規定是：難民之個人身分，應受其住所地國家之法律規範，無住所者，依其居所地國家之法律。難民以前因其個人身分而取得之權利，尤其是關於婚姻之權利，締約國應尊重之，但必要時應遵守該國法律所規定之方式。締約各國在動產、不動產之取得或與此有關之其他權利，以及有關動產、不動產之租賃及其他契約方面，應儘可能給予難民優惠之待遇，且此項待遇無論如何不得低於一般外國人在同一情形下之待遇。在無體財產與對文學、藝術及科學作品的權利方面，難民在其習慣居所地國家內，應受到與該國國民相同之保護；其他締約國亦應給予與習慣居所地國家之國民相同之保護。在非政治性與非營利性的社團與同業公會組織方面，締約各國對於合法居留於其領土內之難民，應給予與外國國民相同之最惠國待遇。難民有權向所有締約各國領土內之法庭提出申訴。難民在其習慣居所地的締約國境內，就有關向法院請求的事項，包括訴訟求助及免予提供訴訟擔保在內，應享有與本國國民相同之待遇。無國籍人依無國籍人地位公約之規定，其地位也與難民類似。

自然人雖依前述說明亦有某程度之國際法上權利能力，但國際法對自然人之保障究竟不如國內法之直接，而且國際法之保障僅屬最低限度，所以實際上亦不過對前述外國人地位之四大階段，排除第一階段中讎視外國人之立場而已，並未要求各國必須採取後述內、外國人一律平等之「國民待遇」原則。因此目前各國採行絕對之平等主義者可謂絕無僅有，比較普遍的仍是以平等主義與互惠主義為主軸的差別待遇主義，只是內、外國人

間地位之差距已不似往昔之大而已。至於形成此種差別待遇之原因，主要乃因自然人雖然有其與他人等價之基本價值，但國家乃全體國民之集合體，而國際間無論政治、經濟或文化等方面，莫不處於互相競爭之狀態，國民與外國人之間雖不處於相對立之地位，但國家為保護本國及本國國民之利益起見，仍不得不對與其無忠順關係之外國人，為不同於本國國民之處遇，以便集合全國實力，與他國競馳於國際社會之中。

可見即使在現代，外國人之地位問題於國際法保障的範圍之外，仍屬於各國得任意決定之主權事項。此項見解並且曾經常設國際法庭於一九三二年予以承認❾。所以一般而言，從競爭之角度言，國力較強之國家對外國人之保障往往較國力弱者為優，但在盛行互惠主義的現實國際社會中，各國之外國人保障政策仍互相牽制，互相影響。倘未能注意國際現勢，任意忽視外國人既得之權利，終至遭受外國之報復，則得不償失矣。我國退出聯合國之後，已無法簽署或批准聯合國各項人權公約，但為與國際人權規範接軌，已於民國九十八年制定公布「公民與政治權利國際公約及經濟社會文化權利國際公約施行法」，自願遵守該二公約之相關規定，開啟片面參與公約施行的新模式。此後制定公布的公約施行法，包括民國一〇〇年的「消除對婦女一切形式歧視公約施行法」、民國一〇三年的「兒童權利公約施行法」、「身心障礙者權利公約施行法」及民國一〇四年的「聯合國反貪腐公約施行法」。

外國人之保障政策並非單純之外交政策，而係綜合經濟、人口、社會等因素在內之法律政策，外國人之入境需求與內國容納外國人之限度之間，

---

❾　常設國際法庭於一九三二年於有關但澤市之波蘭國民之待遇案 (Treatment of Polish Nationals in Danzig) 中，曾提出諮詢意見，謂：「各國對於內外國人民間，多少均有差別待遇之存在，且此一差別待遇，雖因其程度之嚴重性，將引起某些外國共同體之不滿，然尚不能以其為『不正當』或『非正義』而非難之。」「國家依一般被接受之原則，一方面固不得主張其他國家之憲法規定以對抗該國，而應依一般接受之國際法及國際義務；反之在另一方面，國家亦不得援引其本國憲法，以規避其依國際法或有效之條約應負擔之義務。」P.C.I.J., Series A/B, No. 44 (1932), p. 24.

往往具有產業發展、工作環境與生活品質之評估意義，所以各國必將因其國內情形之不同，制定寬嚴不一之政策。例如我國從民國七十年代末期開始，鑑於外籍勞工對國內治安造成難以管理之困擾，並使產業因而一直停留於勞力密集之落後階段，漸趨於保守與嚴格，近年來因看護及產業發展需求而逐步放寬，據民國一〇七年三月的統計，在臺灣已有產業及社福外籍勞工 679,464 人，另有外國專業人員 29,068 人。

尚值注意者，是內、外國人之區分，本身具有高度之政治意義，有時不得不藉國際間之條約或某種默契，再重新予以調整。例如聯邦國家之各邦有時與國家之性質非常接近，亦可獨立處理異邦人之地位問題；分裂國家雖然對外都堅稱為祖國（舊國）之正統延續，有時仍不得不將隸屬於相對立之政治團體之「國民」，在法律上賦予類似外國人之地位；歐洲聯盟 (EU) 之各加盟國整合為單一市場後，原來適用於區分內、外國人之標準，因歐盟公民身分 (EU Citizenship) 之提倡，已在某一程度內被打破，換言之，各加盟國之國民在法律上，尤其是在人員移動及居住部分，均將與內國國民無太大差異。

第四節　外國自然人地位之制度類型

國家對於其境內外國人之待遇問題之決定，固然屬於其主權作用之範圍，其他國家無權過問，但其仍應履行該國關於外國人待遇的國際法義務，並應斟酌相關國家的立法與司法實踐及國際慣例。以下謹再就目前之國際慣例及各國關於外國人待遇的實踐，所形成的制度類型分別說明之。

第一項　國民待遇

所謂國民待遇 (national treatment)，是指內國給予外國人的待遇，與給予本國人者相同，換言之，在相同條件下的外國人與內國人，享受之權利及負擔之義務均屬相同。國民待遇起源於一七八九年法國大革命後所發表的「人權宣言」，其精神在法國一八〇四年民法第十一條予以成文化後，十

九世紀的許多立法也都相繼予以肯定，例如一八二六年荷蘭民法第十條第
二款、一八六五年義大利民法第三條、一八六八年葡萄牙民法第三十六條、
一八八九年西班牙民法第二十七條及一八九三年阿根廷憲法第二十條等，
均有類似規定。晚近較典型的，是一九四〇年希臘民法第四條之規定：「外
國人與內國人享有同等之私權」。

在實際運用上，此一制度經變化、調整，已表現為以下三種不同形式。

一、無條件國民待遇

無條件國民待遇係將內國法律賦予內國人的各種權利與地位，均無條
件地亦賦予在其境內的外國人。法國在國民會議執政時期（一七九三年至
一七九九年），曾實行此一制度，但為時不長。在國籍制度仍具有高度政治
意義的情形下，要使內、外國人之法律地位完全相同，並非易事，但以掃
除貿易障礙為宗旨的國際組織，仍不乏以此為會員國之普遍義務者，例如
關稅暨貿易總協定 (GATT) 第三條開宗明義卻規定：「各締約國皆認為，內
地稅、其他內地規費、影響產品內地銷售、銷售要約、購買、運輸、配銷
或使用的法律及命令，以及要求產品特定數量或比例之混合、加工或使用
之內國數量規定，均不得為保護內國之生產，而適用於進口或內國之產
品。」巴黎工業財產權保護公約第二條亦規定：「本聯盟任何國家的國民，
在保護工業財產權方面，在本聯盟所有其他國家內，應享有各該法律現在
授與或將來可能授與各該國國民的各種利益。」

二、互惠國民待遇

互惠國民待遇也稱為有條件國民待遇，即以外國人之本國亦給予內國
人國民待遇為條件，在內國給予外國人國民待遇，所以從實質上來看乃是
互惠主義。一九五五年歐洲居留公約第四條以公約之方式，規定國民待遇
比較接近此項制度之精神：「締約各方國民在其他方領土內關於民事權利的
享受與行使，無論在人身方面或財產方面，均享有與所在國國民相同之待
遇。」

三、特定國民待遇

　　特定國民待遇是指國家透過法律規定就某些種類的權利，外國人與內國人享受該等權利之地位完全相同，但某些方面的權利則專屬於內國人所有，外國人並無享受該權利之能力（參閱權利能力部分之說明）。不過在法律上關於外國人之保護，因某些原因而反較內國人優厚時（參見下述優惠待遇），如於法律上再規定國民待遇之條款，其所代表之意義即非在提升原來外國人之地位，反而是在宣示外國人高於內國人之特權，僅以法律所明文規定者為限。例如我國外國人投資條例第十七條規定：「投資人所投資之事業，其法律上權利義務，除法律另有規定外，與中華民國國民所經營之事業同」，即為此種目的而設。我國涉外民事法律適用法並無關於外國人地位之一般性規定。就與國際私法有關之立法言，採取前述第二種形式的條文較多，前述法國一八〇四年民法典第十一條固為著例，其他如義大利一九四二年民法第十六條規定：「外國人除特別法另有規定外，於互惠之條件下享有國民之民權。」「前項規定於外國法人亦適用之。」波蘭一九六六年國際私法第八條規定：「除法律另有規定者外，外國人在波蘭與波蘭國民享有同一之權利義務。」亦為適例。祕魯一九八四年民法第二〇二四條規定：「外國人與祕魯人享有同等之民權，但因國家之緊急需要，而對外國人或外國法人之權利為禁止或限制者，不在此限。」較接近第三種形式。捷克一九六四年國際私法及國際民事訴訟法第三十二條規定：「外國人除本法或特別法上另有相反之規定者外，於其財產外之權利之範圍內，與捷克國民有同一之權利義務。」「外國給與捷克國民異於該國國民之待遇者，外交部長得與捷克之管轄機關協議，決定不適用第一項之規定。」「第一項及第二項之規定於有關財產關係之限度內，準用於法人。」似為第一種與第二種形式之綜合體。從目前各國的實踐來看，在國家的主權作用之下，無條件的國民待遇已難再實行，各國為國家安全或保護內國自然人或法人的權利與利益，所實行的國民待遇通常都是以互惠或限制權利類型作為條件。所以現代國民待遇之意義與內容，似已不同於往昔。

　　國民待遇之標準通常運用在有利於內國經濟、科技或文化發展的權利方面，尤其是對外國人的無體財產權（智慧財產權）的保護上。一九五五年歐洲居留公約第五條甚至明定締約國得自行決定其條件：「締約各方就任何種類的財產方面，得基於國家安全或國防之理由，將其取得、占有或享有僅保留予本國國民，或規定適用於外國人的特別條件，不受第四條之限制。」

第二項　最惠國待遇

　　所謂最惠國待遇 (most favored nation treatment)，是指內國給予某一國家（外國）之國民之保護或待遇，不得低於或少於內國已給予或將給予任何第三國國民之保護或待遇。換言之，享最惠國待遇之國家之國民在提供此一待遇之國家所受之保護，如非至高無上者，亦須已達於內國在保護外國人意願與能力上之最高程度。

　　最惠國待遇與國民待遇都是保護外國人的制度，但二者之內容並非完全一致。最惠國待遇是以給予某一外國國民的待遇為標準，以衡量給予第三國國民之待遇，其結果可能使國籍不同的外國人，在內國處於同等優惠待遇的地位，所以其與國民待遇並不相同。國民待遇是以法律上對內國人之保護為標準，確定外國人之待遇，其結果是使內、外國人之地位一致。

　　實行最惠國待遇的目的，是在避免本國人在國際貿易或涉外的經濟活動中，居於不利之地位，即防止本國人在外國受到較低於其他享有最惠國待遇的國家之國民之待遇，所以通常都是建立在互惠的基礎之上，換言之，通常都有利益的交換。我國在清朝與列強所訂不平等條約中所規定之最惠國待遇條款，其中往往規定清朝如有利益於外國時，當事國亦可「一體均霑」，其間並無內、外國之利益交換，也無互惠可言，所以類此列強片面要求內國開放利益供列強奪取的手段，嚴格而言並非真正的最惠國待遇。晚近國家之給予他國最惠國待遇，漸有以該國在施政方面儘量符合某一國際標準，以作為督促改革或利益交換之趨勢，美國試圖以此促使中國大陸加強保護人權，可謂其中適例。在多邊的條約或公約中的最惠國待遇條款，

有時是強調國際組織的會員國對於該組織或國際社會應盡之普遍義務，利益交換或互惠的色彩並不明顯，而且其內容也非僅給予特定之國家最惠國待遇而已，所以又稱為「普遍最惠國待遇 (general most-favored-nation treatment)」。較重要的例子是關稅暨貿易總協定 (GATT) 第一條第一項後段的規定：「任何締約國對來自或輸往任何國家之任何產品，所給與之任何利益、優惠、特權或豁免，應立即無條件給與來自或輸往其他締約國領域之相同產品。」

第二次世界大戰以後，各國廣泛採用最惠國待遇制度，而且最惠國待遇的給予通常都是由內國與外國，透過在雙邊或多邊條約中訂定「最惠國（待遇）條款」而達成。聯合國國際法委員會為促進此一制度之發展，乃於一九六四年主持「有關最惠國條款之條文草案」之制定，一九七八年並於日內瓦通過「最惠國條款公約草案」，建議各國就最惠國待遇之概念、分類及其他事項締結國際公約。「有關最惠國條款之條文草案」第五條亦試圖予以定義：「最惠國待遇乃授與國給予受惠國或與之有特定關係之人或事之待遇，不低於授與國給予第三國或與之有相同關係之人或事之待遇。」可見最惠國待遇有時是透過受惠國之國民（自然人）、法人、商船或產品等所受之待遇，而表現其實質功能。在我國現仍有效的對外條約中，亦有不少最惠國待遇條款之例，如民國三十五年中美友好通商航海條約第二條第三款規定：「締約雙方之國民，於享受本條第一及第二兩款所規定之權利及優例時，其所享受之待遇，無論如何，不得低於現在或將來所給予任何第三國國民之待遇。」（同條約第三條第四款、第八條第五款亦有類似規定）

就受惠之內容而言，受惠國通常只能依最惠國待遇條款所規定之內容，獲得特定範圍內之權利或利益而已，並非毫無限制。其內容或適用範圍之決定，則是依據當事國間關係之密切程度與經濟狀況而定，較常見的是以下各項：㈠國際間商品、支付或服務之往來；㈡國際間運輸工具之通行；㈢彼此之國民、法人在他方之法律上地位及定居或營業等權利；㈣彼此間外交代表團、領事代表團或商務代表團之特權與豁免權；㈤著作權、專利權與商標權等無體財產權之保護；㈥法院判決及仲裁判斷之相互承認與執行。

在有關最惠國待遇的條約中，對最惠國待遇除如上述以正面表列之方式予以規定外，有時也會以負面表列之方式，例如訂定「本條約所規定之最惠國待遇不適用於」某些事項的約文，約定授與國得將某些特權僅留給特定之第三國。此類最惠國待遇的例外條款之內容，通常是：㈠關於特殊地域的利益，如給予鄰國之特權或優惠，或在邊境貿易或運輸之特權或優惠；㈡有特別的歷史、文化、政治或經濟關係的國家所享有的特權或優惠，例如比、荷、盧等國彼此間享有者；㈢國際組織或經濟集團之成員國間彼此享有之特權或優惠，例如歐洲聯盟之成員國間所享有者。此種例外條款雖然有使最惠國待遇變質之虞，但國際間的條約仍不乏其例，甚至前述「有關最惠國條款之條文草案」也試圖對最惠國待遇提出新的限制，例如草案第二十三條規定：「受惠國無權根據最惠國條款，享受已開發的授與國於普遍優惠之計劃內，於非對等之基礎上所給予開發中之第三國之待遇，……」第二十四條規定：「已開發的受惠國無權根據最惠國條款，享受開發中的授與國根據相關國家皆為成員之國際組織之相關規則與程序，所給予開發中的第三國在貿易方面的任何最惠國待遇。」

第三項　優惠待遇、普遍優惠待遇

所謂優惠待遇，是指內國為某一特定之目的，而給予某一外國之國民及其法人某種優惠的待遇。就內容言，優惠待遇使外國人與內國人之地位不一致，有時甚至可能使外國人之地位優於內國人，所以與概括給予某國國民及其法人，與內國國民及法人完全相同待遇之國民待遇不同。例如我國外國人投資條例第十二條規定外國投資人得申請結匯，不受關於內國人之法律之限制，同法第十四條規定外國投資人之事業，於規定之條件下，得免受徵用或收購，第十三條規定其事業如政府基於國防需要，而予以徵用或收購時，應給予合理之補償，凡此均較內國人所受之保護優厚，即可謂係對外國人的優惠待遇。此外，優惠待遇的給予僅涉及授與國及受惠國，與第三國無涉，且除條約外亦可以內國法律定之，因此與必以條約中的最惠國待遇條款為據，且須與第三國之待遇比較的最惠國待遇，也有差異。

　　所謂普遍優惠待遇，是指已開發國家片面給予開發中國家關稅減免或減徵的優惠待遇，由於其對開發中國家係全面不歧視的普遍適用，所以又稱為「普遍」優惠待遇。普遍優惠待遇從形式上言，並不強調如國民待遇或最惠國待遇之互惠原則，其著眼點乃在於已開發國家與開發中國家經濟力懸殊之既成事實，希望藉由此種普遍優惠待遇重新建構國際經濟新秩序 (New International Economic Order, NIEO)。一九六八年聯合國貿易暨發展委員會通過決議，認為開發中國家向已開發國家輸入成品或半成品時，已開發國家應給予其免徵或減徵關稅之優惠待遇。一九七〇年聯合國第二十五屆大會接受此一建議，通過建立普遍優惠待遇的提案，一九七四年十二月十二日聯合國大會通過「各國經濟權利與義務憲章」，其第十九條進一步規定「已開發國家在國際經濟合作可行之範圍內，應給予開發中國家普遍優惠、非互惠而不歧視之待遇。」

第四項　不歧視待遇

　　所謂不歧視待遇，是指有利害關係的國家間透過條約，互相約定不將對其他國家或某一國家所加之限制，加諸於他方當事國，使其居於較其他國家低劣之地位，換言之，即透過條約避免使對內國而言均屬外國的國家間，又受有差別之待遇，形成若干國家之國民受內國歧視之情形。為避免外國之報復，各國通常會採用不歧視待遇。不歧視待遇之主要目的，與最惠國待遇同在確保締約國與第三國立於相同之地位，但從其形式以觀，前者重在消極地避免受歧視，後者則在積極爭取締約各方與受最惠國待遇者之地位相同，其間仍有些微不同。

第五項　互惠待遇

　　所謂互惠待遇，是指內國賦予外國人某種優惠時，亦要求外國人之本國給予在該國之內國國民同等之權利。互惠待遇可依制定內國法律或締結條約之方式而給與外國人，其內容已於前面「互惠時期」中有所說明，請逕參照之。

第六項　敵對待遇

　　所謂敵對待遇，是指與內國具有敵對關係的國家的國民或法人，在內國所受之保護或待遇。國家間的敵對關係通常源自在某一時期的交戰關係，在戰後緊張與敵對關係仍存在的時期中，交戰國往往將外國人區分為敵對性外國人 (enemy aliens) 與非敵對性外國人，並使敵對性外國人處於較低劣之地位。例如英國在第二次世界大戰期間，曾頒布一九三九年對敵貿易法及進出口與海關權力法，規定下列人員為敵對性外國人：⑴居住於敵國領土上者；⑵為敵人為某種行為者；⑶有交戰國國籍者；⑷於交戰國成立、依交戰國法律組成或為交戰國控制之任何團體；⑸為英國貿易部以命令指明為敵人者。從一般實踐上來看，交戰國對於敵對性外國人的權利，通常為如下之限制：⑴扣押或沒收其財產；⑵禁止收受付款；⑶禁止進行貿易；⑷禁止締結其他一般性契約。

第二章　外國自然人在我國法律上之地位

第一節　國籍、華僑與外國人

我國憲法第三條規定：「具有中華民國國籍者，為中華民國國民。」凡不具有中華民國國籍者，包括具有外國國籍及無國籍者在內，均屬外國人。內國國籍之有無，乃是內國得獨立決定之事項❶，但外國國籍的有無應由該外國獨立決定，且各國關於國籍所採之立法原則及具體規定不同，自有發生國籍積極衝突及消極衝突情形之可能。我國新涉外法第二條及第三條是在當事人有重國籍或無國籍時，解決其本國法的確定問題，但對於當事人之國籍並無確定或增減的作用。例如華僑兼具有為內國人及外國人的身分，新涉外法第二條只解決華僑之本國法之認定問題，是否應將華僑認定為介於內、外國人間的第三種人，仍有待在法律政策上予以慎重考量。

華僑在我國法律上一直享有特殊之地位，例如憲法第一六七條、憲法增修條文第四條、第十條及公職人員選舉罷免法中，均有「僑居國外國民」之規定，行政院設有僑務委員會，綜理有關華僑之事務，此外，為鼓勵、保障華僑回國投資及處理相關事宜，制定施行華僑回國投資條例，為核發

---

❶　美國最高法院在一八九八年「王京亞」一案中 (United States v. Wang Kim Ark, 169 U.S. 649, 18 S. Ct. 456, 42 L. Ed. 890.)，曾面臨以下難題：王京亞於一八七三年生於美國加州，父母均為中國人，其在一八九五年自中國結束短期旅行，返回美國時被拒於美國國境之外，主要理由是王京亞並非美國公民，亦不符合當時有效之華人排除法所列舉得入境之例外規定。但最高法院判決王京亞仍得入境，其理由則是王京亞因出生而取得之美國國籍，並未因任何理由而喪失。

華僑身分證明書及辦理護照加簽僑居身分,亦制定施行華僑身分證明條例。有關華僑的定義,依華僑身分證明條例第三條規定,是指「僑居國外國民」而言,但不包含「具有大陸地區人民、香港居民、澳門居民身分或持有大陸地區所發護照者」。至於申請華僑身分證明書的要件,依同條例第四條規定:「僑居國外國民,符合下列各款情形之一者,得申請華僑身分證明書:一、居住於有永久居留制度之國家或地區,具備下列條件者:㈠取得僑居地永久居留權。㈡在國外累計居住滿四年。㈢在僑居地連續居住滿六個月或最近二年每年在僑居地累計居住八個月以上。二、居住於無永久居留制度,或有永久居留制度而永久居留權取得困難之國家或地區,具備下列條件者:㈠取得僑居地居留資格連續四年,且能繼續延長居留。㈡在國外累計居住滿四年。㈢在僑居地連續居住滿六個月或最近二年每年在僑居地累計居住八個月以上。三、現在或原在臺灣地區設有戶籍,自臺灣地區出國,在國外合法連續居留十年並在僑居地合法工作居留四年以上,且能繼續延長居留者。」

　　依國家主權之原則,內國法律之規範效力僅及於內國國民,所以我國憲法第二章關於人民基本權利之保障規定,解釋上亦僅可直接適用於內國國民,對外國人除參酌國際法之原則❷,「依其性質部分適用」或「類推適用」該等規定外,已屬於國家任意立法之範圍。外國人之地位原可以單一法規統一規範,但我國未制定類似「外國人法」之單一法規,關於外國人之地位係散在許多法規中分別規定,而且原則上係以內外國人平等為規範之基礎,所以並不採權利之個別「授與」之方式,僅在必要時就外國人之若干權利,依法律予以限制。此等限制外國人權利之規定,其性質多屬於關於國家公權力之作用之公法。

　　本篇所稱之外國人,是指無內國國籍之人,故並不包括華僑在內,其

---

❷　我國憲法中只有第一四一條與國際法在內國之效力有關:「中華民國之外交,應本獨立自主之精神,平等互惠之原則,敦睦邦交,尊重條約及聯合國憲章,以保護僑民權益,促進國際合作,提倡國際正義,確保世界和平。」(憲法第十三章「基本國策」第二節「外交」)

範圍及於所有在國際公法上享有外交或領事特權及豁免的外國人、外國專家、外國留學生、外商、外僑、外國籍勞工、外國籍配偶及在內國旅遊之外國人。外國人的地位問題，既指外國人依內國法律所得享有之權利及應負擔之義務，則享有外交或領事特權及豁免之外國人，因不完全受內國法律之規範，自不宜納入此處關於一般外國人之討論範圍。為方便觀察外國人之法律地位，以下謹再依各類權利之性質，說明我國法律關於外國人之特別規定或限制❸。

第二節　公法上權利

我國憲法中明定國家應保護人民之人身自由、表現意見之自由、秘密通訊之自由、信仰宗教之自由、集會結社之自由，生存權、工作權及財產權等其他基本人權，亦均已受相當之保護，此與一九四八年世界人權宣言之意旨已大致符合❹。外國人在內國得為行政程序之行為主體，依行政程序法第二十二條第三項規定：「外國人依其本國法律無行政程序之行為能力，而依中華民國法律有行政程序之行為能力者，視為有行政程序之行為能力。」以下謹就外國人若干公法上權利，再依其類型分別說明其在我國法律上之情形。

---

❸　由於外國人之公權利與國際私法之適用較無關連，而且大多屬於國際法之規範範圍，即使內國法規為執行之便利，仍設有必要之規定，實際上也都是在國際法無特別規定之條件下才有適用之餘地，所以以下本文重點置於私權利之限制，公權利之限制僅擇要敘述之。又一般以公法上所規定之權利為公權利，私法上所規定者為私權利，而公法與私法之區分標準原有許多爭議，此處係依一般見解，認為規定國家與個人間之法律關係者為公法，規定個人與個人間之法律關係者為私法。

❹　請參考世界人權宣言第三、五、九、十、十二、十三、十八、十九、二十等條。

第一項　入出國境及居留之權利

依國際法上國家主權原則，外國人入境之許可或拒絕得由內國決定之，所以目前各國大致都本互惠之基礎允許外國人為合法之目的而入境，有些國家甚至在條約上規定締約國之國民得互免簽證，此等規定國家義務之條約當然應優先於一般國內法而適用之❺。近來由於我國工商業發達，吸引許多外國人前來尋求工作機會，更由於經濟面臨轉型，內國勞工普遍短缺，外國人一經入境即可覓得工作機會，致使許多外國人不惜以「跳船」等未經許可之方式入境打工，有些人更以協助偷渡為業，對國家安全形成嚴重威脅，所以對於外國人是否得以國家安全法之規定相繩之問題，在實務上乃益形重要。

關於外國人的入出國，入出國及移民法第十八條第一項規定禁止外國人入國之原因，包括一、未帶護照或拒不繳驗。二、持用不法取得、偽造、變造之護照或簽證。三、冒用護照或持用冒領之護照。四、護照失效、應經簽證而未簽證或簽證失效。五、申請來我國之目的作虛偽之陳述或隱瞞重要事實。六、攜帶違禁物。七、在我國或外國有犯罪紀錄。八、患有足以妨害公共衛生或社會安寧之傳染病、精神疾病或其他疾病。九、有事實足認其在我國境內無力維持生活。但依親及已有擔保之情形，不在此限。一〇、持停留簽證而無回程或次一目的地之機票、船票，或未辦妥次一目的地之入國簽證。一一、曾經被拒絕入國、限令出國或驅逐出國。一二、曾經逾期停留、居留或非法工作。一三、有危害我國利益、公共安全或公共秩序之虞。一四、有妨害善良風俗之行為。一五、有從事恐怖活動之虞。此外，基於平等原則，「外國政府以前項各款以外之理由，禁止我國國民進

---

❺　外國人之入境問題性質上屬於內國得自由決定之事項，所以其標準通常係依個別之國情而定，但大致上言，地廣人稀之國家在早期多採取較寬鬆之移民政策，允許外國人自由入境，現在則設有寬嚴不一的條件，地狹人稠之國家通常對外國人之入境限制較嚴。但為網羅人才，促進內國之經濟、科技或文化的發展，對於學有專精的技術或專門人員的入境，通常仍較無限制。

入該國者,入出國及移民署經報請主管機關會商外交部後,得以同一理由,禁止該國國民入國。」(第二項)第十九條第一項規定搭乘航空器、船舶或其他運輸工具之外國人之臨時入國原因,包括一、轉乘航空器、船舶或其他運輸工具,二、疾病、避難或其他特殊事故,三、意外迫降、緊急入港、遇難或災變,四、其他正當理由。第二十條第一項規定航空器、船舶或其他運輸工具所搭載,而因過境必須在我國過夜住宿之乘客,其入國之程序。第二十一條第一項規定對外國人為禁止出國之處分之原因,包括:一、經司法機關通知限制出國,二、經財稅機關通知限制出國者。

在外國犯罪後進入我國國境之外國人,引渡法也規定將其引渡回國之相關程序,從第一條之規定:「引渡依條約;無條約或條約無規定者,依本法之規定。」可知此項限制其居住與遷徙自由之規定,實際上僅在落實國際法之內容。外國人犯罪後於我國受有期徒刑以上刑之宣告者,得於刑之執行完畢或赦免後,依刑法將之驅逐出境(刑法第九十五條),實際上亦係如此。如外國人之入境並非合法,內國得於其入境之前予以拒絕,此乃國際上之通例,對於已入境者,基於主權原則亦得將其驅逐出境或予以遣返❻,至於對其非法入境行為之處罰,基於罪刑法定原則,自仍應以法律所明文規定者為限。

外國人入境後在內國的居留問題,依屬地管轄的原則,也屬於內國法律規範的範圍。外國人在居留期間於內國的權利與義務之問題,即是外國人地位之問題。對此,入出國及移民法第二十九條規定:「外國人在我國停留、居留期間,不得從事與許可停留、居留原因不符之活動或工作。但合法居留者,其請願及合法集會遊行,不在此限。」第三十條規定:「入出國

---

❻ 美國最高法院在一八九三年「方育庭」一案中 (Fong Yue Ting v. United States, 149 U.S. 698, 13 S. Ct. 1016, 37 L. Ed. 905.) 亦表示,中國工人只要獲得美國政府許可在美國居留,關於其人身、財產之權利與民事、刑事責任,即有權受美國憲法保障與法律保護,與其他在美國長期或短期住居之外國人並無區別;但如其未採取必要行動使自己成為公民,且依歸化法規無法成為公民,則仍屬於國會得依其職權予以驅逐之對象,換言之,只要國會認定適切,且為維護公共利益有令其遷徙之必要時,即可令其遷徙或予以遣返。

及移民署在國家發生特殊狀況時，為維護公共秩序或重大利益，得對外國人依相關法令限制其住居所、活動或課以應行遵守之事項。」外國人在內國之居留可分為定期居留與永久居留二種，暫時居留者在其居留目的，如探親、旅遊或留學等結束或許可之期間屆滿後，即喪失繼續居留之權利，除其本國與內國間訂有容許居留之條約或協定外，不得主張任何國際法上在內國居留之權利❼。永久居留者是以久住之目的而入境，又稱為定居，各國在許可定居時通常對內國之人口狀況、聲請者對內國社會安定之可能影響或歸化之可能性等，為通盤之考量，有時也設有數額上之限制❽。

　　關於外國人申請永久居留之要件，入出國及移民法第二十五條規定：

---

❼　在一九五四年德國聯邦明斯特上訴行政法院審理有關義大利行商的上訴案中，上訴人為義大利行商，為其在德國居留之許可證屆滿後，向德國聯邦政府聲請新證未獲批准事，提起上訴，並極力主張國際法賦予外國人在一國居留之權利。德國上訴行政法院則於判決中指出，外國人在內國之居留權利以國際條約或協定特別規定者為限，但德國與義大利間並無此類國際條約或協定，故上訴人無權請求德國政府無條件發給居留許可證。

❽　國家基於國家主權之原則，本有限制某些外國人入境之權。以美國為例，一八八二年即曾制定華人排除法 (Chinese Exclusion Act)，禁止華工於法定期間進入美國國境，後來並將其適用範圍擴及於所有華人（並包括日本人與菲律賓人）。在基於主權平等原則為一般性之立法後，有感於外來移民之經濟競爭與種族壓力，自一九一七年起又立法採取限制移入之政策，一九二一年之法律且首創沿用至一九六五年的國別配額制度 (national quota system)。一九二四年及一九五二年的移民法規為維持美國國內之人口構成在種族或原屬國 (national origin) 方面之比例，與一九二〇年不變，乃規定任何地區外國人入境之年度總額，須為一九二〇年該國在美國的居民總數的六分之一個百分點，對於自亞太地區移入者並有上限二千人之限制。此外，一九五二年法律規定每年許可移入之外國人總額為十五萬人，但實際上由於依國別配額之關係，經常是有些國家仍有餘額，有些國家的國民則大排長龍，不得其門而入。一九六五年法律將最高額修正為二十九萬人（一九八〇年難民法實際上已將其減為二十七萬人），並放棄依原屬國別配額之制度，改以其他個人之身分或技能條件為準，但仍規定自同一國家移入者每年不得逾二萬人，再經一九七六年與一九七八年之修正後，西半球與東半球國家國民之移入美國，始可謂已無分軒輊。

「外國人在我國合法連續居留五年，每年居住超過一百八十三日，或居住臺灣地區設有戶籍國民，其外國籍之配偶、子女在我國合法居留十年以上，其中有五年每年居留超過一百八十三日，並符合下列要件者，得向入出國及移民署申請永久居留。但以就學或經中央勞工主管機關許可在我國從事就業服務法第四十六條第一項第八款至第十款工作之原因許可居留者及以其為依親對象許可居留者，在我國居留（住）之期間，不予計入：一、二十歲以上。二、品行端正。三、有相當之財產或技能，足以自立。四、符合我國國家利益。」「中華民國九十一年五月三十一日前，外國人曾在我國合法居住二十年以上，其中有十年每年居住超過一百八十三日，並符合前項第一款至第三款及第五款要件者，得向入出國及移民署申請永久居留。」「外國人有下列情形之一者，雖不具第一項要件，亦得向入出國及移民署申請永久居留：一、對我國有特殊貢獻。二、為我國所需之高級專業人才。三、在文化、藝術、科技、體育、產業等各專業領域，參加國際公認之比賽、競技、評鑑得有首獎者。」「外國人得向入出國及移民署申請在我國投資移民，經審核許可且實行投資者，同意其永久居留。」「外國人兼具有我國國籍者，不得申請永久居留。」「依第一項或第二項規定申請外僑永久居留，經合法通知，無正當理由拒絕到場面談者，入出國及移民署得不予許可。」「經許可永久居留者，入出國及移民署應發給外僑永久居留證。」「主管機關得衡酌國家利益，依不同國家或地區擬訂外國人每年申請在我國居留或永久居留之配額，報請行政院核定後公告之。但因投資、受聘僱工作、就學或為臺灣地區設有戶籍國民之配偶及未成年子女而依親居留者，不在此限。」「依第一項或第二項規定申請永久居留者，應於居留及居住期間屆滿後二年內申請之。」

第二項　參政權

我國現制對於外國人之參政權，包括選舉、被選舉、罷免、創制、複決及其他參與公職之權利，係採各國之通例，只保留給內國國民（公職人員選舉罷免法第十四條、第二十四條參照）。其理由主要是因外國人不諳國

情，且對內國缺乏忠順之愛國情操，尚不宜使其積極與聞國事。外國人在歸化為內國國民後，通常亦不得立即享有全面之參政權（雖然其已成為內國國民），我國國籍法第十條之規定即本此意旨而設（此時乃內國法對特殊內國國民參政權之限制）。

第三項　請願、訴願及訴訟權

請願、訴願及訴訟權之主體，依請願法、訴願法及行政訴訟法之規定係「人民」，民事訴訟法與刑事訴訟法則未規定明確，所以在我國之外國人是否享有請願、訴願及訴訟權之問題，在解釋上並非毫無疑義。請願權依各國通例皆不許外國人享有之，我國似亦未開許可外國人得直接請願之例。外國人在我國提民事訴訟、行政訴訟、於刑事訴訟中附帶提起民事訴訟或為非訟事件之當事人之資格，我國法律上雖無明文規定，但外國人既有其權利能力，似當然得為其權利之保護而為訴訟之當事人，且觀諸民事訴訟法第四十六條之規定：「外國人依其本國法律無訴訟能力，而依中華民國法律有訴訟能力者，視為有訴訟能力。」本條依刑事訴訟法第四九一條、非訟事件法第十一條及行政訴訟法第二十八條規定，並準用於各該程序，可見外國人之訴願權及訴訟權，原則上受內國法之保護。外國人是否亦依刑事訴訟法之規定，得提起告訴或自訴，我國法律上亦未設明文規定，從外國人享有權利能力，其享有之權利在我國亦有被侵害之可能，即其可能成為犯罪之被害人之觀點，以及刑罰保護法益之目的上言，似無禁止或限制外國人享有該等權利之理由。至於外國人在我國應服從我國法律之規定，在訴訟上亦得以之為被告對其起訴，當不待言。

仍須說明的是，公務員於執行職務行使公權力時，因故意或過失不法侵害人民自由或權利者，公務員怠於執行職務，致人民自由或權利遭受損害者，或公有公共設施因設置或管理有欠缺，致人民生命、身體或財產受損害者，國家均應負損害賠償責任，國家賠償法第二條及第三條訂有明文，外國人為被害人時，依該法第十五條規定，「以依條約或其本國法令或慣例，中華民國人得在該國與該國人享受同等權利者為限」，始得適用該法請

求國家賠償。刑事補償法亦持類似原則,於第三十六條規定:「本法於外國人準用之。但以依國際條約或該外國人之本國法律,中華民國人民得享同一權利者為限。」此外,在各國普遍採取裁判有償主義的民事訴訟中,如原告有勝訴之希望,但無力繳納裁判費用時,各國通常亦設有訴訟救濟制度,避免對於經濟上弱者所提起之訴訟,動輒以未繳納裁判費之理由駁回其訴,民事訴訟法第一○八條規定:「對於外國人准予訴訟救助,以依條約、協定或其本國法令或慣例,中華民國人在其國得受訴訟救助者為限。」可見關於外國人之上述三種權利,我國法律均是兼採法律互惠主義及條約互惠主義。

第四項　工作權

外國人於內國無參政權為各國通例,既有如前述,在各國之立法實踐上,亦普遍限制外國人在政府機構或公營事業中任職,充當內國之公務人員。我國憲法對內國人於第十八條設有「人民有應考試、服公職之權」之規定,對於外國人則無明文規定,但依公務人員考試法第六條規定,得應公務人員考試者,僅限於中華民國國民,所以外國人不得於我國應公務人員考試,亦不可能取得我國公務人員之任用資格,亦即不得在內國擔任公職。準此,工作之內容雖包羅萬象,此處所稱之工作權並不包括在內國參政及擔任公職在內。

工作權乃是生存權之保障所必需者,所以對於許可其在內國居留之外國人,理論上言當無不承認或賦予其工作權之理,但外國人工作權之保障如對內國國民之工作權在實質上產生威脅,也難免有失國家保障內國國民生存權之旨,因此如何取其平衡實為難度頗高之政策問題。從經濟政策的角度觀察,湧入內國的外國人通常是前來「淘金」,僅能提供較低級勞務的勞工,其在內國需要快速開發時常為內國所歡迎,但在其於內國形成社會問題或對於原有之內國國民形成生存權之實質威脅時,內國往往又藉法令之限制予以排除,前述美國早期「華人排除法」之制定,即為著例。惟全面禁絕外國人在內國之工作機會,或限制某些國家之國民在內國工作者,

在目前已不多見，較常見者是在內、外國人平等的原則上，依工作或職業之內容或類別之不同，在國家安全、鞏固國本及維護國民經濟利益的條件下❾，為適當之限制。

我國為促進「國民」就業，以增進社會及經濟發展，於民國八十一年制定施行「就業服務法」，其中第五章即為「外國人之聘僱與管理」事項，其內容包括：㈠內國國民之工作權優先保障：「為保障國民工作權，聘僱外國人工作，不得妨礙本國人之就業機會、勞動條件、國民經濟發展及社會安定。」（第四十二條）㈡外國人工作應經許可：「除本法另有規定外，外國人未經雇主申請許可，不得在中華民國境內工作。」（第四十三條）「任何人不得非法容留外國人從事工作。」（第四十四條）「任何人不得媒介外國人非法為他人工作。」（第四十五條）㈢限制外國人工作種類：「雇主聘僱外國人在中華民國境內從事之工作，除本法另有規定外，以下列各款為限：一、專門性或技術性之工作。二、華僑或外國人經政府核准投資或設立事業之主管。三、下列學校教師：㈠公立或經立案之私立大專以上校院或外國僑民學校之教師。㈡公立或已立案之私立高級中等以下學校之合格外國語文課程教師。㈢公立或已立案私立實驗高級中等學校雙語部或雙語學校之學科教師。四、依補習教育法立案之短期補習班之專任外國語文教師。五、運動教練及運動員。六、宗教、藝術及演藝工作。七、商船、工作船及其他經交通部特許船舶之船員。八、海洋漁撈工作。九、家庭幫傭及看護工作。一〇、為因應國家重要建設工程或經濟社會發展需要，經中央主管機關指定之工作。一一、其他因工作性質特殊，國內缺乏該項人才，在業務上確有聘僱外國人從事工作之必要，經中央主管機關專案核定者。」（第四十六條）

近年來，由於我國積極參與國際組織之活動，並推動各項自由化及國際化的措施，除就業服務法上述規定外，我國法律上關於外國人工作權限

---

❾　對於外國人工作權限制之理由，可歸納為下列五種：㈠政治上避免內國受外國人之影響或控制，㈡經濟上防止外國人之操縱或競爭，㈢社會上保護內國人之工作權，㈣技術上對外國人之不信任，㈤國防上避免門戶洞開。

制的原有規定，已逐漸依國民待遇之原則予以刪除或修正。

第五項　結社權

我國憲法第十四條規定：「人民有集會及結社之自由。」理論上言集會及結社乃是團體總意形成及表示之一種方式，外國人既有言論、出版及講學之自由，亦當有集會及結社之自由。惟各國實踐上皆未認為外國人享有絕對或毫無限制之集會及結社自由，一般而言，含有政治作用之集會及結社仍不許外國人為之。集會遊行法對於外國人並無規定，人民團體法第五十一條規定：「政治團體不得收受外國團體、法人、個人或主要成員為外國人之團體、法人之捐助。」此外，有些社團法人因法律規定其社員為中華民國國民，外國人依法即不得加入，例如依農會法第十二條、第十三條、漁會法第十五條及第十五條之一，農會及漁會之會員或贊助會員，應以中華民國國民為限，外國人遂無法成為其會員或贊助會員。

第三節　公法上義務

外國人依屬地原則，在我國亦有服從我國法律規定之義務。所以外國人在我國領域內犯罪者，應接受我國法院依我國法律所為之判決；在所得稅法採取就源課稅的前提下（參閱所得稅法第二條），自應認其亦負擔某種程度之納稅義務。外國人之兵役問題因我國兵役法第一條規定「中華民國男子依法皆有服兵役之義務」，其規範效力不及於外國人，自不能課與外國人此項義務。至於受國民教育之義務，則因外國人自有其本國之文化背景與涵養，理論上也不宜令其負擔之。

第四節　私法上權利

外國自然人在公法上之權利能力，因內國之公共秩序或特殊國情而受之限制，已如前述，而在私法上之權利能力方面，各國法律原則上皆採取

內、外國人平等主義，且不乏在國際私法中予以明文規定之例，不過仍都以維持公共利益或經濟政策之理由，而有所保留。我國民法總則施行法第二條規定：「外國人於法令限制內，有權利能力」，本條一方面肯定外國人享有一般權利能力，得作為一般權利義務的主體，另方面則宣示針對個別的權利而言，外國人並非當然與內國人民同視，即可能因其為外國人，而受特別之限制也。

關於外國自然人之私法上地位，我國法律原則上是先承認外國自然人之權利能力，再就個別權利決定是否限制其特別權利能力，亦即對於應以我國法律為準據法的系爭權利，決定是否得由外國取得之問題，所以其問題之本質，實際上係屬於內國法適用之問題。質言之，外國人私法上地位之承認，雖然是國際私法存在之先決條件，但在涉外事件的法律適用階段中，有關外國人私法上地位之規定之適用，性質上乃是依國際私法決定以內國法為準據法之後，因適用內國法而發生的問題。

我國法律對於外國人作為債權或身分權（含親屬權及繼承權）之主體，並無特別限制之規定❿，外國人之特別權利能力受有限制者，主要為關於土地之物權、準物權及無體財產權。茲謹將各該權利所受之內國法之限制，分別說明之。

第一項　關於土地之權利

物權是直接支配標的物，而具有優先性及排他性的對世權，其效力與具有相對性的債權截然不同，各國法律對物權之類型及內容通常採取「物權法定主義」，並對於以特定物為標的物之物權，限制外國人之特別權利能

❿　參照前司法行政部民國四十五年三月九日四十五臺公參字第一一四六號函：「查債權人之債權如已依照中國法律合法取得，不論債權人具有何種國籍，亦不論其居留何國國境，均得依法在中國境內行使其請求權。況泰國曾於民國三十五年與我國訂有友好條約，因而泰國人民在中華民國境內合法取得債權，雖其本人居留泰國，但如在中華民國境內合法委有代理人者，應可向中華民國境內之債務人，或其合法清理團體主張其應得之債權。」見法務部，《行政解釋彙編》（第一冊）（臺北：法務部，民國八十一年五月版），頁 979。

力，我國亦不例外。

一般而言，外國人之土地所有權在十八世紀以前，仍普遍受到限制，直到十九世紀才漸漸得到承認。此乃因為土地具有不能變更其物理位置之特性，而且構成國土之一部分，所以許多國家都在憲法上設有不得變更或屬於其國民全體之意旨（如我國憲法第四條、第一四三條第一項參照）。對此，我國土地法第十條更規定：「中華民國領域內之土地，屬於中華民國人民全體，其經人民依法取得所有權者，為私有土地。」「私有土地所有權消滅者，為國有土地。」

在清朝末期，外國人依列強與我國所簽訂之條約，得享有在通商口岸或內地通商或傳教之權利，並得租地建屋居住，但當時外國人所取得者，實際上僅是承租土地之權利而已。此種情形一直到民國成立以後，都尚未改變，直到民國三十二年不平等條約逐漸取消後，我國才開始局部承認外國人在互惠的條件下，得依我國法令取得我國境內土地之所有權。真正就外國人之土地所有權予以制度化規定者，是民國三十五年修正之土地法。最初土地法第十八條係採互惠主義，規定「外國人在中華民國取得或設定土地權利，以其本國與中華民國訂有平等互惠條約，並依其本國法律准許中華民國人民享有同樣權利者為限。」直到民國六十四年七月，才修正為下列規定：「外國人在中華民國取得或設定土地權利，以依條約或其本國法律，中華民國人民得在該國享受同樣權利者為限。」可見現行條文基本上仍採互惠主義，並已揚棄建立外交關係之形式，轉而強調互惠之實質內容矣。該條文中所稱「土地權利」，依行政院之解釋應包括土地所有權、地上權及其他有關之土地權利在內，外國人不得購買當地之土地者，亦不得購買其上所建之房屋[11]。外國人租賃或購買之土地，經登記後，依現行法第二十四條規定，即得「依法令之所定，享受權利，負擔義務。」

關於外國人土地權利之限制，我國司法實務上有從嚴認定其限制的趨勢。例如最高法院在後述一〇三年度臺上字第二五七四號民事判決中，重

---

[11] 參照行政院民國四十一年九月九日臺四十一內字第五〇五六號代電（復臺灣省政府）。

申外國人繼承我國土地，並無地目上的限制；在九十五年度臺上字第二一號民事判決中，指出外國人如具有華僑身分，即不適用外國人的限制性規定；在九十七年度臺上字第二〇五一號民事判決中，認為尚未取得中華民國國籍的外國人，就系爭土地無法辦理不動產繼承登記，惟仍可採變價分配之途，以實現其本於繼承權之請求。

　　土地法關於外國人之權利能力，除上述第十八條之外，並於第十七條規定：「左列土地不得移轉、設定負擔或租賃於外國人：一、林地。二、漁地。三、狩獵地。四、鹽地。五、礦地。六、水源地。七、要塞軍備區域及領域邊境之土地。」「前項移轉，不包括因繼承而取得土地。」第十九條規定：「外國人為供自用、投資或公益之目的使用，得取得左列各款用途之土地，其面積及所在地點，應受該管直轄市或縣（市）政府依法所定之限制：一、住宅。二、營業處所、辦公場所、商店及工廠。三、教堂。四、醫院。五、外僑子弟學校。六、使領館及公益團體之會所。七、墳場。八、有助於國內重大建設、整體經濟或農牧經營之投資，並經中央目的事業主管機關核准者。」外國人依土地法第十九條第一項第八款規定取得之土地，「應依核定期限及用途使用，因故未能依核定期限使用者，應敘明原因向中央目的事業主管機關申請展期；其未依核定期限及用途使用者，由直轄市或縣（市）政府通知土地所有權人於通知送達後三年內出售。逾期未出售者，得逕為標售，所得價款發還土地所有權人；其土地上有改良物者，得併同標售。」（第二十條第三項）

　　限制外國人土地權利在各國法制雖然仍為常態，但為吸引外國資金參與內國之建設，乃不得不取消或放寬這些限制。我國外國人投資條例第十六條規定：「投資人或所投資之事業，經行政院專案核准後，不受下列限制：一、礦業法第五條第一項、第三項但書、第八條第一項關於中華民國人民之規定及第四十三條第二款。二、土地法第十七條第七款。三、船舶法第二條第三款各目及第四款。但對於經營內河及沿海航行之輪船事業，或不合於共同出資方式者，仍受限制。四、民用航空法第十條第一項第三款各目及第四十五條第一項。」第十七條規定：「投資人所投資之事業，其

法律上權利義務，除法律另有規定外，與中華民國國民所經營之事業同。」

第二項　我國籍航空器及船舶之所有權

航空器及船舶係人出一國國境之主要交通工具，懸掛一國國旗之航空器及船舶，有時更在法律上被視為該國主權之延伸，所以各國對其所屬國籍之航空器及船舶，往往在法律上限制外國人取得其所有權，我國亦不例外。所以現行（民國一〇四年二月修正）民用航空法第十條規定：「航空器合於下列規定之一者，得申請登記為中華民國國籍航空器：一、中華民國國民所有。二、中華民國政府各級機關所有。三、依中華民國法律設立，在中華民國有主事務所之下列法人所有：㈠無限公司之股東全體為中華民國國民。㈡有限公司之資本總額逾百分之五十為中華民國之國民、法人所有，其代表公司之董事為中華民國國民。㈢兩合公司之無限責任股東全體為中華民國國民。㈣股份有限公司之股份總數逾百分之五十為中華民國之國民、法人所有，其董事長及董事逾半數為中華民國國民，且單一外國人持有之股份總數不得逾百分之二十五。㈤其他法人之代表人全體為中華民國國民。」「外籍航空器，除本法另有規定外，不得在中華民國申請國籍登記。」現行船舶法第五條亦有類似規定，請逕參照之。

第三項　智慧財產權

智慧財產權又稱為無體財產權，一般主要是指著作權、商標權與專利權，後二者又合稱為工業財產權。晚近立法趨勢顯示，對於營業秘密之保護，及半導體晶片上之電路迴路之布局設計之保護，在法律上所賦予權利人之權利，已成新的智慧財產權。由於此等權利無形無體，其標的與一般傳統之物權迴然有別，且具有強烈之國家授權性質，即各國得自行決定其是否承認該權利，並賦予法律上之保護。易言之，各國可自行依其國情需要，在政策上決定是否承認此等權利，甚至內、外國人在此等方面是否受同等保護之待遇，亦在其自由決定之範圍，因此外國人之智慧財產權是否受保護及其受保護之程度，可謂全憑內國對於外國人之法律上政策，毫無

準則。職是，跨國性的智慧財產權保護公約之訂定，在外國人權利的保護上乃較其他權利更為殷切。

　　一八八三年在巴黎簽訂之工業財產權保護公約（一九七六年修正），可謂歷史最久遠之智慧財產權公約，依其規定，各締約國對於所有締約國之國民之工業財產權，應無分國籍或內外國人，予以平等之法律上保護。目前該公約之締約國雖已甚多，可惜我國迄未加入，外國人之工業財產權之保護仍悉依我國國內法之規定。一八八六年「關於文學及藝術的著作物保護之伯恩公約」 (Berne Convention for the Protection of Literary and Artistic Works) 及一九五二年日內瓦 「世界著作權公約」 (Universal Copyright Convention) 均為世界性之著作權保護公約，因我國亦未加入，內、外國人之著作權所受之法律上保護並不一致，近年來已多次成為外國關切之課題，在對外貿易諮商談判中也常被列為重要論點，使立法之方向與進度頗感被動。其他如一九八九年有關於積體電路之智慧財產權之華盛頓公約等，也都有類似情形。所幸，我國已加入世界貿易組織 (WTO)，透過該組織的相關公約及協定之架構，已間接解決部分問題。

　　目前我國對於外國人之智慧財產權，原則上仍採互惠主義而予以保護，以下謹就各種具體權利，分別說明現行法之相關規定。

一、著作權

　　我國著作權法原制定於民國十七年五月，經過多次修正後，現行法（民國一〇五年十一月修正）參酌國際公約及先進國家之立法，對外國人著作之保護於第四條規定：「外國人之著作合於下列情形之一者，得依本法享有著作權。但條約或協定另有約定，經立法院議決通過者，從其約定：一、於中華民國管轄區域內首次發行，或於中華民國管轄區域外首次發行後三十日內在中華民國管轄區域內發行者。但以該外國人之本國，對中華民國人之著作，在相同之情形下，亦予保護且經查證屬實者為限。二、依條約、協定或其本國法令、慣例，中華民國人之著作得在該國享有著作權者。」在立法院審議通過「與貿易有關之智慧財產權協定 (TRIPS)」後，依其第

九條第一項規定，會員須遵守伯恩公約規定，現行法對於外國人著作之保護，在保護之形式要件上，即依伯恩公約第三條及第四條規定受保護之著作，故揚棄舊法的「註冊保護主義」，使「創作保護主義」一體適用於內、外國人著作之保護，較符合內、外國人平等保護之原則；在保護之實質內容與範圍上，放寬舊法僅限於在我國境內首次發行之限制，對於在國外首次發行後，於一定期限內在我國境內發行之著作，亦予以保護，保護之範圍亦擴及舊法所明文排斥之翻譯權，更向平等主義邁進一步。

此外，為配合我國加入世界貿易組織，著作權法第一〇六條之一規定：「著作完成於世界貿易組織協定在中華民國管轄區域內生效日之前，未依歷次本法規定取得著作權而依本法所定著作財產權期間計算仍在存續中者，除本章另有規定外，適用本法。但外國人著作在其源流國保護期間已屆滿者，不適用之。」「前項但書所稱源流國依西元一九七一年保護文學與藝術著作之伯恩公約第五條規定決定之。」

二、專利權

我國專利法關於外國人專利之保護，向採互惠主義，現行法（民國一〇六年一月修正）第四條亦規定：「外國人所屬之國家與中華民國如未共同參加保護專利之國際條約或無相互保護專利之條約、協定或由團體、機構互訂經主管機關核准保護專利之協議，或對中華民國國民申請專利，不予受理者，其專利申請，得不予受理。」但為配合我國加入世界貿易組織，第二十八條又規定：「申請人就相同發明在與中華民國相互承認優先權之國家或世界貿易組織會員第一次依法申請專利，並於第一次申請專利之日起十二個月內，向中華民國申請專利者，得主張優先權。」「申請人於一申請案中主張二項以上優先權時，前項期間之計算以最早之優先權日為準。」「外國申請人為非世界貿易組織會員之國民且其所屬國家與中華民國無相互承認優先權者，如於世界貿易組織會員或互惠國領域內，設有住所或營業所者，亦得依第一項規定主張優先權。」「主張優先權者，其專利要件之審查，以優先權日為準。」

三、商標權

我國商標法關於外國人商標之保護，向來均採互惠主義，現行法（民國一〇五年十一月修正）並於第四條規定：「外國人所屬之國家，與中華民國如未共同參加保護商標之國際條約或無互相保護商標之條約、協定，或對中華民國國民申請商標註冊不予受理者，其商標註冊之申請，得不予受理。」

四、積體電路電路布局權

我國於民國八十四年八月制定積體電路電路布局保護法，現行法（民國九十一年六月修正）對於外國人權利之保護採互惠主義，故於第五條規定：「外國人合於左列各款之一者，得就其電路布局依本法申請登記：一、其所屬國家與中華民國共同參加國際條約或有相互保護電路布局之條約、協定或由團體、機構互訂經經濟部核准保護電路布局之協議，或對中華民國國民之電路布局予以保護且經查證屬實者。二、首次商業利用發生於中華民國管轄境內者。但以該外國人之本國對中華民國國民，在相同之情形下，予以保護且經查證屬實者為限。」

五、營業秘密

我國於民國八十五年一月制定營業秘密法，對於外國人營業秘密之保護採互惠主義，現行法（民國一〇二年一月修正）並於第十五條規定：「外國人所屬之國家與中華民國如無相互保護營業秘密之條約或協定，或依其本國法令對中華民國國民之營業秘密不予保護者，其營業秘密得不予保護。」

第四項　準物權

我國法律對於外國人之其他物權或準物權，亦設有若干限制。例如依現行礦業法（民國一〇五年十一月修正）第六條第一項規定，得依礦業法

取得礦業權（探礦、採礦等權利）者，以中華民國人為限。又如現行水利法（民國一〇五年五月修正）第十六條規定：「非中華民國國籍人民用水，除依本法第四十二條之規定外，不得取得水權。但經中央主管機關報請行政院核准者，不在此限。」現行漁業法（民國一〇五年七月修正）第五條規定：「漁業人以中華民國人為限。但外國人經中央主管機關核准與中華民國漁業人合作經營漁業者，不在此限。」

第三章　外國法人之地位

第一節　法人之國籍與外國法人

人可分為自然人與法人，法人是指自然人以外，由法律所創設，而得為權利及義務主體的團體，所以外國法人也是外國人的一種。與自然人不同的是，無論出於法律的擬制或對於既存的團體的社會機能的承認，在自然人判別毫無困難的國籍標準，在法人都因其無生理學上的感情或意思，亦無對國家之政治上之忠順可言，因而產生解釋上之困難。

法人雖然與國家間無忠順的關係可言，國家對於法人之控制不在人身的直接支配，表面上國籍對法人並無特殊意義，但有時內國法律上或國際間之條約或協定對於當事國之法人，會有互惠性的租稅減免措施，此時即有必要確定法人之國籍。我國公司法第三七○條且明文規定：「外國公司之名稱，應譯成中文，除標明其種類外，並應標明其國籍」，由此可見法人，尤其多國籍企業 (Multinational Enterprise) 或跨國公司之國籍之重要性❶。

---

❶ 法人之國籍在國際私法上為確定屬人法之連結因素，在國際法上也是法人之本國對其因外國之行為而生之損害，為外交保護之基礎，所以法人國籍之決定標準為何，尤其跨國公司是否以其居控制地位之股東之國籍為其國籍，在實務上尤其重要。國際法院在一九七○年的 Barcelona Traction, Light and Power Company, Limited 案 (New Application: 1962) (Belgium v. Spain, [1970] I.C.J. Rep. 4) 的判決中，認為國家以公司法對象之行為，對於具有獨立人格之公司造成直接損害，並因而使其股東蒙受損失時，此時國家依國際法原則進行外交保護，應類推適用關於個人之原則，亦即原則上應由該公司之本國 (national State)，股東之本國雖於例外時亦得為外交保護，但此項權利僅具有備位性質，

關於法人國籍之判定標準，可謂眾說紛紜，惟究其實質，大致上仍與法人本質之基本理論有關。持法人否定說者因認法人只是假設的主體，實際上並不存在，所以主張法人本身無國籍可言，判斷上只能依其股東之住所地或國籍決定；主張依實際控制法人之運營之自然人之國籍，決定法人國籍之控制說，實際上也是出於同一理論依據。持法人擬制說者認為法人係國家以特許方式，賦予權利能力的擬制的人，因其係據法律之規定而生，借助國家之公權力而有其權利能力，所以其國籍應屬於制定其所據以設立之法律，即其設立準據法之國家，因此又稱為設立準據法說。持法人實在說者承認法人在社會現象中是獨立的實體，與自然人並無太大區別，因此主張法人之國籍應依其本身與自然人之住所地相當之因素，即主事務所所在地或營業中心（主營業所）地決定，此即所謂住所地法說。

以上各說中目前較受重視的，是設立準據法說、控制說與住所地法說。其中設立準據法說雖有容易判別之便，卻也往往因而使法人之發起人，在寬嚴不一的各國法律中，避開要件嚴格之國家，而設法於容易成立之國家，依其法律設立法人，使法人之資金、營業中心與其本國全無關連，形成廣義的規避法律現象；控制說在戰爭時期藉由股東、董事或其他實際控制法人運營者之國籍，決定是否為敵國法人，在承平時期亦以之為判別內、外國法人之標準，以便決定給予何種待遇，乃是比較有利於內國之標準；住所地法說重在發現法人客觀之所在地，所以主張應以章程已記載，而不易

亦即僅在公司之本國不具備外交保護權時，始有存在之意義。本案之情形是 Barcelona 公司在西班牙的資產雖已全部消滅，但該公司具有加拿大國籍乃是被普遍承認之事實，且該公司在加國仍有法律人格，加國對該公司之外交保護亦未經放棄，所以對 Barcelona 公司在西班牙的股份擁有總額高達百分之八十八的股東所屬的比利時，仍不具為外交保護之適格 (jus standi)。由此可見法人之國籍在法律上之重要性，實際上未必亞於自然人。不過在法律上適於擁有國籍者，除自然人與法人以外，尚有若干擬人化之財產，例如我國海商法第十二條第二項規定：「因船舶共有權一部分之出賣，致該船舶喪失中華民國國籍時，應得共有人全體之同意。」解釋上可認為已將船舶擬人化，而認船舶亦有國籍，且其國籍係以其所有人之國籍為斷。

掩飾之董事會與會員大會所在地，或法人之主要業務之經營地為其住所地，並認法人有該地所屬國之國籍。不過由於各國國情不同，以上各說之優劣尚難論斷，所以各國通常都按實際需要，揉合各說而成為混合制度。

　　我國民法第二十五條規定：「法人之成立，應依民法及其他法律之規定。」本條旨在宣示「法人法定主義」，或可表明依內國法律成立者，即為內國法人，但對於法人之是否具有外國國籍，仍未表示是否應採準據法說之立場。新涉外法第十三條規定：「法人，以其據以設立之法律為其本國法。」舊涉外法第二條規定：「外國法人，經中華民國認許成立者，以其住所地法為其本國法。」其規範目的在宣示法人之屬人法，而非就法人之國籍認定標準採取前述設立準據法說或住所地法說❷。

　　值得注意的是，我國法律有直接規定外國法人之問題者，例如公司法第四條規定：「本法所稱外國公司，謂以營利為目的，依照外國法律組織登記，並經中華民國政府認許，在中華民國境內營業之公司。」外國人投資條例第三條第二項規定：「外國法人依其所據以成立之法律，定其國籍。」銀行法第一一六條規定：「本法稱外國銀行，謂依照外國法律組織登記之銀行，經中華民國政府認許，在中華民國境內依公司法及本法登記營業之分行。」此等規定關於外國法人之國籍，均採準據法說。從實用之角度言，外國法人如未經內國認許其成立，即無法將其納入內國之法律體系，而作為內國法上享有獨立人格或權利能力之法人，故仍有待內國予以認許，而在內國得與內國法人同樣享受權利、負擔義務。故實務上對於法人之是否

❷　「以其住所地法，為其本國法」的規定，與「以其住所所在國，為其本國」，或「即有住所所在國之國籍」的規定之間，仍非完全毫無距離。因為前者重點在決定法人之屬人法 (personal law)，後者之目的在決定法人之國籍。又我國臺灣地區與大陸地區人民關係條例第七十一條規定：「未經許可之大陸地區法人、團體或其他機構，以其名義在臺灣地區與他人為法律行為者，其行為人就該法律行為，應與該大陸地區法人、團體或其他機構，負連帶責任。」可見大陸地區法人之地位與外國法人近似，但該條例並未對大陸地區法人之意義為立法解釋，綜合該條例全部條文之內容以觀，應係採準據法說，以在大陸地區依其規定設立登記者，為大陸地區法人。

具有我國國籍，似宜以準據法說為主，以住所地法說為輔，並針對不同的情況個別認定法人之國籍，如採較嚴格的標準，似可認為具有我國國籍之法人，是指依我國法律設立登記，並在我國有住所者而言，其他法人則均視為外國法人（綜合參照我國民法第二十五條、第二十九條、第三十條、第四十八條第二項及第六十一條第二項等規定）。

法人國籍之認定，除在決定該法人是否為外國法人外，如就法人的屬人法採本國法主義，並依法人之國籍定其本國法時，國籍並可確定該法人之屬人法。不過，為避免國籍認定之困難影響法人屬人法之確定，在國際私法上乃直接規定法人屬人法之確定方法。我國新涉外法第十三條規定：「法人，以其據以設立之法律為其本國法」，其主要目的也是在避免法人屬人法確定時之爭議。

第二節　外國法人之認許

所謂外國法人之認許，是指內國之主權機關對於成立於外國之法人，確認其於內國亦有一般人格權之行為。因此認許乃是針對「已」設立完成，而仍存在之外國法人而為，如於內國再設立同一名稱之法人，其與該外國法人仍不具同一性，與認許並無關聯。

前面所述法人否定說固無論矣，法人擬制說認為法人係藉國家之公權力而存在，因此只能於該國之領域內為法律行為，一旦逾其疆界，法人之人格即失去其法律依據，所以在內國並無所謂外國法人之存在，亦無尚待認許之外國法人。唯有在法人實在說之下，認許之行為才具有實益。不過持自由論者認為法人一旦成立，其人格即已確定存在，縱法人至外國為法律行為，亦不稍改其地位。準此而推，各國對於外國法人皆有予以承認之義務，其結果則是經濟強國之法人橫行於各國，弱國之法人無成立之必要，成立後亦難有進行經濟活動之機會。所以各國雖然一方面多依法人實在說，認為外國法人在內國乃是事實上存在的社會實體，他方面仍以政府之認許行為決定其權利能力之是否具備。

　　關於法人之認許，各國之間仍因其國情之不同，而有寬嚴不一的各種標準，約有下列主義：

　　一、相互認許主義，又稱為條約認許主義，即於條約之具體約款中，明定締約國均有認許當事國之法人之權利與義務，有時連其他社團也在條約中被規定為與內國法人享有同一之權利能力。

　　二、特別認許主義，又稱為法律認許主義，即認為外國法人須經依內國法律特許其成立，方能在內國完全存在，而與內國法人享有同樣之權利、並負擔同樣之義務，且並非所有外國法人皆有被認許之平等機會。

　　三、一般認許主義，又稱為自由認許主義，即認為外國法人毋須經由條約之締結或特別認許，依私法之規定或經一般行政程序，即可獲得認許。

　　四、分類認許主義，又稱為類別認許主義，即對於外國法人依其種類之不同，分別採取相互認許主義、一般認許主義或特別認許主義。

　　我國民法總則施行法第十一條規定：「外國法人，除依法律規定外，不認許其成立。」究竟採何種認許主義並不明朗，但其中所謂法律規定主要仍指公司法而言，外國公益法人之認許目前似仍缺乏法律上之根據。不過民法總則施行法第十三條規定：「外國法人在中國設事務所者，準用民法總則第三十條、第三十一條、第四十五條、第四十六條、第四十八條、第五十九條、第六十一條及前條之規定。」因此外國公司因準用民法第四十五條之規定，其法人資格之取得固應依公司法之規定；在我國設有事務所之外國財團及以公益為目的之社團法人，因準用民法第四十六條、第五十九條之規定，應得主管機關之許可始得登記（司法院民國二十年二月十九日院字第四四三號解釋參照）。

　　公司法第三七一條規定：「外國公司非在其本國設立登記營業者，不得申請認許。」「非經認許，並辦理分公司登記者，不得在中華民國境內營業。」乃表明認許是對已實際存在，而於內國有行為之外國法人而為，惟因適用民法總則施行法第十三條規定之故，外國公司欲在我國被認許為法人，尚應在我國設有事務所（司法院民國二十五年四月三日院字第一四七一號解釋參照）。至於認許之消極要件，則規定在公司法第三七三條，其規

定為：「外國公司有左列情事之一者，不予認許：一、其目的或業務，違反中華民國法律、公共秩序或善良風俗者。二、公司之認許事項或文件，有虛偽情事者。」

對於營業之性質比較特殊之外國公司，在一般之認許程序之前，尚有依特別法之規定，應經中央主管機關之特許者。例如保險法第一三七條第三項規定：「外國保險業非經主管機關許可，並依法為設立登記，繳存保證金，領得營業執照後，不得開始營業。」證券交易法第四十四條第三項規定：「外國證券商在中華民國境內設立分支機構，應經主管機關許可及發給許可證照。」銀行法第一一七條規定：「外國銀行在中華民國境內設立，應經主管機關之許可，依公司法申請認許及辦理登記，並應依第五十四條申請核發營業執照後始得營業；在中華民國境內設置代表人辦事處者，應經主管機關核准。」

由以上觀察可知，我國法律對於外國法人之認許問題，基本上是綜合前揭後三種主義。值得注意的是，條約或協定另有相互認許主義之約定時，應優先適用之。例如民國三十五年中美友好通商航海條約第三條第一、二款規定：「一、本約中所用『法人及團體』字樣，係指依照依法組成之官廳所施行之有關法律規章業已或將來創設或組織之有限責任或無限責任、及營利或非營利之法人、公司、合夥及其他團體。」「二、在締約此方之領土內依照依法組成之官廳所施行之有關法律規章所創設或組織之法人及團體，應認為締約該方之法人及團體，且無論在締約彼方領土內，有無常設機構、分事務所或代理處，概應在該領土內，承認其法律地位。締約此方之法人及團體，於履行於後款規定不相牴觸之認許條件後，應有在締約彼方領土內，設立分事務所，並執行其任務之權利；但行使此項任務之權利，須為本約所給予，或此項任務之行使，須與該締約彼方之法律規章相合。」

外國法人之認許乃是行政機關基於主權而為之行為，所以雖應依法律為之，其申請卻非向立法機關或司法機關為之，而且行政機關於認許後，亦得因外國法人之申請而撤回其認許（公司法第三七八條參照），或因外國法人有法定情形而主動撤銷其認許（公司法第三七九條參照）。

第三節　外國法人在我國之法律地位

外國法人在其本國之公法上地位，因公法之效力只及於其本國之領域內，所以在此所稱之公法上地位，僅指其應受內國公法拘束之情形而言。就納稅之義務言，由於各國就外國人（含法人）之所得稅通常係採「就源課稅」之原則（所得稅法第二條、第三條第一項參照），因此外國法人在內國仍應盡納稅義務，已是不爭之論，至於如何避免雙重課稅造成不公平結果，則是目前各國仍努力以締結條約之方式追求之目標。

第一項　經認許之外國法人

外國法人經認許後，在內國即確定為一具有權利能力之法人，內國法律對之即得主張屬地管轄，所以當然應受內國法律之拘束，與內國法人在公法上之地位完全一致。此由民法總則施行法第十二條第二項規定，經認許之外國法人，「其服從我國法律之義務，與我國法人同。」公司法第三七五條規定：「外國公司經認許後，其法律上權利義務及主管機關之管轄，除法律另有規定外，與中華民國公司同。」即可窺其一斑。至於外國法人之認許及其認許後之特別權利能力之範圍，並非同一問題，仍須分別認定之。

外國法人在內國從事私法交易，其權利能力與行為能力雖與自然人同樣適用其本國法（新涉外法第九條、第十條參照），但最後仍應受內國法律之約制，所以外國法人唯有在內國法律所許可之範圍內，始得依其本國法為法律行為，並享受權利、負擔義務。在內國有行為能力之外國法人，於內國依法取得之權利，也當然應受內國法律之保護。

法人之權利能力與行為能力，始於設立登記，終於解散清算，乃是各國法律的一般規定。外國法人被解散後，亦僅於清算之目的內有其權利能力及行為能力。由於各國解散法人之具體原因仍未盡相同，所以外國法人究應依據何國法律解散，仍有待探究。法人之所以被宣告解散，通常是因為其目的或行為違反法律、公共秩序或善良風俗（我國民法第三十六條參

照），換言之，有關法人解散之法律規定與法院地之強行規定或公序良俗息息相關，所以解釋上應得依內國法之規定予以解散（當然也可以撤銷其認許），不過解散法人之命令亦僅限於內國有效，在內國被解散之外國法人，於其本國仍可繼續享有權利能力與行為能力。

外國法人被宣告破產也構成解散的原因，且因破產之影響內、外國之債權人者甚鉅，在國際間也引起廣泛注意。破產是於債務人之全部財產無法清償債務時，依法律規定之程序將債務人之所有財產，依法定之次序與比例分配予各債務人之制度。因破產使債權人對於未清償及未受完全清償之債權，喪失請求清償之權利，各國對於涉外破產宣告關於財產之效力，通常乃在破產法中予以明確規定。大體上言，各國有關外國法人於內國所為涉外破產宣告效力之規定，可分為二種主義：㈠普及主義，認為法人之主營業所所在地之法院所為之破產宣告，具有領域外之效力，所以法人在外國之財產亦受該國法院之破產宣告之拘束，應併入破產財團；㈡屬地主義，認為法人破產宣告之效力僅及於法人在內國之財產，外國法院所為之破產宣告，在內國不具效力；㈢折衷主義，兼採前二種主義。我國破產法第四條規定：「和解在外國成立，或破產在外國宣告者，對於債務人或破產人在中國之財產，不生效力。」本條採屬地主義，認為對於在我國之財產發生破產宣告之效力者，應以由我國法院所為之破產宣告為限，故即使外國法人在其本國已受破產宣告，為保護內國交易安全，其在內國之財產之處分，應仍不受該破產宣告之影響，換言之，在內國仍有對其為破產宣告並予以解散之必要❸。

---

❸ 對於本條規定，立法論上正朝外國法院裁判承認之方向予以修正，司法實務上最高法院一○二年臺上字第一九三號民事判決對其提出限制適用範圍之見解，認為依該條之文理解釋，應限制其適用範圍，「必以外國之債務清理程序，其條件與我國破產法所定和解或破產相當者，始有適用之餘地。」

第二項　未經認許之外國法人

一、一般原則

　　未經認許之外國法人，在內國並無與內國法人相同之權利能力，在內國法上僅是非法人團體，不能作為權利主體，但其在外國仍得取得權利、負擔義務，其所取得之權利可能在內國被侵害，其亦可能在內國用其團體之名義進行交易，因此當然有作為訴訟主體之可能與必要。惟我國法律上對未經認許之外國法人之訴權並無明確規定，解釋上遂引起許多爭議。但從民法總則施行法第十五條之規定以觀：「未經認許其成立之外國法人，以其名義與他人為法律行為者，其行為人就該法律行為，應與該外國法人負連帶責任。」外國法人即使未經認許，在我國法院仍具有被告之當事人能力。

　　民事訴訟法第四十條第三項規定：「非法人之團體，設有代表人或管理人者，有當事人能力。」本條立法理由指出：「在中國所不許成立之外國法人，縱本國法許其有權利能力，有當事人能力，而中國仍視之與無當事人能力同。」根據此項意旨，未經認許之外國法人，如係能認許而未認許者，在內國固至少亦為非法人團體，而得作為民事訴訟之當事人，但如該法人根本不能認許者，即不認為其有當事人能力。為解決此一問題，我國法律上乃設有若干特別規定。例如著作權法第一〇二條規定：「未經認許之外國法人，對於第九十一條至第九十三條、第九十五條至第九十六條之一之罪，得為告訴或提起自訴。」專利法第一〇二條規定：「未經認許之外國法人或團體，就本法規定事項得提起民事訴訟。」積體電路電路布局保護法第三十三條規定：「外國法人或團體就本法規定事項得提起民事訴訟，不以業經認許者為限。」

　　刑事訴訟法第三一九條第一項規定：「犯罪之被害人得提起自訴。但無行為能力或限制行為能力或死亡者，得由其法定代理人、直系血親或配偶為之。」法人既得享受權利，即有可能成為犯罪之被害人，亦得依本條項

之規定提自訴，惟未經認許之外國法人在內國既不能為權利主體，似無因其在內國取得之權利被侵害而須提起自訴之必要，但該法人已在外國依外國法取得之權利如受侵害，是否應認其為上揭條項所稱之被害人，即有疑問。

二、條約之互惠規定

未經認許之外國法人在我國之法律地位，雖得由我國自由決定，但如我國與外國所締結之條約或協定另有訂定，則應以約文之內容為準；此時所適用之條約或協定固以有效訂定且仍有效力者為限，但締約當事國間之斷絕外交關係，未必使原來有效締結之條約或協定因而罹於無效。再值注意者，外國法人之人格或權利能力之存在，雖為該法人在我國境內享受權利、負擔義務之前提，但不承認外國法人在我國所取得之權利，與對其依本國法所取得權利之保護，或許可其利用我國之司法機關尋求救濟，似非完全相同。況國際私法上認為法人之權利能力，應依其屬人法，從而法人如依其屬人法有權利能力，有當事人能力，我國法院似不宜遽予否定，在民事訴訟程序中，也應考慮適用關於非法人團體之規定。

我國法律上關於外國法人認許之規定，雖可作為限制其在我國因其營業或其他行為而取得權利之依據，但如作為剝奪或否定外國法人依其他國家法律已取得權利之依據，恐將超過其立法本意。換言之，容許未經認許之外國法人在我國提起刑事自訴，其主要目的係在對其原有權利之被害狀態予以承認，解釋上尚非等同於容許其取得準據法為我國法律之私權，因此即使條約中未予明文規定，仍應儘量承認之，庶幾不負我國對國際社會應盡之保護權利之義務❹。

---

❹ 中美友好通商航海條約第三條第二款前段規定：「在締約此方之領土內依照依法組成之官廳所施行之有關法律規章所創設或組織之法人及團體，應認為締約該方之法人及團體，且無論在締約彼方領土內，有無常設機構、分事務所或代理處，概應在該領土內，承認其法律地位」。同條約第六條第四款前段規定：「締約此方之國民、法人及團體，不論為行使或防衛其權利，應有在締約彼方

第四節　外國政府在我國之地位

　　國家為公法人，在法律上具有權利能力，與其他法人並無二致。但國家與一般民事法律關係之主體或通常意義之法人，性質上究非完全一致。一般民法上關於法人成立、合併及解散等規定，以及關於外國法人的認可或行為能力、權利能力限制之規定，均不得直接適用於國家。此處之所以在一般法人之外，獨立予以討論，乃因其雖為法人，亦為國際法上之主權實體，其在他國之地位問題從某一角度言，乃多數主權實體間之關係，無法避免國際公法之適用。加以我國目前在國際間之特殊處境，亦使此一問題之討論益形重要。

第一項　一般情形

　　國家除本其固有之法律地位，得與外國或內、外國國民發生公法關係外，亦得與外國或內、外國人依民事法律之規定，成立民事法律關係，享受權利、負擔義務。以國家為當事人之民事法律關係，在國家或政府廣泛參與經濟活動的情形下，已有增加之趨勢；如其具有涉外因素，因國際間尚無統一的私法規範，亦有適用法院地國際私法之必要。以國家為主體的涉外私法關係應適用國際私法，其實較無問題，有問題者是：國家是否得在他國法院起訴或被訴，或國家司法權之行使是否得以另一國家為對象？

　　國家為主權實體，所以基於傳統國家平等、主權獨立或主權豁免之原則，除經其同意外，他國不得對其權利義務關係進行審判，遇有國際爭端，應交由國際法院或國際仲裁庭判斷之。但是晚近學說上關於國家依「主權豁免 (Sovereign Immunity)」 原則，而拒絕外國司法機關審判或管轄之範圍，已明顯傾向於依「國家行為 (Act of State)」 理論而決定，即將國家之

領土內向依法設立之各級有管轄權之法院、行政法院及行政機關陳訴之自由」。根據此等規定，美國公司即使未經我國政府認許其成立，就侵害其權利之犯罪行為，亦得依法提起自訴。

行為依其性質之不同，分為「主權行為 (Jure Imperii)」與「非主權行為 (Jure Gestionis)」，並認為國家得主張主權豁免者，僅以主權行為為限，其非主權行為仍不得主張豁免，換言之，國家之非主權行為所生之法律關係，其他國家之司法機關於必要時仍得予以審判或管轄❺。我國法律對此等問題，未如對於外交人員設有「駐華外機構及其人員特權暨豁免條例」及「聯合國各組織及人員在華應享受特權及豁免辦法」之明文規定❻，法院實務

---

❺ 美國自一九五二年國務院法律顧問 Jack B. Tate 發表致法務部長的公開信 (26 Dep't State Bull. 984 (1952))，建議司法部門採取此種限制的主權豁免的原則後，已較無爭議。美國最高法院在一九五五年「紐約市銀行控中華民國」一案 (National City Bank of New York v. Republic of China, 348 U.S. 356, 75 S. Ct. 423 (1955) 中，亦曾引述此一文件，並就該院受理涉及我國之法律爭訟之理由提出說明：「本院之受理本案，並非意圖將被承認之外國政府拘至我國之法院，並令其如其他非政府之債務人一般地臣服於我國的法律規則之下。本院所處理者，乃外國政府訴諸我國法律，以期對抗以其為債務人之請求，確保其權利。該外國政府需要利用我國法律，與其他訴訟當事人並無區別，但其並非基於正義之需要而利用我國法律。」「中華民國在其本國之法院中，顯可為契約之請求權而起訴，而美國人在此等法院中亦有與中華民國國民相同之權利。本院此時受理以中華民國為被告之反訴，應無對中華民國之『權力與尊嚴』構成公然侮辱之虞。中華民國法院對於外國主權於其直接訴訟中，予以幾乎絕對豁免之判決，衡諸我國國務院於外國法院避免提出主權豁免抗辯之立場，於本案情形實無須予以斟酌。」

❻ 在臺灣高等法院 92 年上易字第 875 號民事判決中，關於巴拿馬共和國大使館得否就不當得利之民事訴訟享有豁免權之問題，法院指出：「上訴人為巴拿馬共和國之駐外代表機關，亦為巴拿馬國主權之一部分，其於我國境內應享有權利能力而具有訴訟之當事人能力，而杜明格 (Ambassador Jose Antonio Dominguez) 為巴拿馬共和國大使館之館長，雖其兼具巴拿馬共和國大使之身份，為巴拿馬共和國之外交代表，依維也納外交關係公約第三十一條第一項之規定，原則上對接受國之民事管轄享有民事管轄豁免權，然本件被上訴人起訴之對象為大使館機關，非杜明格大使本人，其於本件之身份為巴拿馬大使館之法定代理人，是就民事管轄豁免權之有無應就上訴人巴拿馬共和國大使館而論。按早期之國際實踐，基於主權國家間相互平等之原則，一個國家或其代表

上審理涉及外國或外國政府機構為當事人之法律爭訟時，亦宜依上述原則辦理。

第二項　無邦交國家

前述一般原則主要是適用於法院地國與訴訟之當事國間，彼此互相承認為國際法上之主權實體，且已建立外交關係之一般情形，即彼此肯定原則上應適用主權豁免之原則者。但如法院地國與作為涉訟當事國之國家間未建立外交關係，甚至該當事國之國家地位未為法院地國所承認者，則有特別再予以分別討論之必要。

一、未經內國為國家承認之「國家」

在內國法院涉訟之外國政府，如欲就該訴訟主張主權豁免時，除須符合前述法律關係因主權行為而生者之要件外，最根本者其實當是該當事人乃是得主張主權豁免之「國家」。此項問題在新國家剛成立時，尤其重要。按國家成立後雖事實上已經存在，一般仍認為其享受權利負擔義務之能力

機關，不受其他國家之訴訟管轄，學說稱為『國家豁免』（或稱主權豁免）之絕對豁免理論；惟依現今國際實務及習慣國際法，有關『國家豁免』之理論已採『限制豁免理論』，即將國家行為區分為『主權行為』及『非主權行為』（或稱『商業行為』或『非商業行為』），而一個國家或其代表機關，不得對於其於其他國家內所為之『非主權行為』（商業行為）主張訴訟管轄豁免，美國之『外國主權豁免法』（Foreign Sovereign Immunities Act）、英國之『國家豁免法』（State Immunity Act），均有類似之規範。至於主權國家的行為究係屬於主權行為（非商業行為）或非主權行為（商業行為），則由內國法院自行決定之。次按我國『駐華外國機構及其人員特權暨豁免條例』第五條第四款第三目規定：駐華外國機構得享有豁免民事管轄，但因商業行為而涉訟者，不在此限。經查，本件被上訴人主張上訴人將系爭車輛出售後，復無權處分已屬被上訴人所有之系爭車輛，而受有利益，致被上訴人受有損害，爰依不當得利之法律關係請求上訴人返還利益，是上訴人出售系爭車輛並獲有利益之行為，性質上屬因商業行為而涉訟，與上訴人行使主權之行為無涉。揆之首揭說明，上訴人就本件涉訟即不得享有民事管轄之豁免，我國法院就本件訴訟自有管轄權。」

未必立即當然具備，須經既存國家之承認，始得確定其法律人格。對於新成立之國家之承認，究僅具肯定其人格之宣示意義 (declaratory) 或為其人格存在所不可或缺之要件 (constitutive)，雖在理論上仍有爭執，但未經內國承認為國家之團體於內國法院仍不得以國家之地位主張主權豁免之原則，應可肯定。此時仍宜在訴訟上認定該非主權實體之團體為非法人團體，如設有代表人，仍得於我國法院進行訴訟（參照民事訴訟法第四十條第三項）。

二、未經承認其政府之國家在我國之訴權

未經承認為國家之團體較少在其他國家之法院涉訟，在法院實務上較有可能出現者，是經承認其國家之地位與人格後，由於該國改朝換代或新舊政府交替所引起的當事人能力問題。一國政府的變更雖然對其繼續存在並無影響，但如新政府是經由非尋常或不正規之程序，例如革命或政變等方式而獲得政權時，該政府是否得在法律上代表該國，尤其在舊政府仍繼續存在的情況下，即發生問題。依國際公法的一般原則，此時新政府應於獲得承認後，始可代表其本國與承認國進行正常之國際關係。但無邦交國家未經內國承認之新政府，如就其得控制及處分之事項涉訟，只要代表權無爭議，似宜認為具有民事訴訟之當事人能力。

國家雖是國際法上最主要的主體，得依國際法享受權利、負擔義務，與我國無邦交的外國政府機關，在我國法院以國家名義起訴時，應先決定該國在我國是否具有得在法院起訴的當事人能力問題，再考慮其行政機關在我國法院是否具有代表其本國請求法院判決之當事人能力問題❼。尤須

❼ 與我國無邦交的伊朗回教共和國，我國司法實務上認為其國防部在我國有當事人能力，臺灣高等法院在一〇一年度重上更㈡字第八四號民事判決中並列舉理由謂：「按中央或地方機關，有當事人能力，民國（下同）九十二年二月七日修正公布民事訴訟法第四十條第四項定有明文。本件上訴人為外國政府機關，應有上開規定之類推適用；且上訴人前於七十二年間起訴請求被上訴人報告委任事務顛末時，曾提出伊朗回教共和國總理及最高法院首席法官證明書、伊朗國防部長、法務部長、外交部長共同出具之證明書等官方文件，並經本院轉請外交部查證後，證明上訴人就系爭電匯款事件所為請求，乃必須採取之適當行

注意者，係政府承認是在國家承認之基礎上而為者，國家承認在訴訟上與當事人能力之認定有關，政府承認僅涉及代表權誰屬之問題；且我國與外國斷交而形成的「無邦交」狀態，與外國「不被我國承認」並不相同，因為承認之撤回固然必定包含斷交之意義，但斷交則未必代表撤回承認。

動，有完全之能力代表伊朗回教共和國政府即國家，因此，在該事件依調查證據結果，認上訴人非無當事人能力，有本院七十二年度抗字第一五一四號裁定、最高法院七十三年度臺抗字第一八〇號裁定附卷可憑，自應認本件上訴人具有訴訟當事人之能力。」

第四篇

外國法適用論

第一章　外國法之性質

第一節　緒　言

　　外國法之適用是指法院依法院地國際私法之指示，認定在涉外案件中應適用外國法時，由內國法院本其獨立自主之司法權，對於外國法為直接之適用。例如法院在涉外案件中遇有當事人行為能力之爭執時，即應依新涉外法第十條第一項「人之行為能力，依其本國法」之規定，判定其準據法，如該當事人為外國人時，法院所應適用之準據法即為外國法（其所屬國之法）。

　　外國法之「適用」與外國法之「採用」及外國法之「替用」，意義有所不同。外國法之採用是指內國立法直接以外國法為其內容，亦即本諸國家主權在立法時以外國法為內國法之參考版本，此時外國法已因立法而成為內國法之內容，不復具有外國法之性格。外國法之替用係內國基於國際公法，承認外國派駐於內國之使節等特定人員，享有治外法權，得在內國適用外國法，或承認外國享有領事裁判權，對於涉外案件得由其領事在內國依其本國法（外國法）判斷。質言之，外國法之適用是指內國法院依法院地國際私法之規定，以外國法為涉外民事之準據法之情形，如內國法院所適用者為內國法，或外國之裁判機關在內國適用其本國法（外國法），均非外國法之適用。

第二節　外國法之意義

　　外國法與內國法相對，是指法院地法以外的其他國家之法律，但對多法制國家之地區性法院而言，除政治上隸屬另一主權的法律，即典型的外國法之外，尚有「外地法」之概念，即與法院地法在政治上同隸屬於一國家主權，但卻屬於其他法域之法律。換言之，外國法的定義可以有廣狹二種，狹義的外國法是指政治上的外國之法律，廣義者則是指法律意義的法院地以外的其他法域之法律。例如對於美國紐約州法院而言，我國或其他國家之統一或地區性法律，固為狹義之外國法，但密西根州等友州 (sister state) 之法律，亦屬於廣義的外國法。此處之討論暫以狹義之外國法為限，其範圍包括所有政治意義的外國之法律，不問該國政府是否經我國為外交承認，或該外國是否與我國建立邦交，大陸地區之法律規定之性質擬於討論區際私法時，再一併說明。

　　內國法院適用外國法時，其範圍應包括該國法制 (legal system) 內所有有效之法律。故除性質上不得適用之程序法外，所有形式的法源，無論是立法、條約、命令、決定、決議、習慣、判例、司法解釋、法理，只要是對該國有效，而為該國司法機關所應適用者，均為外國法。換言之，外國法的範圍應就其本身之法源決定之，不得僅限定其為立法之成文規定，亦不宜拘泥於內國所承認之法源形式。

第三節　外國法性質之爭議

　　法院地法院在適用外國法時，一開始便須面對有關外國法本身的一些理論或實務上的問題。究其問題發生之根源，無非是所適用之法律具有「外國」屬性，其乃「外國」之法律，而非法院地之法律所致。內國法院在內國適用外國之法律，既非依據可拘束國家的國際公法，表面上即有遵守該外國立法者意志之跡象，但一國主權之範圍或立法者意志，理論上言不能

超過其領域而發生作用，亦不得強制在其領域外之法院受其拘束，因此仍有必要討論外國法之所以得被適用的根源問題。

　　在內國法院得適用外國法的前提下，外國法的性質無非是法院得認定之「事實」或得適用之「法律」，歷來之理論與爭議主要也可歸納為二大類，即事實說與法律說。前者認為在訴訟上對於外國法應以事實視之，後者認為應以解決法律問題之方式，解決適用外國法所生的各項問題。同樣持法律說的理論，一般又因其所根據理論之不同，而細分為既得權說、內國法一部說、法理說及法律說等。由於一般認為從外國法之性質為事實或法律之論點，可推論出外國法在訴訟程序中的地位及應有對策，所以此項爭議仍具有重要之意義。

一、事實說

　　事實說認為法院依法院地國際私法之指示，所適用之外國法，對內國而言僅具有事實之性質，與法律尚有區別，所以外國法在訴訟上應由當事人主張並證明之，法院對於外國法並無適用及調查之職權。

　　採取事實說者，目前主要是英、美二國法院。英格蘭法一直深信在訴訟程序中，外國法應視為事實，也因此應由當事人主張並負舉證責任，在法院判例史上且可追溯至一七七四年孟菲德 (Mansfield) 法官在 Mostyn v. Fabrigs 案❶所為的判決。在美國此一理論在最高法院判例中之適用，一般認為始於一八〇四年馬歇爾 (Marshall) 法官在 Church v. Hubbart 案❷所為的判決。不過，一般認為真正為事實說提供理論之依據者，並非英、美之學者，而是歐洲大陸，尤其是法國的學者。早期法國學者認為基於國際禮讓之原則，各國法制均具有絕對排他性，所以各國法律均無域外之效力，內國法律如在他國尚發揮規範效力，不啻侵害他國主權；內國對於外國法也不得以其為法律而適用之，否則即與將法律主權拱手讓人無異。在此情形下，為說明外國法為何對內國法院仍具有應予適用的地位或價值之問題，

---

❶　Mostyn v. Fabrigs (1774), 1 Cowp. 161, 98 E.R. 1021.

❷　Church v. Hubbart (1804), 2 Cranch 187, 6 U.S. 187, 236～237, 2 L. Ed. 249, 265.

當時學者乃認為外國法對內國法院而言，已非如在其本國時之具有拘束法院之效力，而是以事實之形態供內國法院判斷而已，換言之，在訴訟上外國法與當事人所提出之其他事實無異，尚不得謂其具有法律性質，所以嚴格而言，法院並非以適用法律之態度，「適用」外國法。

二、既得權說

既得權 (vested right, iura quaesita, droits acquis) 理論認為法院於涉外案件中，依外國法而判斷之景象，看來似在「適用」外國法，執行外國立法者之意志；但其實法院此時並非在適用外國法或執行外國法，而僅在對依外國法取得之權利，賦予其效力而已。所以嚴格而言，根本無「適用」外國法之可言。換言之，內國法院與外國法本無關聯，其所以須參酌外國法之規定者，乃因其必須就依外國法律取得之權利為判決時，由於此等權利之存在及內容，無法自外於賦予其保護之法律之規定，乃予以斟酌。就結果而論，既得權說與事實說均認為，內國法院並非以法律之型態「適用」外國法，但前者是認為權利既已依外國法成立，法院所判斷者只是已「適用」外國法而成立之權利，故無須再「適用」外國法，後者則否認外國法為法律，並根本否認其作為「適用」基礎之條件。此一學說最早可溯至赫白爾 (Huber) 之倡議，具體提出既得權說者，在英國為戴雪 (Dicey)，在美國為畢爾 (Beale)。

對於此種僅承認既得權的域外行使 (extra territorial exercise of vested rights)，而未承認法律的域外效力的既得權理論的精神，相得益彰且發揮得更淋漓盡致的是法國學者。裴雷 (Pillét) 提出的既得權理論，將權利區分為將取得之權利 (droit a acquerir) 與已取得之權利 (droit acquis)，而國際私法的主要目的，一是決定權利之得喪變更之準據法，一是決定內國對於已依外國法取得之權利，究應賦予如何之效力，即如何保護或尊重已合法取得之既得權之問題。在接受認定權利本質為法律之實力 (Rechtsmacht) 的觀點，認為權利的概念應與法律的實力相結合的前提下，權利一旦依某國法律產生後，該國法律即與該權利形影相隨，即使當事人到外國行使該權利

時，亦應受該法律之規範。換言之，該權利已受其準據法規範，且僅受其準據法規範而已。所以嚴格而言，對於同一權利之爭執，並不會發生二國以上之法律同時競相適用之情形，也根本不存在法律衝突之問題。由於既得權具有國際效力，也可以依其原貌「輸入」至其他國家，所以關於既得權之保護，乃成為國家依國際公法應負擔之一項義務。

三、內國法一部說

內國法一部說又稱為吸收說或併入引致 (rinvio ricettizio, incorporating reference) 理論，主要是由義大利學者所提出。雖然各家見解之內容仍千差萬別 ❸，但其共同出發點則是認為任何國家之法律均具有排他性與絕對性，所以足以產生規範效力的所有規則，理論上均應為內國法制不可分割之一部分，且在內國具有法律效力者，必均為內國法。外國法非內國法，因此在內國原亦不具備法律之性質，外國法之所以最後具有法律之性質，而得以適用，主要是因內國之國際私法已將其引致，而成為內國法之一部分所致。換言之，此種併入或吸收 (incorporation, ricettizio) 之引致效果，具有將外國法「歸化」或「內國化」之作用，而且因為法院所適用者已非「外國」之法律，而是已被吸收併入於法院地法制之規則，所以應該已不發生法院適用「外國法」的問題。

四、法理說

法理說也被稱為內國法內容說，主要是認為外國法在未經內國法院予以適用以前，在其本國乃是法律，在內國則為事實；但在經內國國際私法或國際習慣或法理指定為應適用之法律後，即已成為內國法，所以法院對之亦有應予適用之義務。此時外國法之所以成為內國法之內容，主要是因

---

❸　內國法對外國法的吸收，有二種見解：實質吸收 (recezione materiale)，即外國法失去其外國之屬性，規定之內容為內國法所吸收，正式成為內國法之一部分；形式吸收 (recezione formale)，即外國法雖被內國法所吸收，仍不失其原有本質。

為法院在處理涉外案件時，既不能以缺乏法律依據為理由駁回當事人之請求，而又不應適用內國法，自應依「民事，法律未規定者依習慣，無習慣者依法理」之原則（我國民法第一條規定參照），將外國法視為法理而適用之。外國法既以法理之地位而為內國法院所適用，其規定自已成為內國法之內容❹。

五、法律說

法律說認為法院依國際私法之規定，適用之外國法並非事實，而為法律，所以法院應不待當事人之主張，即本其職責調查並適用外國法。其主要理由是認為各國在國際社會中，應互相尊重彼此之主權，各國之法律亦均為主權之表現，所以亦應尊重之，而適用外國法即為履行尊重外國主權之國際義務。而且，由於各國均相互適用外國法，所以並無某國侵害他國法律主權之問題。

第四節　外國法性質之平議

一、各種理論之誤謬

前述各種學說幾乎都脫離不了擬制或假設之成分，雖然由此亦可發現各項學說在解釋內國法院適用外國法之基礎上的用心，但此等擬制或假設是否妥當，仍有待商榷。茲謹將各說之缺點分述如下。

㈠事實說

事實說從國家主權之角度出發，在立法權之極限與司法權獨立之觀點上雖頗具說服力，但其推論過程中仍有若干誤謬之處。如對事實說立論的

---

❹　民國十二年大理院上字第一五一號判例指出：「關於身份親屬等事件，依法律適用條例應適用俄國人之本國法時，得斟酌該地方新舊法令，作為條理採用。」可見我國法院當時適用外國法，並非以之為法律而加以適用，而是以其為法理而適用之。

出發點予以精確分析，不難發現其乃建立在二項基礎之上：

　　1.訴訟程序中所涉及之問題依其本質之不同，可分為法律問題與事實問題。

　　2.所謂法律問題，是指涉及對法院具有拘束力之法律的問題。由於外國法對於承審法院並不具有拘束力，法院在「告即應理」的原則下又不得不審理之，依絕對二分法的歸類原則，自然應視外國法為事實問題。

　　事實說理論上的誤謬，主要是出現在法律與事實絕對二分的原則，因為既要絕對二分，則作為判斷基準的法律與事實這二個概念，必須足以包羅訴訟上所發生的一切問題，所以如果就其中之某一概念為界定範圍的定義，即應使其概念儘量抽象化及一般化。持事實說的論者顯然是希望從國家主權的觀念上，為「法律」概念下定義，再將法律概念以外之問題全部歸入事實問題之類。問題是在其面前等待歸類的問題，除純粹內國案件所涉者外，尚包括涉外案件在內，但其進行歸類時又顯然先將涉外案件所涉及之問題剔除在討論之外，所以才產生僅承認法院地法為法律之現象。換言之，推論時本應在法律概念的定義上儘量使其抽象化、一般化，俾便法律概念得在法院地法之外，亦將外國法包羅無遺，不過事實說的立論卻在決定法律問題與事實問題的區分標準時，僅將法律概念理解為在法院所在的國家中具有效力的法律規範而已。

　　事實說由於未將法律概念理解為不具主權意味的一般抽象性法規範，而僅以符合內國憲法所定的內國實定法為法律，認為法律乃是法院所應服從之主權者之意志或命令的表現，故實際上仍不得認為外國法已在歸類過程中，受到是否具有法律性質的檢測。外國法雖無法包容於以法院地法為中心的法律概念之中，推論之結果也只能謂外國法不能以法院地法視之而已，在不能確認所有不符合法院地法的法律概念的訴訟問題，皆屬於事實問題的前提下，如率爾認定外國法具有事實之性質，自非妥適。換言之，外國法之所以為外國法，乃是因其與法院地法承受不同之主權者意志，與法院地法截然有別，同時並非法院地之法官所應知且已知者。倘持侷限於法院地之法律概念，批評外國法與法院地法非屬同類，並進而推論其為事

實，自非允妥。

再者，事實說的理論產生的背景，原來是要解釋外國法在英美普通判例法上，何以應由當事人負舉證責任，但其理論之形成實際上是以程序法上關於外國法的規定為基礎，從程序之觀點試圖尋繹外國法應有之性格。所以採事實說者認為程序法上有關外國法之證明，及對外國法問題之上訴的規定，都是採事實說的當然結果，但是此時仍有外國法為何具有事實性質之問題；為解答此一問題，又有必要再依程序法上的該等規定予以說明。因此吾人不難發現：事實說的結論本身，就是一項假設，整個論斷的過程就是一項永無休止的循環論斷，因為程序法上之所以制定此等規定，是因為外國法具有事實之性質，而外國法之所以具有事實之性質，亦係因訴訟法上如此規定所致。可見事實說的錯誤，是推論之始即從程序法的相關規定著手，其勉強從此一錯誤的始點開始推論，終究又發生另一新的難題，不啻治絲益棼。此種求因於果或以果為因的推論方式，當然不足為訓。

㈡既得權說

就本文所討論的適用外國法的理論基礎言，既得權說雖然至少在某一程度內，已協助法院掃除在涉外案件中適用外國法的心理負擔，但究其實，法院不過以尊重既得權之名，行適用外國法之實，對於問題之解決助益不大，也無法解釋法院在涉外案件中所處理有關外國法的各項問題。既得權說在學理上所受到的質疑，至少有以下各端：

1.如權利之成立地，並無各文明國家所共認的法律制度，例如在公海之上時，既得權說即無從解釋。

2.在「外國」之權利之準據法之規定與內國之公序良俗牴觸時，既得權說無法說明此項既得權為何無法受到尊重。

3.當法院對形成權利之法律認定為不能形成權利之程序法，或其實現因法院地之程序法規定而受阻礙時，既得權說也無法提出合理之解釋。

4.既得權說的形成是以事實發生在某國，而訴訟在另一國家提起的簡單案例為推論基礎，如案件繫屬在內國法院，而事實發生在二個以上之國家（均為外國或一為內國）時，即不得不承認對於此一權利，已不能再恣

意地認定其為已依外國法取得的既得權，而須進行較精細的法律分析。

㊂內國法一部說

外國法為內國法之一部之結論，實際上只是出於一廂情願的假設或擬制，因為實用上不可能有某一國家之法律，可因其國際私法之適用，而將應適用之外國法律併入於內國法制之中，否則在概念上必然造成各國皆將舉世其他國家之法律，盡收為其內國法制之一部分之情形，形成與數法域併存之事實相矛盾之現象。各國法院依其國際私法之規定，之所以在某涉外案件中應適用外國法，乃因其立法者體認外國法制與內國法制併存之事實，且認為在該案具體之情形下，適用外國法較諸適用內國法更為妥當，故而規定應以適用外國法為優先。所以內國法一部說所謂國際私法能將外國法之性質，在適用時予以改變或消滅之說，實在難以想像仍有存在之空間。此外從效力上言，各國國際私法或法律衝突規則之功能，應僅止於提供決定涉外案件應適用何項法制之依據，既無法將應適用之外國法律「歸化」或「內國化」，亦不可能在法院地之法制中，創造出與應適用之外國法相同之實體規則。所以內國法一部說或認為內國法具有可吸收其他外國法之優越地位，或形成舉世之法均為內國法之假象，與國際私法所據以發展的各國法律一律平等、互惠併存之基本原則，實相牴觸，不宜接受。

㊃法理說

由於同一法系之法制經常發生互相「採用」之例，彼此間也就在某一程度內具有共通性，因此在內國法律之規定發生制定上之漏洞時，我國法院亦認為「本於誠實信用之原則，似非不得將外國立法例視為法理而適用」（最高法院五十九年臺上字第一〇〇九號判決）。不過將外國法視為法理，而以之作為填補內國法律漏洞之前提，乃是該具體個案應適用內國法，而非應適用外國法之涉外案件；如涉外案件依國際私法規定應適用外國法時，自不得再執同一理由，謂此時法院所適用之外國法，在性質與內容上，均為內國廣義之法律之一部分的法理。

㊄法律說

法律說主要是針對事實說的推論瑕疵而提出，但其認為各國互相尊重

主權，所以內國法院應適用外國法之推論，也犯有邏輯上的謬誤。因為法律之效力之所以在空間上不能逾越其本國領域,乃為避免侵害他國之主權,而尊重他主權之結果，亦應產生不許內國法院適用外國法之結論。內國如因尊重外國之主權，而承認外國法具有得加以適用之法律之性質，不啻承認外國法享有在其領域外之效力，並得侵入內國領域取代內國法律而發生規範效力，即侵害內國之法律主權。故此項見解，亦非妥適。此外在涉外案件牽涉到二個以上之國家時，法院最後為何在主權應受同等尊重之國家間，只尊重其中一國之法律而予以適用之問題，法律說於其理論中亦無法自圓其說。

二、外國法法律性質之澄清

㈠國際私法與法院之適用外國法

上述理論中的法律說將外國法之適用問題，與主權之極限或尊重問題混為一談，並非妥適。內國法院依其憲法只應服從內國法律，並且只受內國法律之拘束，內國法院在涉外案件中適用外國法，亦係因內國國際私法已將應適用外國法之情形，予以明確指出之故。換言之，內國法院係承內國法律之指示或命令，而適用外國法，在法院原來不得適用外國法，外國法原來亦不得在內國發生效力的前提下，亦可謂國際私法對內國法院所下達之命令，使內國之法院及外國之法律，均具有其本身原所未有之特殊機能。所以外國法本其固有之機能，固無在內國法院自我實現或產生拘束力之可能，但在內國法院依內國國際私法而應適用外國法時，該外國法即已成為法院可直接適用之規範。

㈡外國法並非事實

前述事實說在解釋內國法院之所以適用內國法以外的外國法，及訴訟程序上關於外國法問題之處理，尤其是證明之問題上，均提供了理論基礎；不過程序法上之所以對外國法，適用不同於處理內國法時的規定，實際上多係基於法院審判實務上之便利與效率之要求，或出自於訴訟程序中可行性與必要性之考量而設計，而非出自某種法律概念的邏輯演繹。換言之，

程序法上對於外國法所設計之相關規定，雖然確實在某些方面與內國法院得知悉並應知悉之內國法相去較遠，而較接近於一般事實之處理程序，但是此項設計乃是出於審判實務上之程序需求，而非本於事實說之推論。即在某些國家，最高法院之所以不宜審查或控制下級法院關於外國法之解釋，也是基於實務上之理由，與外國法是否為事實並無直接關聯。

㈢外國法為法律

　　如果非判定外國法究屬於事實或法律不可，必須先跳脫出純粹內國案件的分析模式，即至少應將事實及法律問題的概念一般化及抽象化，使其足以包羅所有訴訟（含涉外案件）上的問題，已如前述。從法院形成裁判的邏輯結構，即三段論法 (syllogism) 觀察，法院將事實置於小前提，再套入居於大前提地位的法律規則之中，才形成結論。法院之所以適用外國法，其目的係在解決涉外法律爭議，所以外國法乃是居於大前提之地位，如謂外國法乃是事實，則不啻形成以「事實」適用於事實之無稽景象矣。換言之，如外國法之性質為事實，在法院依法院地之衝突規則予以引致時，必不能與法院地法同樣立於「大前提」之地位❺；在其適用遭遇困難時（例如外國法不明或因違反公序良俗而不應適用），亦不得謂其得由法院地法或其他類似之法制予以取代，最後只能駁回當事人之請求，首開民事訴訟告而不理之先例矣。所以邏輯上言，外國法之性質應為法律。

※關於本章，其詳可再參閱：陳榮傳，〈論「外國法適用」之基礎：外國法性質之探討〉，《軍法專刊》，第三十九卷第六期（民國八十二年六月）；陳榮傳，〈外國法在涉外實務上的問題〉，《台灣本土法學》，第三十三期（民國九十一年四月）。

---

❺　涉外案件由於須先適用間接規範國際私法，以決定案件之準據法，始能再以所決定之直接規範（準據法）適用於法律爭議之解決，所以須進行二次三段論法的邏輯推論，與一般內國案件僅進行一次三段論法之邏輯推論者，稍有區別。

第二章　外國法適用之職權

第一節　法院適用外國法之困難

　　法院依其職權對於當事人所提出之本案事實，應為法律規則之適用。外國法之性質依前面之說明，乃是法律而非事實，法院當然得將其適用於具體個案。法院適用法律之前，有必要先知悉其所欲適用之法律之內容。所適用者如為法院所在國之有效法律，由於法院被課以知悉法律內容之義務，且在審判前被推定已知悉該法律之內容，尚不致發生太大問題；但在涉外案件中，法院除適用為法院地法一部分的國際私法，決定應適用何國法律外，如依法院地國際私法之規定，應適用外國法時，法院亦無迴避其適用之理由。一般而言，法院對於外國法之認識，實非如對法院地法之肯定與確實，此時即發生適用上之困難。

　　就實際之情形而言，法官因接受法院所在國的法律教育與訓練，對於外國法之認識與了解自然較欠缺，致使法院在涉外案件之審判過程中，發生通常較傾向於適用法院地法，並儘可能地避免適用外國法，以免適用錯誤的現象。基於此種不願適用外國法，儘量適用法院地法之「歸鄉趨勢(Heimwärtsstreben)」，法院或在當事人未主張或引用外國法時，即認為應以法院地法為準，或在個案中有意無意地以法院地法為較優先、較佳且較公平之法律，形成無法依職權適用外國法的「主觀」障礙。此外，法院雖被認為應知法院地法，但其不可被期待或要求對所有可能依法院地國際私法應適用之法律，均有所認識，所以儘管「法官應知法律」，但對於其未被推定為已知，且通常並無所知的外國法之規定，實無法期待法院能如法院地

法般地正確適用。可見法院之所以無法依職權適用外國法，亦有其難以克服的「客觀」障礙。

　　法院之依職權適用外國法，固有上述主、客觀之障礙，當事人在任由法院依職權適用外國法的原則下，也面臨許多在其他內國案件中所未遭遇之難題。首先是法院捨當事人所熟悉之內國法不用，而依職權適用當事人所不知且未期待適用於具體個案事實的外國法，當然可能形成干擾訴訟行為的「突襲性」因素，影響當事人合法利益之保護。其次，法院之依職權適用外國法，亦可能與當事人自主之原則相牴觸。因為得適用於系爭事實之規定之提出，除具有強行法性質者外，原則上均應由當事人自由決定之。此時當事人原則上甚至亦得排除原應適用之外國法，而依法院地法或其他法律判斷其爭端，並可依明示或默示之意思表示，在他方當事人未就所提出之證據爭執的情形下，決定應適用之外國法之內容。

　　可見各國有關法院適用外國法之規定，在法院應依職權適用國際私法及外國法的邏輯要求，與法院適用外國法的能力極限和保護當事人利益的顧慮之間，仍有必要尋求較妥善的折衷方案。

第二節　法院適用外國法之職權

一、外國法具有法律之性質

　　由於法院本其職權有適用法律之憲法上義務，且法律之範圍除內國法外，亦包括依內國國際私法應適用之外國法在內，因此自邏輯言，法院之適用外國法應係依職權適用之 (ex officio)，當事人有關外國法之主張，對法院僅構成不具拘束力之建議而已。換言之，法院應依職權判斷涉外案件應適用之法律，如依法院地之國際私法應適用外國法時，即使當事人對此項外國法均未有所主張，法院亦應依職權適用之。而且，法院在判決中應明確指出究係以何國法律為準據法，法院不得以內、外國法律關於所爭執之問題之規定相去不遠或實質上相同為理由，規避其在關於準據法選擇之

決定。法院如有應依國際私法決定案件之準據法，而未決定時，解釋上即應認為判決違背法令。

此種基於外國法具有法律性質之觀點，而形成之法院應依職權適用外國法之規則，在許多國家較新之立法例中，皆已設有明文之規定。例如祕魯一九八四年國際私法第二〇五一條規定:「依祕魯之衝突規則適用之外國法制，法官應依職權適用之」。土耳其一九八二年國際私法第二條第一項規定:「法官依職權適用土耳其之衝突規則及依該規則所應適用之外國法。」奧地利一九七八年國際私法第三條規定:「依本法應適用外國法時，應依職權加以適用，有如該外國法院之適用其法律之情形一般。」但在未明文規定的國家中，雖然普遍均持法院之適用外國法，係依其本身之職權而為之見解，惟就此項職權究係屬於權利性質，或為義務之代替名稱，仍有不同立場。德國、義大利、巴西、委內瑞拉、日本、韓國、埃及、前蘇聯及東歐各國均持義務之說；法國認為審判法院有權但無義務依職權適用於本案應適用之外國法。

此外，認為外國法具有事實之性質的英美法系國家，即產生與上述不同之結論。英國依普通判例法的傳統規則，應適用之外國法應由當事人如事實一般地舉證證明之，法院不得依職權適用外國法。一九二〇年司法行政法 (Administration of Justice Act) 第十五條，即現行最高法院裁判法 (Supreme Court of Judicature (Consolidation) Act) 第一〇二條的頒布施行後，外國法的問題雖已不歸陪審團，而由法院決定之，但尚難遽而認為英格蘭法院已得依職權適用外國法。瓜地馬拉、阿根廷、宏都拉斯、哥倫比亞、哥斯大黎加、尼加拉瓜、巴拿馬及巴拉圭等拉丁美洲國家，也都在法律上明文規定當事人有證明外國法之義務，仍然附和普通判例法之傳統原則。西班牙的法院實務也不承認法院有依職權適用外國法之權利，並認為外國法應由當事人聲請並證明之，情形也是相同。美國的外國法的概念，除政治上隸屬另一主權國家的外國法律之外，同時亦包括美國境內各友州之法律，由於普通判例法關於外國法適用的規則，在程序上顯得窒礙難行，所以多數州均已透過立法方式，直接予以修正。修正之方向大體上可分為

二項，或規定外國法之內容非得由陪審團決定，而應由法院判斷之，或規定法院對於外國法，得逕為司法認知 (judicial notice)。

二、法院應依職權適用外國法

我國民事訴訟法採處分原則，認為訴訟只能本於當事人之處分行為而開始或繼續，訴訟中之某些行為亦僅得依當事人之請求而進行之。惟在此原則之外，為便利程序之進行，尚有少部分係採職權進行主義，由法院發動並依其職權進行者。國際私法之適用如採處分原則，即應由當事人主張之，反之，如採職權進行主義，即應由法院依其職權適用之。由於外國法之性質乃是法律，其適用在原則上自應不屬於當事人處分權之範圍，非得由當事人之意思表示支配之，但如外國法在訴訟程序中，非係以法律之地位被適用，而係以事實之地位被引用，固係處分原則的適用範圍，如就得由當事人意思決定之法律適用問題，例如契約之準據法得由當事人決定(新涉外法第二十條、舊涉外法第六條參照)，此時準據法之確定即有賴於當事人之意思表示之認定。

值得注意者，我國目前法院實務上所審理之涉外民事案件，雖仍有法院逕依我國民法及其他法律予以判斷，而未斟酌適用國際私法及外國法之適用之裁判，其究是基於外國法之適用為事實問題之推論，或係基於其雖為法律問題，但乃當事人得行使處分權之範圍之立場，亦無可考，但在上訴或抗告到最高法院的許多裁判中，最高法院均嚴正予以糾正，並確立內國法院於涉外民事訴訟事件中，未適用涉外民事法律適用法的規定，逕依內國法律予以判決者，乃有所「疏略」或「不無可議」之立場❶。

---

❶　最高法院至少在下列案號的判決中，表示「本件應屬涉外民事事件。原審未依涉外民事法律適用法之規定，確定其準據法，遽依我國法律而為上訴人不利之判決，已有未合。」或類似見解：八十七年度臺上字第三六三號、八十七年度臺上字第一二○三號、八十七年度臺上字第二五一二號、八十八年度臺上字第三○七三號、八十九年度臺上字第六七一號、九十年度臺上字第五一六號、九十年度臺上字第一二三○號、九十年度臺上字第一二三二號、九十一年度臺上字第九五號、九十二年度臺上字第一五○號、九十三年度臺上字第五號、九十

三年度臺上字第四九一號、九十三年度臺上字第二一二一號、九十四年度臺上字第三號、九十四年度臺上字第六八七號、九十四年度臺上字第一四一六號、九十四年度臺上字第一七二一號、九十四年度臺上字第一七六五號、九十五年度臺上字第一一六六號、九十六年度臺上字第六五一號、九十六年度臺上字第八四六號、九十七年度臺上字第三七五號、九十七年度臺上字第二〇五一號、九十八年度臺上字第一六九五號、九十八年度臺上字第二三三三號、九十九年度臺上字第一七一四號、九十九年度臺上字第二四四四號、一〇二年度臺上字第八五九號、一〇二年度臺上字第二二六二號、一〇三年度臺上字第一二八一號。

第三章　外國法之證明

第一節　外國法之舉證責任

法院所審理之涉外案件應適用外國法時，外國法之舉證責任及其證明方法，在國際私法上常有爭論。傳統學說認為此項問題之結論，與外國法之性質究為事實或法律密不可分，但此等基於程序上之理由設計之規定，應僅從實務上之要求與訴訟經濟之目的觀察之，不宜與外國法性質之問題混淆。有關外國法之舉證責任問題，學理上有下列二種不同見解：

一、當事人負擔說

認為外國法為單純事實者，依民事訴訟法上之一般原則，主張不僅外國法之適用應由當事人主張之，且「當事人主張有利於己之事實者，就其事實有舉證之責任」（我國民事訴訟法第二七七條參照），法院不負闡明外國法之義務。所以當事人未主張適用外國法時，法院固不得亦不應適用外國法，當事人不能證明所主張應適用之外國法時，法院即應為其敗訴之判決。且由於外國法適用有關「自認」事實之規定（同法第二七九條、第二八〇條參照），因此如當事人就外國法之內容表示同意或不爭執，或為同意外國法之內容與內國法相同之意思表示時，法院即應接受，不得持不同意見，即使承審法官熟諳該外國法之內容，或該法院曾著有關於適用該外國法規定之判例，亦係相同。

二、法院負擔說

認為外國法之性質係法律者，主張適用外國法之問題，亦應適用「法官應知法律 (Jura novit curia)」之原則，所以應依其職權適用外國法，對於具有法律性質之外國法之內容，亦屬於法官所應知曉之事項，非在當事人應負擔舉證責任之範圍。

外國法之性質為法律，固有如前述，但其舉證責任未必因而應由法院負擔。外國法之舉證責任之配置，直接影響涉外民事訴訟之是否順利進行，故如何兼顧外國法之本質及訴訟程序經濟之要求，乃成為重要之課題。目前各國對此一問題，較重要的趨勢即係透過立法，明文規定為有效解決當事人間之紛爭，應由法院與當事人密切合作，以解決適用外國法之問題❶。

❶ 透過立法方式解決之法例中，有在國際私法之條文中予以明文規定者，例如瑞士一九八七年國際私法第十六條第一項規定：「外國法之內容應依職權調查，為達此目的，得要求當事人協助，在財產案件，得課當事人證明之責任。」奧地利一九七八年國際私法第四條第一項規定：「外國法應依職權加以調查，而可允許之協助，有如利害關係人之參與、聯邦司法部之資料以及專家之意見。」匈牙利一九七九年國際私法第五條規定：「一、法院或其他機關應依職權調查所不知之外國法，同時如果需要，其應借助專家證詞，並得考慮由當事人提出之外國法之證明。二、司法部長於法院或其他機關為請求時，應提供有關外國法之資料」。土耳其一九八二年國際私法第二條第二項規定：「法官得請求當事人協助調查應適用之外國法之內容」。祕魯一九八四年國際私法第二〇五二條規定：「訴訟當事人得提出適當之證據，證明外國法之存在及其意義。法官對不當之證據方法，得拒絕或限制之」。第二〇五三條規定：「法官得依當事人之聲請或依職權，請求行政機關依外交途徑，自應適用其法律之外國法院，取得關於應適用之外國法之存在及其解釋之報告。」此外，亦有在民事訴訟法中予以明文規定者，尤其以德國民事訴訟法第二九三條之規定堪稱典範：「於外國有效之法律、習慣法及規章，為法院所不知者，應證明之。法院調查此等法律規範，不以當事人所提出之證據為限；法院為調查證據，亦得利用其他資訊來源或為必要之處分。」我國民事訴訟法第二八三條規定：「習慣、地方制定之法規及外國法為法院所不知者，當事人有舉證之責任。但法院得依職權調查之。」實際上即係承襲德國法例。

　　未在國際私法或民事訴訟法中明文規定前揭意旨的國家，例如義大利、委內瑞拉、法國等，在實務上也都透過判例，明確地重申法院有依職權適用外國法之義務，即法院應依職權判斷是否應適用外國法，並應依職權確定應適用於系爭事實的規定，如依法應適用外國法，法院即不得藉口對外國法之內容欠缺正式之認知，而逃避此項義務。為履行此一義務，法院應盡一切適當之方法，使用程序中所提出之文件，經由當事人之協助，從事其證據之調查。此時當事人之任務僅具輔助性質，因為當事人所提供之合作或協助，並非其關於事實之舉證責任之附隨責任。

第二節　外國法之證明方法

一、緒　言

　　外國法之性質雖為法律，但法院適用外國法時，由於其對外國法之內容通常並無所悉，所以頗有探討其證明問題之必要。各國之趨勢已顯示，法院雖有知悉外國法之義務，但就其所不知之外國法，亦得令當事人負舉證責任。換言之，如法院已知悉應適用之外國法之內容，即得逕依職權適用之，如尚未能知悉其內容，則有賴法院與當事人之合作，使其得以明確。德國民事訴訟法第二九三條與我國民事訴訟法第二八三條之規定，固已明確而直接地指出此項必要性，此外，斯堪地那維亞國家也都採同一立場，例如挪威民事訴訟法第一九一條規定：「法律規定無需證明。法院有發現並依職權適用法律規定之義務。但法院可接受外國法之證明，且如涉及地方習慣或外國法時，法院得要求當事人提供相關之資訊。」瑞典民事訴訟法第三五‧二條亦規定，法院應適用外國法時，得請當事人證明之。

　　無論是由法院或當事人單獨或共同負擔舉證責任，都須要考慮外國法證明方法之問題。無可諱言地，法院在適用外國法之前，究係依據何種程序，使用何種方法獲得外國法之資訊之問題，具有強烈的程序與技術性意義，也不是傳統的國際私法之範圍。不過，由於外國法之證明方法涉及法

院之是否易於認知外國法之內容，也將影響有關外國法適用之訴訟結果，所以在實務上相當重要。

二、囑託調查

依我國民事訴訟法第二八三條之規定，如外國法之內容為法院所不知者，當事人應負擔舉證責任，且法院亦應依其職權調查之。換言之，即使當事人已為證明，法院為完成外國法之圓滿適用，避免不實不盡，亦應自為調查。由於外國法之證明乃高度專業之問題，在訴訟法上宜建立適當之制度，賦予法院較具彈性的裁量權，尤其應要求法院與外交部或其他部會合作，以便利外國法之證明。為使訴訟程序得以順利進行，一般認為外國法雖為法律，但在證據之調查上，仍可依民事訴訟法第二九五條之規定：「應於外國調查證據者，囑託該國管轄機關或駐在該國之中華民國大使、公使、領事或其他機構、團體為之。」「外國機關調查證據，雖違背該國法律，如於中華民國之法律無違背者，仍有效力。」此一規定符合國際趨勢❷，應可肯定，實務上通常由司法院轉請外交部辦理，不由承審法官直

❷ 下列各國情形可供參考：

1. 奧地利民事訴訟法第二七一條規定，法院為確定外國法，尤得「於必要時請求司法部協助之」。此項資訊上之請求，可以外國法之規定為對象，但不包括商業習慣在內。司法對於此項請求不得拒絕。但依通說之見，司法部長只得將外國法規定之內容提交法院，其範圍不得將外國法院或學者關於該等規定解釋之資訊包含在內，且法院亦不受司法部答覆內容之拘束。

2. 在瑞典，外交部的法規部門依法應對有意在瑞典結婚之外國人，提供該外國人之本國法中有關結婚之障礙的證明書，同時亦應提供居住於國外之瑞典國民，關於其依瑞典規定具有結婚能力之證明書。瑞典外事局 (Foreign Office) 的法務部門實務上也已擴張此等規定，其在其他關於親屬與繼承的案件中，遇有問題單純如確定某一法律之內容時，亦提供資訊之服務。如果問題比較複雜，例如爭執之焦點為外國法之解釋或法院之某一實務作法是否屬實時，外交部的法規部門經常將當事人之請求，轉交在系爭國家執業，而獲得瑞典派駐該國的使領人員信任的律師協助之。

3. 匈牙利一九五二年民事訴訟法第二〇〇條規定，司法部應提供有關外國法及

接為囑託。

在涉外事件中，我國法院亦可能受外國法院委託協助民事或刑事事件，為此我國特於民國五十二年制定「外國法院委託事件協助法」，以作為條約或法律未特別規定時處理之依據（第一條）。該法採互惠原則，故明定委託法院所屬國，應聲明中華民國法院如遇有相同或類似事件須委託代辦時，亦當為同等之協助（第四條）。委託事件之轉送，應以書面經由外交機關為之（第三條），且我國法院受託協助民事或刑事事件，以不牴觸中華民國法令者為限（第二條）。法院受託送達民事或刑事訴訟上之文件，依民事或刑事訴訟法關於送達之規定辦理（第五條），法院受託調查民事或刑事訴訟上

互惠之資訊。

4. 波蘭一九六四年十一月十七日民事訴訟法第一一四三條第一項規定，法院得向司法部聲請有關外國法及外國法院實務的資訊。

5. 捷克一九六三年十二月四日國際私法與國際民事訴訟法下列二條文可供參考。第五十三條第一項：「法官採取一切必要之措施，以認定外國法之內容；不知該外國法之內容者，得請求外交部長提供相關之資訊」。第五十四條：「司法部長會同外交部長及其他有關部長所商定，與外國相互遵守之一切聲明，對法院與其他國家機關均具有拘束力」。捷克法院遇有涉外因素之法律關係或外國人之法律地位發生爭執時，得請求司法部提供相關外國法之資訊。依捷克所簽的許多國際司法互助條約之規定，司法部得請求其他國家之有權機關，提供有關該國之法律資訊。對於司法部之建議，法院在該案尚有其他證據時，法院亦得自由裁量決定之。對法院產生拘束力者，僅以司法部與外交部協同提出有關是否確有互惠情形之文件而已。

6. 南斯拉夫一九五六年民事訴訟法第二一一條規定，法院不知應適用之外國法之規定時，得請求聯邦行政委員會之法務委員 (Secretariat of Justice) 提供資訊，並得要求當事人接受外國有權機關所作成之證明書。南斯拉夫與社會主義國家及其他國家（如奧地利、希臘及義大利）間均締有司法互助條約，使各締約國間均互負互惠提供各該國家現行有效法律之資訊之義務。我國依民事訴訟法第二九五條規定之證明方法，性質上乃是以外交方法，確定應適用之外國法之內容，與前述各國之作法尚有不同，但與德國、厄瓜多爾、祕魯及斯堪地那維亞國家求助於其本國派駐系爭外國之外交或領事代表之作法，則屬同類。

之證據，依委託本旨，按照民事或刑事訴訟法關於調查證據之規定辦理（第六條）。

　　循外交途徑調查外國法之方法雖勉強可謂有法可據，但在與我國正式建立邦交的國家有限的情形下，法院自宜參考外國之作法，以便確定外國法之內容。為此，以下特再介紹數種各國所採用之方法。

三、專家或鑑定人之書面證據

　　在法院不知外國法之內容時，各國法院常借助國內、外之專家之意見。德國法院遇有外國法之問題時，通常是向德國的專業研究機構查詢（例如馬克斯普朗克國際私法及比較法研究所，Max-Planck-Institut für ausländisches und internationales Privatrecht），並請求提出鑑定報告 (Gutachten)。法國法院證明外國法的傳統方法，是被稱為習慣證明書 (certificat de coutume) 的專家書面意見。此種專家書面意見是由外國法律專家，應一方當事人之請求而作成者，其中包括適用外國法某一特定規定的相關資訊。義大利法院是借重外國專家所提供之意見，或其本國或外國使領人員所作成之證明書。西班牙法院則仰賴系爭外國的律師所提供的習慣證明書。哥倫比亞一九三二年司法法 (Codigo Judicial) 第六五九條則具體地規定，外國法之證明，應以經認證的外國法之影本或該外國之二位律師所擬具之證明書為之 ❸。

四、證人之證言

　　英美法上關於外國法之證明，主要係依專家證人之證言證明之。為免

---

❸　專家或機構之書面證據如非僅針對抽象地提出外國法規定之內容，並進一步建議對系爭具體個案 (der Fall) 之判斷，必然會在某程度內影響法院對於該案的司法判斷，故宜謹慎為之。質言之，此等書面證據應僅具有輔助法院證明外國法內容之價值而已，並不具有絕對之拘束力，法院對於當事人關於外國法之規定所為之解釋，有權予以修正，在雙方當事人關於同一外國法之規定所提出之書面證據，彼此互相矛盾時，法院甚至有義務獨立判斷之。

立場偏頗，法院所指定的專家證人原則上應與雙方當事人無利害關係者。此外，當事人為支持其關於應適用之外國法之意義與內容之主張，亦得以自己之費用選擇、延聘專家證人，但如他方當事人拒斥此等主張，得對於他方所提之專家證人進行交互訊問，並請求傳喚其他證人，而法院即係經由聲明及當事人所提之積極證據，獲得對外國法之問題之認識。此一程序既係由當事人進行，且外國法被視為事實，所以一方當事人所提之證據如未為他方所爭執時，法院即有予以接受之義務。在各專家之意見相衝突時，法院必須於充分考量之後選擇其一。但如外國法之內容已經證明，並已譯為內國語文，且專家之意見未為外國有權當局支持，又明顯與英文譯本牴觸時，法院得獨立形成自己之意見，不受專家之影響。此外，法院如有必要解釋諸如契約或遺囑等私人文件中涉及外國法之條款，或其中之條款非依外國法解釋不可時，法院首先應斟酌專家之意見，以確定其中所使用之法律名詞之意義。其次，法院應探求當事人在文件中使用系爭法律名詞之真意，而在此一階段中法院即不受專家所提證據之拘束。

五、司法認知

　　英美普通判例法上，由於外國法應由當事人負舉證責任，法院其實無庸介入此項證明程序，或自行調查證據。但因其過程冗長，影響審判程序至鉅，於訴訟上亦感不經濟，美國乃創法院應主動就外國法為司法認知 (judicial notice) 之制度。從一九二六年的麻州立法、一九三三年紐約民事業務法 (Civil Practice Act)，到一九六三年九月一日生效的紐約民事業務法及規則 (New York Civil Practice Law and Rules) 第四五一一條，均規定於證明應適用之外國法有待證明時，或「縱未經聲請亦應（得）為司法認知」，或「審判法院或上訴法院均不受當事人所提證據之限制，而得查詢本條所列之書面資料，且其功能與效力與已為許可之證據同。」可見法院因獲有司法認知之授權，得依職權確定當事人所主張之外國法之規定；但如當事人未主張，其並未許可法院擅行 (proprio matu) 確定應適用之外國法。此制之改良，係針對外國法之「證明」，而非其「適用」。

　　晚近最重要的立法，是美國司法程序國際規則委員會 (Commission on International Rules of Judicial Procedure) 所草擬，而由最高法院於一九六六年二月二十八日頒布，自同年七月一日起生效的聯邦民事訴訟規則第四四‧一條之規定：「意圖提起有關外國法律爭執之一方當事人，應於其訴狀或其他書面文件中為認知。法院決定外國法時，不問當事人是否提出，或第四十三條規定是否許可之，均得斟酌包括證言在內的一切相關素材或來源。法院之決定應視為法律問題之判斷。」因此如一方當事人曾就外國法為適當之認知，法院依第四十四條規定，即使未經當事人提出，亦得為確定外國法之內容而斟酌一切相關資訊來源。此一規則頒布之結果，使此一程序得一體適用於在仍適用普通判例法及已發展出更具彈性的各州之聯邦法院，而不再受普通判例法程序性規則之影響。

　　以上各種有關外國法的證明方法，在實務上均應具有一定之價值，故不宜認定其中某種方法具有絕對優先性。我國法律上既未明定法院或當事人應採之證明方法，對於舉證責任又傾向於法院與當事人合作的情形下，似宜博採眾議，兼採各國之證明方法，以求外國法內容之確定。為方便法院在國內之查詢有關外國法之資料，一方面應充實並適時更新有關外國法資料之設備，他方面應籌設比較法及外國法之專門研究機構，譯述、整理並研究外國法。此外，在國際方面，亦宜以互惠之原則，藉條約規定締約國彼此協助調查之義務，或在國際組織中設置各國法律之保存與查詢機構，方便各會員國之調查外國法❹。

---

❹ 曾有歐洲之研究計劃建議在歐洲委員會之下，設置 「歐洲法律服務處 (European Legal Service)」，並在各會員國的司法部之下，設置該服務處之各國分處。各國分處於被請求時，於必要時向系爭外國之該國分處查詢後，應向其本國之法院提供該外國法律之資訊。此項資訊原則上以外國法之內容為限，外國最高法院之實務見解除特別情形以外，並不包含在內。為此，歐洲委員會也在推動 「外國法資訊之歐洲公約 (European Convention in the Field of Information on Foreign Law)」，由歐洲法律委員會所指定的一個專家委員會在一九六六年三月準備了一份公約的初稿，其中規定各締約國應互相提供民事及商事部分的法律資訊，得為此項請求者，應為法院，聲請狀內並應正確地指出

所涉及者為外國法之何項規定，且必要時亦應就事實摘要敘明之；同時亦應向
各國為此一目的而設置之政府機構報告陳明之 。 此一政府機構或自行提供解
答，或將其聲請轉交其他政府機構調查，或經為聲請法院之同意，交由專業之
私人機構或適格之個人調查之。但無論如何，其回覆之內容主要是所涉及的法
規之條文，必要時並應附上判例及學說上之相關資料。無明文之法律規定時，
其回覆內容則主要為法院之實務見解。

第四章　外國法之不明

第一節　外國法不明之意義

　　外國法內容之舉證責任，既有應由法院、當事人，或由二者共同負擔等不同見解，但如有應負擔者已盡其所能，仍無法證明外國法之內容時，法院究應如何處理？認為外國法之性質為事實者，或許將逕謂外國法既應由當事人負擔舉證責任，當事人既係應證明而未證明，只須依未證明待證事實之規定予以處理即可。但其實採事實說者，已認為外國法並非一般單純之事實，所以嚴格而言，外國法之證明未必應與事實之證明相提並論；其認為外國法具有法律之性質，且確定外國法內容之義務應由法院而非當事人負擔者，既不可能自其性質推出法院處理方法之結論，自有另謀對策之必要。

　　我國民事訴訟法第二八三條僅規定：「習慣、地方制定之法規及外國法為法院所不知者，當事人有舉證之責任。但法院得依職權調查之。」對於外國法不明時之處理方法，亦未有所指定。不過，既曰「外國法為法院所不知者」，表示法院如已知悉外國法之內容，即得不待當事人之主張，逕依其職權適用之，且在當事人有舉證之責任時，法院仍「得依職權調查之」。顯見從實務之角度言，法院應有依其職權確定外國法內容之義務，且為要求當事人協助確定外國法之內容，法律乃課予當事人此項舉證責任，以期與法院充分配合。在當事人關於確定外國法，僅具有補充法院職權之機能的情形下，雖然條文中確已規定當事人有舉證之責任，實際上仍不宜以一般舉證責任之法則，適用於外國法之證明上。故在外國法不明時，仍應從

國際私法之觀點，謀求解決之道。

第二節　外國法不明之處理

各國理論與實踐上關於外國法之不明，約有以下四種處理方式。

一、駁回請求說

認為法院之所以在涉外案件中適用外國法，乃是受內國國際私法之指示，而法院依內國國際私法之規定，既應適用某外國法，即不應適用其他國家之法律；如法院應適用之外國法未經證明而不明時，因無替代之法律可得適用，法院對於當事人間之爭執，即無從判斷，故對於以該外國法之規定為依據的原告之請求或被告之抗辯，均應為駁回之裁判。從邏輯上言，如認外國法為事實，且應由主張之一方當事人負舉證責任，在該當事人未能就其主張之外國法為適當之證明時，依訴訟法之一般原則，法院亦得視為該當事人未主張該外國法。德國學者邱特爾曼 (Zitelmann) 曾主張此說，該國最高商事法院亦曾採此說。

二、適用內國法說

認為法院依內國國際私法之規定，雖應適用外國法，但國際私法並非專為外國法而規定之適用規則，其規範目的既在就內、外國之法律，為如何適用之指示，即未排斥內國法之適用，故在應適用之外國法不明時，即得以內國法律為實體判決之依據。英、美及其他普通判例法國家雖認外國法為事實，但當事人既無法對外國法之內容為適當之證明，法院只好推定其內容與內國法相同，故而依內國法為判斷；即使舉世皆知該外國法之內容與內國法不同，亦不得推翻此項推定。此外，亦有認為外國法之內容既無法證明，而法院又對內國法律甚為熟稔，內國法乃順理成章地成為唯一可適用之法律，且在不得以法律不備為駁回當事人之裁判之請求，又無其他替代方案的情形下，非僅較為便利，亦為不得已之緊急措施。

三、適用近似法說

認為外國法之內容既係不明，法院如不得任意駁回當事人在訴訟上之請求或抗辯，亦不得逕在該案中適用外國法，即應適用與該外國法最近似之法律。例如澳洲法律深受英國普通判例法之影響，如應適用之澳洲法不明時，法院即得適用其較熟悉之英國法為裁判之依據。在應適用之外國法之現行規定不明，而其舊法之內容曾經證明時，亦得適用該外國之舊法之規定為裁判之依據。德國及日本之法院均曾採取此項見解❶。

四、法理說

認為外國法之不明與法院地法之不備性質相同，故應依同一方法解決，即順次依習慣及法理判斷之（參考民法第一條）。日本學者與法院實務頗多採納此說者❷。

我國法律對於外國法不明時之法律適用，既未明文規定，在以上四說中，究竟應以何說為當，即難以決定。不過，一般認為駁回請求說在理論上與「法官不得以法律不明或不備，而拒絕審判」之原則相違，且在實際上易使法官動輒以外國法不明為藉口，駁回當事人之請求，有礙國際交往之安全；適用內國法說之推定外國法與內國法內容一致，失於武斷，逕自適用內國法，亦有違國際私法「判決一致」之目的，故均非妥適。學者中

❶ 德國法院在某一涉及厄瓜多人的遺囑案件中，依國際私法原應適用厄瓜多民法，但因當時第一次世界大戰剛剛結束，無法詳為查證，但法院已知厄國民法是仿智利民法而制定，故認為在該案中以智利法律為準據法，較內國法（德國法）更妥適。日本東京家事法院於昭和三十八年六月十三日有關收養認許之判決中亦指出，被指定之外國法之內容不明時，應依日本國際私法關於準據法指定之規定之精神探求其內容：首先應從該外國之整體法律秩序推斷其內容，如尚不明，則從其過去施行之法令，或在政治上或民族上與其近似之國家之法律秩序，推斷其內容。

❷ 日本大阪法院於昭和四十一年一月十三日有關親子關係不存在之判決中曾指出，母之夫之本國法，即北韓法律不明時，依法理裁判之。

有採適用近似法說者，謂此說雖非絕對妥適，但在無更好之辦法以前，宜先適用與外國法近似之法律，如近似之法律亦不得而知，唯有採「不得已而適用內國法，以免拒絕審判」之解釋。有採上述法理說，認為應依民法第一條規定之原則解決，以免造成拒絕審判之嫌及適用內國法之矛盾者。有認為如以我國之習慣與法理補充外國法之不明，其實即與適用我國法律無異，故補充外國法不明之「一般法理」，並非我國國內法所採之法理，而為該外國與其他近似之法制所包含之法理者。

其實，上述各說的支持與反對之意見，皆有仍待商榷之處。法院雖不得以法律不備或不明為理由，拒絕當事人裁判之請求，但如以外國法不明之理由，為不利於主張該外國法之一方當事人之判決，法院所為者已是實體判決，而非從程序上駁回當事人之請求或抗辯，故從外國法事實說的立論觀察，當無問題。適用近似法說其實係以其他近似之法律，作為應適用之外國法之「法理」而被適用，而外國法之證明與調查，原應及於該外國法制包含其習慣與法理之全部，在其法規不明，但仍有法理可循的情形下，其實並非外國法之「不明」。退一步言，所謂法制間之「近似」，究應採形式標準或實質意義仍有爭論之餘地，如採實質意義之觀點，則各國法制所本之公平正義理念，當不可能有太大之差異，在內國法與應適用之外國法近似時，依適用近似法說似亦不得適用內國法為裁判之依據。實際上，國際私法係在案件所涉及之所有國家中，決定一國之法律為準據法，初未區分其究為內國法或外國法，故如內國法與案件具有最重要之牽連關係，且為國際私法所指定時，自應當仁不讓而被適用。故如認為內國法相對於外國法，具有備位或補充之性質而得適用之，固非的論，刻意排斥其適用者，亦非必要。

從比較法角度觀察，法國、英國及美國法雖均認為外國法應由依外國法主張其權利之當事人負擔舉證責任，不過，法國法院依法亦得依職權適用外國法，美國法院則有司法認知之制度補救當事人舉證之困難，固均無論矣，英國法雖仍認為應由當事人負擔舉證責任，但遇有外國法不明之情形時，並非即判決該當事人敗訴，而是以法院地法替代適用之。美國及法

國之法院也甚少以應適用之外國法未經證明為理由，駁回當事人訴訟上之請求及抗辯，其實體判斷通常亦係以法院地法為準據法。此外，西班牙、義大利、奧地利、前蘇聯、瑞典等國之通說，亦皆採內國法說。

　　與外國法有關之程序性規定，不宜單純以某一理論之邏輯演繹推論之，而應從訴訟經濟與程序便利之角度予以考慮，已有如前述。外國法之調查固應由法院與當事人通力合作，盡可能蒐集各種資訊來源，減少外國法不明之情形，此外，對於外國法之不明亦應從嚴認定，使其適用範圍降至最小。不得已而須認定為外國法之不明時，為程序之便利計，應許法院逕依內國法律為實體裁判，如此亦較可配合晚近各國國際私法之立法實踐❸。

---

❸　以下立法例可供參考：

　　1.瑞士一九八九年國際私法第十六條第二項：「如外國法之內容無從證明，適用瑞士法。」

　　2.奧地利一九七八年國際私法第四條第二項：「縱加以相當之努力，外國法仍不能在合理之時間內查知者，適用奧地利法。」

　　3.匈牙利一九七九年國際私法第五條第三項：「如外國法之內容不能證明時，適用匈牙利之法律。」

　　4.土耳其一九八二年國際私法第二條第三項：「當應適用於個別案件之相關外國法律，雖經盡力仍無從證明時，應適用土耳其之法律。」

　　5.塞內加爾一九七二年家庭法第八五〇條第四款：「外國法因無法證明或當事人拒絕證明而欠缺時，適用塞內加爾法。」

　　6.波蘭一九六六年國際私法第七條：「外國法之內容，或關於應予適用之法律無法確定時，適用波蘭法。」

第五章　外國法適用之錯誤

第一節　外國法適用錯誤之意義

內國法院依內國國際私法之規定，應適用外國法時，如竟適用錯誤，當事人是否得以判決違背法令之理由，向最高法院（法律審）提起上訴，亦有問題。對於此一問題，一般認為包含二部分：

一、內國國際私法適用之錯誤

通常是指依國際私法之規定，應適用某國法律而未予適用之情形，又可分為二種：1.應適用外國法卻適用內國法，如應適用日本法卻適用我國法；2.應適用某一外國法卻適用另一外國法，如應適用日本法卻適用法國法。

二、外國法本身之適用錯誤

即雖已依內國國際私法之規定，適用應適用之外國法，但在外國法本身之適用階段，卻發生錯誤之情形，又可分為二種：1.適用外國國際私法之錯誤，如依我國之反致條款（新涉外法第六條、舊涉外法第二十九條）規定，應再依當事人本國之國際私法決定案件之準據法時，對該外國之國際私法適用錯誤，致使不應適用某國法律之案件，卻反致於該國；2.適用外國一般實體法之錯誤，如將意思表示採發信主義之外國法，誤解為採到達主義。

在民事訴訟採三級三審制的國家中，最高法院或破毀法院 (Court of

Cassation) 通常為第三審,且為法律審之法院,不為事實之認定,只受理違背法令之第二審法院判決之上訴。就內國國際私法適用之錯誤言,無論是應適用外國法卻適用內國法,或應適用某一外國法,卻適用另一外國法之情形,皆為直接適用內國國際私法所生之錯誤,其為判決違背內國法令,並無疑義,因此各國學說與判例均認為當事人得對之提起第三審上訴,我國亦不例外。但就外國法本身之適用錯誤言,由於其非得當然視為判決違背內國法令,問題比較複雜。

第二節　外國法適用錯誤之救濟

外國法本身之適用錯誤,無論是適用外國國際私法之錯誤,或適用外國一般實體法之錯誤,究應如何救濟,各國學說與判例之立場均未一致。在將外國法認為事實之國家,由於其認為此項錯誤不得上訴於最高法院,乃有認為其乃事實之錯誤,而非法律之錯誤,故不得上訴於法律審之法院者。其實,在認為外國法具有法律性質之國家中,亦不乏認為此項錯誤不得上訴於最高法院者,例如德國、瑞士、西班牙、比利時、荷蘭、希臘等國判例是。可見外國法本身之適用錯誤是否得上訴於最高法院之問題,與外國法之性質並無必然之牽連關係;其主要關鍵應在於最高法院修正下級法院法律見解之錯誤,與統一內國相關之法律見解之功能,是否應及於內國法以外之外國法規適用之錯誤?

從最高法院之統一法律之功能觀察,對其是否應控制外國法之適用及解釋問題,也有二種不同之見解。持最高法院為內國法律之統一解釋機關者,認為外國法自有其統一解釋機關,因此內國最高法院不必、不能、也不應對外國法律為統一之解釋,如勉強為之,不僅事實上有所不能,亦有侵害外國主權之嫌。持最高法院為所有法律之統一解釋機關者,認為外國法在其本國之統一解釋,固屬其本國最高法院之職責,但內國法院為適用法律之統一,亦有由內國之最高法院受理上訴之必要,且上級法院原有糾正下級法院法律見解錯誤之職責 , 外國法之性質既為法

律，其適用之錯誤即為法律適用之錯誤，故其得上訴於最高法院乃理所當然。

　　我國學說上一般認為法院之所以適用外國法，乃適用內國國際私法之結果，因此適用外國一般實體法之錯誤，乃是間接違反內國國際私法，亦不失為判決違背法令，所以應許其上訴於最高法院。其實，外國法雖具有法律之性質，但其終究為「外國」之法律，其適用之錯誤雖亦為法律適用之錯誤，並為得提起第三審上訴之「判決違背法令」，但仍非內國法律之直接或間接之違反。因此，前述見解在結論上雖可贊同，其理由之闡釋則仍應著重於最高法院之功能。依我國民事訴訟法規定，由於為法律審之故，得向最高法院提起上訴者，以判決違背法令者為限（第四六七條），而無論判決應適用而未適用法規或已適用而適用未當之情形，均屬判決違背法令（第四六八條）。最高法院非僅為內國法律之適用者而已，其乃法律秩序及實體正義之守護者，故此項限制上訴理由之規定，並無礙於最高法院糾正下級法院判決錯誤之機能。職是，任何在判決的三段論法中，立於大前提地位之事項之錯誤，均應由最高法院控制之，尤其在三級三審制度之下，當事人所得享有之審級利益，亦不應因其案件之性質為涉外案件，即被剝奪。

　　由上可知：無論外國法之應適用而未適用，或外國法之適用不當，均得以判決違背法令之理由，上訴於最高法院。就前者而言，一方面為內國國際私法之適用不當，另方面為外國法之未適用；就依內國國際私法上之反致條款，應適用外國國際私法而未予適用之情形言，也有此種現象。所以如在內國國際私法與外國法之適用間，為過於嚴格之區分，從法律適用之角度以觀，誠非必要。質言之，在涉外案件中所適用之法律，無論其為具有間接法性質的內國國際私法，或為得直接導出實體法律效果的準據法，其見解之統一均應由最高法院控制之。須附帶討論者，外國法之適用不當通常乃指外國法在內國之解釋錯誤，而此項錯誤判決係由內國法院所為，所以亦有解釋之標準究應以內國或該外國法制為準之問題。外國法之所以為外國法，乃因其非內國法，從而即使其與內國法之規定用詞完全一致，

承審法院雖非搖身變為該外國之法院，仍應以該外國法制本身之概念與規則，為解釋之準繩❶。

---

❶　下列立法例可供參考：

1.南斯拉夫一九八二年國際私法第九條：「外國法應依其本身之意義與概念適用之。」

2.祕魯一九八四年國際私法第二〇五五條：「應適用之外國法之規定，應依其所屬之法制解釋之。」

第六章　外國法適用之限制

第一節　緒　言

　　在一國法院對於涉外法律關係適用內國法時，固與對於內國私法關係而適用內國法時，無所分別；惟因涉外法律關係而適用外國法時，則其情形顯有不同。因為國際私法就法律之適用是以歸屬未定之連結因素為基礎，抽象規定應適用之準據法，故於具體案件，必先確定該歸屬之連結因素，始能確定應適用之準據法，究為內國法抑外國法，如應適用外國法時，因法官並非萬能，不可能完全知悉應適用之外國法律，因此必須經過調查證明外國法之程序，始得悉外國法之規定及其內容，而予以適用。外國法經證明之後，如其適用之結果，有妨害內國公益，或危及法院地一般私法生活之安定，則內國法院自無勉強適用之理。因此各國國際私法一方面固明文規定外國法之適用，但同時也就外國法適用之限制加以規定，藉以平衡內、外國之公私法益，使法院於適用外國法之際，不致有侵害內國私法生活安定之虞。

第二節　外國法適用限制之立法方式

　　各國國際私法關於法律適用之規定，是在內、外國法律平等的基礎上，妥適決定其準據法，但對外國法之適用，並非漫無限制；如外國法之規定，有害內國法益，危及法院地私法生活安定時，則不適用之，此為各國國際私法公認之原則。至於如何限制外國法之適用，立法例上有三種不同之立法方式。

一、間接限制方式

此即內國法明文規定，內國某種或某幾種法律為絕對強行，凡與此種內國法牴觸之外國法，即不得適用。例如法國民法第三條規定：「關於警察及公安之法律，凡住居於法國之人，均受其拘束」。荷蘭、比利時民法亦有此類規定。適用此等規定而適用內國法時，即間接否認與此類法律相牴觸之外國法之適用，其就屬人之法律關係設此等規定者，固得認為屬人法之效力原得隨人而及於外國，該法律具有絕對強行之性質，非設此等規定不足以禦外國法之侵入適用；但一國之法律在該國領域內，對內、外國人皆有拘束之效力，外國法之適用乃依內國立法承認之結果，而屬於例外性質，應無再行明文規定內國法絕對強行之必要，一旦明文規定之，即難免發生掛一漏萬之弊，反而無法有效保護內國利益。

二、合併限制方式

此即除明定內國法絕對強行，一如前述法國民法第三條之規定外，復就外國法之有違反公共秩序與善良風俗者，也一併限制其適用。例如義大利民法第十一條明定：「關於刑法警察法及公共秩序之法律，凡居住於王國領土以內之人，皆應適用」外，復於其第十二條規定：「外國法之適用，不得違反王國法律之強行規定，或違背公共秩序善良風俗」。其他如西班牙民法第八條及第十一條，一八九一年剛果民法第八條、第九條皆然。此種規定雖較前進步，然仍屬不當，蓋既明文規定有害內國公序良俗之法律不得適用，則關於規定某種內國法為絕對強行，實屬無益之規定。

三、直接限制方式

此即內國法明文承認外國法之適用，但外國法與內國公序良俗不能並立時，復以明文限制其適用。例如阿根廷民法第十四條規定：「外國法之適用，違反共和國之公法、刑法、國教、文化自由、道德及善良風俗，或有背民法之精神者，不適用之」。又德國民法施行法第六條規定：「外國法律

規範適用之結果，如與德國法之重要原則相牴觸，即不予適用。其適用如與保障基本權利之意旨相違，尤不應適用之。」又波蘭國際私法第三十八條規定：「外國法之規定，違反波蘭現行之公共秩序基本原則，或有背善良風俗者，不保有其效力」。日本前法例第三十條亦規定：「外國法之規定如違反公共秩序及善良風俗時，不適用之」。我國前法律適用條例第一條、舊涉外法第二十五條及新涉外法第八條，亦設有類似之規定。此種規定的重點在不適用有背內國公安之外國法，而非在不適用外國法時強制適用內國法，避免其為維持涉外案件中少數當事人之利益，而犧牲多數內國人之利益，俾能達成平等保護內外國法益之目的，故較妥適，並為多數外國立法例及國際條約所採。

第三節　外國法適用限制之困難

各國依其國際私法應適用外國法律，但其規定有違公安時，仍得限制其適用，但對於公安或其他類似概念的解釋問題，仍莫衷一是。因為公安之辭意含糊，範圍廣泛，各國法律所用之語句也不盡相同，例如英美法稱「公共政策」(public policy)，法國法謂之「公共秩序」(ordre public)，德國法稱「德國法之重要原則」(wesentliche Grundsätze des deutschen Rechts)，而我國及日本法均謂之「公共秩序善良風俗」。此等名詞均為不確定法律概念，意義殊甚晦澀，不易解釋，除委由法官臨案審斷之外，亦別無他策。為避免對外國法的適用限制太廣，學者間曾有將公安予以相當之解釋者，茲扼要述之如次：

一、凡應適用之外國法違反內國強行法者，即為違背公安

德國學者薩維尼曾謂「與內國絕對法相牴觸之外國法，不得適用之；所謂絕對法，即源於道德、政治及經濟之強制規定」。依此主張，公安之標準，固甚明確，因內國何種法律為強行法，何種法律條文為任意法，一般而言，甚為明白，殊少疑義；惟依此主張，則事實上外國法當無適用之機

會，而國際私法也將等於具文。此因近世各國法律，不僅公法多為強制規定，即所有私法規定，也大半為強行規定，其屬任意性之規定，實屬少數。若應適用之法律，因與內國強行法相牴觸，即解釋為違反公安，則國際私法平等適用外國法及內國法之理想，即難達成。英、美學者有主張外國法之有背於內國法之強制規定者，不得適用；但皆強調外國法之規定僅與內國法有不同，但不違反其立法之精神者，則不得認為有背於內國法而排斥適用，實具有限制之作用。

二、凡應適用之外國法違反內國善良風俗者，即為違背公安

公安一詞究竟僅指善良風俗，抑或可包括公共秩序，非無爭議。良俗乃社會一般道德觀念，公序是指國家社會之一般利益，兩者雖不無重複之嫌，但其範圍未盡一致，而具有相依相成之作用。此外，由於風俗本為倫理上之用語，其觀念因地而變，因時而異，乃至無法確定，故善良風俗本身之解釋也有困難。因風俗善否之標準因時因地而異，某風俗在甲國雖可謂善，在乙國卻未必為善，昨是今非或今是昨非之風俗，亦所在皆有，即使法官亦難為明確判斷。可見若以違反善良風俗為拒絕外國法之適用，法官非不可能藉此以為固執偏袒之解釋，而限制外國法之適用，國際私法之規定亦將等於虛設。

三、凡應適用之外國法違反內國國際公安之規定者，即為違背公安

瑞士學者薄希爾 (Brocher) 曾將公安分為國際公安與國內公安二類，認為一國之法律對於內外國人均為強制之規定者，乃是國際公安之規定，例如奴隸制度之取締，一夫多妻之禁止，及直系親屬間結婚之禁止規定均屬之；一國之法律如僅對內國人為強制之規定，而對於外國人無強制適用之必要者，即為國內公安之規定，例如行為能力及結婚年齡等規定是。外國法因違反公安而不得適用者，係專指違反國際公安而言，國內公安則不與焉。以公安分類為根據而解釋公安之意義，雖較明瞭，又不致過分限制外

國法之適用，但何者為國際公安之規定，而為對內、外國人須一體適用之強行法，仍無確切之標準❶。

綜觀外國法適用限制之困難，也即公安之解釋問題，雖有上述三種解決標準，然對公安涵義之解釋，均殊難確定，故對於外國法是否違反公安或內國之公序良俗，仍應委諸法官依據內國之立國精神、立法目的、經濟道德觀念，而臨案裁量。

第四節　國際私法上公序良俗條款功能之分析

觀察中、外有關學說與判例，可以發現國際私法上公序良俗條款之功能約有三項：其一、對違背法院地道德觀及端正禮儀之外國法律之拒絕適用；其二、防止繫屬案件當事人在特殊環境下不公平情事之發生；其三、修正選法規則在具體個案的適用結果。

國際私法上公序良俗條款最早且最持久之運用，厥為拒絕有背法院地道德觀之外國法律，例如有關買賣奴隸之契約、賣淫之契約、亂倫之婚姻等，如依外國法為有效，但在法院地基於道德之理由，被認定是無效時，即不應適用之。公序良俗條款此種功能之運用，早期多見於有關奴隸及維持性純潔之事件，晚近則因道德觀念隨時間而變遷，昔日視為不道德及禁止之行為，今日已多可接受，且受訴法院不再動輒認定他國法律為不文明及不人道，再加上國際法禁止貶抑人格及使人為奴隸，外國法已較少具有道德可責性，惟公序良俗條款仍保有此種功能。

國際私法上公序良俗條款之第二種功能，乃是避免當事人在特殊情況

❶　所謂國內公安與國際公安之區別，驟然視之，似甚明晰，但究竟何謂關於國內公安之規定，何謂有關國際公安之規定，尚有待於探討。法儒魏斯 (Weiss) 認為凡關於國家組織、主權行使，或個人權利與自由之公法、刑事法，及關於土地所有權之法律，皆係有關國際公安之法規；對於內外國人均絕對強行之，與此相違之外國法不得適用。除此以外，何者屬國際公安，何者屬國內公安，則惟有任諸法官依立法精神及目的，自由審判而已。魏氏之說對於公安之分類，雖較確定，但仍欠明瞭。

下不公平情事之發生。外國法之所以被排除適用，並非本身具有可責性或被嫌棄，而是因法院適用該外國法，會造成嚴酷、不當之結果。英國法院特別在有關身分之案例，保留給自己一種剩餘裁量權，以防止不公平或不合乎良心情事發生，其保留曾被批評為牴觸國際法之原則及早期案例所樹立之權威，但也得到學界支持。此種剩餘裁量權之作用是在救濟一造當事人在特殊狀況下之困難，而非一項原則，國際私法上公序良俗條款避免適用原應適用之外國法所造成之不當結果，更能使具體案件之判決符合公平正義。

　　國際私法上公序良俗條款之第三種功能，是修正選法規則在具體個案的適用結果，即在不修正或變更原應適用之國際私法選法規則的情形下，由受訴法院藉公序良俗條款之援用，拒絕適用其依國際私法原應適用之準據法，轉而主張有權適用自己法院地法，以規範該法律關係。可見公序良俗條款之功能，係在法院地國際私法適用於具體案件時，保留再考慮之機會，其結果只是針對個案的特殊情況予以調整，並非永久地變更國際私法的一般衝突規則。此種功能適用的對象，是受訴法院發現法院地法非適用不可的案件，例如系爭契約在外國簽訂，依國際私法之規定原應受外國法之支配，惟該契約涉及之契約義務，是在戰時供給敵國戰略物資，此時法院自無適用外國法，而忍受不適用法院地法致使敵國取得對內國不利的戰略物資之理。此時法院主要應依比較原則，視個案事實與法院地牽連程度之深淺，決定是否轉而適用法院地法，因為如該個案事實與法院並無牽連或利害關係，法院即不得依公序良俗條款拒絕適用外國法。

第五節　外國法適用限制之救濟

　　法院對於系爭之涉外民事法律關係，依法院地國際私法之規定原應適用某外國法，然該外國法之適用結果違反公序良俗時，究應如何處理，學者之間仍有各種見解，茲概述之。

一、拒絕審判說

採此說者認為一國之國際私法，既明文規定應適用某外國法，即表示不能以他國法律代替該外國法之適用，此種情形與外國法不能證明同，亦得因而拒絕審判。此說對法官而言雖甚便利，但外國法之是否違反公安已委諸法官自由判斷，如再採此說，不啻給予法官減輕職責之機會，且如應適用之外國法動輒因違反公安而被限制適用，其與拒絕正義並無二致，實有違國家設置法院以解決紛爭之宗旨。況在外國法不能證明時，拒絕審判說也非可採，而應以適用內國法說或近似法說解決之，可見本說顯非允當。

二、保留條款說

此說亦稱內國法代用說，認為外國法之所以適用，無非因其較諸適用內國法合於法理，換言之，國際私法於某種涉外法律關係，究應適用內國法抑某外國法，完全以何者較為允當為權衡之標準；苟依國際私法適用某外國法，而該外國法之適用又違反內國之公安，於此情形，自應以內國法適用之。此外，外國法之適用如係一國適用內國法原則之例外，則此例外不成立時，自當仍適用內國法❷。

此說較諸拒絕審判說自為進步，涉外法律關係因有內國法為準據法，自可獲得解決。惟誠如前述，外國法是否違反公安已委諸法官之自由判斷，苟採此說，則不免予人有擴大內國法適用之嫌，而內、外國法平等之原則，也有破壞之虞。此外，一般採直接限制主義者，係規定應適用之外國法違背內國公序良俗時，即不適用。此種規定之性質，僅排斥該違背內國公安之外國法之適用之「排斥條款」，或保留內國法之適用之「保留條款」？非無爭議。由於此等規定僅規定不適用外國法，並未規定如不適用外國法，必適用內國法，故理論上謂之排斥條款則可，謂之保留條款則不可。故依此等規定，有時固因非適用內國法，不足以維持內國之公安，而應以內國

---

❷　英美判例有認為外國法違反內國公共政策時，即對外國法之適用，發生疑義，凡發生疑義，即當以內國法儘先適用為原則，以解決涉外法律關係。

法取代被排除之外國法，但亦有 A 外國法之適用有背內國之公安，而 B 外國法之適用仍符合內國公安，亦更能實現國際私法立法精神之情形，此時仍以適用 B 外國法為當。例如因契約關係，適用依當事人合意所選定之 A 國法律，現因 A 外國法有背內國之公安而不能適用，實不妨適用與契約關係最切之 B 國法（新涉外法第二十條第一項、第二項參照），較之直接適用法院地法，似更符合國際私法制定之原意。

三、分別處理說

此說謂國際私法規定適用外國法，既未排斥內國法之適用，又未於外國法違反內國公安時，明文規定應仍適用內國法，故於外國法被限制適用時，法官自得審酌案情，應否適用內國法，抑以另一外國法代替之，分別處理之。分別處理說係對外國法之直接限制採排斥條款說，認為非適用內國法不足以維持內國公安者，固應適用內國法，如適用 A 國法之特別規定，雖有違內國公安，適用 A 國法之普通規定則否時，則不妨適用 A 國法之普通規定；或適用 A 外國法違反內國公安時，適用 B 外國法則否時，不妨適用 B 國法。

分別處理說既不會發生無法律可用、拒絕審判之狀況，又不致如保留條款說之一概以內國法代用，而有擴大內國法適用之嫌，實較符合國際私法之原理。

第六節　我國現行法上公序良俗條款之釋義

關於外國法適用之限制，我國新涉外法第八條規定：「依本法適用外國法時，如其適用之結果有背於中華民國公共秩序或善良風俗者，不適用之。」本條在舊涉外法第二十五條的基礎上，以公序良俗條款之形式，就限制外國法適用提供明文之依據。關於公序良俗之意義，立法理由中指出：「所謂公共秩序，不外為立國精神及基本國策之具體表現，而善良風俗乃發源於民間之倫理觀念，皆國家民族所賴以存立之因素，法文之規定，語

雖簡而義極賅，俾可由執法者體察情勢，作個別之審斷」。茲就本條適用時應行注意之事項，再說明數點。

一、外國法適用之限制，係採直接限制方式

本條對於外國法適用之限制，係採直接限制方式。對於涉外法律關係，依本法應適用外國法為準據法時，若其規定有背我國之公共秩序或善良風俗時，則不適用之。本條在舊涉外法當初立法時，係倣德、日、義、西各國立法例。由世界各國新近立法例觀之，仍屬進步、合理之規定。

二、外國法適用之限制，應視為例外情形

關於外國法適用之限制，究係原則抑例外，似非無爭議。惟就國際私法之性質及目的言，國際私法既就個案指定某外國法為準據法，內國法院即應適用之。我國涉外法大部分之衝突規則均採雙面法則，如應適用外國法，不加限制而予以適用乃是原則，故限制外國法之適用當為例外情形。限制外國法之適用，既為例外，則對例外之解釋，法官自應以最嚴格、最慎重之態度為之。法院不得以外國法律與我國法律規定不一致，即拒絕適用❸，尤其切忌為擴大內國法之適用，而危害國際私法之健全發展。

---

❸　此因就某種意義言，一般之法律，莫不係有關公共秩序之規定，而親屬法，則大抵係有關善良風俗之規定。倘外國法之內容有背此種公序良俗之規定，即不予適用，則我國涉外法有關於應適用外國法之規定，必將因受新涉外法第八條之影響而成為具文。例如我國民法第十二條以下有關人之行為能力之規定，均係有關公序良俗之法條，當事人倘有所違反，則其意思表示或可罹於無效。新涉外法第十條第一項明定人之行為能力依其本國法，則外國人之行為能力，自應依外國法而定，然若外國人之本國法與我國民法上有關行為能力之規定亦即公共秩序之規定，有所不同，輒不予適用，則將使新涉外法第十條之規定成為無意義之法條。是解釋上不得不慎重、不從嚴。惟若外國法否認外國人人格之存在，或因性別、信仰而剝奪人之行為能力、或認許亂倫之婚姻、或為刑罰性質、財稅法規等，則為維護我國公序良俗起見，自應限制該項外國法之適用，始能符合國際私法上公序良俗條款制定之立法精神。

三、外國法適用之限制，須以適用外國法之結果有害我國公序良俗為要件

由於外國法適用之限制乃是例外，須從嚴解釋，故如僅是外國法規定之內容本身，有背我國公序良俗時，仍不宜據以限制該外國法之適用，必以適用該外國法之結果，有背我國公序良俗時，方得限制其適用。如該應適用之外國法之規定，雖違背我國之公序良俗，其適用並不致釀成危害我國公安之虞，然若不予適用，反造成對當事人不公平，而違反法律秩序之安定。此時從適用該外國法結果上看，既無害於內國社會之公益，對當事人也屬有利，自不妨適用之。

例如同國籍之當事人間係亂倫之婚姻，依其本國法為有效，倘一造於我國法院提起履行同居之訴時，我國法院固可不予准許，以免因適用該外國法而認許當事人有同居之義務，形同在我國推行亂倫之婚姻，對我國社會造成危害，並摧殘我國淳厚風俗，故應拒絕適用其共同之本國法，判決原告敗訴；惟若當事人一造已死亡，生存配偶在我國法院請求繼承遺產時，雖原告是否有權繼承，取決於其是否為合法配偶，但本例中當事人一造已死亡，涉及者係遺產分配問題，縱不排斥當事人共同本國法之適用，而認其係合法之配偶，似也對我國公序良俗無所影響。我國最高法院基本上也採相同立場，認為在外國依該外國法合法賭博所生之賭債，不得以其違反我國公序良俗為理由，而不適用之（最高法院八十三年臺上字第一三〇號民事判決）。

外國法之是否應限制其適用，原本應僅視其是否違反法院地之公序良俗為定，至於其是否違背其他國家之公安，則非所問。但 A 國法院如依 A 國國際私法上之反致條款，適用 B 國國際私法，而以 C 國法為準據法時，A 國法院除應考慮應適用之 C 國法是否違反 A 國公安外，是否亦應考慮 C 國法有無違反 B 國公安之問題？換言之，C 國法違背 A 國公安時，A 國固得限制其適用，但如 C 國法未違反 A 國公安，而僅違背 B 國公安時，A 國法院得否限制 C 國法之適用？純就邏輯上言，由於 C 國法違背 B 國公安，

依 B 國國際私法即應限制其適用，故 A 國法院適用 B 國國際私法時，亦無再適用 C 國法之理；但由於限制外國法適用之理論，已從主觀說易為結果說，故判斷時應不再重視外國法本身之可厭性、有害性或邪惡性，而係著重個案適用之結果，是否危及法院地之公序良俗，且因採從嚴解釋，C 國法本身違背 A 國公安時，A 國尚且不得限制其適用，如 C 國法僅是本身違反 B 國公安，亦無限制其適用之理。故 C 國法是否違反 B 國公安，應不在 A 國法院考慮之列，方為適宜。

四、外國法適用受限制時，不當然以內國法代替之

我國新涉外法第八條採直接限制主義，性質上固可謂為排斥外國法適用之排斥條款，但仍不得謂為保留內國法之適用之保留條款，故法院依本條規定認定某涉外法律關係，適用為其準據法之某外國法之結果，有違內國公序良俗時，仍不得當然以內國法代用之。其理由主要是新涉外法第八條僅規定「不適用該外國法」，並未如匈牙利一九七九年國際私法第七條第三項、一九七八年奧地利國際私法第六條及一九七五年前東德國際私法第四條之立法例，明文規定不適用外國法時，即適用內國法。故依我國涉外法應適用之外國法之特別規定，如適用結果有違內國公序良俗時，內國法院固不妨先適用不違背內國公序良俗之該外國法之一般規定；無此可能時，則適用該涉外法律關係應適用之次順序之外國準據法；必均無此可能時，方始以內國法代替之。如此解釋適用，不僅可發揮公序良俗條款之保障內國公益之功能，避免公序良俗條款被誤以為係專為限制外國法適用而設，或藉該條規定擴大內國法之適用，致違背內外國法平等原則。

※關於本章，其詳可再參閱：劉鐵錚，〈外國法適用之限制〉，《國際私法論叢》（臺北：三民，民國八十三年）；陳隆修，〈論國際私法上外國法適用之限制〉，《比較國際私法》（臺北：五南，民國七十八年十月初版）；陳榮傳，〈公序良俗條款之適用〉，《月旦法學雜誌》，第一期（民國八十四年五月）；陳榮傳，〈國際私法上賭債之問題〉，《月旦法學雜誌》，第二期（民國八十四年六月）。

第五篇

準據法適用論

第一章　通　則

第一節　準據法法規之結構

　　狹義國際私法的規定，乃是決定涉外民事法律關係的衝突規則或選法規則，此等法規可再大別為二類，其一、主要法規，即針對涉外民事法律關係直接規定其應適用之法律者，即準據法法規；其二、輔助法規，即非直接對涉外民事法律關係規定其應適用之準據法，而是用來輔助主要法規，針對其適用時所生問題予以解決者。我國新涉外法第一章「通則」（第一條至第八條）及第八章「附則」（第六十二條至第六十三條）之規定均為輔助法規，而第二章「權利主體」（第九條至第十五條）、第三章「法律行為之方式及代理」（第十六條至第十九條）、第四章「債」（第二十條至第三十七條）、第五章「物權」（第三十八條至第四十四條）、第六章「親屬」（第四十五條至第五十七條）、第七章「繼承」（第五十八條至第六十一條）之規定則係主要法規。例如關於有雙重國籍的甲的行為能力，法院所適用的第十條第一項：「人之行為能力，依其本國法」，屬主要法規，此時為確定以甲的何一國籍定其本國法，所適用的第二條：「依本法應適用當事人本國法，而當事人有多數國籍時，依其關係最切之國籍定其本國法」，即為輔助法規。

　　準據法法規是對於某一涉外民事法律關係，規定其準據法應依何種連結因素而決定，故具有一定之結構，輔助法規則無。準據法法規在結構上可細分為三部分：

一、指定原因

準據法法規所指定的準據法，係針對特定的涉外民事法律關係，因此其結構乃是以指定的對象或原因為其構成要件，以準據法的指向作為其法律效果。故指定原因乃是特定的涉外民事法律關係，例如新涉外法第十條「人之行為能力」、第二十條「法律行為發生債之關係者」、第四十二條「以智慧財產為標的之權利」、第五十五條「父母與子女間之法律關係」及第五十八條「繼承」等皆屬之。

二、連結因素

指據以連結特定涉外民事法律關係與某國法律之基礎，其種類已見前述。在上述新涉外法各條文之連結因素，在第十條第一項為當事人之「國籍」，在第二十條第一項為「當事人意思」，在第四十二條為「應受保護地」，在第五十五條為「子女之國籍」，在第五十八條為「被繼承人死亡時之國籍」。

三、準據法

就特定涉外民事法律關係，依衝突規則所定連結因素之指引，而應適用之法律，無論其為內國法或外國法，即為準據法。在上述新涉外法各條文之準據法，在第十條第一項為當事人之「本國法」，在第二十條第一項為「當事人意思所定之法律」，在第四十二條為「應受保護地法」，在第五十五條為「子女之本國法」，在第五十八條為「被繼承人死亡時之本國法」。

第二節　準據法法規之形式

準據法法規的性質為國內法，而各國關於準據法法規的立法形式，大致可分為以下二種：

一、單面法則

就特定涉外民事法律關係應適用之法律，如只規定內國法適用之條件，而對外國法之適用隻字不提，即在內、外國法律之間，僅片面規定內國法之效力範圍，而不問內、外國法律之間的衝突問題。例如新涉外法第十一條第三項：「前二項死亡之宣告，其效力依中華民國法律」；第十五條：「依中華民國法律設立之外國法人分支機構，其內部事項依中華民國法律」，皆屬單面法則。

二、雙面法則

就特定涉外民事法律關係應適用之法律，以歸屬未定之連結因素為基礎，針對內國及外國之法律，全面規定其抽象之準據法，而非單就內國法律適用之情形予以規定者，其準據法涵蓋內、外國之法律，也稱為全面法則。例如新涉外法第十條第一項：「人之行為能力，依其本國法」；第三十八條第一項：「關於物權依物之所在地法」；第五十七條：「扶養，依扶養權利人之本國法」，皆屬雙面法則。

支持單面法則之理由，是認為內國立法者原只應對內國法之適用範圍予以界定，如就眾外國法指定何一外國之法律應適用於具體個案，則不免有侵害外國立法權之嫌。惟此種說法有違國際私法立法之本旨，也無法說明採單面法則的國家為何可以兼採雙面法則，難謂妥適。採單面法則之真正理由，應是立法者是從內國法適用的角度為片面之考量，忽略該涉外民事法律關係尚有應適用外國法之可能，其目的在使內國法獲得較多適用之機會。

單面法則僅考量內國法適用的條件，對於外國法適用的條件未予以規定，在具體個案不符合適用內國法的條件時，究應擴大外國法的適用範圍或考量外國法的適用，有時會讓法官無所適從。例如我國舊涉外法第十三條第二項規定：「外國人為中華民國國民之贅夫者，其夫妻財產制依中華民國法律」，如我國國民甲為 A 國人之贅夫 ， 或 A 國人丙為 B 國人丁之贅

夫，其夫妻財產制究以何國法為準據法，即無規定可作為判斷依據。單面
法則違反內、外國法律平等適用之原則，如果適用內國法的條件漏未合理
限制，例如舊涉外法第十五條第二項規定：「為外國人妻未喪失中華民國國
籍或外國人為中華民國國民之贅夫者，其離婚之效力依中華民國法律」，即
可能成為法院擴大適用內國法的依據，故除有特別之必要或基於程序性之
理由，有採單面法則形式之必要，如新涉外法第十一條第三項及第十二條
第二項之情形外，準據法法規之立法形式，應採雙面法則較妥。

第三節　準據法之確定

　　一國就涉外民事法律關係，何以特別制定國際私法以為應適用法律之
準則，而不似純粹內國案件逕行適用內國民商法律，學說上有種種之主
張❶，並大致著眼於促進國際交往、保障當事人合法權益及維護內國之公
安❷。特定涉外民事法律關係與各國法律間之牽連關係，常包含與當事人
或地域之二種以上連結，而國家於制定國際私法時，何以以某種連結因素，
而捨棄其他連結因素，作為決定其準據法之基礎，基本上乃是立法政策的
考量❸，而選擇該連結因素的理由，通常是其與該涉外民事法律關係的關

---

❶ 外國學者每以公平 (fairness)、正義 (justice) 與需要 (necessity) 來說明國際私法
　　制定之理由。關於其詳，請參閱 Cheatham et al., *Conflict of Laws* (5th ed.,
　　1964), pp. 385～388; Goodrich, *Handbook of the Conflict of Laws* (3rd ed., 1949),
　　pp. 7～8.

❷ 參閱我舊涉外法草案說明：二、草案初稿起草經過及其內容。

❸ 美國哥倫比亞大學教授曲紳 (Cheatham) 及李思 (Reese)，曾提出九點原則，以
　　為美國法院選擇準據法之標準，該等原則似可作為制定法國家之立法準繩。該
　　等原則為：

　　⒜ The needs of the interstate and international systems

　　⒝ A court should apply its own local law unless there is good reason for not doing
　　　so

　　⒞ A court should seek to effectuate the purpose of its relevant local law rule in

係最密切。

國際私法上具體確定準據法之方式，大致可分為下列四種：

一、屬人連結確定方式

認為涉外民事法律關係之所以適用該準據法，是因為準據法所屬國對其國民或有住所、經常居所於其國之人民，享有強制其服從法律的對人主權，根據此一權力，當事人之本國法、住所地法或經常居所地法對其涉外屬人法律關係，即得立法予以規範或支配，而其法律即為關係最密切之法律。依屬人連結方式確定之準據法，涉外法規定為「本國法」、「住所地法」，海牙公約締約國之立法多採「經常居所地法」，我國家事事件法第五十三條亦以經常居所定國際審判管轄權，但涉外法仍未以經常居所地法為準據法。

二、屬地連結確定方式

認為涉外民事法律關係之所以適用該準據法，是因為準據法所屬國對其領域內之物、發生於其領域內之事實、行為，享有強制其服從法律的屬地主權或地域法權，根據此一權力，一國對其領域內之物、發生於其領域內之事實或行為，得適用該國之法律以決定其法律關係，而其法律亦為關係最密切者。依屬地連結方式確定之準據法，在涉外法上為「物之所在地法」、「行為地法」、「事實發生地法」、「侵權行為地法」等。

---

determining a question of choice of law

(d) Certainty, predictability, uniformity of result

(e) Protection of justified expectations

(f) Application of the law of state of dominant interest

(g) Ease in determination of applicable law, convenience of the court

(h) The fundamental policy underlying the broad local law field involved

(i) Justice in the individual case

關於其詳，請參閱 Cheatham and Reese, *Choice of the Applicable Law*, 52 *Colum. L. Rev.* 959 (1952).

三、選擇連結確定方式

即對某些涉外民事法律關係,為尊重當事人之意思,承認得依當事人意思定其應適用之法律,即得由當事人選擇該法律關係之準據法,此即依選擇連結方式確定之準據法。惟於當事人之意思不明或其意思無效時,尚須以輔助的準據法加以補充,即再採用屬人連結、屬地連結或混合連結方式以確定其準據法。新涉外法第二十條、第二十一條及第四十三條之規定,均為其例。

四、混合連結確定方式

即對某些涉外民事法律關係,不單獨採用屬人連結或屬地連結之確定方式,而係混合採用二者,藉以比較確定與何國之關係最為密切,即以該國之法律為應適用之法律,此種混合連結之確定方式,學理上之根據為最重要牽連關係說 (Theory of the Most Significant Contacts)。我國新涉外法採用混合連結確定方式者,條文為數不少,例如關於債權行為的第二十條第二項及關於侵權行為的第二十五條第一項但書均屬之,其準據法稱為「關係最切之法律」。

第四節　準據法之名稱

就特定涉外民事法律關係,依法院地國際私法之規定應適用之內國或外國法律,謂之準據法。此準據法在雙面法則為抽象之描述,在單面法則即為內國法律,已如前述。國際私法既以雙面法則為常態,而雙面法則係以歸屬未定之連結因素為基礎而規定其準據法,以下謹就常用之準據法名稱,再扼要說明。

一、本國法 (Lex Patriae)

本國法係以當事人國籍為連結因素的應適用之法律。十九世紀初法國

制定民法法典，統一其國內各地方之法律，規定關於法國人民之身分與能力，縱其人在外國，亦依法國民法，並默認居住於法國之外國人民，就其身分、能力之事件，悉依當事人本國法律而定。後來歐陸各國編纂之法典，亦普遍採本國法主義以確定屬人法。依此原則，成文法國家之法典上關於能力、親屬、繼承之規定，於該國人民在外國時亦可適用，居住於內國之外國人民則應依外國人之本國法。

二、住所地法 (Lex Domicilli)

住所地法即以當事人之住所為連結因素而確定應適用之法律，其在英、美等多法域的國家，乃是屬人法的主要原則，並且一體適用於國內法律衝突及國際法律衝突。在全國已有統一法典之國家，其習慣以全國為一法域，並無在國內適用住所地法的必要，但近來受海牙公約的影響，不少國家改以經常居所地法為屬人法。

三、物之所在地法 (Lex Rei Sitae)

物之所在地法是指物權標的物所在地之法律。物權關係因涉及標的物的存在及相關登記與占有之公示方法，與物之所在地的交易安全及交易秩序密切相關，因此一律以標的物所在地之法律為準據法，不問其權利人之國籍或住所。此一準據法在不動產，乃早已確認之原則，在動產自十九世紀後半葉以後也漸為各國立法所接受。

四、行為地法 (Lex Locus Actus)

行為地法是指法律行為或事實行為作成地之法律。行為地法在新涉外法中，依其性質有各種不同功能，例如第二十二條及第二十一條第二項的行為地法，是硬性規定的準據法，第十六條但書的行為地法，是為促使法律行為方式之有效，而與債權行為準據法共同作為選擇適用的準據法，第二十一條第二項的行為地法，是在當事人無明示之意思或其明示之意思依所定應適用之法律無效時，作為備位的準據法。除法律行為之行為地法之

外，新涉外法就事實行為及侵權行為的行為地法，規定為「管理行為地法」（第二十三條）、「利益之受領地法」（第二十四條第一項）、「侵權行為地法」（第二十五條第一項）。

五、法院地法 (Lex Fori)

　　法院地法也稱法庭地法，即訴訟繫屬之法院所屬國或所在地之法律。在國際私法上，關於訴訟或執行方法等程序性之事項，一律依法院地法，涉外民事實體法律關係始應依準據法法規或衝突規則，確定其準據法法院地法。在我國新涉外法上，法院地法即為中華民國法律，學說上常稱為內國法，但條文直接規定應以「中華民國法律」為準據法者，有時並非是以法院地法之性質予以適用，而是因為中華民國法律為某一連結因素指向之法律，例如第十五條是因其為該分支機構之設立地，第五十八條但書是因繼承人為中華民國國民，第五十九條是因遺產在中華民國。

六、當事人意思所定之法律

　　此一準據法係以當事人意思為連結因素，通常多適用於因法律行為而生之債，各國關於債權行為之法律規定多為任意性法規，與公序良俗、民族傳統少有關聯，故各國國際私法多任由當事人合意決定。我國新涉外法規定此種準據法者，例如第二十條第一項就債權行為、第二十一條第一項就票據行為、第四十三條第一項就載貨證券、第四十四條就集保證券之規定均屬之，而第三十一條就非因法律行為而生之債、第四十八條第一項就夫妻財產制之規定，亦屬有限度當事人意思所定之法律。

七、關係最切之法律

　　此一準據法非採任何硬性連結因素，而是以最密切聯繫或最重要牽連關係作為彈性的連結因素，綜合考量比較各相關法律的牽連關係，以關係最密切者為準據法。我國新涉外法第二十條第二項及第二十五條就侵權行為所生之債，均已規定此種準據法，在第二十八條第一項規定三個準據法

中的關係最切之法律，另外也在第四十五條至第四十八條，就婚約、婚姻及夫妻財產制以此種準據法作為備位的準據法。

第五節　多數準據法之適用方式

　　關於各個涉外民事法律關係，國際私法基本上均就其規定單一之準據法，例如關於人之權利能力，依其本國法（新涉外法第九條），關於物權，依物之所在地法（新涉外法第三十八條），但有時對於單一涉外民事法律關係，國際私法同時規定多數準據法。此等多數準據法對於該單一法律關係之適用方式，大致有並行適用、累積適用及選擇適用等三種方式，茲分述如下。

一、準據法並行適用方式

　　並行適用方式是指數種準據法，就同一涉外案件，依法律關係或當事人之不同，而分別適用不同之法律。法律關係分為標的關係與非標的關係，前者係就特定涉外案件居於主要地位者，以債權契約之案件而言，當事人意思表示及其標的為標的關係，居於主要地位，而當事人行為能力及法律行為之方式則為非標的關係；後者未必為專屬於特定涉外案件之法律關係，只是與特定涉外案件發生牽連而已。此種並行適用，是指對標的關係及非標的關係，分別適用各該法律關係之準據法，就上舉債權契約之例而言，即對債權行為、行為能力、債權行為之方式，分別適用依新涉外法第二十條、第十條及第十六條所規定之準據法。嚴格而言，此種情形仍屬於單一準據法之適用，因為上述問題或法律關係在國際私法上彼此獨立，至多只是同一法律關係所包含的各部分法律關係，其情形與國際私法上單一法律關係適用多數準據法的情形，並不相同。因當事人不同而並行適用的情形，是指就同一法律關係，各該當事人適用不同之法律，此種並行適用方式也稱為分配適用 (distributive application) 或同時適用 (simultaneous application)。例如我國新涉外法第四十五條第一項本文規定婚約之成立，

依各該當事人之本國法,第四十六條本文規定婚姻之成立,依各該當事人之本國法,第五十四條第一項規定收養之成立及終止,依各該收養者及被收養者之本國法。此等並行適用方式,在當事人國籍不同時,不適用特定當事人一方之本國法,而分別適用各該當事人之本國法,其準據法即有二個,而各準據法在效力上無輔助之關係,如依其應適用之準據法並不具備成立要件,則縱依其他準據法,具備成立要件,該涉外法律關係仍不成立,即其各自適用之結果,合一而決定該涉外法律關係之成立。採此種準據法適用方式,常由於各該指定原因可就當事人而予以區別,為平等保護雙方當事人之故。

二、準據法累積適用方式

對於單一涉外民事法律關係,前後重複適用數種準據法,增加法律關係成立之難度,此數種準據法之適用即為累積適用 (cumulative application)。例如新涉外法第十二條規定,在中華民國有住所或居所之外國人之監護、輔助宣告,須「依其本國及中華民國法律同有受監護、輔助宣告之原因」,此時須先適用其本國法,再適用中華民國法律。外國人之監護、輔助宣告是否應予准許,須先適用其本國法,如依該法律應予准許,須再適用中華民國法律以終局確定其應否准許;若依中華民國法律不應許可者,即使依該外國人之本國法應予准許,仍不應准許。

累積適用方式大多採用於與內國公益較有重要關係之事項,俾嚴加限制該涉外民事法律關係之成立或解消,藉以維持內國公序良俗。

三、準據法選擇適用方式

單一涉外民事法律關係就可適用之數種準據法中,並非數種準據法同時分別適用於同一涉外法律關係的不同面向,亦非重疊適用數種準據法於單一涉外民事法律關係之中,而是得僅選擇其一而予以適用,以方便特定法律關係之成立,此種方式稱為選擇適用 (alternative application)。例如關於婚姻成立之方式要件,新涉外法第四十六條但書規定:「結婚之方式依當

事人一方之本國法，或依舉行地法者，亦為有效」，即符合男方之本國法固可，符合女方之本國法亦可，若不符合男或女方之本國法所定方式要件時，而僅符合婚姻舉行地法所定之方式要件者，仍為有效。

　　準據法選擇適用方式之立法用意，乃為促使法律關係之有效成立，故選擇其中之一準據法，法律關係不能成立，仍可選擇適用其他準據法。新涉外法採用此種方式之規定，尚包含第十六條：「法律行為之方式，依該行為所應適用之法律。但依行為地法所定之方式者，亦為有效；行為地不同時，依任一行為地法所定之方式者，皆為有效。」第四十五條第一項但書：「婚約之方式依當事人一方之本國法或依婚約訂定地法者，亦為有效。」第五十一條：「子女之身分，依出生時該子女、其母或其母之夫之本國法為婚生子女者，為婚生子女。但婚姻關係於子女出生前已消滅者，依出生時該子女之本國法、婚姻關係消滅時其母或其母之夫之本國法，為婚生子女者，為婚生子女。」第五十三條第一項：「非婚生子女之認領，依認領時或起訴時認領人或被認領人之本國法認領成立者，其認領成立。」第六十一條：「遺囑及其撤回之方式，除依前條所定應適用之法律外，亦得依下列任一法律為之：一、遺囑之訂立地法。二、遺囑人死亡時之住所地法。三、遺囑有關不動產者，該不動產之所在地法。」此等法律關係之成立，在數準據法之中，均以其中要件最寬鬆之準據法為基準，實際上是藉此等衝突規則，實現實體法上的某種價值❹。

---

❹　法院就涉外民事所作成的判決，所欲實現的正義包括實體正義及衝突正義，前者是實體結論的妥當問題，後者是各相關的法律的公平適用問題，請參閱陳榮傳，〈國際私法立法的新思維——衝突規則的實體正義〉，《月旦法學雜誌》，第八十九期（民國九十一年十月），頁50～61。

第二章　權利主體

第一節　權利能力

第一項　緒　言

　　權利能力 (capacity, Rechtsfähigkeit, capacity de jouissance de droit civil) 可以分為一般權利能力 (allgemeine Rechtsfähigkeit) 與特別權利能力 (besondere Rechtsfähigkeit)。前者係指得作為法律上之權利義務主體之資格，也就是通常所謂之人格；後者係指就某特定之權利義務，得獨立享受或負擔之資格，即在一般權利能力之外，得享受或負擔某特定權利義務之資格。上述權利能力之分類，在我國國民間因均受憲法第七條平等原則之保障，意義固然有限，但當事人為外國人時，由於其法律上地位未必與內國國民相同，即外國人可能僅具有一般權利能力，卻無特別權利能力，故該分類在國際私法上仍有其重要性。例如外國人就土地所有權發生爭執時，除須考慮其一般權利能力問題外，亦須斟酌其依內國法律得否取得土地所有權之問題（土地法第十七條以下）。

　　從國際私法觀點討論當事人之權利能力問題，可分為當事人「得否概括地享受權利」及「得否具體地享受特定權利」等二層次，但此二層次與前述有關外國人地位之討論在範圍上似均有所重疊。不過外國人地位之討論範圍，是侷限在外國人「得否在內國概括地享受權利」及「得否在內國具體地享受特定權利」，而此處所討論者並非僅限於外國人在內國之地位問題，而是泛指一切自然人之權利能力問題。外國人之權利能力與外國人之

法律地位，其間問題固有重要關聯，但仍有區別之必要。蓋後者重在現狀之觀察，前者重在原因之探索；後者是內國法律如何限制外國人之問題，前者則須從國際私法觀點，探尋權利能力之準據法。

第二項　特別權利能力之準據法

特別權利能力雖亦為個人身分或地位之問題，但就其發生之型態言，尚可再區分為內國人得否享受外國之權利（準據法為外國法之權利）、外國人得否享受內國之權利（準據法為內國法之權利）及外國人得否享受外國（含其本國及其他第三國）之權利等問題，實際上已非盡屬外國人之地位問題。因為內國人得否享受外國之權利，例如內國人之著作在美國是否受美國法律之保護，而取得在美國之著作權之問題，乃是內國人在該外國之法律地位問題，應依該外國之法律決定之；而外國人是否得取得內國以外之其他國家之權利，例如美國人是否得取得座落於日本東京之不動產之問題，也應依該其他國家（例中之日本）之法律決定。但因特別權利能力之準據法，即係該系爭權利之準據法，在國際私法上遂無獨立討論之必要。至於內國人得否因外國人之移轉行為，而取得原為外國人所有之內國權利之問題，可能發生爭議者，當為該內國人是否因法律行為而取得權利之問題，與內國人應依內國法決定之權利能力並無關聯。

第三項　一般權利能力之準據法

人之一般權利能力，由於近代國際法已將基本人權作為規範重點，強調人人在法律上一律平等，各國法律莫不明文規定此一原則。就一般權利能力之內容而言，由於奴隸或其他以人為權利客體之制度，已不見容於國際社會，如在訴訟上發生問題，而準據法竟然承認該等制度，法院亦必認為其規定與內國之公序良俗或國際公安牴觸，而不適用之。就一般權利能力的始期與終期，各國大致皆有類似我國民法第六條：「人之權利能力，始於出生，終於死亡」之規定，其準據法之適用通常亦無太大問題，故權利能力之問題在國際私法上，理論層面的價值實超過其實務上之重要性。

　　儘管如此，國際私法仍須針對人之權利能力問題，提出解決對策，且功能已非在決定某人是否具有權利能力，而是據以判斷某人究竟是依何國法律，而有權利能力？實際上各國在此方面之規定，至少尚未就一項問題達成完全一致之結論，即：權利能力之始期與終期。例如就權利能力的始期，各國即使均規定為始於出生，有關「出生」之解釋仍無統一之標準，胎兒之權利能力之規定差異更大❶；就權利能力的終期，目前仍有國家援用羅馬天主教教會法之例，規定就任聖職或出家求道者，已喪失其人格，或規定人之一般權利能力，得依具有刑罰性質之民事死亡 (civil death, mort civil) 程序，予以剝奪者。在此種法律規定仍不一致的情形下，一般權利能力準據法之問題，在國際私法上即有討論之必要。

　　自然人之一般權利能力之準據法，立法例及學說上主要有以下三種見解：

一、屬人法主義

　　認為有關人格之制度與當事人之屬人法最有關連。採取本國法主義之國家認為當事人之權利能力，與其本國之歷史、倫理觀念、風俗習慣等具有密切關係，而最足以表現其間之關係者乃是屬人法，所以一般權利能力之有無在採本國法主義的國家，應以當事人之本國法為準。十九世紀以來，

---

❶　例如我國民法第七條、日本民法第七二一條、德國民法第一條及瑞士民法第三十一條均規定自然人之權利能力始於出生之完成，而胎兒僅以其出生時為活產之要件，即得於出生前視為既已出生，取得權利能力；但法國民法第七二五條及第九〇六條規定胎兒除活產外，尚須具有活存能力，得繼續生存，始得享有權利能力，而西班牙民法第三十條更進一步明文規定，胎兒須於出生後活存二十四小時以上始得享有權利能力。在同以出生為權利能力開始之各法制間，亦可能產生「出生」意義解釋上之差異，即究以母親陣痛、胎兒一部產出、臍帶切斷或獨立呼吸之時期為判斷標準之不一致。權利能力的終期通常各國都是以死亡為標準，使死亡之事實為自然人在法律上的意義劃下休止符，而死亡時點的確定通常也不致引起實質權利義務的爭議。惟理論上言，其精確時點在傳統本有發生究以心跳停止、呼吸停止或瞳孔放大之爭議，晚近隨著醫療科技的進步，更有是否得以腦波無反應，即腦波完全停止為死亡時點之論爭。

已有不少立法例設有類似法國一八〇四年民法第三條第三項之規定：「本法有關人之地位與身分之規定，適用於所有法國國民，不因其身處國外而有不同。」至於英、美等採住所地法主義之國家，在此則持權利能力應依住所地法的傳統見解。

二、法院地法主義 (lex fori)

認為屬人法主義並不妥當，蓋權利能力之制度含有公共秩序善良風俗之意味，與內國公益之保護息息相關，其規定具有強行法之性質，所以應以法院地法（內國法）為準據法。否則，在內國法不承認奴隸制度的情形下，如當事人依其屬人法為無權利能力之奴隸，內國法上亦從而認定其無權利能力，即失去內國法保護人權之意義。法國及義大利附和此項主義者，為數不少。

三、原因法律關係準據法主義 (lex causae)

認為一般權利能力乃是取得特定權利、負擔特定義務的基礎，因此其能力之有無，應附隨於系爭法律關係，依該個案之原因法律關係之準據法決定之。例如在有關契約、物權或婚姻等民事關係的涉外案件中，如涉及當事人之權利能力之爭議時，即應依各該法律關係，即契約、物權或婚姻之準據法決定之。

以上三種主義各有論據，但原因法律關係準據法主義使權利能力之準據法，因其原因法律關係之不同而有差別，使一人之權利能力受多數法律之支配，在理論上難謂妥當，亦有將一般權利能力與特別權利能力混淆之嫌，當非可採。法院地法主義雖重在內國公共利益之保護，但其忽略公序良俗條款所得發揮之功能，逕以法院地法取得外國法之適用固非妥當，而權利能力僅為私法上權利義務之基礎，似亦不宜強將其解釋為公法事項，更不宜認為外國法之適用，乃對內國公共利益之侵害，故該項主義也不可採。三者中以屬人法主義最能配合當事人本國或其住所地之倫理、風俗、習慣及歷史傳統，並能兼顧權利能力準據法單一化之立法主義，比較妥當。

第四項　我國現行規定之析論

　　我國舊法律適用條例第五條第一項僅規定：「人之能力依其本國法」，其中所謂「能力」非無兼括行為能力及權利能力之可能，所以解釋上乃有包括說與不包括說二說。當時通說以外國人進入國境後，如以其本國法決定其權利能力，將有侵害內國主權、妨害內國公安之理由，認為權利能力之問題不適用該條項之規定。舊涉外法第一條指明係針對「行為能力」而規定，其不適用於權利能力之問題，已甚明顯❷，由於其對權利能力之問題並未明文規定其準據法，形成立法上應規定而未規定的法律漏洞❸，理論上應類推適用性質較接近的舊涉外法第一條第一項，以當事人之本國法

---

❷　行政院民國四十一年十二月九日送立法院涉外民事法律適用法草案說明書第一條第一項部分謂：「按能力之涵義包括行為能力、權利能力，及責任能力三者，現行法律適用條例第五條第一項規定：『人之能力依其本國法』云云，應解為專指人之行為能力而言，但泛稱能力，意義晦澀，本草案特將行為能力一語標出，以免與他種能力牽混。」「權利能力、責任能力之有無等問題，涉及法庭地或行為地公序良俗，法律已另定其應適用之準據法，無庸於本項中再為規定。」

❸　從比較國際私法的觀察也可以得知，雖然明文規定權利能力準據法的立法例，在早期誠屬鳳毛麟角。但類似法國民法第三條，只概括規定「能力」之準據法的立法例，例如義大利一九四二年民法第十七條、日本法例第三條及我國前述舊法律適用條例第五條第一項等，如將其能力解釋為包括權利能力在內時，仍可作為本國法主義立法之先例。而且晚近的國際私法立法例，也有不少在條文中明定權利能力之準據法者，例如：

1.一九六四年捷克斯拉夫國際私法暨國際民事訴訟法第三條第一項規定：「除本法另有規定外，人之權利能力與行為能力，依其本國法。」

2.德國一九八六年民法施行法第二章「國際私法」第七條規定：「一、人之權利能力與行為能力，依其本國法。因結婚而擴張行為能力者，亦同。二、已取得之權利能力或行為能力，不因取得或喪失德國人之法律地位，而受不利影響。」

3.南斯拉夫一九八二年國際私法第十四條第一項規定：「自然人之權利能力與行為能力，依其本國法。」

為準據法❹。新涉外法第九條規定：「人之權利能力，依其本國法」，不僅已填補上述法律漏洞，並明確採人之本國法主義，如外國人之本國法漠視人權保障，違反內國公序良俗，自得依同法第八條不適用之。

※關於本章，其詳可再參閱：曾陳明汝，〈論權利能力之準據法〉，《法令月刊》，第四十卷第十二期（民國七十八年十二月）；陳森，〈權利能力的準據法〉，《法律評論》，第三十六卷第十一期（民國五十九年十二月）。

4.奧地利一九七八年國際私法第十二條規定：「人之權利能力及行為能力，依其本人之屬人法。」

5.匈牙利一九七九年國際私法第十條規定：「人之權利能力、行為能力、個人身分及權利，依其屬人法。」「因侵害個人權利而生之請求，依侵害時侵害地之法律；但如匈牙利法對被害人較有利者，依匈牙利法。」第十五條規定：「除法律另有規定外，外國人及無國籍人之權利能力、行為能力、個人權利、財產權與義務，依規範匈牙利居民相同之法律。」

6.土耳其一九八二年國際私法第八條規定：「人之權利能力及行為能力，依其本國法。」

7.祕魯一九八四年國際私法（民法第十編）第二○七○條第一項規定：「自然人之身分地位與行為能力，依其住所地法。」

可見由各國之立法經驗顯示，權利能力之問題在國際私法上非無獨立予以討論，乃至獨立規定之必要，我國異日修法時應顧及此項趨勢之發展。

❹ 此項結論與前述三說之優劣比較結論，亦相一致，應屬妥當，惟因我國實務上尚無先例，學說上仍有持法院地法主義者。其在成文法上之主要理由，是認為民法總則施行法第二條及第十二條第一項，既已規定外國人於法令限制內有權利能力，經承認之外國法人亦於法令限制內與同種類之中華民國法人有同等之權利能力，可見外國人進入國境後，其所享權利及所負義務，即應服從內國法規。惟民法總則施行法該等條文乃是關於外國人權利之一般性限制，與土地法、礦業法及船舶法中有關外國人權利限制之規定，均為特別權利能力之規定，如謂其亦為一般權利能力之規定，似係不當擴大其適用範圍。質言之，內國法律雖得限制外國人於內國取得土地、船舶所有權與礦業權等特別權利，但法律上對外國人依其本國法享有之一般權利能力，當無予以否認或限制之理，否則甚將有侵害他國主權或違反國際法之嫌。舊涉外法上因無明文可據，應類推適用同法第一條第一項，以當事人之本國法為一般權利能力之準據法較為妥當。

第二節　行為能力

第一項　緒　言

行為能力 (capacity, Geschäftsfähigkeit, capacite dexertice de droit civil) 是指得在法律上獨立為有效法律行為之能力或地位。行為能力原有廣狹二義，狹義者是指得為適法行為，即法律行為與準法律行為之能力，又稱為法律行為能力 (Rechtsgeschäftsfähigkeit)，廣義者除得為適法行為外，尚包括得因其違法行為，即侵權行為與債務不履行而負擔義務之責任能力。在此是指狹義之行為能力而言。

行為能力與當事人之意思能力至有關連。無行為能力者所為之法律行為之所以無效，乃是因其無意思能力之故。各國為避免舉證上之困難，通常乃以年齡為一般的抽象標準，將行為能力標準化，以求一方面保護無行為能力者之利益，他方面減少因其所為之法律行為無效，在社會交易上所造成之不便。不過，各國關於行為能力之規定，常因各國之地理環境、風俗習慣、特殊國情之差異而有所不同，國際私法自有規定其準據法之必要❺。

行為能力依其適用對象之不同，可再分為財產上之行為能力與身分上之行為能力。對此二者，各國在實體法上通常都予以分別處理，在國際私法上關於行為能力之一般規定，也都僅適用於財產上的法律行為。至於身分上法律行為之行為能力，或侵權行為、債務不履行的責任能力，則分別

---

❺　各國有關行為能力之規定，在形式上有「三分主義」，即區分為無行為能力人、限制行為能力人與有行為能力人三種者（如德國民法第二、一○四、一○六條及我國民法第十二、十三、七十五、七十七條等規定），及「二分主義」，即區分為限制行為能力人及有行為能力人二種者（如法國民法第四八八、一一二三條以下及日本民法第三、四條等規定）之分；在實質內容上，有關取得行為能力之始點，及關於無行為能力或限制行為能力人所受之限制與其法律行為之效力，也都有差異。

屬於身分法或債法之特殊問題，並不適用一般性之規定。

第二項　行為能力之準據法

各國關於行為能力準據法之立法例與學說，大體上可分為以下數種見解。

一、屬人法主義

認為行為能力制度之主要目的之一，是在保護無完全行為能力人之個人利益，而人之身體發育情形受其成長地域之人種、氣候及風土等地理因素之影響甚深，所以當事人之行為能力及其所為法律行為效果之判定，均以依其屬人法之規定為宜。可見此項主義係將行為能力之問題，視為有關身分及地位之問題，從而適用同一法律之規定。目前各國大多採取此項主義，但在傳統的住所地法主義及本國法主義之外，海牙公約提倡經常居所地法主義，目前仍未統一。我國新、舊涉外法均採本國法主義，就原則言即係採屬人法主義。

二、行為地法主義

認為行為能力之問題，應依系爭法律行為行為地之法律決定之。其主要理由乃因為如採本國法主義，當事人為法律行為時，即應先求證相對人之國籍，再查明其依本國法是否具有行為能力，顯有阻礙交易之虞。故為保護交易安全起見，行為能力之狀態及其對於法律行為效力之影響，應以行為地之法律，通常是締約地法 (lex loci contractus) 決定較妥。美國（路易斯安那州除外）一般被認為是此項主義的發祥地，也有認為美國法之所以採此項主義，乃因「能力」在普通判例法國家並非有關當事人之身分或地位之問題，而是法律行為之效力問題，故應依該法律行為之準據法，在契約，即應依其締約地法，而非其屬人法。

三、法律行為準據法主義

又稱為混合準據法主義，為英國與義大利等國所採，即原則上以當事人之屬人法為行為能力之準據法，但在有關商事之契約之締約能力，則例外依行為地法決定當事人之行為能力。

上述各種主義中，一般認為屬人法主義以單一標準作為個人行為能力之標準，比較妥當，但因事實上交易相對人是否成年、已婚或精神狀態正常，當事人往往難以查察，如對外國人一方面須查知其為外國人，另方面須知悉其依本國法是否具有行為能力，自是難上加難。為應實際上之需要，晚近之本國法主義均已有所修正，即兼採行為地法主義或法院地法主義之精神，而形成「修正屬人法主義」❻。

第三項　我國現行規定之析論

我國新涉外法第十條規定：「人之行為能力，依其本國法。」「有行為能力人之行為能力，不因其國籍變更而喪失或受限制。」「外國人依其本國法無行為能力或僅有限制行為能力，而依中華民國法律有行為能力者，就其在中華民國之法律行為，視為有行為能力。」「關於親屬法或繼承法之法律行為，或就在外國不動產所為之法律行為，不適用前項規定。」本條規定的適用範圍，依舊涉外法第一條之立法理由可知，係僅限於行為能力，而不及於權利能力及侵權行為之責任能力❼。由於親屬法及繼承法之法律

---

❻　採取修正屬人法主義的法制，可以追溯至法國一八〇四年之《拿破崙法典》。依該法第三條規定，當事人之行為能力之準據法，應為其本國法，但法國最高法院一八六一年一月十六日審理著名的 Lizardi 案時，已對屬人法主義著有重要之修正。晚近各國立法例及國際公約除少數特別情形外，亦皆已循此例而為規定。

❼　舊涉外法第一條立法理由在第一項部分指出，「能力之涵義包括行為能力，權利能力，及責任能力三者」，舊法律適用條例第五條第一項雖規定：「人之能力依其本國法」，其亦認為應「專指人之行為能力而言，但泛稱能力，意義晦澀，本草案特將行為能力一語標出，以免與他種能力牽混。」

行為，例如訂婚、結婚、訂立遺囑之行為能力，在民法上均有特別規定（參閱民法第九七三條、第九八〇條、第一一八六條），不適用民法總則編之一般規定，在國際私法上亦應適用各該法律關係成立要件之準據法（新涉外法第四十五條、第四十六條、第六十條），亦非本條之適用範圍。

一、本國法之確定

由本條第一項之規定可知，我國國際私法對於行為能力原則上採本國法主義，即以當事人之國籍作為決定行為能力準據法的連結因素。依本項規定適用當事人之本國法時，仍有下列問題值得注意：

行為能力既應依當事人之本國法，自應先判定當事人之國籍。如當事人有重國籍或無國籍情形，固應依新涉外法第二條、第三條決定其本國法，有問題者，是當事人之國籍有變更時，究應如何決定其本國法？如依當事人先後之國籍決定之本國法，關於行為能力之規定不一致時，即發生「時間因素 (time factor)」或「動的衝突 (conflict mobile)」問題。由於行為能力之問題通常係附隨於某一法律行為之效力問題而生，所以所稱之行為能力，應指「行為時」，即為該法律行為當時之行為能力而言，而其行為能力之準據法，亦應係當事人「為系爭法律行為時」其所屬國之法律。

為法律行為之當事人如在行為之前曾經變更國籍，而行為當時依其舊時所屬國之法律無行為能力，但依行為當時其所屬國之法律，已有行為能力，即應依行為當時所屬國之法律，認為其有行為能力，固無問題。倘當事人於行為時依其舊時所屬國之法律，已有行為能力，但依其當時所屬國之法律仍無行為能力，依前揭理論本亦應認為其無行為能力，不過各國立法例仍有依「既為成年，永為成年 (Semel major, semper major.)」之原則，規定因住所或國籍之變更而生之準據法變更 (Statutenwechsel)，於其已依法取得之能力無影響者。本條第二項規定：「有行為能力人之行為能力，不因其國籍變更而喪失或受限制。」即在宣示此一意旨。

上述不以行為時當事人之國籍決定其本國法的例外規定，其理論基礎有基於既得權說，認為當事人依其舊本國法律，既已有能力，此項能力即

不致因國籍之改變而喪失者；有基於正義說，認為如此方可符合自然正義者；亦有基於默認說，認為取得國籍本以行為能力為必要，內國既已允許依內國法尚無行為能力之外國人入籍，即已默認該外國人有行為能力，故不得出爾反爾者。在外國法之成年年齡，普遍均較我國國內法為低之此時，為避免成年之外國人，因收養、認領或歸化等原因而取得我國或其他國家之國籍，反而淪為未成年人之狀態，此一規定即具有重要意義❽。

二、內國法或行為地法之酌採

在「人之行為能力，依其本國法」的原則下，由於法律行為之當事人通常不易判斷相對人之行為能力，為保護交易安全，並兼顧善意當事人之利益起見，我國新涉外法第十條第三項規定：「外國人依其本國法無行為能力或僅有限制行為能力，而依中華民國法律有行為能力者，就其在中華民國之法律行為，視為有行為能力。」本項採用法國最高法院 Lizardi 案判決之精神，緩和動輒因依法院地法不存在之原因，而宣告法律行為無效之不合理現象。其中所謂外國人依其本國法無行為能力或僅有限制行為能力，是指其未達成年年齡、受監護或輔助宣告，或雖已結婚仍無完全之行為能力等情形，此等之人，如依我國法律已有行為能力，則就其在我國所為之法律行為，仍承認其完全有效❾。

---

❽　否則，依其本國法已有完全行為能力之外國人，如依法取得我國國籍，而依我國法律仍為無行為能力時，如認其應適用我國法律，必將一律認定其無完全行為能力，並否認其所為法律行為之效力。此一結果是否妥當，頗值商榷。再者，如有已變更國籍之外國人，依其舊時所屬國之法律已經成年，而依其行為當時所屬國之法律，尚未成年，例如十七歲之土耳其人依土耳其法律已經成年，在其歸化為法國人後，依法國法尚未成年之情形，在我國國際私法上如何認定其行為能力，亦將孳生問題。

❾　本項規定旨在避免因當事人的本國法，較我國法律對其保護更殷，而使相對人因此蒙受損害，不利內國交易之安全，故除得直接適用於「外國人依其本國法無行為能力或僅有限制行為能力，但依我國法律有完全行為能力」之情形外，似應得類推適用於下列情形：一、依其本國法無行為能力，但依我國法律有限

此項規定的立法意旨，主要在維護內國交易之安全；消極方面可使相對人或第三人，避免因不明行為人本國之法律規定，而蒙受意外之損失；積極方面則可減少當事人投入於調查相對人之國籍，及其本國法上有關行為能力之規定等交易成本之浪費，促進貨暢其流。本項規定採單面法則的立法方式，其適用範圍明定為以外國人在我國所為之法律行為為限，至於外國人在其本國以外其他國家所為之法律行為，或我國國民在外國所為之法律行為，均非其適用之範圍，但如何適度類推適用於其他情形，仍值得重視❿。

三、有關親屬法、繼承法、不動產之法律行為

本條第四項規定：「關於親屬法或繼承法之法律行為，或就在外國不動產所為之法律行為，不適用前項規定。」從形式上觀察，誠如立法理由書所指出者，本項為第三項之例外規定，由於第三項乃第一項之例外規定，故其結果仍適用第一項「依其本國法」之原則。不過，本條第一項之規定既僅適用於財產行為，第三項為第一項之例外規定，當然亦係以財產行為為適用對象。關於親屬法或繼承法之法律行為，性質上乃是有別於財產行為的身分行為，就其不適用第三項規定，即就其在中華民國所為之身分行為，其有無行為能力之問題，仍應以當事人之本國法，而不以中華民國法

制行為能力；二、依其本國法及我國法律雖同屬無行為能力或限制行為能力，但有關其法律行為效力之限制或否定（即法律對該無完全行為能力人之保護程度），其本國法較我國法律之規定更有利於該外國人之情形。例如當事人依其本國及我國之法律雖同屬於限制行為能力人，但其法律行為依其本國法為無效，依我國法律則屬效力未定時，應類推適用本項例外規定，認其為效力未定之法律行為。

❿　如從雙面法則的角度來思考，似應認為本項之立法意旨，係在調和屬人法與法律關係之準據法間之衝突，為維護內國交易安全之目的，而設計之規定，在財產法律關係普遍採取行為地法主義時，固無疑義；但在衝突規則已趨細膩、複雜的今日，解釋上似宜認為所生法律關係之準據法為我國法律之法律行為，均得類推適用本條項。

律為準據法❶。

　　就在外國之不動產所為之法律行為，雖亦屬財產行為，但依本條第四項規定，亦不適用第三項之例外規定❷。本項雖未特別標明「處分」或「物權行為」之用語，但在理論上言，財產行為中有必要就其行為能力為特別規定者，當以不動產之物權行為為限，仍宜認為本項關於在外國不動產之法律行為，是專指涉及物權法定主義、物權行為之公示及公信原則、交易安全之物權行為而言。

※關於本節，其詳可再參閱：曾陳明汝，〈論行為能力之準據法兼評涉外民事法律適用法第一條規定之得失〉，《臺大法學論叢》，第二十二卷第一期（民國八十一年十二月）；陳榮傳，〈行為能力準據法之研究（上）、（下）〉，《軍法專刊》，第三十九卷第十二期、第四十卷第一期（民國八十二年十二月、八十三年一月）。

❶　此項結論雖屬正確，惟是否應認為其屬於第一項之適用範圍，非無再商榷之必要。因為本條第一項及第三項之規定，均以財產行為之行為能力為規範對象，故身分行為原非其規定範圍，自無究為例外規定或原則規定之問題可言。因此就解釋論而言，本條第四項之規範功能，宜定位在闡明若干因法律行為而生之法律關係，其法律關係之準據法適用之範圍，亦及於當事人之行為能力，即訂定婚約、結婚、收養、拋棄繼承及訂立遺囑之行為能力，均應依各該法律關係之準據法。

❷　本條第三項規定之適用對象，是外國人「在中華民國之法律行為」，第四項所規定者，則是「就在外國不動產所為之法律行為」，所以綜合此二項規定，結論上也只能認為：「外國人在中華民國境內，就在外國之不動產所為之法律行為雖依其本國法無行為能力，或僅有限制行為能力，而依中華民國法律有行為能力，亦不視為有行為能力。」外國人在中華民國境內，就在中華民國之不動產所為之法律行為，或就在外國之不動產，於外國所為之法律行為，如其行為地、不動產所在地及當事人本國之法律均不相同，此時應以何一法律為行為能力之準據法，即仍有疑義。對於此一問題，比較法上原有當事人屬人法主義及不動產所在地法主義之分歧見解，因此第四項明定不適用第三項的意旨，似宜認為只在確定不採行為地法主義的基本原則，至於究採本國法主義或不動產所在地法主義，則屬於不動產物權行為之特別問題。如認為不動產物權行為與其所在地之交易秩序關係最切，其行為能力亦應依所在地法，而非依當事人之本國法決定，則第四項即不得認為例外規定的例外規定。

第三節　死亡宣告

第一項　緒　言

　　各國法律上確定失蹤人死亡的制度有二種不同的名稱：一為死亡宣告 (Todeserklärung, declaration of death)，即由法院或其他國家機關於失蹤人生死不明滿一定期限後，藉死亡宣告而推定或擬制其為死亡，賦予其與自然死亡相同之法律效果，德國民法第十三條至第二十條（現已刪除，由「失蹤、死亡宣告及確定死亡時期法（簡稱失蹤法）」替代）、奧地利民法第二十四條至第二十五條（現已刪除，由「死亡宣告法」替代）及我國民法第八條至第十條之規定均為適例。 一為失蹤宣告 (Verschollenheitserklärung, declaration of absence)，即由法院宣告失蹤人失蹤，認許其繼承人得就失蹤人之財產為假占有，隨後依法定程序確定其占有，瑞士民法第三十五條至第三十八條、日本民法第三十條至第三十二條及法國民法第一一五條至第一一九條之規定皆採此種名稱。此外，英美法系國家未設死亡宣告或失蹤宣告之制度，而以失蹤人在法定期間生死不明為原因，由法院於個別之具體案件中為中間判決推定其死亡，再據此解決本案問題。可見各國法律上關於此一制度之名稱、要件及效力均未統一❸，所以在國際私法上仍有必

---

❸　有關失蹤人之實體法規定，可大致分為三類，第一類是普通判例法制，即以於法定期間失蹤為原因的死亡推定制度；第二類是法國制，即經司法調查程序認定失蹤人確於法定期間全無音訊者，賦予其類似死亡的法律效果；第三類是晚近為較多立法例所採的德國制度，即僅以司法裁判作為推定或視為死亡效果的原因的制度。但晚近若干社會主義國家的立法，則同時規定效果不同的失蹤宣告與死亡宣告，例如前蘇聯的民法及中國大陸民法總則皆是。一九七七年新修正的法國民法亦採上種階段性的設計，規定自然人停止出現於其住居所，且無音訊者，監護法官得依利害關係人之聲請，為「失蹤之推定」，暫時停止其權利能力；民事法院於推定失蹤之判決確定滿十年後，得為「失蹤之宣告」，但失蹤人停止出現於其住居所，且無音訊已滿二十年者，民事法院得直接為失蹤

要就法院應以何國法律為依據，將失蹤人推定或視為死亡之問題，予以決定⓮。

第二項　死亡宣告之國際管轄權

一、管轄權決定之標準

死亡宣告事件之本質為非訟事件，究應由何國之法院或其他公法機關審理之問題，各國立法例及學說大致可以分為三種主義：

㈠本國宣告主義

認為死亡宣告對失蹤人之地位及能力影響甚鉅，故應由與其地位及能力關係最密切之本國之法院或其他公法機關審理之。

㈡住所地國宣告主義

認為死亡宣告之目的既在確定以失蹤人之住所為中心之法律關係，顯見其與住所地之關係最密切，故應由當地之法院或其他公法機關審理之。

㈢折衷主義

認為死亡宣告係藉死亡推定，而在某種程度內形成與否定失蹤人之地位及能力相同之效力，並進而達到確定以失蹤人之住所為中心之法律關係之目的，故內國人在外國失蹤時固應由內國之法院或其他公法機關審理，即外國人失蹤時，在特定之條件下，亦得由內國之法院或其他公法機關審

之宣告，被宣告失蹤者在法律上之權利能力即告終止。

⓮ 第二次世界大戰期間各國失蹤人口因戰亂而增多，而且失蹤人之失蹤地點往往在其本國以外之地區，為解決此類涉外的死亡宣告問題，各國在聯合國協助下，於一九五〇年四月六日在美國紐約締結 「失蹤人死亡宣告公約 (Convention on the Declaration of Death of Missing Persons)」，我國並曾參加批准生效，且由前司法行政部於民國四十一年六月二十一日及民國四十二年三月二十六日，分別以臺四一訓字第五六一四號及臺四二令參字第一三五五號令，指示各法院按照該公約第九條及第十條㈠㈡㈣各項之規定辦理。惟我國退出聯合國之後，許多多邊公約的適用與執行均已產生障礙，本公約亦不例外，所以目前依本公約而為死亡宣告之可能性並不大。

理其死亡宣告事件。此即以本國宣告主義為主，住所地國宣告主義為輔之折衷主義。

就法系而言，普通判例法國家，例如英國，因認死亡宣告之死亡推定效力係屬程序性事項，所以法院不受外國法院已為之判決之影響，也應由審理主要問題，如婚姻之解消之法院管轄，並應以內國法為準據法❺。但在歐陸法系國家，因認死亡宣告將有影響於人之能力或地位，乃以關於人之能力或地位之準據法，即當事人之屬人法，為其準據法，通常並以失蹤人之國籍作為法院行使管轄權之主要依據，甚至亦有如捷克一九六四年國際私法第四十三條第一項，規定內國國民之死亡宣告事件，專屬於內國法院管轄者。但死亡宣告的效力，即失蹤人之是否被視為或推定為死亡，通常僅係失蹤人之婚姻是否解消、繼承是否開始或遺囑是否生效等問題之先決問題，所以從實務需求之角度以觀，此項先決問題亦有由審理主要問題之法院管轄之必要。因此晚近較新之國際私法立法例均已朝折衷主義逐漸在修正中。

二、我國現行規定之析論

我國新涉外法第十一條第一項規定:「凡在中華民國有住所或居所之外國人失蹤時，就其在中華民國之財產或應依中華民國法律而定之法律關係，得依中華民國法律為死亡之宣告。」本項規定宣示涉外死亡宣告，原則上應依受死亡宣告人之本國法，並由其本國法院為之，故外國人之死亡宣告應由其本國法院管轄，我國法院除有該條項所規定之例外情形外，僅就我國國民之死亡宣告事件有管轄權❻。

---

❺ 英國關於死亡宣告之法院管轄權，首次出現於一九三七年婚姻事件法 (Matrimonial Cases Act) 第八條 （目前係現行一九七三年婚姻事件法第十九條），且此項管轄權僅具附屬性，其目的是在保護請求解消婚姻之活存配偶。

❻ 純就該條項之解釋言，我國尚非採取嚴格之住所地國宣告主義。但死亡宣告制度之目的，既在確定以失蹤人之住所為中心之法律關係，且涉外民事案件之國際管轄權之決定，亦以類推適用民事訴訟法、家事事件法及非訟事件法關於國內管轄權之規定為當，故涉外死亡宣告事件之管轄權，似宜參照家事事件法第

　　依上述原則，我國法院在我國國民失蹤時，無論其失蹤地點在何處，亦無論其所涉及之法律關係為何或準據法為何國法律，均得依我國法律為死亡宣告。外國人之死亡宣告，原則上固應由其本國法院宣告，但此項原則我國法律並未著諸明文，其立意當係以死亡宣告之法院管轄涉及主權之行使，未便由我國法律直接予以規定。所以本條第一項的規定，便集中在我國法院得對外國人為死亡宣告的例外情形的限制，惟其第二項又對例外情形予以擴充而規定：「前項失蹤之外國人，其配偶或直系血親為中華民國國民，而現在中華民國有住所或居所者，得因其聲請依中華民國法律為死亡之宣告，不受前項之限制。」

　　第一項之所以就例外情形為限制，乃因死亡之宣告，影響重大，苟非失蹤之外國人，對於內國之私人或社會利益，有密切關係，內國法院實無為死亡宣告之必要。第二項之所以再予以擴充，則是因在內國有住所或居所之外國人失蹤時，其影響於內國人之權益最切者，除第一項之㈠在中華民國之財產，㈡應依中華民國法律而定之法律關係外，莫若婚姻關係及親屬關係，設其利害關係人，僅因不合前項所定宣告要件，即不得聲請為死亡宣告，任令婚姻或親屬關係常陷於不確定之狀態，亦非保護內國人民權益之道，故特設此項擴充規定，以便利我國利害關係人之聲請。

　　整體而言，我國法院得對外國人為死亡宣告的例外情形，係以失蹤之外國人在中華民國有最後住所或居所為基本要件。此處所謂住所或居所，應依我國法律決定之。依我國民法第二十條第一項規定，外國人「依一定之事實，足認以久住之意思」住於中華民國領域內者，即為設定意定住所於中華民國，如該外國人為無行為能力或限制行為能力者，而其法定代理

一五四條第一項：「下列宣告死亡事件，專屬失蹤人住所地法院管轄：一、關於聲請宣告死亡事件。二、關於聲請撤銷或變更宣告死亡裁定事件。三、關於其他宣告死亡事件。」依本條之規範意旨，涉外宣告死亡事件似應專屬於失蹤人失蹤前最後住所所在國之法院管轄，由於失蹤人之生存配偶、債權人等利害關係人大多居住於該國，如在該國法院聲請宣告死亡，實際上比較便利，該國法院易於蒐集證據、認定事實，並進而判斷死亡宣告是否符合要件，確屬妥適而實際。

人在中華民國有住所時，則亦視為在中華民國有（法定）住所。此外，外國人只要有居住於中華民國之事實，儘管並無足以認定其久住之意思之事實，亦可認其有居所於中華民國。至於該外國人在外國有無住所或居所，並非所問。

失蹤之外國人雖在中華民國有最後住所或居所，如其死亡宣告事件與中華民國法制並無牽連關係者，我國法院亦不得行使管轄權❶。茲依本條規定，將我國法院得據以對外國人為死亡宣告之牽連關係，依其法律關係之性質，分述如下：

㈠財產法律關係

依本條第一項之規定，失蹤之外國人之財產在中華民國或法律關係應依中華民國法律而定時，因其對於內國之私人或社會有密切關係，所以我國法院有依我國法律對其為死亡之宣告之必要，茲分別說明之。

1.財產在中華民國

財產除有體物的動產及不動產外，也包括準物權、債權及其他無體財產權在內。財產的物理位置在動產及不動產通常固不難判定，但在如交通工具、運送中物品、準物權、債權及其他無體財產權是否為在中華民國之財產，可能即難以認定。解釋上似宜認為條文中所謂「在中華民國之財產」，參照新涉外法關於財產權之條文意旨，乃指「應依中華民國法律之財產」而言，所以除座落在我國領域內之不動產及動產外，其他如準據法為我國法律之交通工具、運送中物品，儘管其物理位置非在中華民國境內，或如無法感覺其物理位置之準物權、債權、智慧財產權及其他無體財產權（如著作權、專利權或商標權），因在我國註冊、登記或其他原因（如依其準據法選擇之合意）而以我國法律為準據法時，亦應認為係在我國之財產，

---

❶　失蹤之外國人如為「失蹤人死亡宣告公約」所規定之適用對象，在我國法院依該公約聲請死亡宣告時，即應依其規定辦理。依該公約第二條規定，關於死亡宣告，失蹤人之最後住所、本國、財產所在地、失蹤地、聲請人之住所或居所所在地國之法院，均有競合管轄權。依其第九條規定，受理死亡宣告聲請之國家，並應將其情形通知國際死亡宣告局。

而適用本條項。

2.法律關係應依中華民國法律而定

法律關係在範圍上包括具身分性質與財產性質者二者，如其依我國涉外法應以我國法律為準據法時，即有本條項之適用。例如以失蹤之外國人為被保險人之保險契約，以我國法律為準據法時，如為依我國法律請求給付保險金，而有聲請法院為死亡宣告之必要，我國法院對該事件即有管轄權。須注意者係此處之法律關係，係指聲請人（利害關係人）據以聲請死亡宣告之基礎法律關係（即其利害關係），乃聲請人與失蹤之外國人間之法律關係，與前面所謂「在中華民國之財產」或「應依中華民國法律之財產」，係指以失蹤人為其財產之所有人或法律關係之權利人者為限，並不相同。

㈡身分法律關係

依新涉外法第十一條第二項之規定，失蹤之外國人之配偶或直系血親為中華民國國民，而現在中華民國有住所或居所者，我國法院即得「不受前項之限制」，僅以此項條件而取得該死亡宣告事件之管轄權。揆其立法意旨，乃係立法者為保護內國人民權益，以本項規定擴充前項之規定，便利我國人民之聲請，以免死亡宣告之聲請人僅因不合前項規定之宣告要件，不得聲請為死亡宣告，而任令其婚姻關係及親屬關係長期陷於不確定之狀態。

第三項　死亡宣告之準據法

一、準據法決定之原則

關於涉外宣告死亡事件，究應依據何國法律決定其是否符合聲請及宣告之要件，及其宣告之效力之問題，各國立法例及學說立場頗不一致，大體言之，約有以下四種主義：

㈠屬人法主義

認為死亡宣告可消滅人格或變更人之地位與能力，所以其原因及效力

應依失蹤人之屬人法，尤其是其本國法。早期除法國、義大利及比利時等國之立法例外，布氏法典第八十二條規定亦採此例（一切與失蹤人有關之死亡推定及其可能有之權利，依失蹤人之屬人法）。晚近奧地利一九七八年國際私法第十四條規定：「死亡宣告或死亡證明程序之要件、效力、撤銷，依失蹤人最後知悉之屬人法。」前南斯拉夫一九八二年國際私法（內外國間就特定事項之法律規定衝突之解決法）第十六條規定：「失蹤人之死亡宣告，依其失蹤當時之本國法。」均採本國法主義。祕魯一九八四年國際私法（民法第十編）第二〇六九條第一項規定「失蹤之宣告，依失蹤人最後之住所地法。」則採住所地法主義。

㈡原因法律關係準據法主義

又稱為效果法說，認為死亡宣告之原因及效力之準據法，應隨個別案件之性質而分別決定之，例如某人失蹤多年，生死不明，其繼承人為繼承其遺產而聲請死亡宣告時，該死亡宣告之要件及效力即應依繼承之準據法。此項主義之主要立論根據，係以死亡宣告為非訟事件，其目的係在確定以失蹤人之住所為中心之法律關係，本身具有濃厚之手段與技術性，所以無須單獨決定其準據法，只須依雙方當事人所爭訟之法律關係之準據法決定即可❶❽。

㈢法院地法主義

認為死亡宣告固然與被宣告者之身分有關，但與內國公益及第三人利益之保護亦非無關連，而且法庭地既對死亡宣告事件有管轄權，如不許法院以當地之法律為死亡宣告之準據法，必無法使同一法院所為之死亡宣告皆產生相同之效果，不因失蹤人國籍之不同而有差異❶❾。

---

❶❽　一九四〇年蒙特維地奧國際民法公約第三章「失蹤」第十二條規定：「失蹤宣告對於失蹤人之財產之法律效力，依該財產之所在地法。與失蹤人有關之其他法律關係，仍依原規範該法律關係之法律。」固為此一主義之典型法例，前述祕魯新國際私法（民法第十編）第二〇六九條之規定：「一、失蹤之宣告，依失蹤人最後之住所地法。失蹤宣告關於失蹤人財產之法律效果，亦依同一法律。二、失蹤人之其他法律關係，依其失蹤前應適用之法律。」實際上亦寓有此一主義之精神。

㈣折衷主義

即兼採前述三項主義之折衷方法，通常係以屬人法主義為主，原因法律關係準據法主義及法院地法主義為輔，即原則上死亡宣告之原因及其效力均以失蹤人之屬人法為準，但就在內國之財產或以內國法為準據法之法律關係，亦得例外適用內國法以決定之。早期日本一八九八年舊法例第六條、波蘭一九二六年國際私法第四條、列支登斯坦國際私法第五十七條第二項、泰國一九三九年國際私法第二條第二項、希臘一九四〇年民法第六條及捷克一九四八年國際私法第三條至第五條等規定，均採此項主義。晚近也有不少立法例採取此項主義❷。

在上述各主義中，由於死亡宣告制度係藉推定失蹤人死亡之方法，賦予其與自然死亡相同之法律效果，影響於失蹤人之人格及地位者至鉅，所以屬人法主義以失蹤人之屬人法為死亡宣告之原因及效力之準據法，頗具說服力；但其實死亡宣告之本質除在保護失蹤人本身之利益外，更具意義者當係其進一步藉確定以失蹤人之住所為中心的法律關係，以保護失蹤人

---

❶ 晚近採取此一主義之立法例，有下列二者： 1.前東德一九七五年關於國際私人、家事、勞工及商務契約之法律適用法第七條規定：「外國人或無國籍人之禁治產宣告及死亡宣告，如德國法院具有管轄權，應適用德國法。」2.瑞士一九八七年國際私法第四十一條規定：「一、已知之失蹤人最後住所地之瑞士法院，對其有為失蹤宣告之管轄權。二、瑞士法院也得基於正當利益之理由，而主張對失蹤宣告事件有管轄權。三、失蹤宣告之要件及其效力，依瑞士法。」

❷ 例如匈牙利人民共和國一九七九年國際私法第十六條規定：「一、失蹤人最後已知之屬人法決定死亡宣告、死亡證明及失蹤。二、如為代表內國之利益，匈牙利法院應宣告非匈牙利人死亡或失蹤或決定某人之死亡證明時 ， 依匈牙利法。」土耳其一九八二年國際私法第十條規定：「因失蹤所為之失蹤或死亡宣告之裁判，依將受裁判人之本國法，但依其本國法因失蹤所為之失蹤或死亡宣告之裁判不能作成，而依土耳其法可作成者，如該人有財產於土耳其或其配偶或其任一繼承人為土耳其人者，依土耳其法。」德國一九八六年國際私法第九條規定：「死亡宣告、死亡與死亡時點之確定、及生存或死亡之推定，依失蹤人仍有最後生存音訊時之本國法。 失蹤人當時為外國人者，亦得為合理之利益，依德國法為死亡宣告。」

之配偶、繼承人、債權人或其他利害關係人，其主要目的係在謀社會整體利益之協調，所以原因法律關係準據法主義似更具有理由。法院地法主義及折衷主義雖或多或少亦有所據，但始終難脫擴大法院地法適用範圍之嫌，所以純粹從理論上言，各主義之中以原因法律關係準據法主義較為可採。不過，程序上對於宣告死亡事件，究竟是以單獨事件予以審理，或附隨於原因法律關係之訴訟而被聲請，對於其準據法仍有一定之影響，故仍難絕斷各項主義之優劣。

二、我國現行規定之析論

新涉外法第十一條的立法理由中雖指出，死亡宣告原則上應由失蹤人之本國法院依其本國法為之，表示我國所採者為前述之屬人法主義。但準據法之指定或衝突規則之適用乃是管轄權決定後之階段，法院對無管轄權之案件根本無須、也不能決定其準據法為何國法律。本條規定之重點係集中在我國法院之管轄權，既有如前述，而其第一項與第二項關於我國法院，對於外國人例外有管轄權的規定，又附帶規定得以中華民國法律為準據法，加以我國法院有固有管轄權的我國國民的死亡宣告，依前述原則又當然以我國法律為準據法，所以其實所有我國法院有管轄權的死亡宣告事件，都是以我國法律為準據法。換言之，因外國人失蹤而聲請我國法院對其為死亡宣告之事件，只要是我國法院有國際審判管轄權，我國法院就其程序及為死亡宣告之實體要件，均應以中華民國法律為準據法，即應適用民法第八條下列規定：「失蹤人失蹤滿七年後，法院得因利害關係人或檢察官之聲請，為死亡之宣告。」「失蹤人為八十歲以上者，得於失蹤滿三年後，為死亡之宣告。」「失蹤人為遭遇特別災難者，得於特別災難終了滿一年後，為死亡之宣告。」其結果，是無論內、外國人失蹤，我國法院均應以我國上述規定為其死亡宣告的準據法。

我國法院對外國人為死亡宣告後，其死亡宣告的效力究應依何國法律決定的問題，立法論上約有以下二種立法例：

㈠本國法主義：認為死亡宣告既專屬於失蹤人之本國法院管轄，並依

本國法為之，則其效力自應依其本國法定之。但在宣告國為當事人之住所所在國時，如宣告之效力必須依照其本國法，其結果似將無法與藉死亡宣告保護內國公益及第三人利益之目的配合，而失去死亡宣告之意義。

　　㈡法院地法主義：認為死亡宣告之目的，既在保護第三人利益與內國公益，自應依法院地法決定其效力，方得以貫徹其目的。

　　對於上述問題，新涉外法第十一條第三項規定：「前二項死亡之宣告，其效力依中華民國法律。」其主要理由為該條既已規定我國法院對於有住所或居所於我國的外國人，於一定條件下，有為死亡宣告之管轄權，且應依我國法律宣告之，則死亡宣告之效力，亦應依我國法律（法院地法）定之，始符合「由我國法院」、「依我國法律」為死亡宣告之立法精神，並符合確定以在我國之財產為標的物或以我國法律為準據法之法律關係，而保護內國公私法益的立法目的。由於此等外國人之死亡宣告，是由我國法院依我國民法之規定所為，其考量的重點乃是是否發生我國法律規定的效力的各種因素，因此其效力應依我國法律規定，始為合理。可見嚴格而言，我國在上述各立法主義中係採法院地法主義，蓋在我國法院之所有涉外死亡宣告事件均無適用外國法之機會，至於其他國家之法院，關於外國人或其本國國民之死亡宣告事件，究以何國法律為其準據法，則非我國法律所得決定❷❶。

　　新涉外法第十一條第三項所稱死亡宣告之「效力」，應指死亡宣告究係推定死亡或視為死亡等直接效力而言；死亡宣告所生之其他效果問題，如被宣告死亡之外國人之婚姻關係是否消滅、其配偶得否再婚、其預立之遺囑是否生效、是否開始繼承、其遺產如何繼承等，因屬死亡宣告之間接效

---

❷❶　中國大陸民法總則及涉外民事關係法律適用法，並無關於涉外死亡宣告的程序或法律適用的規定，學者一般認為應依失蹤人的屬人法，但也有認為宣告應適用的法律，主要是被宣告人的本國法，但僅涉及大陸地區內的財產與法律關係時，亦可適用該地區之法律者。我國現行「臺灣地區與大陸地區人民關係條例」亦未規定死亡宣告的準據法，解釋上應比照上述國際私法的說明決定案件的管轄法院及其準據法。

果問題，所以並不適用死亡宣告之效力之準據法，而應依各該法律關係之準據法。以我國法律為準據法的結果，是關於被宣告人之是否擬制死亡及同時遇難之數人如何定其死亡先後的問題，應適用我國民法第九條：「受死亡宣告者，以判決內所確定死亡之時，推定其為死亡。」「前項死亡之時，應為前條各項所定期間最後日終止之時。但有反證者，不在此限。」第十一條：「二人以上同時遇難，不能證明其死亡之先後時，推定其為同時死亡。」如綜合新涉外法第十一條的整體意旨，可知我國法院關於宣告死亡之事件，無論失蹤人為內國人或外國人、失蹤人最後之音訊來源在內國或外國，其死亡宣告之要件及效力，均應依我國民法之規定決定之。失蹤之外國人如確定生還，而有撤銷死亡宣告的必要時，也應該依中華民國民法決定之。

※關於本節，其詳可再參閱：曾陳明汝，〈涉外失蹤或死亡宣告之比較研究〉，《臺大法學論叢》，第二十三卷第一期（民國八十二年十二月）；陳榮傳，〈國際私法上死亡宣告問題之研究〉，《法學叢刊》，第一四八期（民國八十一年十月）。

第四節　監護、輔助宣告

第一項　緒　言

　　自然人因精神狀態異常或有障礙，以致無法處理自己之事務，而與其為法律行為之相對人亦不易辨識其精神狀態時，法律上為避免精神障礙者從事法律行為而受損失，並謀社會交易之安全，而由法院對精神障礙者為監護、輔助宣告或其他類似宣告（如禁治產或準禁治產宣告），剝奪或限制其行為能力，以保護受宣告之人之利益，並以宣告為公示之方法，避免社會大眾不知其已受此等宣告，冒然與之進行交易而蒙受法律行為無效之損失，以維護交易安全之制度。

　　我國民法原設禁治產宣告的制度，規定對於心神喪失或精神耗弱致不

能處理自己事務者，法院得宣告禁治產；禁治產人，無行為能力。此項制度於民國九十七年修正為監護宣告，並增訂輔助宣告之制度。現行民法規定對於因精神障礙或其他心智缺陷，致不能為意思表示或受意思表示，或不能辨識其意思表示之效果者，法院得因本人、配偶、四親等內之親屬、最近一年有同居事實之其他親屬、檢察官、主管機關或社會福利機構之聲請，為監護之宣告（第十四條）；受監護宣告之人，無行為能力（第十五條）；對於因精神障礙或其他心智缺陷，致其為意思表示或受意思表示，或辨識其意思表示效果之能力，顯有不足者，法院得因本人、配偶、四親等內之親屬、最近一年有同居事實之其他親屬、檢察官、主管機關或社會福利機構之聲請，為輔助之宣告（第十五條之一）；受輔助宣告之人為法律所規定的若干行為時，應經輔助人同意（第十五條之二）。

　　目前各國之監護、輔助宣告或其他類似之宣告，主要仍由法院為之，但各國有關此等宣告之要件及效力問題，仍未盡一致，故在國際私法上對於涉外監護、輔助宣告或其他類似之宣告事件，即須決定法院之國際審判管轄權，及此等宣告之要件及效力所應適用之法律等問題。海牙國際私法會議為解決此等問題，於二〇〇〇年一月十三日通過「成年人之國際保護公約」（Convention on the International Protection of Adults），以規定其相關問題。舊涉外法第三條原設有禁治產宣告之相關規定，嗣於民國九十八年將禁治產宣告改為監護宣告，並增訂輔助宣告之規定，新涉外法將條次變更為第十二條。本書將此等宣告，泛稱為監護、輔助宣告。

第二項　監護、輔助宣告之國際審判管轄權

　　有行為能力人之所以成為受監護、輔助宣告之人、禁治產人或準禁治產人，並非係單純符合法律規定之原因或要件，而係因已經法院或其他國家機關予以宣告之故，因此其國際審判管轄權乃成為國際私法之重要課題。精神或智能不健全之自然人之監護、輔助宣告、禁治產或準禁治產宣告，究應由何國法院宣告之問題，大陸法系國家一般認為係有關屬人事項之管轄權，且以國籍為決定管轄權之依據，英格蘭法之通說則認為，原則上應

以心智不健全者 (lunatic, mental disorder) 所在地或其財產所在地之國家之法院為管轄法院。大陸法系國家之立法例，尚可再分為下列二項。

一、本國專管主義

認為監護、輔助宣告或禁治產宣告之目的既在剝奪或限制受監護、輔助宣告之人之行為能力，而受監護、輔助宣告之人又隸屬於其本國之主權，故其宣告應專屬由其本國之法院或其他國家機關為之。

二、內國兼管主義

認為本國專管主義雖有其見地，但如內國人離開本國，而在外國有為監護、輔助宣告或禁治產宣告之必要時，其本國之法院不僅有事實調查上之困難，即勉強由其宣告，亦難達成監護、輔助宣告或禁治產宣告之目的，於是乃有必要在承認其本國法院或國家機關有管轄權外，其居住地國之法院或國家機關亦有管轄權。

上述二種主義中，內國兼管主義較能兼顧實際上之需要，乃大部分立法例所採之主義。我國家事事件法就監護宣告事件的國內管轄權，在第一六四條第一項規定：「下列監護宣告事件，專屬應受監護宣告之人或受監護宣告之人住所地或居所地法院管轄；無住所或居所者，得由法院認為適當之所在地法院管轄：一、關於聲請監護宣告事件。二、關於指定、撤銷或變更監護人執行職務範圍事件。三、關於另行選定或改定監護人事件。四、關於監護人報告或陳報事件。五、關於監護人辭任事件。六、關於酌定監護人行使權利事件。七、關於酌定監護人報酬事件。八、關於為受監護宣告之人選任特別代理人事件。九、關於許可監護人行為事件。十、關於監護所生損害賠償事件。十一、關於聲請撤銷監護宣告事件。十二、關於變更輔助宣告為監護宣告事件。十三、關於其他監護宣告事件。」就輔助宣告事件，於第一七七條第一項規定：「下列輔助宣告事件，專屬應受輔助宣告之人或受輔助宣告之人之住所地或居所地法院管轄；無住所或居所者，得由法院認為適當之所在地法院管轄：一、關於聲請輔助宣告事件。二、

關於另行選定或改定輔助人事件。三、關於輔助人辭任事件。四、關於酌定輔助人行使權利事件。五、關於酌定輔助人報酬事件。六、關於為受輔助宣告之人選任特別代理人事件。七、關於指定、撤銷或變更輔助人執行職務範圍事件。八、關於聲請許可事件。九、關於輔助所生損害賠償事件。十、關於聲請撤銷輔助宣告事件。十一、關於聲請變更監護宣告為輔助宣告事件。十二、關於其他輔助宣告事件。」此等規定使受監護、輔助宣告之人住所地、居所地以外的法院，亦得於例外情形下行使管轄權，性質上並非真正的專屬管轄。故如類推適用於國際管轄權問題解決，原則上仍應以受監護、輔助宣告之人之本國法院為管轄法院。

新涉外法第十二條第一項規定：「凡在中華民國有住所或居所之外國人，依其本國及中華民國法律同有受監護、輔助宣告之原因者，得為監護、輔助宣告。」本項規定的立法理由，是認為監護、輔助之宣告，原則上應由受監護、輔助宣告之人之本國法院管轄，惟例外亦得由其居住國法院管轄，本項即係例外，其目的蓋在保護居住國之社會公安，及外國私人法益。本條項雖未規定內國人之監護、輔助宣告，得由內國法院宣告之，其實乃立法者認為依前揭內國兼管主義之原則，毋寧乃當然之理，無明文規定之必要。故我國法院對於我國國民，無論其在國內是否有住所或居所，均得就其監護、輔助宣告事件為管轄。

依前述規定，我國關於監護、輔助宣告之國際管轄權，係採前述內國兼管主義，即認為監護、輔助宣告事件原則上應由受監護、輔助宣告之人之本國法院管轄，但為保護受監護、輔助宣告之人居住地國（即內國）之社會秩序及交易安全，並適時保護受監護、輔助宣告之人之利益，亦得由受監護、輔助宣告之人居住地國法院管轄。換言之，我國法院即使對於外國人得為監護、輔助宣告，此項管轄權之行使亦屬例外，即使受監護、輔助宣告之人在我國有住所，亦不得謂我國法院有專屬管轄權，而排除受監護、輔助宣告之人之本國法院之管轄權[22]。

---

[22]　二〇〇〇年海牙成年人之國際保護公約 (Convention on the International Protection of Adults) 第五條規定，成年人人身或財產保護措施之宣告，其管轄

　　我國法院對於外國人監護、輔助宣告事件之管轄權，因屬例外的「兼管」性質，法律上自須嚴格規定其要件。依該條項之規定，行使此項例外管轄權須具備下列二項要件：1.事實上之條件：須該外國人現在我國有住所或居所。如無住所或居所，我國法律與其並無法律上較固定之屬人牽連關係，自無對其為監護、輔助宣告之必要；惟如僅過去曾在我國有住所或居所，但現在並無之者，由於監護、輔助宣告之效力不溯及既往，似應認為我國法院無管轄權。2.法律上之條件：此項條件涉及法律之適用或監護、輔助宣告要件之準據法，即須依該外國人之本國法及我國法律，均有為監護、輔助宣告之原因，即在原因之決定上，應累積適用我國法律及其本國法❷❸。

第三項　監護、輔助宣告要件之準據法

　　各國法律關於監護、輔助宣告之原因，規定各不相同，內國法院對於內國國民得依內國法為監護、輔助之宣告，雖無問題，但對居住於內國之外國人行使監護、輔助宣告事件的例外管轄權時，仍須另外決定其準據法。對於此一問題，大致有三種不同之主張。

一、本國法主義

　　認為監護、輔助宣告之原因，應依被聲請人之本國法❷❹。其理由是認

　　　　權歸該成年人之習慣居所所在地之司法或行政機關，該成年人之習慣居所變更
　　　　至其他締約國者，其新習慣居所地之國家機關有管轄權；第六條規定難民或其
　　　　國家動盪而在國際間流離，或無法確定其習慣居所者，其現在地之國家機關有
　　　　管轄權；第七條至第十條亦規定成年人之本國、財產所在國及其他國家的機
　　　　關，在例外情形下的管轄權。
❷❸　此處所稱法律上之條件，實際上已涉及準據法之適用，解釋上似亦可不列入管
　　　　轄權的要件，但因新涉外法第十二條第一項整體係以管轄權之形式，而予以規
　　　　定，乃解釋其為管轄權的要件。此種解釋的結果，將使我國法院在涉外監護、
　　　　輔助宣告事件中，審查之重點置於管轄權，如有管轄權，即應為監護、輔助宣
　　　　告，如不符合監護、輔助宣告之要件，只須以無管轄權為理由，而予以駁回。

為監護、輔助宣告之主要效力，既是在剝奪或限制人之行為能力，而人之行為能力又應以其本國法為準，因此監護、輔助宣告亦應以被聲請人之本國法為準，始得互相呼應配合。不過由於內國法院對於被聲請人本國法之調查，有其事實上之困難；且如其本國法所規定之原因為內國法律所否認時，如仍勉強據而為監護、輔助之宣告，勢將有害於內國之公共秩序，故本國法主義仍有未妥。

二、法院地法主義

認為監護、輔助宣告之原因，不論被聲請人之本國法如何規定，均應逕依法院地法之規定，即如依法院地法有宣告之原因，即得宣告之[25]。此項主義的主要理由，是認為被聲請人之居住國法院既已依法有例外之管轄權，為貫徹創設此項例外之立法精神及事實上之需要，自以採此項主義為當，同時基於維護內國公共秩序之理由，亦有採此項主義之必要。不過監護、輔助宣告之主要影響，既是在於被聲請人應依其本國法之行為能力，而本項主義之實行結果，不啻以法院地法之理由限制被聲請人之本國法之效力，理論上亦非圓滿。

---

[24] 希臘民法第八條即為適例，其規定為：「禁治產宣告，依（禁治產人之）本國法。」「希臘法院對住所設於希臘之外國人，得宣告禁治產。外國人於希臘有居所或財產者，對其僅得採取臨時措施。」海牙一九〇五年七月十七日無行為能力之司法宣告及類似保護措施公約 (The Hague Convention Concerning the Judicial Pronouncement of Incapacity and Analogous Measures of Protection of 17 July 1905) 亦採此種主義，規定原則上禁治產只能由禁治產人本國的主管機關宣告（第二條），並應依當事人之本國法決定（第一條），但當事人之習慣居所所在國必要時得採取臨時措施（第三條）。

[25] 德國民法施行法第八條規定：「外國人於內國有習慣居所，或無習慣居所而有居所者，得依德國法之規定宣告禁治產。」前東德一九七五年法律適用法第七條規定：「外國人或無國籍人之禁治產宣告及死亡宣告，如德國法院具有管轄權，應適用德國法。」均採此項主義。

三、本國法及法院地法兼採主義

認為前述之本國法主義既有礙於內國之公共秩序，法院地法亦與人之行為能力應依其本國法之基本原則相違，故應認為須其本國法與法院地法皆認為有為監護、輔助宣告之原因時，內國法院始可為監護、輔助宣告，以期兩全。

以上三種主義中，本國法主義著重在受監護、輔助宣告之人本身利益之保護，法院地法主義著重內國公共秩序及交易安全之保護，各有所偏，都未盡理想，所以比較上以第三種主義較適當❷⑥。我國新涉外法第十二條第一項採第三種主義，認為內國法院對外國人為監護、輔助之宣告，畢竟與對內國人宣告之情形不同，該外國人之本國法與內國法自應同時並重，以保護居住國之社會公安及外國人之法益❷⑦。

第四項　監護、輔助宣告效力之準據法

各國法律關於監護、輔助宣告之效力，規定也非一致，在國際私法上

---

❷⑥　二〇〇〇年海牙成年人之國際保護公約第十三條規定，依該公約第二章之規定行使其管轄權的締約國，其機關應適用該國自己之法律，但如為保護成年人之人身及財產而有必要時，亦得例外地適用或斟酌與其有實質牽連關係之國家之法律；第十四條規定一國採取之措施應在另一締約國執行時，其執行之條件，應依該其他國家之法律。

❷⑦　本條項規定的法律效果為「得為監護、輔助宣告」，此等文字對於我國法院對外國人得行使例外審判管轄權，具有重要意義，但其亦具有設定此等宣告的要件的意義，故「依其本國及中華民國法律同有受監護、輔助宣告之原因者」之規定，除作為監護、輔助宣告之原因的準據法規定之外，更具有規定我國法院的國際審判管轄權的法律要件的功能。對於系爭監護、輔助宣告事件，我國法院如無國際審判管轄權，即無判斷監護、輔助宣告原因的準據法的必要，如將本項規定解為國際審判管轄權的規定，可認為我國法院僅對「得為監護、輔助宣告」的聲請事件有國際審判管轄權，對於外國人的監護、輔助宣告事件的駁回，僅須以欠缺國際審判管轄權為理由，無須以其不具備監護、輔助宣告的原因為依據。

亦單獨決定其準據法。關於此一問題，國際私法上有以下二種不同主張。

一、本國法主義

認為監護、輔助宣告之效力在理論上既主要在影響受監護、輔助宣告之人之行為能力，考諸「人之行為能力，依其本國法」之原則，則監護、輔助宣告之效力亦應依其本國法，始能一貫。

二、法院地法主義

認為監護、輔助宣告之效力，其來源乃是法院以裁判所為之宣告，故其效力之內容應與同一法院所為之其他監護、輔助宣告相同，故均應依法院地國之法律決定之。

上述二種主義各有所本，亦均曾被學者批評❷❽。我國舊法律適用條例關於此項問題，並無明文規定。新涉外法第十二條第二項規定：「前項監護、輔助宣告，其效力依中華民國法律。」明定採法院地法主義，即因內國法院對於外國人既認有為監護、輔助宣告之必要，而予以宣告，則其宣

---

❷❽ 反對本國法主義者認為基於下列各種事實上之困難，該主義並非妥適。

　　1.執行困難：例如我國法院對某英國國民為監護、輔助之宣告，而英國法律規定應將受監護、輔助宣告之人交付監護法院，但我國未設此種機關，如堅持監護、輔助宣告之效力應依其本國法，則必產生為監護、輔助宣告之後無法使此項宣告發生效力，付諸實施之窘狀。

　　2.效力分歧：如依此項主義而使監護、輔助宣告之效力，依受監護、輔助宣告之人之本國法決定，設有甲國法律規定受監護宣告之人無行為能力，所為之法律行為不生效力，乙國法律規定受監護宣告之人有限制行為能力，其法律行為得撤銷，則內國法院對外國人依法所為之監護、輔助宣告，將因受監護、輔助宣告之人國籍之不同，而異其宣告之效力，實難維護社會交易之安全。

　　3.妨礙內國公序：由於監護、輔助宣告一方面在保護受監護、輔助宣告之人之利益，他方面亦在維護內國公共秩序與社會交易之安全，如其效力必依受監護、輔助宣告之人之本國法，而該國所規定之效力與內國公共秩序相牴觸，則此項監護、輔助宣告之效力實際上亦無適用該國法律。

告之效果，必須使之與內國人受監護、輔助宣告者完全相同，始足以維護公益，而策交易之安全❷。

內國法院對外國人為監護、輔助宣告之法律效果，有直接效果及間接效果二者，前者是被宣告人自此成為受監護、輔助宣告之人，後者是受監護、輔助宣告之人無行為能力或只有限制行為能力。監護、輔助宣告之效力之準據法適用之範圍，除直接效果外，同時亦及於間接效果。所以被我國法院依我國法律為監護、輔助宣告之外國人，為受監護、輔助宣告之人，其中受監護宣告之人依我國民法第十五條，為無行為能力，受輔助宣告之人依我國民法第十五條之二，除純獲法律上利益，或依其年齡及身分、日常生活所必需者外，該條列舉之行為均應經輔助人同意。

第五項　外國監護、輔助宣告之承認

在實務上，外國法院所為之監護、輔助宣告之承認或其域外效力問題，也相當重要❸。就涉外監護、輔助宣告採前述本國專管主義者，基於其內國（本國）法院專屬管轄權的絕對性及排他性的反射效果，邏輯上雖然必將傾向於拒絕承認外國法院對其國民所為之監護、輔助宣告，但實際上此

---

❷　其理論上之理由亦可由下列二方面思考：

1.監護、輔助宣告之目的之一，乃在維護內國公共秩序及社會交易安全，故內國法院並非代替受監護、輔助宣告之人之本國法院而為宣告者。如其效力不依法庭地法，一方面無法維護內國公共秩序及社會交易安全，甚至產生與監護、輔助宣告之目的相牴觸之結果；另一方面，如純依其本國法決定之，亦有內國法院代替其本國法院進行其司法程序之嫌。

2.監護、輔助宣告之效力依法院地法之結果，乃是因內國法院對於外國禁治產人有管轄權所致，其情形有如法院判決之效力應依法院地法者一般，在理論上亦無欠妥之處。

❸　我國國際私法因就關於監護、輔助宣告之原因及效力，分別兼採及專採法院地法主義，即認為監護、輔助宣告之目的，重在內國交易安全之保護，且具有程序之性質。從此項性質推論，監護、輔助宣告確難發生域外效力，因此外國監護、輔助宣告的承認問題，應從訴訟經濟與判決一致的方面予以理解。

等國家，仍皆至少承認當事人住所地國法院所為之監護、輔助宣告，在當事人不具有承認國之國籍，而為第三國之國民時，尤其予以承認❸。可見在國際裁判管轄權之決定，以當事人之本國法院為專屬管轄法院，未必產生對於外國法院所為監護、輔助宣告不予承認之結果。

　　就外國法院裁判之承認問題，我國民事訴訟法第四○二條設有明文規定，即如無該條第一項第二、三、四款所定之情形，而經有一般管轄權之國家之法院或其他機關，依法定程序所為者，我國法院即應承認該裁判。所以如外國監護、輔助宣告或禁治產宣告係由法院以判決為之者，固得適用該條第一項決定是否應予以承認❸；惟如該外國監護、輔助宣告或禁治產宣告係如我國家事事件法之規定一般，係由法院以裁定為之（第一六九條、第一七八條參照），固得依同條第二項規定，準用第一項之標準，如依外國法之規定係由法院以外之其他國家機關為之時，應如何決定是否予以承認之問題，似應認為係法律應規定而未規定之法律漏洞，而類推適用該條項之規定予以解決。

　　就一般情形言，外國之監護、輔助宣告或禁治產宣告如無民事訴訟法第四○二條第一項各款規定之情形，即應承認其效力。監護、輔助宣告或禁治產宣告之效力既主要在限制受監護、輔助或禁治產宣告之人之行為能力，以保護其個人與社會交易之安全，所以通常都將其監護、輔助宣告之裁判要旨，以相當之方法公告周知（家事事件法第一六九條第二項、第一

---

❸　捷克一九六四年國際私法第四十二條之規定可供參考：「一、對捷克公民之禁治產、準禁治產及監護，縱其居住於外國，亦由捷克法院行使審判權。但外國對捷克公民之權利與利益，已採取充分之保護措施時，捷克法院應停止訴訟程序之進行。二、對於居住於捷克境內之外國人，捷克法院僅採取保護其權利與利益之必要措施，並應將該措施通知其本國有關機關。如其本國有關機關於相當之期間內仍未確定其法律地位時，則由捷克法院依捷克實體法之規定，確定其法律地位。」

❸　外國之監護、輔助宣告與內國之公共秩序善良風俗牴觸者，不承認之。德國最高法院於一九五五年十二月七日，關於承認瑞士法院對德國國民所為禁治產宣告之判決中，亦採此見解。見 IPRspr. 1954/55 no. 4; BGHZ 19, 240.

七八條第二項參閱），以免交易相對人陷於不測。在公告之方法及效力僅及於內國，而未普遍行於國際社會的情況下，如承認外國之監護、輔助宣告或禁治產宣告，而賦予其域外效力，如何使其與公告之機能配合，實為重要課題❸。

第六項　監護、輔助宣告之撤銷

受監護、輔助宣告之人受監護、輔助宣告之原因如已消滅，其個人之利益已無須為法律上之特別保護，否則將反而有害內國交易之公平與安全，故應再由法院以撤銷監護、輔助宣告之裁判，以回復受監護、輔助宣告之人被剝奪或限制之行為能力。由於撤銷監護、輔助宣告之訴之目的，乃在救濟或去除原來所為之監護、輔助宣告之法律效果，因此如監護、輔助宣告在內國為有效，無論是直接為監護、輔助宣告之裁判，或就外國法院之監護、輔助宣告為承認，均得為之，惟亦僅在內國發生撤銷監護、輔助宣告之法律效果而已。

涉外監護、輔助宣告的撤銷條件，乃是不具備原宣告之原因，由於我國法院之為監護、輔助宣告，須以依受監護、輔助宣告之人之本國及中華民國法律，同有為監護、輔助宣告之原因為要件，故只要得對外國人為監護、輔助宣告之原因消滅，無論是依該二國之規定同有撤銷監護、輔助宣告之原因，或僅依其本國或我國中之一國之法律，為監護、輔助宣告之原因已消滅，我國法院似均得撤銷監護、輔助宣告❸，換言之，撤銷監護、

---

❸　英美法上認為外國法院所為有關能力之宣告或判決，如為內國法上所未規定者，除法律另有規定者外，不承認其效力。所以在其只對精神異常者為監護、輔助宣告的情形下，大陸法系國家對於浪費、放蕩者 (spendthrift, prodigality) 所為之監護、輔助宣告或其他類似宣告，一概不予承認。此種因外國法院之裁判而生之外國能力地位 (foreign status)，在英美法院只得以「事實」之地位予以斟酌而已。但在大陸法系國家，則不問內國法上是否有相同之制度設計，概以一般承認外國法院裁判之原則決定之。二〇〇〇年海牙成年人之國際保護公約第二十二條規定，締約國之機關所為之措施，除有該條第二項所定得不予承認之情形外，其他締約國均應依法承認其效力。

輔助宣告之要件，似應得選擇適用受監護、輔助宣告之人之本國法及我國法律，只要依其任何一國之法律得撤銷，即得撤銷之。

第五節　法　人

第一項　緒　言

法人是指自然人以外，由法律所創設，而得為權利及義務主體的團體，所以外國法人也是外國人的一種。國籍在國際私法上也是作為區別內、外國法人的標準，無論法人是出於法律的擬制或對於既存的團體的社會機能的承認，確定法人國籍的目的，並不在建立與本國間的忠順關係，但法人之國籍在我國，至少在下列情形仍具重要性：一、內國法律上或國際間之條約或協定對於當事國之法人，設有互惠性的租稅減免措施時；二、法人依國際公法，尋求其本國為外交保護時；三、外國人不得取得內國土地所有權的限制，對外國法人亦有其適用。

在國際私法上，通常法人國籍的最重要價值，是在認定該法人究為內國人或外國人。例如我國新涉外法第十四條規定：「外國法人之下列內部事項，依其本國法」，第十五條規定：「依中華民國法律設立之外國法人分支機構，其內部事項依中華民國法律」，此等規定之適用範圍，均僅以不具我國之國籍者為限。

關於法人國籍之判定標準，有認為法人應統一認定其國籍者，有堅決否認法人國籍之存在者，也有認為應依其法律關係之性質，為個別之認定者。目前各種有關認定法人國籍的主要理論，均與法人本質之理論有關。

---

❸❹　江川英文，《國際私法》（東京：弘文堂，昭和五十七年二月改訂版八刷），頁85，認為法院在禁治產人之本國法與內國法同認有撤銷禁治產宣告之原因時，方得撤銷之。在我國法上，如認為新涉外法第十二條第一項只是有關涉外監護、輔助宣告管轄權之規定，其要件及效力之準據法為我國法律，則似得以我國法律為撤銷監護、輔助宣告之要件及效力之準據法。

控制說主張依實際控制法人之運營之自然人之國籍，決定法人國籍，與法人否定說認為法人只是假設的主體，實際上並不存在之見解，可謂表裡相依。設立準據法說認為法人的國籍，應屬於制定其所據以創設之法律，即其設立準據法之國家，與法人擬制說認為法人係國家以特許方式，賦予權利能力的擬制的人，其乃依法律之規定而成立，借助國家之公權力而有其權利能力之見解，若合符節。就法人之住所，以其設立地為準者，也是源於法人擬制說。住所地說主張法人之國籍，應依其本身之住所地，即主事務所所在地或營業中心（主營業所）地決定，此與法人實在說承認法人是社會現象中的獨立實體，法律地位與自然人相仿之見解，在觀念上實屬一致。

上述諸說中，設立準據法說雖有容易判別之便，但因法人之發起人之所以依某國之法律設立法人，往往只是為規避其他對其不利之國家之法律，故從法人之資金、營業中心等實質因素觀之，該國未必具有賦與其國籍之真實關連關係。控制說在戰爭時期藉由股東、董事或其他實際控制法人運營者之國籍，決定是否為敵國法人，在承平時期亦以之為判別內、外國法人之標準，以便決定給予何種待遇，乃是比較有利於內國之標準，但其須揭開法人之人格面紗 (piercing the veil or penetrating the screen of legal personality)，直指幕後出資之人，無異否認法人之人格，故實用價值有限。住所地說重在發現法人客觀之所在地，所以主張應以章程已記載，而不易掩飾之董事會與會員大會所在地，或法人之主要業務之經營地為其住所地，並認法人有該地所屬國之國籍，惟如法人變更住所，其國籍即隨之變更，似與國籍之本質相違。

法人究竟具有何國國籍之問題，與自然人相同，應由各相關國家之法律自行認定之，一國之法律僅得規定法人是否具有該國之國籍，不得認為某一法人是否具有其他國家之國籍❸❺。我國法律所應規定者，應是法人在

---

❸❺　法人的國籍也有積極衝突與消極衝突的現象。例如法國關於法人的國籍，採住所地主義，英國採設立準據法主義，設有某法人依法國法設立，在英國有住所，則其既非法國法人，亦非英國法人；如該法人係依英國法設立，在法國有

何種條件下，得取得我國之國籍，至於法人是否具有外國國籍，則應由該外國之法律認定，該外國法律如何規定，乃其主權行使之內容，我國法律實無權過問。就我國國籍之認定言，由於法人之國籍並非基於對國家之忠順關係，而係為法律適用之需要而承認之，故我國法律不妨因個別法律的目的，而採用不同的標準。例如就公法關係而言，採取較寬鬆之認定標準，擴大我國法律之適用範圍；就私法關係而言，如有必要確定法人之國籍，在無法律之明文規定可據的情形下，為避免我國法律介入無利害關係之糾紛之處理，似宜兼採住所地說及準據法說，採取較嚴格之認定標準，即以依我國法律設立登記，並在我國有住所之法人為限，承認其為我國法人（參照我國民法第二十五條、第二十九條、第三十條、第四十八條第二項及第六十一條第二項等規定）。

第二項　法人之屬人法

屬人法是指附隨於當事人，無論當事人身在何一法域，有關其個人之法律關係，包括人之能力及身分等問題，所應適用之法律。目前各國在法律上均已普遍設有法人的制度，並認法人在法律上享有幾乎與自然人相同的人格，但在法律的細部設計上，各國規定仍有若干差異。法人的屬人法究應以何種連結因素決定，立法例上主要有下列各種見解：

一、設立準據法主義

設立準據法主義認為法人之人格乃是法律所創設形成者，故其人格之存否、範圍及其他屬人法決定之事項，均應依其所據以設立之法律決定之。例如在祕魯依祕魯法律所設立之法人，無論其營業中心係在何處，其屬人法即為祕魯法，該法人之一般權利能力或人格之存在與否，及其內部組織與一定範圍之對外關係，即均應依祕魯法律決定之。英、美二國因傳統上採法人擬制說 [36]，乃此項主義之倡議者。受英美法之影響而同採此項主義

住所，則其同時具有英國及法國之國籍。

[36]　英國判例可溯至 Dutch West India Co. v. Henriques Van Moses (1724), 1 Strange

者，尚有菲律賓、前蘇聯、巴西、瓜地馬拉、古巴及祕魯等國家。晚近在國際私法的立法上直接明定此項主義者，可以祕魯國際私法為代表 **㊲**。

二、主事務所所在地法主義

此項主義又稱為總部主義 (doctrine of siège social) 或控制中心地法主義 (law of the place of central control)，有時也被稱為住所地法主義，是大多數成文法國家的法律所採之原則 **㊳**，大陸法系國家與英美法系國家所締結之條約，亦不乏採用此項主義者 **㊴**。持此說的德國學者認為因法人無國籍，亦無住所及居所，故其屬人法僅得以類似此等連結因素之「本據地 (Sitz)」，即法人行為的中心點斷定之。德國法上的「本據地」在法國法上稱為「總部 (siège social)」，是指控制法人之地，即法人的主要管理地，或其成員的

612. 美國判例參見 Bank of Augusta v. Earle, 38 U.S. 519 (1839).

㊲ 祕魯一九八四年新國際私法（民法第Ⅰ編）有下列規定：

1.第二○七二條：「外國、其他外國公法人及依拘束祕魯之國際條約而成立之國際公法人，得依祕魯法律在內國取得權利、負擔義務。」

2.第二○七三條：「一、私法人之存在及其行為能力，依其設立地國之法律。二、於外國設立之私法人在祕魯當然被承認，並有完全之行為能力以偶然或個別行使與其目的有附屬關係之權利及起訴。三、於內國境內為其設立目的之經常性行為者，依祕魯法律之規定。四、被承認之外國法人之行為能力，以內國法人依祕魯法律所享有者為限。」

3.第二○七四條：「應適用不同法律之法人間之合併，依各該不同之法律；但合併發生在第三國者，依合併地國之法律。」

㊳ 歐盟成員的國家中，比利時、法國、盧森堡、葡萄牙等國即採此項主義，但義大利及荷蘭則採設立準據法主義。

㊴ 一九四○年蒙特維地奧國際民法公約尤為此項立法例之代表，其規定如下：

第三條：「國家與其他外國之公法人，於他國境內得依該他國之法律，有其能力。」

第四條：「一、私法人之存在及其能力，依其住所所在地國法。二、私法人依其被賦予之性質，得完全有效於其被設立國以外之地區，行使與其適切、相關之行為及權利。三、私法人之設立章程所規定之經常性執行行為，依其計劃於當地執行該行為之國家之法律。四、本條規定於民事團體，亦適用之。」

活動地。蓋此地為法人生活的重心，舉凡董事、監察人集會或其他重要會議均在此地召開，大部分與第三人間之法律行為，亦在此處完成，為保護社會交易安全，應以該地之法律為法人之屬人法。例如總管理處設於宏都拉斯之法人，依此項主義，無論其係依據何國法律所設立，均以宏都拉斯法為該法人之屬人法。

三、營業中心地法主義

此項主義是早期法國學者所採，主要是認為法人之屬人法，應依其主要營業地 (lieu d'exploitation) 之法律。營業中心地與管理中心地不同，是指對外營業行為的重心，或主要人力之集中地，例如採礦之礦場、對木材加工之鋸木場或生產成品或半成品之工廠。此項主義的理由，是認為法人的行為地，並不在其董事會集會並決定如何管理之處所，或其股東或其他成員之集會地，而是其真正的生產行為進行之地點。此項主義推翻法人之頭腦在管理中心的見解，認為不應過度高估董事會的智慧與秉賦，而應重視技術及研發部門之參與及貢獻，並以其為法人神經中樞之所在。

前述各項主義中，目前較重要的是設立準據法主義及主事務所所在地法主義。設立準據法主義比較容易確定屬人法，且使設立人或法人擁有選擇準據法的自由與彈性❹，此項特性對法人本身通常利大於弊，但若無限制則可能造成規避其本據地的法律，對當地的競爭者形成不公平的現象 ❹。

---

❹　法人設立的準據法如為單一國家的法律，在認定上較無困難，但如法人是以二國以上之法律，為其設立之準據，其設立準據法之認定即有疑義。例如蘇伊士運河公司 (Suez Canal Co.) 之董事會設在巴黎，公司的財務帳冊係在巴黎保管，股利在巴黎發放，運河由巴黎方面指示其派駐之法國工程師管理，公司在形式上亦受法國法律規範，但公司在事實上及法律上，仍難謂係不折不扣之法國公司。蓋實際上公司之設立人係為開鑿蘇伊士運河，而設立該公司，由於運河位於埃及，故其乃透過埃及總督，向鄂圖曼土耳其皇帝請求頒發敕令，並依其所定條件設立公司，在埃及政府係土耳其帝國允許設立，而公司係受埃及管轄的情形下，亦可認其為埃及公司。

❹　發起人之所以選擇在某國境內營業，卻依其他國家之法律設立法人，無非是其

主事務所所在地法主義使法人的屬人法較符合實際❷，但由於本據地可能前後不同，究竟以何者為準非無問題，再加上各國對於本據地的認定標準，並非完全一致，解釋上仍可能發生認定的結果互相衝突的現象。因此晚近的學說趨勢已經認為，法人在某國境內有主事務所，且係依該國法律設立者，固得以該國法律為法人之屬人法，其他情形尚不能純依設立準據法主義或主事務所所在地法主義，決定法人的屬人法。

第三項　我國現行規定之析論

我國涉外法就自然人之屬人法，係採本國法主義，以國籍為連結因素，但關於法人的屬人法，舊涉外法第二條規定：「外國法人，經中華民國認許成立者，以其住所地法為其本國法。」此一規定採住所地法主義，且僅就外國法人予以規定，並以經中華民國認許成立為條件，漏未規定中華民國法人及未經中華民國認許成立之外國法人之屬人法，且依中華民國法律設立之中華民國法人，依法理以中華民國法律為其本國法，即採法人之設立準據法主義，二者根據的原則並不相同。為填補上述缺漏，並使內、外國法人的屬人法均可依相同原則予以決定，新涉外法第十三條乃統一採法人之設立準據法主義，規定為：「法人，以其據以設立之法律為其本國法。」

自然人的本國法基本上是依其國籍而定，但法人是否應有國籍及法人

營業地之法律，對債權人及出資人所負之責任較重，營業之限制較多，行政機關之監督較嚴，設立之成本較高等因素，此時依此項主義，仍應以設立準據法，為法人之屬人法，似非妥當。此項缺點雖可因在內國法上，規定法人依內國法律設立者，以在內國有真實之營業中心者為限，而有所改進，但對依外國法律設立者，仍須進一步謀求對策，故相較於以真實本據地判斷法人之屬人法者，此項主義並非妥適。

❷ 法人的本據地通常是依客觀的情形認定，有時法人的設立章程中也有指定法人本據地的明文，法律也可能設有推定其本據地所在地的明文。如遇有法人本據地之指定，純屬偶然或係為詐欺而指定，而法人另有其真實之本據地時，即應以真實之本據地為準。關係企業的子公司如受母公司之控制，原則上即以母公司之本據地，為其本據地。

國籍究應如何認定，在各國法律上仍有諸多疑義。新涉外法第十三條規定法人之「本國法」，主要在說明法人亦有屬人法，其屬人法之名稱為「其本國法」，其規範之目的，在說明法人的本國法的認定標準，不在法人的國籍究竟為何國，而在更具體的問題：其據以設立之法律為何？此一規定使法人的本國法與法人的國籍脫勾，其目的更不在規定法人的國籍究應如何認定。新涉外法第十三條之所以需要規定法人之本國法或屬人法，乃因法人的某些事項，在國際私法上應依其本國法或屬人法而定。

就人之屬人法，在自然人固採本國法主義，在法人亦不例外，只是法人為避免因法人國籍確定之困難，影響法律適用之安定性，新涉外法第十三條乃直接規定以其「據以設立之法律」，為其本國法。換言之，原應依法人國籍決定之本國法，此時即使在國籍之判斷並無困難，法院亦不得直接適用其有國籍之國家之法律，而應以其「據以設立之法律」為其屬人法。因此本條不得解釋為有關法人國籍之規定❸。職是，條文中「本國法」一

---

❸　1.有些國家避開法人本國法主義之問題，以屬人法為有關法人屬人事項之準據法，其關於法人屬人法之認定即相對較具彈性，較明顯的例子是匈牙利一九七九年國際私法第十八條的規定：「一、法人之權利能力、經濟資格、個人之權利及會員關係，依其屬人法。二、法人之屬人法為其註冊登記地國法。三、法人依數國之法律註冊登記，或依其主事務所所在地之法律無需註冊登記者，以其章程所指定之主事務所所在地之法律，為其屬人法。四、法人之章程未指定主事務所，或指定數主事務所者，以其管理中心所在地法，為其屬人法。五、法人分別註冊登記之分公司或工廠之屬人法，為該分公司或工廠之註冊登記國法。」

2.立法例中也有未直接規定法人之屬人法，而重在規定外國法人之地位或國籍之決定標準者，例如：

(1)布氏法典

第十六條：「團體及財團之根源國籍，依許可或認可國之法律決定之。」

第十七條：「社團（組合）之根源國籍，為其設立國之國籍，如依其地之法律，以登記或登錄為必要時，則必須為之。」

第十八條：「非股份公司之民事商事或工業等公司，以其章程所定之國籍為國籍，如章程上缺此種規定時，通常以主事務或監督所行地之國籍為其

詞，實際上乃法人之屬人法之意。故我國表面上就法人之屬人法，雖仍採本國法主義，實際上已改採與自然人不同之設立準據法主義。

　　在確定法人的本國法或屬人法的決定標準之後，為確定法人的何等事項應適用法人的本國法或屬人法，新涉外法第十四條乃規定：「外國法人之下列內部事項，依其本國法：一、法人之設立、性質、權利能力及行為能力。二、社團法人社員之入社及退社。三、社團法人社員之權利義務。四、法人之機關及其組織。五、法人之代表人及代表權之限制。六、法人及其機關對第三人責任之內部分擔。七、章程之變更。八、法人之解散及清算。九、法人之其他內部事項。」由本條第九款的規定可知，法人之本國法或屬人法之主要適用範圍，乃該法人之內部事務 (internal affairs)，其具體內容本應由法院於個案之中分別決定，但第一款至第八款仍為例示性之規定，

國籍。」

第十九條：「股份公司，以其章程所定之國籍為國籍，如章程上缺此種規定時，依股東總會之通常召集地法，否則，依董事會之所在地法。」

第三十二條：「法人之性質及許可，依屬地法定之。」

第三十三條：「除前數條所規定之限制外，行政團體之權利能力，依其設置認可之法律；財團之權利能力，於本國法上必要之場合，依主務官廳認可之設立章程；又社團（組合）之權利能力，依於同一條件之章程。」

第三十四條：「於同一之限制內，民事商事或工業等公司之權利能力，依關於公司契約之規定。」

第三十五條：「已消滅之法人，其財產之歸屬，除章程、捐助章程或現行公司法規中，有特別之規定外，依屬地法。」

(2)前南斯拉夫一九八二年國際私法(內外國間就特定事項之法律規定衝突之解決法)

第十七條：「一、法人之國籍，依其設立國之法律。二、法人於其設立國以外之國家有實質本據，而依該其他國家之法律有該其他國家之國籍者，視為該其他國家之法人。」

(3)前東德一九七五年國際私法

第八條：「企業之權利能力及法人之認許，依規定其法律地位之國家之法律。」

以期適用之便利。

法人在不同國家設有分支機構時,其本國法或屬人法究應為單一法律或就各國之機構個別予以認定,亦為國際私法之重要問題。對此,新涉外法採個別認定主義,於第十五條規定:「依中華民國法律設立之外國法人分支機構,其內部事項依中華民國法律。」例如外國公司經中華民國政府認許而設立在中華民國之分公司,即為外國法人依中華民國法律設立分支機構之情形,該分支機構在法律上雖仍為該外國法人之一部分,其設立卻是該外國法人在中華民國境內營業或為其他法律行為之必要條件,實務上並有直接以其為權利主體或行為主體之例,故亦有必要就該分支機構,單獨決定其內部事項應適用之法律。此等分支機構性質上固非屬於中華民國法人,但因其乃依據中華民國法律設立,關於該分支機構本身之內部事項,自宜適用中華民國法律。

新涉外法第十五條適用的範圍,僅限於外國法人在內國之分支機構依同法第十四條所定之內部事項,如為該分支機構之外部事項或對外法律關係(例如與第三人訂定契約所生之問題等),因該外部事項或對外法律關係另有其應適用之法律,即非本條之適用範圍。至於外國法人依內國法律設立另一內國法人之情形,例如外國公司轉投資而依中華民國法律設立中華民國之子公司等,其內部事項乃具有單獨人格之該中華民國法人(子公司)本身之問題,雖應依中華民國法律予以決定,但其乃因中華民國法律依同法第十三條為其本國法之故,而非適用本條之結果。

※關於本節,其詳可再參閱:陳榮傳,〈法人屬人法之研究〉,《軍法專刊》,第四十二卷第一期(民國八十五年一月);陳榮傳,〈外國公司的保證能力〉,《月旦法學雜誌》,第十五期(民國八十五年七月)。

第三章　法律行為之方式及代理

第一節　法律行為之方式

第一項　緒　言

　　法律行為是否成立生效，及成立生效後之法律效果之問題，乃一體之二面，前者為法律行為有效性 (validity) 問題，後者為效力 (effects) 問題，我國新涉外法有時統稱為法律行為之「成立及效力」，並適用單一準據法（第二十條第一項、第二十一條第一項、第二十二條第一項、第六十條），有時將「成立」及「效力」分別規定其準據法（第四十六條、第四十七條、第五十四條第一項、第二項），有時針對屬於其「成立」之「方式」問題，另外單獨規定其準據法（第十條第一項、第四十五條第一項但書、第四十六條但書、第六十一條）。

　　法律行為依其所涉法律關係之性質，可分為身分行為與財產行為，在我國新涉外法中，前者又可分為親屬法及繼承法上之法律行為，後者又可分為債權行為、物權行為、準物權行為、票據行為等。國際私法上有關法律行為「成立」準據法之規定，例如物權行為依物之所在地法（第三十八條）、債權行為可依當事人意思決定之法律（第二十條），身分法上之法律行為原則上依當事人之本國法等（第四十五條以下），主要都是針對實質要件而設計。因此有關意思表示的各項問題，例如系爭意思表示應於何時生效、發生何種效力、應依何種方式解釋，可否被視為要約、要約誘引、承諾等問題，均由各該法律行為之「成立」之準據法決定。此外，該法律行

為之標的應具備之要件、是否得附條件或期限及其效力、是否得代理及其效力等問題，亦應適用同一準據法。

目前各國就某一法律行為是否須具備一定之方式，即是否為法定要式行為？如須具備一定之方式，其方式為何？法律行為未具備法定之方式者，其效力如何？就法律行為當事人約定以一定之方式為必要者，即意定要式行為，未具備該方式者其效力如何？等問題，規定均未一致，因此在國際私法上亦有決定其準據法之必要。

第二項　法律行為方式準據法之決定

一、場所支配行為原則

「場所支配行為 (Locus regit actum)」是法則區別說的重要原則，其意義相當於「入境隨俗」，是指於某地發生之法律關係，應依當地之法律決定。此項原則適用之範圍，原相當廣泛，自十六世紀以降，即已減縮至方式之問題，至於其理論根據，大致可分為下列各說：

㈠法則區別說

此說主張法律關係之發生，可分為屬人、屬物、屬行為三種，並各異其應適用之法律；凡發生法律行為問題時，不論其為方式問題或實質問題，均依其行為地法為準。此說從法則區別之角度說明法律適用之理由，有過於簡單之嫌，且法律之有關人者，亦常兼及於物，有關行為者亦然，純人、純物、純行為之規定較為罕見，曖昧不明之處，所在多有。法則三分之說發生動搖後，此說亦已失其有力之依據。

㈡主權說

此說認為法律為一國主權作用之結果，故凡在行為地國為法律行為者，不得不服從其地之主權，故方式問題必須依行為地法。此說過度強調國家之領土主權，如貫徹其主張，則所有法律行為即均須依行為地法決定，但實際上就許多身分或財產行為，並不宜依行為地法決定，顯見其立論並非適當。

(三)證明手段說

此說認為法律行為之方式，原為確定當事人之意思表示，並為日後有所證明之用，而證明最為便利者，即為行為地法。此說雖非無見，但與法律行為之證明有密切關係者，除行為地法外，至少尚有履行地法，厚彼薄此，難謂妥當。

(四)各國默認說

此說認為法律行為之方式依行為地法之原則，乃各國法律所共採，故各國均默認依行為地法之方式者，應承認其效力。但實際上各國承認該原則之程度仍有不同，故以假設各國均完全接受該原則之立論為依據，仍非妥適。

(五)任意服從說

此說認為法律行為之方式，所以應依行為地法者，乃因推定當事人有服從行為地法之意思，故為尊重當事人之自由意思，無論於何國均須認其為有效。但有時當事人之所以在某地為法律行為，乃是偶然決定，並無服從行為地法之真正意思，甚至更有依其他法律決定之意思，故此說有武斷之嫌。

(六)便宜說

此說認為內外國人交往頻繁後，內國人至外國為法律行為或外國人在內國為法律行為，均屬常態，此時如均依當事人之本國法決定法律行為之方式，實際上並非適宜，而依行為地法決定，非僅便利，亦切合實際需要，故較妥當。

上述各說，便宜說最為適當。但採用「場所支配行為」之原則者，其適用情形尚可歸類為強制適用及選擇適用二類，容於次項再予說明。

二、債權契約方式準據法之決定

法律行為方式之準據法之爭議，最常發生於債權契約之成立問題。各國法律關於何種債權契約應為要式契約、其方式之種類如何，以及不具備法定方式或約定方式之契約，應發生何種法律效果等問題之規定，並非完

全一致，其準據法之決定大致有下列二說：

㈠行為地法主義

此項主義認為「場所支配行為」原則，應強制適用於債權契約，蓋債權契約是「出生」於當地者，邏輯上認為契約之方式當然應依當地之法律，故將此原則視為強行性規定。英國採用此說之歷史相當悠久，早期阿根廷、智利、哥倫比亞、古巴、瓜地馬拉、宏都拉斯、伊朗、荷蘭、西班牙等國，均採此說。如以前述之便宜說為據，由於內、外國人在外國為法律行為者有之，在內國為債權契約之簽訂者亦有之，於此情形，若必強當事人依其本國法或住所地法所規定之契約方式，以成立契約，則於當事人異其國籍時，契約勢難成立，對當事人言誠屬不便；且當事人於某地訂立契約，似亦應享有自由以接受當地律師所建議之當地法律所規定之契約方式，方屬公平合理。

㈡行為地法與本案準據法選擇適用主義

此項主義認為「場所支配行為」原則，僅得「選擇適用」於債權契約之方式問題，即將此項原則之適用範圍加以限制，認為僅得在有利於當事人時適用而已。此說早期視「場所支配行為」之原則之限制為例外，故規定契約之方式原則上應適用訂約地法，但如符合該契約之準據法之規定，亦為有效；後來則視其限制為原則，故規定契約之方式原則上應適用契約之準據法，但如符合其訂約地法之規定，亦為有效。此說使訂約地法對於債權契約之方式之問題，僅在依契約之準據法之規定方式不具備時，始得適用之，即將此項原則視為僅具選擇或容許之功能 (optional or permissive function)。各國在二十世紀前半葉的立法例及實務見解，大多採此說，例如德國、奧地利、捷克、義大利、波蘭、瑞典、挪威、日本、匈牙利、法國等均是。

此項主義之立論根據，是認為如以行為地法，為債權契約方式唯一應適用之準據法，有時反而會導致不便利與不公允，蓋行為地出於偶然，與債權契約無實質牽連關係時固所在多有，而行為地不確定或難以確定時也非絕無，舉例言之，兩中國人在韓國簽訂一表演契約，表演地點在臺灣，

倘僅因該兩人前往首爾參加亞洲影展偶然相遇於該地，遂於該地簽約，則此簽約地純出偶然，與契約實質內容毫無關聯，此時若以訂約地法為關於此涉外契約之方式唯一應適用之準據法，則顯然有失公允與合理；再者，如兩日本人在國家密集之西歐地區，乘夜快火車旅行時訂立契約，則簽約地究為何國亦難確定。往昔之所以以行為地法為債權契約方式唯一之準據法，實因彼時行為地法也為契約實質要件準據法之故，現今契約實質要件之準據法，既已多改採當事人意思自主原則 (the doctrine of autonomy of the parties)，則關於契約方式之準據法，實無必要仍堅持以行為地法主義為強制之規定，使同一契約之方式及實質要件，分別適用不同之法律，造成依後者之準據法契約可有效成立，依前者之準據法未有效成立之跛行現象。

所謂行為地法與本案準據法之選擇適用主義，乃指關於契約之方式要件，可就契約之訂約地法及契約實質要件之準據法，選擇其中之一而予適用，適用其中之一若契約不能成立，仍可適用另一準據法，必須系爭契約之方式，不符合兩者中任一準據法之成立要件者，該契約方不能成立。採用此項主義，可使涉外契約之方式要件易於有效成立，且以契約實質要件準據法兼為契約方式要件選擇適用之準據法，也較符合理論。

三、契約行為地法之確定

關於債權契約之方式，行為地法依前述至少乃為選擇適用之一準據法，而當事人之行為「地」之確定，乃是確定其行為地法的前提。由於債權契約有雙方當事人，各為一個意思表示，如成立契約之要約與承諾，均發生在同一國家或法域，此時決定該契約之法律行為地尚非難事；惟如其不在同一國家或法域發生時，其契約行為地之確定即非無困難。因為兩造當事人於不同法域為意思表示，其「隔地契約」即有不同之行為地，例如在美國加州之美國人甲，向在臺北之我國國民乙為締結買賣自行車契約之要約，經後者為承諾之意思表示者，該買賣契約之行為地有我國及美國加州兩地等是。於此情形，究應以其中何一法域為行為地，不易決定，學者之見解亦異，約可分為下列數說：

㈠行為完成地說

採此說者以為契約雖由要約與承諾兩個意思表示之合致而成立，但要約僅係以締結契約為目的，而喚起相對人承諾之一種意思表示，其本身尚非完成契約之行為，故要約地不得視為行為地，而承諾既係答覆要約之同意的意思表示，同時契約也因要約相對人之承諾而成立，故承諾乃完成契約之行為，從而應以承諾地為行為地。

此說以為承諾乃完成契約之行為，故以承諾地為行為地，用以解決隔地契約行為地之問題，雖屬簡明易行，但理論上實不無瑕疵。因為嚴格言之，承諾地僅得視為作成承諾意思表示地，至於其是否也屬完成契約行為地，則端視該承諾意思表示於何時在何地發生效力而定，故如對承諾意思表示之發生效力，係採發信主義者，承諾地雖仍可視為完成契約之行為地；但如對承諾意思表示之發生效力時期採達到主義者，則於該承諾之意思表示達到要約人時始發生效力，換言之，此時承諾發生效力之地之契約完成地，實係要約人為要約意思表示之地。

㈡一方行為地說

此說認為契約既係由要約與承諾兩個意思表示合致而成立，則為各個意思表示地均可視為各該法律行為之行為地，從而關於要約之方式應依要約之行為地法、關於承諾之方式應依承諾之行為地法。此說實際上是併行適用二個準據法，其將原為單一概念之契約割裂為二個部分，而就此二部分個別確定其方式之準據法，不僅忽略契約為整體行為之概念，且其所確定之各個行為地，僅能稱為要約或承諾之行為地，而非契約之行為地，故非可採。

㈢雙方行為地說

此說認為契約雖係由要約與承諾兩部分所構成，但契約一經成立，則其本身為一整體之行為，故關於其方式要件，不得將整體割裂而就各個部分為分別觀察，而必須就整體為全部之衡量，衡量之標準即累積適用要約地與承諾地兩地之法律，以觀察其是否符合兩地法律所規定之方式要件。由於重疊適用兩個準據法，必使法律行為方式較難成立，此說經修正後乃

認為，僅以兩行為地法中，規定契約方式較嚴之一地之法律為應適用之法律，他地之法律雖亦為行為地法，但因其規定之契約方式較寬，而被較嚴之一地之法律所吸收，故無須適用。例如要約地之 A 國法律規定某特定債之契約應經公證機關之公證，而承諾地之 B 國法律只規定該契約應為書面，此時因要約地 A 國法律關於契約方式之規定較嚴，即以 A 國法律為應適用之法律。

修正後之雙方行為地說，雖仍承認要約地與承諾地皆為行為地，但僅適用規定方式較嚴之一方法律，比較前此累積適用兩地法律之情形，已較進步，但現今立法趨勢已將行為地法主義由絕對強行性改為相對任意性，甚至採二準據法之選擇適用主義，以使契約易於成立，故雙方行為地說仍不如承認雙方行為地皆為契約行為地，並採二準據法之選擇適用主義。

㈣要約地說

此說認為要約不論係對特定人抑不特定人為之，其行為地常屬確定，而相對人為承諾時，幾無不知要約通知地者，其既自願與要約人締約，自應以要約通知地法為契約方式之準據法。此外，要約乃契約成立之前提，又為構成契約不可缺之部分，為適用法律簡便計，亦應以要約通知地視為契約行為地。蒙特維地奧公約及我國舊涉外法第六條第二項，對確定契約實質要件準據法行為地法均採之。

㈤承諾地說

關於隔地契約，英美法系國家主張以承諾地為契約訂立地，因為英美法系國家對非對話之意思表示，係採發信主義，要約相對人將其承諾之意思表示置於自己實力支配範圍以外，而藉通常可傳達意思表示之方法而為傳達時，其契約即已生效，而不問該承諾之通知是否到達要約人或要約人是否知悉該承諾之通知。本說就英、美等國家而言，可確保符合其契約之理論，法律適用上也有簡單明確之利。

以上各說，在無國際條約統一各國規定前，各國固得任擇一種以為適用之準則；但方式在法律行為上之重要性，既已今不如昔，為利於契約之成立起見，似以採雙方行為地說為妥。

第三項　我國現行規定之析論

關於法律行為之方式之準據法，我國新涉外法第十六條就一般法律行為設有基本規定，並針對票據行為（第二十一條第三項）、物權行為（第三十九條）、婚約（第四十五條第一項但書）、結婚（第四十六條但書）、遺囑及其撤回（第六十一條）等特定行為，設有特別規定。前二者為財產行為，後三者為身分行為，此處僅就一般法律行為及前二者予以說明。

一、一般法律行為之方式

第十六條規定：「法律行為之方式，依該行為所應適用之法律。但依行為地法所定之方式者，亦為有效；行為地不同時，依任一行為地法所定之方式者，皆為有效。」此一規定係採行為地法及本案準據法選擇適用主義，肯定「場所支配行為」之原則對於契約之方式之作用已漸式微，而且原則上應適用法律行為本身之準據法，行為地法僅在有利於法律行為之成立的情形下始有適用餘地，以符合國際私法發展之趨勢❶。惟適用本項時仍有下列問題值得注意：

1.新涉外法第十六條的適用範圍，是所有「法律行為之方式」，性質上屬於普通規定，故同法於其他條項對於特定之法律行為，設有其方式之準據法之規定者，即應適用該特別規定。身分行為的方式多與身分關係的明確安定有關，其行為的性質與財產行為不同，關於婚約（第四十五條第一

---

❶　一九七〇年以後之國際私法立法例，就法律行為之方式之準據法之規定，大致可分為三類：一、以適用法律行為實質要件（效力）準據法為原則，適用行為地法為例外，如日本一九八九年舊法例第八條、匈牙利一九七九年國際私法第三十條、奧地利一九七八年國際私法第八條、前東德一九七五年國際私法第十六條。二、法律行為實質要件（效力）準據法與行為地法選擇適用主義，如瑞士一九八七年國際私法第一二四條、祕魯一九八四年民法第二〇九四條、前南斯拉夫一九八二年國際私法第七條、土耳其一九八二年國際私法第六條。三、未規定方式問題，而適用法律行為實質要件（效力）之準據法者，如中國大陸一九八七年民法通則、二〇一〇年涉外民事關係法律適用法。

項但書)、結婚(第四十六條但書)、遺囑及其撤回(第六十一條)等行為之方式,本法也予以特別規定,並不當然適用本條。在財產行為中,物權行為之方式在第三十九條已有明文規定,且可類推適用於準物權行為;票據行為之方式則已明定於第二十一條第三項,故第十六條規定之主要適用範圍,應係債權行為及其他未設明文規定之法律關係。至於當事人意思表示之效力,非基於其效果意思而發生,而是法律之明文規定者,例如宥恕、通知、催告等行為,雖非法律行為,不得直接適用本條,但其乃準法律行為,仍應類推適用之。

2.系爭是否為法律行為之方式問題,直接涉及是否得適用新涉外法第十六條之規定,乃是定性問題的範圍。法律行為之「方式」包含甚廣,諸如契約成立之方式以口頭為已足,或須以書面或其他方式為之;如須訂有書面,特定文字、簽名、蓋章、手印之使用;證人之在場;意思表示傳達之方式,例如是否以掛號郵寄或其他方式送達;乃至公權力機關之配合,例如文書之認證或公證、主管機關之許可、宣誓、將意思表示之內容登載於公文書等,均屬法律行為之方式。

3.本條規定法律行為之方式,原則上應依「該行為所應適用之法律」,即該法律行為之實質要件之準據法。但無論法律行為之實質要件或方式問題,均屬實體問題,而非程序問題。故法律行為之方式之準據法,應與證明其方式是否已具備之程序之準據法(即法院地法),嚴格區別之,而法律關係究竟具有何種性質,不應拘泥於相關規定所使用之文字,而應依其實質內容判斷之❷。

---

❷　例如一八九三年英國貨物買賣法 (Sale of Goods Act) 第四條規定,商品買賣之價金在十鎊以上者,須有書面,始得以訴訟程序為強制執行;法國民法第一三四一條規定,法律行為之標的價值逾一百五十法郎者,須經公證或訂有私人之書面,不得以人證為立證方法;英美法上有不得以口頭證據,推翻書面契約之內容之規定,即「口頭證據 (parol evidence)」法則。此等規定,均應視為有關法律行為之方式之規定。但在英美法上通常稱有關書面之規定為「詐欺法規 (Statute of Frauds)」,如法院地法有「詐欺法規」之規定,並將其規定視為有關是否得起訴的程序性事項,則依國際私法上「程序,依法院地法」的一般原

4.「行為地法」在契約而言，通常是指訂約地法，但如雙方當事人訂約時不在同一國家境內，即隔地的法律行為時，究竟應以要約或承諾為訂約之行為，頗有商榷餘地，如以要約地為訂約地，亦有究應以要約之發信地或到達地，作為行為地之問題❸。由於法律行為之方式及實質要件之準據法，在國際私法上原不必相同，且方式在法律行為上之重要性已形減少，為促使契約易於有效成立起見，宜採雙方行為地說，以可使契約方式有效成立之任一方法律為行為地法為宜。我國新涉外法本此法理，於第十六條但書規定：「但依行為地法所定之方式者，亦為有效；行為地不同時，依任一行為地法所定之方式者，皆為有效。」本條但書關於行為地法認定之規定，是延續原條文選擇適用法律行為之準據法及行為地法的原則，使各個行為地法關於方式的規定，也都能被選擇適用，擴大法律行為有效性的認定可能，以尊重當事人之意思自主。

5.關於契約方式之準據法，我國係採本案準據法及行為地法選擇適用主義，故如依本案準據法國法律，不具契約方式要件，契約不能有效成立，例如無效，仍可適用行為地法律。如依行為地法，該契約之方式可有效成立，自無問題；如依行為地法之規定，契約方式亦不能有效成立而係無效時，該契約即不能生效，也無問題；但如依該二準據法之規定，契約均不能完全有效成立，且二者所規定之法律效果不一致，例如一準據法規定為無效，另一準據法規定為得撤銷，此時應如何決定其效力，即有問題。學

則，而必須依法院地之「詐欺法規」。又法律行為之方式，是指該法律行為在私法上應具備之方式，不包括當事人之公法上義務之履行問題，故如法律行為之行為地法規定，當事人應於書面上黏貼「印花 (stamp)」，其法律行為始為有效者，在國際私法上，其書面上之未黏貼印花，不宜視為方式之不具備，即法律行為之效力問題，應與黏貼印花之問題分離，獨立判斷之。一九三〇年七月七日有關票據之印花稅法公約，亦採此項見解。

❸　此處之行為地是指實際之行為地而言，如當事人合意以某地為契約之行為地時，如當地之法律適為契約之準據法時，固無問題，如其非為真正之行為地，亦非契約之準據法時，應認為此項合意並無法產生決定契約方式之準據法之作用。

說上對此有行為地法說及本案準據法說，但基於準據法選擇適用主義之立法精神，及比照契約方式之成立要件，既係適用準據法之一如不成立，仍可適用他一準據法之情形以觀，則關於違背準據法之效果，實也應採同一之解釋為宜。申言之，即就兩準據法中選擇有利於契約方式成立之一方規定，以決定契約方式違背法律規定之效果。例如當事人未依任何方式締結一契約，本案準據法國法律對該契約採書面方式，對不遵守法定方式之契約，規定其為無效；而行為地國法律也規定該契約須依書面方式訂立，但對違背法定方式之契約，則規定為行為後三個月內得撤銷，於此情形，即應以行為地國法律決定其違背法定方式之效果，俾該契約仍有因除斥期間之經過，而確定的有效之可能。

二、票據行為之方式

關於票據上之權利義務，由於票據具有一定程度之流通性，權利人與義務人可能未曾直接接觸，且行使或保全票據上權利之法律行為，多需行為地相關機構之協助配合，其方式與行為地法關係密切，如依行為地之法律定其方式，較符合票據權利之本質。新涉外法第二十一條第三項（舊涉外法第五條第三項）依一般通例，規定「行使或保全票據上權利之法律行為，其方式依行為地法」，即是肯定此等行為與行為地法有特別密切之關係。此等法律行為之方式應專依行為地法，無適用新涉外法第十六條之餘地，故外國人在我國就外國之票據，提示、請求付款或作成拒絕證書，均應依我國票據法規定之方式為之。此外，其他使票據上法律關係發生或變更的票據行為，例如發票人之發票、背書人之背書、承兌人之承兌等，雖非該條項規定之範圍，亦應類推適用之，而以各該票據行為之行為地法為準。但票據行為與據以為該票據行為之原因行為或基礎關係，仍應區別，即票據行為應專依其行為地法❹，而其原因行為如係債權行為，則應適用

---

❹ 票據行為之行為地，有時也有跨連數國的情形，此際應以完成票據行為，即交付或發出票據之地，而非票據上所記載之簽名地，為票據行為地，但如何保護善意之執票人，仍屬重要之課題。

新涉外法第十六條規定。

三、物權行為之方式

　　物權之法律行為即物權行為，是指使物權發生得、喪、變更等變動的法律行為，例如設定抵押權或移轉自行車所有權等法律行為。由於物權行為的方式涉及物權的公示方法，無論不動產物權的登記、動產的占有、登記、公告或其他方法，均與該物權的內容及變動息息相關，該物權——準據法（通常為物之所在地法）所要維護的交易安全、公共秩序及經濟政策，也與該物權行為的方式密切相關，故物權之法律行為，其方式之問題，亦應依該物權所應適用之法律（新涉外法第三十九條）。

　　根據新涉外法第三十九條，關於不動產或動產物權之法律行為，其方式應依物之所在地法。例如移轉土地所有權之方式、或於土地設定抵押權之方式，均依該土地之所在地法來解決，但如只是約定未來將為特定之物權行為，而僅發生債之法律關係的債權行為，則不適用本條。因為本條如包括債權行為在內，有時當事人對物之所在地法並無所悉，其善意依行為地法規定之方式所為之法律行為，可能將無法有效成立，形成不合理之結果。如物權行為所變動的物權，是關於船舶之物權或航空器之物權，依同條規定應分別依船籍國法或航空器登記國法，定其方式的問題。如為準物權行為，其方式問題理論上應類推適用第三十九條，即應依該準法律行為所變動的權利的準據法，予以決定。

※關於本節，其詳可再參閱：劉鐵錚，〈法律行為方式準據法之研究〉，《當代法學名家論文集》（民國八十五年）。

第二節　法律行為之代理

第一項　緒　言

在私法自治的範圍中，各國法律對於無法獨立為法律行為之人，設有法定代理人，以代其為意思表示並受意思表示，對於有行為能力之人，通常也設有意定代理制度，使其在不便、不願或不能親自為法律行為時，得授與代理權給他人，使該他人代自己為意思表示並受意思表示，而將其法律效果歸屬於自己或由自己承受。關於上述代理的制度，目前各國法律的規定並不一致，從「代理」的定義、類型、適用範圍、授權行為的要件、效力、代理人的權限、無權代理或逾權代理的法律行為的效力、代理人應負之責任，到表見代理的要件及效力等，具體規定仍時有差異，故在國際私法上仍應規定其相關問題的準據法。

代理在民法上是一個單獨的民事制度，但就法律關係而言，則包含三個法律關係，即在本人與代理人間之法律關係（本人 ↔ 代理人）、在本人與相對人間之法律關係（本人 ↔ 相對人）、在代理人與相對人間之法律關係（代理人 ↔ 相對人）。此三方面的法律關係，在訴訟上均可單獨作為訴訟的原因，具體的訴訟個案通常也只是針對其中一方面的法律關係，而代理和作為訴訟標的之法律關係之間，有時也不易區別。再加上各國國際私法對於代理關係的觀察重點不一，其準據法之決定原則，在理論及實踐上也出現紛歧情況。

針對上述情況，國際統一私法協會 (UNIDROIT) 於一九八三年通過「國際貨物買賣之代理之公約」 (Convention on Agency in the International Sale of Goods)，嘗試歸納出國際通用之代理規則，而海牙國際私法會議亦於一九八三年通過 「代理準據法之公約」 (Convention of 14 March 1978 on the Law Applicable to Agency)，規定統一之國際私法規則，並已於一九九二年五月一日生效。我國舊涉外法對代理未明文規定其準據法，為使法律適用

趨於明確合理，新涉外法特分別就前述三面法律關係，明文規定其準據法
之確定原則。

第二項　我國現行規定之析論

關於代理之各國法律衝突問題，須先就具體法律關係予以界定，始得
尋求其解決之道。代理原可分為法定代理及意定代理，但法定代理通常是
另一法律關係之法律效果，例如 A 國人甲無完全行為能力，須置法定代理
人予以保護，其法定代理人之決定及權限，乃是甲不具完全行為能力的配
套設計或法律效果，故應依行為能力之準據法（依新涉外法第十條第一項
為 A 國法）決定之，故不再規定其準據法的問題。

意定代理的定義也有廣義及狹義，廣義者認為本人甲如透過乙，而與
相對人丙為法律行為，最後使甲取得由乙代為的法律行為的法律效果，即
為意定代理；狹義者認為乙必須為顯名代理，即必須以甲的代理人的名義
為之，不包含隱名代理，即乙以自己名義為法律行為的情形，且乙須確實
有代理權，而得將所為之意思表示及受意思表示的效力，直接歸屬於本人
甲。廣義的意定代理在學理上可分為直接代理及間接代理，前者即狹義的
意定代理，是代理人以本人的代理人名義為法律行為，使其法律效果直接
歸屬於本人；後者即隱名代理，是代理人以自己的名義為法律行為，法律
效果直接歸屬於自己，再依其與本人間的法律關係移轉給本人。如果強調
代理的顯名性及法律效果直接歸屬於本人的特質，隱名代理或間接代理並
非真正的意定代理，其三面法律關係在實體法上各自獨立，本人和相對人
之間並未直接發生法律關係，在國際私法上也只要分別探討其準據法即可，
亦無必要特別規定其衝突規則。新涉外法關於代理的衝突規則，即是以狹
義的或真正的意定代理為對象。

一、本人與代理人間法律關係之準據法

在本人與代理人之間，學理上稱為代理之內部法律關係，其具體內容
是以原因法律關係為主，但因代理權授與行為的法律性質特殊，學理上有

究竟是原因法律關係的效力之一部,或應屬獨立於原因法律關係之外的另一行為之爭議,在國際私法上亦發生是否針對代理權授與行為,單獨規定其準據法之問題。新涉外法就代理之三面法律關係,分別規定其準據法,第十七條首先就代理權授與之行為規定:「代理權係以法律行為授與者,其代理權之成立及在本人與代理人間之效力,依本人及代理人所明示合意應適用之法律;無明示之合意者,依與代理行為關係最切地之法律。」

本條所稱「代理權係以法律行為授與者」,是指意定代理而言,如為法定代理,即應依當事人間所據以成立法定代理的法律,例如父母為其未成年子女之法定代理人,乃是子女依其本國法為未成年,並依同一法律(其本國法)成立的法定代理關係,故其法定代理的成立及效力,應依該法律予以決定。此外,本條適用之範圍限於「代理權係以法律行為授與者」,如本人未授與代理權給他人,只是該他人本於基礎法律關係,應將其所得之權利移轉給本人,即使認定其為間接代理之法律關係,仍無本條之適用。

本條以「代理權」為核心,針對「代理權之成立」及其「在本人與代理人間之效力」予以規定,其中「代理權之成立」在代理權授與行為具有獨立性之法制中,即指代理權授與行為之有效成立而言,在其不具有獨立性之法制中,則指依原因法律關係之準據法已獲得代理權的情形。例如 A 國人甲(本人)和 B 國人乙(代理人)訂定委任契約,甲授權乙以甲的代理人的名義,代甲處分甲在 B 國之財產,此時甲、乙之間的委任契約為債權行為,固應依新涉外法第二十條以下之規定決定其準據法,但甲對乙的代理權授與行為,在我國應定性為該契約以外的另一法律行為,並單獨決定其準據法,但其準據法依本條規定,可能即為原因法律關係之準據法。

無論代理權授與行為之法律性質為何,其與代理權授與之原因法律關係,均密不可分,即使代理權授與行為為單獨行為,本人及代理人亦常可直接就其相關問題達成協議,且其成立對於雙方之利益均有影響,故應依本人及代理人明示之合意定其應適用之法律,以貫徹當事人意思自主原則。質言之,當事人如將其視為獨立之法律行為,可能為其明定其應適用之法律,此時基於當事人意思自主原則,即可依其明定之準據法,但如其不知

或不認為其具有獨立性，或雖知其為獨立之法律行為，但未明定其準據法，其關於準據法之明示依法無效時，則依與代理行為關係最切地之法律。

所謂「與代理行為關係最切地之法律」，乃是以「最切之關係」作為彈性之連結因素，應由法院就具體個案中之各種主觀、客觀因素及實際情形，比較代理行為及相關各地之間之關係，而以其中與代理行為關係最切地之法律，為應適用之法律。例如 A 國人甲（本人）授權在 B 國營業之 B 國人乙（代理人）處分甲在 B 國之財產，甲、乙未明示合意定其應適用之法律，則就甲、乙之間關於其授權之內容及範圍之爭議，B 國法律乃關係最切地之法律。

二、本人與相對人間法律關係之準據法

本人與相對人並未直接為法律行為，其間的法律關係是因為代理權之授與及代理人代為之法律行為而發生，乃是代理最主要的外部關係。關於其準據法，新涉外法第十八條規定：「代理人以本人之名義與相對人為法律行為時，在本人與相對人間，關於代理權之有無、限制及行使代理權所生之法律效果，依本人與相對人所明示合意應適用之法律；無明示之合意者，依與代理行為關係最切地之法律。」

本條之適用對象，是「代理人以本人之名義與相對人為法律行為時，在本人與相對人間，關於代理權之有無、限制及行使代理權所生之法律效果」，即以顯名代理為限，故如代理人乙並非以本人甲的代理人的名義，與丙為石化原料買賣的法律行為，而是冒充甲的名義，或以自己的名義為之，均無本條的適用。本條適用的範圍，限於「關於代理權之有無、限制及行使代理權所生之法律效果」，因為代理權之有無、限制及行使代理權之事項，應屬於代理權授與行為本身之問題，應適用新涉外法第十七條規定之準據法，而此處之「法律效果」是指對於相對人有影響之下列問題，即：代理人行使代理權的結果，是否使其代為之法律行為的法律效果直接歸屬於本人？如為無權代理或逾權代理，對於本人是否生效？本人得否予以承認並使其對雙方均生效？是否構成表見代理？表見代理發生何種法律效果？

　　對於上述問題的準據法，由於本人與相對人並未直接為系爭法律行為，本條所規定「依本人與相對人所明示合意應適用之法律」，是指雙方針對可能透過代理人為法律行為之安排達成協議，並對於其相關爭議明示合意決定之準據法；如其間無此種明示之合意或其合意依法無效，則依「與代理行為關係最切地之法律」。法院於認定某地是否為關係最切地時，應斟酌所有主觀及客觀之因素，除當事人之意願及對各地之認識情形外，尚應包括該地是否為代理人或其僱用人於代理行為成立時之營業地、標的物之所在地、代理行為地或代理人之住所地等因素。例如 A 國人甲（本人）授權在 B 國營業之 B 國人乙（代理人）處分甲在 C 國之財產，並由 C 國人丙（相對人）買受，如甲、丙未明示合意定其應適用之法律，則就甲、丙之間關於乙所受授權之內容及範圍之爭議，C 國法律關於保護丙之信賴具有重要之利益，可認為關係最切地之法律。

三、代理人與相對人間法律關係之準據法

　　在代理關係中，代理人是直接與相對人接觸、磋商之人，在代理人為有權代理的情形下，代理人代為之法律行為直接歸屬於本人，代理人亦無須對相對人負責，但如代理人欠缺代理權或逾越代理權限，卻仍以本人之名義為法律行為，本人不接受法律行為的法律效果，相對人期待法律行為對本人生效的期待落空，在相對人與代理人之間，即發生相對人得否就其所受損害，請求代理賠償之問題。此等法律關係亦屬代理關係之一環，並有必要在國際私法上決定其準據法。

　　對於上述問題，新涉外法第十九條規定：「代理人以本人之名義與相對人為法律行為時，在相對人與代理人間，關於代理人依其代理權限、逾越代理權限或無代理權而為法律行為所生之法律效果，依前條所定應適用之法律。」本條適用於顯名代理的情形，針對在相對人與代理人間的法律關係，即有權代理、無權代理、逾權代理等所有情況，規定其間的準據法。在相對人與代理人之間，除代理人代本人為法律行為之外，如代理人亦為相對人之代理人，即雙方代理的情形，其間法律關係應分別依其原因法律

關係之準據法或代理權授與行為之準據法決定，故本條僅適用於一方代理的情形。

本條未直接規定相對人與代理人間法律關係之準據法，而規定「依前條所定應適用之法律」，即依本人與相對人間法律關係之準據法。因為在相對人與代理人之間，雖無純屬其間的法律行為，但代理人代本人為法律行為，成為本人與相對人之間的法律行為的媒介，對於相對人而言，其適用相對人與本人之間法律關係之準據法之期待，在此時仍應予以保護，故本條乃直接規定以前條規定之準據法，為本條法律關係之準據法，其結果形同擴大前條所規定的準據法的適用範圍。

依本條規定，代理人在有權代理、無權代理、逾權代理等情況中，對於其與相對人間之法律關係，特別是相對人得否對於代理人請求賠償損害之問題，應首先適用「本人與相對人所明示合意應適用之法律」，如其間無此種明示之合意或其合意依法無效，則依「與代理行為關係最切地之法律」。例如 A 國人甲（本人）未授權 B 國人乙（無權代理人）處分甲在 C 國之財產，乙竟以甲之代理人名義予以出售，並由 C 國人丙（相對人）買受之，如該代理行為因甲未予以承認而未生效，丙擬向乙請求損害賠償，則應依本人與相對人所明示合意應適用之法律，無明示之合意者，則依與代理行為關係最切地之法律，以保護丙之信賴利益。

※關於本節，其詳可再參閱：劉鐵錚，〈論國際私法上代理關係之準據法〉，《政大法學評論》，第二十期（民國六十八年十月），頁 169 以下。

第四章　債

第一節　債權行為

第一項　緒　言

　　債之發生原因有出於法律行為，亦有出於其他法律事實者。法律行為發生債之關係者，固以債權契約為主，但如設立財團法人之捐助行為雖為單獨行為，亦屬債權行為。其他如發行票據、發行指示證券、無記名證券等行為，亦均發生對人之請求權，同屬債權行為。至於其他事實，主要為無因管理、不當得利及侵權行為。此等不同原因所生之債，在國際私法上均各有其準據法，本節先就債權行為予以探討。

第二項　債權契約實質之準據法

　　債權契約的實質，包括債權契約成立之實質要件及其效力，即我國涉外法第二十條第一項所稱之「成立及效力」。債權契約成立之實質要件，原包含當事人有行為能力、契約標的之合法妥當及意思表示之健全與合致等，而其效力，則指基於債權契約所生之法律效力，包括債務人之給付義務、債務人之注意義務、債務不履行、受領遲延、債之保全等。其中，行為能力之問題在各國國際私法上多另予規定，我國新涉外法亦於第十條獨立規定之，故不屬於債權契約實質之準據法之適用範圍。為簡明計，以下以債權契約實質準據法涵蓋其成立及效力之準據法。

　　關於債權契約實質準據法之立法主義，各國立法例可大別為兩類。其

一、非意思主義；其二、意思主義。非意思主義也稱客觀主義，認為由契約而生之債，與其他涉外法律關係同，本質上應與特定當事人或特定法域有一定之牽連關係，故其準據法應由一國立法或司法機關予以確定，而不容許當事人以自由意思加以決定。在非意思主義下，由於各國對涉外契約側重點不同，所選定之連結因素遂異，因之又有契約訂約地法主義、契約履行地法主義、債務人本國法主義、當事人共同本國法主義及法院地法主義等。意思主義也稱主觀主義，認為由契約而生之債，在契約自由原則下，具有高度人為性及技術性，難以從客觀上認定其與特定法域具有某種牽連關係，因此其準據法不宜由一國做硬性之規定，而應尊重當事人之意思，由當事人以自由意思選擇其所適用之準據法。在意思主義下，又可分為絕對主義與相對主義，所謂絕對主義，即以當事人意思所擇定之法律為唯一應適用於契約之準據法，至相對主義者，則於當事人意思不明時，一國仍制定若干硬性標準，如當事人共同本國法、行為地法⋯⋯等，以為涉外契約之債應適用準據法之依據。茲將各種契約實質準據法之立法主義，分別介述並評析如下。

一、契約訂約地法主義

此項主義認為契約應以契約訂約地為連結因素，而以契約訂約地法為債權契約實質之準據法，其歷史可遠溯至西元第十五世紀之法則區別說，當時所謂場所支配行為之原則，適用範圍兼及契約之方式與實質。此項主義理論上之根據，係以訂約地國有權力創設契約，故在該國創始之契約，契約當事人之權義即依據該國法律，而在他國則應以既得權加以承認；倘在該國並未創始契約，即無契約關係之可言，自無從受他國之認可。且當事人於某地為法律行為，亦可推知其有接受該地法律管轄之意思，故宜以契約訂約地法為契約實質之準據法。此外，訂約地常屬單一而確定，適用法律時有簡單明確之利，不致因訴訟地不同，而異其法律之適用；且訂約地法之內容，理應為雙方當事人所熟悉或易知，故論者認為其適合為決定當事人相互間權義關係之準繩。

不過，反對契約訂約地法為契約實質準據法者，則以訂約地常屬偶然，與契約實質內容未必有重大牽連關係，實無從認定當事人有接受該地法律規範之意思，故不宜以其為準據法。例如營業地在臺北之二位中華民國商人，因參加環球旅行團而相晤，在飛機飛臨日本上空或在美國夏威夷休息時，談妥買賣而簽約；此契約訂約地與契約當事人、標的、履行地等，並無重要牽連，如以該地法律為契約準據法，自屬不當。

至訂約地常屬單一而確定之說，也非無可議，因為契約係由要約與承諾兩部分構成，在隔地契約，關於如何確定契約締約地，學說上即有爭議；即令如美國立法例，就非對話為意思表示，係採發信主義，以要約相對人發承諾通知地，視為契約訂立地，但因要約地與承諾地仍常轉換，例如本為要約地者，因相對人拒絕原要約而為新要約，遂有轉變為承諾地之可能，似此訂約地之不能確定，而繫於偶然之事實以決定契約之成立地，亦頗受學者訾議。

二、契約履行地法主義

此主義係以契約履行地為連結因素，以契約履行地法為契約實質之準據法，其理論根據係認為履行乃契約最終目的，故契約履行地應為當事人債權債務關係之重心❶，且履行地為最易發生爭執之地，訴訟大都在履行地提起，以該地法律為契約之準據法，對訴訟繫屬地之法官亦較便利。

不過，反對者認為債權契約之履行乃契約有效成立後所發生之問題，以履行地法為決定契約效力之準據法，固非不妥，但用以為契約成立實質要件之準據法，似不免有倒果為因之誤；而履行地大多屬法院地之說，似亦有僅便利法院地之法官，而忽視當事人權益之缺點。此外，如契約中指

---

❶　主張契約履行地法主義最力者，當推德國學者薩維尼，彼倡法律關係本據說，以為契約之本據 (seat) 在其履行地，故應以履行地法為契約之準據法。智利、尼加拉瓜、西班牙、蒙特維地奧公約均採契約履行地法主義。而美國若干州也以履行地法作為契約成立實質要件之準據法，其大多數州則以之為契約效力之準據法。

明之履行地有多處，或如雙務契約之雙方當事人之履行地不同時，甚或契約並未指明履行地時，則履行地法之適用即不免發生困難，而不得不又轉採訂約地法，以濟其窮。一九四〇年蒙城公約，即曾明文揭示，當事人於訂約時不能確定履行地者，即以訂約地法為契約之準據法，可資證明。

三、契約訂約地法與履行地法選擇適用主義

選擇適用主義著眼於維持契約之有效成立，在美國多適用於高利貸之契約。例如約定利率百分之十的匯票在紐約州 (New York) 做成，在德州 (Texas) 付款，該匯票依紐約州實體法應屬無效，但依後者法律則不然。如法院地關於契約成立採訂約地法，此匯票即歸無效；如採履行地法，則此契約即屬有效。美國多數州之判例在此類契約案件，係採訂約地法與履行地法選擇適用主義。唯此種選擇適用主義，僅能適用於有關債權契約之成立，而不能適用於有關債權契約之效力。

四、債務人住所地法主義

此立法主義係以契約債務人住所地為連結因素，以債務人住所地法為契約之準據法，其理論根據係認為債務人乃經濟上之弱者，有關債之法律關係乃為維護債務人利益而設，而債務人住所地與債務人關係最密切，其住所地法最能保護債務人之利益，故即應以債務人住所地法為契約實質之準據法。但反對者認為有關契約之法律，乃規律債權人、債務人雙方之法律關係，雖立法精神上，各國法律不免偏袒債務人，但契約法絕非獨為保護債務人利益而設，故以債務人住所地法為契約實質之準據法，其立論基礎不免偏差，且也有違公平原則；此外，在雙務契約及連帶債務之情形，每有二以上之債務人，此際欲適用債務人住所地法，亦非無困難。

五、當事人共同本國法主義

此主義係以當事人共同國籍為連結因素，其理論根據是認為當事人共同本國法乃當事人最熟悉之法律，且當事人理應受此一法律之支配，以之

適用於契約，對雙方當事人自屬公平。但反對者認為此非屬人法事項，對久離故國之人尤難謂其對本國法最熟悉，故當事人於外國為法律行為，如仍須受其本國法之適用，似非適當。

六、債務人本國法主義

此一主義係以契約債務人之國籍為連結因素，以債務人本國法為契約實質之準據法，其理由是認為債務人所屬國始有命債務人為給付之權限，故其債務關係應依債務人之本國法解決。此說強調唯債務人本國始有命債務人為給付之權限，忽略凡對債務人或其財產享有事實上管領力之國家，均有權命債務人履行其契約上之債務之事實，並非妥適，在實證法上亦甚少被採用。

七、法院地法主義

此主義以法院地法為契約實質之準據法，係認為當事人既選擇在法院地法院起訴，則可推知當事人有自願服從該地法律之意思，且法院地之法官對內國法律最熟悉，以之為契約實質之準據法，不僅可實現當事人意思，也方便法院地之法官。不過，反對者認為對當事人紛爭有管轄權之法域每有多處，倘以法院地法為準據法，原告自易趨利避害，任意選擇有利於己之法院地起訴，無從認定被告有自願服從該地法律之意思，更使同一案件之判決難期一致，且不當鼓勵任擇法庭 (forum shopping)；此外，其有擴大內國法適用範圍之嫌，殊違內、外國法平等適用之原則，其便利法院地法官之說，違背國際私法制定之理由，更不可採。

八、當事人意思自主原則

法律行為發生債之關係者，如以當事人意思決定應適用之法律，即係以當事人意思為連結因素，即採當事人意思自主原則 (Doctrine of Autonomy of the Parties)。此原則與民法上契約自由原則相同，均係建立在自由放任主義思想，但在國際私法上應否承認契約當事人得以合意指定應

適用之法律，學說上曾有肯定與否定論之爭，但目前各國實證法大都採用當事人意思自主原則，其主要理由可歸納如下：

第一、基於契約自由原則，各國有關債權契約之法律多為任意法，與其他法律關係多屬強行法者不同，由於契約法與任何國家均無多大直接利害關係，允許當事人合意選擇其願意適用之法律，並不致違反一國立國基礎及政策，且各國國際私法中又多有公序良俗條款之規定，不致發生有害內國公安之情形。

第二、涉外債權契約之當事人，對相互間將來可能發生之糾紛或訴訟，究竟應依據何國法律處理或解決，利害關係深刻，而思能預先確知，以為了解彼此間權義關係之標準，此種當事人正當期待利益之保護，亦為各國採此原則之重要原因。

第三、採用此原則，可協助法院解決涉外案件中複雜之法律適用問題，且當事人既確知相互間權義應受何國法律支配，較容易避免訴訟，減少訟累。

第四、承認此一原則，就法律適用有單純、明確之利，對當事人也符合選法公平之旨，倘各國均採用此一原則，更易於達成判決一致之理想。

第三項　當事人意思自主原則之運用

基於當事人意思自主原則的前述各項理由，非僅各國國際私法多採該原則，即國際間有關債權契約準據法之公約亦普遍採之，例如海牙國際私法會議一九八六年「國際貨物買賣契約之準據法公約」(Convention of 22 December 1986 on the Law Applicable to Contracts for the International Sale of Goods)、二〇一五年「國際商事契約法律選擇原則」(Principles on Choice of Law in International Commercial Contracts) 是。當事人意思自主原則之實際運用，仍有下列二點值得注意：

一、當事人選定契約之準據法時

當事人就契約之成立及效力，明示選定應適用之法律時，依當事人意

思自主原則，除選定之法律違背法庭地公序良俗外，似均應加以承認；但就當事人可能選擇外國法之範圍，理論上仍有不同見解。一派以為當事人明示選定之準據法，必須與契約間存有真實的關係或牽連，而不得任意選擇與契約無絲毫牽連國家之法律，為應適用之法律，其理由主要有二：其一、外國法律與契約間有某種牽連關係，如為契約訂約地、履行地、當事人本國、當事人住所地等，乃為適用該外國法之基本原因，倘如與契約有真實牽連國家之法律，無適用於該契約之權義，當事人合意選定之法律，何以得主張適用於該契約？其二、當事人如得合意選定一種與契約無真實牽連關係國家的法律為契約之準據法時，則對於原與契約有真實牽連關係國家的強行法，不免有逃避之嫌。

另一派則反是，以為當事人應有完全之選法自由，其理由認為國際性契約複雜多變、內容不一，如必限定當事人僅得於與契約有真實牽連關係國家中加以選擇，不僅在理論上難以自圓其說，且實際上當事人指定與該契約無牽連關係國家之法律，也難謂絕無必要，因為該國法可能就雙方當事人利害關係言，係屬中立法，或者乃雙方當事人共同熟悉之法律，或者該被選定之法律乃屬最進步之法律。此外，對當事人選擇準據法若加限制，當事人之明示選擇或將難以成立，徒增法院確定準據法之負擔。

其實，國際性債之契約通常與任何國家皆無多大利害關係，故當事人選擇與契約無關聯國家的法律，未必即逃避與契約有真實牽連關係國家的法律；且當事人意思自主原則之制定，原在避免各國國際私法規則之牴觸，以減少法院確定準據法時之困擾，並促進判決一致之理想，故如對當事人選法自由加以限制，似有打消上述優點之可能。至於無關聯國家之法律，何以得適用於契約，乃基於內國立法之規定，而非基於對某國之禮讓，故應以自由說較妥。

當事人如合意選擇準據法，其準據法係指該國有關契約之實體法而言，包括其強行法與任意法在內；又所謂選擇某國法為準據法，係指該法現行有效之規定，而非該法在當事人訂約時所具之內容，此與採用某國法為契約之條款時異，因為後者是以訂約時之該國法為準，而不受其後該國法律

廢止、變更之影響。

二、當事人未選定契約準據法時

涉外債權契約之當事人未明示選定準據法時，究應如何確定契約之準據法，學者見解及各國實例並未一致。有強調應以當事人之推定意思 (presumed intention) 為準者，認為法院應從契約之條款、周遭之環境，推定當事人如果知道有選擇法律問題時，所可能 (would have been) 選擇之法律，此時法院事實上係在認定當事人之默示合意。另有認為法院必須為當事人決定其在熟思遠慮後，所應 (ought to have) 選擇的準據法者，此時法院須將雙方當事人視為一般合理商人，判斷其就面對當前契約的內容及訂約時周遭環境，所應具有之意思，以作為當事人的意思。兩說之中似以後說為當，因為如採取前說，雙方當事人可能各自有其以為應適用之法律，而對於契約之準據法，根本無所合意，而在理論上捉襟見肘。例如原告主張其意思自始至終指向 A 國法，絕不至於同意被告主張之 B 國法，而被告表示其從無意接受 A 國法為準據法，此時即難以依前說決定當事人之合意內容。

上述之後說即為最重要牽連關係主義，其強調當事人意思不明時，即無所謂當事人的推定意思，此時法院應審究契約之成立環境、其內容及用語，以及各種連結因素，以求發現與契約牽連關係最大的國家，並以該國為契約之自然本據，以該國之法律為準據法。由於涉外債權契約往往與數國有某種程度之牽連關係，各該牽連關係之國家就該契約均可主張適用其法律；而契約中也可能具有某些特質，例如採用某國法律之特殊用語，或條款中規定貨款應按履行地之通貨支付等，法院在審查各種牽連關係及契約內容、用語後，將可發見契約之最重要牽連關係國家，並以其作為契約之本據或重心，以該國法律為準據法，此時所謂當事人適用該國法律之意思，實係法院所賦予之意思。

採最重要牽連關係主義時，由法院賦予之當事人意思，尚有應如何處理法律之推定 (presumptions) 或非絕對性規則或假設 (prima facie rule or inferences) 之問題。例如在英國，契約之訂約地、履行地或實際運送船舶·之船旗國等事實，常作為決定契約準據法之標準，此等推定或假設均可為其他較強之事實所推翻，但其確可用為裁判之起點之事實。但在最重要牽連關係主義下，契約之每一條款、有關契約成立及履行之各種情形及事實，均屬相關聯，但無一事實具有絕對性。採最重要牽連關係主義後，契約應就整體觀察，故前述推定或假設與其作為法院判案之起點或輔助，再藉其他相反之事實加以推翻，不如不適用各種推定或假設，而僅於法院無從合理決定契約之本據時，再加以考量。

以上係就當事人未明示選定契約準據法時，在採絕對主義之意思主義下，就契約準據法之決定予以分析與評論；至採相對主義立法例之國家，如當事人意思確屬不明時，則制定若干硬性的一般規則。

第四項　我國現行規定之析論

法律行為發生債之關係者，關於其成立及效力，我國新涉外法第二十條對其準據法設有明文規定（舊涉外法第六條參照）。「法律行為發生債之關係者」即為債權行為，主要是指債權契約而言，其成立及效力之準據法，即本書前述之債權契約實質準據法。因票據行為或指示證券等而生之債，本質上亦屬法律行為所生之債，但因其準據法有必要為特別考量，故新涉外法乃分別規定於第二十一條及第二十二條。茲謹就各條文之規定，析論如下：

一、因法律行為而生之債

新涉外法第二十條共分三項，其規定分別為：「法律行為發生債之關係者，其成立及效力，依當事人意思定其應適用之法律。」「當事人無明示之意思或其明示之意思依所定應適用之法律無效時，依關係最切之法律。」「法律行為所生之債務中有足為該法律行為之特徵者，負擔該債務之當事人行為時之住所地法，推定為關係最切之法律。但就不動產所為之法律行為，其所在地法推定為關係最切之法律。」本條第一項維持舊涉外法第六

條的當事人意思自主原則的規定形式,但第二項及第三項已改變舊法的規定形式及實質內容,值得重視。

㈠當事人的「準據法意思」

當事人意思不明時,舊涉外法係以硬性之一般規則,決定系爭債權行為的準據法,有時發生不合理情事,新涉外法本條第二項為此乃改採關係最切之原則,由法院依具體案情個別決定其應適用之法律,並在比較相關國家之利益及關係後,以其中關係最切之法律為準據法,以兼顧當事人之主觀期待與具體客觀情況之需求。當事人如無明示意思時,即為意思不明,並應由法院適用最重要牽連關係主義,審查一切與契約有關之各種牽連事實,包括契約之條款、用語,及各種與契約有關之連結因素,法院無須再就面對締約時周遭環境,以一個合理商人所應選擇適用法律之意思,作為當事人之默示意思表示,只須綜合認定何者為關係最切之法律。

第二項明定採用關係最切原則的情形,包括「當事人無明示之意思或其明示之意思依所定應適用之法律無效」,除此之外,才是本條第一項依當事人意思決定準據法的情況。第二項規定「當事人無明示之意思」,即不適用第一項,表示第一項當事人決定債權行為準據法之意思,僅限定於明示之意思,不包含默示之意思在內,當然也不包含當事人未表示出來的「推定意思」或「假設意思」。

例如甲、乙訂定通訊器材的涉外買賣契約,同時約定有關該契約的問題應依 A 國法律予以解決,前者乃是涉外債權契約,應依新涉外法第二十條決定其準據法,後者乃是「準據法合意」,如以書面訂定,也稱為「準據法約款」或「法律選擇條款」(Choice of Law Clause)。此二者通常記載於同一份文件,後者形式上只是前者諸多條款中的一條,甚至和法院管轄協議或仲裁協議合併為一條,但因為其法律效果不同,性質上屬於不同的法律行為,在國際私法上仍應分別探討其準據法問題。依本條規定,當事人關於準據法的合意如為有效,即可適用其合意決定的準據法。如果欠缺有效的準據法合意,無論是根本沒有合意,或雖有合意但該合意不能生效,該涉外買賣契約之準據法,應依第二項決定,適用關係最切之法律。

當事人於契約中明文約定契約應適用之法律時，自為當事人意思之明示表示，雖當事人合意所選擇之法律，與契約無實質牽連關係，參考前述理由、外國實例及現行之用語及立法理由等綜合以觀，我國法院亦應以採取自由說為妥。如當事人於訂約時未曾於契約中或契約外，明示其應適用之法律，當事人可否在訂約後乃至訴訟時，合意表示契約之準據法？由於現行法承認當事人意思自主原則，允許當事人明示協議選擇應適用之法律，即所以期望減輕法院確定契約準據法時之負擔，及公平保障雙方當事人權益，故關於當事人合意選擇準據法之「時」，似無嚴格限定之必要。

㈡「準據法意思」的準據法

當事人關於準據法的合意，也有是否有效成立的問題。本條第二項已限定此種合意必須為「明示」的意思，否則即不應認定其為有效的合意。此一規定的出發點，是認為當事人意思自主原則雖應予以尊重，但決定準據法的合意應儘量求其明確，以免在訴訟上久懸難決，所以此一法定方式的要求，乃是源於我國法（即法院地法）的規定，其考慮之重點在於訴訟的效率。除了本法的限制之外，當事人關於準據法的合意也另外有其本身的準據法，以決定該合意是否有效成立的問題。對此，本條第二項於規定「其明示之意思……無效」時，明定為：「依所定應適用之法律」「無效」，即表示如當事人關於準據法之合意或意思，其是否有效成立的依據，乃是「所定應適用之法律」，即當事人「明示所定」之法律。

茲以前述甲、乙訂定通訊器材的涉外買賣契約的情形為例，甲、乙在該買賣契約的書面中，載有準據法約款，明示有關該契約的問題應依 A 國法律解決。此時，則甲、乙間的涉外買賣契約的成立及效力，如果要直接適用甲、乙選定的 A 國法，前提必須是該準據法約款有效成立，而該準據法約款的有效成立，除須依我國法為「明示」之外，也必須是依其本身的準據法有效。本條第二項將「依所定應適用之法律」「無效」，列為不適用第一項的情況，即表示 A 國法雖未必為甲乙涉外買賣契約的準據法，但 A 國法乃是甲乙的準據法約款的準據法，即使該準據法約款依 A 國法乃是無效，亦屬無妨，但如該準據法約款依 A 國法為無效，則 A 國法即不能純粹

因為其為準據法約款所定，而為涉外買賣契約的準據法。但法院如認定其為關係最切之法律，則仍為該涉外買賣契約的準據法。

依本條第一項之規定，只要是「法律行為發生債之關係者」，即債權行為，即得「依當事人意思」，定其成立及效力的準據法。此處之法律行為，只要是「發生債之關係者」，即均有其適用，不以債權契約為限，即使是單方的意思表示，如為單獨行為的債權行為，表意人亦得以表示該單獨行為的準據法，只是依本條第二項之規定，其表示應為「明示」，且其表示依其所定的準據法，非屬無效而已。本條第二項的「明示」，就指定準據法的意思表示的方式而言，乃是最低度的要求，因此，如當事人所定的準據法關於其方式，有更高標準的規定，例如其規定應具有書面為證據或應經公證時，仍應符合其規定。

債權行為的當事人決定準據法的意思，如非明示，我國法院即無須予以考慮，如為明示，仍須依其所定的準據法判斷其效果。如適用當事人所定的準據法（即上例中之 A 國法）的結果，因該契約違反其不得約定準據法的規定，或未具備其應經公證的規定，致其決定準據法的意思為「無效」時，固應適用其關係最切之法律，但如其意思已生效，只是仍有「得撤銷」的情形，仍應認定其非無效，而以其所定之法律，為債權行為的準據法。依此一規定的精神，債權契約載有屬於定型化契約的準據法約款時，其效力應依其所定的準據法判斷，該準據法如對於定型化契約欠缺合理的控制機制，而發生適用該法律的結果牴觸我國的公序良俗時，則得例外不適用之。此外，如準據法的意思涉及其他法律問題時，亦應作該問題的準據法予以決定，例如當事人依其本國法尚未成年，致其所訂定的準據法約款發生效力上的疑義時，仍應依其行為能力的準據法，即其本國法決定之（新涉外法第十條參照）。

當事人就債權行為的意思表示與關於該債權行為準據法的意思表示，二者所發生的效力不同且各有其準據法，遇有爭議時法院應分別判斷其準據法。在前述通訊器材涉外買賣契約之例中，法院應先判斷甲、乙是否就準據法有明示之合意，如有，再判斷其是否有效。當事人之合意，如依其

合意之準據法（A 國法）無效時，雖將發生「當事人之意思為其意思否定」之結果，為貫徹當事人意思自主原則，仍承認其為無效。本條第二項規定「其明示之意思依所定應適用之法律無效」，即在說明此種意旨。此外，「準據法意思」（通常為準據法選擇的合意或準據法約款）的無效，並不意味當事人間的債權行為無效，依第二項規定，無論當事人無明示之意思，或雖有明示之意思，卻該明示之意思無效時，均應以關係最切之法律，作為判斷債權行為之成立及效力的準據法。

㈢關係最切之法律

債權行為如無法依當事人的「準據法意思」，定其準據法時，本條第二項規定其準據法為「關係最切之法律」。決定此一準據法的連結因素，乃是具有很大彈性的「關係最切」，其不同於傳統的硬性連結因素，乃是新興的柔性連結因素 (soft connecting factor)，其認定有賴於法院在具體個案中，綜合各種主觀因素及客觀條件，在相關的各國法律中，判斷何一法律與系爭債權行為的關係最密切。此一方法揚棄締約地法 (lex loci contractus) 及其他制式法則，較能追求個案的法律適用的妥適性，但對於經驗不足的許多法院而言，則常有標準不定、無所適從之困擾。為兼顧當事人對於債權準據法的預測及期待，本條第三項乃參考歐盟「關於契約之債準據法的羅馬第一條例」第四條規定的精神❷，輔以「特徵性債務」的原則，規定「法律行為所生之債務中有足為該法律行為之特徵者，負擔該債務之當事人行為時之住所地法，推定為關係最切之法律。但就不動產所為之法律行為，

---

❷ 羅馬第一條例的英文全稱為 Regulation (EC) No 593/2008 of the European Parliament and of the Council of 17 June 2008 on the law applicable to contractual obligations (Rome I), OJ L 177, 4.7.2008, pp. 6～16, available at https://eur-lex.europa.eu/legal-content/EN/TXT/?uri=celex:32008R0593（2018/5/15 瀏覽）。本條例的前身為一九八〇年歐洲共同體契約之債準據法公約，即 Convention 80/934/ECC on the law applicable to contractual obligations opened for signature in Rome on 19 June 1980, OJ L 266, 9.10.1980, pp. 1～19, available at https://eur-lex.europa.eu/legal-content/EN/TXT/?uri=LEGISSUM%3Al33109 （2018/5/15 瀏覽）。

其所在地法推定為關係最切之法律。」

法院於審查一切與債權契約有關之各種牽連事實，以決定其關係最切之法律，或與契約有最重要牽連之法域時，有究應重視質的分析或量的比較的不同見解。例如某一涉外債權契約與 A 國有五種牽連事實，與 B 國僅有兩種牽連關係時，如採量的比較說，則應以 A 國法為契約準據法；但如採質之分析說，其結果則不盡然，而須視各個牽連事實在決定牽連關係時之分量。就中華民國人與日本人在東京以英文簽訂一項買賣貨物契約而言，其履行地如也在日本，而契約中明訂因契約所生一切爭端由中華民國法院管轄，此一契約雖與日本有當事人一方之本國、訂約地國、履行地國等牽連事實，與中華民國僅有兩項牽連事實，亦應適用中華民國法律為契約的準據法，因為其合意由中華民國法院管轄之一項事實，從牽連關係之質上分析，較其他牽連事實分量為重。就此問題，原則上應採質之分析，但如契約與數法域牽連關係之分量相同時，則再採量的比較方法，似較公平、合理，至於何種牽連事實，從質上分析，較其他事實牽連分量為重，則須參照各國實例及學者之見解以認定之。

(四)特徵性債務

本條第三項所謂「法律行為所生之債務」，是指債務人依債之本旨應提出的給付而言，無論是主要的給付或附帶的給付，都包含在內，至於「足為該法律行為之特徵者」，則是指客觀上可以作為整個法律行為之債的「重心」(center of gravity)，而可以作為該法律行為的特徵的給付而言。此等債務或給付既為整個法律行為的重心，規範該法律行為所生之債的準據法，通常與負擔此等「特徵性債務」的債務人關係密切，故本條項乃將「負擔該債務之當事人行為時之住所地法」，推定為與法律行為之債關係最切之法律。就不動產所為之法律行為，該不動產之所在地法，與負擔具有特徵性之債務之當事人行為時之住所地法相較，仍以該不動產之所在地法關係較切，故本項但書推定其為關係最切之法律。

由於法律行為的型態甚多，足為特徵的債務或給付的具體內容，必須依各種法律行為的性質，參考相關國家之實踐，分別於個案認定之，並逐

漸整理其類型，以為法院優先考量適用之依據。例如在動產或貨物的買賣契約，「特徵性債務」為其標的物的交付及移轉所有權；在提供勞務或服務的契約，為提供該勞務或服務的給付；在運送契約，為運送人的運送行為；在保險契約，為給付保險金；在授權契約，為被授權人之實施被授權的行為；在加盟契約，則為加盟人之從事加盟營業。

　　本條第三項但書所稱「就不動產所為之法律行為」，除作為不動產物權行為的原因的債權行為，即「以負擔不動產物權之移轉、設定或變更之義務為標的」的法律行為之外，也包含以不動產的用益權的移轉為目的的債權行為，例如不動產租賃契約或不動產使用借貸契約等在內。此等法律行為與不動產的物權變動及占有相關，通常與不動產所在地法有密切關係，故但書乃推定其為與法律行為之債關係最切之法律。但如系爭法律行為雖與不動產有關，但如其並未涉及該不動產之物權變動，所涉及占有該不動產的期間甚短，則應比較各相關法律的牽連關係，而以其中關係最切之法律，為準據法。例如甲、乙均為我國國民，並在我國有住所，甲在 A 國有某渡假別墅，出租給乙前往 A 國渡假之用，乙返國之後抱怨該渡假別墅的屋況甚差，請求減少租金時，與該租賃契約關係最切之法律，應為當事人共同住所所在的我國法，故不宜適用關係較不密切的 A 國法❸。

---

❸　羅馬第一條例第四條規定「未選擇時之準據法」，第一項就各種契約推定準據法的情況有下列規定：「未依第 3 條規定選擇契約之準據法時，除第 5 條至第 8 條另有規定外，該契約之準據法依下列各款決定之：(a)貨物買賣契約，依出賣人有習慣居所之國之法；(b)提供服務之契約，依其服務提供者有習慣居所之國之法；(c)關於不動產物權之契約或不動產租賃契約，依其不動產所在國之法；(d)不動產之租賃契約，係為未連續滿 6 個月之短期私人用途，以其承租人為自然人，且與出租人有習慣居所於同一國者，依出租人有習慣居所之國之法，不適用(c)款之規定；(e)授權契約，依其被授權人有習慣居所之國之法；(f)經銷契約，依其經銷人 (distributor) 有習慣居所之國之法；(g)貨物拍賣之契約，如可確定其拍賣之舉行地者，依其拍賣之舉行地之國之法；(h)歐盟 2004/39/EC 指令第 4 條第 1 項第 17 點所定義之多邊體系，即將眾多第三人就金融票券上之購買及出售利益集結或促使其集結之體系內，依非訓示性之規定所訂定，且

　　就本條各項條文的適用而言，涉外民事的當事人如就「法律行為發生債之關係者」發生爭議，法院首先應查明當事人之間有無「準據法意思」及其是否為有效；如其「準據法意思」有效，則依其所定之法律，否則，即應依其關係最切之法律。由於本第三項對此設有擬制的推定明文，故法院宜先認定系爭法律行為是否「就不動產」所為，再分別適用不動產所在地法或負擔「特徵性債務」之債務人的住所地法。

　　本條第三項的「推定」，是為訴訟的便利而設，法院就既已定型的案件類型，固應推定負擔該具有特徵性之債務之當事人行為時的住所地法，為

由某單一法律規範之契約，依該法律。」（1. To the extent that the law applicable to the contract has not been chosen in accordance with Article 3 and without prejudice to Articles 5 to 8, the law governing the contract shall be determined as follows: (a) a contract for the sale of goods shall be governed by the law of the country where the seller has his habitual residence; (b) a contract for the provision of services shall be governed by the law of the country where the service provider has his habitual residence; (c) a contract relating to a right in rem in immovable property or to a tenancy of immovable property shall be governed by the law of the country where the property is situated; (d) notwithstanding point (c), a tenancy of immovable property concluded for temporary private use for a period of no more than six consecutive months shall be governed by the law of the country where the landlord has his habitual residence, provided that the tenant is a natural person and has his habitual residence in the same country; (e) a franchise contract shall be governed by the law of the country where the franchisee has his habitual residence; (f) a distribution contract shall be governed by the law of the country where the distributor has his habitual residence; (g) a contract for the sale of goods by auction shall be governed by the law of the country where the auction takes place, if such a place can be determined; (h) a contract concluded within a multilateral system which brings together or facilitates the bringing together of multiple third-party buying and selling interests in financial instruments, as defined by Article 4(1), point (17) of Directive 2004/39/EC, in accordance with non-discretionary rules and governed by a single law, shall be governed by that law.) 其中第(c)款依不動產所在地法之規定，亦為第(d)款所修正，其情形與本例類似。

關係最切之法律，並以其為準據法，但如另有其他法律與法律行為之牽連關係更密切，仍得適用之。其他法律的決定標準，通常包含下列連結因素：債務人在行為時的居所地、財產所在地、營業所所在地、標的物之所在地、行為地（契約締結地）、要約發出地、發要約當事人的住所或公司總部所在地等。

　　法院如未適用本條第三項所推定的法律，必須說明被推定的法律與被適用的法律，分別與法律行為之間的牽連關係及其比較，固屬當然；但只要有適當的反證，經法院確認被推定的法律並非關係最切之法律，法院即應適用關係最切之法律，而不適用被推定之法律。此項反證的提出，除當事人任何一方均得提出之外，法院亦得依職權調查之。

　　本條第三項所推定的二個準據法，其之所以被適用，乃是因為其為關係最切之法律，且因其只是被推定為準據法，並非當然應適用的法律，可謂是僅供法院參考的一項標準而已。本條第三項的規定，性質上屬於訓示或非確絕性的規定 (prima facie rule)，故只要法院將被推定的法律，列入關係最切之法律的考量之中，即使未論斷「特徵性債務」之有無、是否有反證可推翻法律上之推定，而直接適用關係最切之法律，為求法律適用之簡便計，似屬無妨。

二、因票據行為或指示證券等而生之債

　　法律行為發生票據上權利者，通常有其原因法律關係作為依據，此等票據行為具有單獨行為的性質，其成立及效力的準據法，雖應獨立於原因法律關係而決定，但二者之間的關係也相當密切。例如 A 國人甲向 B 國人乙貸款，雙方訂定金錢借貸契約之後，甲可能簽發本票給乙，作為債權擔保之用，乙可能簽發支票或匯票給甲，作為給付貸款金額的方法。甲、乙之間的金錢借貸契約，固應依新涉外法第二十條決定其準據法，但甲、乙之票據行為亦自有其準據法，如國際私法未予以特別規定，理論上似可直接適用債權行為之規定，我國最高法院就舊涉外法的適用即採此一見解。

　　票據行為與一般債權行為不同，無論作為支付工具或信用工具，票據

行為在實體法上具有獨立性及無因性,票據也具有文義性及流通性之特性,其與交易秩序及行為地之關係密切程度,遠超過一般債權行為,各國國內法及國際公約亦多重視其行為地法之適用。但由於外國之票據有不少記載準據法條款之例,票據行為與其基礎的債權契約,在實務上有時亦被混為一體,故新涉外法第二十一條乃規定:「法律行為發生票據上權利者,其成立及效力,依當事人意思定其應適用之法律。」「當事人無明示之意思或其明示之意思依所定應適用之法律無效時,依行為地法;行為地不明者,依付款地法。」「行使或保全票據上權利之法律行為,其方式依行為地法。」本條第三項規定票據行為之方式,已討論於前,此處僅探討其實質問題。

新涉外法第二十一條第一項肯定當事人意思自主原則,故當事人得於就票據為法律行為之時,定其應適用之法律,但由於票據行為具有單獨性及文義性,其當事人通常係單獨為準據法意思之表示,且應記載其內容於票據之上,乃是當然。在實務上,有些票據是由發票人或銀行依其行為地之法律所簽發,其票據上的債務通常也須於簽發地履行,如依其行為地當事人不得自由決定其準據法時,適用上頗有可能發生疑義。此時依本項規定,如票據上有明示應適用之法律時,可先依該準據法判斷其準據法是否有效,如其應屬有效,即使依行為地法為無效,亦屬無妨。依此一原則,當事人如在外國為票據行為,並在票據上記載其應適用之法律時,無論其行為地在何處或行為地法是否許可為該記載,如當事人因其記載之效力在我國法院涉訟時,我國法院均應依其所記載之準據法決定之,如在票據上記載應以我國法律為準據法,則其記載應屬有效。

票據行為之當事人,如在票據上未明示其準據法意思,或其明示之意思依所定之準據法為無效時,依本條第二項規定,其票據行為之成立及效力,應依行為地法;行為地不明者,則依付款地法。判斷明示之準據法意思是否有效時,對於行為人單獨在票據上記載,是否對於持票人及其他利害關係人不公平,亦應予以考量。在同一票據上有數票據行為之記載者,頗為常見,此時各票據行為均個別獨立,其應適用之法律亦應各別判斷;即某一票據上權利依其應適用之法律不成立者,對其他依本身應適用之法

律已成立之票據上權利不生影響。

　　除票據之外，各國法律多設有指示證券及無記名證券之制度，以補其制度之不足。關於指示證券及無記名證券之規定，各國法律並非一致，其成立及效力問題之準據法，在國際私法上也發生問題。新涉外法第二十二條規定：「法律行為發生指示證券或無記名證券之債者，其成立及效力，依行為地法；行為地不明者，依付款地法。」本條未採當事人意思自主原則，但如當事人於指示證券或無記名證券上記載其準據法，而該記載依其行為地法應屬有效時，我國法院亦應承認其記載之效力。本條未規定此等法律行為之方式問題，其準據法應依新涉外法第十六條規定決定之，選擇適用依第二十二條所定之準據法與行為地法的結果，其結論應即為第二十二條所定之準據法。

三、準據法之適用範圍

　　新涉外法上述條文的適用範圍，乃是各該債權行為的「成立及效力」，其具體內容仍可說明、檢討於下：

㈠債權契約之成立要件

　　例如有關要約之要件、效力、消滅，承諾之要件、遲到、撤回等問題，均屬債權契約準據法適用範圍；該準據法並適用於有關意思表示之錯誤、真意保留、虛偽表示、詐欺、脅迫等成立要件及其效果等問題。債權契約標的之是否適法、可能、確定等問題，既影響契約之成立，故亦屬債權契約準據法之適用範圍，故債權契約如依其準據法已合法成立，即使依我國實體法或當事人之行為地法因標的不能而無效，仍應適用其準據法；如系爭契約依其履行地法或訂約地法係為不法，但依契約準據法為合法時，亦應認為合法。至於債權契約之方式問題，性質上雖屬於成立要件，但在新涉外法第二十一條已對方式有特別規定，非屬上述條文的適用範圍。

㈡債權行為之效力

　　涉外債權契約依其準據法有效成立後，則該準據法決定契約條款及當事人為履行契約所為行為之效果。申言之，當事人在契約下究發生如何之

權利義務關係，均在契約準據法適用範圍內，例如債權人得否請求債務人為給付，於債務人有給付不能、給付拒絕、不完全給付、給付遲延等情形時，債權人享有何種權利以資救濟？解除權、終止權、同時履行抗辯權、聲請強制執行權或損害賠償請求權？如得請求賠償損害，則其賠償之範圍及方法等諸問題，亦均屬系爭契約準據法之適用範圍❹。此外，債務履行須債權人協助者，若債權人不予協力，是否構成債權人遲延，及究應發生如何之效果，亦同。系爭債權契約可否附以定金、違約金，以及其種類、效力等問題，也均應由契約準據法決定。因不可歸責於雙方當事人之事由，致一方當事人不能給付者，他方當事人得否免除對待給付，即所謂危險負擔之問題，亦同。

㈢債權契約約款之解釋

債權契約之成立及效力既適用契約之準據法，則有關契約條款意義之解釋，也應受該準據法解釋法則之拘束，否則無從使契約之準據法發揮其應有之作用。例如裝載 (to ship) 一詞，在英國其意為裝載於船 (to place on board)，但於美國則常指裝載於火車 (to load on a train)，似此情形，當事人究竟何指，必須依照契約準據法國所樹立之解釋法則，予以探求。

㈣外國貨幣之給付問題

債權契約如約定以契約準據法國以外之貨幣為支付工具者，則有關該貨幣本身之問題，如貨幣之單位、種類、本位制度等問題，通常非由該債權契約之準據法，而應依該貨幣所屬國法 (lex monetae) 來解決。但就契約之下列問題，仍應分別決定其準據法：

---

❹ 有關延期支付命令 (Moratoria) 與外匯管理法規 (Exchange Control Legislation) 雖屬公法上、行政上之規定，具有屬地性，故在該法規施行區域內，不問金錢債務之準據法為何，應均有其適用；唯在國際私法上，債務人得否援引某外國之延期支付命令或外匯管理法規，而拒絕債務之履行？因其攸關契約之效力，故應由契約之準據法解決。但就一般情形而言，此種法律如屬於契約準據法或契約債務履行地國法時，則內國法院即應予以考慮，至於不履行究生何種效果，則仍屬契約準據法之適用範圍。

1.外國貨幣債務之轉換問題

因債權契約而生之金錢債務，係以某國貨幣表示者，債務人得否以給付同額之其他外國貨幣而免除其責任，例如當事人約定債務人應於紐約給付一萬元港幣，債務人得否改為給付等值之美元而清償其債務？此問題因非貨幣本身之問題，實關係履行之方法，依理似宜由履行地法解決為妥；但關於匯率問題，因涉及契約之實質內容，則仍應受契約準據法之支配。例如指定美國法為契約準據法之美元金錢債務，其履行地在法國，雖就債務人得否給付歐元以免責，應由法國法決定，但債務人究應給付多少歐元即匯率問題，仍應適用美國法。

2.增額評價問題

因債權契約而生之金錢債務，如約定以某國貨幣支付，唯屆履行期時，該國貨幣幣值暴跌，貨幣購買力劇烈下落，此時，債務人得否仍以原債額清償，而免除責任，抑應將舊債務增額或根據情事變遷、誠實信用等法理以資補救。此問題因非貨幣本身之問題，而關係債務之內容，故應屬系爭債權契約準據法之適用範圍。

3.金約款 (Gold Clauses)

國際間貨幣幣值有時因戰爭或其他因素而變動頻繁且劇，當事人乃於金錢借貸契約中採用金約款，以防止債權人因貨幣貶值而受損失。此種約款前此大致有二：一為金幣約款 (Gold Coin Clause)，指當事人約定債務應以金幣給付，此種條款常因契約履行地法採用不兌現紙幣制，而使債權人無法請求給付金幣，致其保障落空；另一為金價值約款 (Gold Value Clause)，其非指當事人約定債務應以金幣或黃金給付，而係約定債務人應以含有訂約時或其他特定時間之相同金幣價值之通貨為給付，此種約定非屬履行之方式，而係債務之實質，故得否約定金約款、約定後其約款究應解為金幣約款或金價值約款、其效力如何等問題，均應依系爭債權契約之準據法決定。

㈤債之消滅

因債權契約而生之債之關係，其消滅是指債權債務客觀的失其存在之

謂。我國民法關於債之消滅的原因，規定包含清償、提存、抵銷❺、混同、免除等五種。關於債之消滅，在各國法律規定不一致的情形下，關於何種事項為債之消滅原因、各種債之消滅原因之要件，以及其效力如何等問題，仍有其準據法問題，由於其屬於廣義的債之「效力」的問題，故應依其債權行為之準據法決定❻。例如 A 國人甲、B 國人乙訂定一債權契約，約定相關問題適用法國法，倘甲、乙就某種行為是否相當於清償而使債之關係消滅，在我國法院發生爭議時，則我國法院即應依法國法，決定甲、乙間之爭議。

　　關於債務履行之方法，如清償之日期、時間、度量衡之單位等，通常非依系爭之債的準據法，而另依該債務之履行地法解決；但如當事人就其

---

❺ 抵銷乃二人互負債務而其給付種類相同，並均屆清償期時，各得使其債務與他方債務之對等額，同歸消滅之一方的意思表示。例如甲對乙負有一百萬元之存款債務，乙對甲負有五十萬元之貸款債務，若均屆清償期時，甲或乙任何一方均得單獨表示抵銷，於是雙方債務即同時消滅五十萬元，結果只有甲尚欠乙五十萬元。唯各國有關抵銷之要件、行使之方法、抵銷之禁止以及抵銷之效力等規定，未必盡同，雖抵銷為契約債務消滅原因之一，依前所述，自應適用契約債權準據法；但他方債權未必係基於契約而生，其由於契約而生者，準據法也可能不同，因此關於抵銷如專一適用一方契約債權準據法，對他方債權人之保護似嫌不周，且抵銷係使兩債權同歸消滅之制度，影響於兩債權之法律關係，故解釋上似應累積適用雙方債權準據法為妥。

❻ 因債權人不行使權利，繼續達一定期間者，該債權亦有罹於消滅時效之問題。消滅時效制度，係為避免舉證之困難、保護債務人，以及對權利人不行使權利之一種消極限制，以維持社會之新秩序，且通常係規定於民法上，故應視為實體法上之制度，因此關於消滅時效之期間、中斷、不完成及該等效力問題，自應由契約準據法解決。但在英美法系國家，則視其為訴訟法之制度，故適用法院地法，蓋以該制度之作用，係因一定時期之經過，而拒絕當事人利用法庭之故。唯就我國法律而言，消滅時效並非債之消滅原因，因依我民法第一四四條之規定，我國係採抗辯權發生主義，不唯債權本身不消滅，即其訴權也不消滅，僅債務人發生拒絕履行之抗辯權而已。不過，由於消滅時效之問題，影響當事人契約上之義務，要屬契約債務效力之一環，故仍應有該契約準據法之適用。

債務是否因清償或其他事實而消滅發生爭議時，則其所關切者並非債務人如何履行意定之債的問題，而是其是否已履行或可免於履行之問題，由於後者涉及債之效力的實質問題，故法院應適用其債權行為之準據法，而非依履行地法決定。例如當事人甲、乙訂定債權契約，合意選擇德國法為準據法，並規定債務人應於履行期之通常營業時間於巴黎交付貨物，則關於何謂通常營業時間，即應由法國法解決，但債務人是否因給付不能而使債務消滅等問題，則應依德國法決定。

㈥債之保全

債務人之總財產為其所有債權人之債權之總擔保，故對於債務人總財產之保全，有些國家在法律上賦予債權人以代位權與撤銷權，俾對抗第三人，並保全其債權。故國際私法上關於債權契約之債權人有無代位權與撤銷權、其行使之條件及方法，以及效力等問題，也有究應如何決定其準據法的問題。

1.代位權

代位權是指債權人以自己之名義，行使債務人之權利，以保全自己的債權的權利。此時債權人所行使之權利，乃是其債務人對第三人之權利，例如債務人對第三人有基於債權契約而生的請求權或因侵權行為而生之損害賠償請求權、保險金請求權等。代位權涉及債權人自己的債權及債務人對第三人的債權，關於其準據法，大致有下列三種見解：

⑴**法院地法說**：以為代位權之行使，屬於強制執行之預備程序，依「程序應依法院地法」之原則，應依法院地法解決。不過，代位權乃實體法上之權利，規定於民法債之效力部分，其性質也與訴訟法上之權利不同，其以保全債務人財產為目的，非如強制執行以直接受滿足之清償為目的不同，故此說不妥。

⑵**債權準據法說**：以為代位權屬實體法上之權利，且為債之效力之一部，故債權人有無此一權利，及其行使要件、效力等，自應依其債之關係之準據法。不過，代位權行使之主體雖為原債之關係之債權人，但債權人所代位行使，卻屬債務人對第三人之權利，倘依原債之法律關係之準據法，

變更被代位行使之權利之法律關係，似對第三人權益造成不當影響。

⑶**債權準據法與債務人權利準據法累積適用說**：此說以為代位權乃由債權人債權所產生，雖應適用原債權之準據法；但代位權行使之客體，則屬債務人對第三人之權利，為兼顧該第三人之利益，必須該代位權也為債務人權利之準據法所允許，故代位權之有無、行使條件及效力等問題，應累積適用債權之準據法與債務人權利之準據法。相較而言，此說較適當。

2.**撤銷權**

債權人之撤銷權，是指其對於債務人所為有害債權之行為，得予以撤銷之權利。意定之債的債權人，其行使撤銷權所撤銷者，乃是債務人以自己財產為標的之法律行為，例如契約債務人對第三人所為之債務免除、財產贈與或買賣等均屬之，無論其為單獨行為或契約行為，均非所問。撤銷權涉及債權人自己的債權及債務人對第三人所為的法律行為，關於其準據法，大致有下列三種見解：

⑴**法院地法說**：以為債權人之行使撤銷權，即在撤銷債務人所為之法律行為，向第三人取回作為債權擔保之財產，其以訴訟之方法，使已發生之法律關係，復歸於未發生前之原狀，所行使者乃是程序法上之權利，依「程序應依法院地法」之原則，應以法院地法為應適用之法律。不過，撤銷權乃是規定於民法債編債之效力部分的實體法上權利，債權人行使撤銷權雖應聲請法院為之，此種行使撤銷權之方法仍未使其變為程序法上權利，故此說不妥。

⑵**債權準據法說**：以為撤銷權既屬實體法上之權利，且其係由債權關係所生，並屬債權關係之效力，故關於其有無、行使要件、效力等，自應由該債權債務法律關係之準據法加以決定。不過，撤銷權行使之主體雖為原債之關係之債權人，但撤銷權行使之客體卻屬債務人之法律行為，倘以原債之法律關係之準據法，撤銷另有其準據法的法律行為，不論被撤銷者為單獨行為（債務免除）或契約行為（財產贈與），均影響到第三人受該準據法保護之權益，難謂妥適。

⑶**債權準據法與債務人法律行為準據法累積適用說**：此說以為撤銷權

乃自債權人之債權而發生，為其債之關係之效力之一部分，而應適用原債權之準據法；但撤銷權行使之客體為債務人之法律行為，並涉及第三人利益之保障問題，故撤銷權之行使也必須為被撤銷的債務人法律行為之準據法所允許，始得承認其權利，故撤銷權之有無、行使條件、效力等問題，應累積適用債權準據法與債務人法律行為之準據法。相較而言，此說較適當。

債之保全雖屬債之效力，但其各別權利之準據法，新涉外法並未予以明文規定，故仍應針對其權利之性質，依同法第一條之法理，妥予認定。

※關於本節，其詳可再參閱：劉鐵錚，〈契約準據法之研究〉，《國際私法論叢》（臺北：三民，民國八十三年）；柯澤東，〈從國際私法方法論探討契約準據法發展新趨勢並略評兩岸現行法〉，《臺大法學論叢》，第二十三卷第一期（民國八十二年十二月）；陳隆修，《國際私法契約評論》（臺北：五南，民國八十二年）；陳榮傳，〈當事人意思自主原則〉，《月旦法學雜誌》，第六期（民國八十四年十月）。

第二節　無因管理

第一項　緒　言

無因管理是指無法律上或契約上之義務，而自願為他人管理事務。按照一般個人主義的原則，對他人事務之處理，任何人均無橫加干涉之權利與義務，所謂各人自掃門前雪，莫管他人瓦上霜，便是此種生活哲學下的產物。但從社會連帶的觀點來看，人既是群體的動物，朋友或里鄰之間互相照應乃事所必需，所以法律也應該透過某種制度之設計，鼓勵互助合作，以消極避免損害之發生或積極增加利益，促進社會經濟之發展。

在比較法上，由於管理人之利他行為非但合於本人之利益，於社會之公益亦有所助益，故大陸法系諸國之立法例，均普遍承認羅馬法上之無因管理制度❼，但在承認或繼受無因管理制度之國家，適法與不適法之無因

---

❼　羅馬法上認為財產管理人 (negotiorum gestor) 與本人 (dominus negotir) 之間有二個訴權存在，一是本人對於管理人所為之利得或損失，具有得請求回復原狀

管理之界線，及各該無因管理在管理人與本人間所發生之法律效果，規定仍有紛歧。英國法院的立場與大陸法系國家並不相同，從其使用負面意義的「好管閒事地干涉 (officious meddling)」來描述同一行為，便可知其採相反見解。美國法原則上也繼受這種似係不與人為善的傳統，但在原則之外也存有許多例外。故在國際私法上，頗有討論無因管理準據法之必要。

第二項　無因管理準據法之決定

各國有關決定無因管理準據法之學說或立法例，大致有下列各種見解。

一、準用委任契約主義

此項主義認為無因管理與委任契約之法律關係近似，只是管理人實際上未受委任而已，故在國際私法上應如實體法之例，準用有關委任契約之規定解決之。瑞士國際私法受其實體法之影響，直接以有關委任契約之規定解決無因管理之問題。不過，由於一般認為無因管理，乃是因法律行為以外之法律事實而生之法定之債，與委任契約之適用契約準據法之規定截然有別，所以最後在適用上頗有必要依某項客觀標準，定其準據法（通常是他人（委任人）管理事務之管理人之居住地）。要之，此一方法雖已道出無因管理與委任在某些方面之共通特性，但卻忽略二者在法律性質上具有重大差異，即前者係法定之債，後者仍屬契約，故就我國法而言，此種主義並非妥當。

二、屬人法主義

此項主義認為無因管理，應依當事人之屬人法決定，依屬人法適用方式之不同，又可區分為以下各種見解。

之直接訴權 (actio directa)，另一乃是管理人得請求本人償還其為管理所支出之費用之反對訴權 (actio contraria)。此二種訴權於優帝法典中，與不當得利返還請求之訴權 (condictio) 結合，而以「準契約」之名傳至中世。其理念即認為為他人之利益所為之行為，如與道德觀念相符，法律即應予以保護。

㈠共同屬人法主義

此項主義認為應依當事人共通之屬人法，使國籍相同之人即使暫時身在國外，就其間之無因管理事件，亦得以其共通之屬人法，優先於行為地法而適用之。波蘭一九六六年國際私法即採此項主義❽，不過，無因管理之法律關係本屬債之法律關係，而非為屬人法適用範圍的身分關係，即使我國涉外民事法律適用法第六條規定，在雙方當事人就契約之債如未合意選擇準據法，而其國籍相同時，得以當事人之本國法為準據法，但無因管理在我國民法上絕非契約之債，自不宜引喻失義。

㈡本人或管理人之屬人法主義

此項主義認為無因管理應依當事人一方之屬人法決定，其主要理由無非是認為管理人與本人之住所，在無因管理案件中具有最重要之牽連關係。但是此等見解似未能考慮無因管理之實施，乃係導致雙方當事人間之權利義務新關係形成之主要原因，同時也忽略管理人與本人之地位實際上無法分其軒輊之事實，所以認為案件應專依某方當事人之屬人法之見解，仍有不妥。

㈢本人及管理人之屬人法主義

此項主義認為無因管理應併行適用當事人之屬人法，其主要理由係謂無因管理，實際上包含本人對管理人與管理人對本人之請求關係，所以應依其債之主體之不同，分別適用各該債務人之屬人法，即就管理人與本人之義務，分別適用其各自之屬人法。不過，此項見解使數種不同之法制，同時適用於一無因管理案件，當然也無法令人滿意，因為雙方當事人之權利與義務，實際上乃是相互依存，當然只應由單一之法制予以規範，所以此種準據法適用之割裂現象，自應力求避免之。

---

❽　波蘭一九六六年國際私法第三十一條規定：「一、非因法律行為而生之債務，依其所由發生之事實發生地國法。二、當事人之國籍相同，並同設定住所於其本國者，前項情形，適用其本國法。」

三、管理行為地法主義

　　此項主義也稱為事實發生地法主義，認為無因管理是為社會公益而設，具有屬地之性質，所以不問當事人之國籍或住所等屬人法之連結因素為何，也不受當事人意思之影響，而應由事實發生地之法律規範。由於無因管理係因管理他人事務之事實而發生，事實發生地即指管理行為地而言。質言之，無因管理不同於契約之債，而係因法律規定而發生之「法定之債」，其既係因法律之規定而發生，其法律關係乃是法律效果作用之所在，所以應以決定其事實是否將發生某種法律效果之法律，為其準據法。又由於無因管理制度深受行為地之公平、正義等公共利益概念之影響，並負有保護社會利益、維持經濟衡平之調和功能，一般乃認為此項法律關係具有屬地性，應由「當地法律」決定之。

　　其實，管理行為地法主義本身仍非盡善盡美，在解釋上仍有若干值得商榷之處，例如在管理行為地跨連多數法域時，仍須再進一步確定應以何地確定其管理行為地法。儘管如此，目前大多數國家的有力學說，幾乎都認為無因管理，應專依，或至少主要依管理行為地法判斷。在國際私法上對於無因管理之地位，予以獨立明文規定或規定其為法律事實者，大多數固然都採取此項見解❾，視其為準契約者，實際上大多數也是如此。

四、彈性處理主義

　　美國與英國（英格蘭）國際私法關於準據法之決定，晚近是以採用彈性方法，而有別於大陸法系國家的硬性規定著稱，在涉外無因管理問題之解決，亦本此原則採用「最重要牽連關係」理論或「適當之法」(proper law) 學說。不過，英、美二國實體法上均無無因管理之制度，國際私法上

---

❾　晚近至少有下列立法例採管理行為地法主義：㈠西班牙一九七四年民法施行法第十條第九項、㈡奧地利一九七八年國際私法第四十七條、㈢前南斯拉夫一九八二年國際私法第二十七條、㈣祕魯一九八四年國際私法（民法第十編）第二〇九八條。

概念之設計亦未單獨採用此一名稱，而以較廣泛的 「準契約」 或 「回復 (restitution)」作為涵蓋無因管理在內的上位概念❿。

五、分別處理主義

此項主義認為，無因管理同時包括本人與管理人之權利，法律關係既廣且雜，故同屬於無因管理之範圍，或同可定性為無因管理之法律關係，仍可依其性質之不同，細分為二種以上之不同類型，而依不同之衝突規則決定其準據法。例如本人與管理人間曾有契約關係存在，使管理人受本人之委任為其代理人，但其為本人之利益提供之勞務或支出之費用，已超出其契約或代理權限之無因管理時，即應依該契約之準據法，蓋其與無因管理具有最真實與密切之關係也；倘並無可提供此種連結因素之契約時，則宜依管理人之行為地或該請求權所由生之事實之發生地法；本人是否得對管理人主張權利，並應依該法律決定之。此外，也有人從實體法上之區別著眼，建議將無因管理分為適法之無因管理與不適法之無因管理，而異其衝突規則之設計者。

上述各種主義中，在結論上似以彈性處理主義或分別處理主義較為妥當，但其彈性或分別處理之標準，較難拿捏，乃其缺點。故在各國之立法實踐上，仍以管理行為地法主義較占優勢。

---

❿ 代表美國通說見解，而以 「回復」 為名的法律第二整編 (Restatement of the Law, Restitution Second) 第二二一條指出：「一、回復之訴中，關於特定爭執之當事人之權利和義務，依關於該爭執與該事件和當事人有最重要關係之法域（依第六條所述之原則決定之）之實體法決定之。二、依第六條之原則決定可適用於某爭執之法律時，應考慮之牽連包括：(a)當事人關係之集中地，但以受領財產與該關係有實質關聯者為限。(b)利益或財產之受領地。(c)授與利益或財產之行為地。(d)當事人之住所、居所、國籍、公司設立地和營業地。(e)與財產之獲得有實質關聯之實物，例如動產，於獲得財產時之所在地。上述牽連依其與特定爭執之相對重要性評價之。」

第三項　我國現行規定之析論

我國新涉外法第二十三條規定：「關於由無因管理而生之債，依其事務管理地法。」可見立法者就無因管理之性質，係承襲中世紀的準契約之概念，在準據法則採管理行為地法主義，即事實發生地法主義❶❶。茲將本條適用於無因管理所生之各項問題，分別說明如次。

1.在採單一準據法的我國法上，無因管理應是足以發生某種法律效果之某一法律事實，不過構成此一事實之行為可能為複數，因此如必主張事實發生地法即為管理行為地法，則法律事實之個數為單一時，管理行為地之個數亦應為單一，此時即應對「管理行為」之概念採廣義解釋，認為管理行為地法主義之「管理行為」，或事實發生地法主義之「事實」之概念，並非即等於構成整個無因管理之各項狹義的 「管理行為」， 以免形成矛盾❶❷。質言之，如管理人的事務管理地有二個以上，在其仍為「單一」無因管理所生之債時，不宜分別適用「各該」事務管理地法，而以其中關係最切的事務管理地法，作為無因管理之債的「單一」準據法。例如 A 國人

---

❶❶ 在羅馬法上，無因管理的財產管理人與本人之間，有二個訴權存在：事務被干涉的本人對於管理人有直接訴權，其目的在對管理人本來可以取得之利益及可能因其過失而造成之損害，請求回復原狀；但相反的，管理人則僅在符合法律之要件時，依反對訴權請求償還其為管理所支出之費用而已。根據此種無因管理制度之理解，論者必然認為此二種不同之訴權既均為無因管理之效力，涉外無因管理問題即應區分此二項訴權，而分別決定其準據法。直接訴權應依管理行為地法，反對訴權由於具有反訴之性質，亦應依其主權利之準據法決定。反之，倘若接受中世紀有關此二訴權之解釋，認為其乃源於類似契約的準契約之法律關係而生者，則無因管理之法律效果即應依單一法律決定之。目前無因管理的制度演變，整體而言較接近中世紀的思考邏輯，並普遍以事實發生地法或行為地法，為無因管理之準據法。

❶❷ 對此一問題，有人認為在行為地法主義之下，無因管理人之行為散布在許多國家時，即應依其主要行為地之法律；亦有人認為無因管理之各行為如可分別獨立，則應分別適用各行為地法，反之，如無法分開，即應適用無因管理人開始管理之行為地法。

甲無法律上或契約上之義務，為醫治臥病在 A 國之 B 國人乙之病，到 C 國聘請醫師丙，又到 D 國向丁買藥而形成之無因管理關係，甲之管理行為遍及 A、C、D 三國，但其無因管理之法律事實只有一個，其事實發生地或管理行為地之認定，應以管理行為之重心地為準，在此例中為病人乙所在之 A 國，決定之；再如甲照顧乙的寵物，從 A 國帶到 B 國治病再到 C 國飼養，則甲的管理地跨連 A、B、C 三國，應依其具體管理之事實認定其中何國為關係最切的事務管理地，而以當地的法律為準據法。

2.無因管理之管理行為地或事實發生地，通常係指無因管理之對象或客體之所在地而言，對於人實施無因管理者，其客體為被救助者之身體權或生命權，應以其現實所在地為管理行為地或事實發生地；有關營業之無因管理，則以營業所在地為管理行為地或事實發生地。針對有體物而為之無因管理，通常係以物之所在地為管理行為地或事實發生地❸，例如 A 國人甲在 A 國支付報酬，僱請乙前往 B 國修繕 C 國人丙之房屋，則應以房屋之所在地為管理行為地或事實發生地。準此，為無因管理客體之有體物，如散落在數個法域，例如在前例中，甲另再指示乙前往 C 國修繕丙之另一幢房屋，即可能形成甲、丙間之無因管理，有數個管理行為地或事實發生地之現象。惟如無因管理之對象及於本人事業之全部，此時不宜認為管理行為地或事實發生地分散在個別財產之所在地，而應以事業之中心地為管理行為地或事實發生地。此外，如管理客體之所在地在無因管理期間有所變更，由於一旦法律事實符合法律所規定之要件，即產生無因管理之法律

❸ 此乃歐陸學者之通說。在英國，由於實體法上未設無因管理制度，英國法院之判決也甚少與嚴格意義之無因管理有關者，在 Batthyani v. Watford, 36 Ch. D. 269, 287 (1887) 一案中，當事人為位於奧國境內的特定世襲財產 (Fideikommiss) 的占有人，有義務依其收受該財產時之原狀，將該財產移轉於其繼承人，嗣因其無法回復原狀，而應負損害賠償責任，但其同時亦主張，因財產價值已因其行為而有所增加，得請求償還已支出之費用。英國上訴法院判決應依奧國有關特定世襲財產之規定決定，而依該法之規定，繼承人之權利「並非因過失而生之損害賠償請求權，而是基於應保持該財產於某種狀態之義務而生之權利」。一般認為此項權利，即是因默示契約或準契約而生之請求權。

效果，故宜採不變更主義，仍以開始管理時之管理行為地或事實發生地，即管理客體之所在地為準。

3.行為能力依我國新涉外法第十條之規定，雖應以當事人之本國法為準，但無因管理之能力仍應依無因管理之管理行為地法或事實發生地法。因為無因管理之管理行為雖是發乎管理人之管理意思，但無因管理乃是一法律事實，而非法律行為，其管理亦僅為發生某種法定效果之事實行為，而非法律行為，所以無因管理不發生法律行為能力之問題，從而亦不得適用新涉外法第十條之規定，決定無因管理能力之問題。

4.無因管理之成立要件，例如管理他人事務是否須以無義務為限、事務之性質及範圍有無限制、義務不存在之意義及其性質、管理人是否應有為本人管理事務之意思及其程度、管理人是否應有不違反本人之意思之認識及其程度、管理方法是否以有利於本人者為限等問題，均為無因管理之準據法之適用範圍。

5.管理人因無因管理所生之一切義務，舉凡管理開始之通知義務、繼續管理之義務、善良管理人之注意義務、選擇有利於本人之管理方法之義務、管理之報告及計算之義務及其程度等問題，以及違反該等義務時之法律效力，尤其是有無賠償義務之問題，均為無因管理準據法之適用範圍。有關管理人因無因管理所生之權利，包括無因管理依本人之意思而為或違反本人之意思時，所生之已支出之必要及有益費用之償還請求權、已負擔之債務之清償請求權、所受損害之賠償請求權、報酬請求權之是否存在、範圍及其消滅時效之問題，亦屬無因管理準據法之適用範圍。

6.如無因管理之無法律或契約上之義務，並非自始即無此等義務，而是由於原有之管理義務已經消滅，但管理人仍不自知，或由於管理行為超過原有之義務範圍所致，此等情形究應如何決定其準據法，亦有問題。例如管理人與本人原訂有委任契約，受任人基於此項契約之義務，而為本人（委任人）處理事務時，此項義務固應依新涉外法第二十條所規定委任契約之準據法決定之；但如訴訟標的是無因管理之請求權，且管理人與本人間本有某種契約關係或法定債權關係，而管理人之管理行為卻逾越其義務

或權限時，此時應以無因管理為主要問題，依管理地法決定其是否符合無因管理之要件，但由於必須先決定管理人是否無義務而為管理行為，且此乃委任契約之問題，故宜以之為先決問題或附隨問題，而謀解決之道。換言之，無因管理之準據法所得適用之範圍，僅以與無因管理直接有關者為限，其他之問題仍應以原因法律關係之準據法為準。例如關於逾越委任契約之權限之受任人之行為本身，仍應依委任契約之準據法決定其法律效果❶❹。

※關於本節，其詳可再參閱：陳榮傳，〈國際私法上無因管理問題之研究〉，《法學叢刊》，第一五二期（民國八十二年十月）。

第三節　不當得利

第一項　緒　言

不當得利是指利益之取得或持有狀態，具有不正當性格之情形，或無法律上原因而受利益，致他人受損害之事實。不當得利之早期雛形，是羅馬法上之返還之訴 (condictio)，各國有繼受羅馬法，有未繼受者，其繼受者就不當得利之法律規定，也各不相同❶❺。因此在國際私法上，即有必要

---

❶❹　第一次世界大戰以後，歐洲的仲裁法庭經常處理雙方當事人原訂有關於管理對方事務之契約，但在其本國互相交戰而使其成為敵人後，原有之契約關係雖已依凡爾賽和約而歸於無效，但管理之行為在戰爭中仍持續進行之問題。系爭之管理行為之對象，客觀上為他人之事務，主觀上卻可能係「為」管理人自己或本人之利益而為。如係為本人而為，其乃本於已罹於無效之契約而為，固得解為無因管理；如為自己之利益而為，亦可解為準無因管理，似不妨依無因管理之準據法決定之。但法院通常仍認為戰爭期間契約之「被勒令失效」，亦屬契約效力之延續，應依契約之準據法決定之。例如當時有某羅馬尼亞公司與德國公司訂定契約，寄存十輛油罐車於德國公司，德國公司在契約依凡爾賽和約而罹於無效後，為其所有人之利益，將該等車輛虧損地出賣於他人。法院認為應適用該寄存契約之準據法，即德國法上有關無因管理之規定。

決定其準據法究為何國之法律。

第二項　不當得利準據法之決定

各國有關涉外不當得利準據法之決定，主要有下列各種主義：

一、不當得利地法主義

不當得利地法主義 (lex loci condictionis) 又稱為事實發生地法主義，認為涉外不當得利事件，應依其原因事實發生地所在國之法律判斷之。此項衝突規則之形成，從實體法來看，一般認為主要是承襲羅馬法關於返還之訴權 (condictio) 的概念，從國際私法的角度來觀察，也有學者認為乃是場所地法主義 (lex loci) 衍生而成，理由無非是認為不當得利，就是準侵權行為或準契約，而有關不當得利之法律，即為內國公共秩序之具體化表現，故該地之法律與不當得利案件關係最密切。此種統一的連結因素的選擇，除係不當得利返還請求權已在私法上自成體系之認知的表現外，同時也意味不當得利與侵權行為近似，所以法律在此二情形中，皆係依其事實情況之發生，決定法律上之效果，其涉外事件之準據法之決定，自亦應依同一原則為之。

不當得利的衝突規則，依不當得利地法主義或事實發生地法主義應指向不當得利的事實之發生地法，表面上雖已甚明確，不過，由於事實發生

---

⑮　目前各國之不當得利法制，從不當得利之制度承認、制度設計及其制度性質等三方面分析，至少大約可分為二類，即已明文承認與未明文承認，或三類，即將明文承認者再分為具獨立性者與補充性者。 在法律上明文規定不當得利制度，且認其具獨立性之法制可以我國（民法第一七九條至第一八三條）、德國（民法第八一二條至第八二二條）、瑞士（民法第六十二條至第六十七條）與日本（民法第七〇三條至第七〇八條）為代表。法律上承認不當得利制度，而認為其僅具有補充其他制度之功能之國家，最典型的是義大利（民法第二〇三四條、第二〇三六條、第二〇四二條）、奧地利（普通民法 (ABGB) 第一〇四一條）、法國（民法第一三七六條以下）。在實體法上至今仍未承認不當得利制度的國家，可以英格蘭法及美國法（回復法整編）為代表。

地之認定標準仍未盡一致，例如究竟應以結果發生地或行為實行地為事實
發生地已有紛爭，結果發生地究係指利益獲得地或損害發生地也有問題。
故對於何處為不當得利地或事實發生地之問題，大致上有下列三種見解：

㈠利益獲得地說

此說認為應以利益獲得地，為不當得利之事實發生地，其優點是從性
質上區分不當得利與侵權行為間之差異，肯定二者即使同為債之發生原因，
本質上亦非相同，故不得以支持侵權行為適用行為地法之理由，支持不當
得利應適用何地之法律。但學者中對此項主義的批評，有認為不當得利原
乃依法產生，在準據法未確定前，是否獲得利益及其獲得之地為何之問題，
實無法確定，以利益獲得地決定準據法顯將陷於循環論斷，不合邏輯；有
認為其乃依「既得權 (vested right)」理論所形成之硬性規則，在該理論已
遭揚棄的今日，對之仍倚重如此，並非妥當；亦有認為以利益獲得地法為
準據法的設計，僅著眼於不當得利為獨立之法律制度，而忽略其常為某一
債務的履行行為的附帶結果，與債之效力常相伴相隨的事實，也未重視其
可能是當事人間，以前曾存在，或曾期待其存在之法律關係之法律效果的
關係，如此決定之準據法，自非具有重要之牽連關係之法律。

㈡行為地說

此說認為利益獲得地說既無法完全解決問題，即應捨棄不當得利之結
果，而著眼於其發生之原因，以造成不當得利的原因行為地，作為決定不
當得利之事實發生地，從理論上觀察，此項見解無寧意味不當得利之衝突
規則，與侵權行為之侵權行為地法主義 (lex loci delicti)，係源於同一上位
概念。不過，即使肯定二者間之密切相關或類似性質，仍須注意侵權行為
地法主義，其實並不是解決所有侵權行為的法律衝突問題的上上之策，因
為侵權行為的發生地有時與整個事件只有些微或偶然牽連，而且侵權行為
地有時也很難認定。因此不當得利得否以行為地法為準據法，頗有疑義。
再者，不當得利的法律性質，是屬於中性的法律事實，而不是因不法行為
所生之債，其重點在於所獲利益之返還，而非損害之賠償，所以只有在當
事人獲有不當之利益時，才有請求回復的問題，而行為地說使人以為有行

為,即有不當得利之問題,並非妥當。

㈢損害發生地說

行為地法的直接引用,既已造成不少批評,理論上也會有人希望藉其他連結因素的設計,來規避這些責難。最可能被運用的,是在原因的探索上再後退一步,規定與當事人之得利間具有直接因果關係的因素,即損害發生地為連結因素。當然,在因非債清償而生的不當得利案件中,損害發生地就是給付地或清償地,準據法之決定亦常以之為準。但以損害發生地為連結因素之優點,一則明確指出不當得利之發生,與金錢最後支付或財產實際給付地間具有密切牽連關係,二則重點置於損害之結果,而非行為之特質,可避免認定不當得利係因行為而生之債的困擾。此說之理論基礎,實際上仍是將不當得利與侵權行為同視,由於侵權行為地法主義就侵權行為「地」之決定,原來就有行為作成地與損害發生地等標準間之爭執,無論是行為作成地或損害發生地,實際上都可能只是侵權行為地的另一個標籤而已。對上述論點更常見的批評,是認為其已忽略得利與其所由發生之行為或法律關係之間的重要牽連,至於雙方當事人因履行無效的買賣契約,致發生不當得利時,其損害發生地將可能不知如何確定之問題,更不待言。

上述三說,舊涉外法第八條僅規定事實發生地法,爭議未獲釐清,新涉外法第二十四條本文採利益獲得地說,較為妥當。

二、債務人之屬人法主義

此項主義認為不當得利應依債務人之屬人法決定,其主要理由是認為不當得利攸關自然正義或衡平法則,受益人之獲得不當得利,有時並非出於自己之營取或自願,而是在其未察覺的情形下,因符合法律規定之要件而成立法定之債,故應以債務人屬人法上之正義或衡平標準為斷,故應適用債務人之屬人法❶。

---

❶ 依其規定的具體內容而區分,又可分為下列三項主義:
    1.債務人之本國法主義。
    2.債務人之住所地法主義,如瑞士債務法第一〇九三條規定:「對於付款人,

三、契約履行地法主義

在早期羅馬法及近世法國、比利時等國之法律中，不當得利仍被認為是一種「準契約」，與契約不可分離或根本就是一種契約。因此乃認為不當得利，應逕依該「準契約」之準據法契約之作成地或履行地法，決定其返還之義務。

四、法院地法主義

法院地法主義認為不當得利之規定，乃有關公共秩序之規則，或根本僅具程序性質，故無論如何，均應適用法院地法，而排除一切外國法之適用❶❼。

五、最重要牽連關係主義

最重要牽連關係主義又稱為彈性選法方法，主張準據法之決定須符合客觀正義的要求，並應兼顧當事人之期待與其他相關因素，就不當得利而言，亦應適用具有最重要牽連關係之法律決定。此項主義實施的結果，將

他地付款之人及發票人為其計算而發出匯票之人或商號之利益請求權，依其住所地之法律定之。」　第一一四二條規定：「對於付款人或付款地人 (Damiziliaten) 之不當得利返還請求權，依其住所地之邦法定之。」

3.當事人共同之屬人法主義，如⑴比利時一八八二年民法修正預備草案第十七條規定：「一、準契約，如當事人有同一國籍者，依其屬人法；當事人分屬異國時，依準契約之作成地法。二、依法律規定而生之債務，依為此項保護而被選任為法定管理人者之屬人法。三、侵權行為或準侵權行為，依其事實之發生地法。」⑵一九二八年布氏法典 (Bustamante Code) 第二二一條規定：「無義務之給付之請求回復，依當事人共通之屬人法，無共通之屬人法時，依給付生效地法。」

❶❼ 法院地法主義在法國的實務上運用較早，巴黎地方法院民事庭早在一八八六年七月一日，即曾於判決中指出：「任何人皆不能因他人之損失而受利益，乃自然法與法國公共秩序的原則；此一原則與其他警察或安全之法律一樣，可拘束所有偶爾至法國領域之人。」

使法院在個案的判斷中，除當事人爭端之解決外，兼具有取代立法者的「造法」功能，所以很適合英、美普通判例法 (common law) 的傳統。此項主義在英、美生根，在英、美茁壯，且已逐漸影響非英、美法系國家的立法❶。

六、原因關係準據法主義

德國法學者發現硬性衝突規則的弊病，與不當得利定性之困難後，雖然沒有像英美學者斷然改採方法取向的彈性選法方法，卻在硬性選法規則的形式內，採納了彈性選法方法的實質，直接將法律關係的準據法指向原因法律關係，形成「原因關係準據法主義 (lex causa condictionis)」。此項主義從引致概念（指定原因）的設計上言，乃是接受不當得利之名稱，在定性之後的準據法決定階段，則以相關的原因基本法律關係之準據法為準；從衝突規則的適用方面言，則是法院越過不當得利之定性問題，只判斷案件是否已因某種原因法律關係而發生之不當之損益變動，並直接將案件定性為該原因法律關係，而依該法律關係之準據法決定。換言之，案件之處理過程只是決定原因法律關係之準據法，根本未「真正」就該「不當得利」為準據法之決定，所以也可稱為「間接選法方法」。目前已成為有力學說，也有許多國家繼受此種方法❶。

---

❶ 美國國際私法第二整編第二二一條關於「回復」之原則，可為代表：「一、回復之訴中，關於特定爭執之當事人之權利和義務，依關於該爭執與該事件和當事人有最重要關係之法域（依第六條所述之原則決定之）之實體法決定之。二、依第六條之原則決定可適用於某爭執之法律時，應考慮之牽連包括：(a)當事人關係之集中地，但以受領財產與該關係有實質關聯者為限。(b)利益或財產之受領地。(c)授與利益或財產之行為地。(d)當事人之住所、居所、國籍、公司設立地和營業地。(e)與財產之獲得有實質關聯之實物，例如動產，於獲得財產時之所在地。上述牽連依其與特定爭執之相對重要性評價之。」

❶ 其例證至少有下列各例：

　　1.匈牙利一九四八年國際私法草案第七十條規定：「一、不當得利，依系爭財貨移轉（損益變動）本身之準據法，即依已為之給付之準據法。二、使他人得利之給付之是否基於義務而為，於義務成立時，依該義務之準據法。（或

上述各項立法主義，早期以不當得利地法主義為通說所採❷，晚近則

譯為：完成給付之人給付義務之有無，依其前曾有效存在之債之準據法。）

三、加工、附合或混合時之不當得利，依標的物之所在地法。」

2. 一九六六年葡萄牙民法第四十四條規定：「不當得利返還請求權，應依受益人所據以取得利益之法律。」

3. 西班牙一九七四年國際私法（民法施行法）第十條第九項第三款規定：「不當得利返還請求權，依促成受益人因財產價值之移轉而受益之事件之準據法。」

4. 奧地利一九七八年國際私法第四十六條之規定：「不當得利返還請求權，依其利得發生地國法。但不當得利係因以法律關係為基礎之給付行為而生者，依該法律關係所應適用之實體法律。為他人支出費用之返還請求權，亦同。」

5. 土耳其一九八二年國際私法與民事訴訟法第二十六條規定：「不當得利因法律關係而生者，依該法律關係應適用之法律，其他不當得利，依不當得利發生地法。」

6. 南斯拉夫一九八二年國際私法（解決內外國間就特定事項之法律規定衝突之法律）第二十七條第一項規定：「不當得利，依其所據以取得之確曾存在，或期待存在，或被推定存在之法律關係所應適用之法律。」

7. 西德一九八四年國際私法草案第三十八條規定：「一、因給付而生之不當得利，依該給付所由發生之法律關係所應適用之法律。二、因侵權行為而生之不當得利，依侵權行為地國之法律。三、前二項規定以外之其他不當得利，依其利得發生地法。」

8. 祕魯一九八四年國際私法（民法第十編）第二○九八條規定：「法定之債、無因管理、不當得利及非債清償，依其債之法律關係所由發生，或本應發生法律關係之行為之實行地法。」

9. 瑞士一九八九年國際私法第一二八條規定：「一、不當得利之返還，依利得所由發生之實際或推認之法律關係所應適用之法。二、無前項規定之法律關係時，不當得利依利益發生地國之法。但當事人同意適用法院地法者，不在此限。」

❷ 為方便比較觀察，特將各國立法例依時序之先後，簡介如次：

1. 比利時一八七○年法律修正委員會草案第八條規定：「準契約、侵權行為或準侵權行為，依債務之原因事實之發生地法。」

2. 波蘭一九二六年舊國際私法第十一條規定：「一、侵權行為與其他法律事實所生之債務，依其原因事實之發生地法。二、人之能力受限制者之是否應就損害之發生負責，亦依該法律之規定。」

3. 美國一九三四年國際私法第一整編第四五二條規定：「利益之給予是否構成對受領人之賠償請求權，依利益之給予地法。」第四五三條規定：「主張某人不當獲利時，依其得利地法決定受領人是否應返還所受之利益之數額。」

4. 泰國一九三九年國際私法第十四條規定：「無因管理之義務與不當得利所生之債權債務，依其所由發生之原因事實之發生地法。」

5. 一九四〇年蒙特維地奧國際民法公約第四十三條規定：「非因合意而生之債，依其所由發生之合法或不法之行為之發生地法，必要時亦得依規範相當之司法爭訟之法律。」

6. 義大利一九四二年民法前導編（法律規定通則）第二十五條第二項規定：「非契約之債，依所由發生之事實之發生地法。」

7. 埃及一九四八年民法第二十一條第一項規定：「契約外之義務，依該義務之原因事實發生地法。」

8. 捷克斯拉夫一九四八年舊國際私法第四十八條規定：「因侵權行為或其他事件而發生之損害賠償請求權，以非違背法律行為所生之義務者為限，依行為或事件之發生地法。」

9. 法國一九五九年國際私法修正預備草案第八條規定：「侵權行為及準侵權行為、不當得利、非債清償與無因管理所生之債務，依其原因事實之發生地法。」

10. 韓國一九六二年國際私法第十三條第一項規定：「因無因管理、不當得利或侵權行為而生之債權，其成立及效力依其原因事實之發生地法。」

11. 捷克斯拉夫一九六三年國際私法第十五條規定：「與契約或其他法律行為所生義務之違反無關之賠償請求權，依損害發生地或賠償請求權之原因事實之發生地法。」

12. 波蘭一九六五年國際私法第三十一條規定：「一、非因法律行為而生之債務，依其所由發生之事實發生地國法。二、當事人之國籍相同，並同設定住所於其本國者，前項情形，適用其本國法。」

13. 法國一九七〇年民法修正草案第二三一二條規定：「非契約之債依其所由發生之事實之發生地法。」

14. 一九七二年歐洲非契約之債草約第十三條規定：「非由於一人造成他人損害，

以原因法律關係準據法主義較受重視。就理論上言，由於不當得利是欠缺法律上原因，或原因法律關係不存在時，依法律規定所為之損益調整，故當以原因法律關係準據法主義較正確。

第三項　我國現行規定之析論

我國新涉外法第二十四條規定：「關於由不當得利而生之債，依其利益之受領地法。但不當得利係因給付而發生者，依該給付所由發生之法律關係所應適用之法律。」本條本文就不當得利採前述不當得利地法主義中的利益受領地法主義，但書則針對給付不當得利採原因法律關係準據法主義，可見本文實際上乃是關於非給付不當得利的規定，故整體而言，是將不當

而由某事件所生之非契約之債，依事件發生地國法。但如有當事人所共同之連結因素時，適用其他有最重要牽連之國之法。」

15. 西班牙一九七四年民法施行法第十條第九項規定：「一、非契約之債之法律關係，依其所由發生之事件之發生地國法。二、無因管理依無因管理行為地國法。三、不當得利返還請求權，依促成受益人因財產價值之移轉而受益之事件之準據法。」

16. 阿根廷一九七四年國際私法草案第三十四條規定：「一、因刑事不法行為而生之債，依刑事犯罪之準據法；因純粹之民事不法行為而生之債，依其行為地法。二、未經授權而管理他人之事務，依其大部分之實行地法。三、不當得利，依受利益人之財產價值增加之地之法律。」

17. 前東德一九七五年法律適用法（「國際私法、親族法、勞工法律關係與國際商事法律適用法」）第十七條規定：「一、非因契約關係而生之損害賠償責任，包括能力與其他個人之要件與賠償額之量定，依損害發生地國法。二、因船舶或航空機在公海上之操作而生之損害，依船舶或航空機懸掛之國旗或國徽之所屬國。三、造成損害之人與受害人同具一國國籍，或同住居於一國者，依該國之法律。企業之法律地位受同一國法律之規範，或在其主營業所在同一國境內者，亦同。」

18. 匈牙利人民共和國一九七九年國際私法第三十五條規定：「不當得利及其法律效果，依得利地國法。」

19. 日本平成元年法例第十一條第一項規定：「因無因管理、不當得利或侵權行為所生之債，其成立及效力依其原因事實發生地法。」

得利區分為非給付不當得利及給付不當得利等二類,而分別規定其準據法。茲將本條適用上之各項問題,分別說明如次。

關於非給付不當得利,新涉外法第二十四條本文承舊涉外法第八條之例,採事實發生地法主義。

一、非給付不當得利所生之債

不當得利係因當事人無法律上之原因,卻獲得利益,致他人受有損害之法律事實,而發生之法律關係。由於發生不當得利的原因,是與當事人間之合意截然不同的單純事實,法律乃是以其已發生之事實為依據,規定當事人關於損害利益調整的權利義務關係,故依其事實發生地法或不當得利地法,有其一定之理論基礎。關於由不當得利而生之債,有因當事人對於不存在之債務提出給付而發生者,亦有因其他原因而發生者,前者為給付不當得利,後者為非給付不當得利,凡此二種法律事實是否構成不當得利,受領人所受利益應返還之範圍等問題,均有必要明定其應適用之法律。

關於非因給付而生之其他不當得利,由於其法律關係乃因當事人受領利益而發生,法律事實之重心係在於當事人之受領利益,新涉外法第二十四條本文乃規定應依利益之受領地法,以決定不當得利之相關問題。故如損失發生地與利益受領地不同時,不當得利的問題仍應依利益受領地法決定。例如 A 國人甲之木材從 A 國被運到 B 國,由 B 國人乙予以加工製成傢俱,當甲因喪失其在 A 國的木材所有權,而向乙請求返還不當得利時,如乙是依 B 國關於加工之規定取得傢俱的所有權,其不當得利問題應依 B 國法決定之,如乙在 A 國即已取得木材之所有權,則應依 A 國法決定其不當得利問題;再如 A 國人甲誤以為 B 國人乙之汽車為甲自己所有,在 C 國予以修復並增強性能,增加該汽車之價值甚多,後來向乙請求返還不當得利,此時因乙係在 C 國獲得該利益,故應依 C 國法決定是否應返還及返還之數額。

新涉外法第二十四條的本文及但書的規定,實際上並非原則和例外的規定,而是平行的二種不當得利的規定,故本文部分雖規定為「不當得

利」，適用時應就其範圍依立法意旨為目的性限縮，認為其僅指非給付不當得利而言，如為給付不當得利，應直接適用但書之規定。

二、給付不當得利

給付不當得利之成立，是受損失者為履行義務而為給付，使得利人受有利益，但給付人實際上並無給付之義務，而得利人係無法律上原因而受利益。此時給付人誤以為其有給付義務，而其究竟有無給付之義務之問題，即得利人之獲得利益有無法律上原因之問題本身，亦自有其準據法，並可與不當得利之問題相區別。例如因履行買賣契約而為給付、遺囑執行人遵照遺囑而交付遺贈物等，買賣契約或遺囑本身均另有其準據法，此時如訴訟標的為不當得利返還請求權，則不當得利乃是主要問題，買賣契約或遺囑則為附隨問題或先決問題，應依其相關理論解決之。因當事人之給付而生之不當得利，例如出賣人為履行無效之買賣契約，而交付並移轉標的物之所有權，其所發生之不當得利問題，實際上與該給付所由發生之法律關係，即該買賣契約之是否有效之問題，關係非常密切，其本質甚至可解為該買賣契約無效所衍生之問題，故新涉外法第二十四條但書乃規定應依同一法律予以解決。

本條但書採原因法律關係準據法主義，使不當得利與當事人之給付均依同一法律決定，並以其原因法律關係之準據法，作為不當得利之債的準據法。例如 A 國人甲為到 C 國度假，和 B 國人乙訂定關於 C 國房屋之租賃契約，已預付租金，後來因 C 國發生自然災害，不適宜度假，甲擬解除契約並請求返還租金，此時其預付之租金乃因租賃契約而支付，其得否請求返還之問題，因與其租賃契約具有密不可分的關係，故應依該租賃契約之準據法。此時甲、乙間的不當得利之債，應依甲的給付（預付租金）所由發生的法律關係，即租賃契約的準據法，故應先依新法第二十條決定該契約的準據法。又如出賣人甲（A 國人）與買受人乙（B 國人）訂定涉外買賣契約，該買賣契約依其本身之準據法（依新法第二十條決定）為無效，但甲為履行該契約已交付並移轉標的物之所有權時，甲、乙間之不當得利

問題，實際上與該給付所由發生之法律關係（即該買賣契約），特別是其是否有效之問題，關係非常密切，其本質甚至可解為該買賣契約無效所衍生之問題，故本條但書乃規定其應依同一法律予以解決。

本條但書在損害變動的準據法，與原因法律關係之準據法同一時，固無問題；但在較極端之案例中，前述二個準據法如非屬同一國家之法律，似仍須再詳細探討如何適用之問題。因為不當得利之發生，乃因得利者依法律之規定「已取得」某種不當之利益，且該利益之獲得，依原因法律關係之準據法，係屬不當而應返還；故如得利者所據以取得利益之準據法，與原因法律關係之準據法不同，其是否構成不當得利、及應如何返還不當之利益之問題，似應以損益變動之準據法，即得利者據以取得利益，並使給付者受損失之法律，為其準據法。例如甲誤以為其與乙間，以 A 國法為準據法之無效買賣契約為有效，而在 B 國交付骨董，並依 B 國法律移轉其所有權給乙。此時乙之取得所有權是否構成不當得利，及應返還之範圍等問題，理論上即均應適用決定乙是否已取得所有權之 B 國法。

換言之，新涉外法第二十四條但書的原因法律關係準據法主義，在得利人係依該原因法律關係之準據法而獲得利益時，較無適用之問題。在上例中，甲是否得向乙請求返還不當得利，雖繫於買賣契約之是否有效，但該買賣契約之效力問題，性質上為不當得利的先決或附隨問題，在國際私法上本應獨立決定其準據法。不當得利問題如適用其原因法律關係的準據法，前提是系爭給付的準據法與給付的原因法律關係的準據法相同，二者的準據法不一致時，是否獲得利益應依給付本身之準據法決定，利益之獲得是否正當或有無法律上原因之問題，則依其原因法律關係之準據法，此種因給付而生的給付不當得利，其準據法似應偏向給付本身之準據法，而非給付之原因法律關係之準據法。在司法實務上，似可對本條但書的適用範圍，採目的性限縮的方法，以符合理論之需求。

※關於本節，其詳可再參閱：陳榮傳，〈國際私法上不當得利之概念及其定性問題之研究〉，《東吳法律學報》，第八卷第一期（民國八十二年三月）；陳榮傳，〈不當得

利準據法之研究〉,《東吳法律學報》,第八卷第二期（民國八十四年二月）；陳榮傳,〈不當得利之準據法〉,《月旦法學雜誌》,第十九期（民國八十五年十一月）。

第四節　侵權行為

第一項　緒　言

　　侵權行為 (torts) 為債的發生原因之一,我國民法就一般侵權行為於第一八四條規定:「因故意或過失,不法侵害他人權利者,負損害賠償責任。故意以背於善良風俗之方法,加損害於他人者,亦同。」「違反保護他人之法律,致生損害於他人者,負賠償責任。但能證明其行為無過失者,不在此限。」另外,亦規定數種特殊侵權行為。各國關於一般侵權行為的規定雖大致相同,但因侵權行為的立法背景複雜多端,自其構成要件、法律效果到特別侵權行為的問題,各國基於各自的社會背景、司法體制、立法政策,法律的相關規定仍非完全相同。因此在國際私法上,乃有必要決定涉外侵權行為之準據法問題。

第二項　侵權行為準據法之決定

　　各國國際私法對侵權行為準據法之決定,大致可分為下列三種主義:

一、法院地法主義

　　此項主義認為侵權行為責任與刑事責任類似,具有反社會性與反倫理性,與一國之公序良俗有重大之關係,外國認為係侵權行為者,內國未必為同一認定,反之,某種行為依行為地法為適法,而在內國被認為不法行為者,亦有可能。為求維持法律之安定與內國之秩序,故關於侵權行為之成立與效力,應依法院地法 (lex fori) 之規定為準。

　　法院地法主義雖於十九世紀末葉,由薩維尼、華西特爾 (Wächter) 等德國學者所倡,且經前蘇聯、希臘等國國際私法所採用,但目前已成為少

數說，蓋其理論上有下列之不妥適：

㈠過度擴張內國之公序法觀念

主張法院地法主義之學者，認為一國關於侵權行為之法律攸關內國之公序良俗，具有強烈強制法之性質，故應排除外國法律之適用。此種主張，實係擴張內國法適用範圍之藉口，一國為維持內國公共秩序，一般已有公序良俗條款之規定，以節制有害內國公安之外國法，實無再以法院地法主義，排除外國有關侵權行為法適用之必要。

㈡違背法律之安定性

採此主義之結果，依法院地法認為不法行為者，在行為地未必為不法之行為，行為人於行為時，因對方起訴之訴訟地無定，其行為是否適法，將無從預測。

㈢不合理限制當事人之訴權

現今交通便利，當事人流動性大，如依行為地法，行為人之行為固為不法，唯如行為人一旦離開甲地（行為地），而於乙地（法院地）時被訴，而依後者之法律，行為人之行為非不法，被害人既得權益固難保障，而其訴權之行使，無形中亦受到莫大之限制。

㈣判決難期公允

行為人應依據行為地之法律，以調整其行為，並應依照行為地之法律，覓求適當保障，以防衛行為地法所課之責任，乃理所當然。倘竟因法院地法與侵權行為實施地法之歧異，而使一方當事人受非分之保障，實有違正義原則。例如依侵權行為地法，駕駛人對肇事之結果，應負無過失責任；依法院地法，被害人卻應證明行為人之故意、過失，方能獲得賠償。於此情形，必強被害人證明加害人之過失，而置行為人應依行為地法，覓求保障（投保責任險），防衛其應負之嚴格責任於不顧，豈可謂公允？反之，如兩地法律互易，被害人雖可受到較大保護，但行為人於行為地既無從預見法院地法之無過失責任，遂未投保責任險加以防衛，致無法合理分散其損害賠償之風險，也非公允之道。

㈤侵權行為責任與刑事責任不同

侵權行為法及契約法在現代社會條件下，目的是在調節經濟及其他利益，並作為分配正義之工具，而非報復之工具。故侵權行為不宜與刑事不法行為類比，亦無同採法院地法主義之理。

㈥難期實現判決一致之目的

國際私法的理想，是同一涉外案件不論於何地起訴，皆能得相同之判決，以保障雙方當事人之利益，並防止原告任擇法庭 (forum shopping)。如以法院地法為侵權行為之準據法，則原告將趨利避害，任意選擇法庭，同一侵權行為之多數被害人可能向不同地域起訴，也可能發生各判決歧異之情形，實非妥當。

二、侵權行為地法主義

主張此說者，認為行為之適法與否，以及其效果如何，悉依侵權行為實施地法 (lex loci delicti commissi)。因為系爭行為如在行為地構成侵權行為而發生債之關係，則依國際私法保護既得權 (vested right) 之原則，任何國家皆應予以承認，且侵權行為對於侵權行為地之公益影響最鉅，為保護當地公益，自應適用侵權行為地法。此外，採侵權行為地法主義，尚可避免因適用法院地法所造成之各種缺失，而有確實、單純及結果可預見等實益。侵權行為地法主義自十三世紀法則區別學派提倡以來，已經多數立法例及學說所承認，為國際私法上之重要原則。

侵權行為之債如依侵權行為地法，則此一準據法之適用，有待侵權行為「地」之確定，如侵權行為之構成要件均發生在同一國家或法域，決定其侵權行為地尚非難事，但如侵權行為之要件牽連數個國家，此時欲確定侵權行為地，則不無困難。此種涉及二以上國家之情形，主要是行為作成地與損害結果地不一致，其究竟應以何處為侵權行為「地」，學者見解及各國法制均不一致，大致可分為行為作成地說 (Theory of the Place of Acting) 及損害造成地說 (Theory of the Place of Injury)。茲分別說明、檢討於後：

㈠行為作成地說

認為侵權行為地，應為行為人本人或其使用人作成行為之地，而不問其侵害他人權利之結果發生於何地。因為損害造成地在多處，而不易確定，可能係出於偶然，而非行為者乃至受害者所能預料，如以此等不能預見之地決定準據法，即有失公允。採行為地說者有德、法、比、義等大陸法系國家，英國之判例亦採之。例如甲於法國寄發一信，內含誹謗乙之文字，而於德國發布，則依此說，其侵權行為地即為法國。

㈡損害造成地說

認為侵權行為損害賠償責任之目的，是在填補被害人之損害，如非有損害之發生，雖有加害行為，亦不能成立侵權行為；因侵權行為而公安最受影響者，乃是損害造成地，非行為作成地。故如甲於美國出售給乙某種商品，而未曾警告該物之危險性，嗣後乙於英國使用時受傷害，其侵權行為地應為英國。美國判例多採之，其第一次國際私法整編亦採同一見解。

以上兩說雖各有見地，但衡諸侵權行為之成立係以損害發生為要件，故作成誹謗文件之行為、出售危險商品而未予警告之行為，雖均屬不當行為，但此等行為如未造成損害，即難構成侵權行為。

上述兩說相較，實以損害造成地說為妥。主張行為作成地說者，認為損害造成地非行為者始料所及，故不宜以此種不能預見地方之法律，為其準據法。此種見解雖可適用於侵權行為地法與法院地法之爭，要難適用於損害造成地與行為作成地之爭，因為法院地若非侵權行為地，此時適用法院地法，亦屬出乎行為人之預見，而難謂公允；但以損害造成地為侵權行為地，而適用該地法律時，因損害造成地乃侵權行為人應負擔責任之最後事件發生之處所，其與侵權行為之成立有密切關係，雖出乎預料，仍屬合理。此外，因不作為而發生之侵權行為，亦應以損害造成地為侵權行為地，以避免採行為作成地說造成之弊端。

三、法院地法與侵權行為地法之併用主義

此種主義認為侵權行為固與侵權行為地有密切關係，但其與法院地之

公序良俗也息息相關，為維持兩地之公益，宜併用兩地之法律。在採用併用主義之國家，其重視法院地法或侵權行為地法之程度及適用之條件，仍有差異，茲先予分類說明，再做總評。

㈠以侵權行為地法為準據法，但使其受法院地法限制

依此主義，關於涉外侵權行為之成立及其效力，固以侵權行為地之法律為準據法，但也只能於法院地法所認許之限度內，始被適用，即累積適用兩地之法律，且非以侵權行為人是內國人為條件，故稱不附條件之併用主義。此主義認為，必兩地法律均認為侵權行為者，侵權行為始得依侵權行為地法，認為成立。如依侵權行為地法不構成侵權行為，固非侵權行為，如依侵權行為地法構成侵權行為，但依法院地法不構成侵權行為，也不構成侵權行為。關於侵權行為效力，此說認為應以法院地法所認許之損害賠償及其他處分之請求為限，包括其請求權之當事人、請求權之範圍、損害賠償之方法及金額等一切有關侵權行為效力之規定，均應以法院地法所承認者為限。日本舊法例即採此種主義。

㈡以侵權行為地法為準據法，但侵權行為人為內國人時，使其受法院地法限制

依此主義，關於侵權行為之成立及其效力，固以侵權行為地法為準據法，但如侵權行為人為內國人，須再以法院地法加以限制。換言之，於侵權行為人為外國人時，以侵權行為地法為決定侵權行為之成立及效力之準據法，於侵權行為人為內國人時，則累積適用侵權行為地法及法院地法，故為附條件之併用主義。

㈢以法院地法為準據法，兼顧侵權行為地法

此項主義可以英格蘭法為代表。依英格蘭法，在外國發生之侵權行為，在英國訴追須符合二項條件：其一、該行為如在英格蘭發生，亦可起訴。此一條件被解釋為，原告就依侵權行為地法認為係侵權行為之案件，在英格蘭法院請求損害賠償時，必須能證明被告行為倘在英格蘭發生，依英格蘭實體法亦構成侵權行為。故依侵權行為地法，被告行為雖構成侵權行為，如英格蘭法不認為侵權行為時，仍非侵權行為。其二、該行為依行為地法，

須為不法。此一條件被解釋為，依行為地法該行為如非無辜，即係不法。故依行為地法，被告行為雖不構成侵權行為，但如其行為在行為地有受刑事訴追之可能時仍屬不法。此種併用主義認為系爭行為必須具有雙重可訴性 (double actionability)，即在兩地均具有可在法院追訴之可能性，始得依法院地法予以追訴；在外國發生之侵權行為，如符合上述兩要件，英格蘭法院即適用英格蘭有關侵權行為之法律，作為裁判之依據，並不適用侵權行為地法。

併用主義因兼採侵權行為地法與法院地法主義，故關於法院地法主義之弊端，似均可見於併用主義。附條件併用主義因對內、外國人為差別待遇，違反內、外國人平等保護之原則，不值取法，在各國多有公序良俗條款或保留條款之規定，已足以排斥外國法之適用以維護內國公益之情形下，再以法院地法限制侵權行為地法，似屬畫蛇添足，徒增弊端❷。

僅就上述三種立法主義而言，似應以侵權行為地法主義為優❷，但此

---

❷ 美國大法官柯多佐 (Cardozo) 曾言：「當事人依外國法取得之權利，我們不應因我們不給予相同權利之一事實，遂加否認。我們不應太狹窄地說，一個問題的任何解決方法都是錯誤，只因其與我們解決方法不一致之故。」可供參考。
  Loucks v. Standard Oil Co. of New York, 224 N.Y. 99, 120 N.E. 198 (1918).

❷ 其理由主要是下列各項：

  1. 符合理論：行為人因其在行為地之行為，與他人成立一種牽連關係，此一關係就行為人言，乃一種義務，此一義務如影隨形，無論於何地發現行為人，該義務即得就地執行，唯因該義務之唯一來源，係行為地之法律，故應以行為地之法律決定該義務之是否存在，及其效果如何等問題。此既得權說之大要，頗能說明適用外國法之理論根據。侵權行為地法主義，既係以侵權行為地法為侵權行為之準據法，顯係採既得權說，故符合理論。

  2. 有簡單、確定及結果預見可能等實益：侵權行為地法，係以侵權行為地為連結因素，此一連結因素，並非難以確定，因之以侵權行為地法為唯一之準據法，即屬單純，而有易於適用之效；倘各國均採侵權行為地法主義，則就同一侵權行為而言，各國適用之法律不僅相同且屬確定不變，更可收判決一致之效；再者，以侵權行為地法為準據法，不因訴訟地之不同，而異其法律之適用，當事人可不經訴訟即知相互間之權義，故有結果預見可能之實益，因

主義絕非理想，因為侵權行為地常出於偶然，而與當事人無實質上牽連關係，以此種與當事人無實質上牽連關係之法律作為準據法，自不足以保護當事人權利，在有些案例中，適用該地法律並不足以實現該法律制定之目的，暴露侵權行為地法主義的缺失，故各國學者均努力謀求其補救之道❷。

　　就各國之立法實踐言，最早企圖擺脫侵權行為各種傳統上立法主義，似為一九五一年比、荷、盧公約 (Benelux Convention)，公約中關於侵權行為準據法之規定計有二項。第一項為原則，規定侵權行為依侵權行為地法；第二項為例外，規定如加害行為所引起之影響 (consequence) 屬於另一法域時，則應適用後者之法律。至如何斷定加害行為之影響屬於另一法域，該公約公報中指出此完全應視客觀環境而定，考慮各種連結因素。自美國紐約州上訴法院一九六三年作成 Babcock v. Jackson 一案之判決後❷，尤其獲

此容易達成訴外和解，此對雙方當事人固屬有利，即對與當事人有利害關係之第三人（例如保險公司）亦然。

3. 與制定國際私法之精神吻合：基於內外國人平等之思想，各國多允許外國人得利用內國法院，以解決紛爭；復為促進國際交往，保障外國人權益，又特制定國際私法，就案件之性質，選擇的適用內外國法，關於侵權行為依侵權行為地法，即係根據此種原則而制定。侵權行為地得在內國，也得在外國，故內外國法均有被適用之機會，不似其他兩種立法主義，專一的適用內國法，故侵權行為地法主義與制定國際私法之精神吻合。

❷　最早批評侵權行為地法主義，並提出補救之道者，似為英國學者毛瑞斯 (J. H. C. Morris)，其於一九五一年〈論侵權行為適當法〉一文中，指出侵權行為複雜多樣，適用一成不變的侵權行為地法，斷難於每案中均獲致理想結果，而符合社會正義。故提出適用之準據法，應為一包含較廣，且富彈性之國際私法規則，以此新法則取代侵權行為地法，更可便於解剖侵權行為所含有之各個問題，分析各個問題所牽連之社會因素，以助於發現最合適之法律，而加以適用。見 J. H. C. Morris, "*The Proper Law of a Tort*," 64 Harv. L. Rev. 881, 883, 892 (1951).

❷　在本案中，原告係應被告之邀，搭其所駕駛之汽車，由其住所地紐約至加拿大渡週末，車行至加拿大安大略省時，因被告之過失，汽車撞及石牆，致原告受重傷，乃於返回紐約後，起訴請求侵權行為之損害賠償。原告之請求，依紐約州法為有理由，但依安大略省之客人條例 (Guest Statute)，非以營利為目的之

得國際間之廣泛重視。

各國所提補救辦法可歸納為二類：一類是由立法機關遴選一、二種連結因素，使其抽象規則可普遍適用於一切案件；另一類則認為於具體案件中，應由法院斟酌事實，審查一切連結因素後而選擇最適當的準據法。採第一類立法例者，可以海牙交通事故公約為其代表；第二類則可以美國紐約州之前述判例及比、荷、盧公約為代表。此二類立法例均針對傳統侵權行為地法主義予以修正，第一類立法例對法律之適用仍有確定及結果預見可能等實益，第二類立法例則強調個案之適用法律更公正合理，均有其特色，可供現代立法之參考。

第三項　我國現行規定之析論

我國新涉外法第二十五條規定：「關於由侵權行為而生之債，依侵權行為地法。但另有關係最切之法律者，依該法律。」本條是針對一般侵權行為的規定，鑑於舊涉外法第九條原則上採侵權行為地法主義，有時發生不合理之結果，本條乃酌採最重要牽連關係理論，於但書規定另有關係最切之法律者，依該法律，以濟其窮。此外，本法對因特殊侵權行為而生之債，於第二十六條至第二十八條規定其應適用之法律，其內容即屬本條但書所稱之關係最切之法律，故應優先適用之。以下將各條文適用之問題，再各別分析探討之。

汽車所有人，對搭載客人之死傷，不負損害賠償責任。法院經比較紐約州與安大略省之牽連與利益，認定與紐約州之牽連及利益包括：原、被告均為該州州民，主客之關係係在紐約州成立，駕駛之汽車懸掛紐約州牌照、在該州保險，旅行之起點與終點均為紐約州，且該州法律規定因駕駛人之過失，對客人之傷害，也須負賠償責任之立法意旨，係在保護該州住民，自不應因發生地點不在該州，而異其法規之適用；與安大略省之牽連及利益，僅是意外事故偶然發生在該省而已，且該省之客人條例防止客人與汽車所有人通謀，詐騙該省之保險公司之立法目的，亦無法因在本案適用該條例，而獲得實現。故法院認為本案應適用具有最重要牽連關係的紐約州，而不適用侵權行為地之安大略省之法律。12 N.Y. 2d 473, 191 N.E. 2d 279 (1963).

一、一般侵權行為

新涉外法第二十五條本文，表面上採用侵權行為地法主義，但其實質已與舊涉外法第九條不附條件併用侵權行為地法與法院地法，完全區隔。因為依新涉外法，因涉外侵權行為所生之債，依本條本文規定，固應適用侵權行為地法，惟但書規定另有關係最切之法律者，即應依該關係最切之法律。綜合條文之整體意旨，可知侵權行為地法的適用，仍有其他條件，即須其乃是關係最切之法律，否則仍不適用之。換言之，新法對於因侵權行為而生之債，實際上是採關係最切原則，以關係最切之法律為其準據法，本文的規定只是將侵權行為地法，推定為關係最切之法律而已，只要有反證可證明另有其他關係最切之法律時，即不適用侵權行為地法。關係最切之法律的認定，宜就各相關的法律，包括侵權行為地法、損害發生地法、侵權行為人及被害人之本國法、住所地法、財產所在地法、保險契約之準據法及保險人之本國法、住所地法及我國法律等，綜合比較其與侵權行為之債的牽連關係而決定之。準據法如為外國法時，其適用的結果不得違反中華民國的公共秩序及善良風俗，乃是當然。

本條本文推定侵權行為地法為關係最切之法律，故適用於具體個案時，法院仍應先確定何國或何地之法律為侵權行為地法。一般而言，本條是對單一侵權行為所生之債，為單一準據法之規定，故即使涉外侵權行為之行為實施地與結果發生地不同，侵權行為地散布在多數國家，法院仍應認定某單一特定之國家或法域之法律，為該涉外侵權行為之準據法，不宜認為數個國家之法律，皆可作為同一涉外侵權行為之準據法。此種規則，與各地之法院得因侵權行為地之一部分在其管轄領域內，即據以行使管轄權的基礎不同，應嚴予區別，但我國司法實務有時將其混為一談。

侵權行為地之認定，於陸上侵權行為較為明確，但如侵權行為發生在海上或空中，即比較複雜。海上或空中侵權行為如發生在船舶或航空器內，或因海上或空中事故而發生者❷⁵，其侵權行為地法之認定，不免發生應為

---

❷⁵　海上侵權行為可分為下列三種類型：一、在船舶內之侵權行為，例如發生在海

船旗國或登記國法，或該船舶或航空器實際所在國之難題。如侵權行為發生時，該船舶或航空器係在未受任何國家管轄的公海上或公空中，應以船旗國法或航空器登記國法，為侵權行為地法。如侵權行為發生時船舶或航空器係在他國的領海上或領空中，此時似應就船旗國法或領海國法、航空器登記國法或領空國法中，以其與侵權行為較具有密切關係之法律，為侵權行為地法 ❷ 。

員間、旅客與海員、或旅客間之侵權行為；二、因海上事故致旅客死傷、貨載毀損所生之侵權行為；三、船舶之碰撞，或船舶與其他物體之碰撞所生之侵權行為。空中侵權行為可分為下列三種類型：一、發生在航空器內之侵權行為，例如空服員間、旅客間、或旅客與空中服務人員間之毆打、侮辱、偷竊是；二、因空中事故，致旅客死傷或託運物毀損所發生之侵權行為，主要指旅客或託運人對航空運送人之損害賠償請求權之問題；三、因航空器碰撞或航空器與其他物體碰撞所生之侵權行為，主要指航空運送人間或與其他物體所有人間之損害賠償請求權之問題。上述第二種類型，解釋上亦不妨定性為債務不履行，而適用運送契約之準據法決定之，惟實務上仍多定性為侵權行為。

❷ 就侵權行為地法之認定言，航空器登記國法與船旗國法之重要性，尚非完全相同。蓋船舶所以視為一國之浮動島嶼，航海運送通常需長時間之航行，船上人員與船舶之關係異常密切，且絕大部分時間，船舶係航行於無任何國家管轄之公海，常以船旗國法為侵權行為地法；反之，航空運送則不然，其特徵為航行速度快、時間短，且航空器並非以在公空中航行為主，其經常在列國領空飛行，因此航空器上客貨與航空器登記國之關係似較淡薄，且在國際公法上，航空器除在公海或無主土地上空飛行外，屬於地面國領域管轄，故常以領空所屬國法，為侵權行為地法。不過，空中侵權行為以當時領空所屬國法，為侵權行為地法之見解，亦有缺點，例如一、航空器飛行速度驚人，如何確定侵權行為發生時，航空器係在何國領空，並非易事；二、如在國家密集之空域飛航，例如自倫敦至伊斯坦堡之夜晚航行結束時，某旅客始被發現被刺身亡，該旅客被刺之時間亦可能跨連數國領空，而難以確定其侵權行為地；三、航空器上旅客及機上服務人員，與飛航時地面所屬國之關係，純屬偶然，實不如以航空器登記國法視為侵權行為地法，較為合理且符實際。再加上旅客搭乘在某國登記之飛機時，通常有自願接受該國法律管轄之意思，因此似以航空器登記國法，為侵權行為地法較妥 。 惟因我國民用航空法及涉外民事法律適用法均無特別規

二以上之船舶在海上衝突，致一方或雙方發生損害，即船舶碰撞之情形時，亦發生侵權行為的損害賠償問題，故亦有本條之適用。但我國海商法第一三四條已明文規定：「船舶之碰撞，不論發生於何地，皆依本章之規定處理之。」從本條之文義解釋，似謂凡我國有管轄權之船舶碰撞案件，無論發生地為公海或一國領海，也不論是否有我國之船舶，應一律適用我海商法船舶碰撞章之規定。此種解釋就法規適用言，固有簡單、確實之利，且我對船舶碰撞所採之政策也得以推行，但與一般海權國家所採之辦法並不一致，而且違反我國國際私法的基本原則，即不分內、外國法，一律依國際私法決定案件之準據法，故該條文應從嚴解釋，認為船舶碰撞發生在外國領海者，不在其適用範圍，此時，則以領海國法為侵權行為地法❷❼。

空難所生之涉外賠償問題，一般亦定性為涉外侵權行為，而各國為了保護及促進民航事業的發展，乃有統一國際航空立法之運動。僅就有關航空運送人對旅客及貨物託運人，因航空事故所致之死傷、毀損，應負賠償責任之成立條件及賠償限額而論，就有一九二九年之華沙公約、一九五五年之海牙議定書、一九六一年之瓜達拉雅爾公約、一九六六年之蒙特利爾協定、一九七一年之瓜地馬拉議定書、一九七五年之蒙特利爾議定書及一九九九年之蒙特利爾公約等。我國非華沙公約與上述議定書、協定或公約之締約國，但就涉外案件依國際私法之指定，而適用侵權行為地法，倘如該侵權行為地國，為該等公約之締約國，且發生該侵權行為之航程，又屬於各該公約規定之國際運送，則適用該國法律時，即應包括該等公約在內。如失事地點不在上述公約之締約國內，或雖發生在締約國領域內，但不屬

定，保守的解釋可能認為應以領空所屬國法，為侵權行為地法。

❷❼　船舶碰撞之處理，各國法律規定既不一致，因而法律之衝突在所難免。所以十九世紀以來，各國於國際會議上即謀取船舶碰撞法規之統一，而於一九一〇年在比京布魯塞爾會議通過 「關於船舶碰撞規定統一公約 (International Convention for the Unification of Certain Rules with Respect to Collisions between Vessels)」。我國非該公約之締約國，自可不受該公約之拘束，唯如碰撞之發生在外國領海，而關係國又均係該公約之締約國時，此時似應直接以該公約為侵權行為地法。

於各該公約所稱之「國際運送」,此時被害人如仍依據侵權行為法理請求損害賠償,我國法院即不得適用該等公約。

新涉外法除於本條規定一般侵權行為的準據法之外,對因特殊侵權行為而生之債,亦於第二十六條至第二十八條規定其應適用之法律,此等條文所規定的準據法,即屬本條但書所稱之關係最切之法律,故應優先適用之。

二、商品製造人責任

國際貿易發達後,國際私法上的商品製造人責任問題也逐漸受重視。例如甲在 A 國生產某商品,該商品外銷到 B 國在市場上販賣,乙在 B 國購買該商品,卻因該商品的通常使用或消費致受損害,此時如乙向甲起訴請求賠償,即發生應如何適用法律的問題。海牙國際私法會議為此於一九七三年通過海牙產品責任準據法之公約,我國新涉外法第二十六條規定:「因商品之通常使用或消費致生損害者,被害人與商品製造人間之法律關係,依商品製造人之本國法。但如商品製造人事前同意或可預見該商品於下列任一法律施行之地域內銷售,並經被害人選定該法律為應適用之法律者,依該法律:一、損害發生地法。二、被害人買受該商品地之法。三、被害人之本國法。」

本條僅適用於涉外商品製造人責任問題,但不問商品係經外國製造人事前同意而進口,或經由貿易商依真品平行輸入之方式而進口者,均有其適用。鑑於此一責任是以商品製造過程中商品製造人之注意義務為基礎,而商品製造人之屬人法與此項注意義務及其違反所生之責任,均有一定之牽連關係,故本條本文部分乃規定原則上應適用商品製造人之本國法。適用商品製造人之本國法時,如其本國國際私法(含對其本國有拘束力之國際公約)規定應適用其他法律,則應依反致條款(新涉外法第六條)之規定處理。

本條本文就商品製造人責任,規定依商品製造人之本國法,就形式而言乃重在課予商品製造人注意義務,但商品製造人責任另外亦有保護消費

者及使用者之目的，故在本文規定的原則之外，但書亦規定適用其他法律的例外情形：即如商品製造人事前同意或可預見該商品於損害發生地、被害人買受該商品地或被害人之本國銷售者，被害人得就該等地域之法律選定其一，為應適用之法律。此項例外的規定，是因為此時被害人之所以因商品之通常使用或消費而受損害，乃是因為商品製造人之創造或增加被害人與商品接觸之機會所致，各該法律與其商品製造人責任已具有相當之牽連關係，為保護被害人，乃以被害人之選定其為準據法為基礎，而適用該法律。依本條但書所適用的法律，必須符合三項要件：㈠僅限於損害發生地法、被害人買受該商品地法或被害人之本國法等三法律中之一；㈡商品製造人事前已同意或可預見該商品將銷售到該法律所施行的領域；㈢被害人須已選定該法律，作為商品製造人責任的準據法。

三、違反競爭法規

為維持市場競爭秩序，各國通常都制定競爭法規（競爭法、反托辣斯法、反壟斷法、公平交易法或其他法律），以為規範。當事人的行為違反競爭法規，並造成被害人的損害者，也是侵權行為的態樣之一，其涉外問題也是國際私法的重要課題。例如 A 國籍的甲公司和 B 國籍的乙公司生產銷售到 C 國之同類產品，甲、乙在 B 國定期聚會，共同決定該產品銷售到 C 國的數量、價格及對付 D 國競爭對手丙之策略，丙如主張甲、乙的行為違反競爭法規，有限制競爭或不公平競爭的情形，並請求賠償其損害時，即應依國際私法決定其應適用之法律。

我國新涉外法第二十七條規定：「市場競爭秩序因不公平競爭或限制競爭之行為而受妨害者，其因此所生之債，依該市場之所在地法。但不公平競爭或限制競爭係因法律行為造成，而該法律行為所應適用之法律較有利於被害人者，依該法律行為所應適用之法律。」本條適用的對象，是妨害市場競爭秩序的行為，即不公平競爭或限制競爭之行為所生之債。如依當事人所主張的事實，涉及行為人的行為是違反競爭法規的判斷，即有本條規定的適用。

　　根據本條本文規定，由於不公平競爭或限制競爭等違反競爭法規之行為，對於藉該等法規維持之市場競爭狀態或競爭秩序，均構成妨害，其因此而發生之債權債務關係，亦與該市場所屬國家之法律密切相關，故應依該市場所在地法或所屬國家之法律。例如在前舉之例中，甲、乙之行為所影響者，乃是 C 國的市場競爭秩序，應依 C 國的競爭法規決定其行為是否違法及其違法的法律效果。依據此項原則，在外國所為之行為，如其結果對於我國的市場競爭秩序構成妨害，即可以我國公平交易法的規定，決定其行為是否違法及違法時的法律效果。

　　當事人的不公平競爭或限制競爭行為所妨害之市場，如橫跨二國以上時，各該國均為市場之所在地，就該等行為在各地所生之債，應分別依各該市場之所在地法。例如上例中之甲、乙行為人的不公平競爭或限制競爭之行為，如係以法律行為（例如契約或聯合行為）實施時，行為人之間所為的法律行為，本身亦有其準據法（例如依當事人意思所定應適用之法律），此時行為人係藉由法律行為，遂行其違反競爭法規之行為，為保護被害人並嚇阻不公平競爭及限制競爭之行為，本條但書乃採取選擇適用二個準據法之立法主義，規定應比較市場之所在地法及該法律行為所應適用之法律，而適用其中較有利於被害人之法律。

四、傳播之侵權行為

　　在傳播科技發達的現代社會中，侵權行為人如經由出版、廣播、電視、電腦網路或其他傳播方法，實施侵權行為時，其行為的動作範圍可能只在電腦鍵盤上的彈指之間，但其所造成的損害範圍，卻相當廣泛，並經常跨越國境。例如甲在 A 國，透過網際網路侵害乙依 B 國法成立的權利，乙向甲請求停止其行為及損害賠償時，即發生應依何國法律決定的問題。此種侵權行為的概念較新，其行為地與損害發生地的確定比較困難，在涉外事件中究應適用何國法律以保護其被害人，也成為國際私法上的重要課題。

　　涉外傳播之侵權行為所涉及的法律，範圍可能相當廣泛，如要求法院考量一切相關的法律，可能不切實際，也將使行為人在準據法的決定過程

太複雜而不確定的情形下，承擔難以預測的風險，不利傳播方法的正當使用。我國新涉外法第二十八條規定：「侵權行為係經由出版、廣播、電視、電腦網路或其他傳播方法為之者，其所生之債，依下列各款中與其關係最切之法律：一、行為地法；行為地不明者，行為人之住所地法。二、行為人得預見損害發生地者，其損害發生地法。三、被害人之人格權被侵害者，其本國法。」「前項侵權行為之行為人，係以出版、廣播、電視、電腦網路或其他傳播方法為營業者，依其營業地法。」

依本條第一項規定，因傳播之侵權行為所生之債，其準據法有三個法律，但這三個法律的適用關係，並非傳統的累積適用、並行適用或選擇適用，而是適用其中關係最切之法律。換言之，關於因傳播之侵權行為所生之債，本項原則上仍採關係最切原則，法院認定某法律是否為關係最切之法律時，應斟酌包括被害人之意願及損害填補之程度等在內之所有主觀及客觀之因素，再綜合比較評定之。但法院至多僅比較下列三個法律的密切關係：

一、行為地法；行為地不明者，行為人之住所地法：行為地法是指行為實施地法而言，如行為跨連數個不同法域，應以其中關係最切的法域，作為決定行為地法的標準。假如損害確已發生，行為人亦可確定，但行為地仍屬不明時，勢必無法確定其行為地法，此時作為行為人私法生活重心之住所，由於其與系爭行為的關係密切，本項乃以行為人的住所地法，代替其行為地法。

二、行為人得預見損害發生地者，其損害發生地法：損害發生地乃是損害實際發生之地，通常也是權利或法益被侵害之地，如係就智慧財產權為侵害，其損害發生地法即為該權利所據以成立或被保護之法律。損害發生地如散在各處，僅就行為人得預見之發生地，始考慮其牽連關係，如可預見之發生地有數地時，則以其中關係最切之地為準。第二款的損害發生地法的被納入牽連關係程度的比較考量，必須以行為人於行為時「得預見」損害將發生於當地為限，此時只要是行為人的專業使其得預見，或一般人在類似情形下均得預見，即使行為人於行為時確實未曾預見其損害發生地，

亦應認為已達到「得預見」的標準。

三、被害人之人格權被侵害者，其本國法：人格權被侵害者，其被害人之人格權所應適用之法律，通常即為其損害發生地法，我國因採本國法主義，故乃將其本國法納入牽連關係的考量。可見第三款的被害人的本國法，並不當然被納入牽連關係程度的比較考量，其僅在被害人之人格權被侵害時，始因該權利與其屬人法密不可分，乃予以納入，此時並有反致條款的適用，但如被害人被侵害的權利為財產權，即無須考量其本國法。

涉外傳播之侵權行為所生之債，本條基本上是兼採侵權行為地法主義及損害發生地法主義，涉及被害人的人格權時，再斟酌其本國法。但如侵權行為之行為人，係以出版、廣播、電視、電腦網路或其他傳播方法為營業者，即公共傳播媒介業者本身為侵權行為之行為人時，其應受營業地法的規範乃是當然，其行為是否違法及其侵權行為之責任等，均與其營業行為地密不可分，故本條第二項乃規定其應依其營業地法，使其營業行為與系爭行為之合法性及損害賠償等問題，均依當地之法律決定，以兼顧公共傳播媒介之社會責任。如行為人有多數營業據點，則應以與系爭行為關係最切之營業地之法律，為此處之營業地法。

五、對責任保險人之直接請求權

因涉外侵權行為而生之債，新涉外法就其準據法已規定如前述，原則上以關係最切地之法律為準據法，但如侵權行為人已投保責任保險，其與保險人之間所訂定之保險契約，亦有其應依新涉外法第二十條決定的另一準據法。此時，被害人與侵權行為人間的法律關係，乃是涉外侵權行為，要保人（侵權行為人）與保險人間的法律關係，則為涉外保險契約，理論上應分別決定其各個法律關係的準據法。如侵權行為的被害人向保險人直接請求賠償，保險人認為其應僅依保險契約直接對被保險人負責，雙方對於被害人是否應透過侵權行為人，而不得直接向保險人請求賠償之問題，發生爭議，其爭議之問題究應如何決定準據法，亦為國際私法之重要問題。

因為被害人並非保險契約之當事人，得否依涉外保險契約的準據法主

張權利，非無疑義，而保險人非為因侵權行為而生之債的當事人，可否依侵權行為之債的準據法課予其義務，也有問題，對於被害人得否直接向保險人請求給付的問題，如上述二個準據法的規定並不一致，究應如何適用法律的問題，其決定尤屬困難。例如 A 國人甲向 B 國保險公司乙投保第三人責任險，明示約定該保險契約的準據法為 B 國法，後來甲在 A 國與 C 國人丙發生車禍，如甲、丙之間的侵權行為所生之債的準據法為 A 國法，A 國法律規定被害人對保險人有直接請求權，B 國法律規定被害人無直接請求權，丙直接向乙請求依保險契約之內容為給付，與乙發生丙得否直接請求的爭議，其準據法之決定即屬難題。

在上述案例中，系爭問題與侵權行為及保險契約均有關連，但究應如何決定直接請求權的準據法的問題，至少有下列選項：與侵權行為及保險契約脫勾，獨立決定此項請求權的準據法？累積適用侵權行為準據法及保險契約準據法？選擇適用侵權行為準據法及保險契約準據法？適用侵權行為的準據法？適用保險契約的準據法？此等選項均各有所本，須由立法妥為政策決定。我國新涉外法第二十九條規定：「侵權行為之被害人對賠償義務人之保險人之直接請求權，依保險契約所應適用之法律。但依該侵權行為所生之債應適用之法律得直接請求者，亦得直接請求。」即採侵權行為準據法及保險契約準據法的選擇適用主義，主要是為使被害人得依據侵權行為準據法或保險契約準據法，直接向保險人請求給付，即只要依據其中任何一個準據法得直接請求者，即得直接請求，以保護被害人之利益。

本條上述規定適用的對象，是「侵權行為之被害人對賠償義務人之保險人之直接請求權」，既不及於被害人對侵權行為人或其他賠償義務人的請求權，也不及被保險人或受益人對保險人本於保險契約的請求權，其重點是在被害人之得否「直接請求」。本條對該問題未再規定指向準據法的連結因素，而是直接創設獨立的指定原因，避開其在侵權行為及保險契約等二個法律關係之間難以定性的問題，再為保護被害人之利益，採侵權行為準據法及保險契約準據法的選擇適用主義，故在上述例中，無論 A 國或 B 國法律規定被害人得直接向保險人請求，丙即得直接請求乙給付保險金，乙

不得以其保險契約之準據法未規定被害人之直接請求權，而為抗辯。

第五節　因其他法律事實而生之債

　　債之關係在我國民法規定的體例上，主要是以因法律行為、侵權行為、無因管理或不當得利而發生者為主，但由於科技發展，法律觀念及社會活動也日新月異，債之發生原因預料將日趨多元。為免掛一漏萬，我國新涉外法第三十條規定：「關於由第二十條至前條以外之法律事實而生之債，依事實發生地法。」本條適用的對象，是本法現行條文所未規定的其他之債，其內容是指性質上非屬於法律行為、無因管理、不當得利或侵權行為的法律事實而言，如法律上有特別的名稱，但其性質與現行條文所規定者相當，例如海商法上的船舶碰撞為侵權行為，海難救助為無因管理，共同海損為不當得利，海上保險為保險契約，均應直接適用各該條文的規定，尚無適用本條的必要。本條的準據法採事實發生地法主義，乃因此等債之關係既是因某種法律事實而發生，事實發生地法與其關係甚切，適用該法律應屬妥當。

第六節　訴訟程序中的法律選擇

　　當事人意思自主原則在國際私法上的運用，除前述據以決定當事人間的法律行為所生之債外，也可據以決定其爭端是否以仲裁或訴訟之方式解決（仲裁協議），如決定以訴訟方式解決，並可據以決定由何國或何地之法院管轄（管轄合意）。當事人如因法律行為之債涉訟，固然得依其行為之準據法意思，定其準據法，後來如於訴訟外或訴訟上達成變更準據法的合意，為貫徹當事人意思自主原則，如未影響第三人的權益及訴訟程序的進行，亦宜尊重其意思，依當事人明示之意思定其應適用之法律（新涉外法第二十條第一項）。

　　當事人如因法律行為以外之原因，例如侵權行為、無因管理或不當得

利等，發生債之關係而涉訟時，即非屬於新涉外法第二十條適用之範圍，不能依當事人明示之意思定其準據法。但法院對於此類爭議的具體個案中，仍多盼當事人能達成和解，自行解決其紛爭。如當事人訂定和解契約，該契約之債即為法律而生之債，即有該條之適用。如當事人在訴訟上未能達成和解，但對於作為其間爭議的解決依據的準據法，已達成合意時，其對訴訟程序的進行效率及訴訟經濟，當有助益，值得鼓勵。故新涉外法第三十一條乃規定：「非因法律行為而生之債，其當事人於中華民國法院起訴後合意適用中華民國法律者，適用中華民國法律。」

新涉外法第三十一條是為貫徹當事人意思自主原則，方便當事人於訴訟中互相妥協而設，其目的不在擴大中華民國法律之適用，故法院在訴訟中應聽由當事人自主決定，不宜介入或示意當事人為避免法院適用外國法之麻煩，最好達成適用中華民國法律之合意。本條僅適用於起訴後之訴訟程序，解釋上具有程序法的若干性質，其規定之合意並非如債權行為之完全開放，而僅限於當事人在起訴後合意適用中華民國法律。如當事人是在起訴之前的其他時間合意，或合意適用的法律為外國法，均非本條適用的範圍，但仍不妨認為當事人已訂定和解契約，倘原來起訴的訴訟標的（非因法律行為而生之債）已因和解契約成立而消滅，依和解契約新成立的法律關係，具有債權契約的性質，其應依當事人的意思及其合意的準據法決定，於另案解決，乃是當然。

第七節　債之移轉

第一項　緒　言

債之移轉是指債之關係仍保持其同一，僅變更債之主體之法律行為，可分為債權讓與及債務承擔兩種。至債之移轉原因，通常可分為二：一為基於法律之規定；一為基於當事人間之契約。關於特定之債權債務關係，法律得否許其移轉，如得移轉，應以何種方式移轉，移轉之要件為何，移

轉後之效力如何等問題，各國規定仍不一致，故在國際私法上頗有探討其
準據法之必要。

第二項　債之移轉準據法之決定

債之移轉因其原因之不同，可分為二類，而各類移轉之準據法復有不
同之決定標準，茲分點說明如次。

一、因法律行為而發生債之移轉者

因法律行為而發生債之移轉者，包括因法律行為而發生債權主體移轉
及債務主體移轉等二種情形，前者為債權讓與，後者為債務承擔。

㈠債權讓與

債權讓與是指債權之讓與人與受讓人間，以讓與債權為標的之法律行
為。債權讓與後，債權人雖已變更，但債之關係仍維持不變。由於此項法
律行為一經生效，即發生債權直接移轉的作用，與負擔行為不同，性質上
屬於處分行為；因其法律效果，類似於直接使物權發生變動的物權行為，
但發生變動之權利卻係債權，而非物權，故被認為是「準物權行為」。

當事人之所以為債權讓與，通常是基於原因法律關係，如其係為履行
契約上的義務，學說上即將二者區別為「債權讓與」與「債權讓與契約」，
前者為處分行為，後者乃是據以發生應移轉債權的債務的負擔行為（債權
行為），但因大部分的債權讓與，均為債權的現實讓與，致使債權讓與契約
與債權讓與之效力，發生之時間不易區辨。被讓與之債權與因「債權讓與
契約」而生之債權，也應予區別。前者發生的原因，可能是法律行為或法
律之規定（如侵權行為、不當得利或無因管理），後者則係契約之債（通常
是買賣或贈與）。

例如甲對乙曾借款一千萬元，清償五百萬元後，乙死亡，由丙繼承，
丙以為尚有一千萬元借款債權，遂與丁訂定債權買賣契約，並約期交付借
據，以為讓與。在此例中，債權讓與行為為準物權行為，以讓與人有處分
權為必要，故丁雖有一千萬元之借據，亦僅有五百萬元之債權而已，至於

債權買賣契約部分，如丙知債權僅有五百萬元之事實，即不訂定以讓與一千萬元債權為內容的買賣契約，則可認為意思表示有錯誤；被讓與之債權固為尚未清償之五百萬元，丁是否得向丙請求讓與多少債權，則須依債權買賣契約之效力而定。

　　上述區別，在國際私法上也相當重要。質言之，債權讓與之準據法，及債權讓與契約之準據法亦應區辨，二者雖有可能一致，但未必是一致。因為上述二者乃各自獨立的法律行為，即使債權讓與採一般通說的固有法說，以被讓與的債權之準據法為準據法，如該債權係因契約而生時，即依其契約之準據法，不過此項契約之準據法，與債權讓與契約的準據法仍應區別。由於債權讓與契約，與被讓與之債權不同，與該債權據以發生的法律事實也非一致，且性質上屬於負擔行為，在國際私法上應適用債權契約之衝突規則，依通例得由當事人合意定其準據法。例如在上例中，甲、乙之金錢借貸契約之準據法為 A 國法，丙、丁間債權買賣契約之準據法為 B 國法，依固有法說，則丙、丁間債權讓與行為之準據法為 A 國法，其間債權讓與契約之準據法則為 B 國法。

　　國際私法上決定債權讓與的準據法的方法，主要是從債權讓與行為的本質著眼。一說著眼於債權讓與時，只是債權人變更，債權的內容完全不變，故應適用被讓與之債權之準據法，即原債權人與債務人間之債之準據法，又稱為固有法說。另說著眼者，是債權讓與行為的本質乃是準物權行為，除變動之客體為債權，而非物權外，與物權行為實無差別，故宜類推有關動產物權變動的衝突規則；對應於動產物權的準據法，即當事人住所地法說、行為地法說及物之所在地法說，乃衍生出債權人或債務人之住所地法說、債權讓與地法說及債權之準所在地（可預期之履行地）法說。上述諸說，以固有法說較妥，亦為多數國家的國際私法通說所採（德國、瑞士、日本、斯堪地那維亞國家），但晚近興起的當事人意思自主之說（例如瑞士一九八七年國際私法第一四五條），可能與準物權行為不具獨立性或無因性有關，但仍值得重視。

㈡債務承擔

債務承擔是指以債務之承擔為標的之法律行為。債務承擔一經成立，則債務即行移轉，無須另有移轉行為，易言之，債務承擔契約並非僅發生將來承擔債務之債務，乃現實的為債務之移轉，使債權發生變動，其情形與物權契約類似，故為準物權行為。債務承擔的行為通常是以其原因法律關係為基礎，其原因法律關係之發生，則多因承擔人與舊債務人間之法律行為（如贈與、授與信用），但兩者法律關係各別，準據法也非當然一致。債務承擔的行為是以移轉債務為標的，故債務承擔的前提是被承擔的債務既已發生並仍存在，被承擔的債務的發生原因，可能為債權行為、無因管理、不當得利、侵權行為等法律事實，此二種法律關係也應予以區別。

在債務承擔的三面關係中所涉及的三種法律關係，即：債務承擔行為、債務承擔行為的原因法律關係、被承擔的債務發生的原因法律關係，在實體法上固應予以區別，在國際私法上如何決定其準據法，亦值得研究。後二者之準據法，即為各該原因法律關係之準據法決定，關於債務承擔行為之準據法，則須另外予以決定。例如甲基於以 A 國法為準據法之買賣契約，對乙負有一千萬元債務，丙基於以 B 國法為準據法的委任契約，承擔甲對乙的債務，此時丙應如何為承擔之表示、是否已為乙之債務人、其負擔的債務內容為何，此等問題均屬於債務承擔行為的準據法的適用範圍。

關於債務承擔行為之準據法，學說及立法例上大致如債權讓與一般，有當事人意思自主說、依債務承擔之原因法律關係準據法說、被承擔之原債務之準據法說。參照前述有關債權讓與之說明，各說之中似以被承擔之原債務之準據法說，較為適當。

二、因法律規定而發生債之移轉者

因法律規定而發生債之移轉者，是指因法律規定之事由發生，債之關係當然由一主體移轉至另一主體之情形而言。例如合併後之公司，概括承受被合併之公司之債權債務關係；租賃物之受讓人依法律規定，承受讓與人與承租人所訂定之租賃契約之權利義務；保證人因代主債務人負履行之

責，而依法律規定於清償之範圍內，取得原債權人對主債務人之權利；保險人因支付保險金，依法律規定取得被保險人因保險事故發生，而取得之權利等是。此等因法律規定而發生債權或債務之主體移轉者，一般認為其移轉之準據法之決定，以債權之法定移轉而言，由於其乃因新債權人所為之法律行為之法律效果，故應由規範新、舊債權人（合併後之公司及被合併之公司、租賃物之讓與人及受讓人、保證人及原債權人、保險人及被保險人）間之法律關係之準據法決定，但也有認為因原債權債務之內容均未改變，為保護債務人起見，應適用原債權債務關係之準據法者。

第三項　我國現行規定之析論

關於債之移轉，我國新涉外法第三十二條、第三十三條分別對於債權讓與及債務承擔，規定其準據法，對於因法律規定而發生之債之移轉，則未予以明文規定。茲就其準據法之決定，分別析論如次。

一、債權讓與

關於涉外之債權讓與，新涉外法第三十二條規定：「債權之讓與，對於債務人之效力，依原債權之成立及效力所應適用之法律。」「債權附有第三人提供之擔保權者，該債權之讓與對該第三人之效力，依其擔保權之成立及效力所應適用之法律。」對於讓與人及受讓人以外之第三人，即債務人及其他第三擔保人，針對其受債權讓與之影響或效力問題，分別規定決定其準據法的衝突規則。

㈠對債務人之效力

本條第一項明定債權讓與對於債務人之效力之準據法，其內容是指債權讓與的準物權行為而言，其與債權讓與之原因法律關係不同，本條第一項採固有法，使某一債權之得否讓與、如何讓與及讓與後之效力，均依同一法律予以決定，適用上較為簡便、合理。例如 A 國人甲對 B 國人乙有一契約債權，雙方約定準據法為 B 國法，甲在 A 國先將該債權讓與 C 國人丙，但未通知乙，嗣又讓與 D 國人丁，並通知乙；經查，A 國法規定債權

讓與無須通知債務人,但 B 國法規定債權讓與應通知債務人。此時,乙清償債務的對象,即應依 B 國法決定之,以免其因債權人之變更,而受法律上之不利益。

上述例中,如 A 國人甲與 D 國人丁訂定債權買賣契約,其標的物為甲對乙之債權,此時甲、丁之間將有二個法律行為,即債權讓與行為本身,以及讓與人之所以為債權讓與的原因法律關係(債權買賣契約),前者之準據法依新涉外法第三十二條第一項決定,後者之準據法則依同法第二十條決定。如甲、丁擬合意決定債權讓與行為的準據法,因其涉及到債務人乙的期待及利益之保護,且與被讓與的債權的變更有關,故如其已獲得債務人乙之同意,形成三方同意為債之準據法之變更,在兼顧當事人甲、丁意思自主原則及債務人乙利益保護之原則下,亦可承認其準據法之變更。換言之,在前述例中,如甲、乙、丁達成協議,共同決定被讓與之債權之準據法或其讓與行為之成立及效力之準據法者,均得依其意思決定其準據法。

㈡對第三擔保人之效力

本條第二項明定債權讓與對於第三擔保人之效力之準據法,因為債權附有第三擔保人提供之擔保者,該第三擔保人與債權人間通常有以擔保債權為目的之法律行為(如訂定保證契約或設定擔保物權),此時該債權之讓與對其所附擔保權之影響或對於該第三擔保人之效力,例如該第三人得否因而免責或其擔保權是否應隨債權而由債權受讓人取得等問題,均宜依該擔保權之成立及效力所應適用之法律,始足以維持公平並保護該第三人。例如 A 國人甲與 B 國人乙訂定最高限額一百萬元之保證契約,擔保乙對於 C 國人丙之債權,而乙讓與其對丙之六十萬元之債權給丁,則甲之保證債務是否隨乙之債權讓與而擔保丁所取得之六十萬元債權,及甲是否另於四十萬元之額度內擔保乙或丁對丙之其他債權等問題,均宜依該保證契約應適用之法律決定之。

㈢在當事人間之效力

債權讓與在讓與人與受讓人間,亦有其準據法的問題。例如新加坡之甲公司,售予臺灣之乙公司貨物一批,價金新臺幣一千萬元,約定準據法

為新加坡法，乙尚未償還，嗣因甲經營不善，由俄羅斯之丙銀行接管，並受讓其債權，但甲隱瞞上情，將其債權讓與美國之丁公司，約定債權讓與契約應適用美國法，並通知乙，乙乃對丁清償債務，後因丙向乙請求清償債務，乙始知被騙。在本例中，就乙究應向何人清償債務之問題，依新涉外法第三十二條規定之精神，即應適用原債權之準據法，即新加坡法，至於甲、丙間，甲、丁間之法律關係，則各依其法律關係所應適用之準據法。

如甲對於乙基於債之契約，有一債權，雙方當事人合意以 A 國法為準據法，不久，甲以自己對乙之債權，為無償讓與給丙之意思表示，經丙允受，甲乃將該債權移轉給丙。此時關於甲、丙間贈與契約，既屬法律行為發生債之關係者，自應依新涉外法第二十條以定其準據法；至甲、丙間債權移轉行為對於第三人，包括對債務人乙之效力，依同法第三十二條仍適用 A 國法即原債權之準據法；但甲、丙間債之移轉之法律關係，例如該債權如已被禁止移轉，而甲仍為之，或所讓與之債權如僅部分存在或完全不存在，或債務人已被宣告破產，或讓與債權之意思表示有錯誤或瑕疵時，究應以何國法為其準據法之問題，大致有下述三種主張：

1. 當事人意思自主說

以為債權讓與對受讓人亦為發生債之關係之法律行為，關於其成立及效力在讓與人與受讓人間，自應有新涉外法第二十條之適用，得依當事人意思自主原則決定其準據法。不過，債權之讓與並非單純之債權行為，也非原始之債，而係以原債權之內容為標的，與原債權有密切關係，因此如採當事人意思自主說，難免會發生甲、丙間債權移轉關係、原債權關係、以及乙、丙間債權關係，不受同一法律支配之現象，易使法律衝突矛盾，似非適當。

2. 原債權成立地法說

以為債權讓與行為與其原因行為之關係，在性質上類似物權行為之與其原因之債權行為，故債權讓與應屬準物權行為，因此應適用或類推適用新涉外法第三十八條第二項，即以其標的之權利之成立地法為其準據法。此說雖非全無見地，但如原債權成立地法並非該原債權之準據法時，亦難

免會發生甲、丙之間依原債權之成立地法，在乙、丙間依原債權之準據法，而不受同一法律支配之不合理情形，故非妥當。

3.原債權準據法說

以為債權讓與即係以原債權之內容為標的，僅主體有所變更，其與原債權關係密切，故應依原債權之準據法解決。如採此說，則甲、乙間，乙、丙間以及甲、丙間因債權讓與而生之法律關係，均可由同一法律支配，就法律適用言，要屬簡單明確，而對債務人之保護，則更屬周密。

關於債權讓與在讓與人及受讓人間之效力問題，新涉外法雖未特別予以明文規定，乃是因債權讓與為準物權行為，當然應依被讓與的原債權的準據法，故依第三十二條規定之精神，應以原債權所適用之法律為其準據法。

二、債務承擔

關於涉外的債務承擔，新涉外法第三十三條規定：「承擔人與債務人訂立契約承擔其債務時，該債務之承擔對於債權人之效力，依原債權之成立及效力所應適用之法律。」「債務之履行有債權人對第三人之擔保權之擔保者，該債務之承擔對於該第三人之效力，依該擔保權之成立及效力所應適用之法律。」對於承擔人及債務人以外之第三人，即債務人及其他第三擔保人，針對其受債務承擔之影響或效力問題，分別規定決定其準據法的衝突規則。

㈠對債務人之效力

本條第一項採固有法說，乃因承擔人與債務人訂立契約承擔其債務時，債權人未參與其間承擔該債務之法律行為，即不應因該債務之承擔而蒙受不測之不利益。如債權人、債務人及債務承擔人已就債務承擔達成適用某一法律的準據法合意，解釋上即可比照前述關於債權讓與之說明而適用該法律，以兼顧當事人意思自主原則及債權人利益之保護。

㈡對第三擔保人之效力

本條第二項明定債務承擔對於該第三擔保人的效力的準據法。債務由

承擔人承擔時，原有之債權債務關係之內容即已變更，故如第三人曾為原債權提供擔保，該第三人所擔保之債權內容亦因而有所不同，故該第三人得否因而免責或其擔保是否仍繼續有效等問題，宜依該擔保權之成立及效力所應適用之法律，以保護該第三擔保人之利益。例如 A 國人甲與 B 國人乙訂定最高限額一百萬元之保證契約，擔保乙對於 C 國人丙之債權，如丁承擔丙對乙之六十萬元之債務，則甲之保證契約是否轉而擔保丁對乙承擔之六十萬元債務所對應之債權，及甲是否仍應擔保丙對乙之其他債務所對應之債權等問題，均宜依該保證契約應適用之法律決定之。

第八節　債之消滅

第一項　緒　言

債之消滅，是指債權債務關係客觀地失其存在。在我國民法上，債之消滅原因包含清償、提存、抵銷、混同、免除等五種，並各有其定義、要件及效力。在各國法律關於債之消滅規定不一致的情形下，關於何種事項為債之消滅原因、各種債之消滅原因之要件，以及其效力如何等問題，國際私法仍有決定其準據法之必要。債之關係存在於債權人及債務人之間，債之消滅固然使債之關係歸於消滅，但有時因債之消滅，在第三人與債務人之間或在共同債務人之間，卻發生是否可以求償，如何求償或責任分擔的問題，其涉外問題有在國際私法規定其準據法的必要；而債之請求權何時罹於消滅時效、消滅時效完成是否使債之關係消滅等問題，各國規定歧異仍大，須由國際私法規定其準據法。本節將探討新涉外法對上述問題的四條規定。

第二項　第三人清償

保證人或其他擔保人代債務人清償債務時，例如 A 國人甲為主債務人，B 國人乙為保證人，C 國人丙為債權人，乙基於乙、丙間之保證契約，

為甲清償甲對丙之債務，致甲、丙間債之關係消滅，此時乙是否得承受或代位行使原債權人丙對債務人甲之權利，或乙是否得向債務人甲求償之問題，在國際私法亦發生如何決定其準據法的問題。新涉外法第三十四條規定：「第三人因特定法律關係而為債務人清償債務者，該第三人對債務人求償之權利，依該特定法律關係所應適用之法律。」

本條規定之第三人，包括保證人或其他擔保人，清償債務一詞除第三人自動清償以消滅債務之外，也包括債權人實行擔保物權或對第三人之財產強制執行，而依法受清償等情形。本條規定之指定原因，為「第三人對債務人求償之權利」，即第三人有無權利，如有，其權利之具體內容為何等問題，但本條並未特別規定決定其準據法的連結因素，而是規定其準據法即為「該特定法律關係」之準據法，與強制將該問題定性為該特定法律關係的一部分類似。

第三人因特定法律關係而為債務人清償債務，其法律關係的重點在衡量原債權人丙及第三人乙的利益，並同時涉及第三人乙所消滅的甲、丙間之債的準據法，及乙所據以清償之法律關係（保證契約）的準據法。但以關係密切的程度而論，乙既是因該特定法律關係（保證契約）而為清償甲對丙的債務，其清償以後在甲、乙之間所發生的法律效果，也應依同一法律決定，故本條乃規定應依該特定法律關係（保證契約）所應適用之法律，而不依原債權（甲、丙間之債）之成立及效力所應適用之法律。

第三項　共同債務人清償

數人負同一債務，而由部分債務人清償全部債務者，例如甲、乙、丙經營合夥事業，約定其合夥關係的準據法為 A 國法，三人共同具名向丁購買一艘遊艇供合夥營業之用，該遊艇買賣契約的準據法依約定為 B 國法。如甲、乙、丙因遊艇買賣契約成為共同買受人，為負擔價金新臺幣六百萬元債務的共同債務人，而甲向丁清償新臺幣六百萬元全部債務後，甲轉而向乙、丙求償，關於甲得否向乙、丙求償及如何求償之問題，在國際私法上亦發生如何決定其準據法的問題。上述問題涉及二個不同的法律關係，

一為甲、乙、丙經營合夥事業的合夥關係，其準據法為 A 國法，另一為遊艇買賣契約，其準據法為 B 國法。甲對乙、丙的求償關係與此二法律關係均甚密切。

對於上述問題，我國新涉外法第三十五條規定：「數人負同一債務，而由部分債務人清償全部債務者，為清償之債務人對其他債務人求償之權利，依債務人間之法律關係所應適用之法律。」本條規定的指定原因，是「數人負同一債務，而由部分債務人清償全部債務者，為清償之債務人對其他債務人求償之權利」，即以清償人為部分債務人為限，並不包含無清償義務者清償或第三擔保人（保證人、抵押人）清償後的求償問題。至於其準據法，本條並未單獨規定其連結因素，而是規定應適用「債務人間之法律關係」的準據法。

質言之，多數債務人之所以負同一債務，通常是基於特定之法律關係（例如合夥契約、委任契約或繼承），該法律關係與在債權人與共同債務人間之債之法律關係，亦各有其應適用之法律。在前舉之例中，甲、乙、丙之對外承擔共同債務及其內部分擔之問題，均有其合夥契約為依據，此一合夥契約之準據法應依新涉外法第二十條予以決定，為 A 國法，至於丁與甲、乙、丙間之遊艇買賣契約所生之債，亦有其應依同條決定之準據法，為 B 國法。債務人甲與乙、丙之間內部之責任分擔或求償問題，依新涉外法第三十五條規定，應適用其間之法律關係所應適用之法律。故在前舉之例中，債務人甲為履行合夥契約之對外責任，就超過其內部應分擔額之部分亦為清償，此時為清償之債務人甲對其他債務人（乙、丙）求償之權利，應依其內部關係之準據法，即 A 國法決定。

第四項　消滅時效

各國法律關於消滅時效，有的規定於實體法中，有的在程序法中予以規定，對於消滅時效適用的客體、期間長短、期間的起算及停止或中斷等問題，規定固不一致；消滅時效完成後，債權或請求權是否消滅的問題，在各國法律上有不同規定，有規定其債權或請求權因而消滅者，有規定其

債權或請求權未消滅，只是債務人有拒絕給付的抗辯權者，也有規定其債權或請求權雖未消滅，但其訴訟之權利已消滅或受障礙者。在國際私法上，由於各國關於請求權罹於消滅時效的法律效果的規定不同，有認定其為實體問題，而規定其衝突規則者，也有以之為程序問題，依「程序問題依法院地法」的原則，一律適用法院地法者。

消滅時效的衝突規則在比較國際私法上大約有三種見解：

一、程序說 (procedural theory)

主要為英美法系國家所採，認為法律衝突的問題可分為實體問題及程序問題，並形成實體問題應依其準據法，而程序問題應依法庭地法的原則。關於消滅時效的準據法問題，英國早期的國際私法認為應適用法院地法，但後來也對程序說提出修正，試圖限縮法院地法的適用範圍，並在一定條件下適用外國法。

二、所在地說 (situs theory)

認為債權人對債務人的權利的消滅時效，應就其涉及動產或不動產，而分別適用動產所有人的住所地法及不動產的所在地法，並考慮就一般債權的消滅時效，適用債權人或債務人的住所地法。此種見解曾為荷蘭及法國所採，其理由乃相關的訴訟通常應在當地起訴，且債務人應受當地法律的保護。本說的立論雖然與前述程序說不同，但其結論卻常與法院地法主義一致，程序說的瑕疵也大部分都出現在本說，所以目前已淪為純粹理論上的一種可能性，幾乎已完全為論者所摒棄。

三、實體說 (substantial theory)

認為消滅時效屬於實體法的問題，所以應依該實體問題應適用的國際私法，以決定其準據法。本說是歐洲大陸及拉丁美洲諸國普遍採取的原則，就一般常見的問題，即因契約而生之債的消滅時效而言，即應適用該契約的準據法。在本說的發展過程中，許多衝突規則都曾經在早期被各國的實

務及學說所採，其內容包括債務人住所地法主義、債務人本國法主義、債務履行地法主義、訂約地法主義等，但後來逐漸統一成為契約的準據法主義 (lex contractus)，並認為因契約而生的債權的消滅時效，應依該契約應適用的法律。

我國新涉外法鑑於消滅時效在我國是規定於實體法之中（民法第一二五條以下），且消滅時效係針對特定之請求權而發生，而請求權又為所屬的法律關係效力之一部分，在國際私法上乃認定其為實體問題，並於第三十六條規定：「請求權之消滅時效，依該請求權所由發生之法律關係所應適用之法律。」依本條規定，我國法院適用消滅時效的準據法時，如果準據法國認為消滅時效屬於程序問題，其規定甚至被認為具有公法的性質時，即使因適用其相關規定，而可能發生適用外國的程序法或公法的疑問，只要其涉及的權利是私權利，而且其規定相當於我國民法所規定的消滅時效，仍應依新法本條的規定予以適用。

本條未就請求權之消滅時效，特別規定決定準據法的連結因素，而是適用「該請求權所由發生之法律關係」的準據法。例如依涉外票據的持票人對其發票人的請求權，其消滅時效應依其涉外票據行為的成立及效力的準據法（新涉外法第二十一條），外國律師或專業代理人為我國客戶提供服務的報酬請求權，其消滅時效應依其間委任契約的準據法決定，並非當然得適用我國法律之規定。故如旅居 A 國的我國國民甲在 A 國委任 A 國籍的乙會計師，由乙代甲處理甲在 A 國之所得稅申報及其他事務，並約定委任契約的準據法為 A 國法，則乙向甲請求報酬及代墊之費用共美金五萬元之請求權，其消滅時效的準據法亦為 A 國法，倘 A 國法律規定時效期間為三年，即不受我國民法第一二七條第五款二年時效期間的限制。

第五項　債之消滅

關於債之消滅的相關問題，包含債之消滅的原因及法律效力，各項原因的種類、要件及效力等問題的準據法，新涉外法第三十七條規定：「債之消滅，依原債權之成立及效力所應適用之法律。」本條規定特定之債，在

何種情形下歸於消滅之問題，應依所消滅之債之準據法決定。因為債之關係存續中，當事人如以法律行為予以免除，或有其他法律所規定之原因者，債之關係均可能歸於消滅。特定之法律事實是否足以使債之關係消滅，或何種法律事實可構成債之消滅原因之問題，其本質與原債權之存續與否問題直接相關，均應適用同一法律。例如 A 國人甲被 B 國人乙誹謗，如甲依 A 國法對乙有請求乙道歉及賠償慰撫金之債權，第三人丙代乙清償，是否使該債之關係消滅？再如上例中之甲或乙死亡，是否使該債之關係歸於消滅？此等問題，均應依 A 國法決定之。

第五章 物　權

第一節　緒　言

　　物權是指對特定之物，為直接支配，而享受其利益之權利。物權制度與一國之交易活動及經濟體制甚有關係，為簡化其關係，進而保護交易秩序，各國法律大多採物權法定主義，與契約法上普遍採契約自由原則之情形，可謂大異其趣。由於各國在物權法定主義之下，對物權之標的物、標的物之分類、物權之定義、物權之種類、物權之變動要件、物權之效力等項，規定仍未盡一致，故在國際私法上也有必要就涉外物權關係，規定其準據法之決定及適用問題。

　　物權在實體法上本有各種分類標準，我國新涉外法以專章予以規定，對於傳統物權，除於第三十八條依其標的物之不同，分為一般物權、權利物權、船舶及航空器物權，而分項規定外，並就涉及物權變動的特殊問題予以明文規定（第三十九條到第四十一條），對於智慧財產權，明文規定於第四十二條，對於透過法律行為而交存的物或有價證券，亦分別於第四十三條規定表彰載運貨物所有權的載貨證券、第四十四條規定表彰集中保管中的有價證券的登記簿冊，以作為物權及債權難以區別時的準據法決定依據。

第二節　一般物權

一、立法體例

　　一般物權是指以「物」為標的物之物權，即最傳統、最典型之物權，通常未特別指定類別而泛稱之物權，即指此類物權而言。關於一般物權準據法之決定，各國法律之規定大致可分為二類：一是不問標的物為動產或不動產，均依其物之所在地法決定物權關係之「統一主義」；一是分別就動產及不動產，規定不同之準據法之「區別主義」，一般而言，即不動產之物權關係，依物之所在地法，動產之物權關係，依其所有人之住所地法。

　　採統一主義之論據，主要是下列各項：一、動產與不動產之區別標準，各國法律規定並不一致，國際私法上將動產與不動產區別，由不同之準據法解決，在定性的標準尚未統一的情形下，系爭物權究應定性為不動產物權或動產物權，常有爭議，其困難可想而知。二、所有人之動產在其住所地以外之情形，所在皆有，住所頻頻變動，亦屬平常，物權關係如依其住所地法，交易之相對人將因無法確定準據法，而裹足不前，妨害經濟活動及交易安全甚鉅。三、動產如依所有人之住所地法，在動產為數人共有，且其住所各異時，究竟應以共有人中何人之住所地法為準，亦有問題。

　　區別主義源自中世紀之法則區別說，採此說之學者認為，動產變動頻繁，其所在地往往隨其所有人而異，並不固定，動產如依其所在地法，必因準據法之時常變易，而影響法律關係之安定，故應遵從「動產附於人骨 (Mobilia ossibus inhaerent)」、「動產隨人 (Mobilia sequuntur personam)」之法諺，認定「動產無所在地 (Personalty has no location)」，動產如必依其所在地法，亦只能推定動產通常在其所有人之住所地，而依動產所有人之住所地法解決。十九世紀歐洲大陸國際私法之立法，均受此學說之影響。德國學者薩維尼於十九世紀就動產再為分類，主張所在地不固定之動產，例如旅人之行李、商人託運之商品等，固不適用其物之所在地法，而應適用其

所有人之住所地法；但就所在地因其使用目的而固定之動產言，例如居家之傢俱、圖書館所收藏之圖書及美術作品等，則應適用其所在地法，且物之所在地法主義為原則，住所地法主義為例外。後來華西特爾 (Wächter) 進而主張，動產無論所在地是否固定，一律適用所在地法，統一主義即告確立。影響所及，德、奧、義等歐洲國家之法院實務及學說，亦逐漸捨棄人之住所地法主義，而改採物之所在地法主義，最後，住所地法主義對於動產物權關係之適用，僅及於有關繼承及夫妻財產制之部分而已。英、美等國早期雖亦接受法則區別說之原則，贊同住所地法主義，但後來受大陸法系影響，亦已逐漸限制住所地法主義的適用範圍，改採所在地法主義。所以目前各國國際私法可謂已大致採統一主義，不論動產與不動產之物權關係，均依物之所在地法決定。

二、物之所在地法主義之依據

由上述可知，物權關係依物之所在地法決定之原則，在法則區別說時代已適用於不動產，後來亦在一定程度擴及於動產。此項物之所在地法主義 (lex rei sitae)，在不動產被認為是理所當然，蓋不動產具有固定性 (immobility)，又構成國土之一部分，且與國土永久、密切牽連，故其所在國乃成為其物權之當然重心；況且，土地之物權如依其所有人之屬人法，則準據法將隨所有權之變更而變更，同一筆土地之相鄰關係之準據法，也將隨其所有權之轉讓，或所有權住所之變更，而有所不同，顯非妥當。後來學者為支持動產亦適用其所在地法之見解，也曾提出多項理論，茲分別評析如下：

㈠任意服從說

為薩維尼所倡，認為物權之標的物或客體占有一定空間，該空間存在之場所既為其法律關係（物權關係）之「本據」，且當事人須於該場所取得或行使其權利，可見當事人就其法律關係（物權關係），乃自願服從其標的物所在地法之規範。任意服從說以當事人之任意服從為據，遇有當事人主觀上不服從物之所在地法時，理論上即難以自圓。

㈡領土主權說

為德國學者邱特爾曼 (Zitelmann) 所倡，認為國家其於領土主權，對其領域內之所有物，均有絕對之支配權，故其物權關係亦應適用該國法律，外國法無適用之餘地。領土主權說將私法上動產及不動產物權關係，與國際公法上主權概念混為一談，並非妥當。

㈢實際必須說

為巴爾 (von Bar) 所倡，認為物權關係之核心係在對抗第三人之效力問題，如依屬人法，則物權關係將隨屬人法之變更而陷於混亂，妨害交易安全；如依法院地法，則物權關係亦將因訴訟地之不同，而獲不同之判決結論，造成任擇法庭 (forum shopping) 之現象，有違國際私法之理想，故實際上即不得不適用物之所在地法。實際必須說僅指出屬人法主義及法院地法主義之不當，並未積極說明所在地法主義之合理論據，亦非妥當。

㈣效力限制說

認為一國法律對物之適用效力，僅及於其境內之物，對在外國之物並無適用餘地；境內之物無論其所有人為內、外國人，均受該國法律規範，外國法律亦只能適用於在該國之物，在內國之物斷無適用外國法之理。故物權關係應一律適用其所在地法。不過，此說從否定外國法適用之可能性出發，與國際私法之基本精神相違，且法律之域外效力本來即屬一項特例，並非物權法以外之法律均有此效力，可見其推論並非周延。

㈤公共利益說

認為因物權具有排他性，為直接支配標的物之權利，其法律關係與所在地之經濟體制、社會觀念息息相關，為促進地盡其利、物盡其用的公共利益，保護交易安全，物權關係應力求明確，使交易相對人免受適用其未能預見之外國法之風險，故應依其自然重心，即物之所在地法。

三、我國現行規定之析論

㈠統一主義及物之所在地法主義

我國新涉外法第三十八條第一項規定：「關於物權，依物之所在地法」，

在體例上並未區別動產及不動產，而分別規定其準據法，乃採統一主義，且其關於該標的物之物權，其權利之性質、效力、範圍，及其取得設定、變更、喪失等問題，均依其所在地法決定。本項採物之所在地法主義，是因為物權之內容既係直接支配其標的物，占有及在當地的登記通常又是物權存在之公示方法，且事實上物之權利必然受其所在地國領土主權之支配，其所在地法關於物權之規定多涉及當地之交易秩序及公益，當事人亦應依其規定保護其私人法益，除兼顧當事人及第三人利益之保護外，亦能符合物權之本質需求。

物權之準據法依前述規定，既須藉物之所在地決定，而物之所在地如已變更，此時即應以物權變動之期日或期間中 (Zeitpunkt od. Zeitraum) 物之所在地為準，故物在當時之現實所在法域之確定，在實務上非常重要。不動產具固著性，並無因不動產移動而使準據法變更之現象，但如領土主權因國際法之原因而變動，當地之法律也將隨主權之變動而變更。例如臺灣的土地在日本統治時期，其不動產物權應依日本法，在光復之後的不動產物權變動，則應依中華民國法律。動產物權之所以應依其所在地法，乃因與其所在地具有密切之牽連關係，但動產通常具有高度之流通性，所在地經常變更，故除準據法因主權變動而改變之情形外，動產之地理位置改變或物之所在地變更，也會使其物權關係之準據法因而先後不同。影響物權變動的法律事實發生時，動產如在運送途中，該動產可能係在公海或公空中，或不知其所在地，此時則以其運送工具之登記國法，為其所在地法❶。

上述現象與決定屬人法的住所或國籍變更，而發生的「動的衝突

---

❶　因此，實務上應注意下列各點：㈠運送中之物之所有人之債權人，於運送途中扣押其物時，其扣押是否合法、其物權是否存在等問題，均應依物之實際所在地法。㈡運送中之物途中寄託於某地之倉庫達一定期間者，與該地即發生牽連關係，如所有人在該地就寄託於倉庫之運送中之物，設定質權轉讓其所有權，其物權關係即應依該物實際之所在地法。㈢當事人約定於雙方旅途共同之中間點，完成物權變動所需之行為者，即使在該中間點稍事停留或等待，只要標的物與該中間點並未發生密切之牽連（例如未通關入境），該中間點亦應視為運送中之一站而已，仍不應以當地之法律決定物權之是否變動。

(dynamic conflicts, conflict mobile)」類似，均使準據法因而有所變動。新涉外法為此對於三個亟待解決的問題，均設有明文規定：㈠同一法律事實的準據法變更 (Statutenwechsel)：影響物權變動的法律事實，須一定時間始能完成者，例如取得時效之期間問題，如發生在舊所在地之部分，依舊所在地法尚未滿足法律上之要件，物權之準據法因物之所在地變更而變更後，發生新準據法應如何適用於舊事實之問題，即新、舊準據法究應如何適用於同一法律事實？㈡物之新所在地法對舊所在地法物權的承認：在物之所在地之主權變更，或物之所在地變更，而對於同一物權有新、舊所在地法的不同規定的情形下，權利人依物之舊所在地法取得之物權，在物之新所在地法上之地位如何？㈢運送中之物的物權準據法：物權的標的物在運送之中，不在所有人的直接占有中，如何認定其間接占有人？第三人就運送中之物取得物權，如影響物權變動的法律事實發生於某一法域，但因動產當時正在運送途中，究竟應以何地之法律，為物之所在地法？

㈡同一法律事實的準據法變更

物權因法律事實而變動者，有的事實必須持續達一定之期間，始能滿足法律上之要件，例如物權之取得時效、物上請求權之消滅時效等皆是。此等以物之占有為中心之法律事實，如接續於不同之法域進行，發生法律事實繼續進行中，尚未滿足物之所在地法所規定之要件前，物之所在地又發生變更之現象，在物之新、舊所在地法規定不同的情形下，對該法律事實究應如何適用法律，即發生問題。

新涉外法第三十八條第三項規定：「物之所在地如有變更，其物權之取得、喪失或變更，依其原因事實完成時物之所在地法。」本項所謂原因事實，泛指期間、條件等法律事實而言，並不僅以取得時效為限；物權之得喪變更，亦不限於動產，不動產之所在地因領土之變更，而異其法律者，亦應適用本條項之規定。由於法律事實不因物之所在地變更，而失其同一性，但如貫徹物之所在地法主義，依物權之舊準據法，尚未能使物權發生變動之法律事實，於物之新所在地法視為未發生，則對當事人之權益亦影響甚鉅。故立法上究應如何將接續發生於不同之所在地，適用不同之準據

法之法律事實之各部分，在法律上分別認定，或保留其原已發生之效力，乃成為重要之課題。

我國現行法規定物權因法律事實而變動者，其準據法為原因事實完成時物之所在地法，即最新之所在地法，主要理由是其乃具有最密切牽連關係之法律。原則上物權變動之法定要件及法律效果，均應適用該法律，惟對於發生在物之舊所在地之法律事實，究應仍適用物之舊所在地法，而承認其已發生之效力，或將法律事實之整體，全部適用物之新所在地法，仍有探討餘地。

以物權之取得時效之準據法為例，在各國立法例及學說所採諸說，即占有開始時物之所在地法說、時效完成時物之所在地法說、占有人之住所地法說、占有開始時及時效完成時物之所在地併用說等各說中，我國新涉外法採時效完成時物之所在地法說。此項準據法的適用範圍，包括承認取得時效之制度與否，取得時效之要件、期間及法律效果等。設有 A 國法規定動產所有權時效期間為十年，B 國法規定為十五年，當事人甲若在 A 國占有乙之動產五年後，將該動產移置於 B 國繼續占有。如在 A 國之占有適用 A 國法，則當事人甲依 A 國法取得者，已達該動產所有權之二分之一，在 B 國之占有只須達七年半，即可取得其所有權之另外二分之一，此制稱為比例計算主義。如當事人甲在 A 國之占有該動產亦適用 B 國法，則當事人須在 B 國占有滿十年，始可依 B 國法取得該動產所有權之全部，此制稱為併算主義。

從時效制度的本質而言，時效是否完成，應端視是否具備法律上之要件而定，此項法律既為物之新所在地法，標的物之所在地是否變更，時效完成前占有係在何國境內實行，在物之新、舊所在地占有之期間比例為何等問題，即非重要。前述比例計算主義，在物之新所在地法認為取得時效除完成與不完成等二種效力外，並無部分完成之法律效果時，實際上即無法將數段部分完成之時效銜接，且法律關係將益形複雜。故從條文採物之最新所在地法之見解觀之，上述併算主義應較符合立法本旨❷。

❷　為免爭議，我國現行涉外法第三十八條第三項似可修正為：「物權因法律事實

上述規定除適用於物權之取得時效外，其他與期間或條件有關之法律事實，亦適用之。例如物上請求權之消滅時效、盜贓之善意取得所有權、遺失物之取得所有權等，無論權利取得或消滅之要件、期間、時效之中斷、停止、效力等，均適用物之新所在地法，且適用時應合併在各地之法律事實，綜合判斷之。

綜據上述，物之所在地變更時，如依舊所在地法尚未能發生物權變動之法律事實，在物之所在地變更後，仍應合併其後所發生之法律事實，重新依新所在地法，為是否發生物權變動之判斷，除有規避法律之情形，物之新所在地法認為已發生物權變動者，即應承認之。由於就物權之變動效果而言，除關鍵時點有確定之期日及稍具彈性的期間之不同外，法律事實與法律行為可謂並無差異，故上述關於法律事實之原則，應可類推適用於法律行為。例如甲在德國為以移轉動產所有權為目的之意思表示，但未將該動產交付買受人乙，此時依德國法，並無移轉所有權之效力，嗣後該動產如移置於法國，且甲、乙之意思仍未改變，即不妨認為該動產之所有權，已依規定動產所有權之移轉毋庸交付之法國法，移轉由乙取得。

㈢物之新所在地法對既存物權的承認

某一法律行為或法律事實，是否足以使物權發生變動，其性質屬於物權之取得問題，依法應適用物權之準據法，即物之所在地法。如法律行為或法律事實已在物之所在地完成，且依所在地法權利人已取得物權，其後物之所在地雖有變更，而依新所在地法，物權尚未能發生變動時，因其物權並非於新所在地發生或取得，自應依舊所在地法決定。例如甲與乙就在英國之特定動產，合意讓與所有權，而未交付該動產，後來該動產被攜至德國。此時該動產所有權之是否已經移轉，應依英國法決定，不以交付為必要，德國法雖規定交付乃是動產所有權移轉之要件，仍應依英國法認定物權已發生變動。簡言之，物權之變動問題，應依其取得時之所在地法，其後縱物之所在地有所變更，對已取得之物權亦無影響，即不減少亦不增加。

而變動者，其法律事實視為均發生於完成法定要件時物之所在地。」

物權之所以具有得對抗第三人之效力，乃藉所在地法所規定之公示方法，使第三人皆可知悉其物權類型及內容，並昭公信。由於各國普遍採物權法定主義，其得藉公示方法而發生效力者，通常是物之所在地法所規定之物權，故依物之舊所在地法取得之物權，不具備新所在地法上所規定之對抗要件者，例如應經登記而未登記或應移轉占有而未移轉等，在新所在地即無法行使其權利。依物之舊所在地法取得之物權，無論其名稱或類型是否為新所在地法所接受，新、舊所在地法就同一名稱之物權，規定之內容是否一致，為保護物之所在地之交易安全及公共利益，均應依其實質內容之近似性，調整為新所在地法所規定之物權，該物權始能發生效力。依物之舊所在地法取得之物權，其在新所在地之內容，須適用物之新所在地法，如其原有內容與新所在地法之規定不能相容，即應認為違反新所在地法之物權法定主義，而無法發生物權效力，須於該物返回舊所在地時，其物權始能再度復活。

動產的物權應依該動產的所在地法，其物權變動應依變動時的動產所在地法，故動產經移動致其所在地前後不同時，該動產在新所在地所發生的物權變動，即應依其新所在地法予以決定。不過，動產在其舊所在地，已依其舊所在地法發生的物權變動，在其所在地變更之後，已取得的物權究應如何適用法律予以保護，頗有疑問。對此，我國新涉外法第四十條規定：「自外國輸入中華民國領域之動產，於輸入前依其所在地法成立之物權，其效力依中華民國法律。」

本條規定的基礎，是動產經移動致其所在地前、後不同時，動產物權即應依其新所在地法。由於此一原則有時與保護已依其舊所在地法取得之物權之原則，難以配合，故自外國輸入中華民國領域之動產，於輸入前已依其所在地法成立之物權（例如動產擔保交易之擔保利益），權利人如欲在中華民國境內行使該物權，即須先在我國境內依法承認其物權仍有效，並決定其具體之權利內容。例如甲在 A 國有一件骨董，以「所有權保留」的方式，出售並交付該骨董給乙占有及使用，後來乙將該骨董攜來我國，再出售並移轉所有權給丙，甲聞訊後，到我國主張其為該骨董的所有人，與

丙發生爭議。此時，甲在 A 國依 A 國法所成立的物權，將與丙依我國法所取得的權利發生衝突，為保護內國財產之交易安全，不能盡依 A 國的法律決定甲的物權的效力，而應在其符合我國法律規定的要件的情形下，將其轉換為內國的物權，有限度地在內國承認其具有我國法律所規定的物權的效力。

本條規定該物權之效力，應依中華民國法律，是為使在外國成立之該物權，得以轉換為內國之物權之形式，在內國被適度承認其效力，並保護內國之財產交易安全。在上述例中，如甲依 A 國法成立的物權為質權或其他類似的物權，其物權的存在亦具備我國法律所規定的公示要件，則可認為甲就該骨董享有我國民法所規定的質權；如甲的物權為以登記為公示方法的權利，不妨調整其名稱而依我國動產擔保交易法辦理動產抵押的登記；但如甲的物權的存在並未具備我國法律所規定的公示要件，則可否認其物權的有效性，至於是否承認當事人之間有因債權行為而生的債之關係，則應依具體個案情況認定之。

本條僅規定在內國行使物權，應依內國法律，未對於在外國行使「外來」物權的情形，但該情形可類推適用本條規定以決定其準據法。例如對於從 A 國運到 B 國的動產，權利人甲主張其在 B 國已依法取得物權，擬在 A 國行使該物權時，亦須先將該「B 國物權」轉換為「A 國物權」，再依 A 國法律規定的效力，行使其物權。

㈣運送中之物的物權準據法

物權既依物之所在地法，則物權準據法之決定，實際上乃繫於「物之所在地」之確定。物之所在地一般是指有體物之物理上存在處所，就不動產言，即指其座落地，就所在地較固定之動產言，即其被保存之地，認定較有困難者，是所在地頻頻變動的運送中之物 (res in transitu，又稱轉運中之物或移動物)，及船舶、航空機、汽車等運輸工具 (means of transport)。運送中的動產通常是在某種運送工具之上，其地理上的位置即為該運送工具所在之位置，其物之所在地法即為該運送工具的實際所在地法，如該運送工具的實際位置是所有國家的法權均不及的公海或公空，或不知其所在

地時，即不妨以其運送工具之登記國法，為該物之所在地法。但運送中之物之物權，並非完全依其現實之所在地法或想像之所在地法。

動產物權之所以應依其所在地法，乃因與其所在地具有密切之牽連關係，例如㈠運送中之物之擔保物權人，於運送途中追及其物，而擬予以留置時，其留置之是否合法、其物權是否存在等問題，均應依物之實際所在地法；㈡運送中之物途中寄託於某地之倉庫達一定期間者，與該地即發生牽連關係，如所有人在該地就寄託於倉庫之運送中之物，設定質權轉讓其所有權，其物權關係即應依該物實際之所在地法。但如客觀上有明顯之理由，足以否認物之現實所在地與物權之間的牽連關係時，即不宜適用物之當時所在地法，例如當事人約定於雙方旅途共同之中間點，完成物權變動所需之行為者，即使在該中間點稍事停留或等待，只要標的物與該中間點並未發生密切之牽連（例如未通關入境），該中間點亦應視為運送中之一站而已，仍不應以當地之法律決定物權之是否變動。

運送中之物之所有人，如在其物起運後，到達目的地以前，就其物設定質權或讓與所有權予他人時，此等物權行為之問題亦應依其所在地法，但因運送中之物之所在地難以確知，學說上對其準據法乃出現數種針鋒相對之見解。有認為運送中之物無確定之所在地，與出發地之牽連關係亦已斷絕，故在運送中所為之物權行為，亦須在到達後始能生效，故應依目的地法。反對該說者則認為，目的地未必即為將來物之所在地 (situs futurus)，因為目的地在運送途中仍有可能改變，運送之物也可能在到達目的地前，即已滅失或被盜、遺失，永無到達目的地之日，故起運地或出發地當較妥當。此外，另有折衷說認為應依運送中之物實際之所在地法，不知其真正所在地時，則推定繼續適用原來之準據法。

上述各說中，一般學說多依目的地法說，即預定到達地決定運送中之物之所在地法，該說並為多數立法例所採，其理由是如僅就出發地及目的地中選擇其一時，儘管目的地並非絕對妥適，但出發地與運送中之物在空間上之牽連關係，已因起運而不存在，故仍以目的地法較優。最近之立法例也有認為，運送中之物所涉之利益僅發送人及受領人之利益，故不妨由

當事人就出發地法或目的地法，即新、舊物之所在地法，選擇其一為準據法者❸。我國新涉外法採目的地法說，於第四十一條規定：「動產於託運期間，其物權之取得、設定、喪失或變更，依其目的地法。」

　　本條的立法理由指出，託運中之動產之所在地，處於移動狀態，不易確定，其物權之準據法，向有爭議，而託運中之動產非由所有人自為運送或隨身攜帶，且其物權係因法律行為而取得、設定、喪失或變更者，該物權即與當事人之意思或期待關連甚切，乃規定依該動產之運送目的地法，以兼顧當事人期待及交易安全。實務上對運送中之物，常發行倉單、提單或載貨證券等有價證券，其法律關係與單純之物權關係並非相同，且為保護該有價證券之善意持有人，一般認為有價證券本身亦有其準據法，故應與運送中之物之物權關係之準據法，分別認定之。運送中之物之所有人所處分者，如非運送中之物本身，而是所有人對船舶所有人或船長之請求權，則乃處分債權或權利物權之問題，應另依相關規定決定其準據法（新涉外法第三十二條、第三十八條第二項）。

　　本條適用的範圍，乃是運送中之物的物權變動，特別是指因物權行為而發生變動的情形，例如託運中之動產在運送途中，發生動產混合、附合或被加工而價值倍增的事實時，其物權的變動仍宜依物之現實所在地法，較符合實際之需求。此外，運送中之物的物權變動與以該物為標的物的債權行為，亦應嚴予區別。例如當事人為履行買賣契約而移轉標的物之物權者，如契約中已訂明危險及利益移轉之時點及地點，例如採國際私法貿易上之 FOB 或 CIF 條款，或約定其為貨物裝船出發時或抵達卸貨上岸時，此時該等條款應屬於買賣契約之效力問題，得以當事人合意適用之法律為準

❸　瑞士一九八七年國際私法第一〇四條規定：「一、當事人就動產物權之取得或喪失，得合意選擇出發地或目的地國法，或其法律行為所適用之法律為其準據法。二、準據法之合意選擇，不得對抗第三人。」
　　祕魯一九八四年國際私法（民法第十編）第二〇八九條規定：「一、運送中之物品，以其最後之目的地為其所在地。二、當事人就運送中之物之物權之得喪，得約定依該權利所據以得喪之法律行為所應適用之法律，或依物之發送地法。三、當事人之選擇法律，不得對抗第三人。」

據法，但其運送中之物的物權變動，則應依物權之準據法決定之。

㈤物權準據法之適用範圍

1.物權之意義

「物權」之定義或範圍，涉及系爭法律關係的定性問題，也與是否得適用本條項有關。如以我國法為定性標準，凡以特定物為客體，具排他性而直接支配標的物之權利，例如所有權、地上權、不動產役權、農育權、抵押權、典權、動產質權、留置權等，均屬物權。至於以權利為標的之物權，如權利質權、漁業權、採礦權、水權等，因其為準物權，並非以物為標的物，應適用第三十八條第二項之規定。

動產及不動產之分類標準，在採區別主義之國家，亦為重要之定性問題，我國新涉外法就物權關係採統一主義，動產及不動產區別的問題在物權準據法較不突出，但在下列規定「不動產」的條文的適用上，仍為重要問題：例如新涉外法第十條第四項的「在外國不動產」、第四十八條第三項的「夫妻之不動產」及第六十一條第三款的「遺囑有關不動產者」是。我國有關船舶物權及動產物權之準據法，分別設有不同之衝突規則，此際例如廢船究為動產或船舶之問題，涉及究應適用物之所在地法或船籍國法之爭議，影響至鉅，法院於具體個案中，自宜明確說明其定性之標準。

2.物權之客體

物權之客體為何，或以該物為客體之權利究為物權或債權，應由該客體之所在地法來決定，如以權利為客體，則應依該權利本身之準據法，決定其成立者是否為物權。客體之性質，例如為動產或不動產、主物或從物、融通物或不融通物等及其法律關係，均屬物權關係，均應依各該物之所在地法決定。故如二物分別在不同之國家，其間是否有主物與從物之關係，亦應分別適用各該物之所在地法，其主從關係以各該物之所在地法均承認者為限，始得成立。

3.物權之成立及效力

物權是否採法定主義，其種類、成立及其內容，均依物之所在地法決定。茲再就各類問題分述如下。

(1)**占有及所有權**：占有是否為權利、是否承認代理占有、占有之態樣及效力等問題，均依物之所在地法決定。所有權得喪變更之要件、內容、限制、相鄰關係、共有關係等問題，亦均由物之所在地法來解決，但相鄰之土地分別在不同國家者，應以各相關國家之法律均承認之相鄰權為限，該權利始得成立。

(2)**物上請求權**：物上請求權之成立及消滅時效問題、對於盜贓或遺失物之回復請求權及除斥期間等，均屬物權問題，應依物之所在地法決定。至於侵害物權所生之損害賠償請求權，或使用他人之物而生之不當得利返還請求權，則屬侵權行為或不當得利之債的問題，應依侵權行為或不當得利之規定，決定其準據法（新涉外法第二十五條、第二十四條），但因被侵害者為物權或所獲利益為物上之利益，所以一般也是依物之所在地法決定。

(3)**用益物權**：地上權、農育權、不動產役權、典權等用益物權之成立、種類、內容及其存續期間等，均依物之所在地法決定。不動產役權在需役不動產與供役不動產分屬不同國家時，由於涉及地利之互補，應認為以需役不動產及供役不動產之所在地法均認許成立者為限，始能成立。承租人對於租賃物之用益權，性質上雖然僅係本於租賃契約而取得之債權，但此項用益權之效力，有時也可以對抗出租人之債權人及租賃物之受讓人，有關用益權是否具有物權效力及其範圍之問題，亦應依租賃物之所在地法決定。

(4)**擔保物權**：留置權、質權、抵押權等擔保物權之成立、種類、內容及存續期間等，原則上均依物之所在地法決定。不過，擔保物權以擔保債權為目的，其發生通常亦以被擔保之債權存在為前提，故有認為應以被擔保債權之準據法，亦承認該擔保物權者為限，該物權始得有效成立。惟擔保物權究竟具有獨立性或從屬性，本身亦屬物權關係，被擔保之債權是否存在，乃是物權是否有效成立之問題，當非該債權之準據法之適用範圍。至於法定擔保物權，乃是法律為擔保特定之債權，而承認或擬制為已設定之物權，並無獨立於被擔保之債權以外，而單獨存在之可能，故除認其為物權之成立問題外，尚可認其為債權之效力問題，而以物之所在地法及被

擔保債權之準據法,均承認該擔保物權者為限,該物權始得有效成立。

(5)**物權之變動**:使物權發生得喪變更等變動的法律事實,即物權變動之原因及其法律效果,例如一定時間之占有、無主物之先占、埋藏物之發現、遺失物之拾得、附合、混合、加工等,是否為物權變動之原因,物權於何時變動及調整其間損益之法律效果,均應依物之所在地法決定。無權利人對權利標的物為無權處分時,該無權處分行為之效力,及善意第三人應受如何之保護等問題,亦應適用物之所在地法。

(6)**物權行為**:法律行為發生物權之變動者,即為物權行為。物權既依物之所在地法,則直接影響物權變動的物權行為之成立及其效力,亦依物之所在地法決定❹。但物權行為之行為能力,通說認為不論動產或不動產,原則上均仍應適用一般財產行為能力之規定,即依當事人之本國法決定,僅在例外涉及內國交易安全之維護的情形,才適用我國法律決定(新涉外法第十條第一項至第三項)。但不動產之物權行為與其所在地之關係密切,且通常其所在地之法院有專屬管轄權,為求實際,其行為能力似應直接適用其所在地法(同條第四項)❺。

---

❹　此處之物權行為主要是指私法行為,至於國有化 (nationalization),則是指國家透過立法或行政之強制手段,使私人之財產權移轉為國家所有。國有化性質上屬於國家之主權行為,故任何國家均不得干涉其他國家所實施之國有化。惟實施國有化之國家,對於外國人因此蒙受之財產上損害,如未能依國際法為充分、迅速、有效之補償,亦與國際法牴觸,實施國應依國際法負擔國家責任。從國際私法之角度言,國有化亦是使物權發生變動之原因,自有必要決定其準據法,在國有化之措施非針對實施國境內之特定財產,而係以某一自然人或法人在各國之所有財產為對象時 ,則發生國有化之措施是否具有域外效力之問題。故就法律之適用言,上述問題可分為三層次:第一層次是國有化措施是否違反國際法,即是否有效?第二層次是有效之國有化措施,是否具有域外效力?第三層次是如外國之國有化措施在內國亦為有效,其效果是否與內國之公序良俗牴觸?外國政府如在內國法院,就在內國之財產主張國有化之效力,即必須通過此三層次問題之檢驗。

❺　在比較法上,英美法系多認為不動產物權行為之行為能力,應依其所在地法,就動產物權行為之行為能力,則有依其所在地法及住所地法等二種見解,歐陸

關於物權行為之方式問題，新涉外法第三十九條規定：「物權之法律行為，其方式依該物權所應適用之法律。」本條規定與第十六條關於債權行為的規定不同，非採實質準據法與行為地法的選擇適用主義，而是直接依物權之準據法，在動產物權或不動產物權，即專依物之所在地法決定，不適用「場所支配行為」之原則。此處之方式，是指意思表示等實質要件以外之形式要件，例如書面、公證、登記、物之交付等均是，無論其為成立要件、生效要件或對抗要件，均屬之。本條所謂「物權之法律行為」，僅指物權之移轉、設定、變更或拋棄等物權行為而言，例如移轉土地所有權之方式、或就土地設定抵押權之方式，均依該土地之所在地法來解決，但其內容並不包括約定未來將為某一物權行為，而發生債之法律關係的債權行為在內。因為如包括債權行為在內，有時當事人對物權之準據法並無所悉，其善意依行為地法規定之方式所為的債權行為，可能因不符合物權準據法而不能有效成立，實非合理❻。本條就物權行為之方式，規定「依該物權所應適用之法律」，一般物權的物權行為，固然依物之所在地法，權利質權、船舶物權、航空器物權、智慧財產權之物權行為或準物權行為，其方式也都直接依各該權利的準據法決定。

物權行為既依物之所在地法，則物權行為是否具有獨立性及無因性，即物權行為本身之效力是否受其原因法律行為影響之問題，因涉及物權是否成立，自亦依物之所在地法決定。至於原因法律行為（通常是債權行為），則自有其準據法，並不適用物之所在地法。惟物權行為有因、無因之問題，性質上也可以認為是原因法律行為之效力，是否及於物權變動之問題，故似宜累積適用物之所在地法及其原因行為之準據法。

法系多傾向於物權行為之行為原因，均依當事人之屬人法之見解。

❻ 各國就涉及不動產物權的債權行為的方式，準據法的決定方法大約可分為下列各種：一、依債權行為的實質準據法，二、選擇適用不動產物權之準據法，三、選擇適用訂約地法，四、強制適用訂約地法。

第三節　權利物權

　　權利物權是指以物以外之債權或其他權利為標的物之物權，與智慧財產權或無體財產權，合稱為「準物權」。權利物權與一般物權最大之差異，乃在於其客體並無確定之所在地，例如權利質權之客體，乃抽象之債權或其他權利，並無物理上的所在地可言，其準據法之決定乃須依其他連結因素。

　　新涉外法第三十八條第二項規定：「關於以權利為標的之物權，依權利之成立地法。」依本項規定，權利物權的準據法，並非採一般物權的物之所在地法，也非物權之成立地法，而是作為物權客體的「權利」之「成立地法」，其主要理由是因該法律不只與系爭「權利」之關係最密切，該「權利」是否得為物權之標的物，亦應依該法律決定。

　　本條規定適用於「以權利為標的物之物權」，其中「權利」一詞並無特別限制，理論上似包含所有得為物權標的物之權利在內，但其與該「權利」本身之準據法應如何區別，仍有問題。因為權利物權之設定，例如為擔保債權，而以專利權或其他債權設定權利質權時，該物權與為標的物之權利之性質或效力有關，另一方面亦為該權利之處分問題，為保護交易安全，似宜以該權利本身之準據法，為該權利物權之準據法，較為妥適。再如以無形之利益為標的之準物權，例如礦業權、漁業權等權利，其標的物亦非特定之有體物，以此等準物權為標的之物權，其性質與上述權利物權類似，其物權關係亦應適用或類推適用同條項之規定，以該權利之成立地法，即該權利之核准國法律，為其準據法。因此，經中華民國政府主管機關核准在特定漁區之漁業權，其物權關係即以中華民國法律為準據法。

　　本條項規定的「權利之成立地法」，形式上雖與「物之所在地法」相呼應，但實質上應指該「權利」本身之準據法，始能與就該權利為處分行為，而創設權利物權之法律適用情況配合。因此，就債權行為所生之債權而言，「權利之成立地法」並非指該債權行為之行為地法，而應指依新涉外法第

二十條所決定的準據法。此種權利物權的準據法，實際上是為物權標的物之權利之準據法，實務上無論將其問題定性為權利物權或該權利之問題，法律適用之結果將無差異。

第四節　船舶、航空器之物權

一、緒　言

　　船舶、航空器或其他運輸工具，如依傳統之動產、不動產二分法，性質上亦屬動產，故其物權關係原亦可依動產物權之規定，即以其所在地法為準據法即可；惟因其不斷移動，與一般動產有別，以載運旅客或貨物為主要目的，功能又與運送中之物不同，船舶、航空器且有國籍，船舶甚至有專用之名稱，故在國際私法上均有獨立予以規定及討論之必要。

二、船舶之物權

　　以船舶為客體之物權，例如船舶所有權、船舶抵押權，其準據法早期有將船舶視為動產，而依其所在地法，或從司法主權之角度，依船舶扣押地法者。晚近之通說則認為應依船籍國法或船旗國法，即其所懸掛之國旗所屬之國家，其主要理由是此一法律較明確、固定，且為保護交易安全，其物權變動之公示亦宜在其船籍國為之。我國新涉外法第三十八條第四項規定：「關於船舶之物權，依船籍國法。」與通說之見解一致。

　　本項所謂「關於船舶之物權」，主要是指船舶所有權及船舶抵押權，其適用之範圍包括船舶所有權及抵押權之概念、內容、效力及其限制、得喪變更之要件等問題。對於運送物之留置權或其他擔保物權，解釋上屬於運送中之物的問題，並非此項準據法之適用範圍。

　　海事優先權或船舶優先權，即某些債權依法律之規定得對船舶及其附屬物享有優先受償權，就其本質而言，乃是此等債權的特殊效力，故有認為其乃「物權化」之債權者，但海商法學者通說認為其乃法定擔保物權，

故應依前述原則，適用船籍國法。惟如認為其本質乃債權，得否直接支配標的物亦屬該債權之效力問題，則須以該債權之準據法，決定其是否為具有物權效力之優先權，如答案為肯定，再依船舶物權之準據法，即船籍國法，決定其具體之物權效力。

　　適用船舶之船籍國法時，如船舶之國籍變更，與前述動產所在地變更之情形類似，故原則上應依法律行為或法律事實發生時，船籍國之法律決定各該物權之內容及效力問題。

三、航空器之物權

　　航空器之性質亦屬動產，其物權關係早期有認為應依其所在地法者，但航空器之所在地有時甚難認定，即使勉強認定，也將發生類似運送中之物之問題，而且航空器之所在地法，未必對航空器物權之得喪變更，規定應經登記，而航空器之本國或登記國法，則常以之為強行法，故為保護交易安全及善意第三人之利益，晚近之通說已認為航空器並非一般動產，而就其物權關係改採依登記國法之見解。我國新涉外法第三十八條第四項後段規定：「航空器之物權，依登記國法。」即採通說之見解。至於未登記之航空器，則仍依一般動產之例，以其所在地法為物權關係之準據法。

四、其他運輸工具

　　在陸上通行之運輸工具，例如火車、汽車等，由於運送速度及能力通常不及船舶及航空器，運送之路徑因在陸上也較確定，其運送之起點與終站也較具體而確定，甚至有時本身亦為被運送之貨物，故在國際私法上一般均適用有關動產之規則。我國學者有認為其具移動性，應準用運送中之物之規則，由其目的地法解決者，也有認為應以其事實所在地法為準據法者。

　　理論上言，汽車、火車等運輸工具在性質上，尚無類似船舶、航空器之「擬人化」情形，與一般動產差異不大，故原則上仍應適用有關動產之規定，依其所在地法決定物權關係，如在運送中，則依有關運送中之物之

原則解決。但此等運輸工具之處分，汽車在實務上亦有登記制度與之配合，故為保護交易安全，其登記國法與其物權變動間之牽連關係，仍有重新考量之必要；火車無法離開其鐵路網而自由單獨行駛，其物權之準據法與該鐵路網之物權關係，也有不可忽略之牽連關係。我國目前管轄區域未與外國在陸地上接壤，此項問題在實務上較不重要。至於適用國際私法時，對我國有效之國際條約之特別規定，應注意及之，自不待言。

第五節　智慧財產權

一、緒　言

　　準物權除上述外，尚包括以人類精神上之創造物，如著作、發明、設計等為客體者，例如各國法律所承認之著作權、專利權、商標權、積體電路電路布局權、營業秘密等，在學說上稱為智慧財產權或無體財產權。此等權利，乃是各國為獎勵個人精神上之創作，保護人類精神活動之產物，在法律上承認為權利客體並予以保護者，其權利人依法得直接支配其無形的客體，如有第三人侵害其權利，亦得排除之。對於此等權利，各國在保護個人利益之外，通常為維護公共利益，並促進整體文化、技術及經濟之發展，對其權利之發生、限制及存續期間，亦有所規定，形成各國法律規定未盡一致的情況。

　　上述各種智慧財產權，均係各國按其發展程度，為保護其國內產業所設，故其權利之發生、存續均受該國法律嚴格之管制，如果在法律上未經承認為權利的竅門或關係，即使透過其聯結利用可創造出財產價值，在法律上仍因無明文規定可據，而無準物權之效力。各國關於智慧財產權之法律，均具有濃厚之內國公序良俗之色彩，而且智慧財產權無法脫離認許之法律而獨立存在，因此一般認為其具有域內「屬地性 (territoriality)」，即依據內國法律規定申請受保護之智慧財產權，內國始予保護。從國際私法之角度言，智慧財產權係依據特定的國家的法律而成立，其與該權利所據以

成立的法律，具有密不可分的關係，智慧財產權的效力所受的地域上限制，也與其所據以成立的法律所受的地域上限制一致，即以立法國有效統治的領域為限，該權利始能有其效力。

影響所及，各國僅就內國所授予之智慧財產權，依內國法予以保護，非惟不用外國有關智慧財產權之法律，亦不承認依外國法所取得之智慧財產權。故權利人如在 A 國依法登記取得某智慧財產權，即僅在 A 國受法律之保護，如更希望該智慧財產權在 B 國亦受法律保護，則無法以承認原有之權利之方式為之，而必須依據 B 國法律之規定，取得第二個智慧財產權。申言之，同一精神創作之產物分別在不同國家所取得者，乃彼此獨立之權利，非僅權利之範圍應分別判斷，某一國家不承認該智慧財產權，或嗣後宣告為無效或予以撤銷，對依其他國家之法律，就同一客體所取得之智慧財產權，均無任何影響。

二、我國現行規定之析述

(一)智慧財產權的概念

新涉外法基於上述原則，於第四十二條規定：「以智慧財產為標的之權利，依該權利應受保護地之法律。」「受僱人於職務上完成之智慧財產，其權利之歸屬，依其僱傭契約應適用之法律。」本條就國際上慣用的智慧財產權 (intellectual property rights)，規定為「以智慧財產為標的之權利」，乃因為智慧財產權的用語雖在國際間及學術上已相當普遍，但我國法律上對其主管機關稱為「智慧財產局」，對其專業法院稱為「智慧財產法院」，但對於「智慧財產」尚無明確的定義，也未在法律上規定「智慧財產權」之名稱，為妥適標示其權利之內涵，並為未來國內法制發展預留延展的空間，乃從權利之標的著眼，規定「以智慧財產為標的」之權利，以代替定義相對未明確的「智慧財產權」。

本條將所規範的權利，定義為「以智慧財產為標的之權利」，就其所包含的權利類型而言，除傳統上應登記的專利權、商標權等權利外，也包含不以登記為成立要件的著作權、營業秘密等權利，若干晚近納入保護範圍

的權利，例如積體電路電路布局的設計、營業秘密等，也是本條的適用對象。換言之，我國法律上規定的上述各種不同名稱的「個別智慧財產權」，都可以包含在總括的或一般的「智慧財產權」的立法定義之中，並適用可以一體適用的普通規則。此種設計較具彈性，應可配合實務之需求。

㈡保護地法主義的採用

　　關於涉外智慧財產權的成立及效力問題，新涉外法第四十二條第一項規定：「依該權利應受保護地之法律。」本項採用的「保護地法主義」(Lex loci protectionis)，乃是目前國際間普遍採用的規則，其主要依據是智慧財產權具有準物權的性質，在各國都受到法定主義的限制，且其變動必須符合公示原則，不僅其權利本身的效力受限於該國法律效力的地域限制，具有屬地性，以該權利為標的的交易，於該國也應依該國法律的規定進行。對於此點，立法理由指出：「智慧財產權，……均係因法律規定而發生之權利，其於各國領域內所受之保護，原則上亦應以各該國之法律為準。」

　　由於保護地法主義具有上述特質，其與智慧財產權的本質及現行有效的國際公約都能配合，其已成為智慧財產權在國際間最重要的衝突規則。例如 「歐洲馬克斯普朗克智慧財產法律衝突研究團隊」 (European Max Planck Group on Conflict of Laws in Intellectual Property，簡稱 CLIP 研究團隊)，於二〇一一年十二月一日定稿的 「關於智慧財產法律衝突之通則」 (Principles for Conflict of Laws in Intellectual Property， 簡稱 CLIP 通則) 及美國法律協會 (American Law Institute, ALI) 於二〇〇八年提出的 「關於智慧財產跨國爭議管轄權、法律選擇及判決之通則」 (Intellectual Property: Principles Governing Jurisdiction, Choice of Law, and Judgments in Transnational Disputes)，均採此一主義。本條採取上述保護地法主義，更重要的價值是可以與國際間保護智慧財產權的國際公約接軌。

　　例如就專利權而言，各國於一八八三年三月二十日即在巴黎簽訂工業財產權保護公約 （Paris Convention for the Protection of Industrial Property，簡稱巴黎公約)，其第四條之二規定就同一發明，在不同國家取得的專利權，乃是彼此獨立的不同專利權，其第二條及「與貿易有關的智慧財產權

協定」(TRIPs) 第三條均規定國民待遇原則，使內、外國人均得依內國法律，尋求專利權的保護。在國際公約已採納國民待遇的架構下，保護地法主義肯定各國立法者對於專利權規範的自主性，並使各國法律對各國專利權呈現「各管各的」法律衝突均勢，乃成為法律衝突法上的新趨勢。

㈢「權利應受保護地之法律」的解釋

在智慧財產權侵害的涉外訴訟中，本條項「權利應受保護地之法律」究應如何解釋的問題，及該法律與侵權行為的準據法之間的關係，頗值得重視。「權利應受保護地之法律」之範圍，除其國內有關智慧財產權之實體規範外，並包括該國有關保護外國人權利之規定及所締結之條約、公約。在當事人主張其智慧財產權（如專利權）被侵害，而在法院起訴請求保護時，本條項規定系爭智慧財產權（專利權）的準據法為「權利應受保護地法」，其特別強調「應受」保護地之法律，乃有意區隔實際起訴的「請求保護地」之法律。

本條項的立法理由為說明上述意旨，並特別舉例說明如下：「該法律係依主張權利者之主張而定，並不當然為法院所在國之法律，即當事人主張其依某國法律有應受保護之智慧財產權者，即應依該國法律確定其是否有該權利。例如甲主張乙在 A 國侵害其智慧財產權，乙抗辯甲在 A 國無該權利，則我國法院應適用 A 國法律，而非我國法律，以解決在 A 國應否保護及如何保護之問題；如甲依我國法律取得智慧財產權，乙在 A 國有疑似侵害其權利之行為，則我國法院應依 A 國法決定甲在 A 國有無權利之問題。」

由上述設例可知，在涉外智慧財產權（如專利權）侵害訴訟之中，系爭智慧財產權（專利權）的準據法，為「權利主張者認其權利應受保護之地之法律」(the law of the territory for which protection is sought)，該法律有時可能恰巧即為法院地法，有時也可能與侵權行為地法一致，但其間之區別，仍應嚴予辨明。因為新涉外法對於涉外侵權行為所生之債的準據法，於第二十五條規定：「關於由侵權行為而生之債，依侵權行為地法。但另有關係最切之法律者，依該法律。」我國法院對於智慧財產權（專利權）侵

害的涉外民事，如將其定性為侵權行為所生之債的問題，只要系爭智慧財產權（專利權）依其準據法確屬存在，且行為人依該準據法成立侵權行為，即得依該準據法予以救濟。所以本條規定的侵權行為地或關係最切地之法律，應即為被侵害的智慧財產權（專利權）的「應受保護地之法」。無論法院將其定性為涉外智慧財產權（專利權）本身的問題或涉外侵權行為問題，所適用的法律將屬同一，即該智慧財產權（專利權）的「應受保護地之法」。

我國司法實務上，常有涉及外國人依我國法律取得的專利權，而外國人主張服該權利被我國人民在我國予以侵害的情形，此時，我國法律即為其侵權行為地法及關係最切之法律，亦為該專利權「應受保護地之法」。如被告是在外國侵害原告依該外國法取得的專利權，即使是在我國法院涉訟，其侵權行為地法、關係最切之法律及該專利權「應受保護地之法」，均為該外國之法律，此時其準據法即應為該外國法律，而非我國法。再如被告侵害原告依美國法保護之電腦程式著作權，原告在我國法院起訴，則其侵權行為地法、關係最切之法律及該著作權「應受保護地之法」，均為美國法律，其準據法即為美國法律（參考最高法院一〇四年度臺上字第九一七號民事判決之事實）。

㈣權利應受保護地之法律之適用範圍

本條僅就「權利」而規定，是針對各該權利「本身」而規定，而所謂「權利」，是指權利之成立及效力而言。立法理由指出，「智慧財產權，無論在內國應以登記為成立要件者，如專利權及商標專用權等，或不以登記為成立要件者，如著作權及營業秘密等，均係因法律規定而發生之權利，其於各國領域內所受之保護，原則上亦應以各該國之法律為準……，俾使智慧財產權之種類、內容、存續期間、取得、喪失及變更等，均依同一法律決定。」因此，當事人主張其有某智慧財產時，其得否就該智慧財產享有智慧財產權而受法律保護，如受保護，其保護的方式、內容、期間等問題，以及該權利得否自由讓與、處分及變更等問題，均依其準據法決定。

智慧財產權之準據法適用之範圍，應及於該權利得喪變更之所有問題，如權利之成立、讓與、設定質權或授與實施之要件、程序、態樣及對於第

三人之對抗要件等，均包括在內。至於以該權利存在為基礎者，例如權利侵害所生之債、權利讓與或授權契約所生之債等，雖與本條有密切關係，但其屬於智慧財產權衍生之其他權利，而非智慧財產權本身之問題，故非本條規定之核心問題。因為侵害智慧財產權所生的損害賠償請求權，該智慧財產權之是否有效成立，乃是先決問題，應依其應受保護地之法律，而系爭行為是否構成侵權行為之問題，則應依侵權行為之準據法決定。

　　智慧財產權的授權契約或技術合作契約，性質上屬於債權行為，並未直接使智慧財產權發生變動，其成立要件及效力之準據法，應依新涉外法第二十條之規定判斷，而為其客體之智慧財產權之讓與一部或全部、授與實施之成立要件、程序及對於第三人之對抗要件等問題，則應依該智慧財產權本身之準據法決定。此種情形與物權行為及其原因行為，在準據法適用上之關係類似。

㈤受聘完成之智慧財產

　　受僱人於職務上完成之智慧財產，有些國家規定原則上歸屬於受僱人，有些國家規定原則上歸屬於僱用人，在國際私法上也發生問題。此一權利之歸屬問題，一方面與該權利之發生或成立密切相關，有適用該智慧財產權應受保護地之法律之可能，另方面亦涉及當事人於該僱傭契約內之約定，與該僱傭契約之準據法關係較密切，有適用該僱傭契約之準據法之可能。對此，新涉外法第四十二條第二項規定：「受僱人於職務上完成之智慧財產，其權利之歸屬，依其僱傭契約應適用之法律。」本項未直接規定決定準據法的連結因素，而是規定應適用僱傭契約的準據法，換言之，其結果與將該問題定性為僱傭契約之問題無異。

　　本項規定係就「受僱人於職務上完成之智慧財產」，而規定「其權利之歸屬」，實際上智慧財產權之權利歸屬發生類似問題者，並非以僱傭契約為限，其他如承攬契約、委任契約或非典型的勞務契約等，如因而創造出智慧財產，也都有類似的問題須要解決。因此，本項關於僱傭契約的規定，應類推適用於其他勞務契約，即因勞務契約而在職務上創造之智慧財產，其權利之歸屬問題，應依該勞務契約的準據法予以決定。

第六節　其　他

　　新涉外法在「物權」章中，除規定典型的物權及準物權之外，對於非單純涉及債權的財產法律關係，即使其性質與純粹的物權或準物權有別，也就其重要者一併予以規定。

一、因載貨證券而生之法律關係

　　我國海運發達，進出口貿易暢旺，實務上常見託運人交由運送人託運之物品，因運送期間之事故而發生毀損，託運人向保險人請求理賠之後，將其對運送人之損害賠償請求權及因載貨證券所生之一切權利，均讓與給保險人，而由保險人對運送人請求賠償的情況。此時，載貨證券係因運送契約而發給，但其與運送契約之法律關係截然分立，故因載貨證券而生之法律關係，其準據法應獨立予以決定，而非當然適用運送契約之準據法。

㈠載貨證券的當事人意思自主

　　我國最高法院就載貨證券所生之法律關係的準據法，曾於民國六十七年四月二十五日作成六十七年度第四次民事庭庭推總會議決議，認為載貨證券附記「就貨運糾紛應適用美國法」之文句，乃單方所表示之意思，不能認係雙方當事人之約定，尚無舊涉外法第六條第一項關於當事人意思自主原則之適用。上述最高法院之見解與國際間之見解不同，在學理上也欠缺依據，民國八十八年我國海商法乃新增第七十七條規定：「載貨證券所載之裝載港或卸貨港為中華民國港口者，其載貨證券所生之法律關係依涉外民事法律適用法所定應適用法律。但依本法中華民國受貨人或託運人保護較優者，應適用本法之規定。」

　　海商法第七十七條規定我國涉外法適用的條件，並非其法律關係「涉外」，而是其「載貨證券所載之裝載港或卸貨港為中華民國港口」，即具有規定的「涉內」因素（涉及內國）者，應適用國際私法，在邏輯上並非妥適。如應適用涉外法之規定，其內容仍包含最高法院上述不合理見解，實

際上並未解決問題。依本條但書規定，準據法為外國法時，須進一步比較其與我國海商法規定,而適用其中對中華民國受貨人或託運人保護較優者，其法律適用方法非但繁複，也違背衝突正義之原理。

新涉外法為解決此等問題，於第四十三條第一項規定：「因載貨證券而生之法律關係，依該載貨證券所記載應適用之法律；載貨證券未記載應適用之法律時，依關係最切地之法律。」本項係針對「因載貨證券而生之法律關係」而規定，只要其具有「涉外因素」，依新涉外法第一條即應適用本項規定，並不以其具有任何「涉內因素」為必要。此外，本項明文規定涉外載貨證券亦應適用當事人意思自主原則，宣示不採最高法院上述決議之見解，以實現衝突正義。

新涉外法施行後，最高法院已依上述意旨作成一〇五年度臺上字第一〇五號民事判決，並具體表示：「載貨證券雖為運送人或船長單方所簽發者，然係因託運人之請求而為，揆以海運實務及載貨證券之流通性，載貨證券持有人係據該證券行使權利，則載貨證券上事先印就之制式記載，性質上屬定型化契約條款，除有顯失公平應認為無效之情形外，對託運人、運送人及載貨證券持有人均生拘束力。準此，本件 GOTHAER 公司、STX 公司均為外國人，因載貨證券所生之法律關係涉訟，原審以系爭載貨證券背面約定之一九三六美國海上貨運條例為準據法，即無不合。」此一見解不再受前述決議之拘束，符合當事人意思自主原則之精神，已有進步。

由於因載貨證券而生之法律關係，主要是運送人及其使用人或代理人對於載貨證券之持有人，應依載貨證券之文義負責之關係，故即使載貨證券之內容多為運送人及其使用人或代理人片面決定，甚或其具有僅為單方當事人之意思表示之性質，根據上述說明，仍應承認該載貨證券之準據法約款，具有決定應適用之法律之效力，以維持法律適用之明確及一致，並保護交易安全。但如載貨證券上關於準據法之記載適用外國，係運送人或船長為規避我國之強制或禁止規定而記載，解釋上可認定其為規避法律之行為,否認其惡意創設之連結因素決定準據法之效力，仍適用我國法律（涉外法第 7 條參照）；如該載貨證券之準據法約款，依其準據法並非有效，例

如因其為顯失公平的定型化約款而無效時，亦應類推適用「未記載」之規定；如載貨證券與中華民國之關係密切，但為其準據法之外國法，其規定適用之結果違反中華民國之公共秩序善良風俗，例如其容許記載使運送人藉以減免責任之約款，對於載貨證券之持有人造成不公平之結果時，亦得依涉外法第八條而不適用之。上述情形，均得適用關係最切地之法律。

㈡權利之優先次序

載貨證券具有多重功能，實務上曾有運送人應收回載貨證券而未收回，即將貨物交由受貨人受領，或未依載貨證券之內容交付貨物，而發生爭議之情形，此時託運人如依運送契約之法律關係主張權利，法院即應適用運送契約之準據法。載貨證券之持有人對運送人主張權利時，通常即依載貨證券的準據法予以決定，但如運送人就同一運送之物，簽發數張不同的載貨證券，其持有人有數人，並分別依載貨證券主張權利，或對證券所載貨物直接主張權利時，除載貨證券之持有人與運送人間之法律關係之外，各持有人之間也有其法律關係。此時，由於各持有人所主張之權利，均各有其準據法為依據，其權利可能彼此衝突，而難以決定各權利之優先次序。

例如甲託運一批電腦設備，交由乙運送，乙就此等貨物發給三張載貨證券，分別由丙、丁、戊持有，並各自記載其權利應依 A、B、C 國的法律決定，丙、丁、戊並分別依各該法律，有優先於其他人之權利。對於此種情況，新涉外法第四十三條第二項規定：「對載貨證券所記載之貨物，數人分別依載貨證券及直接對該貨物主張物權時，其優先次序，依該貨物之物權所應適用之法律。」故此時應適用該貨物的物權之準據法，以決定丙、丁、戊及其他人間之權利優先次序，不再適用個別載貨證券的準據法。上述情形，如更有主張為貨物真正所有人者，在法院請求確認為所有人或請求返還為其所有之貨物，而與其持有人發生爭議，亦應依其貨物之物權之準據法。至於載貨證券所記載之貨物之物權之準據法，啟運之前固為其當時之所在地法，即出發地法；啟運之後即屬第四十一條所規定之託運中物品，依該條規定應為其目的地法；如已卸載並寄存在倉庫，則依其所在地法，即倉庫之所在地法。

㈢倉單或提單所生之法律關係

　　實務上對於寄存或託運之物，除發行載貨證券之外，有時也發行倉單、提單或其他類似之有價證券，此等有價證券所發生之法律關係，其與單純之契約關係或物權關係均非一致，且為加強該有價證券之自由流通並保護其善意持有人，自有單獨就該有價證券本身決定其準據法的必要。因倉單或提單而生之法律關係，其性質既與因載貨證券所生者類似，其所應適用之法律自宜本同一原則予以決定，故新法第四十三條第三項乃規定：「因倉單或提單而生之法律關係所應適用之法律，準用前二項關於載貨證券之規定。」根據此一規定，因倉單或提單而生之法律關係，應依該倉單或提單所記載應適用之法律；倉單或提單未記載應適用之法律時，或其記載無效時，依關係最切地之法律；對倉單或提單所記載之貨物，如數人分別依倉單或提單及直接對該貨物主張物權時，其優先次序，依該貨物之物權所應適用之法律。

二、集保證券之權利

　　有價證券所表彰之權利，各國均制定證券相關法規，明定其權利之成立、內容、效力及證券之性質及交易等事項，但在電腦及網際網路普遍使用之後，為加速交易速度並保障交易安全，也多採取有價證券集中保管制度，證券交易出現無紙化 (dematerialization) 及非移動化 (immobilization) 趨勢，證券交易模式不再是實物證券的發行人與持有人之間的交付票證或變更持有人名冊，而是由證券經紀商和集保機構之間集中清算，且以電子簿記取代實物證券。各國對於無紙化證券交易的國內法規定仍不一致，國際統一私法協會 (UNIDROIT) 二〇〇九年雖於日內瓦通過《被中介證券之實體規則公約》(Convention on Substantive Rules for Intermediated Securities)，目前仍無統一各國實體法之效果，其間所發生的涉外民事法律關係，乃發生究應如何適用法律的問題。由於在有價證券的市場上，有價證券通常由證券集中保管人保管，有價證券進行交易之當事人與證券集中保管人之間，通常均訂有證券集中保管契約以為依據，且該證券權利之取得、喪失、處

分或變更,均僅透過證券業者就當事人在證券集中保管人開立之帳戶,為劃撥、交割或其他登記,故當事人在證券存摺上關於證券權利變動之登記,已取代傳統上以直接交付該有價證券之方式,而成為該證券權利變動之公示及證明方法。在國際私法上,其準據法的決定有認為應適用證券所在地或標的權證之登記地法者,有認為應適用證券發行人之屬人法者,有認為應適用相關中介者開設帳戶之所在地法者,有認為應適用相關中介者與帳戶持有人選擇之法律者。

海牙國際私法會議於二〇〇六年七月五日通過「海牙中介者所保管之證券若干權利之準據法公約」(二〇一七年四月一日生效),我國非屬其締約國,但證券發行及交易均已在一定程度與國際接軌,故新涉外法第四十四條規定:「有價證券由證券集中保管人保管者,該證券權利之取得、喪失、處分或變更,依集中保管契約所明示應適用之法律;集中保管契約未明示應適用之法律時,依關係最切地之法律。」本條適用範圍僅限於由證券集中保管人保管的有價證券,並針對其證券權利之取得、喪失、處分或變更等準物權行為,規定其準據法。本條並未完全採海牙公約的規定,僅規定其應依集中保管契約所明示應適用之法律,集中保管契約未明示應適用之法律,或其記載依明示之法律無效時,依關係最切地之法律,以期文字之簡約及適用上之彈性及合理。

本條所稱「集中保管契約」,並非從證券集中保管人之角度理解,專指上市或上櫃公司將其發行之股票,交由證券集中保管人保管證券之契約而言,而是從參與證券交易之當事人之角度理解,泛指各當事人透過證券商等各層契約,架構起對於證券集中保管人所保管之證券,得以劃撥交割之結果,而不必現實占有有價證券,而作為其權利之憑證之契約,通常即指得使交易當事人直接或間接對證券集中保管人主張權利的「開戶契約」及中介之契約而言。例如我國籍之甲公司在 A 國發行受益憑證,其受益憑證均由乙集中保管,如丙、丁就受益憑證之權利歸屬或變動發生爭議,而丙、丁開戶及中介契約所構成之集中保管契約已明示應適用之 A 國法律時,此時即應以 A 國法律為準據法,以維持法律關係之安定。

如與集中保管有關之前述契約未明示應適用之法律時，或其準據法之明示依法無效時，法院宜依具體情事，考量系爭有價證券的性質及發行地、集中保管人之設立地、營業所、有價證券保管地、帳冊保管及登錄地等，以其中關係最切地之法律為準據法。此等法律之關係密切程度，可參考上述海牙公約之相關規定，由法院綜合考量證券及資金來源、各方當事人的利害關係等因素，基於證券交易的本質及交易安全，而予以判斷。

第六章 親　屬

第一節　婚　約

第一項　緒　言

　　婚姻乃是形成親屬關係之基礎，影響一國公序良俗至深且鉅，各國為維護公益，多設有強行規定，使其內容確定不容任意變更，由於各國法律基本上依傳統習俗及社會需求規範婚姻，故各國規定相當歧異。近世交通便利，各國人民往來頻繁，各國人民相互戀愛並進而結為連理者漸多，內國人民亦有於外國舉行婚禮者，在國際私法上乃發生各項法律關係的準據法問題。

　　婚姻有廣義及狹義的定義，廣義者包含結婚及訂婚所生的法律關係，狹義者則僅指結婚的行為及其效力。我國民法採廣義說，故第四編「親屬」的第二章「婚姻」中，「婚約」為第一節（第九七二條以下），與第二節「結婚」、第三節「婚姻之普通效力」、第四節「夫妻財產制」併列，即認為婚約在結婚自由的原則下，雖不得強制執行，但仍具有法律上的重要性及效力。但各國法律對於婚約，有未予以明文規定者，有規定者其規定內容也未盡一致，故仍有在國際私法規定其衝突規則之必要。

第二項　婚約準據法之決定

　　婚約在各國民法上，無論規定的體例或實質內容，都有很大的差異。英美法系國家多將婚約視為一般的債之契約；歐陸法系國家則多在親屬法

規定婚約，認定其為身分關係；也有認定婚約為不發生任何法律效果的單純事實者（如法國）。影響所及，在國際私法上也形成三種對應的立場，即：英美法系國家多依債權契約的衝突規則，決定婚約的準據法；歐陸法系國家多認為應比照結婚的規定，以決定婚約的準據法；至於不承認婚約的法律制度的國家，則未發展出關於婚約的衝突規則。

在比較國際私法上，對於涉外婚約在國際私法法典上設有明文規定的，仍屬少見。主要的原因並不是婚約不會發生法律衝突的問題，而是因為婚約的爭議通常涉及未婚男女的感情，一般認為應以男女的自由意願為依歸，第三人或法院都不適合介入，也不適合向法院起訴，各國關於涉外婚約的裁判也因此都非常少見。

由於各國實體法關於婚約的規定並不一致，涉外婚約問題在實務上可能引起爭議，在國際私法也應有明文規定。我國民法將婚約規定為婚姻章中之一節，體例與多數歐陸法系國家近似，司法實務上也可能發生涉外婚約的爭議。例如 A 國人甲男與 B 國人乙女在 C 國一見鍾情，甲於戀愛期間購買鑽石戒指，利用餐會的場合，當眾向乙求婚，贈送鑽石戒指給乙，乙接受鑽石戒指並當場表示同意與甲結婚。甲乙二人訂定婚約之書面，約定在六個月之後於 B 國結婚。六個月之後，甲、乙對於婚約之成立及效力發生爭議，甲向乙居所地之我國法院起訴，而 A 國、B 國及 C 國法律關於婚約的規定各不相同時，我國法院即應依法確定其準據法。

第三項　我國現行規定之析論

關於婚約的準據法，舊涉外法未設明文規定，為填補此種法規欠缺所形成的法律漏洞，應類推適用舊涉外法關於婚姻（結婚）的條文，即依據涉外婚姻衝突規則的法理，予以解決。新涉外法則於第四十五條明文規定：「婚約之成立，依各該當事人之本國法。但婚約之方式依當事人一方之本國法或依婚約訂定地法者，亦為有效。」「婚約之效力，依婚約當事人共同之本國法；無共同之本國法時，依共同之住所地法；無共同之住所地法時，依與婚約當事人關係最切地之法律。」茲就本條之規定，再析述數點如下：

1.本條規定者為「婚約」，乃是結婚以外之另一法律行為。本條就婚約的成立要件及效力，分別規定不同的衝突規則，故在有關涉外婚約的具體個案中，法院須就其究竟屬於婚約的要件或效力問題，予以定性。上例中的甲係因乙違反其間的婚約，未能依婚約的約定結婚，而發生爭議。婚約是一個法律行為，乙的抗辯如果是甲、乙之間根本就未訂定婚約，或其間所訂定的婚約並未有效成立，則法院所面臨的問題即是婚約的成立要件或有效性 (validity) 的問題；如果承認婚約已有效成立，而抗辯婚約的效力很薄弱，不能強迫履行，違反婚約也無須負責，法院所面臨的，即是婚約的效力 (effects) 問題。本例中的甲、乙之間的爭議，依上述說明，可定性為婚約的效力問題。

2.依本條第一項規定，關於婚約之成立要件，原則上應依各該當事人之本國法，但婚約之方式依當事人一方之本國法或依婚約訂定地法者，亦為有效。此種方式係併行適用雙方當事人之本國法，以示對雙方當事人本國法之同等重視；關於婚約之方式，是就任何一方的本國法及婚約訂定地法，即在三個準據法之中採選擇適用的方式，只要符合其中任何一個準據法規定之方式，即認定該婚約具備法定之方式，其目的係在便利婚約之成立。

3.關於婚約之效力及違反婚約之責任問題，依第二項規定，應依婚約當事人共同之本國法；無共同之本國法時，依共同之住所地法；無共同之住所地法時，依與婚約當事人關係最切地之法律。至於各地與婚約當事人關係密切之程度，則應綜合考量各當事人之居所、工作或事業之重心地、財產之主要所在地、學業及宗教背景、婚約之訂定地等各項因素判斷之。例如上述案例之甲男和乙女無共同的本國法，亦無共同之住所地法，應依關係最切地之法律。B 國為乙的本國及住所地，且為雙方原訂去結婚及生活之地，應為關係最切地。

上述例中之甲請求乙返還求婚時所贈送的鑽戒，並賠償甲所受之財產上及非財產上的損害的問題，是因為乙違反婚約所發生的法律效果，也應依婚約效力的準據法決定，如將其定性為不當得利之債，因其為給付不當

得利，依新涉外法第二十四條但書之規定，依該給付所由發生之法律關係所應適用之法律，也是為婚約效力準據法的 B 國法。

第二節　婚姻之成立

第一項　緒　言

婚姻之成立乃是配偶關係成立的基礎，也是姻親關係發生的原因，對於社會結構的影響甚鉅，各國法律對婚姻成立多設有積極及消極條件，但規定極為紛歧。關於婚姻成立的涉外民事，有時系爭婚姻依 A 國法已有效成立，但依 B 國法卻屬無效、不成立或得撤銷之婚姻，不但影響婚姻關係之安定，在訴訟上也發生究應適用何國法律以解決的問題。無論是在外國締結的婚姻有效性之承認問題，或涉外婚姻應依何國法律認定其成立的問題，均屬於國際私法的重要問題。

第二項　婚姻成立要件準據法之決定

關於婚姻之成立要件，各國多有強行規定，並分為實質要件及形式要件二類。前者，如須雙方婚姻當事人之合意、須達結婚年齡、未成年人須得法定代理人同意、須非禁婚親間之結婚等是。後者，係指依法律規定，為使婚姻成立，必須具備之一定方式。茲分述各種立法主義如下：

一、實質要件準據法之立法主義

各國國際私法對婚姻成立實質要件，其準據法之決定約可分為三種：㈠婚姻舉行地法主義，㈡住所地法主義，㈢本國法主義。茲分別說明如後：

㈠婚姻舉行地法主義

此項主義認為婚姻之實質要件，應依婚姻舉行地法，係採昔日法則區別說所倡的「場所支配行為 (Locus regit actum)」之原則。採此主義之主要國家，有美國各州、墨西哥、阿根廷、前蘇聯、瑞士等國。採此立法主義

之理由，係認為婚姻為契約之一種，契約之成立通常既依締約地法，則婚姻也當適用婚姻舉行地法，再者，婚姻之舉行，攸關該舉行地之公序良俗，適用該地之法律，以認定婚姻之成立與否，即係尊重該地之法律，另外，舉行地恆為單一，適用法律有簡單明確之利。惟反對者則以為，婚姻之性質與一般契約有別，不宜以一般契約之準據法為婚姻成立之準據法，或倣仿而採當事人意思自主之原則，而應在婚姻舉行地與當事人本國之間，衡量其牽連關係。

婚姻舉行地法主義之優點，在於明白確定、簡便易行，缺點則是使人易於規避不利於己之本國法或住所地法，且依當事人偶然所至國家之法律，而不適用與其人關係永固之國家之法律，並不合理。

㈡住所地法主義

此項主義認為婚姻係屬人法事項之一，而住所乃人之生活中心地，故婚姻是否成立應適用住所地法。採此立法主義者，有英格蘭、挪威、丹麥等國。惟反對者認為此項主義固可適用於複數法域之國家，但於單一法制之國家則有未妥；況住所之變更較易，易使人逃避不利於己之法律之適用。

至於當事人雙方住所地不在同一法域，而其住所地法之規定又互異時，則其解決之道，約有下述三種：

1.夫之住所地法主義

認為夫乃一家之主，故以夫之住所地法為準。但其有違男女平等之原則，在婚姻成立前即以夫為主，顯不合理。

2.婚姻住所地法主義

認為應適用當事人結婚時合意選擇為婚姻住所地之法，但由於婚姻住所之成立，是以婚姻有效成立為前提，此一見解以未必成立之婚姻住所地法，為決定婚姻有效成立與否之依據，實非合理。

3.當事人各該住所地法主義

認為基於男女平等原則，應依各該當事人之住所地法，雙方住所地法異其規定時，男方之成立要件僅依男方之住所地法，女方之成立要件亦僅依女方之住所地法，而男女雙方均具備成立要件時，該婚姻即屬有效成立，

即所謂並行適用或分別適用方式。

㈢本國法主義

此項主義認為，婚姻為關於身分上之屬人法事項，與其本國之文化、風土人情等，關係密切，為顧及其婚姻之強行規定，宜適用其本國法；且作為本國法連結因素之國籍，較住所地確定且不易變更，比較合理。採此主義者，主要為大陸法系之德國、日本、法國、義大利及我國等，西元一九〇二年海牙有關婚姻之國際私法公約亦採之。採本國法主義之法制，於雙方當事人不同國籍時，其解決方法有下述二種：

1.夫之本國法主義

認為各國國籍法多以妻從夫籍為原則，宜比照婚姻效力之準據法，依夫之屬人法。惟此種方法過分重視夫之地位，有違男女平等原則，實不足採。

2.當事人各該本國法主義

認為決定婚姻是否有效成立時，夫妻關係尚未發生，故應採當事人各該本國法主義，以平等保護雙方當事人。適用各該當事人之本國法，非指累積適用各當事人之本國法，而係並行適用或分別適用，即男方之成立要件僅依男方之本國法，女方之成立要件亦僅依女方之本國法，而於男、女兩方均具備成立要件時，婚姻始有效成立。例如一方當事人是否已達結婚年齡、是否須得父母同意等，僅依該當事人之本國法為準即可，毋庸再考慮他方當事人之本國法。

二、形式要件準據法之立法主義

關於婚姻成立之形式要件，除少數如美國之普通法，認為婚姻毋須任何手續或形式要件外，一般國家之法制皆認婚姻須履行一定方式，始得有效成立，但對於方式之規定互不相同，有重民事上之方式而規定非在地方官前舉行或非經登記，即不可者，有重宗教之性質而規定非經宗教儀式舉行，即不成立者。各國關於方式之規定既異，則發生法律衝突之問題。關於婚姻方式要件準據法之立法主義，各國國際私法所採者，大致有下述三種：

㈠舉行地法主義

認為婚姻之方式僅依婚姻舉行地法決定，即將「場所支配行為」之原則視為絕對強行，故當事人於何地成立婚姻關係，即應依該地法律所規定之方式成婚，而不得依其他法律規定之方式。採此主義者，有英格蘭、美國各州及日本。本主義有時發生困難，造成同一對男女之婚姻關係，在 A 國係有效，在 B 國卻係無效，致產生「跛行婚 (limping marriage)」，影響婚姻之國際安定及當事人權益。此外，外國人偶至內國結婚，即要求其依內國法之方式結婚，似非合理。

㈡本國法主義

認為婚姻成立之形式要件，應依當事人本國法，某些宗教國家對信仰某特定宗教之內國人，常規定不問其在內國抑在外國婚姻，方式均應依該特定宗教之儀式。採此立法主義者有希臘、以色列、保加利亞、埃及及伊朗等國。但如雙方當事人國籍不同，或信仰之宗教不同，此主義亦會出現不合理的情況。

㈢折衷主義

係兼採舉行地法主義及本國法主義，惟其適用方式並非累積適用而係選擇適用，即將場所支配行為之原則視為任意規定。此種立法主義又可分為三類：一、婚姻之方式在內國結婚者應依內國舉行地法，在外國結婚者得依舉行地法或當事人之本國法；二、不分在內國或外國結婚，均可選擇適用舉行地法或當事人之本國法；三、當事人之一方為內國人並於內國結婚者，其方式依舉行地法，其他情形均可選擇適用當事人之本國法或舉行地法。此主義有利於涉外婚姻之有效成立，避免跛行婚之發生，是其優點，但由於其與實質要件之準據法仍涇渭分明，跛行婚仍難以避免❶。

---

❶　今後國際私法學者努力之方向，除統一各國國際私法之準據法規定外，如何緩和實質要件準據法之嚴峻，似也不失為研究之課題。

第三項　我國現行規定之析論

一、實質要件之準據法

　　關於婚姻成立之實質要件，我國國際私法向採當事人之各該本國法主義，新涉外法第四十六條本文亦規定：「婚姻之成立，依各該當事人之本國法。」茲再研析如下：

　　1.所謂婚姻之成立，對照本條但書規定，係指婚姻成立之實質要件而言。如須雙方當事人合意、須非在精神錯亂或無意識時所為、須達結婚年齡等。但婚姻成立之諸要件中，何者為實質要件？何者為方式要件？則與國際私法上之定性問題有關。

　　2.所謂「依各該當事人之本國法」，係指男方之成立要件僅依男方之本國法，女方之成立要件亦僅依女方之本國法，雙方如各自具備婚姻成立要件時，該婚姻即屬有效成立。不過，婚姻之實質要件有的僅與當事人一方有關，有的則涉及雙方，即包含片面要件及雙面要件二類，前者如結婚年齡、父母之同意、待婚期間等，即只依當事人一方之本國法決定，而與他方當事人之本國法無涉者；而後者如重婚、同性婚、近親婚、相姦婚等，雖與當事人雙方有關，但分別適用各方之本國法的結果，只要任何一方發生此要件之障礙，其婚姻即不成立。此種準據法適用方式，非謂累積適用，而係並行適用或分配適用之方式，即須各方依其各自應適用之準據法，均具備成立要件，該涉外婚姻關係始成立。

　　3.當事人之國籍變更時，究應以何時之國籍為準？如依訴訟當時之國籍決定的新本國法，當事人容易藉變更其國籍，而影響原已成立之婚姻關係，故解釋上應依結婚時各該當事人之舊本國法。故如婚姻依各該當事人結婚時之本國法為無效，即使當事人雙方或一方之國籍在結婚後變更，而依當事人新本國法為有效，其婚姻仍屬無效。反之，依結婚當時各該當事人之本國法為有效之婚姻，不因當事人國籍變更後之新本國法規定其無效，而成為無效。

4.婚姻成立之實質要件既依各該當事人之本國法決定，然如當事人一方或雙方欠缺其成立要件時，其婚姻之效力究竟如何，例如究否有效、無效、或得撤銷，乃至撤銷權之行使期間等問題，也應依各該成立要件之準據法❷。

5.婚姻欠缺實質要件時，其瑕疵在結婚當時即已存在，故如當事人之國籍不同，而各自的本國法關於婚姻欠缺成立要件之效果的規定不同，例如依一方之本國法係屬無效，依他方當事人之本國法則屬有效或得撤銷時，究應如何解決，有下列三說：

⑴**並行適用說**：即男方依男方之本國法決定，女方依女方之本國法決定。此說用於解決婚姻成立要件，固屬適當，用以解決欠缺婚姻要件之效果問題，似屬治絲益棼。

⑵**重疊適用說**：即適用雙方本國法重疊之部分，例如在無效與撤銷間，僅認為得撤銷；在無效與有效成立之間，則認為有效成立。此說實際上是就欠缺要件，採其效果較輕者。

⑶**合併適用說**：即只要一方之本國法規定無效時，不論他方之本國法規定其為有效或得撤銷，該婚姻即視為無效；同理，一方之本國法規定為得撤銷，他方之本國法規定為有效時，該婚姻即屬得撤銷之婚姻，亦即適用其中限制較嚴之一方當事人之本國法。

以上三說中，合併適用說有助於涉外婚姻關係之單純化，比較妥當。

二、形式要件之準據法

就婚姻之形式要件之準據法，新涉外法第四十六條但書規定：「但婚姻

---

❷ 此由於婚姻無效或得撤銷之原因，在結婚當時即已存在，而離婚之原因事實，通常係發生於結婚以後，彼此性質不同，故其適用之法律亦異，因此，就婚姻無效或撤銷之性質而論，應適用各該當事人本國法或舉行地法。此與婚姻成立要件應適用當事人各該本國法或舉行地法，實無差異。一九七一年美國國際私法第二整編第二八六條規定：「確認婚姻無效之法律，應依婚姻成立要件所適用之法律」，亦採同一準據法之見解。

之方式依當事人一方之本國法，或依舉行地法者，亦為有效。」茲析述其內容如下：

　　1.本條但書規定，關於婚姻之方式，無論依照當事人任何一方之本國法，或依舉行地法，均為有效。此種立法形式非純採舉行地法主義，而採折衷主義，認為場所支配行為之原則，並非絕對強行，其就數種準據法，採選擇適用方式，有助於涉外婚姻關係之成立。

　　2.有些國際條約規定，同國籍人在外國，得依其本國儀式，在駐在國之本國外交官或領事前舉行婚禮，但此種例外之適用，須合於下列條件：(1)須有條約規定，並其儀式為舉行地法所允許者為限；(2)同國籍人間之結婚；(3)在本國外交官或領事前行之。此種婚姻學說上稱為外交婚，兩次海牙有關婚姻之國際私法公約均明文承認之。我國新涉外法關於婚姻形式要件之準據法，既認依當事人一方之本國法或舉行地法，均為有效，則同一國籍之外國男女，在派駐我國或第三國之其本國領事或外交官前，依其本國法之方式舉行婚禮者，即外交婚，其方式依本條但書應認為有效。

　　3.在通常情形下，婚姻舉行地之認定，並非難事。但如有承認代理婚姻 (marriage by proxy)、通信婚姻 (marriage by correspondence)、或基於事實狀態而成立之婚姻 (marriage by habit and repute)，則其舉行地之認定，即有困難，但解釋上得以代理人之行為地、當事人為通信當時之所在地、或事實狀態之發生地，為婚姻舉行地。此外，於公海上航行之船舶上締結婚姻時，即應以船旗國法為舉行地法。

※關於本節，其詳可再參閱：劉鐵錚，〈婚姻成立之準據法暨相關問題之研究〉，《國際私法論叢》(臺北：三民，民國八十三年)；曾陳明汝，〈不同國籍男女結婚及其適用法律之研究〉，《國際私法原理》(臺北：自版，民國八十二年)。

第三節　婚姻之身分上效力

第一項　緒　言

　　結婚是使當事人成為配偶的法律行為，結婚後對於當事人法律關係所生之影響，即為婚姻之效力，其內容包括身分上效力及財產上效力等二部分。婚姻之身分上效力又稱為婚姻之普通效力或一般效力，是指夫妻因結婚而生之身分上權利義務。各國由於社會結構、風俗習慣、民族精神、道德觀念、宗教信仰、生活方式不同，有關婚姻之身分上效力之規定，也非一致，故在國際私法上有討論其準據法之必要。

第二項　婚姻身分上效力之準據法之決定

　　有關婚姻身分上效力之準據法，各國立法例及學說大致有下列各種見解：

一、法院地法主義

　　此項主義認為婚姻之效力與法院地之公序良俗密切相關，故應以法院地法為其準據法。但夫妻間之權利義務雖與內國之公序良俗相關甚鉅，而夫妻因偶然原因至法院地，並於當地就婚姻之身分上效力問題涉訟者，如依與其關係較密切之本國法，決定其間有無同居義務、妻是否應冠夫姓等夫妻間之問題，似難謂為不當。

二、當事人意思自主主義

　　此項主義認為婚姻之法律性質為契約，一般契約既得由當事人合意以決定其效力之準據法，婚姻效力之準據法亦不應例外，故亦得由當事人合意決定之。至於當事人無意思表示，即意思表示不明時，此項主義認為亦應比照一般通例，依行為地法（即婚姻舉行地法）決定。但婚姻與公序良

俗密切相關，其規定具有強行法之性質，原非私法自治之範圍，在國際私法上依債權契約之原則決定其準據法，似係引喻失義。

三、婚姻成立地法主義

此項主義認為婚姻之效力，亦應依該婚姻關係所據以成立之法律，故應依婚姻之成立地法。但「場所支配行為」原則已經式微，婚姻之成立已非必依其成立地法，婚姻之成立地可能只是夫妻偶至之地，故成立地法與夫妻未必具有密切關係，自不宜以其為準據法。

四、屬人法主義

此項主義認為包含婚姻之身分上效力在內的身分關係，均依反映當事人所屬環境之民族傳統、風俗習慣、宗教、倫理道德等要素，而與當事人關係最密切之屬人法。此項主義因所採連結因素之不同，主要又可分為當事人住所地法主義及當事人本國法主義：

㈠當事人住所地法主義

此項主義除因其就屬人法係採住所地法主義外，認為婚姻之效力與住所地之公共秩序、善良風俗有關，如住所地法規定夫妻互負貞操義務，當事人如有婚姻外之性行為，即難容於當地之公序良俗。但批評者認為住所得隨當事人之意思而變更，此項主義將使婚姻之身分上效力因住所之變更，而陷於不確定，違反身分關係安定性之要求。

㈡當事人本國法主義

此項主義為大陸法系國家之傳統國際私法所採，認為當事人之身分、能力既均應依其本國法，婚姻之身分上效力亦應相同。但夫妻之國籍不同時，以何人之本國法為準，即有疑義，故此項主義又可分為下列二種：

1.夫妻雙方本國法主義

此項主義比較符合男女平等之原則，是其優點，但夫妻國籍不同時究應如何決定其準據法，仍有困難。

2.夫之本國法主義

此項主義認為婚姻之身分上效力與婚姻之成立問題，性質不同，故婚姻之成立雖應依各該當事人之本國法，但婚姻成立後，夫為一家之主，妻通常有順從夫之義務，且各國國際私法上亦有妻從夫籍之原則，夫妻之身分關係亦多發生於夫之本國，故以夫之本國法為準據法，比較方便且合於實際情形。但婦女在國籍法上之地位已經提高，各國立法亦有將夫妻同籍主義變更為夫妻異籍主義之趨勢，故此項主義亦非完美。

第三項　我國現行規定之析論

關於婚姻身分上效力之準據法，新涉外法第四十七條規定：「婚姻之效力，依夫妻共同之本國法；無共同之本國法時，依共同之住所地法；無同之住所地法時，依與夫妻婚姻關係最切地之法律。」原則上係採上述夫妻雙方本國法主義，並輔以共同之住所地法及關係最切之法律。茲析論其規定內容如下：

1.本條關於婚姻之身分上效力，規定三個準據法，並由其依序遞補：首先為夫妻共同之本國法，其次為共同之住所地法，再其次為與夫妻婚姻關係最切地之法律。此三個準據法非屬累積適用、並行適用或選擇適用，而是依照立法者排定的順序，逐一遞補適用。故夫妻共同之本國法及共同之住所地法之適用，並非因其與夫妻婚姻關係最切之故，而是立法者就硬性連結因素之政策選擇，如有此等共同之屬人法，即使另有其他法律與夫妻婚姻之牽連關係更密切，亦應適用其先次序之準據法，不得逕以關係最切地之法律，予以取代。換言之，法院僅在別無先次序的夫妻之共同本國法及共同住所地法時，始開始綜合考量相關的各法律與夫妻婚姻之牽連關係，而以其中關係最切地之法律為準據法。

2.夫妻如無共同之本國法，亦無共同之住所地法時，其婚姻之身分上效力，固應依與夫妻婚姻關係最切地之法律，但順序在先而應優先適用夫妻共同之本國法、共同之住所地法，究應如何認定，仍有值得注意之處。本條規定的第一順序準據法，是夫妻共同之本國法，其意義與「夫妻共同

之國籍」所指向的法律，並不相當。在夫妻均僅有單一國籍，並且均屬於同一國家時，其共同國籍所指向的本國法是同一法律，固無問題，但如夫妻均有二以上之國籍，例如甲夫有 A 國及 B 國國籍，乙妻有 B 國及 C 國國籍時，夫妻共同之 B 國國籍所指向的 B 國法，即可能不是夫妻「共同之本國法」。因為在甲夫乙妻均與 B 國之牽連關係不密切的情形下，則依新涉外法第二條規定，即甲夫應以與其關係最切之 A 國法為其本國法，乙妻應以與其關係最切之 C 國法為其本國法，甲夫、乙妻雖有共同之 B 國國籍，卻無共同之本國法。此處所強調者，乃夫妻「共同之本國法」，而非夫妻「共同之國籍」。

3.本條規定的第二順序準據法，是「夫妻共同之住所地法」，依前述原理，該法律也未必是夫妻「共同住所」所在地的法律。例如前述例中之甲夫、乙妻均無國籍，甲夫在 A 國及 B 國有住所，乙妻在 B 國及 C 國有住所，但 B 國之住所對甲夫及乙妻均較無牽連關係時，甲夫及乙妻雖在 B 國有共同之住所，如依新涉外法第四條規定，甲夫之住所地法為與其關係最切之 A 國法，乙妻之住所地法為與其關係最切之 C 國法，則不得謂甲夫及乙妻有共同之住所地法。之所以如此，乃因本條所強調者，係夫妻「共同之住所地法」，而非夫妻「共同之住所」。本條第三順序準據法「與夫妻婚姻關係最切地之法律」之決定，理論上是就與夫妻婚姻相關的各地之法律，包含夫之本國法、妻之本國法、夫之住所地法、妻之住所地法、夫妻各方之居所、工作或事業之重心地、財產之主要所在地、求學及戀愛生活地等各地之法律，綜合考量其與夫妻婚姻關係密切之程度，而以其中關係最切地之法律為準據法。

4.本條之適用範圍乃「婚姻之效力」，原則上僅指婚姻之身分上效力，至於婚姻財產上之效力，則屬第四十八條夫妻財產制之範圍，不包括在本條之內。茲再析述其各項問題如下：

⑴夫妻之同居義務問題：夫妻間有無同居義務，如有，其具體內容如何之問題，性質上屬於婚姻之身分上效力問題，應依本條規定之準據法決定，違反此項義務之法律效果，亦同；但違反同居義務是否構成離婚原因

之問題，則屬於離婚要件之準據法之適用範圍。

⑵**夫妻之姓氏問題**：例如妻是否得冠或應冠夫姓、贅夫是否得冠或應冠妻姓，及其對於原有姓氏之使用問題，亦屬婚姻之身分上效力問題，應依本條規定之準據法決定。

⑶**夫妻間之扶養義務問題**：夫妻彼此之間對於他方是否負有扶養義務，如有，其要件、期間、履行方法、具體內容等問題，雖亦有適用扶養之準據法之可能（新涉外法第五十七條），但夫及妻間之扶養義務係因結婚而發生，且為維持婚姻生活之基礎，乃婚姻生活不可或缺之要件，與其他扶養義務之本質尚有不同，故仍應視其為婚姻之身分上之效力問題，依本條規定之準據法決定。

⑷**夫妻日常家務之代理權問題**：夫妻就日常家務是否有代理權，如有，其範圍如何及行使方法之問題，解釋上亦可考慮適用所代理之法律行為之準據法；但此項代理權乃因結婚而發生之法定代理，其目的在維持婚姻生活之整體性，並為婚姻生活不可或缺之要件，性質上並非一般之意定代理可比，且代理權限並非針對個別之法律行為，而是以概括的日常家務為範圍，性質上亦比較接近身分關係，故仍應視其為婚姻之身分上效力問題，依本條規定之準據法決定。

⑸**有關行為能力之問題**：結婚後是否使未成年人因而成為有行為能力人，或原有行為能力之配偶是否因結婚而不得獨立處分財產等問題，雖與行為能力有關，但此等效果皆是因結婚而發生，其規定皆是因婚姻生活之需要而設，故應視其為婚姻之身分上效力問題，依本條規定之準據法決定。但如當事人依本條規定之準據法，無行為能力或僅有限制行為能力，但依中華民國法律已有行為能力，就其在中華民國所為之法律行為，依新涉外法第十條第三項之規定，即應視為有行為能力。

※關於本節，其詳可再參閱：洪應灶，〈論國際私法上婚姻效力之準據法〉，《東吳法律學報》，第一卷第一期（民國六十五年十一月）。

第四節　夫妻財產制

第一項　緒　言

各國就夫妻間可否約定夫妻財產制，如不得約定，或未約定時，其法定財產制之內容之問題，規定頗不一致。大致言之，普通判例法的國家早期認為夫因結婚，而取得妻之動產之所有權及不動產之特定利益，妻則對概括的夫妻財產，取得抽象的權利，並得以其同意與否，控制夫妻財產之處分行為之效力。後來則因肯定夫妻之權利平等，而認為夫妻之財產，不因結婚而受影響，夫妻仍各自保有婚前及婚後所取得財產之所有權，較接近分別財產制。大陸法系國家認為，結婚除發生身分上的效力外，在財產上，亦發生使雙方配偶之財產合而為一之作用，即較傾向於共同財產制的設計。

在各國規定不一致的情形下，在有關夫妻財產制的涉外案件中，如何決定準據法的問題，也就格外重要。

第二項　夫妻財產制準據法之決定

各國有關夫妻財產制準據法之規定，大致可分為下列各項主義：

一、動產及不動產區別主義

此項主義又稱為不統一或區分主義，乃認為夫及妻對其財產之權利，應區分為動產及不動產，而各別決定其準據法，即不動產依其所在地法，動產依當事人之住所地法。此項主義發源於英格蘭，並為美國各州、阿根廷所採，法國、義大利及奧地利也有採用之例。由於物權在有些國家，即採此種區分主義，故此項主義在這些國家中，實際上已使夫妻財產制之準據法，與物權之準據法一致，不但避免定性問題的困擾，也使判決結果趨於合理化。惟此項主義對一對夫妻之財產，因其財產之所在而適用不同準

據法，已破壞夫妻財產一體之和諧關係，在夫妻所有之不動產散在數國的情形下，問題尤其嚴重；再者，由於同一配偶之權利，分別適用數種準據法之結果，對於為利害關係人之債權人、因婚姻解消而得分配財產之配偶、繼承人等，均將產生無法預測之風險，實際上並不公平；當然，如此項主義之基礎，係承續已成昨日黃花之封建觀念，在民主社會中亦不宜接受之。為修正此項缺點，乃有依羅馬法上繼承之觀念，而提出各項統一說者，惟採統一說者，例如德國舊民法施行法第二十八條仍規定「屈服條款(Beugungsklausel)」，認為不動產依其所在地之國際私法，應適用其所在地法者，即應適用之，實際上亦是屈服於本說。

二、意思主義

此項主義認為夫妻有關財產制之約定，與一般以財產為標的物之契約無異，故應適用同一規則，即得由當事人合意決定其準據法，故法院之決定夫妻財產制之準據法，應受當事人明示之意思表示，或可得推知之默示之意思表示之拘束。自十六世紀初期法國學者杜慕蘭 (Dumoulin) 倡議此項主義之後，法國判例即繼受其理論，並透過個案認定當事人默示之意思表示之方式，發展出與「最重要牽連關係」理論類似之衝突規則。此項主義使所有夫妻財產，一律適用單一之準據法，排除動產及不動產區別主義的缺點，並使準據法之決定具有一定程度之彈性，在國際私法的發展史上自有其地位。惟就當事人及第三人言，夫妻財產制的準據法則有欠缺穩定性及可預測性之憾。但由於此說尊重當事人意思自主，亦符合兩性平等之基本原則，故晚近國際私法之立法例採取此項主義漸多❸，美國通說亦接受之。

❸ 例如下列各立法例：
　1.奧地利一九七八年國際私法第十九條：「夫妻財產制，依雙方當事人明示選擇之法律，未為此種選擇時，依結婚時規範其結婚之身分上效力之法律。」
　2.瑞士一九八七年國際私法
　　第五十二條：「一、夫妻財產制，應適用夫妻合意選擇之法律。二、夫妻得選擇其共同住所地法，或將來婚姻成立後之住所地法，或夫妻之本國法，為其夫妻財產制所應適用之法律，第二十三條第二項之規定不適用之。」

三、屬人法主義

此項主義認為夫妻財產制，與夫妻之本國或住所地之風俗習慣、經濟制度、宗教信仰及倫理觀念，均有密切關係；夫妻財產制亦係因結婚而發生，並隨婚姻之解消而歸於消滅，可認為屬於婚姻效力之範圍，而婚姻既應依當事人之屬人法決定，則夫妻財產制，亦應依當事人之屬人法決定，以與其他身分關係之準據法一致。此項主義在觀念上係將夫妻之財產法上地位，揉合為夫妻財產制，使其內容包括雙方之動產、不動產及債務，法律關係的範圍涵蓋夫妻雙方對夫妻財產，所得主張之權利，夫妻間之債權債務關係，夫或妻對其債權人之責任，婚姻關係存續期間及消滅以後所生之債權之行使，夫或妻原有財產之歸屬及管理等問題。此等法律問題被認為均源於同一法律關係，故乃如繼承之法律關係一般，僅適用單一的衝突規則。

第五十三條：「一、夫妻財產制所應適用之法律之合意選擇，應以書面為之，或以夫妻財產制契約得明顯推定者為限，其他方面應適用夫妻合意選擇之法律。二、夫妻得隨時選擇或變更應適用之法律，婚姻成立後選擇應適用之法律者，除當事人另有合意外，溯及於婚姻成立之時。三、選擇適用之法律，如夫妻未再選擇其他法律，或撤銷法律之選擇，得繼續適用之。」

第五十四條：「一、夫妻未合意選擇準據法時，其夫妻財產制(a)依夫妻共同住所地法；如無共同住所地時，(b)依夫妻最後共同住所地法。二、夫妻無共同住所地時，依其共同之本國法。三、夫妻無共同住所地法，亦無共同國籍者，依瑞士法上之分別財產制。」

3.一九七八年海牙夫妻財產制準據法之公約第三條：「一、夫妻財產制受配偶雙方婚前所指定的國內法支配。二、配偶雙方僅得指定下列法律之一：㈠指定時為配偶一方國籍所屬國家的法律；㈡指定時為配偶一方有其習慣居所地國家的法律；㈢配偶一方婚後所設定的第一個新習慣居所地所在國家的法律。三、據此指定的法律，適用夫妻所有之財產。四、配偶雙方不論有無依照上述各款指定法律，得指定不動產的全部或一部，適用該不動產所在地之法律，並得規定以後可能取得的任何不動產，概受不動產所在地法律支配。」

　　目前各國國際私法立法例採取此項主義者不少，就其具體規定內容觀察，有規定為依婚姻之身分上效力之準據法者，有規定為依夫妻共同之屬人法、本國法者，有規定為依夫之屬人法或本國法者，亦有規定為依婚姻住所地法或夫妻之習慣居所地法者❹。由規定的內容觀察，可知此項主義是從夫妻財產制的身分法上意義著眼，其於法律適用之安定及單純，實有助益；但因夫妻財產制同時具有身分法與財產法之性質，就財產關係之立場衡量，避免交易成本之浪費及促進交易之安全，即係應考慮之重要因素，亦為此項主義所無法兼顧者。故如採此項主義，在第三人未能確知夫妻財產制之準據法的情形下，如何避免因查證而曠廢時日，並依法保障善意者之法律上利益，仍是重要的課題。晚近以一九七八年海牙夫妻財產制準據法之公約為藍本的各國立法，之所以不再泥守一九〇五年海牙「婚姻對身分及財產關係之效力之法律衝突公約」的屬人法主義，而兼採各項主義，亦與此有關。

第三項　我國現行規定之析論

　　我國新涉外法就夫妻財產制之準據法，於第四十八條規定：「夫妻財產制，夫妻以書面合意適用其一方之本國法或住所地法者，依其合意所定之法律。」「夫妻無前項之合意或其合意依前項之法律無效時，其夫妻財產制

---

❹　各類立法例可分述如下：一、規定為依婚姻之身分上效力之準據法者，如德國一九八六年民法施行法第十五條；二、規定為依夫妻共同之屬人法、本國法者，如㈠前東德一九七五年國際私法第十九條、㈡匈牙利一九七九年國際私法第三十九條、㈢土耳其一九八二年國際私法第十四條、㈣前南斯拉夫一九八二年國際私法第三十六條至第三十九條、㈤日本平成元年「法例」第十四條；三、規定為依夫之屬人法或本國法者，如㈠一九〇五年海牙婚姻對身分及財產關係之效力之法律衝突公約第二條至第六條、㈡義大利一九四二年民法前導編第十九條、㈢一九五一年比、荷、盧國際私法公約第四條；四、規定為依婚姻住所地法或夫妻之習慣居所地法者，如㈠一九四〇年蒙特維地奧國際民法條約第十六條、第十七條、㈡一九七八年海牙夫妻財產制準據法之公約第四條、㈢祕魯一九八四年民法第二〇七八條至第二〇八〇條。

依夫妻共同之本國法；無共同之本國法時，依共同之住所地法；無共同之住所地法時，依與夫妻婚姻關係最切地之法律。」「前二項之規定，關於夫妻之不動產，如依其所在地法，應從特別規定者，不適用之。」另於第四十九條規定：「夫妻財產制應適用外國法，而夫妻就其在中華民國之財產與善意第三人為法律行為者，關於其夫妻財產制對該善意第三人之效力，依中華民國法律。」茲將此二條之立法意旨及適用上所生之問題，逐項分別析論如次。

一、以修正的意思主義為原則

關於夫妻財產制應適用之法律，舊涉外法原採夫之本國法主義（第十三條），因未能平衡兼顧夫妻雙方之屬人法，有違當前兩性平等之世界潮流❺，其中關於嫁娶婚及招贅婚之區別，也已不合時宜，新涉外法第四十八條乃酌採修正之意思主義，修正如上述。本條第一項採修正之意思主義或折衷式的當事人意思自主原則，再輔以第二項的親屬法一般原則。夫妻依本條第一項，得以書面合意定其夫妻財產制的準據法，但合意的準據法以其為一方之本國法或住所地法者為限。此項書面合意的內容，不在夫妻採用何種夫妻財產制，而在其夫妻財產制將適用何國的法律，故不適用非訟事件法上關於夫妻財產制契約登記的規定（第一〇一條以下）。

❺　學者間有認為住所地法主義較本國法主義妥當，不過，如依夫結婚時之住所地法，即美國法早期之見解，實際上仍無法克服兩性平等之問題。要言之，此項規定之所以不當，乃因純依夫妻之某一方之屬人法，決定對夫妻雙方均具意義之法律關係。故美國法律學會 (American Law Institute) 乃於國際私法第二整編第二五七條建議，夫妻之一方對他方所有之財產所得主張之權利，依結婚時該他方之住所地法，以示男女平等，但如視夫妻財產為單一整體，其合理性似仍不如一九七八年海牙夫妻財產制準據法之公約第四條所揭示之原則，即「配偶雙方未於婚前指定應適用之法律者，其夫妻財產制，受配偶雙方婚後所設定的第一個習慣居所地國的國內法支配。」

二、準據法選擇合意之限制

　　本條項直接規定夫妻關於夫妻財產制,得以書面之合意選擇其準據法,即是否得合意選擇及應以何種方式為之,不再是適用其夫妻財產制之問題,而是依新涉外法僅得以書面之合意為之,而且其選擇之準據法之範圍受有明確之限制,並非僅排除夫妻婚姻無密切關係之國家之法律,而係僅限於夫妻一方之本國法或住所地法為限。此處之夫妻書面合意,主要是作為被合意選擇之本國法或住所地法,被補強而成為最優先之準據法之連結因素,由於是以書面合意為最重要之連結因素,故被選擇之法律是否為一方之本國法或住所地法之問題,不妨從寬認定之。

三、未合意時之準據法

　　夫妻無前述之準據法合意或其準據法合意無效時,本條第二項規定其夫妻財產制依夫妻共同之本國法,無共同之本國法時,依共同之住所地法,無共同之住所地法時,依與夫妻婚姻關係最切地之法律。舊涉外法第十三條就夫妻財產制之準據法,規定為「結婚時夫所屬國之法」係採不變更主義,新涉外法本條項規定的重點在平衡夫妻之屬人法的適用,兼顧夫妻雙方的期待利益,在夫妻共同之本國法或共同之住所地法變更時,如以新的共同之本國法或共同之住所地法為準據法,並無對任何一方不利之情形,故本條項在連結因素變更時,宜採變更主義。本條項準據法之規定,重點係在「共同之本國法」而非「共同之國籍」,在「共同之住所地法」而非「共同之住所」,以及與夫妻婚姻關係最切地之認定標準,均與第四十七條相同,可參照其相關之說明。

四、夫妻財產制契約的訂定

　　前述關於夫妻財產制準據法的選擇合意,與夫妻依據夫妻財產制的準據法,而訂定夫妻財產制契約,並非同一合意。前者是國際私法上的準據法合意,後者是實體法上的夫妻財產制的選擇。但當事人如就一方的行為

能力問題發生爭訟，均應依新涉外法第十條關於行為能力的衝突規則，決定其準據法。如該當事人的本國法規定，有關不動產之行為能力，由於與其所在地之關係最密切，應適用不動產所在地法，則依新涉外法第六條關於反致之規定，即應依不動產所在地法。夫妻財產制契約之方式問題，因涉及「場所支配行為」原則之適用，且第三人利益之保護已另外予以規定，應認為無論依該契約之準據法（即夫妻財產制之準據法）或訂約地法符合方式者，均為有效❻。至於其他實質要件及效力之問題，以及當事人得否變更或廢止其契約之問題，則均為夫妻財產制契約之準據法之適用範圍。

五、不動產所在地法之適用問題

新涉外法第四十八條第一項及第二項之規定，係就夫妻的全部夫妻財產，為單一準據法的決定，使該準據法適用所有的夫妻財產，但如夫妻財產分散在數國時，其個別財產之準據法，尤其是不動產之所在地法，亦無法忽略之。夫妻之一方因特定的夫妻財產與第三人涉訟時，系爭法律關係可能被定性為物權關係，倘夫妻財產制之準據法與物權之準據法規定不一致，例如後者規定物權之變動，非經登記，不生效力，前者則規定夫妻財產，應一體適用有關夫妻財產制之規定，無須經登記，夫妻財產即應屬於夫妻雙方共有時，當事人仍須將夫妻財產制準據法所規定之事項，依物權之準據法辦理登記，始得發生物權變動之效力❼。故本條第三項乃規定：

---

❻　其立法例除一九○五年海牙公約第六條之規定外，瑞士一九八七年國際私法第五十六條規定，亦可供參考：「夫妻財產制契約之方式，依夫妻財產制契約之準據法或訂約地法者，均為有效。」在我國似得逕依新涉外法第十六條處理之。

❼　一九四○年蒙特維地奧國際民法條約第十六條規定可供參考：「夫妻財產制之契約與財產上之法律關係，依其最初之婚姻住所地法，除另有禁止之規定外，嚴格意義之物權事件，依該財產之所在地法。」德儒 Zitelmann 亦曾謂：「財產準據法之作用，須賴個別準據法之承認。(Das Vermögensstatut lebt nur durch die Anerkennung der Einzelstatuten.)」(Festschrift für Otto Gierke) 如稱之為「個別準據法，擊破總括準據法」，或「個別準據法優先於總括準據法

「前二項之規定，關於夫妻之不動產，如依其所在地法應從特別規定者，不適用之。」立法理由是認為有關不動產的部分，為兼顧不動產所在地法之強制規定，即應改以不動產所在地法，為夫妻財產制之準據法，以免不同法律關係之準據法間，彼此衝突，而窒礙難行。

本條項就夫妻財產中之不動產，排斥第一項及第二項所定之準據法，而適用不動產所在地法，但就其他財產，仍適用前者，其結果已使夫妻財產制之準據法，一改修正之意思主義，而另從動產及不動產區分主義，以保護第三人利益及交易安全避免夫妻財產制準據法與不動產物權準據法之衝突。因此，如依夫妻財產制準據法規定，夫妻之所有財產，均推定為夫所有，一方之處分行為須得他方之承認，始生效力；但不動產物權之準據法即其所在地法為保護交易安全，規定一切均以登記之狀態為準，未經登記者，無對抗第三人之效力時，前者之規定對該不動產之交易，不可能發生規範作用，故涉及第三人之法律關係或物權變動，即應依不動產所在地法，以求其一致。

六、內國善意第三人之保護問題

夫妻財產制的法律關係，雖強調夫妻彼此之間的財產歸屬及分配，但也有對抗第三人的法律效果，而新涉外法第四十八條第一項及第二項關於夫妻財產制的前述衝突規則，其所決定的準據法，適用於夫妻之間固無問

(Einzelstatut bricht Gesamtstatut)」，亦屬妥當。但如認為夫妻財產本為一整體，則並無區別動產及不動產之必要，蓋二者既均屬夫妻財產，自宜統一適用同一準據法，更何況不動產亦僅是夫妻財產中動產的變形，從回溯或追及 (tracing) 的概念以觀，也可發現其乃同源，並無加以區別，而適用不同之準據法之必要。職是，在夫妻財產制之準據法與不動產所在地法規定不一致時，例如前者採分別財產制，後者採共同財產制，或其他類似之情形，美國法上乃形成夫妻之財產，不因其地理位置之變更，或轉換其型態，而受影響之見解，即結婚後以有償行為所取得之不動產，其準據法仍應待將該不動產「還原」為原來之財產後，再決定其準據法之原則。此項就源論法的原則，實際上係將準據法之決定，更推向不變更主義之結論。

題，但涉及第三人的部分，因有必要考慮財產所在國的交易安全及第三人利益之保護，且與個別的夫妻財產所應適用的法律（通常為物權的準據法）有關，同條第三項乃針對夫妻之不動產，另為特別規定。此外，如夫妻財產制的外國準據法對夫妻財產的分配規定，與內國關於交易安全的物權規定衝突時，也有特別予以規定的必要。故同法第四十九條規定：「夫妻財產制應適用外國法，而夫妻就其在中華民國之財產與善意第三人為法律行為者，關於其夫妻財產制對該善意第三人之效力，依中華民國法律。」

　　新涉外法第四十九條考量的重點，是就屬於夫妻財產的個別財產，因其屬於夫妻財產的一部分，故同時為該財產本身之準據法及夫妻財產制準據法的適用範圍，但夫妻財產制的準據法適用於所有涉及夫妻財產之法律關係，該財產的準據法僅適用於該財產的歸屬、處分及效力等，前者為「總括財產」的準據法，後者為「個別財產」的準據法，本條鑑於夫妻處分其個別之財產時，其相對人（第三人）可能不知其夫妻財產制的準據法之內容，在此二個準據法的規定衝突時，可能受到不測之損害，故乃宣示「個別財產準據法優先於總括財產準據法」之原則。

　　相對於同法第四十八條第三項以不動產所在地法優先的規定，第四十九條在形式上是內國法優先於外國法，但實質內容是「個別財產準據法優先於總括財產準據法」。故本條乃以「夫妻財產制應適用外國法」為前提，即指總括財產的準據法為外國法的情形下，再針對「夫妻就其在中華民國之財產與善意第三人為法律行為」，予以規定。此處「與善意第三人為法律行為」之重點，是該行為乃涉及善意第三人利益之保護的「處分行為」，包含物權行為及準物權行為在內，而其處分行為之標的，為「在中華民國之財產」，即強調該個別財產之處分行為的準據法為內國法，突顯為「總括財產準據法」的外國法，與為「個別財產準據法」的內國法之間的衝突。故「在中華民國之財產」，係泛指準據法為中華民國法律之財產而言，除有其具體所在地的有體物，即其物權應適用中華民國法律的在中華民國的動產及不動產外，也包括其準據法為中華民國法律的債權及智慧財產權等無體財產在內。相對於同法第四十八條第三項關於「夫妻之不動產」之規定，

本條規定的財產為「夫妻在中華民國之財產」，二者之間尚難謂為普通規定與特別規定，但就其重疊的部分，即關於「夫妻在中華民國之不動產」，為保護內國之善意第三人，應優先適用本條之規定。

在上述「總括財產」的外國準據法與「個別財產」的內國準據法衝突的情形下，本條規定「其夫妻財產制對該善意第三人之效力，依中華民國法律」，即優先適用內國法，體現「個別財產準據法優先於總括財產準據法」之原則。本條規定應適用中華民國法律者，並非夫妻財產制之全部法律關係，而係以「其夫妻財產制對該善意第三人之效力」為限，即僅就涉及善意第三人的保護的部分，不適用為夫妻財產制準據法的外國法，而應優先適用內國法上關於保護善意第三人的規定。

例如外國人甲、乙的夫妻財產制的準據法為 A 國法，在我國境內亦有屬於其夫妻財產的動產及不動產，甲將座落於我國並登記在其名下的房屋處分給第三人丙時，由於夫妻財產制之準據法為外國法（A 國法），被處分之特定財產（例如房屋）在中華民國境內，登記在甲名下，其物權應依中華民國法律，即發生其準據法之間的衝突。假設 A 國法規定夫妻財產為夫妻共有，一方處分夫妻財產時應得他方配偶之同意，但相對人（第三人）丙不知甲的婚姻狀態及 A 國法之內容，此時為保護內國之財產交易安全，乙自不宜以 A 國法關於夫妻財產之規定，對抗該善意之第三人丙，故本條乃規定應依中華民國法律，以適度限制該外國準據法對相對人（第三人）之適用範圍。

上述例中應適用之中華民國法律，包含關於夫妻財產制的民法第一〇〇八條：「夫妻財產制契約之訂立、變更或廢止，非經登記，不得以之對抗第三人。」「前項夫妻財產制契約之登記，不影響依其他法律所為財產權登記之效力。」此外，善意第三人丙並得依內國法關於個別財產為法律行為的規定，特別是保護交易安全及善意受讓之下列規定，主張其權利，即民法第七五九條之一：「不動產物權經登記者，推定登記權利人適法有此權利。」「因信賴不動產登記之善意第三人，已依法律行為為物權變動之登記者，其變動之效力，不因原登記物權之不實而受影響。」民法第九四八條：

「以動產所有權，或其他物權之移轉或設定為目的，而善意受讓該動產之占有者，縱其讓與人無讓與之權利，其占有仍受法律之保護。但受讓人明知或因重大過失而不知讓與人無讓與之權利者，不在此限。」「動產占有之受讓，係依第七百六十一條第二項規定為之者，以受讓人受現實交付且交付時善意為限，始受前項規定之保護。」

※關於本節，其詳可再參閱：林秀雄，〈涉外民事法律適用法第一三條之研究〉，《家族法論集(一)》（臺北：漢興，民國八十四年）；陳榮傳，〈夫妻財產制準據法之研究〉，《馬漢寶教授七秩華誕祝壽文集》（臺北：五南，民國八十五年）。

第五節　離　婚

第一項　緒　言

　　離婚是夫妻雙方以協議，或一方透過訴訟之方式，而使婚姻關係消滅的制度。我國舊律及現行民法均承認離婚，因為婚姻固以夫妻終生共同生活為目的，但如於其間感情已經破裂，缺乏敬愛之情，難以共同生活，即無強其繼續維持婚姻之必要。各國關於離婚之法制，雜然並陳，有不予承認或給予嚴苛之限制者，即在採承認離婚之國家，對離婚原因之規定，離婚之類型、要件及離婚效力之規定，也未盡相同❽，在涉外離婚事件中發

❽　就各國立法例以觀，關於離婚之立法主義，可為下列分類：一、許可離婚主義與禁止離婚主義；二、自由離婚主義與限制離婚主義。所謂許可離婚主義者，謂於夫妻生存中，允許離婚之主義，採此主義者，以為夫妻關係原以敬愛為本，如缺乏敬愛，則無強其繼續夫妻關係之可能，且即令離婚係屬罪惡，然如因禁止離婚釀成更大之罪惡，尤非立法政策之所宜。現代各國立法例，多承認離婚制度，即職是之故。至禁止離婚主義者，謂於夫妻生存中，不許離婚之主義也。其主張之理由或基於宗教思想，以為夫妻乃神意所結合，故人不得離之，或基於道德觀念，以為婚姻為人倫之大本，如許離婚，則將釀成輕視婚姻之流弊，或基於子女利益之保護，以為婚姻必然之結果，為子女之出生及養育，如許離婚則目的難達，且為人子女者，適成為離婚之犧牲品，非所以保護

生法律衝突，而國際私法就涉外離婚之成立要件及其效力，也有必要規定究應適用何國法律或其準據法之問題。

第二項　離婚準據法之決定

各國國際私法對離婚之準據法之規定，主要可分為法院地法主義、屬人法主義、折衷主義，茲將三種主義分項說明如次。

一、法院地法主義

法院地法主義認為離婚之法律具有強行性質，且與法庭地之公共秩序、善良風俗相關甚切，一國為維持法律之安定與內國之秩序，故關於涉外離婚之一切法律，包括離婚之許否、准許離婚之機關、離婚之方法、離婚之原因、及離婚之效力等應依法院地法為準。此為十九世紀中葉薩維尼所倡，目前仍為英格蘭、美國各州、俄羅斯、丹麥、挪威、冰島等國國際私法所採。

子女之利益。現今立法例採禁止離婚主義者尚有阿根廷、巴西、巴拉圭、智利、哥倫比亞、義大利、西班牙等國。許可離婚主義中之自由離婚主義，謂依當事人之自由意思即可離婚之主義。限制離婚主義者，則指夫妻之一方如有法律所定之原因，他方得對之提起離婚之訴，依勝訴之判決，始得離婚之主義。限制離婚主義，就須有一定原因始得離婚之點言之，又可稱為有因離婚主義。就必須夫妻之一方對於他方提起離婚訴訟之點言之，又可稱為裁判離婚主義。但在自由離婚主義，則無須一定原因即得離婚，故學者通常以無因離婚主義稱之。同一無因離婚主義又可細別為單意離婚主義與協議離婚主義。依夫一方之意思，即可離婚之主義，為單意離婚主義，或專權離婚主義，我國舊律及一九四四年以前之蘇聯離婚法曾採之。至在採取協議離婚主義與裁判離婚主義之各國，其規定之內容也未必一致，且有只採裁判離婚主義者，如德國、英國、法國、荷蘭等國。有兼採裁判離婚主義與協議離婚主義者，如日本、葡萄牙、羅馬尼亞、古巴、海地、墨西哥及我國等。在採裁判離婚主義國家，通常固由司法機關為准否離婚之裁決；但有些國家則由國王或其他行政機關擔任，如丹麥、挪威等；有些國家則由國會之特別法准許離婚，如愛爾蘭、加拿大之魁北克省、紐芬蘭省是。

　　此項主義之設計及理由，在國際私法難謂妥適。因為一國之所以制定國際私法，即在承認涉外民事法律關係，與內、外國法律皆有密切關係，為謀合理解決法律衝突，必須斟酌法律關係之性質，擇其較切實際者，予以適用，方可充分保障當事人合法權益，而非一味適用內國法律。此所以各國國際私法適用條文，多以雙面法則形式規定。此項主義似有強調內國法律優越，違反發展雙面法則之時代趨勢。如採此項主義，則涉外離婚勢必隨法院地之變更，而異其準據法，不但影響婚姻生活之安定，亦不利法院判決國際一致理想之追求。

　　此項主義之上述理由，均難以服人。其理由之一，謂離婚之法律具有強行性質，故應適用內國法，但一國之民事法律，雖有不少之任意規定，亦有強行性之規定，如以法律之性質為任意或強行規定為標準，作為適用外國法或內國法之準繩，則外國法適用之機會必形減少，有違國際私法制定之目的。其理由之二，謂國家之道德、宗教等倫理觀念影響離婚制度甚鉅，故離婚法與法院地之公序良俗密切相關，故應以法院地法為準據法，但一國為保障內國之公序良俗，於其國際私法上多有排除條款之規定，以節制有害內國公序良俗之外國法律，實無再採此項主義之必要。

　　但值得注意的，是採法院地法主義之國家，如英、美等國，雖就離婚之準據法採法院地法主義，但其就離婚事件之國際管轄權之行使，係以當事人在內國有共同住所、婚姻住所或共同居所為前提，已非任由當事人選擇起訴之法院，而任意操縱法院地法之主義，故實際上並非通常意義下之法院地法主義，其實際內容已趨近以當事人住所地法為離婚之準據法。

二、屬人法主義

　　屬人法主義認為離婚既屬解消婚姻關係之一種，影響當事人之身分效果甚鉅，因此關於離婚原因、效力等事項，應專依與其人有永久關係之國家之法律，而不受其人偶然所在之國家之法律支配。與當事人有永久關係之國家之法律，即當事人之屬人法，其在各國實踐上，大致有本國法主義 (lex patriae) 與住所地法主義 (lex domicilii)。

㈠本國法主義

此主義以為個人與國家之關係比個人與家園之關係為深，故關於屬人法事項之離婚，應適用當事人本國法。歐洲大陸法系各國往昔多以本國法為屬人法，故關於離婚之準據法，亦多適用當事人之本國法。如法國、比利時、盧森堡、葡萄牙等。

離婚採當事人本國法主義，發生兩個問題：一、夫妻異其國籍時，應依何方之國籍為準？二、當事人國籍變更時，應以何時之國籍為準？關於前一問題之解決辦法，各國立法例不同，茲分類如下：

1.適用夫妻雙方之本國法

基於夫妻雙方地位平等之原則，乃累積適用兩造當事人之本國法。法國、比利時、葡萄牙等國採之。採此種方法時，須兩造當事人之本國法均認有離婚原因，始得離婚，對當事人之離婚似限制過度。

2.適用夫妻最後共同之本國法

即夫妻現在雖異其國籍，但如過去曾有共同之國籍時，則適用該最後之共同本國法。波蘭國際私法及西元一九○二年海牙離婚及分居公約採之。但如夫妻自始至今未曾有同一之國籍，此一解決辦法即無濟於事。

3.適用夫之本國法

基於夫為一家之長之觀念，而適用夫之本國法。德國、日本、我國舊涉外法採之。此說就準據法適用言，有簡單、明確之優點，但於理論上並非盡善，因為其以夫之國籍優先，忽略妻之國籍，似已違背男女平等原則。

至於後一問題之解決辦法，各國之立法例亦異，茲分述如下：

1.適用結婚時之本國法主義

採此主義之目的，似在防止當事人於結婚後，任意變更國籍，因而影響他方當事人或其他利害關係人之法益，或在阻止當事人規避其原屬國之法律，故規定適用結婚時之本國法，而不論現時之本國法為何。但國籍之變更原為尊重當事人意思之表現，如當事人有故意藉變更國籍，而規避其原屬國法律之企圖者，依規避法律之原理仍得適用其原屬國之法律，故本主義之實益不大，其立法例亦不多見。

2.適用離婚事由發生時之本國法主義

採此主義者，以為離婚必有其根據之事由，如通姦、虐待等無法共同生活之事由，故離婚應依此等事由發生時當事人之本國法。日本舊法例及我國舊法律適用條例採之，即以離婚事由發生時之本國法為離婚之準據法，而不問當事人以前或以後之本國法為何，此一見解使當事人間之權義確定，避免當事人承擔無法預見之法律適用風險，符合法律適用之安定性。

3.適用離婚訴訟時之本國法主義

採此主義者，不問當事人結婚時之本國法，也不問離婚事由發生時之本國法，而依提起離婚訴訟時當事人之本國法。德國、一九〇二年海牙離婚及分居公約與我國舊涉外法均採此主義，係認為離婚事項與公序良俗有關，各國多設強行規定，尤其離婚之原因，更應顧及當事人現時之本國法，至於當事人國籍改變，致影響法律適用安定之情形，如能輔以規避法律之原則，問題應不至於太大。

㈡住所地法主義

採此主義者，以為個人之身分、能力及地位，與其家園 (home) 或家庭 (family) 所在地密不可分，故關於離婚應依其住所地法。一八八三年以前的德國舊民法，即以夫婦共同住所地法為離婚之準據法。近代各國國際私法就屬人法採住所地法者，首推英、美等多法域國家，但其關於屬人法事項之離婚，兩國皆採法院地法主義，而非住所地法主義，已如前述。

三、折衷主義

折衷主義認為離婚之準據法，應併用法院地法及當事人之本國法。採此主義者以為離婚事項，固影響當事人之身分，但也涉及法庭地之公序良俗，故應於法院地法及當事人之本國法同認有離婚原因者，始准其離婚。採此種立法例者有德國、瑞典、瑞士、希臘、日本及西元一九〇二年海牙離婚及分居公約，我國舊法律適用條例及舊涉外法也採之。此等立法例中，有不問當事人之一造是否為內國人，均採折衷主義者，如日本；有規定於當事人皆為外國人時，始採取折衷主義，如配偶之一方為內國人者，則適

用內國法,即採取保護主義者,如我國舊涉外法。

採折衷主義之國家,關於離婚效力之規定,則多不採折衷主義,而僅適用當事人之本國法,因為離婚之效力屬離婚之附隨效果,而離婚原因事實則攸關夫妻身分關係之存續與否,一旦依當事人本國法及法院地法准其離婚後,關於效力之規定,僅單獨適用當事人之本國法。

折衷主義因兼採當事人本國法及法院地法主義,故關於法院地法主義之弊端,似均可見於折衷主義,而無待深論。至於保護主義,也值得商榷,因為離婚事項固與公序良俗相關,但各國國際私法已有公序良俗條款之規定,足以維護內國公益,實無再例外規定保護主義之必要,而且其導致跛行婚 (limping marriage),影響涉外身分關係之安定,實欠妥善。

第三項　我國現行規定之析論

關於離婚應適用之法律,舊涉外法原就離婚之原因及其效力,分別規定於第十四條及第十五條,但因其規定未兼顧夫妻雙方之屬人法之平等適用,與兩性平等原則及當前立法趨勢不符,新涉外法第五十條乃將其合併並修正為:「離婚及其效力,依協議時或起訴時夫妻共同之本國法;無共同之本國法時,依共同之住所地法;無共同之住所地法時,依與夫妻婚姻關係最切地之法律。」茲就其條文涉及之各點,再分別分析說明於後:

一、兩願離婚及裁判離婚均予規定

新涉外法第五十條就「離婚及其效力」予以規定,其中「離婚」一詞是指夫妻得否以離婚方式解消其婚姻,及得離婚時其要件如何之問題,本條概括規定「離婚」,即泛指所有類型之離婚,其連結因素之時間因素標示「協議時或起訴時」,乃間接指明其包含以協議為基礎之兩願離婚,及起訴請求法院為之的裁判離婚。此種規定較諸舊涉外法第十四條之限定「起訴時」,而未及於兩願離婚的情形,已較周密,但仍限定於離婚,而未及於別居或分居等法律關係。

二、準據法兼顧夫妻之屬人法

　　本條就夫妻之兩願離婚、裁判離婚及其效力，分別規定應以其協議時及起訴時的情況為準，就夫妻共同之本國法、共同之住所地法、與夫妻婚姻關係最切地之法律等三個準據法，依序適用之。舊涉外法第十四條及第十五條，原僅規定裁判離婚之問題，並偏重夫之本國法，忽視妻適用其屬人法之利益，新涉外法第五十條除擴大指定原則使兩願離婚被包含在內外，並強調準據法對夫妻雙方之「等距」性，以同一法律為雙方共同之本國法、共同之住所地法、與夫妻婚姻關係最切地之法律者為限，始依序適用之。此三種準據法，與夫妻雙方之關係密切程度均相同，不再有偏頗之虞，較能貫徹法律適用上之兩性平等原則。

　　本條所稱夫妻共同之本國法，是指其「本國法」共同，而非「國籍」共同，故一方為多國籍之人時，新涉外法第二條規定：「依本法應適用當事人本國法，而當事人有多數國籍時，依其關係最切之國籍定其本國法。」其本國法乃其關係最切國籍所屬國之法，如他方之國籍與其關係並非最切之國籍相同，則其有共同之國籍，卻無共同之本國法；如一方為無國籍人時，依新涉外法第三條，即以適用其住所地法，為適用其本國法，倘從寬認定該規定乃以其住所地法，為其本國法，則亦可認定雙方雖無共同之國籍，卻有共同之本國法。同理，夫妻之一方如有多數住所，其中之一住所雖為與他方共同之住所，但如該住所並非關係最切之住所時，依新涉外法第四條規定，該地之法律並非其住所地法，亦非雙方之共同住所地法；一方之住所不明，而適用其居所地法時，如該法律亦為他方之住所地法，亦可從寬認定其為雙方共同之住所地法。

　　夫妻無共同之本國法，亦無共同之住所地法時，即應適用與夫妻婚姻關係最切地之法律，此一法律之確定，主要是衡酌各相關法律與「夫妻婚姻」之間的關係密切程度，其關係最切之法律仍應維持與夫、妻之間「等距」的密切關係，始符合立法本旨。

三、準據法的適用範圍

㈠離婚的成立

新涉外法第五十條的適用範圍，主要是「離婚及其效力」，實際上係指「離婚的成立」及「離婚的效力」二類，前者除舊涉外法第十四條規定的裁判離婚之外，亦及於兩願離婚，其適用之問題內容包括：夫妻得否離婚？離婚之方法為何？離婚是否應經核可？應由何機關核可？如夫妻得為兩願離婚，應如何為之？法院為裁判離婚時，應具備何種法定原因？但與離婚性質相類似之分居制度，是否為本條適用範圍，仍有疑義。茲分別討論如下。

1.准許離婚與否之問題

夫妻得否離婚及離婚之方法，各國法律規定尚未一致，一國如禁止離婚，其自無離婚原因之規定，倘其有離婚方法或原因之規定，自必有許可離婚之制度，故夫妻得否離婚之問題，乃是離婚準據法之適用範圍，如離婚之外國準據法規定夫妻不得離婚，或離婚之要件過苛，與我國民法上尊重夫妻追求婚姻幸福之自由意願之原則背離太遠時，似可考慮將該原則視為我國之公共秩序善良風俗之一部分，而依新涉外法第八條規定，不適用該外國準據法。

2.准許離婚之機關

在採離婚應經核可制度之國家，關於離婚究應由何種機關受理裁判，各國規定仍非一致。有僅規定唯法院始得為裁判者，如德國、法國、義大利、荷蘭、瑞典、阿根廷、智利等國；有承認除法院裁判外，其他國家機關亦得准許之，如行政處分或國家元首之特許是，此為丹麥、挪威等國所採；此外尚有承認宗教法院或身分官吏有此權限者。故關於離婚究應由何種機關受理裁判之問題，自亦屬離婚準據法之適用範圍。但如夫妻離婚之外國準據法規定夫妻不得向法院聲請裁判離婚，但得向法院以外之機關申請核可，則我國法院得否受理該夫妻離婚之案件，不無疑義。補救之道，似應採適應或調整之方法，從寬解釋准許離婚之機關，認為該外國準據法

與我國法所規定離婚機關之名稱，雖非一致，如兩者機關之本質，並無顯著差異時，我國法院即仍應受理該涉外離婚案件。例如依該外國準據法，離婚由行政機關准許，在我國行政機關雖無為裁判離婚之權限，但如外國之行政機關准許離婚，亦視離婚原因之存否而定時，則在性質上，即與法院之裁判離婚，並無不同，於此情形，自應解為由我國法院所為之離婚，並不違背該外國準據法之規定，即我國法院依該外國準據法，亦得為裁判離婚。於其他情形，亦然。

3.離婚之方法

關於離婚之方法，各國立法例，有僅承認裁判離婚者，有兼採兩願離婚或協議離婚者。但婚姻關係之解消，究應依據何種方法，此亦為離婚準據法之適用範圍。故如依夫妻離婚之外國準據法，夫妻不得為兩願離婚，則我國法院即不得為夫妻之兩願離婚；反之，如離婚之外國準據法所承認之離婚態樣，乃我國法律所不承認者，除可認為該離婚違反兩性平等原則或其他我國公共秩序善良風俗之內容，例如該外國法規定一方可任意「休夫」或「休妻」的情形外，仍應適用該外國法而承認其離婚之效力。

4.分　居

分居是指夫妻依判決或合意，免除夫妻同居義務，處於分別居住的狀態。有些國家就夫妻的分居，規定為夫妻之間的法律關係，但各國關於分居的法制，殊不一致。故夫妻之間的分居制度，與其間的事實上分居不同，後者是指夫妻仍無離婚之意思，但彼此得暫時拒絕同居，而分居制度則承認其得定期或不定期的免除同居之義務。我國民法未規定分居制度，惟第一〇〇一條規定「夫妻互負同居之義務。但有不能同居之正當理由者，不在此限」，此一設計是承認事實上之分居，即有正當理由得拒絕同居，故當事人僅得請求確認其有拒絕同居之抗辯權，不得請求法院判決令其相對人與其定期或不定期分居。

由於外國法上有關於分居制度，如當事人請求我國法院依外國判准其分居時，究應如何確定其準據法，非無問題。我新涉外法對分居仍未予以明文規定，解釋上宜依同法第一條所規定之法理，予以補充，即應類推適

用同法關於類似法律關係的衝突規則。由於分居原在救濟失和之婚姻，緩衝離婚所帶來之苛刻，就性質上言，與離婚類似，故在國際私法上，關於分居之管轄權、準據法及其適用範圍等，自應類推適用新涉外法第五十條關於離婚之規定，予以解決，即關於分居之原因及效力，其準據法乃是依夫妻協議時或一方起訴時夫妻共同之本國法；無共同之本國法時，依共同之住所地法；無共同之住所地法時，依與夫妻婚姻關係最切地之法律。

四、離婚效力之準據法

㈠基本規定

新涉外法第五十條之規定，除離婚之原因外，亦適用於離婚之效力，故離婚之效力與離婚之原因，其準據法相同，均應依協議時或起訴時夫妻共同之本國法；無共同之本國法時，依共同之住所地法；無共同之住所地法時，依與夫妻婚姻關係最切地之法律。

㈡適用範圍

離婚發生解消婚姻關係之效果，且其效力係向將來發生，各國法制之規定，要無差異。但附隨離婚而生之一切身分上及財產上之效果，是否均應依離婚效力之準據法，則不無爭議。茲分別說明檢討於後：

1.妻本姓之恢復問題

妻於離婚後，究應恢復婚姻前之本姓，或得保留離婚前之夫姓之問題，其準據法之決定，有認為應屬於離婚效力準據法之適用範圍者；有認為姓氏之決定，關係人之身分，為人格權之問題，故應依其人之屬人法，即妻之本國法決定者。關於個人姓氏之決定，固應依其人之屬人法，但妻冠夫姓與否，既屬婚姻之效力，則妻於離婚後之本姓恢復問題，乃婚姻關係解消後所生之問題，與一般個人姓氏之決定問題不同，故應適用離婚效力之準據法，即在新涉外法第五十條之適用範圍內。

2.夫妻間扶養義務問題

夫妻經離婚解消婚姻關係後，彼此間是否仍有扶養義務，以及扶養之程度等問題之準據法，有認為其屬於離婚效力準據法適用範圍者，有認為

其屬一般之扶養義務問題，應依新涉外法第五十七條而適用扶養權利人之本國法者。由於一般之扶養問題，係以當事人間有親屬或家屬關係之存在為前提，而離婚後當事人婚姻關係既已解消，若仍有扶養義務之存在，當非一般扶養義務之準據法所可支配，而應屬離婚效力準據法適用範圍，故也有新涉外法第五十條之適用。

3.裁判離婚時之損害賠償問題

夫妻之一方因裁判離婚而受有損害時，得否向有過失之他方請求賠償之問題，有認為此乃離婚效果之一種，自應依離婚效力之準據法者，有認為此種損害賠償請求權，係由有責配偶之不法行為所構成，而應依侵權行為之準據法決定者。此一問題似應分別情形而定，倘婚姻當事人因故意、過失違反貞操義務、同居義務或扶養義務，致侵害他方配偶之權利時，被害配偶自得本於侵權行為之規定請求損害賠償，此時所適用之法律，乃是侵權行為之準據法，但如有責配偶雖不具備侵權行為之要件，但被害配偶以離婚為直接原因，依法得請求損害賠償時，其請求權則屬於離婚效力準據法之適用範圍。例如配偶因故意犯罪，經判處有期徒刑逾六個月確定、或因虐待對方之直系尊親屬，而被法院判決離婚時，儘管此等原因並非直接對他造配偶為侵權行為，但其造成離婚之結果，使對方因此不能繼續婚姻關係，對方得否基於法律之特別規定，而請求損害賠償之問題，即應依離婚效力之準據法。

4.共同子女之監護問題

夫妻離婚後對其子女之權利義務，究應由何方行使及負擔之問題，固為附隨夫妻離婚而生之效果，且為離婚對親子關係之影響，似應適用離婚效力之準據法。但離婚效力之準據法所決定者，主要應為配偶間之法律關係，其對未成年子女之權利義務，已涉及為第三人之未成年子女，自有必要兼顧三方，尤其是未成年子女之利益，故就性質而言，宜考慮適用親權準據法。如夫妻均無法行使負擔其對未成年子女之權利義務，而有指定監護人之必要，在監護人指定後，關於監護人與被監護人間之法律關係，已屬監護問題，而應適用監護關係之準據法。離婚後因情事變遷，得否請求

改定其對未成年子女之權利義務之行使負擔者之問題，與離婚之牽連關係
已較薄弱，似不宜再認為其屬離婚效力準據法之適用範圍。由於前此司法
實務上有認為其屬於離婚效力準據法之適用範圍者，故新涉外法第五十條
之修正理由特別指出，「本條所稱離婚之效力，係指離婚對於配偶在身分上
所發生之效力而言，至於夫妻財產或夫妻對於子女之權利義務在離婚後之
調整問題等，則應依關於各該法律關係之規定，定其應適用之法律，現行
實務見解有與此相牴觸之部分，應不再援用，以維持法律適用之正確。」

5.夫妻財產制之消滅及再婚之限制等問題

此等問題雖屬離婚效果之一種，惟其與夫妻財產制及婚姻成立等事項，
關係更為密切，固不宜適用離婚效力之準據法，而應分別情形，認為其屬
於與各該事項更密切之法律關係，而依各該法律關係之準據法決定為當，
即應分別適用夫妻財產制及婚姻成立之準據法。

※關於本節，其詳可再參閱：劉鐵錚，〈國際私法上離婚問題之比較研究〉，《國際私
法論叢》（臺北：三民，民國八十三年）。

第六節　子女之身分

第一項　緒　言

在身分法律關係中，橫向發展者以因結婚而發生的夫妻或配偶關係最
重要，縱向綿延者主要以親子關係為代表。親子關係係直系血親之間的法
律關係，又可分為以血緣或生理關係為基礎，因人出生之事實自然發生之
自然親子關係，與以法律的擬制為基礎，因收養行為而成立的法定親子關
係。在自然親子關係中，又可分為婚生親子關係及非婚生親子關係，在法
律上分別享有不同之權利義務。在各國法律關於親子關係的發生原因，及
其權利義務之範圍、內容之規定未盡一致的情形下，在國際私法即有就相
關問題，規定決定其準據法的準則的必要。本章將先討論婚生親子關係的

發生原因，即子女「婚生性」準據法的問題。

　　子女之婚生性（英文 legitimacy，德文 Ehelichkeit），是指子女對於其父母而言，所具有的婚生子女的地位。在有些國家，其意義乃子女受「婚生推定」的法律地位，尤其指子女於出生時與生俱來的身分或地位而言，其與非婚生子女之「婚生化」(legitimization) 並非同義。各國法律關於婚生性之認定，大體上以在父母婚姻關係存續期間受胎或出生為主軸，基本方向的差異不大，但就若干細節各國之規定仍未完全一致❾。所以在國際私法上，仍有必要特別討論子女之婚生性，究應依何國法律予以決定的問題。

第二項　子女婚生性準據法之決定

　　各國就子女婚生性準據法之決定，大致有下列各種主義：

一、法院地法主義

　　認為子女婚生性之認定問題，乃是有無血緣關係存在的「事實」問題，涉及證據調查的事項，性質上屬於有關「程序」之事項，依照「程序依法院地法」的原則，解釋上宜以法院地法為其準據法。不過，在肯定子女之婚生性為「實體」問題的前提下，此說已暴露其不當之處，故在立法例上相當罕見。

二、屬人法主義

　　絕大多數之立法例均認為子女之婚生性，乃是個人之身分問題，故應依當事人之屬人法，但因偏重之當事人之不同，又可分為子女之屬人法主

❾　例如大陸法系國家大多設有法定受胎期間的規定，英國（指英格蘭）卻無此項限制；許多國家均規定已婚婦女所生子女之婚生性之否認，尤其是夫或其他利害關係人否認子女婚生性權利之問題，僅其夫有否認之權，縱生母及其子女就此自然血親之地位，具有重大之利益或關係，亦不得為之，有些國家亦規定否認權之行使，除於所定之除斥期間內死亡者外，均須於該期間內為之，亦設有相當之限制，但依英國法律之規定，為發現真實起見，夫及其他利害關係人均得行使此項否認權，且其行使之期間亦無任何限制。

義與父母之屬人法主義，茲分別說明如次。至於屬人法之決定，又可分為
住所地法主義、本國法主義與晚近海牙公約所倡的習慣居所地法或經常居
所地法主義，請逕參考屬人法兩大主義之說明，此處不再贅述。

㈠子女之屬人法主義

　　子女之屬人法主義認為子女婚生性之認定，與子女之權利義務可謂息
息相關，為保護子女之利益起見，自應依子女之屬人法決定之。布氏法典、
波蘭一九六六年七月一日國際私法、前東德一九七五年十二月五日國際私
法、匈牙利一九七九年國際私法與法國之判例均採此說❿。反對此說者則
認為，子女之屬人法之決定，常應依子女之是否具有婚生性，而為是否與
其父母同一之判斷，故如以子女之屬人法決定子女之是否具有婚生性，自
有循環論斷之嫌。不過，循環論斷乃是本國法說之問題，其可因國籍法採
出生地主義，或僅為適用法律之目的而決定其本國法，國籍之確定暫時不
論，而予以解決。早期由於一般認定子女婚生性問題時，通常重視家庭因
素而忽略子女利益，論者較少接受本說，但晚近在重視兒童福利的國際思
潮中，已有復甦並成為主流的跡象⓫。

---

❿　布氏法典第五十七條規定：「嫡子之推定及其條件，姓氏權、親子關係之證明，
　　及關於子之繼承權之規定，為國內之公序法；而子之屬人法與父之屬人法不同
　　者，適用子之屬人法。」波蘭一九六六年國際私法第十九條第一項規定：「父
　　母子女間之法律關係，依子女之本國法。」前東德一九七五年國際私法第二十
　　一條規定：「子女之身分及父子關係之確認與否認，依子女出生時之本國法。」
　　匈牙利一九七九年國際私法第四十二條第一項規定：「子女出生時之屬人法決
　　定父子或母子關係，以及涉及否認時父子關係之推定。」第四十六條規定：
　　「決定子女與父母親屬法身分或關係時，如子女為匈牙利人或永久居留者，而
　　匈牙利法對子女更為有利時，依匈牙利法。」

⓫　例如瑞士一九八七年新國際私法第六十八條規定：「子女關係之發生、確定與
　　否認，依子女之習慣居所地法。」「父母之住所均不在子女之習慣居所所在國，
　　但父母子女之國籍相同時，依其共同之本國法。」第六十九條規定：「子女關
　　係之發生、確定與否認之準據法之確定，以出生之時點為準。」「法院就子女
　　關係為確定或否認時，如為子女之重大利益而有必要時，得以起訴之時點為
　　準。」

㈡父母之屬人法主義

此項主義之理論基礎主要為下列二端：一是建立在歐洲的父系家庭結構中，以母之夫為一家之首的家長地位的基礎，因此認為子女之身分亦應依其母之夫之屬人法，而非子女本身之屬人法判斷。日本舊法例第十七條、泰國一九三九年國際私法第二十九條、希臘一九四六年民法第十七條、我國舊法律適用條例第十二條與舊涉外法第十六條，均屬具體採用此說之例。

二是認為子女之具有婚生性，乃是附隨於婚姻關係而生之一項法律效果，即使不得認其為婚姻在夫妻之間的效力範圍，亦應認為其屬於婚姻的其他一般效力，而適用同一準據法。此項主張使婚姻、家庭或親子間之法律關係，一體適用同一法律，誠有其簡便實用之優點。晚近德國及奧地利的新國際私法，均依婚姻之準據法或父母共同之屬人法，決定子女之婚生性問題❶，乃是此說之具體表現。

第三項　我國現行規定之析論

我國新涉外法第五十一條規定：「子女之身分，依出生時該子女、其母或其母之夫之本國法為婚生子女者，為婚生子女。但婚姻關係於子女出生前已消滅者，依出生時該子女之本國法、婚姻關係消滅時其母或其母之夫之本國法為婚生子女者，為婚生子女。」茲將本條之立法意旨及適用上之各項問題，逐項說明如次。

一、採父母及子女屬人法之選擇適用主義

關於子女之身分，舊涉外法第十六條採其母之夫之屬人法主義，其內

❶　德國一九八六年國際私法第十九條第一項規定：「子女之婚生身分，依其出生時其母依第十四條第一項規定之婚姻之一般效力之準據法。當時配偶雙方之國籍不同，而子女依配偶之一方之本國法為婚生者，即為婚生。婚姻於出生前已解消者，以解消之時點為準。子女亦得依其慣居地法，否認為婚生。」奧地利一九七八年國際私法第二十一條規定：「子女婚生性之要件及其否認，依父母之屬人法，如婚姻於出生前已解消者，依婚姻解消時父母之屬人法。父母之屬人法不同者，適用較能使子女具有婚生性之法律。」

容違反當前兩性平等及優先保護子女利益之思潮，新涉外法第五十一條上述規定對於子女的婚生地位的認定，採取優遇原則，雖以子女出生時的連結因素為準，但規定下列三個準據法：該子女之本國法、其母之本國法、其母之夫之本國法，並藉選擇適用這三個準據法的方式，儘量承認子女的婚生性。關於婚姻關係於子女出生前已消滅的情形，本條但書也採取類似的方式，將選擇適用的三個準據法，修正為：出生時該子女之本國法、婚姻關係消滅時其母之本國法、婚姻關係消滅時其母之夫之本國法。

新涉外法本條規定的立法目的，是在盡量承認子女的婚生地位，故在三個規定的準據法之中，只要其中之一承認該子女為婚生子女，即使該子女依其他二個準據法，仍為非婚生子女，我國法院仍應認定其為婚生子女。這三個準據法的地位一律平等，並無優先次序之分，使子女之婚生性並不當然或優先適用其母之夫之本國法，甚至也不當然或優先適用該子女之本國法，而盡可能依法承認其婚生地位，不但避免國際私法成為承認子女婚生地位之障礙，更相反地，使其成為承認子女婚生地位之催化劑。此等規定，即在以衝突規則的方法，追求實體法上藉由承認子女婚生地位，以保護該子女之最佳利益之立法意旨。

二、「其母之夫」之本國法

本條就子女身分的準據法，規定其中之一為「其母之夫之本國法」，而未以「其父之本國法」一詞簡括之，乃因子女與其母之法律關係，基於該子女出生之自然事實已足堪認定，但其與母之夫間之法律關係，尚未因出生之事實而確定，此一關係既未確定，則「其母之夫」即未必為「其父」，故此處應確定者，並非「其父」，只須於子女出生時，係其母之夫，即以其本國法為準。

本條規定「其母之夫」的本國法得作為肯定子女婚生性的依據，說明其重點是在確定該子女是否為其母之夫之婚生子女，而非在子女「找尋」其「生父」。故儘管本條係針對「子女之身分」而規定，仍應認為其目的係在決定該子女與其母之夫間之法律關係，即其是否為其母之夫之「婚生」

子女之問題而已，至於其生父究為何人或在何處，均非屬於本條的規定範圍。

　　基於上述觀察，條文中「子女之身分」之「子女」，在我國法的解釋原則上係指其母之子女而言，至於其是否為其母之夫之子女，則是有待適用準據法予以決定的問題。不過，判斷子女婚生或非婚生的前提，是被判斷者乃是「子女」，倘其在法律上並非母之夫之子女，則已失去判斷的價值，反之，若其確為母之夫之子女，在立法上稱之為「父」，其實亦無太大問題。因此，本條的適用範圍應當包括母之子女的下列問題：㈠該子女是否為其母之夫之子女？㈡該子女是否為其母之夫之婚生子女？有些國家的法律僅承認父母子女之關係，不再就子女區別為婚生子女與非婚生子女時，其在法律上僅有兒童是否為其子女之問題，而無其子女是否具有婚生性之問題，如就「子女之身分」之定性，係依此等國家的法律為標準，主要即指該兒童是否為子女之問題。

三、準據法確定之時間因素

　　本條就子女之身分規定之三個準據法，其確定原則上是以子女「出生時」為其基準時點，就其不以出生後的時間為準，即採不變更主義，就其未以受胎之時點為準，則屬變更主義。此項主義之立法，解釋上應具有雙重作用。首先，係針對該子女、其母、其母之夫於其「出生時」之國籍而規定，故其母受胎後，其母或其母之夫在出生前任意變更連結因素（國籍），即得變更該子女身分之準據法，可能對子女之利益造成不當之侵害，但因為受胎懷孕只是發生出生的事實的前因，胎兒在受胎懷孕期間，其身分之問題尚不突顯，直到出生之後才發生子女身分的問題，故以子女出生的時點為準，仍屬妥適。其次，本條準據法之一的「其母之夫之本國法」，其連結因素包含「其母之夫」在內，其中之「夫」是指其母於其「出生時」之夫而言，故無論其母之婚姻關係於受胎懷孕期間或子女出生後發生變化，其須確認者乃是子女與其母於其出生時之夫之關係，並將該夫當時之本國法，列為可以選擇適用的三種準據法之一。

　　本於上述不變更主義的精神，同條但書就子女出生時其母無夫的情形，規定：「但婚姻關係於子女出生前已消滅者，依出生時該子女之本國法、婚姻關係消滅時其母或其母之夫之本國法，為婚生子女者，為婚生子女。」此一規定是因為子女出生時，其母無夫，或其母係於與前夫之婚姻關係期間受胎，子女出生時之後夫與該子女顯無血緣關係，乃以子女受胎時之夫，於婚姻關係消滅時之本國法，為三個可選擇適用的準據法之一。本條但書所謂「婚姻關係已消滅」，係兼指夫之死亡、離婚，或婚姻之撤銷等情形而言，而非以夫已死亡之情形為限。

四、與父母婚姻之準據法之關係

　　子女之婚生性，通常是以其父母之婚姻關係有效存在為前提，但如將涉外案件定性為子女之身分問題，則就法律衝突法之問題言，子女之婚生性乃是主要問題，父母婚姻之有效性可能成為附隨問題或先決問題。此時主要問題固仍應依新涉外法第五十一條選擇適用三個準據法，但此項附隨或先決問題應獨立認定其準據法，即應以婚姻成立要件之準據法決定之，如採依法院地國際私法之見解，即應依新涉外法第四十六條關於「婚姻之成立」的規定決定其準據法。例如日本國民甲男、乙女在英國結婚，婚後生有一子丙，如就丙之身分問題在我國法院涉訟，即應依新涉外法第五十一條決定丙是否為甲之婚生子，如依其準據法，丙的婚生性應以甲、乙的婚姻有效為前提，法院即應再依同法第四十六條，決定甲、乙婚姻之有效性問題的準據法。

五、跛行婚之問題

　　跛行婚是指因各國國際私法的規定不同，致雖就同一婚姻關係是否成立之問題發生爭執，在甲國法院將認定其為有效成立，乙國法院將認定其為無效之情形。例如信仰希臘正教之希臘國民甲、乙，在我國不顧其所屬宗教上的要求，逕依我國民法規定之方式結婚，但後來就婚姻是否有效成立在我國法院涉訟，則依我國新涉外法第四十六條但書規定，依我國法即

為有效，但如在希臘涉訟，則依希臘國際私法，應適用希臘法律而認其未有效成立。再如上例中之甲、乙在法國依希臘正教的方式結婚，但未依法國民法規定在戶政官員之前舉行儀式，雙方在希臘、德國及我國法院涉訟時，法院將認定其婚姻有效，但在法國及英國法院涉訟時，法院將認定其為無效。此種情形在各國國際私法未統一以前，雖無法避免，但如上例中之甲、乙在婚後育有一子女丙，雙方就該子女之婚生性問題在法院涉訟時，可以想見此一問題亦將因訴訟法院的不同，而有不同的結論，並形成同一子女在有些國家被認定為婚生子女，在其他國家卻被認為非婚生子女的現象。

　　對於上述問題，由於子女之身分問題與其父母之婚姻關係之有效性問題，在國際私法上未必均應適用同一準據法，即使子女之婚生性在某些法制中，係以其父母之婚姻關係有效成立為前提要件，但前者乃是主要問題，後者則係先決或附隨問題，應分別決定其準據法。新涉外法關於其父母之婚姻之準據法，係依第四十六條予以決定，跛行婚姻固難避免，但第五十一條對於子女之婚生性，已採選擇適用三個準據法之方式，其既有利承認子女之婚生性，也可以減少跛行婚生子女之現象。

六、跛行之婚生子女

　　除前述父母婚姻的跛行現象可能影響子女婚生性的認定外，有時在父母之婚姻確定為無效的情形下，由於各國對於父母婚姻無效對子女婚生性的影響的規定不同，也會出現子女婚生性的跛行現象。例如依我國及日本民法規定，子女出生時父母之婚姻關係未有效成立者，不問其父母對其婚姻狀況究係善意或惡意，其子女均不具婚生性，但在某些法域，例如蘇格蘭及早期德國的法律中，婚姻之無效並非當然、絕對具有否認子女婚生性的效果，尤其是婚姻雖依法應為無效，但配偶雙方或其中一方善意信其為有效時，依誤想婚姻理論 (doctrine of putative marriage, Putativehe)，仍得假想婚姻關係係屬有效，無視婚姻關係無效的事實，進而認定父母子女間具有誤想親子關係 (Putativkindschaft)，並在法律上將其子女視為婚生子女。

在上述情形中，就同一子女之婚生性問題，雖然各國法院均認為父母之婚姻係屬無效，卻因 A 國法院所適用的準據法承認誤想婚姻理論，B 國法院所適用的準據法不承認誤想婚姻理論，而造成 A 國法院對同一子女認定為婚生子女，B 國法院卻認定其為非婚生子女的跛行現象❸。同一跛行現象，在父母未婚生子時，如依 C 國法律規定生母與其子間視為婚生子女，但 D 國法律規定其為尚待認領的非婚生子女時，也會出現。

我國民法並未承認誤想婚姻理論，但一般認為倘有外國人甲男與乙女間存有「誤想婚姻」，就其所生子女丙之婚生性問題在我國法院涉訟時，雖依婚姻成立之準據法，其婚姻未有效成立，但依新涉外法第五十一條之規定，無論丙出生時甲男、乙女或子女丙之本國法承認誤想婚姻理論，均可認定丙為甲、乙之婚生子女。此時甲男雖非乙之夫，仍可以其為乙之「假夫」，而依其本國法判斷子女丙之婚生性問題，因為從「假夫」與「真夫」就確定子女在生母之婚姻家庭的法律地位而言，在法律上之地位無異，但新涉外法第五十一條僅規定其母已結婚的情形，對於生母未婚生子的情形並未有所規定，後者此時既有確定之生父，即應類推適用同條有關「其母之夫」的規定❹，至於生父與生母間婚姻是否有效，對於認定子女婚生性

---

❸ 此一現象發生的原因，可能是就子女的婚生性問題，各國有的規定應依其父之屬人法，有的規定應依其母之屬人法，在子女出生時其父與母之屬人法不同時，且各該屬人法就此一問題規定不同所致。論者也有將因「跛行之婚姻」所生子女，歸類為「跛行之婚生子女」，認為即使子女之婚生性，統一由其母之夫之屬人法決定，亦可能因地之不同，而造成「跛行之婚生子女」者。例如有信仰希臘正教，且於希臘設有住所之希臘男女在我國結婚，其婚姻依希臘法為有效，但未符合我國法律規定之要件，依我國法律為無效或得撤銷時，此項因地而異其結果的「跛行婚」存續期間所生之子女，亦將成為「跛行之婚生子女」。蓋該子女出生時，依希臘法律為婚生子女，但依我國法律，乃是非婚生子女也。

❹ 新涉外法第五十一條所規定者，乃其母之夫與該子女間之法律關係如何之問題，但此時已確知生父並非其母之夫，生父與該子女間之法律關係，自難直接適用該條之規定。由此可見，該法僅規定子女與其母之夫間之身分關係，對於子女與並非其母之夫的生父間的身分關係，未設明文規定，為填補此一法律漏

的結果的影響，乃是子女婚生性準據法的適用範圍。

在父母婚姻成立要件之準據法承認誤想婚姻理論，但子女之婚生性之準據法不承認此一理論時，將會出現婚姻無效，所生子女竟為婚生子女的現象。這種現象與若干以父母婚姻的有效性為子女具婚生性的先決條件的法制雖有不合，但由該問題已被定性為子女的婚生性問題，而非父母的婚姻是否有效的問題，婚姻成立要件的準據法僅適用於先決問題的解決，不得直接適用於子女婚生性問題之解決，此一現象即應視為正常。

七、本條之適用範圍

各國關於子女婚生性之規定，普遍都採取妻之受胎係在婚姻關係存續中者，推定其所生子女為婚生子女之原則（參照我國民法第一○六三條第一項）。此項原則就其推定之規定言，具有濃厚之證明法則性質；從其規定所生子女為婚生子女之立場言，則不得不謂其為實體法之規則。職是，有關婚生推定之問題，一般通說亦認為應依關於子女婚生性之準據法決定之。在我國新涉外法第五十一條規定的子女身分的準據法，其所決定者，除推定子女為婚生子女之時間與條件等問題外，並包括否認婚生推定之法律上原因、提起否認推定婚生之訴之期間、原告、被告等當事人之問題。所以我國民法雖規定婚生之推定，「夫妻之一方或子女能證明子女非為婚生子女者，得提起否認之訴。」（民法第一○六三條第二項）不過在涉外案件中，仍應依子女身分之準據法決定，不得認為此乃程序性事項，主張應純依法院地民法之上開條項為準。

八、準正的問題

關於準正，即非婚生子女之生父與生母結婚後，該非婚生子女是否因準正而取得與婚生子女相同之身分之問題，舊涉外法對其準據法未設明文規定。就理論上言，準正在國際私法上如無明文規定，在司法實務上可能

洞，自應類推適用為類似之目的，而規定之該法第五十一條之規定，選擇適用三個準據法，並以其生父之本國法，作為該條其母之夫之本國法。

被定性為子女婚生性問題或生父與生母婚姻效力之問題，應依各該衝突規則決定其準據法。新涉外法第五十二條乃規定：「非婚生子女之生父與生母結婚者，其身分依生父與生母婚姻之效力所應適用之法律。」本條規定準正的準據法與生父生母婚姻的一般效力的準據法相同，一方面是肯定準正問題的獨立性，另一方面則是認為其與生父生母婚姻之效力問題息息相關。本條未直接規定準正的準據法，而僅規定其應適用生父與生母婚姻之效力的準據法，主要是將其定性為生父生母婚姻的一般效力的問題，從而可依新涉外法第四十七條確定的準據法，判斷該子女是否仍為「非婚生子女」，或其身分已準正而變更為「婚生子女」。

不過，在新涉外法第五十一條採選擇適用三個準據法，而儘量承認子女之婚生性的基本架構下，本條適用的前提是該子女於出生時，選擇適用三個準據法的結果，仍具「非婚生子女」之身分。此時，關於其「生父與生母結婚」對其身分所生之影響，即依生父生母婚姻之效力之準據法決定，但如依該準據法，其子女仍為非婚生子女時，即不妨再類推適用同法第五十一條規定，以「生父與生母結婚」時為準，選擇適用當時子女之本國法、生母之本國法、生父之本國法，只要子女依其中任一準據法已變更身分為婚生子女，即為婚生子女。

※關於本節，其詳可再參閱：曾陳明汝，〈親子關係之準據法〉，《國際私法原理》（臺北：自版，民國八十二年）；陳榮傳，〈子女婚生性準據法之研究〉，《法學叢刊》，第一六○期（民國八十四年十月）。

第七節　認　領

第一項　緒　言

非婚生子女乃非因婚姻關係而受胎所生，即不具婚生性之子女。非婚生子女雖不具婚生性，但其因懷胎而生，出於自然孕育而成，乃係無可否

認之事實，如其在法律上為未成年人，而須由法律予以特別保護，就未成年人之一般保護而言，應與婚生子女並無二致。法律上關於非婚生子女之保護，主要可分為對其婚生身分之賦予，及對其父母養育義務之課予。前者重在身分之安定，後者重在生計之安定無虞。認領攸關者，乃是前者，即婚生化 (legitimation) 之問題。

　　在法律概念上，非婚生子女之婚生化之範圍，比認領之範圍更廣❺。因為認領只是婚生化的一種方式，有些國家認為認領人為認領的意思表示，即可對非婚生子女為婚生化，有自幼扶養之事實，亦視為有此項意思表示。婚生化在許多國家中，是以「準正」之方式為之，即生父及其生母在非婚生子女出生後結婚，即可基於此一事實，而賦予該子女婚生性，但有些國家除結婚之事實外，並以生父在結婚時為認領之意思表示，為婚生化之要件（如法國）。有些國家是以君主或其他公法上之機關，為婚生化之主體，尤其在結婚對生父與生母而言，乃是不可能（例如一方已死亡或已結婚）或無法期待時，此一方法最具有實益。惟有些國家對於依此方法而婚生化者，仍規定其法律效果不同於因結婚而發生之準正。

　　關於認領之制度，有些國家認為自然血緣之關係，與因法律規定而發生之父母子女關係，並不相同，故應具有與父母之血緣關係外，尚須經父母為認領，始得發生後者之關係；有些國家認為並無區分此二者的必要，故光憑出生之事實，無須再經認領之程序，即可發生後者之關係。可見前者重在父母主觀之意願，後者重在客觀事實之承認，前者乃稱為主觀主義或認領主義 (Anerkennungsprinzip)，後者又稱為客觀主義或血統主義

---

❺　子女之所以需要婚生化，乃因在法律上其不具有婚生性，但在自然血統上卻又具有血緣之關係。因此婚生化只在形成法律上之婚生性，對於自然血緣並無影響，如以法律上之婚生性為「名」，自然血緣為「實」，則婚生化充其量僅是使「名實相符」之行為或程序而已。可見婚生化只在「名不副實」的前提下始有實益，如果子女在法律上無婚生與非婚生之分，也就不存在婚生化之問題。國際私法上討論非婚生子女之認領或婚生化問題，當然也就建立在婚生性之認定上，易言之，在我國必依新涉外法第五十一條之規定，為非婚生子女者，始有考慮認領之準據法之必要。

(Abstammungsprinzip)。不過，採認領主義之國家有時亦加入血統主義之考慮，所以也設有強制認領之制。採認領主義或血統主義之國家間之法律衝突，固為國際私法婚生性問題之所在，但在採認領主義的國家間，由於各國關於認領之成立要件及其法律效果，規定仍有不同，其間亦發生法律衝突之問題，並有依國際私法決定其準據法之必要。

第二項　認領準據法之決定

關於涉外認領之準據法之決定，各國國際私法之規定尚非一致，惟大體言之，乃是以屬人法主義為據。其理由是因非婚生子女之認領之目的，乃在發生父母子女之法律關係，性質上乃是有關身分之屬人法問題，依一般通例即應以當事人之屬人法為其準據法。不過，如詳加區別，仍可分為以下各說：

一、認領人之屬人法主義

認為認領之主要目的，是使認領人與被認領人間，發生父母子女之身分法律關係，且認領後，被認領人多加入認領人之家庭，並由認領人負擔相當之義務，故為認領人全體家屬之利益計，應依認領人之屬人法為當。因各國對屬人法之連結因素所採之主義不同，又可分為二說：採㈠認領人之住所地法主義者，有美國❶❻、英國❶❼；採㈡認領人之本國法主義者，有

---

❶❻　美國通說所採，本說認為認領之要件與法律效果，悉依認領人認領時之住所地法決定之，至於該準據法所規定之認領方式是否與法院地法相容，或該非婚生子女之婚生化是否為法庭地之公序良俗所禁止，均非所問。參照法律第一整編第一四〇條。

❶❼　英國實務上雖亦採住所地法說，惟其乃累積適用生父於非婚生子女出生時與認領時之住所地法，與美國法稍有不同。在 Re Luck, (1940) Ch. 323 and (C.A.) 864 案中，私生子 David Luck 一九〇五年出生於其母之住所地美國加州，其生父之住所地則在英格蘭。生父於一九二五年設定住所於加州，並與並非其生母之女子結婚，且以收養之名，認領 David 為其婚生子女，使其依加州法律自出生時即被視為婚生子女。惟英國上訴法院依其多數意見，認為 David 仍係非

前南斯拉夫一九八二年國際私法❶⓼、德國一九八六年國際私法❶⓽、土耳其一九八二年國際私法❷⓪、奧地利一九七八年國際私法❷①。

二、被認領人之屬人法主義

認為認領制度係專為保護非婚生子女之利益而設，故其成立要件及法律效果應依被認領人之屬人法決定之。因各國對屬人法之連結因素所採之主義不同，又可分為二說：採㈠被認領人之住所地法主義者為祕魯一九八四年國際私法（民法第十編）❷②；採㈡被認領人之本國法主義者有波蘭一

婚生子女（Scott, L. J. 有不同意見）。其理由是英國未設認領之制，因此應類推適用普通判例法上，關於因父母嗣後之結婚而準正之規則，職是，因認領而婚生化者，須其生父於該子女出生時與其認領時之屬人法，皆承認認領之制度者為限。Scott, L. J. 不贊同此項結論，其認為與認領有關之問題，依認領人認領時之住所地法即可。

❶⓼　前南斯拉夫一九八二年國際私法第四十三條規定：「一、認領，依父母之本國法；父母分屬不同之國籍時，依認定認領為有效之父母一方之本國法。二、依木條第一項引致之法律，認領之要件並未具備，而父母子女皆有住所於南斯拉夫社會主義聯邦共和國境內者，依南斯拉夫社會主義聯邦共和國之法律。三、子女或利害關係人或國家機關之同意，依子女之本國法。」

❶⓽　德國一九八六年國際私法第二十一條規定：「一、依嗣後之結婚而認領者，依第十四條第一項規定之結婚之一般效力之準據法。配偶雙方之國籍不同者，子女亦得依配偶之一方之本國法被認領。二、非依嗣後之結婚而認領者，依表示該子女為婚生子女之父或母認領時之本國法，其於認領前死亡者，依其最後之本國法。」

❷⓪　土耳其一九八二年國際私法第十六條規定：「認領依認領時父之本國法。如認領依該法不能成立時，依母之本國法。如認領仍不能成立時，依子女之本國法。」

❷①　奧地利一九七八年國際私法第二十三條規定：「非婚生子女因婚生性之宣告而婚生化之要件，依父之屬人法，於父死亡後始為婚生化之請求者，依父死亡時之屬人法，但依子女之屬人法，應得子女或與子女有法定親屬關係之第三人之同意者，亦應於此範圍內適用該法律。」

❷②　祕魯一九八四年新國際私法（民法第十編）第二〇八五條規定：「子女之認領，依其住所地法。」

九六六年國際私法❷、匈牙利一九七九年國際私法❷與捷克一九六四年國際私法及國際民事訴訟法❷。

第三項　我國現行規定之析論

　　非婚生子女之認領，所確認者為自然血親關係而非法定血親關係，其方式有任意認領及強制認領等二種。舊涉外法對於認領問題，原於第十七條設有明文規定，但因其關於非婚生子女認領之成立，採認領人與被認領人本國法並行適用主義，易誤會認領為類似收養行為之身分契約，並不利於涉外認領之有效成立，影響非婚生子女之利益，新涉外法乃予以修正並於第五十三條規定：「非婚生子女之認領，依認領時或起訴時認領人或被認領人之本國法認領成立者，其認領成立。」「前項被認領人為胎兒時，以其母之本國法為胎兒之本國法。」「認領之效力，依認領人之本國法。」可見就認領之成立要件，我國係採選擇認領人及被認領人屬人法之主義，就認領之效力，則採認領人之本國法主義，與前述各說均非完全一致。茲將本條解釋論上之各問題，分項說明如次。

　　1.由認領之精神整體觀察，可知認領之最主要目的，乃在透過生父之某一行為，與其非婚生子女間發生相當或類似於其婚生子女間之法律關係。認領之準據法主要所規範者，乃是一項行為，而且此一行為之性質與收養

---

❷　波蘭一九六六年國際私法第十九條第二項規定：「父子關係或母子關係之承認與否認，依出生時子女之本國法。但子女之認領，依認領時子女所屬國之法律。胎兒之認領，依母之本國法。」

❷　匈牙利一九七九年國際私法第四十二條第二項規定：「生父之認領子女，依認領時子女之屬人法；認領尚未出生之子女，依認領時母之屬人法。」第三項規定：「認領如形式上符合匈牙利法或認領時認領地之法律者，即不得因形式上之理由，認定其為無效。」

❷　捷克一九六四年國際私法及國際民事訴訟法第二十三條規定：「一、父之尋認（確認或否認），依子女出生時所取得國籍所屬國之法律。二、子女居住於捷克共和國境內者，如捷克法較有利於子女，即應適用之。三、認領，如係依認領地之法律為之者，即為有效。」

之為契約者，並不相同；其乃僅以一方之意思表示為必要之「單獨行為」或「觀念通知」，本條第一項關於涉外認領之成立，規定可選擇適用認領人及被認領人認領時之本國法，乃彰顯此一特質，只要依認領人或被認領人當時的本國法，該認領可以成立，其認領即為成立，此種規定儘量使非婚生子女取得婚生地位，較符合保護被認領人利益的意旨。

2.關於認領之成立要件，本條第一項針對任意認領及強制認領，分別規定決定其連結因素的時間點為其認領時及起訴時，並採認領人及被認領人本國法選擇適用主義。本條第一項規定可選擇適用各該認領人或被認領人「認領時」之本國法，換言之，當事人在被認領人出生時及認領時之國籍如有不同，由於認領之重點非僅在血統關係之確認，而係一法律行為或準法律行為，故其連結因素亦應以認領行為時之國籍為準。所以在一般的任意認領，以有認領之意思表示時為準，在強制認領，則應以請求強制認領時，或向法院起訴時之國籍為準❷❻。

3.如請求認領時認領人已死亡，或認領時被認領人尚未出生，即遺囑認領（參考日本民法第七八一條第二項規定）、死後認領（參考日本民法第七八七條但書規定）與胎兒認領（參考日本民法第七八三條第一項規定）之情形，究應以何時之國籍決定其準據法，亦有問題。遺囑認領與死後認領所涉者係已死亡之認領人之國籍，胎兒認領有關者乃當未出生之被認領人之國籍，前二者應以認領人最後之國籍，即其死亡時之國籍為準，至於胎兒認領，其被認領人係在出生前以胎兒的身分被認領，胎兒在當時尚無法單獨有其國籍，無法確定被認領人之本國法，故應逕以認領時其母之本國法為被認領胎兒的本國法，本條第二項因此亦規定：「前項被認領人為胎

❷❻　學者有認為強制認領，應以認領判決宣示時之國籍為準者，但強制認領乃以認領人為被請求之對象，其行為人並非認領人，當然只有「被請求認領時」，而無「認領時」之概念；如以訴訟為之，在對認領之訴之性質已由給付之訴趨向確認之訴之際，似不宜再認為強制認領與請求認領同義，故其準據法應以當事人「請求認領時」或「被請求認領時」之國籍決定之。瑞典國際私法從實用之角度認為，認領重在認領時及其後社會環境之調適，與其過去之身分較無關聯，故以判決時之住所決定其屬人法。

兒時，以其母之本國法為胎兒之本國法。」

4.本條第三項規定，認領之效力，應依認領人之本國法。此項準據法所規範者，並非認領行為之有效或無效之問題，而是有效之認領行為在實體法上之法律效果，主要乃是否將該非婚生子女視為婚生子女，或使其法律上之地位與婚生子女相當之問題。惟此等法律效果既係因認領之有效而生，理論上即應以適用同一法律為宜❷❼，以免產生跛行婚生子女之齟齬現象（外國認領之承認乃另一問題）。因此新涉外法雖就該準據法，未如本條第一項明文規定採不變更主義，解釋上亦應認為應依認領人認領時之本國法；否則，認領之法律效果將因認領人認領後之變更國籍，而有所改變，非但無法保護被認領人之利益，亦有違認領制度之精神。

5.認領之成立要件及效力，各有其準據法，而各準據法適用之範圍，分別為認領之成立要件及其效力。認領之要件，理論上亦包括被認領人為非婚生子女，惟婚生性之問題應依新涉外法第五十一條、第五十二條之規定定其準據法，並非認領要件準據法之適用範圍。認領之方式應依新涉外法第十六條規定，決定準據法，故原則上應依認領實質要件之準據法，但依行為地法所定之方式者，亦為有效。認領之實質要件亦包羅頗廣，舉凡：認領之類型，即是否得為遺囑認領、死後認領、胎兒認領與強制認領；認領是否受一般性之限制，尤其是因亂倫、通姦或為放蕩生活而生之非婚生子女是否得認領；認領之其他要件，例如認領人之行為能力及是否應得被認領人或其母或第三人之同意等問題，均包含在內。此外，自幼撫育是否得視為認領、認領是否受有期間之限制、被認領人或第三人是否得為否認、認領行為是否得撤銷等問題，亦均屬於認領要件準據法之適用範圍。

6.認領效力之準據法適用之範圍，主要是認領人與被認領人因認領而生之法律關係，即婚生化之問題。質言之，下列問題均屬其適用範圍：認領之效力究竟是使非婚生子女全面被視為婚生子女，或僅在某些方面具有

---

❷❼ 有些國家之立法例認為婚生化以後之子女地位問題，與認領之準據法已無關係，故應依子女之屬人法，例如奧地利一九七八年國際私法第二十四條規定：「子女之婚生性及其婚生化之效力，依其屬人法。」

與婚生子女相當之法律地位？在時間方面究是溯及於子女出生時，或自認
領後始取得婚生子女之地位？不過，認領後認領人與被認領人間之身分與
財產關係，已屬於親權之範圍，應依新涉外法第五十五條決定其準據法；
至於被認領人是否得繼承認領人遺產之問題，乃是繼承準據法之適用範圍，
宜依同法第五十八條決定其準據法，亦非得適用認領效力之準據法。

第八節　收　養

第一項　緒　言

　　收養乃收養他人之子女為自己之子女，而在法律上與該收養之子女，
產生法定的親子關係之制度。婚生子女與其父母無論在事實上與法律上，
均發生親子關係；非婚生子女與父母僅在事實上具有血統之牽連，在法律
上尚無全面之親子關係，須待認領或準正始得產生全面之親子關係，所以
均可稱之為自然親子關係。收養是使事實上無血統牽連之人，在法律上產
生非出於自然血統牽連之事實，而係純因收養之法律行為，所擬制成立之
法定親子關係。

　　收養在古代文明社會，例如古羅馬、希臘及我國，均曾被視為「傳遞
香火」、「振興家業」的重要制度，也因此收養行為之主體也曾以男性為主。
在此時期的收養，基本上「養兒防老」的觀念仍是收養制度的核心意義，
也可謂其主要目的乃在保護收養人之利益，其適用之範圍比較有限。後來，
收養制度演變成為以被收養人利益為主要之著眼點，除其適用之範圍明顯
擴大（女性亦得為收養行為之主體）外，也增加各種為照顧、養育被收養
人而設計之收養制度。

　　收養法制的發展，基本上雖有漸予承認之趨勢❷❽，惟因各國立法之出

---

❷❽　以英國為例，其在一九二六年收養子女法 (Adoption of Children Act) 制定以前，
　　實體法上不承認收養制度，對於依外國法而為之收養，亦一概不予承認。收養
　　外國人之行為，直到一九五〇年始得為之。該法後來被一九五八年公布施行，

發點未盡一致，有些國家，例如葡萄牙、巴拉圭、瓜地馬拉等，為保護兒童，避免其受養父母侵奪財物、剝削勞力而嚴禁收養，大部分國家則為同一目的設計不同之收養制度，以應實際需要。在承認收養制度的國家中，有關收養之成立要件與法律效果，例如當事人年齡之限制❷、被收養人或其他第三人之同意、法院或其他公法機關之介入及其程度、非婚生子女之收養、有配偶者之收養、被收養人之稱姓與本生父母親權之行使與扶養義務等問題，各國規定亦非一致，所以在國際私法上頗有討論收養準據法之必要。

第二項　收養準據法之決定

國際私法有關收養之規定，因其規範重點之不同，大致可分為二類：㈠管轄權方法 (the jurisdiction approach)，即規定法院之管轄權而未規定法律之適用問題者，與㈡法律選擇方法 (choice of law approach)，即從法律衝突法之角度處理收養之問題者。管轄權方法認為收養應由法院或國家之公法機關，以裁判或命令為之，重點是在何國法院或其他機關有權為此一行為，但其雖未直接規定法律之適用問題，實則因認為此乃公法或程序問題，必然依屬地法解決，與在法律衝突法中規定應依法院地法者並無差異。因此從準據法之角度言，國際私法有關收養之解決方法，應可分為法院地法主義與屬人法主義，前者為英美法系國家所採，採後者則多為大陸法系國家。當然亦可謂英美法系國家採管轄權方法，大陸法系國家採法律選擇方法。

一九六〇年、一九六四年、一九六八年修正的收養法 (Adoption Act) 取代，一九七五年以後並有子女法 (Children Act) 修正其內容。目前英國有關涉外收養行為的規定，依其法源之區別可分為二類，一類適用一九六四年海牙收養公約的規定，一類適用一般性的法律規定。

❷ 收養人之最低年齡，德國規定為五十歲，西班牙四十五歲，法國、瑞士、奧地利四十歲，英國及北歐國家二十五歲，日本及我國二十歲；被收養人之年齡限制，英國規定被收養人須未婚，且未滿十八歲，瑞典規定被收養人以未成年人為限，南非規定應未滿十六歲，我國則未予限制；收養人與被收養人之年齡差距，德國、義大利、瑞士規定應達十八歲，英國二十一歲，我國二十歲。

一、法院地法主義

採此項主義之國家中，美國早期以被收養人之住所所在地法院為有管轄權法院，晚近卻認為由收養人住所所在地之法院為之較妥；英國依一九五〇年收養法之規定，須以收養人在英國有住所與居所，且被收養人亦有居所於英國為限，始由英國法院管轄。在法院有管轄權的情形下，無論當事人於何國達成收養之合意，其行為之方式均須符合法院地法之規定。瑞士一九八七年國際私法之立法，似亦採法院地法主義❸。

二、屬人法主義

又可細分為下列各種主義：

㈠收養人之屬人法主義

認為收養成立後，被收養人成為收養人家庭之一員，由收養人負擔扶養義務，甚至由其行使親權，對收養人之權利義務頗有影響，為維持收養人家庭生活之和平，即應以收養人之屬人法為收養之準據法。義大利❸、德國❸、奧地利❸、日本❸、捷克❸及波蘭❸現行法均採此項主義。

---

❸　瑞士一九八七年國際私法第七十七條第一項規定：「在瑞士收養之要件，依瑞士法。」

❸　義大利國際私法（一九四二年民法）第二十條第二項規定：「收養人與被收養人間之關係，依收養人收養時之本國法。」

❸　前東德一九七五年國際私法第二十三條第一項規定：「收養之效力及其終止，依收養時或終止時收養人之本國法。」德國一九八六年國際私法第二十二條規定：「收養，依收養人收養時之本國法。配偶雙方或一方之收養，依第十四條第一項規定之結婚之一般效力之準據法。」

❸　奧地利一九七八年國際私法第二十六條第一項前段規定：「收養及收養關係終止之要件，依各該收養人之屬人法。」

❸　日本一九八九年國際私法（法例）第二十條第一項前段規定：「收養，依收養人收養時之本國法。」

❸　捷克一九六四年國際私法及國際民事訴訟法第二十六條第一項規定：「收養，依收養人之本國法。」

㈡被收養人之屬人法主義

認為收養制度應是為被收養人之利益而設，為保護其利益，即應以其屬人法為收養之準據法。前蘇聯、比利時及法國部分學者，曾主張此項主義。

㈢被收養人之屬人法兼採主義

認為收養制度雖應以被收養人之利益為考量重心，但其並非全為被收養人之利益而設，所以亦不宜置收養人之利益於不顧，準據法之設計亦應以收養人之屬人法為主，同時在保護被收養人利益之限度內，斟酌被收養人之屬人法。質言之，有關被收養人之年齡限制、其本身或第三人或負責保育工作之國家機關之同意等問題，應依被收養人之屬人法；有關收養人之年齡、年齡差距、具有婚生性者得否收養、及涉及被收養人將加入之家庭之利益之事項，均應依收養人之屬人法決定之。前面認為採收養人之屬人法主義的德國、奧地利、日本、捷克及波蘭❸❼，實際上係採此項主義。

㈣雙方當事人之屬人法主義

認為收養對雙方當事人之權利義務，均頗有影響，為公平起見，收養之成立要件應同時適用收養人與被收養人之屬人法。至於此二法律之適用，

---

❸❻　波蘭一九六六年國際私法第二十條第一項規定：「收養，依收養人之本國法。」

❸❼　德國一九八六年國際私法第二十三條規定：「宣告血統關係、授姓、認領或收養時，子女與其親屬法上之利害關係人同意之必要性與授予，亦依子女之本國法。為子女福利之必要時，以德國法取代其本國法而適用之。」奧地利一九七八年六月十五日國際私法第二十六條第一項後段規定：「依被收養人之屬人法，應得其本人或與其有法定親屬關係之第三人之同意者，亦應於此範圍內適用該法律。」日本一九八九年國際私法（法例）第二十條第一項後段規定：「被收養人之本國法關於收養之成立，以被收養人或第三人之承諾或同意，或公共機關之許可或其他處分為要件者，亦應具備其要件。」捷克一九六四年四月一日國際私法及國際民事訴訟法第二十七條規定：「收養及其他類似關係之是否應經子女、其他人或有關機關之同意，依子女之本國法決定之。」波蘭一九六六年七月一日國際私法第二十條第二項規定：「被收養人之本國法規定應經其法定代理人或國家機關之同意者，應遵守其規定。」

亦有累積 (cumulative) 適用說與並行 (distributive) 適用說之別。累積適用說表面上雖在適用雙方當事人之屬人法，實際上並未真正適用任何當事人之屬人法，表面上在兼顧雙方當事人之利益，實際上卻無法實現收養保護被收養人之目的。不過，從反面來看，如對收養之撤銷與終止限制趨嚴，因其有助於收養關係之維持，究仍不失其作用，例如芬蘭一九二九年之法律即規定，收養人為外國人者，其收養之撤銷或終止，以該外國人在芬蘭有住所，且依其本國法亦得撤銷或終止收養者為限，前南斯拉夫一九八二年國際私法亦採此說❸。並行適用說使各該收養人及被收養人分別適用其屬人法，解釋上較符合保護雙方當事人利益之旨，也為匈牙利❸、土耳其❹、祕魯❹所採。

第三項　我國現行規定之析論

我國新涉外法就涉外收養，於第五十四條第一項規定：「收養之成立及

---

❸　前南斯拉夫一九八二年國際私法第四十四條規定：「一、收養之要件及其終止，依收養人與被收養人之本國法。二、收養人與被收養人分屬不同國籍時，其收養之要件及終止，累積適用收養人與被收養人個別之本國法。三、夫妻共同收養時，其收養之要件及終止，除被收養人之本國法外，亦應依收養人與被收養人之本國法。四、收養之形式要件，依收養地法。」

❸　匈牙利一九七九年國際私法第四十三條第一項規定：「收養之要件，依收養時收養人被收養人雙方之本國法。」

❹　土耳其一九八二年國際私法第十八條規定：「收養之能力及收養之要件，依收養時各該當事人之本國法。」「收養之效力，依收養人之本國法。共同收養時，依婚姻效力之準據法。」「他方配偶有關收養之同意，依配偶雙方之本國法。」

❹　祕魯一九八四年國際私法第二〇八七條規定：「收養依下列規定：一、收養以收養人之住所地法與被收養人之住所地法所許可者為限。二、下列事項依收養人之住所地法：㈠收養之能力；㈡收養人之年齡與身分關係；㈢收養人配偶之具體同意；㈣其他收養人應得許可之要件。三、下列事項依被收養人之住所地法：㈠被收養人之能力；㈡被收養人之年齡與身分關係；㈢未成年人之親生父母或法定代理人之同意 ；㈣被收養人與其自然血親間之血親關係之停止或繼續；㈤未成年人出國之許可。」

終止,依各該收養者被收養者之本國法。」係採取前述並行適用說。本項規定在適用上有下列問題,值得注意。

1.收養在各國實體法上的要件寬嚴不一,也因而使國際私法有關收養的規定之適用範圍,不易確定。例如將收養定義為「使事實上無父母子女關係者,在法律上成為父母子女」,則收養非婚生子女之行為,在國際私法上即難認為收養之問題。此時宜自國際私法關於準據法規定之意旨,探求該條之適用範圍,方不致失於偏頗。因此,規定收養應依收養人之屬人法者,其重點乃在統一收養人原來家庭中親屬關係之法律適用,應認其收養之意義乃在賦予全面的父母子女關係;規定收養應依被收養人之屬人法者,其重點乃在保護被收養人之利益,其適用之範圍即應僅限於產生保護、教養等類似親子關係的身分行為。在我國,準據法之規定既具有相當彈性,即不妨從寬認定,惟無論如何,仍應以使收養人與被收養人間發生法定親子關係者為限,單純法人或機關之行為,例如國家對戰爭所造成孤兒之收養 (adoption by nation),當不包含在內,且宜使收養與認領制度各有所司,並分別適用其國際私法之規則。

2.本條僅規定收養之成立要件,應依各該當事人之本國法,但如當事人之國籍先後不同,究應依何時之國籍決定其本國法,亦有問題。按收養對雙方當事人之身分地位均有影響,且其發生影響之時間乃法律行為成立之時,而非被收養人出生之時,故收養之成立及終止之準據法之決定,應以當事人於收養成立及終止時之國籍決定之。換言之,於此所採者乃是不變更主義,縱當事人於行為後變更其國籍,其行為之效力仍不受新本國法之影響。此外,條文僅規定依各該當事人之本國法,如某方當事人為複數時,例如夫妻共同收養一人、夫妻共同被一人收養或收養人與被收養人均為夫妻時,該方當事人(夫妻)如有不同之國籍,究應如何決定其本國法亦有問題。

3.收養成立及其終止之準據法,原則上可適用於有關成立及終止之成立要件,但一般認為此項成立要件是指實質要件而言,形式要件並非此項準據法之適用範圍。收養的方式,因與行為地之公序良俗牽連不大,故應

依新涉外法第十六條之規定解決之，但在立法例上亦有認為應依其行為地法者。

4.收養之效力，依新涉外法第五十四條第二項之規定，應以收養人之本國法為其準據法，因此亦不適用收養成立之準據法。收養效力之準據法，一般認為應比照新涉外法第五十三條有關認領之例，採不變更主義，即以收養時之本國法為準據法❷。再者，得適用收養效力之準據法者，應以收養之直接效力為限，尤其是在法定血親與自然血親關係間之調整等問題，至於收養人與被收養人間之親子法律關係，及收養人與被收養人得否互相繼承之問題，均應另依各該法律關係之準據法決定之。

5.收養成立要件之準據法範圍，舉凡收養人及被收養人之年齡、其間之年齡差距、配偶之共同收養或被收養、當事人或第三人之同意等問題，皆包含在內，且其係並行適用雙方當事人之本國法，而非累積適用之。因此，一個涉外的收養行為，在此制度下須同時適用二國，甚至更多個國家之法律，決定其成立要件，接受不同的標準測試。如有某方當事人之本國法不承認收養制度，無論該當事人為收養人或被收養人，均不可能成立收養關係。在雙方之本國法均未禁止收養的情形下，最大的問題是收養行為之各項要件中，何者應適用收養人或被收養人之本國法，尚乏明確之區別標準。從現代收養制度重在保護被收養人利益之角度言，立法上或可考慮

---

❷　參照下列立法例：

1.匈牙利一九七九年國際私法第四十四條第一項規定：「收養及收養終止之法律效果，依收養或終止時收養人之屬人法。」

2.前南斯拉夫一九八二年國際私法第四十五條規定：「一、收養之效果，依收養人與被收養人於收養時之本國法。二、收養人與被收養人分屬不同國籍時，依其住所地法。三、收養人與被收養人分屬不同國籍，且未於同一國家設定住所，而其中一人為南斯拉夫社會主義聯邦共和國國民者，依南斯拉夫社會主義聯邦共和國之法律。四、收養人與被收養人均非南斯拉夫社會主義聯邦共和國國民者，依被收養人之本國法。」

3.奧地利一九七八年國際私法第二十六條第二項規定：「收養之效力，依收養人之屬人法。夫妻共同收養者，依其婚姻一般效力之準據法。」

就關於被收養人利益之保護，應符合被收養人之本國法之規定。

　　6.收養之成立要件，既應依各該收養人被收養人之本國法，亦有新涉外法第六條有關反致規定之適用。收養人或被收養人本國之國際私法，如就收養之成立及終止，另外有不同之準據法之規定，無論規定應依其住所地法、經常居所地法、法院地法或收養行為地法時，均應依反致條款依該外國國際私法決定其準據法。例如有住所於我國之美國人收養我國國民時，收養之要件依我國法律應依各該收養人被收養人之本國法，但美國國際私法採法院地法主義，即行為地法主義，此時即應以我國法決定有關該收養人之成立要件。此外，如被收養人本國之國際私法採收養人之本國法主義，該收養之成立要件即將統一由收養人之本國法決定；如收養人或被收養人之本國法採前述累積適用說，此時得因反致而變更者，亦僅限於當事人之「本國法」，應不包括並行適用之變更為累積適用在內。

※關於本節，其詳可再參閱：劉鐵錚，〈國際私法上收養問題之比較研究〉，《國際私法論叢》（臺北：三民，民國八十三年）。

第九節　親　權

第一項　緒　言

　　親權是指父母子女間之法律關係，父母與未成年子女之間，因需要保護教養子女，而發生之特別法律關係，即是親子關係中最核心的親權，成年子女與父母間之身分關係，與其他親屬關係相較，雖仍最為密切，但因扶養與受監護及輔助宣告後之監護及輔助問題，國際私法上均已有特別規定，所以此處應採狹義解釋，認為以父母與未成年子女間之法律關係為限。

　　父母子女間的親權關係的性質與重心，可謂今昔有別。在早期的法制中，父權或家長權乃是父母子女關係的核心，由於其為家長對家屬的絕對權力，子女實際上僅居於從屬之地位而已。後來經濟發達、社會進步，才

在父母子女的親權關係中注入保護子女利益之考慮，並使親權在保護子女利益的原則下，非僅為父母之權利而已，並且亦為其義務（參照我國民法第一○八四條規定）。目前各國有關父母子女間之親權之內容，是否受有限制，應如何行使及服從等，規定仍未盡一致，因此在國際私法上亦有決定其準據法之必要。

第二項　親權準據法之決定

各國國際私法有關父母子女法律關係之準據法，從形式上來看，有統一主義與非統一主義，前者不區分子女是否為婚生子女、非婚生子女或養子女，只要是父母子女之法律關係，即統一依照某一條文之規定決定其準據法；後者則是為各類型之父母子女關係，分別規定不同之國際私法條文❸。就各國所採連結因素之不同，則可分為屬人法主義、親權行使地法

---

❸　參考下列立法例：

　1.希臘一九四六年民法

　　第十八條：「父母子女之關係，適用父與子女最後共同之本國法，無共同國籍者，適用子女出生時其父之本國法。父已死亡者，此項關係，適用父死亡後母與子女最後共同之本國法，無共同國籍者，適用父死亡時其母之本國法。」（一九八三年修正為：「親子間之法律關係，依下列順序之法決定之：一、其最後之共同本國法，二、其最後之共同習慣居所地法，三、子之本國法。」）

　　第十九條：「非婚生子女與其母之關係，依其最後共同之本國法，無共同國籍者，依子女出生時其母之本國法。」（一九八三年修正為：「非婚生子女與其母之關係，依下列順序之法決定之：一、其最後之共同本國法，二、其最後之共同習慣居所地法，三、母之本國法。」）

　　第二十條：「非婚生子女與其生父之關係，適用子女出生時生父之本國法。」（一九八三年修正為：「非婚生子女與其生父之關係，依下列順序之法決定之：一、其最後之共同本國法，二、其最後之共同習慣居所地法，三、父之本國法。」）

　　第二十一條：「非婚生子女之母與其生父之關係，適用子女出生時母之本國法。」（一九八三年修正為：「非婚生子女之母與其生父之關係，依其懷孕期

主義、財產所在地法主義及折衷主義等數種不同見解，其中以屬人法說為目前各國通說，並可再細分為父母之屬人法主義與子女之屬人法主義二種。茲就此二者說明如次。

　　父母之屬人法主義認為父母，尤其是父，乃是一家之主，其他家庭成員均應從屬於父而存在，父母子女間之法律關係亦應以父母為中心，依父母之屬人法決定之。義大利❹、希臘❺國際私法皆採此項主義。晚近國際私法之立法已少認為子女乃從屬於父母，而多從法律適用之單純化與統一化著眼，而採父母子女共同之本國法主義者，如前南斯拉夫❻，此外，亦有採父母婚姻效力之準據法主義者，如土耳其❼，德國現行國際私法則是在採父母婚姻效力之準據法主義之外，兼為子女之利益而採子女之習慣居所地法❽。

　　　　間最後之共同本國法、習慣居所地法及居所地法之順序決定之。」）
　　　2.捷克一九六四年國際私法及國際民事訴訟法
　　　　第二十四條：「一、父母子女關係，包括扶養與教育，依子女之本國法。子
　　　　女居住於捷克共和國境內者，如捷克法較有利於子女，即應適用之。二、父
　　　　母對子女之撫養請求權，依父母之本國法。」
　　　　第二十五條：「一、非婚生子女之母對其父之請求權，依子女出生時母之本
　　　　國法。二、母為居住於捷克共和國境內之外國人，而父為捷克公民者，母之
　　　　請求權依捷克法。」
　❹　義大利國際私法（一九四二年民法）第二十條規定：「親子關係依父之本國法，
　　　但如僅有母親或僅母親認領該子女者，依母之本國法。」
　❺　參見❸所引條文。
　❻　前南斯拉夫一九八二年國際私法第四十條規定：「一、父母子女間之關係，依
　　　其本國法。二、父母子女分屬不同國籍時，依其皆設有住所之國家之法律。
　　　三、父母子女分屬不同國籍，且未於同一國家設定住所，而子女或父母有為南
　　　斯拉夫社會主義聯邦共和國國民者，依南斯拉夫社會主義聯邦共和國之法律。
　　　四、本法第一項至第三項所未規定之父母子女關係，依子女之本國法。」
　❼　土耳其一九八二年國際私法第十九條規定：「親權，依親子關係所應適用之法
　　　律。」第十五條規定：「父母與婚生子女之關係，依子女出生時婚姻效力之準
　　　據法。」
　❽　德國一九八六年國際私法第十九條第二項、第三項規定：「二、父母與婚生子

　　子女之屬人法主義認為有關父母子女間法律關係之規定，乃是為保護子女利益而設，其準據法之決定亦應本此原則，以子女之屬人法為其準據法。雖然子女之屬人法對於子女之保護，未必絕對優於其他法律，且如同一家庭內之子女之屬人法不同時，則在同一家庭內之父母子女關係將分別由不同之準據法予以決定，並非盡善；但在保護子女之利益的基本原則下，晚近國際私法之立法多數仍是以此為核心，舉凡捷克❹❾、波蘭❺⓪、前東德❺❶、匈牙利❺❷、瑞士❺❸及日本❺❹等國，均為適例。

第三項　我國現行規定之析論

　　關於父母與子女間之法律關係，我國舊涉外法第十九條以依父或母之本國法為原則，規定：「父母與子女間之法律關係，依父之本國法，無父或

女間之法律關係，依第十四條第一項規定之結婚之一般效力之準據法。未結婚者，依子女習慣居所地國法。三、子女之福利有被妨害之虞者，亦得依子女習慣居所地國法，採取保護措施。」

❹❾　參見❹❸所引條文。

❺⓪　波蘭一九六六年國際私法第十九條第一項規定：「父母子女之法律關係，依子女之本國法。」

❺❶　前東德一九七五年國際私法第二十二條規定：「父母子女之法律關係，依子女之本國法。子女之法定代理權，亦同。」

❺❷　匈牙利一九七九年國際私法第四十五條第一項規定：「父母與子女之法律關係，特別是子女之姓氏、管教、監護、法定代理、扶養及子女財產之管理，依子女之屬人法，但對父母之扶養，不在此限。」第四十六條：「決定父母子女之法律關係時，如子女為匈牙利國民或在匈牙利有永久住所，且匈牙利法對子女較有利者，依匈牙利法。」

❺❸　瑞士一九八七年新國際私法第八十二條規定：「父母子女之法律關係，依子女習慣居所地國法。」「父母與子女之習慣居所地國不在同一國，而其國籍相同者，依其本國法。」

❺❹　日本一九八九年「法例」。第二十一條規定：「親子間之法律關係，於子女之本國法，與父母之本國法或父母一方不在時他方之本國法同一者，依子女之本國法。其他情形依子女之習慣居所地法。」

父為贅夫者，依母之本國法。但父喪失中華民國國籍而母及子女仍為中華民國國民者，依中華民國法律。」此一規定與當前保護未成年子女的基本思潮不符，新涉外法為保護子女利益並貫徹子女之本國法優先適用之原則，乃改採子女之本國法主義，於第五十五條規定：「父母與子女間之法律關係，依子女之本國法。」茲將適用本條時應注意之部分，再分點析論如次。

　　1.本條規定之「父母與子女間之法律關係」，其範圍包含甚廣，我國民法甚至將婚生推定、認領、準正及收養等制度，均含括在「父母子女」之章節內。國際私法之目的既在決定各該法律關係之準據法，故無論定性之標準為何，均應依各相關規定間之關係，妥為解決。故本條所規定者，應認為不包括已有特別規定之婚生性之認定、認領、收養、監護及扶養等問題，而專指親權問題而已。鑑於司法實務上曾就本條的適用範圍發生疑義，本條的修正理由特別指出：「本條所稱父母與子女間之法律關係，是指父母對於未成年子女關於親權之權利義務而言，其重點係在此項權利義務之分配及行使問題，至於父母對於未成年子女之扶養義務之問題、已成年子女對於父母之扶養義務、父母與子女間彼此互相繼承之問題等，則應分別依扶養權利義務及繼承之準據法予以決定。」

　　2.關於為準據法之子女之本國法，本條未明文規定係採變更主義或不變更主義。父母子女之法律關係本質上乃是子女法律地位之問題，即子女因其出生或受婚生化而取得之法律地位，在子女之身分之準據法採不變更主義的情形下（新涉外法第五十一條），此處似亦應採不變更主義，但各國通說對此一問題普遍均採變更主義。申言之，此處之本國法是指解決系爭問題時之本國法，在訴訟上即指裁判時之本國法而言；在決定本國法的子女國籍先後不同的情形下，如依其舊本國法父母得行使親權，但依其新本國法已喪失親權者，應認為父母之親權已隨子女國籍之變更而消滅；反之，如依子女舊本國法父母已喪失其親權，但依其新本國法父母仍得行使親權者，參照有關行為能力「既為成年，永為成年」之原則（新涉外法第十條第二項），應認為父母之親權亦不得因子女國籍之變更而回復，仍依子女之舊本國法決定父母子女之法律關係。此外，採變更主義的此項本國法亦不

具有溯及既往之效力，換言之，子女之新本國法所得決定者，僅限於其取得新國籍以後之事實，對於其依舊本國法所形成之法律關係，例如子女之稱姓、親權之解除或財產之歸入等，均不發生任何影響。

　　3.就親權之範圍而言，舉凡親權之發生、親權人之資格、親權之內容與親權之消滅等，均應適用此項準據法。親權的內容可分為二部分：㈠在身分方面主要是保護教養權（含宗教教育）、住所指定權、營業許可權、懲戒權、子女返還請求權、法定代理權、子女法律行為之同意權及子女之稱姓等；不過住所指定權與懲戒權因事涉公益，具有屬地性，也常被法院援用公序良俗條款排除此項準據法之適用。㈡在財產方面，此項準據法可適用者主要為相互請求扶養之權利義務、女兒之嫁粧請求權、父母對子女財產之取得、管理、用益及處分之權利義務。

第十節　監護及輔助

第一項　緒　言

　　監護 (guardianship) 及輔助 (curatorship)，是指對於受監護、輔助宣告之人或無父母或父母均不能行使親權之未成年人，為保護其身分與財產上之利益而設計之法律制度。此項制度在羅馬法時代的原始目的，本在由監護人代行家長權，防止幼年家屬、婦女或白癡瘋癲者因不善管理，造成宗族成員繼承權之損害，所以監護權只是家長權之延長或補充而已；後來大家族制度崩潰，監護制度乃與家長權之觀念分離。監護制度之重點，由財產管理之立場演變為注重身分上之保護後，其目的亦已改變為保護受監護人之利益。在我國民法親屬編第四章「監護」中，有第一節「未成年人之監護」及第二節「成年人之監護及輔助」，即廣義的監護包含狹義的監護及輔助，新涉外法第五十六條並列監護及輔助，其監護乃狹義的監護。

　　監護及輔助制度雖已為各國普遍採取，但開始監護或輔助之事由、監護或輔助終了之事由、監護人及輔助人之確定與權限等問題，各國法律規

定仍有差異，因此在國際私法上亦為重要之問題。例如一般大陸法系國家之監護人，通常即為受監護人之法定代理人，同時得就受監護人所為之法律行為，逕行代理受監護人或以同意補充其法律行為；但英國之監護人並無法定代理權及意思補充權，如為保護受監護人之利益，有為法律行為之必要，亦僅得以受託人 (domini loco) 之地位，以自己之名義為之而已。為保護受監護人而選任監護人時，可能係由個人以法律行為為之，也可能由法院以裁判命之，在國際私法上，前者重在選任行為的準據法之決定，後者則有應由何國法院裁判，即國際審判管轄權的問題。

第二項　監護及輔助準據法之決定

監護及輔助是為保護無行為能力人或限制行為能力人而設計之制度，除未成年人以外，受監護、輔助宣告或類似宣告之成年人，亦有受監護及輔助之必要。有關監護及輔助之準據法，大致上有法院地法主義及受監護人（受輔助人）之屬人法主義二種。採法院地法主義者，例如英國，通常是由於監護人或輔助人必須由法院命令或指定，故須依法院地法決定❺❺。一般認為監護、輔助是為保護受監護人、受輔助人之利益而設，屬於其身分、地位問題，應依受監護人、受輔助人之屬人法。後一見解使同一受監護人、受輔助人，不致因其居住處所或財產所在地之變更，而改變其監護、輔助之準據法，在適用上比較容易，且可收統一準據法之效。

不過，由於監護、輔助並非僅為受監護人、受輔助人之利益而設，同時亦寓有保護受監護人、受輔助人居住地國社會安全之作用，監護、輔助如未能獲得實施監護地之國家之同意、協助與配合，且與該國之社會救濟措施相輔相成，實際上不易竟其功。因此晚近對於受監護人（受輔助人）屬人法說之見解，已漸配合受監護人（受輔助人）居住地國社會利益之保

---

❺❺　英國早期也曾採受監護人之住所地法說，惟自一八四三年 Johnstone v. Beattie 一案判決後，即已揚棄該說。一九六一年海牙保護未成年人之機關權限與準據法之公約亦採法院地法說，惟其第三條復規定：「依未成年人本國法所具有之權力關係，所有締約國均應予以承認。」

護，而設有若干例外。質言之，監護、輔助依受監護人、受輔助人之屬人法只是一項基本原則，有時為保護內國社會利益或受監護人、受輔助人之利益，亦得依法庭地法實施監護。晚近在保護受監護人、受輔助人居住地社會利益之要求下，似已有著重在習慣居所地法與所在地法之趨勢❺❻。傳統上監護、輔助概依受監護人、受輔助人之屬人法之見解，也已修正為就擔任監護人（輔助人）之義務及其免除、監護（輔助）之實施、監護人（輔助人）與受監護人（受輔助人）間之法律關係等事項，另依監護人（輔助人）之屬人法或其他法律規定，義大利❺❼、奧地利❺❽、日本❺❾、匈牙利❻⓪、

---

❺❻　一九四八年國際法協會 (International Law Association) 第四十三次會議之決議，即建議監護應以受監護人之居所地為連結因素。一九五八年國際法院審理荷蘭控告瑞典違反一九〇二年海牙未成年人監護公約一案時，認為瑞典依其一九二四年兒童福利法規定，而對荷蘭籍受監護人實施措施，由於該法乃與公序良俗有關之強行法規，其適用不受當事人國籍之限制，因此即使與公約應依受監護人本國法之規定不一致，仍應解釋認為公序良俗為公約未明文規定的默示例外。而至一九六一年海牙保護未成年人之機關權限與準據法之公約，即以受監護人之習慣居所地為連結因素。

❺❼　義大利一九九五年國際私法第四十三條規定：「已成年之無行為能力人之保護措施之要件、效力及其與負責保護之人間之法律關係，依該無行為能力人之本國法。但為臨時及緊急保護該無行為能力人或其財產，義大利法院得依義大利法律採取措施。」

❺❽　奧地利一九七八年國際私法第二十七條規定：「監護或養護之發生與終止之要件及其效力，依受監護或養護人之本國法。」「其他有關監護或養護之問題，如僅涉及其實施，依實施監護或養護之機關之國家之法律。」

❺❾　日本二〇〇七年法律適用通則法第三十五條規定：「1.監護、輔助或補助（以下總稱『監護等』），依受監護人、受輔助人或受補助人（次項總稱『受監護人等』）之本國法。」「2.雖有前項規定，外國人為受監護人等，而有下列情形時，監護人、輔助人或補助人之選任審判或其他關於監護等之審判，依日本法：一　該外國人依其本國法有開始監護等之原因，而無人在日本執行其監護等之事務；二　就該外國人在日本為開始監護之審判等。」

❻⓪　匈牙利一九七九年國際私法第四十八條規定：「監護之開始及終止之要件，依受監護人之屬人法。」「監護人履行監護義務之範圍，依監護人之屬人法。」

土耳其❻及德國❻之國際私法，均為例證。

第三項　我國現行規定之析論

我國新涉外法第五十六條規定：「監護，依受監護人之本國法。但在中華民國有住所或居所之外國人有下列情形之一者，其監護依中華民國法律：一、依受監護人之本國法，有應置監護人之原因而無人行使監護之職務。二、受監護人在中華民國受監護宣告。」「輔助宣告之輔助，準用前項規定。」可見我國是採原則上依受監護人、受輔助人之本國法，例外依法庭地法的修正屬人法主義。茲將本條規定之內容，再分點說明如次。

一、以受監護人、受輔助人之本國法主義為原則

本條第一項前段就監護採受監護人之本國法主義，依第二項並準用於輔助，其主要理由係認監護、輔助制度乃為保護欠缺行為能力人之利益而設，而本法就人之行為能力，規定依其本國法（新涉外法第十條第一項），

「監護人與受監護人間之法律關係，包括監護人對財產之管理與報告之義務，依任命監護人之機關所屬國之法律；但受監護人有居所於匈牙利，且匈牙利法對其更有利時，依匈牙利法。」第四十九條規定：「保佐，準用監護之規定。」「對不能管理自己事務之人或受暫時保佐之人之代理，依指定保佐人之機關所屬國之法律。」

❻ 土耳其一九八二年國際私法第九條規定：「使人受監護或禁治產或終止該等關係之理由，依將受監護或禁治產或其監護關係或禁治產將被終止者之本國法。」「外國人如依其本國法不能受監護或禁治產時，以其在土耳其有習慣居所者為限，得依土耳其法受監護或禁治產或終止該監護或禁治產。」「除監護或禁治產之成立或終止外，其他有關監護或禁治產之事項，依土耳其法。」

❻ 德國一九八六年七月二十五日國際私法第二十四條規定：「一、監護與養護之發生、變更與終止，及法定監護與養護之內容，依被監護或養護人之本國法。第八條規定之禁治產，得依德國法命為監護；為執行其措施亦得依民法第一九一〇條之規定，命為養護。二、事件之參與人不能確定或參與人在其他國家，而有必要養護時，依其事件之準據法。三、暫時性處分與命為監護與養護之內容，依命為監護與養護國之法律。」

故就監護、輔助之法律關係，適用受監護人、受輔助人之本國法，理論上當能一貫。此項原則認為監護、輔助乃行為能力之延伸問題，所以其與行為能力問題均應依受監護人、受輔助人之本國法決定，故居住於我國的外國人與未居住於其本國的外國人，如有監護之問題發生，均應依其本國法決定之。不過，如受監護人、受輔助人居住於內國，由於監護、輔助之實施與內國一般公益息息相關，為保護社會安全，我國法上亦設有例外規定，以資兼顧。

二、以適用內國法為例外

監護、輔助既依受監護人、受輔助人之本國法，我國國民無論居住於何地，其監護、輔助固均應依我國法律定之，外國人無論居住於何地，原則亦應僅得依其本國法決定其監護、輔助事項，其得依我國法律定其監護、輔助事項者，僅以在我國有住所或居所者為限。如外國人在我國無住所或居所，僅有財產於我國境內，亦應依一般原則，適用其本國法解決爭議。不過依內國法決定外國人之監護、輔助問題，須是該監護、輔助是在我國保護受監護人、受輔助人所必須，或涉及內國公益之情形，並非以外國人在我國有住所或居所即為已足，故本條第一項乃設有下列二款例外規定。

㈠依受監護人、受輔助人之本國法，有應置監護人、輔助人之原因，而無人行使監護、輔助之職務

本款即指監護、輔助依欠缺行為能力人之本國法應已開始，但實際上未有人擔任監護人、輔助人，該欠缺行為能力人仍未受監護、輔助而言。依此項例外規定，而適用我國法律實施監護、輔助者，由於監護、輔助係依外國人之本國法而開始，其終止亦應依同一準據法決定，如依其本國法監護、輔助應已終止，即使我國法律持相反之見解，亦應認為已不符合本條第一項設定之條件，故我國法律所得決定者，僅係監護、輔助機關之確定與監護、輔助之內容及其事務之進行等而已。但如符合本項規定而適用我國法律時，該外國人之監護人或輔助人之指定、監護人或輔助人之權限，及監護、輔助之終止等問題，均應依我國法律處理，以保護該外國人在我

國之利益,乃是當然。

「無人行使監護(輔助)之職務」,乃是外國人的監護、輔助適用我國法律的條件,其目的是要避免外國人應受監護、輔助,卻未受監護、輔助,致使其受法律上之不利益,並對於我國社會及交易安全造成危害。因此,此一條件應從其規範功能之角度予以詮解,如外國人依其本國法應為監護人、輔助人者均已死亡,監護人、輔助人有正當理由辭職後無人繼任,固符合該條件;外國人雖有監護人、輔助人,但該監護人、輔助人卻無法在我國行使監護、輔助之職務時,為保護受監護、輔助之外國人之利益,亦應認為符合此一條件。但如其後已有人依該外國人之本國法繼任為監護人、輔助人,或該監護人、輔助人在我國已可順利行使監護、輔助之職務時,則原來依我國法律實施之監護、輔助,即應功成身退,立即終止,使該外國人之監護、輔助,重新依該外國人之本國法決定之。

㈡受監護人、受輔助人在中華民國受監護、輔助宣告

受監護、輔助的外國人,如係在我國受監護、輔助的宣告,則其監護、輔助之開始,乃是我國法院對該外國人為監護、輔助宣告的結果,而我國法院必然是依新涉外法第十二條規定,對該外國人為監護、輔助宣告,其宣告之效力,依同條第二項則應適用我國法律。此種監護、輔助乃因依我國法院所為之監護、輔助宣告而生,故此時應不問依受監護人、受輔助人之本國法,原來是否有應置監護人、輔助人之原因,也不問是否無人在我國行使監護、輔助之職務,有關該監護、輔助之一切問題,包含監護、輔助之開始、終止,監護人、輔助人之確定,監護人、輔助人之權限與職務之實施等,應全部依我國法律予以判斷。

三、準據法之適用範圍

在我國司法實務上,最高法院曾將已離婚之夫妻或未結婚之父母對於其未成年子女之權利義務問題,定性為監護問題,從而依監護的衝突規則(舊涉外法第二十條、新涉外法第五十六條)決定其準據法。關於未成年人之監護,其功能與父母之親權類似,監護之事項與內容在一定程度內與

親權相同，新涉外法就親權與監護分別規定其衝突規則，親權問題已改依子女之本國法（第五十五條），監護則仍依受監護人之本國法（第五十六條），二者之準據法基本上一致，減少定性對法律適用的差別影響，但仍有釐清二者適用範圍的必要。

如採法院地法的標準定性，而依我國民法的規定體系及內容決定，上述問題應定性為親權始屬正確。因為親屬編第四章的「監護」包含「未成年人之監護」與「成年人之監護及輔助」等二類，而前者是民法第一〇九一條規定的「未成年人無父母，或父母均不能行使、負擔對於未成年子女之權利義務」，及同法第一〇九二條所規定的「父母對其未成年之子女，因特定事項，於一定期限內，委託他人行使監護之職務」的情形。質言之，父母對於未成年子女的權利義務問題，儘管仍有稱之為「監護」問題者，但其規定並不在本章之中，其內容不屬於此處的「未成年人之監護」，而是父母對子女的權利義務，其內容規定於第三章「父母子女」之中，屬於「親權」的一部分（參照民法第一〇八四條至第一〇九〇條）。

依新涉外法第五十六條決定之監護、輔助之準據法，原則上應可適用於與監護、輔助有關的下列一切事項。但前述第一種例外適用我國法的情形，該外國人的監護、輔助開始的原因，乃依其本國法決定，其他事項始適用我國法律。茲將各項內容再分述如下。

㈠監護、輔助之開始

監護、輔助開始之原因，乃是監護、輔助準據法的適用範圍，而外國人除在內國受監護、輔助宣告者外，其監護、輔助應依其本國法，即受監護人、受輔助人之本國法。對於開始監護、輔助之原因，有些法律係僅以有明文規定者為限，有些法律規定得由立遺囑人以遺囑指定監護人、輔助人，有些法律則授權由法院指定適當之人為監護人、輔助人；監護、輔助究應如何開始，應屬監護、輔助準據法之適用範圍，即使以遺囑指定監護人、輔助人，受指定者是否得擔任監護人、輔助人之問題，亦應屬監護、輔助準據法之適用範圍，惟遺囑之方式及成立要件，仍應依遺囑之準據法決定之（新涉外法第六十條、第六十一條）。

㈡監護人、輔助人之確定與權限

此處包括：何人具有得擔任監護人、輔助人之資格？監護人、輔助人與受監護人、受輔助人之間，監護人、輔助人與第三人之間的法律關係如何？例如監護人、輔助人與監督人或親屬會議之間，是否因監護、輔助而發生何種權利義務關係？由於監護、輔助主要是為保護受監護人、受輔助人的利益而設，而此等問題乃是監護、輔助開始之後所生的法律效果，當然應屬於監護、輔助準據法的適用範圍。不過，有些立法例認為監護人、輔助人的資格，即某人得否擔任監護人、輔助人的問題，及其是否得拒絕擔任監護人、輔助人之問題，並非受監護人、受輔助人之身分或地位問題，而是監護人、輔助人本身之地位問題，故應依監護人、輔助人之屬人法決定之。

㈢監護、輔助職務之實施與終止

監護人、輔助人的職務內容如何？其職務應如何實施或行使？其職務應於何時終止？此等問題乃是具體保護受監護人、受輔助人的措施及核心，應屬監護、輔助準據法之適用範圍。

㈣財產之管理

監護人、輔助人因開始監護、輔助，而有必要管理受監護人、受輔助人之財產者，如涉及財產的物權變動，理論上屬於物權問題，應依系爭財產的物權的準據法（新涉外法第三十八條以下），如未發生物權變動，僅涉及監護人、輔助人對財產概括的管理權限者，仍屬於監護、輔助準據法的適用範圍。

第十一節　扶　養

第一項　緒　言

扶養（英文 support, maintenance，德文 Unterhalt, Unterstützung，法文 alimentaire）是指根據身分關係，在一定的親屬間，由具有經濟能力者，對

未能自食其力者，給予扶助維持其生活上需要之法律制度。對於不能靠自己之能力謀生的老幼、殘廢，各國之救濟方法約有三種：㈠由國家或地方自治團體負擔扶助責任，㈡國家透過公法之規定，強制並督勵個人或法人負扶助義務，㈢國家在私法中規定個人與個人間相互扶養之權利義務。三種方法中傳統上一般是採取第三種，晚近已有傾向於第一種方法的趨勢，即使在仍採第三種方法的國家，通常也都酌採第一種及第二種方法，由國家負擔一部分責任，或設置各種社會福利制度（勞工保險、社會保險或地方自治團體之救濟）。惟此處之重點，是在具有私法關係性質之第三種方法。

　　各國雖普遍承認扶養義務，但對於有關扶養之規定，例如受扶養權利人、扶養義務人、扶養義務之要件、扶養之方法、程度等，各國規定仍不一致，因此在國際私法上，仍有探討其準據法之必要。

第二項　扶養義務準據法之決定

　　親屬間之扶養義務，本可分為父母子女間、夫妻間、其他親屬間等三種扶養義務。從立法之體例觀察，有些國家，例如匈牙利之國際私法，係以不同之條文分別規定三種扶養義務之準據法[63]；有些國家，例如前南斯拉夫、日本之國際私法，則以明文排除之方式，限定扶養義務之準據法僅適用於其他親屬間之扶養義務[64]；有些國家，僅規定其中某一種扶養義務，例如波蘭之國際私法僅規定血親與姻親間之扶養義務，捷克之國際私法僅規定父母子女間之扶養義務，前東德之國際私法僅規定夫妻之扶養義務之準據法[65]；有些國家，例如土耳其之國際私法，則未予區分，概括規定扶

---

[63]　匈牙利一九七九年國際私法第三十九條規定夫妻間之扶養義務，第四十五條規定父母對子女之扶養義務，第四十七條規定子女對父母及其他親屬間之扶養義務之準據法。

[64]　前南斯拉夫一九八二年國際私法第四十二條規定：「父母子女以外之血親間之扶養義務，或姻親間之扶養義務，依被請求扶養人之本國法。」日本「法例」第二十三條規定：「第十三條至第二十一條規定以外之親屬關係及其所生之權利義務，依當事人之本國法定之。」

養義務之準據法❻❻。在參加一九七三年十月二日海牙扶養義務準據法之公約之國家中，瑞士國際私法傾向於以公約之內容為法律之補充，德國則是透過立法將公約之條文，轉變成為內國法之形式❻❼。

就決定準據法之連結因素言，由於此處之扶養義務係因一定之身分關係而發生，因此各國一般係採屬人法主義。屬人法之連結因素除傳統的住

❻❺ 波蘭一九六六年國際私法第二十條規定：「血親與姻親間之扶養義務，依扶養權利人之本國法。」捷克一九六四年國際私法及國際民事訴訟法第二十四條規定：「一、父母子女關係，包括扶養與教育，依子女之本國法。子女居住於捷克共和國境內者，如捷克法較有利於子女，即應適用之。二、父母對子女之撫養請求權，依父母之本國法。」前東德一九七五年國際私法第十九條規定：「夫妻之身分關係、扶養義務及財產權，依當事人共同之本國法。夫妻國籍不同時，依德國法。」

❻❻ 土耳其一九八二年國際私法第二十一條規定：「扶養，依扶養義務人之本國法。」

❻❼ 瑞士新國際私法第八十三條規定：「父母子女之扶養義務，適用一九七三年十月二日海牙扶養義務準據法之公約。」「母之受扶養，或因生育子女而生之損害賠償請求權，類推適用前項公約之規定。」

德國一九八六年國際私法第十八條規定：「一、扶養，依扶養權利人習慣居所地國之實體規定。扶養權利人依其規定無法獲得扶養義務人之扶養時，依其共同之本國法之實體規定。二、扶養權利人依前項第一句或第二句之規定，均無法獲得扶養義務人之扶養時，依德國法。三、旁系親屬或姻親間之扶養義務，扶養義務人得以其共同之本國法，或無共同之國籍時之扶養義務人之習慣居所地法之實體規定，未規定此項義務而拒絕扶養權利人之請求。四、離婚係在本地裁判或被承認者，離婚配偶間之扶養義務與關於此項義務之裁判之變更，依離婚之準據法。婚姻關係未解消之分居，或結婚被宣告為無效或不成立者，亦同。五、扶養權利人與扶養義務人均為德國人，且扶養義務人有習慣居所於內國者，依德國法。六、下列事項，尤其應依扶養義務之準據法決定之：㈠扶養權利人之得否請求、得於何種範圍及得向何人請求扶養。㈡何人有權發動扶養程序及發動扶養程序之期間。㈢擔負公法上任務之機構，依其所根據之法律，就其對扶養權利人所為之給付，得主張求償權時，扶養義務人所負償還義務之範圍。七、扶養數額之計算，縱準據法另有其他規定，亦應斟酌扶養權利人之需要及扶養義務人之經濟狀況。」

所與國籍外，加入海牙公約的國家晚近已紛紛修正為習慣居所或經常居所 (habitual residence)。不過，在目前仍有扶養義務人之屬人法主義與扶養權利人之屬人法主義及雙方當事人屬人法主義之別。扶養義務人屬人法主義概認為扶養之權利義務與一般債權債務類似，故依扶養義務人之屬人法，以適合其國情與風俗，避免畸重畸輕，土耳其與南韓國際私法均採此項主義❸。扶養權利人屬人法主義認為扶養乃因社會環境之需要使然，扶養權利人之所以需要受扶養，並非純因其個人因素所致，其需受扶養之程度也須從社會、物質其他條件予以估量，故宜使扶養義務受權利屬人法之規範，否則即無法濟其功，英國、匈牙利❹、前南斯拉夫、波蘭、捷克❺皆採此項主義。

　　從各國在國際私法上透過連結因素之決定，保護弱勢當事人之趨勢以觀，採扶養權利人之屬人法主義之國家當有增加之可能。雙方當事人屬人法主義認為扶養義務通常並非只是單方面之義務，權利人與義務人往往係互負扶養之義務，為兼顧雙方當事人之利益，即應同時斟酌雙方當事人之屬人法，前東德及日本國際私法即採此項主義❼。中國大陸關於扶養不採硬性衝突規則，先在民法通則中採「最重要牽連關係」理論，後於涉外民事關係法律適用法中，採選擇適用相關法律中最有利於保護扶養權利人的規則❽。

---

❸　參照❻所引土耳其立法。南韓　九六二年國際私法第二十三條亦有相同之規定。

❹　匈牙利一九七九年國際私法第四十七條規定：「其他親屬扶養義務之條件、範圍及方法，依受扶養者之屬人法。」

❺　其條文參見❻、❺。

❼　其條文參見❻、❺。

❽　一九八六年《中華人民共和國民法通則》第一四八條規定：「扶養適用與被扶養人有最密切聯繫的國家的法律。」最高人民法院司法解釋進一步指出：「扶養人和被扶養人的國籍、住所以及供養被扶養人的財產所在地（法），均可視為與被扶養人有最密切的聯繫（的國家的法律）。」二〇一〇年《中華人民共和國涉外民事關係法律適用法》第二十九條規定：「扶養，適用一方當事人經

第三項　我國現行規定之析論

關於扶養之權利義務，我國新涉外法第五十七條規定：「扶養，依扶養權利人之本國法。」本條採扶養權利人之本國法主義，與舊涉外法第二十一條所採之扶養義務人本國法主義，在形式上乃南轅北轍，主要乃因現代國際私法就扶養的基本思潮，係強調扶養權利人受扶養之需求，使扶養義務人之義務與社會安全及福利體系結為一體，而非重在扶養義務人履行義務的能力。茲將適用本條時應注意之問題，分點說明如次：

1. 本條所規定之扶養義務之範圍甚廣，就內容言有生活保持 (maintenance, Unterhalt) 與生活扶助 (support, Unterstützung) 義務之分，前者為父母子女、夫妻間之扶養義務，後者是其他親屬，例如兄弟姊妹間之扶養義務；就扶養義務發生之原因言，有因親屬之身分關係者，有因侵權行為而發生者，亦有本於當事人之法律行為，例如遺囑、贈與或終身定期金契約等而發生者。此等扶養義務雖均屬於國際私法之範圍，不過，由於父母子女間之扶養義務應依其間法律關係之準據法，夫妻間之扶養義務應依婚姻效力之準據法，因侵權行為而生之扶養義務應依侵權行為之準據法，本於法律行為而生之扶養義務則應依該法律行為之準據法。故本條僅得適用於兄弟姊妹之間，祖父母與孫子女間，父母與成年子女間，及其他夫妻及父母子女以外之親屬間之扶養義務 (不包括法律外之慈善或友誼濟助)。至於國家機關對於貧困無依者，依法所為之扶助或救濟，性質上屬於公法之法律關係，基本上應依屬地原則決定之，不適用本條規定乃是當然。

2. 本條以扶養權利人之本國法為準據法，形式上對於扶養權利人較為有利，但條文使用「扶養權利人」一詞，在邏輯上仍值得商榷，因為扶養權利人之確定，須以扶養權利義務之準據法為據，在未確定其準據法之前，即以扶養權利人之國籍為決定準據法之連結因素，非無循環的問題。故解釋論上，宜理解為以當事人在訴訟上之地位為準，即以「請求扶養人」為

常居所地法律、國籍國法律或者主要財產所在地法律中有利於保護被扶養人權益的法律。」

扶養權利人。在此種情形下，同一扶養義務人對於各權利人的義務內容，即可能因權利人之國籍不同，而須分別依其本國法而為判決，無法合併依同一準據法判決之。

　　3.扶養之權利義務，依法固應依扶養權利人之本國法，惟決定此項本國法之國籍究應以何一時點為準，亦有問題。換言之，如扶養義務人之國籍前後不同，可能會有變更主義與不變更主義之爭。由於扶養義務之發生，除一定之親屬關係外，尚須受扶養權利人需要扶養，且扶養義務人有能力扶養，凡此均須經過法院判決方得確定，故在法律未明文規定採不變更主義的情形下，一般係採變更主義，即非以扶養權利人無力生活而需要扶養時，而以扶養權利人請求扶養時之國籍為準。

　　4.扶養之準據法適用之範圍，包括所有與扶養權利義務之發生、變更及消滅有關之事項，舉凡扶養權利義務發生之要件、受扶養權利人之範圍、扶養義務人之範圍、扶養義務人有數人時之順位、扶養之程度與方法、受扶養之權利是否得處分、扶養義務之消滅等問題，均應依扶養權利人之本國法決定之。不過，扶養權利人與扶養義務人間之親屬關係，雖亦為扶養義務之一項要件，但因國際私法上通常已就其設有特別規定，故不得直接認為其乃扶養準據法之適用範圍，而應以之為先決問題或附隨問題，而依相關理論謀求解決之道。

第七章 繼 承

第一節 繼 承

第一項 緒 言

　　繼承是指被繼承人死亡後，其繼承人依法律規定，概括承受其一切財產上權利義務之制度。目前各國均普遍承認遺產繼承制度，所以只要死者留有遺產，即發生繼承之問題，但因各國在繼承開始之原因、繼承人資格、繼承人之順序、得繼承之權利義務等方面，規定均非完全一致，故在涉外的繼承事件中，即應決定究應適用何國法律之問題。至於內國法律上規定除內國人得在內國繼承遺產外，外國人在內國亦得於一定限度內繼承遺產，則是屬於外國人法的問題。

第二項　繼承準據法之決定

　　在比較國際私法上，涉外繼承問題有主張由單一準據法予以決定的統一主義，與主張由多數準據法予以決定的不統一主義之別，其情形與夫妻財產制近似。

一、不統一主義

　　「不統一主義」著重在個別財產的發生變動，認為個別遺產既因繼承，而分別發生所有權移轉之法律效果，繼承實際上乃是個別遺產變動的統稱而已，在國際私法上不宜強調其統一的法律關係。故有關繼承之問題，應

由各該遺產之準據法決定，即不動產依其所在地法，動產亦依其所在地法；認為動產並無固定之所在地者，依「動產附於人骨 (Mobilia ossibus inhaerent)」，或「動產隨人 (Mobilia sequuntur personam)」之法諺，則認其應依被繼承人之住所地法。

遺產所在地法主義原為昔日法則區別說所倡，因其使封建領土內之財產均適用當地之法律，對鞏固封建之土地制度，確有助益，但此種理由在目前已失其存在之意義。除封建制度已不復見容於現代社會外，隨著國際貿易與跨國投資的盛行，今日的涉外繼承案件，通常具有下列特色：數量大、價值高、動產多、分布廣、流動快，泥守此項主義將造成法律適用雜亂的現象，對於繼承人之合理期待，亦有損害之虞。不過，此項主義對於需要藉公示之方法，以保護第三人的物權關係，不無促進之作用，其使繼承之準據法與遺產所包含的個別財產之物權準據法一致，亦能降低法律適用錯誤的機率。

純粹從國際私法的角度觀察，繼承實際上乃因被繼承人權利能力喪失，法律上對其生前所有之財產，為合理分配所為之法定移轉之設計，故理論上同一人之遺產，均宜統一由同一法律予以規範較妥。在被繼承人之遺產散布在數國的情形，如依前述不統一主義的原則，則各該財產之準據法勢必因其本身之性質或所在地之區別，而有所不同，造成同一繼承事件須由多數之法律予以規範之現象，並非合理；其對於繼承人之應繼分認定，有時也會發生扞格情形。例如在同一被繼承人乙死亡的繼承事件中，依繼承之不統一主義，繼承人甲就位於 A 國之遺產，可能依 A 國法為合法之繼承人，就位於 B 國之遺產，依 B 國法卻無權繼承；甲亦可能雖依 A、B 二國法律，均得繼承遺產，但由於 A、B 二國規定之法定應繼分比例不同時，甲對同一被繼承人之遺產，將依各遺產所在地之法律而分別認定，欠缺一致的標準。

此外，繼承人依繼承法所取得者，除權利外，亦包括義務在內，而前述不統一主義對於債務繼承之問題，均未明確說明，倘若前述例中之被繼承人乙在 A 國遺有不動產，在 B 國遺有動產，A 國法律規定繼承之債務應

先由動產清償，不足部分方由不動產清償之，但 B 國法律規定遺產不分動產、不動產，均得抵償債務，順序亦無不同時，甲究應如何以其繼承之遺產清償其繼承之債務，亦有問題。

二、統一主義

「統一主義」是指繼承之法律關係，不論是不動產或動產之繼承，包括繼承人概括繼受被繼承人所有權利義務之問題，均應由同一法律，即被繼承人之屬人法規範。此項主義之蔚為主流，與十九世紀末葉德國法學家薩維尼的提倡有關，其理論依據則是羅馬法上概括繼承 (universal succession) 的觀念，但由於概括繼承的基礎，係建立在被繼承人與繼承人的人格，在相當程度內同一，繼承人基本上乃延續被繼承人之人格的觀點，於目前是否仍可作為其存在依據，似不無疑義。就實用之價值言，概括繼承使繼承人不再以一系列之法律行為，分別取得各項權利義務，而是依法律規定，一次概括繼受被繼承所有之權利與義務 (per unversitatem)，較可保護債權人之利益。故此項主義在理論上仍有其價值，晚近大多數立法例亦採此項主義。

繼承統一主義的主要優點，是其適用較為簡便，也使法律關係趨於單純。例如被繼承人在不同國家均遺有不動產及動產時，統一主義使所有遺產共同組成各單位一律平等之財團，而由共同繼承人公同共有，並以遺產之全部，對被繼承人生前之所有債務負責；如須對被繼承人生前所為之贈與進行歸扣（參照我國民法第一一七三條），其標準亦較可統一；在遺囑繼承之場合，也可以避免同一遺囑之內容，將因其所涉財產之性質或所在地不同，而異其效力之困擾；法院如為保護家庭成員，而須依職權為繼承權利之調整，亦可對於所有遺產，為統一之考量。但此項主義仍非毫無缺點，例如 B 國人甲死亡，在 A 國遺有不動產，如有關其繼承之訴訟在採此項主義之國家之法院提起，而依法院地國際私法之規定，應概括適用 B 國之法律，倘 B 國法律與 A 國法律，就位於 A 國之不動產是否為繼承財產之問題，規定不一致，則 B 國法律對位於 A 國之不動產之法律關係而言，實際

上並無法貫徹或執行，充其量僅有象徵性之價值而已。

　　民事法律關係如簡單地區分為財產法律關係及身分法律關係，繼承由於位在此二種法律關係交錯的領域，繼承性質上可謂兼有身分法及財產法之特性。前述不統一主義著重在繼承的財產法上特性，統一主義則是強調其濃厚的身分法色彩，就法律關係的本質而論，統一主義當較可採，實際上國際私法的國內立法及國際公約的趨勢，已明顯朝統一主義發展，如何在此一主義之下，適度限制繼承準據法之適用範圍，以保護繼承人及被繼承人以外的第三人之利益，毋寧為重要課題。

第三項　我國現行規定之析論

一、繼承統一主義之採用

　　我國新涉外法就繼承問題，於第五十八條前段規定：「繼承，依被繼承人死亡時之本國法。」本條「繼承」一詞，應泛指權利義務之「死因移轉」，就財產之法律關係而言，並未就動產、不動產加以區別，一律均由被繼承人之本國法統一規範，可見在體例上係採繼承統一主義，並以被繼承人死亡時之國籍為連結因素，即就先後不同之國籍，係以最後之國籍為準，被繼承人死亡之前是否曾擁有何國國籍，或其繼承人於當時究屬何國國民，均不予考慮。在死亡宣告之情形，由於被繼承人失蹤在前，法院為死亡宣告之判決在後，其國籍在失蹤後當無改變之可能，故被繼承人之死亡時點，不妨以死亡宣告之準據法擬制的死亡時點為準，至於決定繼承準據法的被繼承人之國籍，似不妨直接以被繼承人於失蹤前所擁有者為準。

二、繼承分割主義之採用

　　新涉外法第五十八條但書規定：「但依中華民國法律，中華民國國民應為繼承人者，得就在中華民國之遺產繼承之。」此一規定的立法理由，是自中外通商以後，我國人民僑居英美及其舊屬地者甚眾，此等僑民定居國外，擁有資產，為免受定居國排華法案之不利益，多數脫離祖籍而歸化為

外國人，但其親屬仍不乏留居國內，並未喪失我國國籍者；一旦脫籍之華僑死亡，發生繼承之爭執，依本條本文規定，即應依被繼承人之新所屬國法，即僑居地國法解決，但由於英、美等國非但國際私法不採本國法主義，且其繼承法律亦多與我國大相逕庭，例如我國有特留分之規定，而英美則無之，一任遺囑人自由處分其財產，如一律依照僑居地國法，則我國籍親屬之特留分及其他繼承法上之權利，即有遭受剝奪之虞，為應實際需要，乃設此項但書，以資保護。

值得注意的是，依此項但書之規定，外國籍的被繼承人在我國有遺產，並有我國籍之繼承人時，其涉外繼承案件之準據法，將不再統一適用被繼承人死亡時之本國法，而可能同時並行適用中華民國法律，可謂已兼採不統一主義或繼承分割主義。不過，此項但書以在我國之遺產為適用對象，宣示繼承將因遺產所在地之不同，而適用不同之法律，而非規定繼承因遺產之性質為動產或不動產，而分別適用不同之衝突規則，在設計上與傳統之繼承分割主義仍有區別。

此項但書與同條前段之本文並列，可認為乃本文所規定之繼承統一主義的例外規定，從而亦須從嚴解釋。由立法理由觀之，此項但書的主要目的，乃在保護中華民國國民依中華民國法律繼承的期待權，而依中華民國法律以決定中華民國國民之繼承，其依據不外為被繼承人曾有中華民國國籍、繼承人現有中華民國國籍，中華民國並為遺產所在國。以被繼承人曾有之國籍或繼承人現有之國籍，決定繼承之準據法，均違反一般繼承衝突規則之立法原則，當非此項但書之所本。比較可以合理化的，應是認為中華民國乃遺產所在國，故乃以其法律決定在該國境內之遺產之繼承事宜。

由於我國法律並不能決定外國人死亡時之所有繼承事宜，我國法院對於外國籍之被繼承人死亡，而在中華民國境內遺有財產之繼承案件，一方面須依繼承之準據法，決定何人得為繼承人，另方面須依中華民國法律，決定是否有中華民國國民應為繼承人。如有中華民國國民依中華民國法律應為繼承人，該繼承人即得依但書規定，「就其在中華民國之遺產繼承之。」不過，因此項法律效果並非明確，適用時仍有若干問題，例如：中

華民國籍之繼承人就在中華民國以外之其他遺產，得否繼承，仍未見明文；其他外國籍之繼承人得否共同繼承在中華民國之遺產，也是問題；如內、外國人得共同繼承，其應繼分究應依被繼承人之本國法或中華民國法律決定，也有待確定。

　　為貫徹此項但書為例外規定之性質，彰顯其保護內國公益之立法意旨，並促進法律適用之單純化，似應就此項但書之適用，為目的性限縮，認為其適用以中華民國國民，依被繼承人之本國法不得為繼承人，而依中華民國法律應為繼承人之情形為限；中華民國法律之適用，乃因其為遺產所在地之故，故亦僅得就在中華民國之遺產，適用中華民國法律，就在外國之其他遺產，則仍應依被繼承人之本國法處理之。依前述原則，適用被繼承人死亡時之本國法時，固應不分繼承人之國籍，以求該遺產繼承問題之統一解決，適用中華民國法律之遺產，亦不論繼承人為內、外國人，其爭執均應依中華民國法律為斷。至於中華民國國民依被繼承人之本國法，原得為繼承人，只是該國法律所規定之應繼分比例較低，或所規定之特留分較低或全無的情形，應只是該外國法是否因違反我國之公序良俗，而應被排除適用之問題而已（新涉外法第八條），尚不宜適用此項但書之規定。

三、無人繼承之遺產

　　繼承開始時，如無繼承人存在，即繼承人曠缺時，各國均規定繼承財產，歸屬於國庫或地方自治團體，依其理由之不同，可分為二類。第一類認為國家或自治團體乃最後順序之法定繼承人 (ultimus heres) 者，如德國、瑞士、義大利、西班牙、瑞典等國。第二類認為其乃基於領土主權，對於無人繼承之無主物因先占而取得所有權 (bona vacantia) 者，如英美普通判例法、奧地利、法國、比利時、土耳其及多數拉丁美洲國家。

　　上述分類也影響到國際私法的規定，故國庫或地方自治團體取得無人繼承之遺產之問題，在第一類國家被認為仍屬繼承之問題，應適用被繼承人死亡時之屬人法；在第二類國家則因依法院地法定性，或認為其應適用物之所在地法，而認為並非繼承關係，亦不適用繼承之準據法，而國庫或

地方自治團體不論被繼承人之國籍或住所為何，均取得在其境內之無人繼承之遺產。

　　值得注意的是，即使第二類國家，亦認為應先依繼承之準據法，而非法院地之繼承法，決定系爭財產是否為無人繼承之遺產，所以如國庫或地方自治團體依繼承之準據法，乃最後順序之繼承人，其取得者乃是被繼承人之遺產，第二類國家的國庫所取得者乃無人繼承之財產，關於是否有人繼承之問題，並不得直接適用遺產之所在地法。

　　我國新涉外法第五十九條規定：「外國人死亡時，在中華民國遺有財產，如依前條應適用之法律為無人繼承之財產者，依中華民國法律處理之。」本條係為外國人在中華民國之遺產而規定，在其依繼承之準據法無人繼承時，為避免財產關係陷於不確定之狀態，影響財產之處分及用益，乃補充規定其應依中華民國法律處理，以保護內國之公益。依本條意旨，應依中華民國法律處理者，乃是「無人繼承之財產」，至於是否為無人繼承之財產，則應「依前條應適用之法律」，即應依前條所規定的準據法決定。

　　依本條規定，財產雖在中華民國，是否為無人繼承之問題，並非以中華民國法律為準據法，而是「依前條應適用之法律」，即依涉外繼承的準據法決定。我國民法第一一八五條規定：「……期限屆滿，無繼承人承認繼承時，其遺產於清償債權，並交付遺贈物後，如有賸餘，歸屬國庫。」可見國庫並非法定繼承人，惟如依法院地法的條文編章安排的體系，繼承的定性似可採廣義說，由於國庫乃依民法繼承編之條文取得遺產，仍可謂其屬於繼承之法律關係；如認為被繼承人死亡時，其遺產之法定移轉問題，即屬繼承之問題，無人繼承時遺產之歸屬問題，亦屬繼承問題，亦應依繼承之準據法予以處理。

　　不過，繼承之準據法原不具有屬地性，故外國人死亡，在我國遺有財產時，該遺產是否無人繼承，固應依其死亡時之本國法判斷，但此時亦應考慮其本國之國庫或地方自治團體，是否為法定繼承人之問題，必也連其本國之國庫或地方自治團體，亦不得「繼承」時，方得適用本條之規定。但純就內國法之角度，私法上繼承人的概念，是否得包括國庫或地方自治

團體在內，本有疑問，如其果得以法定繼承人之地位，而取得遺產，在國際私法上是否得視其為私法上之繼承，也值得商榷。因此，如在國際私法上規定國庫或地方自治團體，取得無人繼承之遺產之範圍，以在該領域內者為限，理論上較能避免為其權利定性之困擾，並減少繼承之準據法與遺產之所在地法之衝突。

我國上揭條文僅規定，我國國庫對無人繼承之外國人遺產，以在中華民國領域內者為限，依中華民國法律取得之；對依中華民國法律，無人繼承之中華民國國民之遺產，雖無明文規定，為求實際，亦應以在中華民國境內者為限，始由國庫依我國法律取得之，其遺留在外國之財產，似不宜概依繼承之準據法（中華民國法律），認為均歸屬於我國國庫。但如此時依遺產所在國的法律，我國國庫得取得我國籍被繼承人之遺產，我國國庫自得依其所在地法取得之。

四、遺囑與繼承之關係

某些國家之國際私法，將繼承分為遺囑繼承及無遺囑之繼承，並分別規定其衝突規則。我國現行法則未予以區分，凡因死亡而繼受死亡者之權利義務者，包括法定繼承及遺囑繼承，均為繼承準據法之適用範圍。至於新涉外法第六十條第一項規定：「遺囑之成立要件及效力，依成立時遺囑人之本國法。」本項規定適用之範圍僅及於遺囑本身之是否有效之問題而已，至於被繼承人得否以遺囑指定繼承人，或指定應繼分等問題，已涉遺囑之實質內容問題，非該條遺囑之準據法之適用範圍，而應由繼承之準據法解決。

繼承無論從其財產法或身分法的性格，均無必要討論國際契約法上當事人意思自主原則之問題，但由於遺囑與繼承在法律關係上無法完全區分，而各國實體法對遺囑之內容，均僅作最低限度的規範，即採遺囑自由之原則，故繼承是否亦因而得由被繼承人選擇準據法之問題 (professio juris)，在晚近乃形成一項新課題。

持肯定說者認為，因契約自由而被承認的當事人意思自主原則，在涉

外遺囑也有被承認的基礎，且此項承認有助於緩和本國法主義的僵化，及其與住所地法主義之對立，其對當事人之利益之保護、準據法預見可能性之提高、繼承問題之單純化、統一化之促進等，亦均有裨益。持否定說者認為，契約與遺囑本是不可同日而語之不同範疇，故遺囑不宜類推適用關於債權契約之規定，而且如許被繼承人決定繼承之準據法，對於繼承人及遺產債權人之利益，勢將造成不利益，對法律適用之安定性、各國法院判決之一致性等，亦均有不良影響。

上述正、反二說經過相當之論辯後，最近學說上已明顯趨向於支持肯定說，其主要理由是實體法上的遺囑自由，必須佐以決定準據法之自由，方能有效發揮作用；再者，在無法為繼承設計理想而客觀的連結因素的情形下，當事人意思自主原則的採納，與其在契約法領域的發跡基礎，實際上並無二致，當屬可行；而且，各國如均採此項原則，實際上判決較能一致，與夫妻財產制之衝突規則也能協調，避免定性結論不同而造成不合理之結果，並符合公平原則。

從立法的趨勢觀察，此項原則的有限度承認，亦已成為事實，例如：德國一九八六年國際私法第二十五條規定：「一、死因權利繼受，依被繼承人死亡時之本國法。二、被繼承人就在內國之不動產，得以死因處分之方式，選擇德國法。」瑞士一九八九年生效的國際私法第九十條規定：「一、被繼承人死亡時之最後住所在瑞士者，其遺產繼承依瑞士法。二、外國人得以遺囑或死因契約，選擇其本國法，為繼承之準據法，但立遺囑或死因契約時，已喪失該國國籍或取得瑞士國籍者，不在此限。」一九八八年海牙死亡者遺產繼承之準據法公約 (Hague Convention on the Law Applicable to Succession to the Estates of Deceased Persons, 1988) 第五條規定：「被繼承人就其遺產全部之繼承，得指定特定國家之法律為準據法。但如被繼承人指定時或死亡時，並非該國國民，亦無住所於該國者，其指定無效。」我國新涉外法未採類似原則，主要是為維持依被繼承人死亡時本國法所定法律關係之安定，但因同法採反致原則（第六條），如其本國法有類似上述之規定，仍得獲致類似結果，以緩和可能的僵化現象。

五、繼承準據法之適用問題

繼承之準據法適用之範圍，主要有下列各項：

㈠繼承之開始

繼承開始之原因、時期及處所等問題，均屬繼承準據法之適用範圍，應依被繼承人之本國法解決。一般而言，繼承應自被繼承人死亡時開始（參照我國民法第一一四七條），倘被繼承人之本國法規定民事死亡 (mort civile) 之制度，或其他我國法所不承認之開始繼承之原因，即使認為其與我國之公序良俗或有牴觸之虞，亦應依公序良俗條款決定之，不宜一律排斥其適用。

㈡繼承人

某人對被繼承人之遺產之全部或部分，是否得繼承，對死者之債務是否應負何種責任等，即繼承人之資格、種類、順序及其地位等問題，均屬繼承之範圍，應依被繼承人死亡時之本國法決定。但繼承人之資格，常須與被繼承人間有特定之親屬關係，例如配偶或直系血親卑親屬，此項親屬關係之有無，乃是繼承之先決或附隨問題，不得逕依繼承之準據法解決。至於外國法規定繼承人因不具備某外國之國籍，而無法依有關繼承之法律，取得該國國民之遺產者，是否應排斥其適用，則是另一問題。茲就繼承能力、繼承順序及應繼分與繼承權之喪失，再分述如下。

1.繼承能力

繼承能力之問題與權利能力有關，不過繼承能力並非泛指繼承人得享受權利、負擔義務之資格，而是指繼承人對於被繼承人之遺產，得依有關繼承之規定，而予以繼承之資格，即繼承之要件是否具備，或是否符合繼承法上「同時存在」原則之問題。因此，如謂繼承能力亦為權利能力，則應指特別權利能力，而非一般權利能力，其問題實際上是繼承要件之問題，故應依繼承之準據法，即被繼承人死亡時之本國法解決，而非類推適用新涉外法第九條之規定，依繼承人本身之本國法解決。質言之，被繼承人死亡時尚未出生之胎兒或依法設立之法人，是否得因繼承而取得權利的繼承

能力問題，乃至同時遇難之數人是否得互相繼承之問題，均應依繼承之準
據法決定。

2.繼承之順序及應繼分

繼承人依法如得繼承，其與其他繼承人究應依何種順序及比例，分配
遺產，即繼承之順序及應繼分，及繼承人是否受有特留分之保障之問題，
乃至繼承人對其應繼分於繼承開始前或開始後得否處分、被繼承人就應繼
分於生前所為承諾之效力、繼承人自被繼承人所受贈與是否應併入應繼分、
繼承人是否得為限定繼承、拋棄繼承等行為，及其期限、方式等，均屬繼
承準據法之適用範圍。

3.繼承權之喪失

繼承權之喪失，是指繼承人因侵權行為或其他原因，而被剝奪繼承之
利益或造成繼承之缺格 (unworthiness) 之情形。在國際私法上，無論繼承人
缺格之要件、效果，以及廢除繼承人之方法、效果等問題，均依繼承之準
據法解決，但也有以公序良俗之理由，而認定行為不檢之繼承人缺格者。
如以訴訟廢除繼承人，其程序則應依法院地法解決。大陸法系之立法例有
認為，被繼承人得於生前與有繼承期待權之人，為放棄其權利之約定者
(pact of renunciation)，在國際私法上，得否為放棄繼承期待權之約定及其
要件等問題，亦屬繼承準據法之適用範圍，應依被繼承人死亡時之本國法。
美國法上有繼承人得選擇依被繼承人之遺囑，或依法律規定，主張其有關
繼承之權利之制度 (doctrine of election)，在我國國際私法上，繼承人得否
為此種主張，及應如何主張之問題，解釋上亦應適用繼承之準據法，即被
繼承人死亡時之本國法。

㈢繼承之標的物

被繼承人因死亡，而須由他人承受之權利義務，即繼承之標的物之組
成問題，原則上應依繼承之準據法決定；但由於特定之權利義務，是否具
有可繼承之性質，乃該權利義務本身之準據法之適用範圍，例如某項權利
依該權利之準據法，應專屬於一身而不得轉讓者，即不得繼承，因而其是
否得納入繼承標的物之範圍，亦不得忽略該權利義務之準據法之適用。換

言之，被繼承人生前所擁有之權利，如欲納入繼承標的物之範圍，須累積適用繼承之準據法及該權利之準據法，必也二者均持肯定見解，始得納入繼承之標的物，由繼承人繼承之。繼承準據法適用於全部遺產，個別的遺產的歸屬與其物權問題相關，原則上應依其物之所在地法決定（新涉外法第三十八條），二者如有衝突，依個別準據法優先於總括準據法之原則，應優先適用物權之準據法。

㈣繼承開始之效力

繼承之開始，是否以繼承人之承認繼承為必要、繼承開始後，繼承人如何繼受被繼承人生前之權利義務，包括繼受之範圍如何，於何時正式依法繼受等問題，均屬繼承之範圍，應適用被繼承人死亡時之本國法決定。不過，繼承開始後，特定權利如何由被繼承人移轉與繼承人之問題，例如繼承人是否即時取得該權利，或須履行特定行為或經國家機關之登記或核可，始取得該權利，或取得該權利是否得對抗第三人等效力問題，實際上亦係該權利之變動問題，亦不得不考慮該特定權利本身之準據法之適用。

例如被繼承人在其本國以外之其他國家遺有不動產，繼承人依不動產所在地法，並未因繼承開始而直接取得其權利，且其取得權利並無對抗第三人之法律效果，但依繼承之準據法，即被繼承人死亡時之本國法，繼承人因繼承開始而直接取得權利，且有對抗第三人之效力。此時繼承之準據法因與物權之準據法相左，實際上難以發揮規範效力，我國未設如德國舊民法施行法第二十八條「屈服條款」之規定，似宜援用「個別準據法優先於總括準據法」原則之精神，類推適用新涉外法第四十八條第三項之規定，適用被繼承之權利之準據法中之強制規定。

※關於本節，其詳可再參閱：洪應灶，〈論國際私法上繼承之準據法〉，《臺大法學論叢》，第一卷第二期（民國六十一年四月）；陳榮傳，〈外國人在臺遺產之繼承問題〉，《月旦法學雜誌》，第五期（民國八十四年九月）。

第二節　遺　囑

第一項　緒　言

遺囑是指遺囑人（立遺囑人）在其活存期間，為使法律關係在其死後發生特定變動或法律上效力，而依法定方式所為之法律行為。遺囑與繼承之關係密切，惟各國法律除容許被繼承人以遺囑處分遺產，變更法定之繼承關係外，亦有容許以遺囑行為調整其他法律關係者，例如贈與（遺贈）或捐助、認領非婚生子女、指定監護人、收養子女及成立信託關係等。除得以遺囑處分之法律關係之範圍外，各國法律就遺囑本身之成立要件、效力、撤銷等問題，規定亦不一致，故在國際私法上亦有必要討論遺囑準據法之問題。本節所討論者係遺囑本身之準據法問題。

第二項　遺囑之成立及效力

各國設立遺囑制度之目的，主要是在保護、尊重遺囑人臨終前，最後遺留之意思表示，加上遺囑之內容多以身分法上之法律關係為處分對象，所以遺囑之成立及其效力之準據法，國際私法通例乃採遺囑人之屬人法主義。我國新涉外法循此通例，並採遺囑人之本國法主義，於第六十條第一項規定：「遺囑之成立要件及效力，依成立時遺囑人之本國法。」

採遺囑人屬人法之立法例，遇有遺囑人於作成遺囑後，變更其連結因素後死亡之情形，有以遺囑作成時之遺囑人之屬人法為準者，亦有以遺囑人死亡時之最後屬人法為準者。我國前述規定以遺囑成立時遺囑人之本國法為準，此項不變更主義之立法理由，乃在避免因嗣後遺囑人變更國籍，而影響遺囑之效力。因此，如 A 國人甲作成遺囑後，國籍變更，死亡時為 B 國國民，其遺囑之成立及效力，即應依 A 國法決定，而非依 B 國法決定。此一結果從遺囑行為於遺囑作成時即已成立，僅以遺囑人之死亡為生效要件之本質以觀，並無不當；但在以遺囑處分遺產，而使遺囑與繼承難

以明確區分的情形下，繼承須以被繼承人死亡時之本國法為準，遺囑則應適用其他不同之法律，是否妥當，仍值得慎重探究。

第三項　遺囑成立準據法之適用範圍

我國民法就死因處分，僅規定遺囑一種，如有外國人就與遺囑類似之繼承契約 (Erbvertrag, institution contractuelle)，在我國法院涉訟，解釋上似宜視其為遺囑問題。遺囑成立及效力之問題，在我國國際私法由於與遺囑撤回、繼承及其標的法律關係之問題併列，所以其準據法之適用範圍相當有限，幾乎僅遺囑本身之意思表示，及遺囑效力之發生時期而已。茲將各項相關問題，分別討論如下。

一、遺囑能力

關於遺囑人訂立遺囑之能力之準據法，各國國際私法之規定並未一致，但不外依繼承之準據法、遺囑人之屬人法、累積適用遺囑訂立時與死亡時遺囑人之屬人法、選擇適用訂立時與死亡時之屬人法等各項主義。我國民法就訂立遺囑之能力，為不同於一般法律行為之規定（十六歲，第一一八六條），在國際私法上亦認為不適用一般行為能力準據法之規定，而應與其他遺囑實質要件，皆適用遺囑成立時遺囑人之本國法。

二、遺囑之成立要件

遺囑之其他實質要件，是指遺囑本身之意思表示應具備之要件，如有瑕疵，例如遺囑人有真意保留、意思表示錯誤、被詐欺或被脅迫而為意思表示等情形時，該遺囑是否有效成立等問題，均應適用遺囑成立時遺囑人之本國法。遺囑內容之解釋 (interpretation)，解釋上可認為是遺囑的實質問題，故應適用遺囑之準據法，至於遺囑人在遺囑中應表示而未表示之意思之補充 (construction)，由於涉及應以何國法律填補之問題，故亦應適用遺囑實質要件之準據法，即遺囑成立時遺囑人之本國法。為適度尊重遺囑人之意思表示，有些國家已承認遺囑人得依其意思，自主決定遺囑之準據法 (professio juris)。

第四項　遺囑行為方式之準據法

　　各國有關遺囑方式之規定，例如是否承認自書遺囑、口授遺囑、可否二人以上共用一份或數份聯合遺囑 (joint wills)、是否須經法院公證或認證等，仍未統一，在國際私法上如認為遺囑方式之問題，性質上亦屬遺囑之成立要件，即應適用遺囑要件之準據法，即立遺囑人之本國法。準此，遺囑如未具備立遺囑人本國法所規定之方式，即使符合遺囑訂立地，或所處分財產之所在地法律之規定，亦不能認為成立。但從比較國際私法之角度觀察，各國國際私法有關遺囑方式之準據法之規定，均已朝「優遇遺囑 (favor testimenti)」，即減少單一準據法對遺囑方式之限制，而就遺囑規定數種準據法，並認為遺囑之方式只要符合其中任何一種準據法之規定，即為合法。

　　此種規定使遺囑之方式要件，較容易具備，其有關準據法之規定，在此一目的下，即已不再具有強制法院適用之性質，而僅具有選擇性或任意性而已。我國新涉外法第六十條第一項僅規定「遺囑之成立要件及效力」，其「成立要件」之規定，僅指實質要件而言，並未包括方式問題在內。

　　關於遺囑方式之問題，新涉外法第六十一條採數國法律選擇適用之原則，使遺囑及其撤回行為之方式易於具備，以尊重遺囑人之意思，其規定為：「遺囑及其撤回之方式，除依前條所定應適用之法律外，亦得依下列任一法律為之：一、遺囑之訂立地法。二、遺囑人死亡時之住所地法。三、遺囑有關不動產者，該不動產之所在地法。」依本條規定，儘管各國法律關於遺囑及其撤回之方式，規定仍未一致，但本條所規定的三種準據法對遺囑及其撤回方式的適用，乃是任擇適用或選擇適用 (alternative application, alternative reference)，只要具備新涉外法第六十條所規定的準據法或第六十一條所列舉的任何一個準據法所定的方式，即為有效。

　　新涉外法第六十一條所稱「前條所定應適用之法律」，是指行為人於行為時的本國法，即遺囑人於遺囑成立時之本國法或撤回人（遺囑人）於撤回時之本國法而言，適用其本國法時應注意其反致問題（同法第六條）。遺

囑之訂立地法是指行為地法而言，如同一遺囑之訂立地跨連數法域，則其所有訂立地之法律，均為本條第一款所稱之訂立地法，只要符合其中一個訂立地法，即屬具備法定方式。第二款的遺囑人死亡時之住所地法，乃是獨立的準據法，其非取代當事人本國法的補充性法律，與當事人有無國籍的問題無涉。例如甲有 A 國國籍，在 B 國有住所，其生前所訂立的遺囑的方式不符合 A 國法律之規定，但符合 B 國法律之規定時，依本條第二款的規定，我國法院亦應認為其遺囑未欠缺法定方式。本款所定遺囑人死亡時之住所地法，乃是不同於遺囑人本國法的另一準據法，其非適用本國法時因反致條款（同法第六條）轉而適用的住所地法，即使遺囑人的住所地法剛好是其本國法，也不是反致條款（同法第六條）的適用對象。第三款規定的不動產所在地法，僅於遺囑「有關不動產」時，始得適用之，所謂「有關不動產」，並非泛指遺產之中含有不動產的情形，必須是遺囑之中提及座落在某地的不動產時，該不動產所在地的法律始得列為選擇適用的選項之一。

第五項　遺囑之效力

一、遺囑與遺囑標的之法律關係

對於遺囑人得以遺囑處分之權限，例如是否受有特留分之限制，或須為特定人之利益而保留部分遺產，或不得為特定之處分等限制，受有限制時其內容為何等問題，均屬繼承之問題，不適用遺囑之準據法。以有關指定繼承人之遺囑之問題為例，理論上言，遺囑本身之意思表示是否有效成立之問題，始為遺囑準據法之適用範圍，其他如是否得以遺囑指定繼承人、該指定繼承人之意思表示是否具備法定要件、指定繼承人之意思表示有無瑕疵等問題，即屬繼承之問題。

遺囑之實質內容往往涉及實體法律關係之處分，被處分之法律關係之問題，例如遺贈、法定繼承關係之變更或監護人之指定等，均應依各該法律關係之準據法。但遺囑本身之意思表示與其實質內容之意思表示，實際

上亦難予以區別，使其均適用實質內容之準據法，亦屬無妨，故如在國際私法上將遺囑本身之意思表示，與其實質內容之意思表示之問題完全分離，而由不同之準據法解決，其結果可能使遺囑之準據法，僅用於遺囑本身之意思表示的形式問題而已。遺囑之實質內容雖須以意思表示為之，但就遺囑行為之整體要素而言，其性質上乃是遺囑行為的「標的」問題，固無妨直接適用該標的法律關係之準據法，至於成立遺囑之意思表示，除內容以外之其他問題，均應適用遺囑之準據法。

在遺囑的標的法律關係是否發生某種變動（即實質效力），另依該標的法律關係之準據法的情形下，適用遺囑效力準據法的問題，便僅剩其形式效力，即何時生效、一部生效或全部生效等而已。

二、遺囑之撤回

遺囑即係為尊重遺囑人之最後意思而設，如遺囑人訂立遺囑時之原意已經變更，各國法律均容許遺囑人將其撤回。惟遺囑究應如何撤回，例如是否須撕毀舊遺囑、明示撤回舊遺囑、訂立新遺囑以撤回舊遺囑、或以內容牴觸之新遺囑表示撤回等，各國規定亦非一致。此外，法定事由之發生，例如遺囑人結婚、離婚等，是否構成對該事由發生前所訂遺囑之撤回，各國規定復未盡同。故在國際私法上就遺囑撤回之問題，亦須決定其準據法。

我國新涉外法第六十條第二項規定：「遺囑之撤回依撤回時遺囑人之本國法。」其中「撤回」一詞，是指遺囑人在遺囑成立後，復任意阻止該遺囑內容在死亡時發生效力之行為，其範圍包括積極撤回原定之遺囑，及以後遺囑取代前遺囑之情形。至於遺囑意思表示本身有錯誤、被詐欺、被脅迫等瑕疵，而依法得予以撤銷之情形，則屬遺囑成立之問題，應依同條第一項之規定解決。

遺囑成立後，遺囑人再以單純之撤回行為，阻止遺囑發生效力者，該撤回行為之要件及效力，是否應適用原遺囑之準據法，或許尚有爭執之餘地；如立新遺囑而取代舊遺囑，無論認其為訂定新遺囑之問題，或從撤回行為之成立之時點而言，以撤回時之國籍定其準據法，理論上較無爭議。

故如 A 國國民甲訂立遺囑後，變更國籍為 B 國國民，其後再訂立新遺囑，而且新、舊遺囑並未牴觸，依 A 國法舊遺囑未被撤回，但依 B 國法舊遺囑已因新遺囑之訂立而視為撤回時，倘當事人就甲是否撤回舊遺囑之問題在我國法院涉訟，依上述我國法之規定，即應適用 B 國法決定之。但如上例中新、舊遺囑之內容相牴觸，例如遺囑人之舊遺囑將其所有之若干財產遺贈與乙，新遺囑係將該財產遺贈與丙，因已直接涉及標的法律關係（繼承）之處分，即非遺囑本身之問題，而應適用標的法律關係之準據法。

　　遺囑人結婚或離婚，對訂立在先之遺囑是否構成撤回之問題，在比較國際私法上，有認為其乃結婚或離婚之效力問題者，亦有認為遺囑成立後所生之此項問題，應適用繼承之準據法者。我國民法並不承認此等制度，如以之為遺囑撤回之問題，亦無法認定何國法律為「撤回」時之本國法，因其乃已成立之遺囑，於遺囑人死亡時，是否仍能生效之問題，解釋上似不妨將其定性為遺囑之效力，而適用遺囑成立時遺囑人之本國法。

第六篇

輔助法規論

國際私法法規約可分為兩類，其一、主要法規，其二、輔助法規。前者係針對特定涉外法律關係規定應適用某國法律之法規，即準據法之法規，如新涉外法第九條至第六十一條之規定是；後者則指非直接對涉外法律關係規定應適用何國之法律，而是用來補充解決法律適用時所生問題之法規，如新涉外法第一條至第八條、第六十二條至第六十三條之規定是。過去所討論過的住所、國籍的積極與消極衝突的解決，以及外國法適用之限制等，均屬於輔助法規之性質。以下擬就其他輔助法規分別討論如後。

第一章 法規欠缺及其補全

一般國家國際私法有關法律適用條文不多，且多概括簡略，但涉外法律關係日益繁雜增多，因此於涉外案件中，一國法院於其國際私法中找不到直接可資適用的條文，此種國際私法條文之欠缺，稱為法規的欠缺，其情形與實體法應規定而未規定的情形相當，即一般所稱之法律漏洞。

第一節 法規之欠缺

國際私法法規的欠缺可分二種，其一、法規的完全欠缺，其二、法規的不完全欠缺。茲分述如下：

一、法規的完全欠缺

係指對特定涉外法律關係於國際私法中，完全找不到可資適用的條文。例如新涉外法第四十五條、第四十六條規定男女之婚約及婚姻之準據法，但對涉外同性婚約、同性伴侶或同性婚姻之成立及效力，則未有條文規定其準據法；第五十條規定離婚及其效力的準據法，但對於別居或分居(separation) 的準據法，則無條文予以規定。此等情況，即為法規的完全欠缺。

二、法規的不完全欠缺

係指對特定涉外法律關係於國際私法中，雖非完全沒有可資適用的條文，但涉外法律關係的一部分事實，與該條文規定的要件，不完全吻合，因此不能直接適用該條文。例如新涉外法第十五條規定，依中華民國法律

設立之外國法人分支機構，其內部事項依中華民國法律，但對於 A 國籍法人依 B 國法設立之分支機構，雖有類似之問題，但與條文規定的情形不完全吻合，不能直接適用該條文，此稱為法規的不完全欠缺。

第二節　法規欠缺之補全

國際私法發生法規欠缺時，新涉外法第一條即規定補全之方法。該條曰：「涉外民事，本法未規定者，適用其他法律之規定，其他法律無規定者，依法理。」於此應注意者，所謂涉外民事，本法未規定者，並不限於法律適用（準據法適用）的條文未規定，即其他有關涉外民事的問題未規定，也包括在內。至其補充之順序，則以適用其他有關國際私法規定的法律為優先，若無其他法律規定，最後則以法理補充，而不得以法律未規定為理由，拒絕審判、駁回當事人之請求或直接適用中華民國法律。所謂法理是指由法律精神演繹而出的一般法律原則，為謀社會生活事務的圓滿、和諧所不得不然的道理。依法理補全，應視其為法規完全欠缺抑法規不完全欠缺，而有不同之補全方法，茲分述如下：

一、法規完全欠缺的補全

法規完全欠缺的補全，依法理補全，其學說有二：

㈠適用內國法說

主張此說者主要認為法規完全欠缺之發生，乃是由於立法者之有意省略，因此於涉外案件發生時，法律既未明文規定適用外國法，法官自應專一的適用內國法，即以內國法律為該涉外法律關係的準據法。例如前述涉外同性婚約、同性伴侶或同性婚姻問題，在我國國際私法上既發生法規之完全欠缺，依此說，即應以中華民國法律為該涉外同性婚約、同性伴侶或同性婚姻之準據法。

惟法規完全欠缺與其說是立法者之有意省略，不如認為是立法者之遺漏，更切實際，且採此說也有違內外國法律平等之原則。

㈡類推適用說

此說認為法規完全欠缺時，應先研究分析該涉外法律關係的性質，視其與何種具有明文規定的涉外法律關係性質類同，然後即以該有明文規定的涉外法律關係的準據法，作為法規完全欠缺的法律關係之準據法。例如涉外同性婚約、同性伴侶或同性婚姻，發生法規完全欠缺，若採此說，即應先研究同性婚約、同性伴侶或同性婚姻的性質，如認其性質與異性婚約、異性婚姻相似，即應類推適用異性婚約、異性婚姻的衝突規則（新涉外法第四十五條、第四十六條），以決定同性婚約、同性伴侶或同性婚姻的準據法。此說既不認為法規完全欠缺係由於立法者之有意省略，又能避免內外國法不平等待遇之嫌，自為可採。

二、法規不完全欠缺的補全

法規不完全欠缺一般均是由單面法則而發生，學說上通常採平衡適用法加以補全。其補全之步驟可分三點說明，首先確定單面法則中，該法律關係準據法係以何種連結因素為基礎所構成；其次則利用該連結因素為基礎，制定一抽象之準據法；最後於具體案件中，將涉外法律關係的事實，適用於所制定的抽象的準據法，即可達成法規不完全欠缺補全之目的。例如新涉外法第十五條「依中華民國法律設立之外國法人分支機構，其內部事項依中華民國法」，就立法形式言屬單面法則，倘若涉訟案件為「依其他外國法律設立之外國法人分支機構」，例如依 B 國法律設立之 A 國法人之分支機構，其內部事項之準據法為何，即構成法規之不完全欠缺，因其與第十五條所規定之情形一部分不吻合，而不能直接適用該條。倘採平衡適用法，即先確定該條中之中華民國法律係以分支機構之設立準據法為連結因素所構成之準據法，再以分支機構之設立準據法為基礎，制定一抽象的衝突規則，即依其分支機構之設立準據法，最後於具體案件適用此一衝突規則，即以 B 國法為該分支機構之內部事項之準據法，即可解決該發生法規不完全欠缺之涉外法律關係。

第二章　一國數法問題

　　自西元十九世紀起，各國開始編纂法典，各國國內法律逐漸統一，例如法國於一八〇四年頒行拿破崙法典，德國於一九〇〇年制定民法典，我國於一九二九至一九三一年間公布民法典等是，但一國數法問題在某些國家仍然存在，如美國、英國、澳大利亞等國家是，在此等國家中，一國之內有複數不同之法域，各有獨立存在之法律。因此，於國際私法上，對於涉外法律關係適用當事人本國法時，常會發生一國數法問題。例如一涉外法律關係於中華民國法院涉訟，人之行為能力問題應適用當事人本國法（第十條第一項參照），當事人若是中華民國人則適用中華民國法，若是法國人則適用法國法，並無問題；但當事人若是美國人時，則因美國各州法律不同，究應適用何一州之法律，以為該當事人之本國法，即發生一國數法之問題。

第一節　一國數法問題解決之立法主義

　　對於涉外法律關係，在適用當事人本國法時，雖明知其有國籍，惟其本國法律係因地方而異者，則究應以何地方法律為其本國法，學說有二，茲分述之：

一、直接指定主義

　　認為對涉外法律關係應適用當事人本國法，而當事人本國為一複數法域國家，各地方法律不同時，此際一國國際私法應明文指定該外國之某一特定法域之法律，作為當事人之本國法。例如指定當事人在其本國之住所地法或首都所在地法為其本國法。

二、間接指定主義

認為對於涉外法律關係適用當事人本國法，而當事人本國各地方法律不同時，此際一國國際私法不得直接指定該當事人本國某一特定法域之法律，作為該當事人之本國法，而應委由該當事人本國之法律予以決定。

二種立法主義各有利弊，採直接指定主義有用法簡單明確之利，但有時不免與其本國之認定互有出入；採間接指定主義固有尊重並與其本國認定一致之利，但若其本國並無法律指示應適用何一地方法律時，則不免有時而窮。例如一九二六年波蘭制定內部關係法，其第一條、第三條規定：「有住所於外國之波蘭國民，對其身分能力事項，波蘭法院應依其人在波蘭之最後住所地法；如其人在波蘭從無住所者，則依波蘭國都所在地法。」則於一國國際私法採直接指定主義，而應適用波蘭法，但其指定與波蘭內部關係法不同時，直接指定主義之弊端，即可顯現；反之，於此情形，若一國採間接指定主義，則見其利。惟若應適用之本國法非波蘭法，而係無統一法規指示應適用何一地方法律時，則間接指定主義之弊，也會出現。

以上二種立法主義既各有利弊，因之遂產生第三種立法主義折衷主義，即原則上採間接指定主義，但如當事人本國無統一法規指示應適用何一地方法律時，則再採直接指定主義。一九七八年奧地利國際私法第五條第三項規定：「如外國法由數個地區性法律所組成，則依該外國法之現行規則之指示，而適用某地區性之法律，無該規則時，依具有最重要牽連關係之地區性法律。」此種立法主義，似能矯正前述二主義之缺點，值得吾人注意。

第二節　我國法律對一國數法問題解決之規定

我國舊涉外法第二十八條規定：「依本法適用當事人本國法時，如其國內各地方法律不同者，依其國內住所地法，國內住所不明者，依其首都所在地法。」顯係採上述直接指定主義，但本條僅對於「其國內各地方法律不同」的「一國數法」予以規定，而未及於該國內的各法律是因人的宗教、

來源、種姓或其他因素，而有不同的情況，範圍略有不及；直接指定主義對於法律適用，雖然比較便利，但如其本國對於該國的國內法律衝突，已有其法律上之對策，即可能發生依本法指定的法律與依該國法律所指定的法律不同的情形，即我國法院與該國法院判決不一致的現象，也有未能完整適用當事人本國法的瑕疵。

新涉外法為解決上述問題，於第五條規定：「依本法適用當事人本國法時，如其國內法律因地域或其他因素有不同者，依該國關於法律適用之規定，定其應適用之法律；該國關於法律適用之規定不明者，適用該國與當事人關係最切之法律。」本條規定「如其國內法律因地域或其他因素有不同者」，即除了國內法的區際衝突 (interregional conflicts) 之外，人際衝突 (interpersonal conflicts) 及時際衝突 (intertemporal conflicts) 等問題，也都納入一國數法的範圍予以考慮，等於是將非屬於國際法律衝突的國內法律衝突 (internal conflict of laws) 問題，全都在本條予以規定，堪稱具有全面性的解決方案。在解決國內法律衝突的方法上，本條採取間接指定主義，「依該國關於法律適用之規定，定其應適用之法律」。其中，該國「關於法律適用之規定」是指其國內的法律衝突規則 (conflicts rules) 而言，在內容上可以包括上述三種國內法律衝突的情形。

本條的規定使法院適用當事人本國法的範圍，包含該國的國內法律衝突規則在內，條文所稱「定其應適用之法律」，是指定其應適用的國內法而言，所以本條的適用，是以系爭法律關係的準據法為當事人的本國法為限。如果該國的國內法律衝突規則無法證明（不明），本條也例外地採取直接指定主義，規定應「適用該國與當事人關係最切之法律」。無論是依當事人本國的國內法律衝突規則所指定，或直接依本條所認定的「關係最切之法律」，都是確定當事人的「本國法」的過程。

例如有住所於紐約州之美國人甲與中華民國國民乙因買賣契約在中華民國法院涉訟，關於甲有無行為能力，應依美國之州際衝突規則決定其準據法，與在美國法院訴訟的情形相同，有助於判決之國際一致。此時適用的國內準據法，應包含其衝突規則在內，故如依其應適用之國內準據法，應適用其他法律，應依反致條款（新涉外法第六條），適用該其他法律。

第三章　反致問題

第一節　引　論

　　任何涉外法律關係案件，一國法院應解決事項之順序，不外下列四點：第一、該國法院對本案件是否有管轄權；第二、倘法院認定合法享有管轄權時，則次一步驟即應決定系爭問題之法律性質，以依其國際私法以確定應適用之衝突規則；第三、法院就訟爭問題定性後，次一步驟即應確定系爭法律問題之準據法；第四、適用該案件之準據法。法院最後之任務，即在依準據法解決當事人間之爭端，如準據法為法院地法時，法院固毫無疑問的適用其民商實體法，以為裁判之根據，例如案件為侵權行為，則適用法院地有關侵權行為之實體法規定，如為離婚案件，則適用其有關離婚之規定；但準據法為外國法時，則情形即可能複雜，因為此外國「法」，究竟係指該外國之實體法抑指其全體法律而包含其國際私法在內？此外國「法」之用語，導致國際私法上反致問題之發生❶。

第二節　反致條款之剖析

　　反致是指對於某種涉外法律關係，依內國國際私法之規定，應適用某外國之法律，而依該外國國際私法之規定，卻應適用內國法或他國法時，

---

❶　反致一詞，係譯自法語 (renvoi)。國內學者有譯稱「反據」、「反定」、「送還」與「移送」者，不一而足。惟按法語原文所示，含有「迴翔」之意義，無論其譯名如何，要不出此範圍，本書從通譯反致。

即適用內國法或該他國法。此種法律適用程序稱為反致。反致理論雖早見於西元十七世紀之法國判例❷，但遲至十九世紀初期，始逐漸擴大為英國、法國法院之判例所採用。茲分下列各項，分別說明討論。

一、反致之淵源二個重要判例之檢討

㈠英國柯利爾案 (Collier v. Rivaz)❸

1.事　實

　　某英國人，依英國法其死亡時之住所地在比利時。生前做成了七項有關遺囑的文件，一個遺囑及六個附加書。遺囑及其中兩個附加書，係依照比利時民法所規定之方式而制定，其餘四個附加書並未依照比利時民法所規定之方式，但是合乎英國一八三七年遺囑法所定之形式。依照比利時民法，該立遺囑人從未在比利時設定住所，蓋其並未自比國政府獲得必須之允許。本案之問題乃此等遺囑文件能否在英國允受檢證。

　　英國法官 Sir Herbert Jenner 在判決中首先指出，他必須一如比利時法官一樣來判決本案，然後即同意對該遺囑及兩個附加書之檢證，因此等文件合乎立遺囑人死亡時住所地法比利時民法所規定之形式要件。至於另四個附加書之檢證，則受到反對，蓋其雖依照英國法所定之方式，但不符合比利時民法所定之形式要件。唯比利時國際私法規定，在比利時未設有住所之外國人，其所立遺囑之方式要件依當事人本國法，英國法院遂因此而適用英國法，而許可其他四個附加書之檢證。

2.評　論

　　柯利爾案可視為英國第一個有關反致之案件，茲評論如下：

　　第一、一國法院就某涉外案件選定準據法時，法院必須決定該選定之

---

❷　反致理論嚆矢於十七世紀之法國判例，即一六五二年法國羅安 (Rouan) 地方之最高法院，根據另一法國法域之國際私法規定，反致適用諾曼地 (Normandie) 法律。參見 Wolff, *Private International Law* (2nd ed., 1950), p. 189.

❸　(1841) 2 Curt. 855. 關於本案請參閱 Dicey & Morris, *The Conflict of Laws* (9th ed., 1973), pp. 54～55.

「法」，究係其實體法（不採反致）抑其國際私法（採納反致），而不得謂同時指向該兩種法律。英國法院於本案中，就遺囑及兩個附加書適用比利時民法，但就另四個附加書卻依比國國際私法規定反致適用英國法。其適用法律，可說違背國際私法適用法律之基本原則，因此大大削弱了本案之權威性。

第二、英國法院此種輪流交互式地選擇適用法律，用於決定遺囑形式效力時雖尚屬可行，但卻不能用於作為決定遺囑實質效力所採之辦法，蓋於後者，法院必須決定所選擇者，究為外國之實體法抑國際私法，而不得謂兼指兩者，因此時法院所要決定者，為立遺囑者是否有處分之權力，其是否未立遺囑而死，誰為其最近親屬等問題，申言之，吾人雖可同意遺囑方式要件依立遺囑人住所地之實體法或其國際私法所指定之另一國實體法，即可有效成立，但卻不能苟同依住所地實體法為有權繼承者，來分享依住所地國際私法所指定之另一國實體法有繼承權之遺產。

第三、法院於本案中就同一問題遺囑文件之方式要件，分別適用比利時民法及其國際私法所指定之英國法，且聲稱：「本院於此為裁判時，必須考慮到在此特殊情況下，一如在比國為裁判。」法官雖為如此之聲明，但其於適用比國國際私法時，並未提及比國法院是否也採反致，從而有依英國國際私法再適用比國實體法之可能。

第四、其實詳細分析，英國法院於本案中所以採用反致，以維持部分附加書之形式效力，主要是基於下列三點理由：

其一、當時英國國際私法規定遺囑方式應依遺囑人最後住所地法，太過剛性，無其他準據法可以適用❹。

其二、歐洲大陸國家（多為英國人經常居住的地方）對遺囑方式準據法之規定，極富彈性，遺囑方式要件無論是依立遺囑人本國法抑遺囑作成地法為有效成立時均可。

其三、法院對於立遺囑人最後願望之表示，有意欲維持之偏見。

---

❹　英國法律之此種規定，後來為其一八六一年遺囑法及一九六三年遺囑法所修正。參見 Dicey & Morris, p. 54, note 11.

　　基於上述三點原因，法院於本案中一部採用反致，一部不採用反致，其欲維持遺囑成立之苦心極為明顯，換言之，其採用反致，係在緩和英國國際私法對遺囑方式要件準據法之嚴格，初非基於其他理論上之原因，或為擴大內國法之適用，或為求判決之一致。

㈡法國福哥案 (L'affaire Forgo) ❺

1.事　實

　　福哥為一私生子，為德國巴法利亞邦 (Bavaria) 人，五歲前往法國，在法國只有習慣上的住所，於六十八歲時未立遺囑死於法國，遺留許多動產，於法國法院發生繼承事件，依法國國際私法，凡屬動產繼承，均依死亡者的住所地法。福哥雖然在法國有習慣上的住所，但其住所並非依法獲得法國政府的許可設立，不能視為法律上的住所，因此他的住所地仍只能謂係在德國巴邦。依巴法利亞邦民法，旁系親屬有權繼承，但依法國《拿破崙法典》，私生子旁系親屬無權繼承，財產應歸屬國庫。法國法院於本案中適用巴邦法律福哥住所地法時，若以該邦之民法為法國國際私法制度上所謂之住所地法，則遺產由福哥旁系親屬繼承；唯法國最高法院於本案中解釋住所地法時，係指其國際私法，而依巴邦國際私法，動產繼承固仍須依死亡者事實上的住所地法。福哥既有事實住所於法國多年，法國法院遂反致適用法國法，其結果福哥之旁系親屬不得繼承，其遺產遂因無人繼承而歸法國國庫。

2.評　論

　　從福哥案可以看出一國採用反致與否，對案件結果所生之影響。因為法國法院如不採用反致，依其國際私法而直接適用巴邦有關繼承的法律時，則因巴邦法律明定於無直系血親卑親屬時，私生子之繼承人應為其同胞兄弟姊妹，而福哥之遺產勢必全部歸屬巴邦之福哥親屬；但本案中法國法院採用反致，而適用巴邦國際私法的結果，最後竟適用法國的繼承法，因法

---

❺　Estate of Forgo, Cour de Cassation, Civ., June 24, 1878, Sirey, Rec. Gen. (1878) 429. 關於本案請參閱 Ehrenzweig, *A Treatise on the Conflict of Laws* (1962), p. 335.

國法律不承認私生子的同胞兄弟姊妹有繼承權，是以福哥遺產遂判歸法國國庫。本案值得批評者有以下各點：

第一、法國法院採用反致，顯然係為擴大內國法之適用，並因適用內國法而獲利益。蓋巴邦繼承法規定如何，固已為法國法院所詳知，故其適用法國法，並非基於法國法為法院所熟悉，外國法為法院所陌生之理由。是其採用反致，因而適用法國繼承法，不外是基於使法國國庫獲利之一原因。

第二、依法國國際私法，凡屬動產繼承，均依死亡者住所地法。法國法院本可據此直接適用《拿破崙法典》，蓋福哥在法國設有習慣上的住所已逾數十年，但法國法院因其住所並未獲得法國政府之許可，不能視為法律上的住所，遂不得直接適用法國民法，而改採迂迴之手段，採用反致，以達間接適用法國法的目的。法國法院不就個案因其性質特殊（長久習慣住所），而擴張解釋法定住所之含義，卻就個案創下了適用反致之普遍原則，引起後世久遠之爭論，其是否明智，實令人懷疑。

第三、法國法院於本案中採用反致，顯係違背當事人正當期待利益。如法國法院不採反致，福哥之遺產，本應依巴邦繼承法，由其同胞兄弟姊妹繼承，今因採取反致，改適用法國民法，以至於判歸法國國庫。就此遺產兩種不同歸屬而言，何者應為福哥之意思，亦即採取何種歸屬，方屬符合被繼承人正當期待利益。顯然地，福哥在法國有習慣住所多年，而未正式申請在法國設定法律上的住所，不正足以解釋他的意思，就是要使其遺產依巴邦法律來處置，以期有利於他的旁系親屬，換言之，其遺產由其同胞兄弟姊妹繼承，乃是符合福哥之正當期待利益。法國法院之判決實是違反了當事人之意思。

第四、法國法院於本案中適用外國法，而解釋指其國際私法，反致適用法國法判決，唯一可引為正當理由者，乃為求判決之一致。同一訴訟，如在不同法域起訴，倘能適用同一法律，而得相同判決，最足保護當事人利益，不僅符合正義的要求，且尤足防止當事人任擇法庭之弊。本案如在巴邦法院起訴，依其國際私法規定，應適用被繼承人事實上住所地法法國法；今在法國法院起訴，依法國國際私法，應適用被繼承人法定住所地法

巴邦的法律，則同一案件在不同法域起訴，因適用不同法律裁判，判決發生歧異。但今法國法院解釋巴邦法係指其國際私法，再反致適用法國繼承法來裁判，如此同一案件縱在不同法域起訴，也因適用同一法律法國民法，而得相同判決。若以此為採反致之理由，極為正大合理，可惜判決中竟未提及，不能不使人引為憾事。

　　從以上兩個重要判例上可以得知，英國及法國法院最初採用反致，可說是極其偶然，係針對個案而為，其目的則無非是想對此兩案，藉採用反致以適用某特定法律（在此兩案中均為法院地法），達成法官所欲達成之判決結果罷了。

二、反致之分類

　　自上述英、法判例後，各國國際私法上陸續採用反致者為數不少，例如德國一九〇〇年民法施行法第二十七條、波蘭一九二六年國際私法第三十六條、日本一八九八年法例第二十九條、以及我國舊涉外法第二十九條、新涉外法第六條等是。以下擬對反致之種類，參照各國立法例，從理論上予以分類，並予以分析評論。

㈠一部反致與全部反致 ❻

　　反致以依法院地國際私法適用外國法時，究竟僅指該外國國際私法中有關法律關係準據法之規定，抑亦包含其反致條款為準，可分一部反致 (partial renvoi) 與全部反致 (total renvoi)。前者又可稱之為單純反致或單重反致 (single renvoi)，後者又可稱之為雙重反致 (double renvoi)。

1.一部反致

　　法院地國際私法，就某涉外法律關係採一部反致者，其於依內國國際私法適用某外國法時，僅適用該外國國際私法對該涉外法律關係所指定之準據法，而不問也不適用該外國國際私法上有關反致之規定。故如該外國國際私法指定應適用法院地法或第三國法時，法院地法院即以法院地法或第三國法，代替某外國法之適用，以解決該涉外法律關係。換言之，採一

---

❻　關於一部反致與全部反致，請參閱 Dicey & Morris, pp. 52～54.

部反致時，僅需證明某外國國際私法對該涉外法律關係準據法之規定，而不必證明該外國國際私法上對反致之規定。

2.全部反致

　　法院地國就某涉外法律關係，採全部反致者，其於依內國國際私法適用某外國法時，不僅適用該外國國際私法對該涉外法律關係所指定之準據法，且也須適用該外國國際私法上有關反致之規定，故如該外國國際私法，指定應適用法院地國法或第三國法時，法院地法院於適用前尚須調查該外國國際私法是否採取反致，以決定所適用之法院地法或第三國法，究竟應指其國際私法抑實體法。換言之，採全部反致時，除須證明某外國國際私法對該涉外法律關係準據法之規定外，尚須證明該外國國際私法上有關反致之規定。

㈡直接反致、轉據反致、間接反致、重複反致❼

　　反致以法院地法院依某外國國際私法之規定，最後所適用者，究為內國法、第三國法、抑經由第三國法再適用內國法，或經由內國法再適用外國法為區別標準，可分直接反致（一等反致）、轉據反致（二等反致）、間接反致及重複反致四種。

1.直接反致

　　對於某涉外法律關係，依法院地國際私法之規定，應適用某外國法，而依該外國國際私法規定，須適用法院地法時，受訴法院即以內國法為審判該案件所應適用之法律。此種法律適用程序，稱為直接反致。例如有住所於中華民國之 A 國人，因行為能力涉訟於我國法院，依我國新涉外法第十條第一項之規定，應適用其本國法，即 A 國法，同時依新涉外法第六條，適用 A 國法時，係指 A 國國際私法，如 A 國國際私法規定行為能力適用住所地法，住所既在中華民國，住所地法即中華民國法，於此中華民國法院即應以中華民國法代替 A 國法之適用。

---

❼　關於此種反致之分類，請參閱馬漢寶，《國際私法總論》（臺北：自版，民國五十七年），頁 200；劉甲一，《國際私法》（臺北：三民，民國六十年），頁 124～127；何適，《國際私法》（臺北：自版，民國五十九年），頁 169～170。

2.轉據反致

對於某涉外法律關係，依法院地國際私法之規定，應適用某外國法，而依該外國國際私法，須適用第三國法時，受訴法院即應以第三國法代替某外國法，以為審判該案件所應適用之法律。此種法律適用程序，稱為轉據反致。例如有住所於 B 國之 A 國人死於中華民國，並於中華民國法院發生動產繼承問題，依我國新涉外法第五十八條規定，應適用被繼承人死亡時之本國法即 A 國法，同時依新涉外法第六條，適用 A 國法時，係指其國際私法，如 A 國國際私法規定適用被繼承人死亡時之住所地法，住所既在 B 國，住所地法即 B 國法，於此中華民國法院即應以 B 國法代替 A 國法之適用。

3.間接反致

對於某種涉外法律關係，依法院地國際私法之規定，應適用某外國法，而依該外國國際私法，應適用第三國法律，而依該第三國國際私法，卻應適用法院地法，受訴法院即應以內國法為審判該案件所應適用之法律，此種法律適用程序，稱為間接反致。例如有住所在 B 國之 A 國人，死於 A 國，關於其在中華民國所有之不動產繼承問題，發生訴訟於我國法院，依我國新涉外法第五十八條及第六條之規定，該案之審判，應依被繼承人死亡時之本國法即 A 國法，如 A 國國際私法規定應適用被繼承人最後住所地法即 B 國法，但如 B 國國際私法規定不動產繼承適用不動產所在地法即中華民國法，則我國法院即應以我國法為審判該案件所應適用之法律。

4.重複反致

此種法律適用程序，乃對於直接反致或間接反致，再追加一段適用程序，經此追加程序，進而適用某外國法律。例如對前述直接或間接反致之例示，再追加由中華民國法律（國際私法）至 A 國法一段，最後法院地法院遂適用 A 國法為審判該案件所應適用之法律，即構成了重複反致❽。

---

❽　於重複反致，其發生須受下列條件之限制，始有可能。其一、法庭地國際私法必須採用全部反致；其二、於依外國國際私法反致適用內國法時，仍不限制其適用內國實體法；其三、於在依內國國際私法規定適用外國法時，則必須限制

　　對上述反致之詳細檢討，除有待後述外，於此應注意者，於法院地國採一部反致時，固易發生直接反致及轉據反致，於法院地國採取全部反致時，若該外國國際私法不採反致，固仍可能發生直接反致及轉據反致，但對於間接反致或重複反致之發生，則必須法院地國採取全部反致，否則即不可能造成間接反致或重複反致。

㈢僅就某種（或某幾種）連結因素為基礎所成立之準據法始採用反致，與基於一切連結因素為基礎所成立之準據法均適用反致

　　一國國際私法採用反致時，得限定就某種連結因素為基礎所成立之準據法始予適用，例如規定於適用以國籍為基礎所成立之本國法，始適用該外國之國際私法是 ❾；一國國際私法也得不予限定，而概括規定於適用外國法時，即適用該外國之國際私法，例如依其國際私法規定應適用外國法時，則不論該外國法究竟以何種連結因素為基礎所構成，以住所為基礎所成立之住所地法抑以物之所在地為基礎所成立之物之所在地法等是，均非所問。反致適用之範圍，在前者自較窄，在後者則較廣。而反致適用的機會自亦以後者為較多。

㈣僅就特種法律關係所成立之案件始採用反致，與基於一切法律關係所成立之案件均適用反致

　　此一反致分類之標準，與前述者㈢不同。前一分類標準係以準據法為根據，此則以涉外法律關係為依歸。涉外法律關係種類龐雜，皆足以引起國際的法律衝突。一國國際私法制度，既對這些衝突，定有選擇適用法律的標準，而又以所選擇的他國法中的國際私法，與內國所選擇的不同，乃捨棄內國原所選擇的法律，改依該外國所定的標準。依其是否對一切涉外法律關係均捨棄內國原所選擇的法律，抑僅對某幾種涉外法律關係方始如此 ❿，反致可為上述兩種分類。

其適用該外國之實體法，俾免造成循環不已之現象。

❾　請參照我國舊法律適用條例第四條；舊涉外法第二十九條；新涉外法第六條。

❿　請參照 American Law Institute, Restatement of the Law, Second, Conflict of Laws (1971), Section 8: Rule in Questions of Title to Land or Divorce: ⑴ All questions

三、反致之檢討

反致條款應否採納，因學者意見及各國立法例不一**⓫**，至今尚為國際私法學上一爭論之問題，贊成者固不乏人，但反對者尤夥，茲臚列雙方重要理由於後，並加以評述。

㈠贊成採用反致條款之理由

學者中贊成適用反致條款者，如英國之戴雪 (Dicey) 及魏斯蕾 (Westlake)，美國之葛理索 (Griswold) 及何柏爾 (Rabel)，法國之魏斯 (Weiss)，德國之巴爾 (Bar) 及史耐爾 (Schnell) 等。茲將彼等重要論據，說明如下：

1.採用反致條款可使各國法院對同一涉外案件得相同判決

謂適用反致條款，可使同一涉外案件，不論繫屬於何國法院，因適用相同法律，而可得同一判決，而判決一致乃國際私法學之理想，抑有進者，其因判決一致之達成，更可獲得以下幾點實益，其一、避免當事人任擇法庭；其二、足以增加判決的執行效力；其三、對他國一種禮讓的表示。譬如 A 國以滿二十一歲為成年，中華民國以滿二十歲為成年，假若有二十歲已滿二十一歲未滿之 A 國人，於中華民國有住所，在我國因行為能力涉訟時，依新涉外法第十條第一項規定，應適用其本國法即 A 國法，但如 A 國國際私法規定，行為能力問題依當事人住所地法，則此 A 國人的行為能力問題，在中華民國法院起訴，中華民國法院依據 A 國法解決，在 A 國法院起訴，A 國法院依據中華民國法解決，二國的判決，必定歧異。但如我國

---

of title to land are decided in accordance with the law of state where the land is, inclusing the Conflict of Laws rules of that state. (2) All questions concerning the validity of a decree of divorce are decided in accordance with the law of the domicile of the parties, including the Conflict of Laws rules of that state.

⓫ 其明文採取反致條款者如德國舊民法施行法第二十七條，波蘭國際私法第三十六條，日本舊法例第二十九條等。其明文禁止反致者，如一九四二年義大利，一九四六年希臘，一九四二年巴西，一九四八年埃及，一九四九年敘利亞等國之國際私法是。

採用反致（如新涉外法第六條之規定），則在我國法院起訴時，因適用 A 國國際私法之結果，因而也適用當事人住所地法即中華民國法，兩國法院就同一案件，所適用的法律既然同一，判決自然應相同。

反致能使各國對同一案件判決一致在某種情況下固毋庸否認，但在上例中，若有關各國皆採反致，則對同一案件，仍無法得相同判決。例如上例中，於 A 國法院起訴，A 國國際私法也採反致時，則 A 國法院最後所適用者仍為 A 國法，其結果，同一案件在兩國法院之判決，仍未能一致。

2. 採用反致條款可擴大內國法之適用

各國立法例或判例之採用反致者，實皆以此為主要用意。例如德國舊民法施行法之理由書，對於其第二十七條（反致條款），曾列舉兩點立法理由：其一為減少本國法主義與住所地法主義之衝突；其二為使內國法有擴大管轄領域之機會，而前述之英國柯利爾案及法國福哥案，可說皆因欲適用內國法而採反致。

因採用反致條款而擴大內國法適用之領域，可有下列兩點實益：第一為貫徹內國實體法所欲達成之政策。如上述英國判例中，因適用英國法之結果，英國法院對遺囑形式要件之法律規定，即得以貫徹；上述法國判例中適用法國法，則法國法對私生子繼承人之規定，即得以推行。第二為內國法乃內國（法院地國）法官所最熟悉之法律，因適用反致，而結果適用內國法，可避免調查及證明外國法之煩瑣與流弊。

適用反致條款，有時固可擴充內國法適用之領域，唯若以此為論據，實與國際私法制定之理由不能相容，蓋一國國際私法所以規定應適用某外國法，乃因適用該外國法較為妥適，今若以反致之故，而以內國法代替該外國法，則有失國際私法適用外國法之本旨。其次，此一適用反致之理由，僅可用於直接反致及間接反致，而不能適用於轉據反致及重複反致。

3. 採用反致條款可保外國法律的完整

對於涉外法律關係，依一國國際私法應適用外國法時，此之外國法，當然是指該外國的一切法律，即認為該外國之實體法與國際私法是整體不可分的，其結果，則依該外國國際私法規定，更適用他國法時，亦為理所

當然，此種主張之理論基礎，可稱之為總括指定說或全體法之指向 (Gesamtverweisung)❷。

　　支持此種見解者，每以一國有關法律衝突之規定，常列入民商法典內❸，因而有整個全部不可分割之論調。唯條文雖列在同一法典，其性質則不必盡同，性質既異，則法律自無不可分割適用之理由；且各國國際私法之規定，未必皆列入民商法典內❹，凡此情形，足以否認外國法律不可分說之理論；況適用外國法之目的，在於解決涉外法律關係之實質，而非為劃定法律適用之範圍，故以外國法不可分為理由，而主張應採反致者，實非適當。

4.採用反致條款可作為國際禮讓之表示

　　此說以為國際私法係分配各國立法管轄權，對某涉外法律關係，依內國國際私法適用外國法時，如該外國就該法律關係不欲適用其本國實體法，即等於該外國自己放棄其本國法之管轄，依據國家主權間應相互尊重禮讓之學說❺，法院地法院應不得違背該外國之本意，而適用其本國法。例如就某涉外案件，依法院地 A 國國際私法，應適用 B 外國法，如 B 國國際私法規定適用 A 國法或 C 國法時，即謂乙國自己放棄其本國法之管轄，法院地國基於尊重外國主權及禮讓之旨，不得違背 B 國意思，而以 B 國法為

❷　請參閱馬著，頁 203；劉著，頁 121～124；蘇遠成，《國際私法》（臺北：聯合圖書，民國六十年），頁 57～58。

❸　一八〇四年之法國民法，係以羅馬法為模範，於民法法典首端，設前加編，其第三條記載國際私法性之規定。其他國家頗多倣效者，或將國際私法性條文置於民法前加編，或置於總則之中，例如一八一一年之奧地利民法、一八六七年之葡萄牙民法、一八七一年之阿根廷民法、一八八八年之西班牙民法、一九三六年之祕魯民法、一九四〇年之希臘民法以及一九四八年之埃及民法均是。

❹　其規定於單行法中之立法例頗多，例如日本一八九八年之法例、波蘭一九二六年及捷克一九四八年之國際私法，乃至於我國於民國七年所制定之法律適用條例、民國四十二年制定之涉外民事法律適用法等均採行單行法之體制。

❺　關於禮讓說，請參閱翟楚，《國際私法綱要》（臺北：編輯館，民國四十八年），頁 48。

裁判之依據，而應以 A 國法或 C 國法代替之。

　　此一論據值得商榷的，乃國際私法並非規律國家主權相互間關係之法律，其理至明；且如依 B 外國法而適用 A 國法或 C 國法時，若 A、C 二國就該法律關係，皆不欲適用其本國法時，則究將尊重何國意思？此外，國際禮讓僅可為一時之政略，不能為立法之基礎，故此說亦無何重要價值。

5.採用反致條款可得更合理之結果

　　對涉外法律關係，依內國國際私法適用外國法時，原期其適用恰當，而採用反致條款，將可使所得結果更為合理。例如 A 國國際私法，就身分能力事項採本國法主義，在該國固認為必如此方為合理，唯若當事人之本國認為依住所地法方為合理時，則最初認為本國法為合理者，便值得重新考慮，二者間究以何者為當？吾人似難否認，就該當事人權義言，當事人本國所決定者，實比較由他國所決定者更為正確，為達到更合理之判決結果，內國法院自以捨此就彼為宜。

　　此一主張的理論基礎，為本國法優先說❶，倡導者為德國學者方肯泰 (Frankenstein)，其立論要旨為一人的本國法，原為其首要關係的法律，住所地法則為其次要關係的法律，但若其本國以後者為主要，自必有其獨到之見地，他國以尊重之為是，俾適用法律能得更合理的結果。

　　上述主張非無理由，惟應注意者，此種國際私法之三重構造，何以承認本國法為其基礎，已難充分解釋，抑且在國際私法上，本國法及住所地法，本均立於平等地位，強分規律主要關係與次要關係的法律，也屬牽強。此外，此種見解就適用範圍言，也有限制，即僅能適用於以國籍為連結因素所成立之準據法，而不能用以支持以其他連結因素為基礎所成立之準據法，即使該應適用的法律，偶然地與當事人本國法相競合時亦然。

---

❶　本國法優先說由方肯泰所首創，並由 Weiss、Fiore 等學者所繼受。依此說，當事人之本國具有衝突規則優先制定權。若法庭地國之衝突規則所指定之準據法，與當事人本國之衝突規則所指定者，互不相同，因而發生衝突時，應依本國衝突規則之規定，適用其所指定之法律為應適用之法律。關於此學說，請參閱劉著，頁 121～122；蘇著，頁 59～60。

㈡反對採用反致條款之理由

反致條款雖因英、法判例之援用，德國、波蘭、日本等國國際私法之採用，而頗形普遍，但世界上不採反致條款之國也多，且自十九世紀以迄今日，反對之理論也有增無減。學者中反對適用反致條款者，在美國有畢爾 (Beale)、羅仁增 (Lorenzen) 等，在英國有崔什爾 (Cheshire)、毛瑞斯 (Morris)，在法國有巴丹 (Bartin)、裴雷 (Pillét)，在德國有康恩 (Kahn) 等。彼等學者對贊成採用反致條款論據之反駁，已見上述，於茲不贅外，以下擬就其他獨立反對主張，評述於後：

1. 採用反致條款有陷於循環論法之謬誤

此種主張認為適用反致條款之結果，必不能確定其應適用之法律。蓋如 A 國國際私法，就某涉外法律關係，規定適用 B 國法，而 B 國國際私法規定適用 A 國法時，則雙方互相反致，循環不已，將無由發現應適用之準據法❶。因此以為內國國際私法規定適用外國法時，應僅指該外國之實體法（民商法），而不包括該外國之國際私法。

上述反對理由，也有值得商榷之處：第一、內國國際私法雖採反致條款，但如所採者僅為一部反致時，則上述循環不已之謬誤，根本不會發生，蓋在一部反致時，內國法院適用外國法時，僅適用該外國國際私法上有關準據法之規定，而不適用其反致條款，既不適用該外國之反致規定，則無論依該外國國際私法，應適用內國法抑第三國法時，自僅指內國或第三國之實體法而言。第二、即令內國國際私法上所採者為全部反致，於適用外國法時，也包含其反致條款，但如一國於其國際私法上明文規定，於依外國國際私法反致適用內國法時，即適用內國實體法，不再反致出去，則循環不已之後果，自屬可以避免。

2. 採用反致條款有損內國主權

謂因適用反致條款之結果，依某外國國際私法而適用內國法或第三國法，不啻內國法院為外國法之遵守，有損內國之主權，蓋決定法律適用的範圍，本來是屬於國家主權的運用，一國主權所規定的法律適用標準，具

---

❶　對於此種結果，學者曾有譏之為國際網球戲、乒乓球戲或邏輯鏡面者。

有絕對強行性，斷不能因為他國法律而生變動。譬如一國的國際私法，決定人之行為能力依其本國法，便不應再將法律適用的標準，因外國法規定之不同（如採本國法或住所地法）而異其適用，置本國的主權於不顧。一國立法者就涉外法律關係，選定法律適用的標準，本是表現國家主權的行為，若一旦與外國法律所淵源的外國主權接觸，便行退卻，自有礙內國法之尊嚴。

　　依上述見解，一國國際私法對某涉外法律關係，決定採用某一立法主義，如本國法主義，即不宜同時又規定，如當事人本國國際私法規定不同時，可限制內國所採本國法主義之適用。不過，此種規定為一國立法權限以內之事，殊未可厚非，且於此情形，亦不能即指為係受外國國際私法之支配，要無損內國主權之可言。此外，一國法院既有內國反致條款之明文，則內國法院適用外國國際私法所指示之法律，即為適用內國國際私法之結果。

3.採用反致條款適用時實際不便

　　一國法官分內的職務，為適用內國法，最多再益之以本國國際私法所選擇的外國實體法，今如採用反致，則一國法官又須適用外國的國際私法，實予內國司法人員過重的義務，實際上諸多不便；而且承認反致，內國法官於適用外國法時，必須研究該國有關定性及公序良俗的意義，方足以符合如在該國適用外國法的一般情形，凡此均足以說明適用反致，實屬不便。

　　一國國際私法應否採用反致，實際上是否不便，固為應考慮因素之一，但絕非最重要之因素。適用反致，倘對當事人言更符合正義公平之嚆矢、更符合一國制定國際私法之理由，則對內國法官縱屬實際不便，亦無礙於反致之採用，反之，適用反致，如對當事人言並不符合公平正義之理想，也不能達成一國制定國際私法之目的，則縱屬便利，也不應採用。

4.採用反致條款有否定內國國際私法原則妥當性之嫌

　　一國國際私法就涉外法律關係，所以不皆適用內國法，主要係著眼於規律涉外生活關係的法律，應儘量求其普遍調和，求其妥當適用於國際社會為目的。內國國際私法所採之法則指定之準據法，即為內國立法者斟酌盡善，擇其適宜者採用，亦最符合上述目的及理想，今如承認反致條款，

則為否認內國國際私法原則之妥當性,並為對內國所制定之國際私法欠缺信心之表示。

上述反對理由,不從一國主權上著眼,而係以內國國際私法規定之妥當性為依據,實較適用反致條款,則有損內國主權之說為有力。唯一國國際私法所採之準據法,究否妥適,原無絕對標準。某種立法主義在 A 國認為適宜者,B 國未必認為適宜,倘一國就某些有爭議之準據法,不堅持自己所採主義之妥當性,為求達成其他更崇高目的,譬如判決一致,適用法律更合理等,因而適用反致,似難指為有否定內國國際私法原則妥當性之嫌。

5. 採用反致條款有違法律的安定性

法律的適用,應力求安定,一在維持法律的尊嚴,一在確保當事人權益,對內國法的適用,固應如此,對外國法的適用亦然。故一國就涉外法律關係,既經選擇某國法律後,務必力求其安定而少變動,但於國際私法上如適用反致條款,則有與此種企求相反之效果。例如就某種涉外法律關係,內國國際私法雖規定應適用某外國法(如當事人本國法),但因反致條款之適用,於不同案件,即可能分別適用內國法(如當事人本國採住所地法,住所地在內國時)、第三國法(如住所在第三國時),使原所選擇的法律(當事人本國法),沒有必得適用的把握,而須視外國國際私法之規定,方能確定適用何國法律,實不安定之至。

此種反對適用反致條款之理由,極有見地。誠然,於一國不採反致時,就同一涉外法律關係於不同案件,其所適用的法律,也未必相同,但此種不同,僅為具體的不同,而非抽象的不同;但適用反致時,則同一涉外法律關係於不同案件,一國所適用的法律,不僅為具體的不一致,且也為抽象的不一致。在具體的不一致,並不影響適用法律的安定性,但在抽象的不一致時則否。茲舉例說明如下:

一國就婚姻的效力採夫之本國法主義,則其對有管轄權之涉外婚姻效力案件,固皆適用。雖夫之本國法,隨個案夫之國籍不同,而異其法律之適用,但此僅為具體的不同,抽象應適用的法律則一夫之本國法;但如採用反致條款,則又須視夫之本國國際私法之規定,而又異其抽象準據法之

適用。例如夫之本國國際私法規定適用夫之住所地法或婚姻舉行地法者是。申言之，同一類涉外法律關係，一國法院所適用的法律，有時為夫之本國法，有時為夫之住所地法，有時為婚姻舉行地法，似此變動不一，而無一定之準則，自屬有違法律的安定性。

　　綜觀贊成採用反致條款及反對採用反致條款者雙方之意見，實難謂為誰是誰非，蓋各有其相當理由，此或由於國際私法發展較遲，迄今尚未能十分成熟，有待澄清的問題自然很多。唯就個人意見，贊成論者，除各國法院對於同一案件得有統一判決，如能證明確實，可作為適用反致之強有力之依據外，實別無他種採用之價值；而反對論者之意見中，則不無可取之處。

第三節　我國國際私法規定之反致條款

　　中華民國成立後，政府先後制定之國際私法有三：其一為民國七年公布施行之法律適用條例，都七章二十七條；其二為民國四十二年公布施行之舊涉外法，都三十一條；其三為民國九十九年全面修正公布、一〇〇年施行之新涉外法。三部法典均採用反致條款❶❽，唯其規定不同。前二者已經廢止或修正，茲就我國現行有效之新涉外法中所規定之反致條款，詳予分析評論如下：

一、涉外民事法律適用法上反致條款之結構

　　關於反致的問題，舊涉外法第二十九條規定：「依本法適用當事人本國法時，如依其本國法就該法律關係須依其他法律而定者，應適用該其他法律，依該其他法律更應適用其他法律者亦同。但依該其他法律應適用中華民國法律者，適用中華民國法律。」新涉外法第六條則修正為：「依本法適用當事人本國法時，如依其本國法就該法律關係須依其他法律而定者，應適用該其他法律。但依其本國法或該其他法律應適用中華民國法律者，適

---

❶❽　舊法律適用條例第四條規定：「依本條例適用當事人本國法時，如依其本國法應適用中國法者，依中國法。」

用中華民國法律。」

　　茲以 F 代表法院地法，即我國法律或上述條文所稱的「本法」，N 代表當事人的本國法，A 代表其他法律，B 代表其他第三外國法，則可知舊涉外法第二十九條所規定的反致，包含下列三類反致：①第一次轉據反致，即「依本法適用當事人本國法時，如依其本國法就該法律關係須依其他法律而定者，應適用該其他法律。」圖示為：「F→N→A」。②第二次轉據反致，即「依本法適用當事人本國法時，如依其本國法就該法律關係須依其他法律而定者，應適用該其他法律，依該其他法律更應適用其他法律者，應適用後一其他法律。」圖示為：「F→N→A→B」。此種類型在新法刪除「依該其他法律更應適用其他法律者，亦同」之規定後，已非新法所接受。③間接反致，即「依本法適用當事人本國法時，如依其本國法就該法律關係須依其他法律而定，但依其他法律應適用中華民國法律者，適用中華民國法律。」圖示為：「F→N→A→F」。

　　新涉外法第六條也依序規定下列三種類型的反致：①第一次轉據反致，即「依本法適用當事人本國法時，如依其本國法就該法律關係須依其他法律而定者，應適用該其他法律。」其規定與舊法相同，圖示為：「F→N→A」。②直接反致，即「依本法適用當事人本國法時，如依其本國法應適用中華民國法律者，適用中華民國法律。」圖示為：「F→N→F」。本條但書增訂「依其本國法」等字，主要是作為直接反致的明文規定，以與舊法既有的間接反致相對應。③間接反致，即「依本法適用當事人本國法時，如依其本國法就該法律關係須依其他法律而定，但依其他法律應適用中華民國法律者，適用中華民國法律。」此一部分的規定與舊法相同，圖示為：「F→N→A→F」。

二、新涉外法上反致條款之適用

　　我國法院於適用新涉外法第六條反致條款時，應特別注意下列數點：

　　1.反致條款在各國關於法律衝突的立法政策不一致（尤其是屬人法的連結因素的衝突）的情形下，讓內國的國際私法可以在一定的程度內，參

考準據法國的國際私法的規定，調整準據法的最終指向，具有緩和內國的硬性國際私法的作用。從形式上來比對，新涉外法刪除本文末句的規定（「依該其他法律更應適用其他法律者亦同」），即表示新法對於轉據反致(Weiterverweisung)的情形，僅接受「依其本國法適用該其他法律」的第一次轉據反致（「F→N→A」），對於「依該其他法律更適用其他法律」的第二次（「F→N→A→B」）及其後的轉據反致（「F→N→A→B→C」），均不再接受。此種變革對於反致類型的簡化，確實有助益。

新涉外法變革的主要理由，是基於務實的需要，因為舊涉外法的反致條款未明文規定直接反致，卻採全部反致的方式，規定間接反致和轉據反致，立法技術上有值得檢討之處；晚近的國際私法立法例不再特別強調反致條款的功能，有些國家的國際私法甚至僅承認直接反致，而不採取間接反致和轉據反致。新涉外法所設計的衝突規則，已逐漸在硬性規則的基礎上採納彈性方法，反致條款的功能自然需重新予以定位。

2.內國國際私法接受反致的結果，乃意味著法院依國際私法適用作為準據法的外國法時，應包含該準據法國的國際私法在內，所以法院依舊法應適用較多的外國國際私法，依新法所應適用的外國國際私法，已顯然比較有限。依新涉外法的反致條款規定，法院適用當事人本國法時，應包含該國的國際私法在內，無論該國國際私法如何規定都應予以遵守，其結果不外三種：「F→N→N」、「F→N→F」及「F→N→A」。第一種結果，依新涉外法第六條本文規定，即無反致條款的適用，當然應適用當事人本國法中的實體法。第二種結果為直接反致，依本條但書應適用中華民國法律。如為第三種，仍應適用該其他法律 (A) 的國際私法。此時之所以適用 A 的國際私法，理論上有可能是因當事人的本國 (N) 的國際私法有反致條款的結論，但很明顯地，新涉外法直接規定應適用 A 的國際私法，而未考慮 N 的國際私法有無反致條款的問題，故法院適用 A 的國際私法，不以 N 的國際私法有反致條款為必要。

3.法院在適用該其他法律 (A) 的國際私法，即「F→N→A」的情形下，可能會發生四種結果，即「F→N→A→A」、「F→N→A→F」、「F→N→A→

B」及「F→N→A→N」。前二種結果，是新法的反致條款所明文接受，並無問題，第三種「F→N→A→B」為第二次轉據反致，並非本條所接受的反致類型，應適用 A 的實體法，也沒有問題。第四種「F→N→A→N」也是廣義的間接反致，在新法及舊法均無明文規定，如予以接受，其具體內容是：「依本法適用當事人本國法，如依其本國法就該法律關係須依其他法律而定，但依該其他法律應依其本國法時，應適用其本國法。」理論上言，法院適用其他法律 (A) 時，如當然且無限制地包含其國際私法，第四種反致似亦為本條接受的內容，最後只是受當事人本國法 (N) 中的反致條款的約束，即以 N 的國際私法有反致條款而可適用 A 的國際私法為前提而已。不過，如前述，法官依新涉外法適用 A 的國際私法，已無須考慮 N 的國際私法有無反致條款，故即使 N 的國際私法有反致條款，由於此種間接反致在新涉外法上欠缺明文規定為依據，應認為並非新涉外法所接受的反致類型。故在「F→N→A→N」的情形，應適用 A 的實體法。

新涉外法反致條款的上述法律適用類型，可表列如下：

法律適用類型	圖示內容	外國國際私法之適用	新涉外法第六條是否接受及依據
適用非當事人本國法之其他法律	F→A	不適用 A 之國際私法	接受，無第六條適用
適用當事人本國法	F→N→N	適用 N 之國際私法	接受，無第六條適用
直接反致	F→N→F	適用 N 之國際私法	接受，第六條但書
第一次轉據反致	F→N→A→A	適用 N 及 A 之國際私法	接受，第六條本文
間接反致	F→N→A→F	適用 N 及 A 之國際私法	接受，第六條但書
第二次轉據反致	F→N→A→B	適用 N 及 A 之國際私法	未接受，適用 A 之實體法
間接反致適用當事人本國法	F→N→A→N	適用 N 及 A 之國際私法	未接受，適用 A 之實體法

4.須依涉外民事法律適用法，就某涉外法律關係，適用當事人本國法時，始可反致。依我國舊涉外法第二十九條及新涉外法第六條上述規定，反致條款之適用，係「依本法適用當事人本國法時」，基本上是適用於以國

籍為連結因素而指定其準據法時，始可適用反致。若準據法係以其他連結因素為基礎所指定，例如侵權行為地法、物之所在地法或當事人意定之法律（新涉外法第二十五條第一項、第三十八條第一項、第二十條第一項），縱其與當事人本國法偶然一致時，也無反致之適用。

我國新涉外法關於屬人法事項，均採本國法主義，其皆有反致之適用，例如就行為能力（第十條第一項）、監護及輔助宣告（新涉外法第十二條）、婚約（新涉外法第四十五條）、婚姻之成立（新涉外法第四十六條）、婚姻之效力（新涉外法第四十七條）、離婚（新涉外法第五十條）、親子關係（新涉外法第五十一條）、監護（新涉外法第五十六條）、扶養（新涉外法第五十七條）、繼承（新涉外法第五十八條～第五十九條）、遺囑（新涉外法第六十條）。此外，此處所指之本國法，非以法律有明文規定者為限，如解釋上應適用本國法之情形，亦應包括在內。如涉外同性婚約、同性伴侶、同性婚姻、分居等法律關係，我涉外法皆未規定，如依法規欠缺補全之辦法，在解釋上認為應適用當事人本國法時，應也有反致之適用。

5.適用當事人本國法，如依其本國法須適用其他法律時，該其他法律（第三國法或中華民國法），不限於為當事人住所地法，方始有反致之適用。惟曾有我國學者[19]認為，須當事人之本國法以住所地法為屬人法，方始採反致，其理由蓋以為反致之作用，在於調和本國法主義與住所地法主義之衝突，故只有於當事人本國法係以住所地法為屬人法，始有採反致之必要。此種主張極有見地，惟就我現行法觀察，似非適當。理由如下：其一、新涉外法第六條並無限制當事人本國法須以住所地法為屬人法，始採反致之明文；其二、參照舊涉外法草案說明書對第二十九條之說明[20]，其

---

[19]　請參閱劉甲一，《國際私法》（臺北：三民，民國六十年），頁132。

[20]　舊涉外法草案說明書第二十九條之說明如下：「本條規定反致法則，乃倣效歐陸各國之先例，按其目的有二：1.調和內外國間關於法律適用法則之衝突，尤以屬人法則，在大陸法系諸國採本國法主義，而英美諸國則採住所地法主義，其結果往往同類案件，因繫屬法院之國界不同，而引律互異，是以歐陸諸國，恆就適用屬人法則之案件，從當事人本國國際私法之所反致者，適用內國法，藉以齊一法律之適用；2.參照外國之法律適用法則，對於系爭之法律關係，選

中云：「……按其目的有二：㈠調和內外國間關於法律適用法則之衝突，㈡參照外國之法律適用法則，對於系爭之法律關係，選擇其最適當之準據法……」，由其所述兩目的以觀，似不應解釋為當事人本國法係以住所地法為屬人法，始有反致適用之條件。蓋於其他情形，內外國間非無關於法律適用法則衝突之可能，僅其衝突不若本國法主義與住所地法主義衝突之普遍耳。例如關於不動產繼承，若當事人本國國際私法採不動產所在地法者是；其三、我國反致條款兼採間接反致，而間接反致之適用情形複雜，其適用範圍，則不能限於屬人法，蓋非從物之所在地法而反致之，則不易以法院地之內國法，用以代當事人之本國法，並進而代第三國法也。此點尤足證明本法實不以調和本國法與住所地法之衝突為限，因此限制本國法須採住所地法時，方始有反致之適用，即非適當。

三、涉外民事法律適用法上反致條款適用之疑難

我國國際私法公布施行以來，關於反致條款適用上之疑難問題，仍有下列數則值得探究。

㈠依涉外法應適用當事人本國法，當事人無國籍時，有無反致條款之適用

新涉外法第三條規定：「依本法應適用當事人本國法，而當事人無國籍時，適用其住所地法。」第四條規定：「依本法應適用當事人之住所地法，而當事人有多數住所時，適用其關係最切之住所地法。」「當事人住所不明時，適用其居所地法。」「當事人有多數居所時，適用其關係最切之居所地法；居所不明者，適用現在地法。」因此發生對無國籍人應為本國法之適用，而以住所地法、居所地法或現在地法代替時，有無反致條款之適用問題。茲試析論如下：

擇其最適當之準據法。基於上列兩種原因，近來多數國家之國際私法咸承認反致法則，我國原條例第四條亦然，唯其規定僅止於直接反致，本草案擬擴而充之，兼採轉據反致及間接反致，以求理論之貫徹。」

1.肯定有反致條款適用之理由

認為此等條文之所以規定適用「住所地法」、「居所地法」或「現在地法」之原因，實緣於本國法無法確定，故以之代替，故住所地法或居所地法實相當於本國法之法律，從而自應有新涉外法第六條之適用。

2.否定有反致條款適用之理由

認為對無國籍人為本國法適用之場合，若該無國籍人在中華民國有住所或居所，自適用中華民國法代替本國法，反致無從發生；若該無國籍人在外國有住所或居所，則無論該外國採本國法主義抑住所地法主義，要不外仍係適用該外國法，故無採反致之實益，從而否定對無國籍人有採反致之必要。

二說各有理由，唯本書贊成肯定說[21]。從舊涉外法第二十九條及新涉外法第六條立法理由上觀察，立法者顯然肯定反致之價值，有擴大適用之意思，對無國籍人之適用住所地法、居所地法或現在地法，既係代替本國法，自仍有反致條款之適用，況且就屬人法事項，各國所規定之準據法，未必僅限於本國法或住所地法，例如對不動產繼承也有適用不動產所在地法者，是法律之衝突仍然存在，反致之發生非不可能。

(二)反致條款與一國數法規定的適用

新涉外法第五條規定：「依本法適用當事人本國法時，如其國內法律因地域或其他因素有不同者，依該國關於法律適用之規定，定其應適用之法律；該國關於法律適用之規定不明者，適用該國與當事人關係最切之法律。」於上述情形，在以該國關於法律適用之規定所定之準據法或該國與當事人關係最切之法律，代替當事人本國法時，有無反致條款之適用？茲試析論如下：

1.肯定有反致條款適用之理由

新涉外法第五條上述規定之原因，實由於其本國法無法確定，故以之代替，因此，該國關於法律適用之規定所定之準據法或該國與當事人關係最切之法律，實相當於本國法，因而應有新涉外法第六條之適用。

---

[21]　採同說者有劉甲一教授，見劉著，頁 132；蘇遠成教授，見蘇著，頁 64。

2.否定有反致條款適用之理由

依我國國際私法適用當事人本國法時,多係就屬人的法律關係為規定,在一國數法之法域,並無所謂本國法,其關於屬人法則,通常咸以該國關於法律適用之規定所定之準據法或該國與當事人關係最切之法律為準,現我國際私法以其該國關於法律適用之規定所定之準據法或該國與當事人關係最切之法律代替其本國法之適用,倘如採取反致,則與不採反致無異;如依該國國際私法,應適用其他國家之法律時,則有破壞我國所採貫徹本國法主義之精神❷。故以不採反致為當。

二說各有理由,惟本書贊成肯定說。我國涉外法採取反致之目的,在於調和內外國間關於法律適用法則之衝突,並不限於屬人法兩大原則,例如就繼承而言,若當事人本國法(國內住所地法)採取遺產所在地法主義,仍然發生適用法律之衝突。至於貫徹本國法主義之立論,似難成立,蓋於以當事人本國法為準據法時,如其本國法規定適用內國法或第三國法時,內國法院尚放棄本國法之原則,則舉重以明輕,在以該國關於法律適用之規定所定之準據法或該國與當事人關係最切之法律,代替本國法適用之場合,自更無不可放棄之理。

質言之,反致的結果是法院適用當事人本國法時,應適用其本國的國際私法,決定是否應適用其他國家或中華民國的法律。在當事人的本國有一國數法的情形時,如其本國將國際私法定位為地方性的法規(如邦法、州法或省法)時,則應先適用一國數法的規定,確定其應適用的法律之後,

❷ 請參閱舊涉外法草案說明書第二十八條之說明,其說明如下:「原條例第二條第三項規定當事人國內各地方法律不同者,以其所屬地方之法為其屬人法,但何者為所屬地方,往往不易確定,且外僑久居異國,往往衹有國籍,而無由確定其所居地方,在適用該原則時,不無困難,本條爰參酌英、美、瑞士等國之法例,改為國內之住所地法,蓋因英、美、瑞士均為有不同地方法律之國家,在某國內地方法發生衝突時,關於屬人法則,咸以住所地法為準。本條採同一標準,則外僑在中國涉訟者,縱回國後再經判決,引律仍無異,大可減少法律之衝突,至於國內住所不明者,適用其國都所在地之法,縱或當事人在第三國設有住所,亦非所問,如是仍可貫徹我國採本國法主義之精神。」

再適用屬於該法律的一部分的國際私法。如其本國將國際私法定位為全國性的法規（如聯邦法）時，法院不妨先依反致的規定，適用其全國性的國際私法，如因而應適用其他國家或中華民國的法律時，即適用該其他國家的法律或中華民國法律；惟如法院先依一國數法的規定，即先決其本國的何一法律之後，仍應再適用該國的國際私法，決定是否應適用其他國家或中華民國的法律，以貫徹反致條款的立法意旨。

第四章　定性問題

第一節　引　論

　　國際私法之存在，實由於內外國民商法律之互異。蓋各國法律苟一致相同，內外國法律差異無由存在，對於涉外民商案件，究應適用何國法律加以解決之問題，自無從發生，國際私法將無存在之必要。惟就各國現狀以觀，法律為社會之反映，亦為國民精神之表現，各國之社會狀態及國民之精神，既不能盡同，則其法律之內容，自亦不能一致❶。各國法律既有

---

❶　茲舉下述兩例說明：

1.消滅時效完成後，對於當事人間所發生之效力，各國立法例頗不一致，大別之如下：①債權消滅主義：消滅時效完成後，債權本身歸於消滅（參照日本民法第一六七條以下）；②訴權消滅主義：消滅時效完成後，債權本身並不消滅，僅關於實行該債權之訴權，歸於消滅（參照法國民法第二二六二條）；③抗辯權發生主義：消滅時效完成後，不惟債權本身不消滅，即其訴權亦不消滅，僅債務人發生拒絕給付抗辯權而已（參照德國民法第二二二條、我國民法第一四四條第一項）。

2.關於非對話意思表示之生效時期，各國立法例也不一致，有如下述：①表示主義：即以意思表示外形具備之時，為其生效之時，亦即認為意思表示一經成立，應即生效是；②發信主義：認為表意人已將其意思表示置於其自己實力支配範圍以外時，應即生效是（參照美國 Adams v. Lindsell, 1 Barnewall & Alderson 681 (1818); American Law Institute, Restatement of Contracts (1932), §64）；③到達主義：即以意思表示達到於相對人之時，為其生效之時是（參照德國民法第一三〇條、日本民法第九十七條、我國民法第九十五條第一項）；④了解主義：即認為意思表示已為相對人所了解時，始發生效力。

差異，則對於涉外法律關係，究應適用何國法律，遂不得不確定適用之準則，以相調和，俾維持公平正義，各國乃有國際私法之制定。

　　惟各國國際私法亦不盡相同。雖然各國國際私法皆藉各種法律概念 (concept) 或屬類 (category) 以及各種連結因素，以確定各種涉外法律關係所應適用之準據法，例如我國新涉外法第十條第一項規定：「人之行為能力，依其本國法。」第二十條第一項規定：「法律行為發生債之關係者，其成立要件及效力，依當事人意思定其應適用之法律。」第三十八條第一項規定：「關於物權依物之所在地法。」在上述例子中，行為能力、法律行為發生債之關係者、物權等，即為法律概念或屬類；而國籍、當事人意思、物之所在地等，則為連結因素；至當事人本國法、當事人合意所選擇之法律、物之所在地法等，則為準據法。在大多數涉外案件，當事人間之訟爭事實，符合某一特定屬類時，法院地法院即適用其衝突規則，如該衝突規則之連結因素意義明確，其準據法之確定即非難事。惟有時衝突規則之適用並非如此單純簡明，蓋法院地之國際私法與其他有事實牽連關係國家之國際私法，可能相互衝突，此時遂發生種種問題。

　　各國國際私法間之衝突，至少包括下述三種情形：㈠明顯的衝突，即二種衝突規則表面上之衝突，例如關於屬人法事項，大陸法系國家規定適用當事人本國法，英美法系國家多規定適用住所地法，此類衝突可能發生反致之問題；㈡二國以上之衝突規則所採之連結因素，因二國對該連結因素之解釋有別，表面上相同而實際上差異，例如二國之國際私法同規定：「動產繼承依被繼承人之住所地法」，惟二國關於「住所」含義之認定不同時，此類衝突究竟發生定性、反致或其他特殊問題，尚有爭執❷；㈢隱藏的衝突，即法院地與另一國雖有相同之適用法則，對其所採連結因素亦為相同含義之解釋，但因二國對訟爭問題為不同之定性，致適用不同之衝突規則，判決亦因而歧異，例如法院地視某訟爭事實為侵權行為之問題，而外國法院視其為契約之問題，此時所發生之問題，即為定性問題❸。詳言

---

❷　請參閱 Beckett, *Classification in Private International Law*, 15 *B. Y. I. L.* 46, 61 (1934); Robertson, *Characterization in the Conflict of Laws* (1940), pp. 105～106.

之，定性者，即在確定某一法律概念或名詞之意義，俾適用其對應的衝突規則，並正確適用之。蓋關於特定之涉外法律關係，各國縱有相同之衝突規則，由於對同一法律概念或名詞定性之差異，各國判決仍難免衝突，此為國際私法之病態，研究定性問題之目的，即在剷除此種病態，而謀國際私法判決一致理想之實現。

第二節　定性問題之發現及定性之對象

　　定性問題曾被許多大陸及英美學者，看作為國際私法上的一個基本問題。此一問題最初是由德國法學家康恩 (Kahn) 及法國學者巴丹 (Bartin) 各自於十九世紀末葉所發現。西元一八九二年，康恩教授在其所著「法律衝突論」乙文中，首次以「潛在的法律衝突」乙詞，啟開了法律關係定性問題之討論；繼之，巴丹教授於一八九七年發表「國際私法上之法律關係定性論」乙書，對同一問題討論至為詳盡。這個問題於二十世紀初又分別由美國學者羅仁增 (Lorenzen) 及英國學者白克特 (Beckett)，各別介紹到美國及英國❹。

　　國際私法法規，無不係由指定原因、連結因素及準據法三部分所構成。此種法規之結構，均使用法律概念或名詞，惟各國之法律各有其屬類，也各有其特質，故同一法律名詞在各國之意義可能不同，同一系爭事實在各國之法律性質，也可能有異。因此，即使各國國際私法之適用法則或衝突規則相同，由於各自對名詞之定義及法律關係之性質認定，未必見解一致，則同一案件如於不同國家之法院涉訟，仍會適用不同之衝突規則及法律，致發生判決歧異之結果。故巴丹教授曾慨言謂，即使各國國際私法法規相同，同一案件涉訟於不同國家之法院時，縱使未援用公序良俗條款及程序法則，判決仍難期其一致。其原因即在於各國對此涉外法律關係或連結因素定

---

❸　定性乙詞，歐洲學者多用 qualification，美英學者則多用 characterisation 及 classification。

❹　請參閱施啟揚，〈國際私法上定性問題的歷史發展及其解決方法〉，《法學叢刊》，第十二卷第四期（民國五十六年），頁 1～13。

性之不同。茲再以下述實例或虛擬例題說明定性問題之所在及定性之對象：

1.某人自倫敦購票搭火車赴格拉斯哥（Glasgow，位於蘇格蘭），而於蘇格蘭發生之車禍中受傷

　　被害人控訴鐵路局之訴因，如解釋為違反契約，則受訴之英格蘭法院即應適用契約之準據法或其適當之法（proper law，在本案中為英格蘭法）；如解釋為侵權行為，則應累積適用英格蘭法及蘇格蘭法❺。

　　根據上列事實，原告之請求權，究屬於契約問題抑侵權行為問題，受訴法院必須先為解決，否則其應適用之衝突規則，固無從決定，而應適用之法律也無從確定。

2.某人於加拿大安大略省設有住所，未立遺囑死亡，遺留有設於澳洲維多利亞土地上之抵押權

　　本案當事人在英國法院涉訟，依英國國際私法，動產繼承依被繼承人住所地法，而對不動產繼承，則依不動產所在地法。依英國法及安大略省法律，抵押權為不動產上之權利，但依維多利亞法律，則視其為動產上之權利。關於何人得為繼承人及繼承之順序，安大略省與維多利亞規定不同時，則究應適用英國法、安大略省抑維多利亞法律，以決定此抵押權性質為動產或不動產之權利？

　　在上述事實中，英國法院在未解決抵押權性質前，即無從決定應適用動產繼承之衝突規則或不動產繼承之衝突規則。

3.未滿二十一歲於法國有住所之法國人，在英國與有住所在英國之英國女子結婚，而未得其父母同意

　　當事人就其婚姻之成立在英國法院涉訟，而未成年人結婚應得父母同意，為法國民法所規定。英國及法國之國際私法皆規定，婚姻之形式要件依婚姻舉行地法，結婚能力依當事人之屬人法。惟依英國法，本問題乃婚姻形式要件問題，但依法國法，則屬結婚能力問題❻。

---

❺　請參閱英國判例 Horn v. North British Ry. (1878) 5. R. 1055; Naftalin v. L. M. S. Ry. (1933) C. C. 259.

❻　例請參閱 Ogden v. Ogden (1908), p. 46 (C. A.).

在上例中，英國法院在未經決定本問題為婚姻形式要件或結婚能力問題前，即無從決定應適用何一衝突規則，亦無從適用婚姻舉行地法英國法，或夫之屬人法法國法。

4.就應適用德國法之契約案件於英國法院提起，依德國法，該案件已罹時效，依英國法則未逾其時效期間

關於請求權之消滅時效，應依國際私法決定其準據法，惟英國國際私法規定，關於本件契約之實質問題，應依契約之準據法德國法，關於程序事項，則應依法院地法英國法。依英國法，消滅時效係程序法問題，但依德國法，消滅時效則為實體法問題❼。

在上例事實中，受訴法院所應決定者，乃消滅時效究應依德國法認定其為實體法問題，因而適用契約之準據法德國法，抑應依英國法認定其為程序法問題，而適用法院地法英國法。

5.要約係以郵遞方式，於倫敦發送，承諾也係以郵寄方式於柏林付郵

當事人就契約問題於英國法院涉訟，英國及德國之國際私法皆規定，契約之方式要件依締約地法，惟於依英國法，契約締約地在德國，依德國法律，契約係於英國締結。

在上述事實中，受訴法院所應解決者，乃有關締約地究應依何國法決定之問題，如依英國法律，則本案之準據法為德國法，如依德國法律，則本案所應適用之法律，即為英國法。

上述各實例所顯示之問題，即為定性問題。茲再扼要說明，以明定性之對象。在例 1，法院所應定性者，乃確定當事人主張之事實，究應歸屬於契約抑侵權行為之何一概念中。在例 2，法院所應定性者，則為確定該抵押權，究為動產上之權利抑不動產上之權利，而賦予適當之屬類。在例 3 及例 4，法院必須定性者，則為系爭法律關係或其相關法律條文之規定，究為形式問題抑實質問題，或究為程序問題抑實體問題。在例 5，法院所必須定性者，則為系爭連結因素之具體認定。

---

❼　請參閱 S. A. de Prayon v. Koppel (1933) 77 S. J. 800.

第三節 定性之標準

定性問題既經發現，次一問題則為定性究應依何種法律解決，也即定性之標準問題。定性之標準者，即關於法律關係之性質，以及法律名詞之意義，究應依何種法律而確定。學者間對此問題，主張不一，茲擇其要者，說明如次，並從理論上及實際上，予以評論。

一、法院地法說 (lex fori)

大多數歐陸學者，多追隨康恩及巴丹之後，主張定性程序之實施，應依法院地法，即內國法院對受理案件之法律關係，應依內國法以確定其性質之所屬❽。假如法院地必須確定外國法律或制度之含義或性質時，也必須探求相同或最近似之法院地法律如何定性，亦即以後者之定性，適用於該外國法律制度或規則。贊成定性應採法院地法說者之主要論據，乃以為如允許以外國法決定在何種情況下，該外國法應予適用，則法院地法將喪失對適用自己國際私法之控制，而不再為其主宰；其次，因一國之國際私法與其內國法同屬一個法域而不可分，國際私法之一般概念多係仿照內國法之概念，故其涵義範圍自應依從內國法之概念。

批評法院地法說者之主要理由，則為：第一、可能發生本應適用外國法而拒絕適用或本不應適用外國法而予以適用，影響準據法之確定；第二、在法院地法欠缺外國法規定的制度時，將無從解決定性問題，或將顯失公平；第三、採法院地法說僅能解決法律適用問題，對判決一致之國際私法學理想，則無何助益。

二、本案準據法說 (lex causae)

首倡此說者為法國學者狄伯哥 (Despagnet)，彼於一八九八年發表論

❽ 關於法院地法說，請參閱施著，頁 5～7；Beckett, pp. 46～57; Robertson, pp. 25～38.

文，認為受訴法院關於受理案件之法律關係，應依本案之準據法，即以該法律關係所應適用之法律，以確定案件之性質❾。例如我國新涉外法第十條第一項規定：「人之行為能力，依其本國法」，則我國法院所受理之案件，是否為有關當事人行為能力之問題，即行為能力之意義，應依當事人之本國法確定。蓋如伍爾弗 (Wolff) 所稱❿：每一法律規則之定性，應依其所歸屬之法律體系為之。贊成此說者以為，就某種涉外法律關係，內國國際私法既經指定適用某外國法，如不適用該外國法作為定性之標準，則幾與不適用該外國法為準據法相同。

案件如依本案準據法說定性，即能正確依案件所應適用的國家的法律，來決定該法律關係在該國法規中的性質及地位，且其性質可不因受訴法院地之不同，而發生不同之定性結果。

批評本案準據法說者，則有如下之理由：第一、此說有陷於循環論斷之弊，因為法院在審理案件時，究應適用何國法律為準據法，乃是定性後始能確定者；第二、案件如有二以上可能適用之外國法時，法院地採用其一而捨其他作為定性之標準，若非出於武斷，也難為合理之說明。

三、分析法理學及比較法說 (Analytical jurisprudence and comparative law)

分析法理學及比較法說為何柏爾 (Rabel)⓫及白克特 (Beckett)⓬所倡導。何柏爾認為國際私法應建立起自己獨立的概念，在解釋國際私法的各種概念時，必須擺脫法院地法或準據法國實體法的拘束，在國際私法享有獨立概念後，於解釋其有關規定時，始可自由充分的理解涉外法律關係。白克特以為法律關係之性質，應依分析法理學及比較法學之原則而確定，

---

❾　關於本案準據法說，請參閱施著，頁 8～9；Beckett, pp. 46～58; Robertson, pp. 27, 32.

❿　請參閱 Wolff, *Private International Law* (1950), p. 154.

⓫　請參閱 Rabel, *The Conflict of Laws, A Comparative Study* (1958), pp. 54～66.

⓬　請參閱 Beckett, pp. 58～60.

蓋國際私法之規則，乃便利法官決定各種不同法系之各國法律問題的法則，故此項規則必須適於各種法系之規則及其制度之性質。定性係在具體案件中，決定國際私法規則之解釋或適用；故其規則之概念必須屬於絕對之一般性或概括之概念，而此種概念係基於普遍適用之一般原則，故不能從任何一國家之國內法得之，而必在分析法理學中求之。

　　批評此說之主要論據如下：第一、此種國際主義者之理論，概念模糊，且不切實際，蓋各國共通適用之一般原則，不僅現時為數極少，且此種原則究何所指，其衡量尺度也不易建立一致之看法；第二、在遇到定性問題的案件，無疑地將大量增加受訴法庭之負荷，其必須審究多數外國法之規定，以決定如何定性，最符合分析法理學及比較法說之定性標準；第三、比較法學之研究，雖係最能發現各國實體法差異之方法，卻非解決之途徑。舉例來說，比較法學之研究雖可發現父母對未成年子女結婚之同意，某些國家視為婚姻方式要件，某些國家視為婚姻實質要件，又或如消滅時效問題，有些國家視其為程序法問題，有些國家視其為實體法問題，然則比較法學又如何決定此類問題在某一案件中應如何定性呢？

四、初步及次步定性說 (Primary and secondary characterization)

　　採此說者以為定性問題可藉分辨初步定性及次步定性而解決，即前者採法院地法說，後者依本案準據法說❸。依照此一定性標準，初步定性係將訟爭問題認定為某種類型，或將系爭事實涵攝為某種法律關係；而次步定性則係就準據法為確定及予以適用。二者區別之所在，即初步定性係在準據法確定之前，次步定性係在準據法確定之後。贊成此說者，實出於實際之便利，而非基於邏輯之必需。批評此說者之主要理由如下❹：第一、

---

❸　請參閱 Cormack, 14 So. Calif. L. Rev. 226 (1941); Robertson, *Characterization in the Conflict of Laws* (1940). 惟後者對初步定性採法院地法，設有兩項例外，其一、財產權上之利益究屬動產抑不動產利益，應依財產所在地法；其二、如有二可能適用之外國法，其定性法則相同時，法院地法院應適用該共同之定性規則。

將定性分為初步定性及次步定性，係不切實際，人為操作亦易導致武斷之結果；第二、初步及次步定性之限界，其劃分標準難趨一致，即對於同一問題，不同學者可能歸類為不同之定性範疇**⑮**。

綜合以上各種有關定性標準以觀，實無一完善之學說。故現今各國實證法或判例仍多採法院地法說**⑯**，此實由於實際上之便利，初非基於任何邏輯上之必要。惟定性採法院地法說，不僅會造成失平之結果，且對判決一致之理想，也生妨害，已如上述。

第四節　定性之階段

關於定性之標準，已如上述，而一般所採者，仍為法院地法說。次一應研究之問題，則為定性問題涉及之範圍也即定性之階段。綜合言之，定性之階段實包含下述三點：其一、訟爭問題之定性；其二、連結因素之定性；其三、準據法適用範圍之定性，茲分別討論於下：

---

⑭ 請參閱 Nussbaum, *Book Review of Robertson*, 40 Col. L. Rev. 1467～1468 (1940); Lorenzen, *The Theory of Qualification and the Conflict of Laws*, 20 Col. L. Rev. 128～135 (1920); Marsh, *Marital Property in Conflict of Laws*.

⑮ 例如關於父母之同意未成年子女結婚，Robertson 視之為次步定性，參閱 Robertson, pp. 239～245；而 Cheshire 視之為初步定性，參閱 Cheshire, *Private International Law* (2nd ed.)，惟其第三版時，已改採為次步定性；關於詐欺條款及消滅時效，Robertson 視之為次步定性，參閱 Robertson, pp. 248～259；Cormack 則視之為初步定性，參閱 Cormack, 14 So. Calif. L. Rev. 233 (1941).

⑯ 例如埃及民法第十條；Codigo Bustamante, art. 6 (1928)；實務上我國法院也採法院地法說。請參照臺灣臺北地方法院四十五年度訴字第二四八號請求交還遺產事件民事判決。該案內容略以：「亞洲航空公司美籍工程師安諾德自殺死亡，亞洲公司代為保管其遺產，而安諾德之妻及子女，向亞洲公司請求交還遺產。」判決理由中謂：「選定適用法則之前，必須就訟爭問題之性質，先予確定。訟爭問題之性質，究應如何確定，查各國國際私法，為使內國法院不致適用不應適用之法則，均基於本國之固有定性制度，而採取法庭地法說，故本院亦採之。……」

一、訟爭問題之定性

　　訟爭問題的定性，為定性的第一階段。於此階段中，法院應確定當事人以訴所主張事實之法律性質，換言之，受訴法院應將所審理案件，確定其性質，而涵攝於適當之法律關係。此項訟爭問題之定性，須先為確定，否則本案應適用之衝突規則，將無由決定。試舉數例加以說明：

㈠繼承與夫妻財產制之爭論

　　某寡婦住於 A 國，向 B 國法院起訴，爭取其亡夫遺留在 B 國之不動產。設 B 國國際私法規定：1.不動產之繼承，依物之所在地法；2.夫妻財產制依住所地法。同時又假定 B 國法律規定，寡婦對不動產無繼承權，而 A 國法律則承認寡婦對夫遺留之不動產得主張夫妻財產制❶。

　　根據上列事實，該寡婦之請求權，究屬於夫妻財產制問題，抑或屬於繼承問題，B 國法院應先為解決，否則就 B 國國際私法上之衝突規則，必無由選定。該請求權經定性後，如屬於繼承，則應依不動產所在地法 B 國法，如屬於夫妻財產制，則應依其住所地法 A 國法裁判。

㈡遺囑與婚姻之爭論

　　某婦於婚前立有遺囑，其夫為 A 國人，結婚時住於 A 國，隨後遷住於 B 國，並死於 B 國。設 A 國法律規定，婚前成立之遺囑，因結婚而撤銷，但 B 國法則否，當事人就該有無遺囑之問題訟爭於 A 國。假定 A 國國際私法規定：1.婚姻之效力，依結婚時夫之住所地法；2.遺囑之效力，依遺囑人死亡時之住所地法。

　　根據上列事實，本案訟爭問題之定性，並非確定遺囑之應否撤銷問題，而係決定因結婚而撤銷遺囑之法則，究為婚姻效力之問題，抑為遺囑之問題。其訟爭問題經定性後，如屬於婚姻效力問題，則依結婚時夫之住所地法 A 國法，如屬於遺囑問題，則依遺囑人死亡時之住所地法 B 國法。

---

❶　參閱 The Maltese Marriage Case (Anton v. Bartolo), Clunet, 1891, p. 1171.

二、連結因素之定性

訟爭問題之定性，經確定後，則其衝突規則的連結因素究應如何確定，此為定性之第二步驟。例如受訴法院將訟爭問題定性為契約問題，因而應適用其有關契約之國際私法衝突規則，假定其規定契約應依締約地法，則締約地乃為本案所應適用之衝突規則之連結因素，但成為問題者，即契約之成立地或締約地，有依要約地，亦有依承諾地決定者，如要約地與承諾地不同時，究應如何確定？此為國際私法上定性之第二步驟，蓋此問題未經解決前，則本案應適用之衝突規則，亦將無由適用，而準據法必無從確定。

在訟爭問題的定性，法官所要定性者，乃本案構成訴因之事實；而關於連結因素之確定，如確定契約係締結於何地，法官所要定性者，則是指向準據法之法律事實或連結因素，二者均與準據法之確定有關，故訟爭問題之定性，與連結因素之確定，實有不可分離之關係，訟爭問題之定性，一般既採法院地法，則連結因素之確定，亦惟依法院地法。其他如當事人意思、侵權行為地、物之所在地等連結因素之確定，亦皆如此。

值得注意者，係住所之定性問題。按住所為人之生活關係之中心地，其意義及其得喪變更，各國法律規定不同❸，故以住所為連結因素之國際私法衝突規則，其適用即難免發生應依何國法律以確定住所之問題❹。雖

---

❸　就立法例言，我國民法總則第二十條規定：「以久住之意思住於一定之地域者，即為設定其住所於該地」；日本民法第二十一條規定：「各人生活之本據所在地，即為其住所」；法國民法第一〇二條規定：「住所為私權執行所定之居所」；義大利民法第十二條規定：「民事上之住所者，為營利及其他業務上之中心點」。

❹　學說上，關於應依何國法律以定住所之問題，約有下述四說：
　　1.當事人意思說：係以個人之意思為標準，以決定其住所。
　　2.本國法說：即以當事人之本國法以定其住所之有無。
　　3.屬地法說（領土法說）：即關於住所是否在某國存在，即依該某國之法律決定。

多數學者及法院，一向採用法院地法說，即某人之住所在何處，依法院所在國之法律為準。惟採法院地法說，用以確定當事人在受訴法院國有無住所，固甚適當，如用以為確定當事人在外國有無住所，則非妥適。因為住所與國籍均在確定某人與某國政治、社會之關係，其與其他連結因素之與某法域發生牽連關係，僅為一時、偶然者，性質不同，關於國籍之確定，既採所屬國法說，則關於住所之確定，如採用屬地法說 (theory of territoriality)，似無不當，即在決定某人在某國是否有其住所，即應依該某國之法律為準。在發生住所衝突時，則再依內國解決住所衝突之辦法加以解決。

三、準據法適用範圍之定性

連結因素經確定後，即可確定準據法為何國法。例如某訟爭問題經受訴法院定性後，為侵權行為，而其國際私法上侵權行為之衝突規則，即侵權行為應依侵權行為地法之規定，即為應適用之衝突規則，惟如該侵權行為之行為發生地與損害結果地不同時，受訴法院必須對作為連結因素之「侵權行為地」，再加以定性。如經確定在 A 國之損害結果地為侵權行為地時，即可確定其準據法為 A 國法。

惟法院地法並未規定，所有關於侵權行為之問題，皆依 A 國法，故有關侵權行為之訴訟程序問題，仍應依法院地法。因而在此階段所要定性者，乃何者為該訴訟之實體問題，而應依 A 國法，何者為該訴訟之程序問題，而應依法院地法，此為定性之第三步驟。申言之，準據法國之外國法律，屬於訴訟程序之性質者，則不為內國之法院所適用；反之，準據法國之外國法律，屬於訴訟實體之性質者，始得由內國法院適用之，故準據法國之外國法律之適用範圍之劃定，即將取決於準據法國之外國法律，定性為訴訟程序之規定，抑為訟爭之實體權義之規定。惟準據法國之外國法律之定性，究應依本案之準據法，抑應依法院地法，仍有問題。茲引下述兩例加

4.法院地法說：即依訴訟地之國際私法本身之立場或依訴訟地之實質法來決定當事人住所之有無。

以說明：

1. 設契約不履行之訴訟在 A 國法院提起，依 A 國國際私法規定，該契約應適用之法律為 B 國法

不論依 A 國法或 B 國法上消滅時效之規定，該案件（請求權）均已罹於時效。惟 A 國法視時效之規定為實體規定，而 B 國法則視之為程序規定❷：

(1)法院地法說：若為貫徹定性之標準，就準據法國之外國法律適用範圍之定性，亦一如訟爭問題及連結因素之定性，而採法院地法說，則 A 國法既將時效規定定性為實體規定，A 國法院即不得適用 A 國之時效規定；至於準據法國 B 國因將時效規定於程序法之中，不得適用其規定，而其實體規定中，因根本無時效之規定，亦無從適用。由於內國法官不得適用外國程序法之規定，A 國法院因不能適用 B 國有關時效之程序法規定，A 國有關時效之實體規定，亦因 A 國法不是準據法而不能適用，其結果無異該請求權永不罹於時效。

(2)本案準據法說：認為應適用之外國準據法，既經確定，則關於準據法適用範圍之定性，自應依該國法律，即本案之準據法。若採此說，則時效規定依 B 國法係屬程序規定，自不為 A 國法院所適用，而 A 國關於時效之實體法，因非準據法而不得適用，得適用之程序法中又無消滅時效之規定，致 A 國法上亦無可適用之時效規定。A、B 兩國關於消滅時效之法律既均不能適用，其結果無異該請求權永不罹於時效。

2. 設違背有關出賣土地口頭契約之案件，在 A 國法院提起，依 A 國國際私法之規定，本案應適用之法律為 B 國法

A、B 兩國皆有詐欺條例 (statute of frauds)，規定有關土地上利益之出售必須以書面為之，方為有效。依 A 國法，詐欺條例為實體規定；依 B 國法則為程序規定：

(1)法院地法說：若關於外國準據法適用範圍之定性，採法院地法說，則 A 國法院不得適用 A 國之詐欺條例，而 B 國法實體規定又無詐欺條例，

❷ 西元一八八二年德國最高法院有關票據案件之事實。參閱馬著，頁 214。

而將其規定於程序法之中，依內國法官不得適用外國程序法之原則，A 國法院自亦不能適用 B 國之詐欺條例。兩國詐欺條例均不得適用，其結果該口頭契約為有效。

(2)**本案準據法說**：若關於外國準據法適用範圍之定性，採本案準據法說，則依 B 國法，詐欺條例係屬程序規則，B 國之詐欺條例自不為 A 國法院所適用，而 A 國程序法規中又無詐欺條例，亦無可適用之 A 國詐欺條例。兩國之詐欺條例均不得適用，其口頭契約為有效。

就以上二例以觀，關於本案準據法適用範圍之定性，無論是採法院地法說抑本案準據法說，其結論均甚荒謬。此雖係就特殊情況而言，一般情形尚不致如此❷，但已可概見本案準據法適用範圍定性標準之難覓。其實，上述二案之所以顯失公平，實因受「內國法官不得適用外國程序法」原則之影響。

法院地國對涉外法律關係，依其國際私法之規定，可能適用外國法，但此僅限於涉訟之實體事項，關於訴訟程序事項，則恆適用法院地法，此乃國際私法之基本原則。至訴訟程序事項之所以應適用法院地法，其理由不外下述：

第一、程序規定具公法性質，而內國法院不適用外國公法，亦為普遍之原則。

第二、適用外國程序法，將增加內國司法機關運作上之不合理負擔，對內國律師亦負荷過重。

惟同一案件不論涉訟於何國，能適用同一法律，而得相同判決，乃國際私法學之理想，如各國國際私法之衝突規則相同，當某國法為案件準據法時，自以同時適用其實體法及程序法，始有助於判決一致，並避免原告任擇法庭之弊。雖基於前述二點理由，內國法院不適用外國程序規定，而理想難於實現，但所謂程序法則，實可細分為二類，其一、乃純粹關於證

---

❷　例如採法院地法說，法院地法院視消滅時效為程序規則而適用自己之規定是；或雖視消滅時效為實體規則，而準據國法消滅時效也為實體規定，因而適用準據國法消滅時效規定是。

據法則及程序細節之規定，例如當事人書狀、送達、言詞辯論、證據調查、裁判等規定是；其二、乃可左右判決結果，影響當事人選擇訴訟地，而其適用又不致增加內國法官實際負擔之程序規定，如消滅時效、詐欺條款、法律推定等規定是。前一類程序法，各國並無否認其程序法之性質者，故無論何種情形，均仍適用法院地法之此類規定；至後一類程序法，對其是否具有程序法之性質，各國見解不一，故無妨以外國準據法而適用之。如採此見解，前舉二例中無法可用之荒謬結果，當不致重現，且大有裨益於判決一致之達成。

綜上所述，可見關於外國準據法適用範圍之定性之困難，乃源於各國對程序規定認定之歧異及偏差，如能縮小「程序事項依法院地法」原則之適用範疇，其困難自可迎刃而解。倘若如此，則於此階段，定性之標準究為法院地法抑本案準據法，似已非重要之問題❷。

第五節　定性問題之解決及發展

一、定性問題之解決

國際私法上定性問題之發生，根本上乃由於某種法律名詞之解釋，與數國法律有關，而該數國法律對此名詞意義及屬性認定復各異，例如遺囑之訂立，有認為屬於行為能力者，也有認為屬於法律行為之方式者；又如生存配偶對死亡之他方配偶所遺財產之請求權，有視為夫妻財產制之問題者，有視為繼承之問題者等是。似此，縱使對於特定之涉外法律關係，各國國際私法規定之衝突規則相同，但因各國對某些法律名詞之意義與性質

---

❷　如各國能縮小程序事項依法院地法原則之適用範疇，相信對準據法適用範圍定性所生之困難（無法可用等情形），必有所補正，且對於不同法域涉訟時，判決一致理想之達成，也必有所幫助。至於此階段，究以法院地法抑本案準據法，為定性之標準，固非重要，但於兩者間，實以採本案準據法說，更為有助於判決一致。

為不同之認定，雖有定性之標準，仍可能適用不同之衝突規則，致判決一致之理想恐難於實現。故定性問題之根本解決，在避免法律名詞涵義之衝突，其方法得述之如下：

㈠國內立法之自治

即一國在制定國內法時，實應站在國際社會的觀點，比較各國法制，探求其異同，為追求崇高理想，把幾種可能產生涵義衝突之法律❷，儘量擇其重要者，加以修正統一，以解決定性所帶來之困擾。

㈡國際條約之締結

此即藉召集國際會議，由多數國家以談判、締約之方式，檢討各種法律名詞之涵義衝突，進而互相讓步；以確定各種法律名詞之意義，俾為各國共同信守。

如上述方法能實現，法律名詞涵義之衝突便可免除，倘各國國際私法之衝突規則相同時，則各國法院對同一涉外案件，不論其所採之定性標準為何，其適用之法律必然相同，判決一致之國際私法學理想，於焉實現❷。

二、定性問題之發展

定性問題的解決，根本上係在避免各種法律名詞涵義之衝突，其解決方法，已如上述。惟上述解決方法偏重在實體法概念名詞分歧之解決，雖有一勞永逸之功效，但卻非一步可及。關於定性問題之最新發展，似從避免初步定性著手，即先確定其準據法，然後再依該準據法，對涉外案件之

❷　例如後死配偶對他方配偶的財產請求權，是繼承的問題或夫妻財產制的問題？違背婚約是契約不履行或是侵權行為？妻的扶養請求權適用夫妻財產制的規定或夫妻婚姻身分上效力的規定？無人繼承的動產，國庫可依法定繼承人的資格取得或依物權法上的先占原則取得？禁止配偶間互為贈與或訂立合夥契約的規定，係婚姻身分上效力、夫妻財產制或契約的問題？

❷　應注意者，此處所言僅在解決實體法上法律名詞涵義之衝突，並非指各國實體法之統一，故如各國國際私法之衝突規則相同時，僅能使同一涉外案件，在不同法域獲得相同判決。如係各國實體法之統一，即使非屬同一案件，在不同法域，也可獲得相同判決。惟各國實體法之統一，較法律名詞涵義之統一更難。

訟爭問題加以定性，俾確定應適用準據法國之何種性質之法律。此種方法一方面可解決法律適用問題，他方面也有助於判決一致，頗值吾人注意。關於如何先確定涉外法律關係準據法國之法律，其方式得述者，有下列二種：

㈠就涉外案件準據法之確定，不採剛性規則，而採彈性之最重要牽連關係說

依照一國國際私法之規定，就特定涉外法律關係確定其應適用之內、外國法律，乃準據法。該準據法係以特定法律關係與當事人或某地域之牽連關係為基礎，於事前抽象地予以規定為剛性規則，其制定係以某種連結因素為基礎而決定其準據法，之所以捨其他連結因素，乃因被選中之連結因素與該特定法律關係，牽連關係最密切之故[25]。惟此種剛性規則有二缺點：其一、定性困擾之發生，影響判決之一致；其二、在具體案件，該準據法之所以應被適用，有時係出於偶然，與案件無實質重大牽連關係。

而較富彈性之最重要牽連關係說，則認為涉外案件通常皆涉及二以上之國家，該二以上國家之法律，就該案件之解決均有利害關係，乃發生孰強孰弱之問題，此時應就系爭問題、案件事實、各事實間之關聯，以及當事人與相關國家間之關係，作個案之分析比較，再決定應適用何國之法律。本案應適用之法律經決定後，即以其為定性之標準，以決定適用該國何種性質之法律。

此種注重個案之分析比較方法，不再一成不變地適用硬性衝突規則，如運用得當，並藉判例之累積整理，亦能就同一案件之適用法律達成一致，

---

[25]　茲以我國舊涉外法第十八條為例說明。該條規定：「收養之成立及終止，依各該收養者被收養者之本國法。收養之效力依收養者之本國法。」同條立法理由說明謂：「本條係仿日本法例第十九條，其立法理由，蓋以收養之成立乃擬制血親關係之開始，而收養終止，又為此種關係之消滅，性質重要，為兼顧雙方利益，宜依當事人各該本國法，方屬允當，至在收養存續中，基於親子關係而生之各種法律效果，例如養子是否取得養親之國籍，是否改從養親之姓氏，以及對養親之遺產如何繼承等問題，均以養親為主體，其應依照養親之本國法，亦屬理所當然。」

避免初步定性先確定法律關係之性質,所帶來之困擾;又因其案件準據法已經確定,再依該國法律以確定法律關係之性質,其標準一致,不至於就適用該國何種法律,發生分歧,故有助於判決一致❷。

㈡就特殊性質之案件,各國締結條約以統一其準據法之適用

國際私法為國內法,如各國不採同一法律適用規則或衝突規則,則同一案件仍因受訴法院之不同,而獲得不同之判決。此不僅影響當事人權益,且易發生原告任擇法庭之弊;惟如前述,即使各國國際私法採相同之衝突規則,因定性標準不同,對同一案件仍可能適用不同之衝突規則,而不能適用相同之法律,前述弊端亦仍不能免除。

國際間有鑑及此,乃選擇性質特殊、容易發生定性爭議,又經常發生訟案之問題,締結條約以統一其衝突規則。茲以海牙國際私法會議❷於一九七二年所締結之產品責任準據法之公約❷ (Convention on the Law Applicable to Products Liability) 為例,加以簡單說明:

該公約係適用於因商品導致損害時,關於決定商品製作人及其他人之損害賠償責任,所應適用之準據法。故第一、公約先就商品及損害等予以定義,俾確定公約之適用範圍;其次、則規定商品製作人責任之準據法;

---

❷ 最重要牽連關係說,雖不失為解決定性問題之辦法,惟在學理及實務上,似仍不無可批評之處:①於涉外案件選擇適用法律時極為重要之特質,例如單純、確定、易於適用,結果預見可能,於此說則難以維持;②在適用最重要牽連關係說,以確定應適用法律前,是否仍須先就訟爭事實加以定性,仍不無爭執。如屬肯定,則初步定性仍未避免,僅能使個案適用法律,較為公平、合理;③一般法官格於種種限制,並非均精於國際私法之技術,除非法律有簡單具體之指示,法官實際上很難自所有連結因素乃至分析關係法律中,以確定個案最適當之準據法;④此說予法官以較多之自由,法官如以此為憑藉,而擴張內國法之適用,不僅產生弊害,且也無補於定性問題所帶來之困擾。

❷ 關於海牙國際私法會議 (Hague Conference on Private International Law) 及其所簽訂之各種公約,請參閱劉鐵錚,〈論侵權行為之準據法〉,《政大法學評論》,第七期(民國六十一年),頁 183~184。

❷ 關於本公約及其分析,請參閱劉鐵錚,〈論商品製作人責任之準據法〉,《政大法學評論》,第十期(民國六十三年),頁 101~123。

再其次、則規定準據法之適用範圍。因此遇有商品製作人責任之案件發生時，締約國即可先確定應適用何國之法律，然後再依該國法以確定案件之性質，俾再確定應適用該國何種性質之法律，以解決當事人之私權糾紛。

此種發展，實也附帶解決了訟爭問題定性時所帶來之困擾，減少對同一案件判決歧異之發生。因為於締約國法院就商品製作人責任問題爭訟時，該國即可不必先確定其係侵權行為抑契約債務之不履行，即確定其應適用之法律；本案之準據法既經確定，則究應適用該國之契約法抑侵權行為法，當然應依本案準據法決定，如此即可一方面避免初步定性所生之困難，他方面使定性的本案準據法說不再陷於循環論斷之批評，更大有助於判決一致之達成。

第五章 規避法律問題

第一節 規避法律之意義

　　規避法律是指當事人故意藉變更連結因素之歸屬關係，以逃避不利於己而原應適用之內國法律，求得有利於己之外國法律之適用❶。茲舉數例說明之❷：

---

❶ 規避法律 (evasion of law, fraude à la loi)，我國學者有稱為選法詐欺、選法舞弊、竊法舞弊、迴避法律者不一而足。關於本問題可參考馬漢寶，《國際私法總論》(民國七十六年)，頁 236～242；劉甲一，《國際私法》(民國六十年)，頁 143～150；何適，《國際私法》(民國五十三年)，頁 195～200；Rabel, *The Conflict of Laws, A Comparative Study*, II (1958), pp. 561～583; Wolff, *Private International Law* (1950), pp. 140～145.

❷ 除本文所舉例子外，茲再舉數例以明之：

　1.法國最高法院一八七八年對法國貴族包芙曼公爵夫人 (Princess de Bauffrement) 離婚案件之判決。本案關係涉外案件之規避法律問題。按法國關於離婚之準據法向採本國法主義，而法國在一八八四年以前之法律又禁止離婚。包芙曼公爵夫人與夫不睦，為便離婚俾與比貝斯哥王子再婚，乃赴薩克斯愛登堡公國請求歸化德國，歸化德國之次日，即訴請與法籍夫離婚，旋又在柏林與比貝斯哥王子再婚。法國法院則認定其顯然有詐欺法國法律之惡意，而宣告其離婚及再婚均無效。

　2.當事人為取得原屬國法不能取得之利益而變更國籍之情形，最為普遍，也為規避法律常見之形態，例如避免本國法上禁治產之宣告及監護人之設立、避免本國法不許結婚後變更夫妻財產制契約之規定、避免本國法上不許認領之規定、避免本國法上關於法院管轄權之規定、避免本國法上關於行為能力之

　　例一、關於屬人法事項，Ａ、Ｂ二國均採本國法主義，但Ａ國之民法禁止離婚，Ｂ國之民法則許之。Ａ國夫婦甲、乙脫離Ａ國國籍，取得Ｂ國國籍後，於Ｂ國離婚。如嗣後甲、乙因離婚是否有效問題，涉訟於Ａ國，即有可能發生規避法律問題，因依Ａ國國際私法，此為一涉外法律關係（因甲、乙已為Ｂ國人），依其應適用本國法之規定，自應適用Ｂ國法律，則當事人之離婚為有效；但關於雙方變更國籍，是否有規避法律之意圖，而應為否定離婚效力之判斷，即產生規避法律之問題。

　　例二、Ａ、Ｂ兩國關於法律行為發生債之關係，均採行為地法主義，但Ａ國民法對贈與行為有方式要件之規定，即要求書面與公證，而Ｂ國法律則不要求任何方式要件。如Ａ國人甲、乙於Ｂ國為贈與行為，嗣後如甲死亡，乙對甲之繼承人請求贈與時，其繼承人以當事人規避法律為理由拒絕履行時，是否為法院所採？即生規避法律之問題。

第二節　規避法律與脫法行為

　　國際私法上之規避法律，係淵源於實體法上之脫法行為，惟兩者在手段及目的上，也有不同之處，茲比較如後。按民法上之脫法行為，係規避法律禁止之規定，而以迂迴之手段達成其目的之行為，也即用表面合法的手段達成實質違法的目的，立法上不乏予以禁止的明文規定。例如我國民法第二〇五條規定：「約定利率，超過週年百分之二十者，債權人對於超過部分之利息，無請求權。」本條明文禁止高利貸款，至於非屬本條禁止範圍的其他巧取高利的行為，原為脫法行為，但民法第二〇六條亦予以明文禁止，規定：「債權人除前條限定之利息外，不得以折扣或其他方法，巧取利益。」

　　規定。

3.公司營業地或管理中心地之法律對於公司之設立、組織，管理極嚴，課稅又重。因之，欲設立公司者，乃往管制較寬、課稅較輕之國家設立飄泊公司，以規避其營業地或管理中心地法。

惟上述二者仍有下列差異：

1.國際私法上規避法律，乃規避內國之實體法，而求得有利於己之外國法之適用，如前舉例是；而實體法上之脫法行為，則僅在逃避內國強行法之適用。

2.國際私法上規避法律，乃藉變更連結因素之歸屬關係，以逃避不利於己之內國法之適用，求得有利於己之外國法之適用；脫法行為則係以迂迴的手段，掩飾其違法目的之不法行為，無關乎連結因素之變更，也無關乎外國法之適用。

第三節　規避法律之理論

國際私法上規避法律是否合法，學者見解不一，有下列二種主張：

一、適法性說

認為國際私法上規避法律行為係屬正當，理由如下：

1.規避法律之當事人係為謀私利，但各國既就債權行為採當事人意思自主原則，承認當事人得合意選擇其應適用之法律，規避法律亦為當事人選法自由之一種表現，故應認定其為適法。

2.從反面言之，如認規避法律為違法，則須證明當事人有詐欺逃避內國法之意圖，否則即難與一般改變連結因素之善意行為區別。但意圖乃主觀因素，很難證明，故宜承認其為適法，以減少訟源，避免爭執。

3.如認規避法律為違法，而否定當事人之行為及其結果，對當事人固屬不利，也易引起國際紛爭。

4.如認規避法律為違法，則內國不公平、不合理之法律仍得適用，不易廢止，阻礙內國法律之進步及社會經濟的發展。

二、不適法性說

認為國際私法上規避法律行為，係屬不正當，即具有不適法性，理由

如下：

1.規避法律既淵源於實體法上之脫法行為，後者既屬違法，前者自亦難免。

2.一國強行法如被人以詐欺方法規避，其因此成立的法律關係，應不認其效力，否則無異鼓勵人人詐欺。

3.當事人利用連結因素之變更，以適用外國法，並規避原應適用之內國法，表面上雖未違反衝突規則，但其破壞法律適用之中立及安定，無異直接違反內國法之規定。

4.如認規避法律為違法，可樹立內國法律適用之尊嚴，使人不敢心存僥倖，萌生詐欺內國法之意圖。

以上兩說，皆言之成理。前說認為規避法律係當事人為達成某種目的，故意將連結因素變更，而當事人在決定變更連結因素時，究竟有無規避法律之意圖，實無法或難以判斷，且國際私法上之連結因素，多依客觀或外觀要素予以認定，而無主觀意思存在，故當事人變更連結因素是否為規避法律，實無從判斷，其變更及後續之法律行為均應承認其效力，始為允當❸。後說認為連結因素之變更是否確有詐欺內國法之意圖，並非完全無法判斷，故對顯屬詐欺之行為，自不應姑息，否則必產生不公平之現象，而有礙內國法律適用安定之秩序❹。二說相比較，本書較贊成後說❺。

---

❸　參閱蘇遠成，《國際私法》（臺北：聯合圖書，民國六十七年），頁 121。

❹　參閱曾陳明汝，《國際私法專論》（臺北：自版，民國六十五年），頁 98。

❺　下列各國立法例可資參考：

1.法國法基於古老、模糊的「詐欺毀滅一切」之格言，建立廣泛之原則，即凡藉變更連結因素，以惡意逃避法國法規之行為者，均屬無效，所謂惡意，凡欠缺誠信之行為均屬之。其結果，當事人惡意逃避之法律，仍予適用。義大利法院亦採相同之見解。參閱 Wolff, *Private International Law* (1950), p. 143.

2.美國曾以法律就防止規避法律予以明文規定。例如美國統一州法全國委員會於一九一二年草成婚姻規避法，對「為規避住所地所在州之法律，而在他州或他國成立婚姻者」加以限制。若干州曾加採用。又美國於一九○七年並有婚姻無效與離婚法之制定，該法案規定，婚姻無效及離婚之管轄權，以當事

第四節　規避法律之特質

規避法律之種類繁多，態樣各異，惟一般而言，規避法律之行為具有下列特質：

一、不適法性

規避法律有時雖未直接侵害任何人之權利，同時也未積極違反內國的強行法規，但其規避內國強行法規之適用，使原應適用之內國法消極地不被適用，違背內國關於法律適用之安定秩序，即具有不適法性。

二、虛偽性

規避法律之當事人，藉變更連結因素之歸屬關係，規避原應適用之內國法，進而適用有利於己之外國法，其主觀上對於內國法之不適用及外國法之適用，並非善意，故具有虛偽性。

人善意居住於該州，並繼續相當時期者為限。亦為一部分州所採。參閱馬著，頁 238。英國法對規避法律問題，雖未發展成一普遍之規則，但確予以注意，迭有判例及反規避法律之措施。參見 Cheshire & North, *Private International Law* (11th ed., 1987), pp. 578～583; Graveson, *Private International Law* (7th ed., 1974), pp. 170～184.

3.西元一九八七年之瑞士國際私法，有多處關於規避法律之規定，例如其第四十五條第二項：「締結婚姻之男女，一方為瑞士國民或雙方在瑞士均有住所者，其在外國締結之婚姻，除當事人顯有規避瑞士法所定婚姻無效事由之意圖外，予以承認。」此外，其第十八條更有一般原則性的規定，「基於其特殊目的，不問本法所指定之法律為何，本法不影響瑞士強制條款之適用。」西元一九七九年之匈牙利國際私法第八條，則有更明確之規定：「一、涉外成分係由當事人虛擬地或詐欺地設定時，不適用該外國法。二、在詐欺之情形，原應適用之法律應予適用。」

三、連續性

連結因素歸屬關係之變更（例如歸化為外國人），乃當事人規避法律之手段，其所欲達成之另一法律效果，始為目的（例如離婚），二行為具有相互影響、相互連結之關係，表面上為二以上之行為，其實是其於連續所為，故具有連續性。

第五節　規避法律之成立要件

如認為規避法律具有不適法性，而發生特定之法律效果，即必須嚴謹予以認定，故其成立必須具備一定之要件，對不合要件之行為，即不得以規避法律論。其要件如下：

一、須當事人具有詐欺內國法之意圖

連結因素之變更，常需花費大量之時間與金錢，因此僅客觀上有改變連結因素之事實，仍不能謂當事人具有詐欺內國法之意圖，否則難謂公平合理。故除客觀上有改變連結因素之事實外，尚須證明當事人兩造或一造主觀上具有詐欺內國法之意圖，始得構成規避法律。

二、須當事人從新隸屬關係中取得利益

即當事人依原有隸屬關係所應適用之內國法，無法取得之身分上或財產上利益，但依新的隸屬關係所指向的外國準據法，則能取得該利益。此一結果，乃是當事人改變其連結因素之原因，也是其所欲達成之目的。

三、須法院地國為被詐欺國

規避法律的責任，只存在於被詐欺國，乃因其違背被詐欺國選法安定之秩序。至以詐欺他國法律為目的，一國法院不能根據規避法律之觀念，而否認其法律行為之效力。故惟有被詐欺國法院即為管轄法院時，始有規

避法律問題之存在。

　　此外，應附帶一提者，國際私法上公序良俗條款與規避法律，二者雖均在維持內國的強行法律，但二者性質不同。就前者言，乃因原應適用的外國法，其內容或適用的結果，會違背內國的公序良俗，因而不加以適用；而規避法律則完全著眼於當事人詐欺內國法之意圖，即逃避原應適用之內國法，而適用原不應適用之外國法。故與該外國法本身內容是否違背內國公序良俗，並無直接關係。因二者適用情形各別，不可不辨。

第六節　規避法律之效力

　　當事人之行為在法院地國如構成規避法律，究發生如何之效果，學說上則有不同之主張：

一、絕對無效說

　　此說認為規避法律之當事人，其行為具有詐偽、不法之惡性，基於「詐欺毀滅一切」之法諺，其改變連結因素行為之本身，及從新隸屬關係所適用之法律取得利益之行為，均為無效。例如以規避法律之方法達成離婚目的者，不僅離婚無效，當事人因歸化而取得之新國籍，亦不予以承認。

二、相對無效說

　　此說認為規避法律之行為並非當然無效，只有在違背被規避之內國法律之立法目的時，始為無效。例如 A、B 兩國對於贈與均採行為地法主義，A 國人甲、乙於 B 國為贈與時，其是否構成規避法律，須視 A 國法律之立法目的而定：倘 A 國要求贈與須經公證，僅在強調贈與是一種要式法律行為，而 B 國法律亦要求書面之方式，則適用 B 國法應未違反 A 國之立法目的，其贈與之行為仍屬有效；如 A 國法之規定公證，除強調要式行為外，並在藉收取公證費用，增加國庫收入，則甲、乙在 B 國之贈與行為之適用 B 國法，已使 A 國國庫受損失並與 A 國之立法目的有違，應屬無效。

三、相對有效說

此說認為規避法律僅生相對的效力，即僅限於改變連結因素行為的本身有效，當事人依新隸屬關係適用之法律而取得利益之行為，應屬無效。例如 A 國人甲、乙為規避不得離婚之 A 國法，歸化為 B 國人之後再離婚時，其變更國籍有效，但離婚則屬無效。

以上三說，相對有效說雖有簡單、明確之利，但可能失之過寬，頗有爭議；絕對無效說立論單純，但其結果較相對有效說影響更廣，徒增處理涉外法律關係之困難；相對無效說立論平允，既能切合規避法律之本質並對其行為加以適當限制，似較可採。

第七節　我國現行規定之析論

一、相對無效說之採用

關於規避法律的問題，新涉外法增訂第七條規定：「涉外民事之當事人規避中華民國法律之強制或禁止規定者，仍適用該強制或禁止規定。」本條針對原應適用中華民國法律的涉外民事，因當事人巧設連結因素，使其得主張適用外國法，而規避中華民國法律之強制或禁止規定之適用之情形，規定仍應適用該強制或禁止規定。就立法模式而言，本條係採前述相對無效說，即將規避法律視為衝突規則的例外規定，針對此種應從嚴認定的例外情形，規定不得適用新成立的連結因素所指向的外國法，仍依原應適用的內國法，否認當事人行為之效力。

二、規避法律之構成要件

新涉外法第七條所稱「規避」，是指就其連結因素變更之過程及變更後之結果整體觀察，可認定其係以外觀合法之行為（變更連結因素之行為），遂行違反中華民國之強制或禁止規定之行為，並可認定其變更連結因素之

階段，乃是其規避中華民國強制或禁止規定之計畫之一部分的情形。換言之，規避法律具有「連續性」、「詐偽性」及「不法性」等三種特性，本條乃規定其法律效果為：不適用依變更後之連結因素所定應適用之法律，並仍適用中華民國之強制或禁止規定，以維持正當適用中華民國法律之利益。

　　當事人為了規避適用內國法的不利益，而精心設計有關連結因素的相關事實，而發生應適用外國法的「表面」結果，此時即使連結因素的變更（例如歸化）從外國法的角度來看並沒有明顯的破綻，適用外國法也的確發生在內國法上不可能的法律效果，本條為了實現實體或實質正義，仍從國際私法的觀點，認定當事人以詐偽的方法巧取適用外國法的利益的整體過程，具有「不法」的性質，所以規定此時的準據法不依其詐偽所得的新連結因素決定，故仍適用內國的法律❻。換言之，適用外國法的結果是否係因當事人之不法行為所致，應綜合全部的事實內容及整體過程的利益變更情形決定，其具體標準的輪廓，應在法院就個別案例的判斷之中，將來透過案例類型的歸納整理，應可充實本條的具體內容。

　　新涉外法第七條規定所明文禁止的「規避法律」，是涉外民事之當事人規避「中華民國法律之強制或禁止規定」。因此，被規避的中華民國法律，必須具有「強制或禁止規定」的性質，始能構成規避法律，而此項性質的認定應著重於系爭法律的立法政策。例如同性結婚 (same-sex marriage) 之合法性，在我國法律上由早期之完全被否定，逐漸發展為被容忍，進而成為合法之家庭基礎或婚姻類型，在各國規定不一致的情形下，無論適用或類推適用新涉外法第四十六條之規定，同性婚姻之成立，係「依各該當事人之本國法」，如我國國民甲與法律上承認同性結婚的 A 國國民乙之性別相同，預備同性結婚，因其不為我國法律所允許，因此甲乃拋棄我國國籍取得 A 國住所，或歸化為 A 國國民，隨即進行同性結婚，其後卻因其同性

---

❻　請參閱劉鐵錚，〈國際私法上規避法律問題之研究〉，《國際私法論文集——慶祝馬教授漢寶七秩華誕》（臺北：五南，民國八十五年九月初版），頁 1～17；陳長文，〈國際私法上之規避法律問題〉，《法令月刊》（民國七十八年七月），四十卷七期，頁 9～14。

結婚是否有效之問題，在我國法院涉訟。在我國法律禁止同性結婚之時期，甲之行為可能構成規避法律，因為雖甲已取得 A 國國籍，而可以 A 國法為其本國法，或因甲成為無國籍人，而依新涉外法第三條規定，應以其住所地法，即 A 國法為其本國法時，其同性結婚之行為似應為其本國法所許。不過，如甲是為規避我國之禁止規定，而拋棄我國國籍，即使其拋棄我國國籍之行為表面上合法，我國法院仍應適用我國法律，而認定其同性結婚之行為違反我國禁止規定，其同性婚姻乃是無效。不過，在同性結婚不為法律禁止之後，即無規避法律可言。（司法院大法官民國一〇六年五月二十四日釋字第七四八號解釋謂：有關機關應於二年內修法或立法，使相同性別二人，得為經營共同生活之目的，成立具有親密性及排他性之永久結合關係。）

　　新涉外法第七條所禁止的行為，是對於法律之「規避」，對於「規避」的態樣及被當事人巧設的連結因素，並未進一步予以限制，因此，只要新連結因素的成立是被當事人以人為之方式予以操縱，而目的是在規避我國法律中之強制或禁止規定，即可以構成。例如載貨證券之發行人如為規避我國保護託運人或受貨人之強制或禁止規定，而片面記載對其有利的法律為準據法，仍不妨認為其成立規避法律。此外，本條雖僅明文禁止對中華民國之規避，但如有規避外國之法律，造成與規避中華民國法律類似之不公平結果，似宜類推適用本條規定，適度否認規避外國法律所獲得之不當利益，以維持法律適用之公平與合理。

三、規避法律之效果

　　新涉外法第七條雖禁止規避法律，但涉外民事之當事人關於其決定其連結因素的自由，並不因此而受限制。當事人依法得變更的連結因素（例如國籍或住所），只要是依法變更，均屬有效。當事人之是否取得外國的國籍或住所問題，在國籍應依該國籍所屬國的法律決定，在住所應依該住所所在地法決定，均非應依我國涉外法決定。新涉外法第七條所限制的，乃是各該連結因素決定準據法的作用，從而使系爭涉外民事關係仍受中華民

國強行法的規範，至於當事人依法得變更的連結因素，而非屬規避法律的
情形，應依各該連結因素決定準據法，乃屬當然。至於當事人依不應適用
之外國法，所獲取之利益，因其不為中華民國法律所承認，在中華民國應
不予以承認。

四、規避法律與類似案例

依新涉外法第七條適用中華民國法律的情形，與第八條同為變更法律
適用結果的例外情形，就邏輯層次而言，二者仍有不同。第七條屬於決定
準據法的條文，其目的在否定當事人巧設之連結因素，使其不得發生決定
準據法的作用，即否認該涉外民事應適用外國法；第八條屬於限制準據法
適用的條文，其對於依本法規定應適用的外國法，並未否定其為涉外民事
的準據法，只是針對特定的情形排除其適用而已。故就適用的順序而言，
如涉外民事同時具備第七條及第八條之情況，應優先適用第七條，否定其
規避法律之效果並適用中華民國法律，而非適用第八條之規定排除外國法
之適用。例如載貨證券上外國準據法約款之記載，如構成規避法律，即不
適用其記載之外國準據法，如未構成規避法律，其記載的法律仍為準據法，
但該外國準據法規定適用之結果，如違反我國之公共秩序善良風俗，依第
八條仍得不適用之。

與規避法律有關的，還有「必要適用」或「直接適用」之法。此種法
律通常是法庭地法或內國法，其依內國國際私法規定，只要內國與涉外事
件關係密切，內國的強行法即當然適用。此時因內國法的適用，對於作為
準據法的外國法形成適用上的限制，目前已有不少國家的國際私法採用此
種適用方式。我國新涉外法明定規避法律而未採用直接適用法，在政策選
擇上趨向內外國法律平等適用原則，以限制內國法在涉外事件的適用優勢。
但如有類似 1980 年羅馬契約之債準據法公約規定的情形❼，尤其對於以外

---

❼　Convention on the Law Applicable to Contractual Obligations (80/934/EEC,
　　Official Journal L 266, 09/10/1980, pp. 1～19). 本公約第七條關於「強行規定」
　　(mandatory rules) 有下列規定：

國法為準據法之契約（如專利授權契約），已認定其違反我國之強制或禁止規定（如公平交易法）時，仍宜直接適用我國法律，以決定其違反的法律效果。

1. When applying under this Convention the law of a country, effect may be given to the mandatory rules of the law of another country with which the situation has a close connection, if and in so far as, under the law of the latter country, those rules must be applied whatever the law applicable to the contract. In considering whether to give effect to these mandatory rules, regard shall be had to their nature and purpose and to the consequences of their application or non-application.

2. Nothing in this Convention shall restrict the application of the rules of the law of the forum in a situation where they are mandatory irrespective of the law otherwise applicable to the contract.

第六章　附隨問題

第一節　引　論

在涉外民事訴訟中，當事人在單一案件有時對數個涉外問題均發生爭
議，對於各項爭議之問題，法院常因依其所屬法律關係之不同，而分別依
衝突規則確定其準據法。例如在涉外契約之案件中，可能有關於當事人行
為能力之爭議，也可能有關於行為能力以外之其他實質要件，如契約之標
的、意思表示之健全、意思表示之生效或契約解釋等問題之爭議，還可能
有關於契約方式要件之爭議。此等與契約有關之爭議問題，在國際私法上
屬於各自獨立的平行部分，應分別依其所屬的衝突規則決定其準據法，在
法律適用上尚屬單純。上述例子依我國新涉外法，則行為能力應依第十條
而適用當事人本國法，行為能力以外其他實質要件，則依第二十條而適用
當事人合意所選擇之法律，至於契約之方式，則依第十六條第一項而有選
擇適用行為地法之可能。

上述就各部分法律關係，分別適用不同衝突規則決定其準據法的情形，
國際私法通常稱為分割適用（dépeçage 或 picking and choosing）❶。除此
之外，受訴法院於單一涉外民事案件中，也可能面對二個不同法律關係準
據法之爭議，但其第二個法律關係之爭議係偶然地發生，且為解決第一個

---

❶　關於本問題，請參閱下述論文：

1. Reese, *"Dépeçage: A Common Phenomenon in Choice of Law,"* 73 Col. L. Rev.
   58 (1973).

2. Wilde, *"Dépeçage in the Choice of Tort Law,"* 41 So. Calif. L. Rev. 329 (1968).

法律關係之先決條件。此時倘第一個法律關係依法院地國際私法應適用外國法時，則第二個（次要）法律關係究應依法院地國際私法，抑應依規範該第一個法律關係的準據法國之國際私法，以定其準據法？在理論上及實務上，就會發生爭議。

舉例言之，於希臘有住所之希臘人甲，未立遺囑死亡，遺留動產於英國，依英國國際私法，繼承依被繼承人死亡時住所地法，即希臘法，而依希臘民法，死亡者之配偶有權繼承該遺產，其配偶乙於英國法院因繼承涉訟，並就甲、乙婚姻是否合乎方式要件與其他繼承人發生爭執。如該婚姻係於英國舉行，依英國法合於法定方式，而英國法為依英國國際私法所應適用之準據法婚姻舉行地法；但依希臘法該婚姻因未依法定方式，即希臘傳教士未在場而無效，而希臘法為依希臘國際私法所應適用之準據法本國法，於此情形，關於乙能否就動產享有繼承權，究應適用英國國際私法或希臘國際私法，即發生問題❷。此問題即一般所謂之附隨問題 (incidental question) 或先決問題 (preliminary question)。

第二節　附隨問題之成立要件

附隨問題如上所言，係指受訴法院在審理本案過程中，在主要法律關係之外，其他次要、附隨的涉外法律關係，也發生問題，關於其究應依何國（法院地國抑本案準據法國）國際私法，以定其應適用之法律之問題。此一問題，在一九三〇年以前，被視為與處理分割問題 (dépaçage) 相同，即依照法院地國際私法以定其應適用之法律❸。其後陸續經過梅爾修 (Melchior)、翁格勒 (Wengler) 之發現及羅伯琛 (Robertson) 引介此一問題至英美法系國家，就解決先決問題之國際私法之究否應為法院地之國際私法抑本案（主要法律關係）準據法國之國際私法，提出疑義❹。

---

❷　參閱 Wolff, *Private International Law* (2nd ed., 1950), p. 206.

❸　參閱 Lipstein, *Principles of the Conflict of Laws, National and International* (1981), p. 107.

　　在法院地法與本案準據法二者間之選擇，不僅發生技術性之問題，也有實務重要性。因為如適用法院地國際私法，則構成先決問題或附隨問題之各個實體問題，將會在法院地獲得一致之判決，而不問其係以主要法律關係或以附隨之法律關係出現；如適用主要法律關係之準據法國之國際私法，則法院所審理之為先決問題或附隨問題之另一實體問題，將因其係以主要法律關係或附隨法律關係出現，而適用不同之國際私法。申言之，在前舉例中，甲、乙婚姻是否有效成立之實體問題，係以主要問題出現時，受訴法院適用法院地（英國）國際私法以定其準據法，在該實體問題係以附隨問題出現時，受訴法院適用本案準據法國（希臘）之國際私法，以定其應適用之法律。

　　附隨問題之重要性既如上述，在涉外案件中即須確定某項問題是否為附隨問題？ 關於其應具備之要件，依照英國學者戴雪 (Dicey) 及毛瑞斯 (Morris) 見解❺，主要為下列三項：

　　其一、主要問題依照英國（法院地國）國際私法之規定，係以某外國法為準據法。在前舉實例中，繼承係主要問題，該法律關係依英國國際私法，係以希臘法為準據法，符合第一要件。

　　其二、某次要的涉外問題在該案件中也發生，而該項問題可以單獨發生，同時在國際私法上也有獨立之衝突規則條文。在前舉例中，關於婚姻是否有效之問題，即為次要之涉外問題，也發生爭執，在國際私法上也有獨立於繼承，有關婚姻的衝突規則。此次要問題係因主要問題而發生及存在，二項問題相互依存，不可分開，但關於婚姻是否形式有效之問題，在一般案件中，並非不可單獨發生。而英國國際私法上對婚姻是否成立之問題，也有單獨之衝突規則，即以婚姻舉行地法為準據法。

　　其三、英國（法院地國）國際私法對次要問題所指定應適用之法律，與規範主要問題之國家之國際私法，就次要問題所指定應適用之法律不同。在前舉例中，英國國際私法對婚姻是否有效成立應適用之法律，規定為婚

❹　參閱 Dicey & Morris, *The Conflict of Laws* (10th ed., 1980), p. 34.

❺　參閱 Dicey & Morris, p. 35.

姻舉行地法（英國法），主要問題繼承之準據法國為希臘，而希臘國際私法就次要問題（婚姻之成立），規定應適用之法律為當事人本國法（希臘法），故法院地國際私法與本案準據法國國際私法，對於次要問題所指定應適用之法律不同，符合第三要件。此項次要問題，即為國際私法上之附隨問題或先決問題。

附隨問題係受訴法院審理主要問題，作為前提而必須先予以解決之問題，故又稱為先決問題。惟應注意者，並非所有涉外案件都會發生附隨問題，茲再區別下述情況，予以說明：

1.在涉外案件中，僅就一項法律問題發生爭執時，例如在涉外繼承案件中，僅就繼承本身，如繼承人之應繼分問題，發生爭議，既無其他相關問題，僅由受訴法院依其國際私法，確定該繼承所應適用之法律即可。至於應否適用該準據法國之國際私法，則需視法院地國際私法是否採取反致而定。

2.在涉外案件發生爭議的多項法律問題，為同一法律關係各自獨立的部分問題，例如涉外契約案件中的當事人行為能力、契約方式要件及契約之實質要件、效力等問題，在法律適用上雖有先後之別，但無主、從之分，即屬於準據法分割適用問題，故僅須依法院地國國際私法，就各個問題，分別定其應適用之法律即可。至於應否適用各該準據法國之國際私法，則需視法院地國際私法是否採取反致而定。

3.在涉外案件發生爭議的多項法律問題，分別屬於不同之法律關係，例如對死者之遺產主張權利者，有依夫妻財產制之規定主張權利者，有依照繼承之規定主張權利者，此等權利同等重要，且係各別獨立之法律關係，自無附隨問題，僅須依法院地之國際私法，分別決定其應適用之準據法即可。至於應否適用各該準據法國之國際私法，則需視法院地國國際私法是否採取反致而定。

4.在涉外案件發生爭議的多項法律問題，如其中之一構成解決主要法律關係之先決問題，且此先決問題又符合前述三項要件時，此時始發生國際私法之附隨問題。

此外，學理上尚有第二級附隨問題 (incidental question of the second degree)❻。例如在前舉例中，該婚姻之無效，並非因其未符合希臘法之法定方式，而是因一方配偶曾有第一次婚姻，但其離婚依希臘國際私法不予承認，而該離婚依英國國際私法被承認為有效，此時繼承係主要法律關係，後婚姻之有效與否，則是後婚姻配偶是否有權繼承之先決問題；而後婚姻之是否有效，繫於第一次婚姻之離婚是否被承認為有效而定，即該離婚之是否被承認，構成為後婚姻是否有效之先決問題，乃是後婚姻配偶有無繼承權之「先決問題」的「先決問題」，故稱為第二級附隨問題。第二級附隨問題應具備之要件，與一般附隨問題無異。

第三節　附隨問題之解決

對附隨問題之解決，學者間大致分成二種見解，一種贊成適用法院地之國際私法（法院地國際私法說）；另一種則贊成適用主要法律關係準據法國之國際私法（本案準據法國國際私法說）。此二種主張均有若干例外，故另有第三種主張，認為無一定原則可循，而應視個案而定其應適用之法律。

前述第一、第二種見解之爭，被視為是二種觀念之爭論，即應追求內國之判決一致或國際之判決一致？前者強調法院地判決之一致，後者則著重國際間之判決一致。茲分別述之如下：

一、法院地國際私法說

主張法院地國際私法說者，基本上係關切在法院地適用法律之不一致，會造成國內判決之歧異，故認為同一涉外婚姻問題，在法院地均應適用同一國際私法，決定準據法，如只因其為主要問題或附隨問題之別，就適用不同國家之國際私法有關條文，是屬無意義之事。

本說認為法院地法官就某一法律關係予以定性後，本應依法院地之衝突規則決定其準據法，如再改以外國國際私法為依據，或以外國法院之判

❻　參閱 Dicey & Morris, p. 34.

斷代替內國法院之判斷，顯屬荒謬。由此可知，贊成適用法院地國際私法說之學者，通常也不贊成反致之理論，因為反致之適用外國國際私法與附隨問題之適用外國國際私法，具有類似的性質。

此外，贊成此說者，也有主張附隨問題之發生與法院地關係密切，其所包含之問題如婚姻、離婚及其他身分問題，甚至於從政策考量上，其牽連關係超越主要問題，更應適用法院地國際私法，而非外國國際私法；倘不適用法院地國際私法，無疑是忽略法院地之牽連關係或法律政策，致使系爭內國及外國人之身分，應依本案準據法國之國際私法，決定其準據法。總之，贊成法院地國際私法說者之主要論據，乃因法院地之法律政策應優先考量，故法院應適用法院地之國際私法，而非本案準據法國之國際私法。誠如英國國際私法學者葛瑞森 (Graveson) 所言 ❼：

> 「每一個問題皆是一項獨立之法律問題，需要獨立的援用國際私法，在本項問題言，通常即為英國法。」

此種解決方法，一般認為有一致性及單純性之優點，不論對主要問題是否適用反致，皆然。葛瑞森又說：

> 「只有對主要問題與附隨問題各別處理，原始地、獨立地、一貫地援用英國國際私法，始有可能獲致實際上之一致，不僅在內部上就法院所處理之特別問題然，且就整個英國國際私法制度上亦然。」

美國國際私法學者艾仁瑞 (Ehrenzweig) 亦認為 ❽，附隨問題之概念一如反致、定性與法院地之公共政策，皆為受訴法院用以將案件帶回受訴法院，而適用法院地法則之發現。

---

❼　參閱 Graveson, *Conflict of Laws* (7th ed., 1974), p. 79.

❽　Ehrenzweig, *Private International Law: A Comparative Treatise: General Part* (1967), pp. 169～170.

二、本案準據法國國際私法說

　　贊成適用本案準據法國國際私法之學者，認為強調法院地判決結果一致之原則，將不利於判決之國際一致，且該原則導致判決因訴訟地之不同而不同之結果，將鼓勵當事人任擇法庭，實非妥適。此外，法院於此處面對之問題，並非某人是否得就所有遺產合法繼承的一般含義問題，而是得否繼承在外國的特定財產的問題，而就重婚而言，英國法已建立分別對待之原則，即就某些目的（如關於子女之合法性）承認其有效力，但就其他目的（如同意妻子提起婚姻無效或離婚之訴），則不承認其效力，此處亦應如此處理。

　　附隨問題之發生，係由於主要問題應適用外國法，故法官如就附隨問題適用法院地國際私法，而非該外國法院所應適用之該外國國際私法，則其判決與該外國法院法官之判決，將產生不同之結果；唯有適用本案準據法國之國際私法，才能貫徹決定適用本案準據法的判斷意旨。此外，該外國準據法既應適用，乃因實質上該外國法域乃是與本案關連最切之法域，而附隨問題係因該外國準據法之解釋而發生，故應受特別重視者，乃該外國之法律衝突政策，而非法院地國之法律衝突政策。進一步言之，主要問題既應適用外國法，而附隨問題乃主要法律關係之一部，且附屬於主要問題，法院地之司法秩序與該附隨問題實因被主要問題阻隔分離，致相去較遠，並無直接牽連關係。不過，倘附隨問題與法院地司法秩序有牽連關係時，應另當別論，例如前婚姻或離婚判決係在法院地作成，此時即屬適用本案準據法國國際私法之例外，因為此時應適用者，乃法院地國際私法而非準據法國之國際私法。

第四節　附隨問題之外國案例

　　關於附隨問題之案例，在外國法院甚多，其中雖多適用法院地國際私法，但亦不乏適用準據法國國際私法者，茲特舉數例如下：

一、Schwebel v. Ungar❾

有住所於匈牙利之夫婦甲男、乙女為猶太人，決定移民到以色列，在前往以色列途中，於義大利採猶太教方式離婚，此種離婚依匈牙利法（其住所地法）無效，但依以色列法為有效。其後，當事人甲、乙於以色列取得意定住所，而該乙女隨後又於加拿大多倫多市 (Toronto) 與第二任丈夫丙舉行婚禮，但丙以乙重婚為理由，向加拿大安大略省 (Ontario) 法院提起確認婚姻無效之訴。

本案中，主要問題是乙女是否具有再結婚 (remarry) 之能力，依安大略省之國際私法，此問題應適用以色列法（當事人住所地法），而乙有無再結婚之能力，又繫於乙女對前婚姻之離婚是否有效，故此一離婚問題即為本案之附隨問題。該離婚依安大略省國際私法所定應適用之匈牙利法，並非有效，但依以色列（本案準據法國）國際私法所定應適用之以色列法，則為有效。

加拿大最高法院維持安大略省上訴法院之判決，認為乙女第二次婚姻為有效。其理由是依乙女婚前之住所地法（以色列法），乙女擁有單身女子之身分。本案中，加拿大法院適用以色列國際私法，以決定附隨問題應適用之法律，即依主要問題之準據法國之國際私法，而非法院地之國際私法。

二、Meisenhelder v. Chicago N.W. Railway❿

原告之夫在美國伊利諾州 (Illinois)，因被告之侵權行為而死亡，原告於明尼蘇達州 (Minnesota) 法院提起損害賠償之訴。就為本案主要法律關係之侵權行為，受訴法院依其法律衝突法適用侵權行為地伊利諾州之法律，惟關於原告與死者婚姻是否有效，雙方發生爭執，引發了附隨問題。受訴法院最後援引本案準據法州，即侵權行為地之國際私法，認定原告在肯塔基州 (Kentucky) 與為其堂兄之死者所舉行之婚姻，因違反伊利諾州規避婚

---

❾　(1963) 42 D. L. R. (2d.) 622; (1964) 48 D. L. R. (2d.) 644.

❿　170 Minn. 317, 213 N.W. 32 (1927).

姻條例之規定而無效，但如適用法院地之法律衝突法，其在肯塔基州締結之婚姻，則依法有效。

三、Hague v. Hague❶

本件有關涉外繼承之案件，是於澳大利亞高等法院提起。關於繼承之準據法，澳洲法院依其國際私法，適用被繼承人之住所地法，即印度法，但關於原告是否為被繼承人之配偶，亦有爭執。澳洲國際私法關於婚姻方式要件，規定依婚姻舉行地法，該婚姻係在澳洲之西澳大利亞州 (Western Australia) 締結，因不符合西澳大利亞州婚姻法之要件，應屬無效；但印度國際私法卻規定適用當事人住所地法，即印度法，而該婚姻依印度法為有效。受訴法院就此附隨問題，最後適用主要法律關係（繼承）準據法國之國際私法，以定其準據法，因而認定該婚姻為有效，原告有繼承權。

四、R. v. Brentwood Marriage Registrar❷

義大利人甲娶瑞士女子乙為妻，不久雙方於其共同住所地瑞士離婚。離婚之後乙又再嫁，甲則欲於英國與有住所於瑞士之西班牙女子丙結婚，但婚姻註冊員拒絕甲、丙之婚姻，其理由是甲、乙之離婚並非有效。義大利人甲遂於英國法院起訴，請求法院命婚姻註冊員准予註冊。本案中之主要問題，係該義大利人甲之再結婚之能力問題，依照英國國際私法，應適用當事人之住所地法，即瑞士法；本案中之附隨問題為該離婚之有效性問題，其依英國國際私法，也應適用夫之住所地法瑞士法，而依瑞士法律，該離婚為有效；惟依規範該再結婚能力之準據法國瑞士之國際私法，該離婚應適用夫之本國法義大利法，且依義大利法律，義大利人甲之離婚應屬無效。英國法院於本案就附隨問題，適用準據法國瑞士之國際私法，就該離婚依義大利法認定為無效，從而認為甲、丙之婚姻無效。

---

❶　(1962) 108 C. L. R. 230.

❷　(1968) 2 Q. B. 956.

第五節　我國司法實務案例

　　先決問題或附隨問題發生的階段，是在對主要問題定性並確定其準據法後，適用其準據法的過程中，其特色則是雖因適用主要問題的準據法而發生，與主要問題確有關聯，但卻與主要問題互相獨立，所以一般均認為不能直接適用主要問題的準據法，以解決先決問題或附隨問題。在我國法院的涉外司法實務上，下列情形也將發生先決問題或附隨問題：

　　A 國人甲與我國籍女子乙在我國結婚，乙於其子丙出生後因病去世。甲與 B 國籍的丁在 C 國結婚，其結婚的方式違反 B 國及 C 國法律的規定，但符合 A 國法律的規定。甲生前未訂定遺囑，死亡時住所在 B 國，在我國遺有動產，丙及丁就遺產的繼承在我國法院涉訟。丙主張丁與甲間的婚姻，違反 B 國法的規定，乃是無效，故丁非甲的合法配偶，無繼承甲之遺產的權利。丁則抗辯其與甲間的婚姻是否成立的問題，亦屬繼承準據法的適用範圍，故應依 A 國法認為其婚姻已有效成立，其依 A 國法的規定乃是合法的繼承人。設 A 國國際私法規定，動產的繼承應依被繼承人死亡時的住所地法，B 國法律規定結婚的方式應依舉行地法。

　　在前述假設的案例中，我國法院應將訴訟標的定性為繼承的法律關係，並認為婚姻的成立要件問題，乃繼承問題的先決問題或附隨問題，而依國際私法的理論，決定應依何國的國際私法，決定婚姻成立要件的準據法。本例的主要問題為涉外繼承，依新涉外法第五十八條，應依甲死亡時的本國法，即 A 國法；甲、丁結婚是否有效的問題為先決問題，如採法院地國際私法說，則應依新涉外法第四十六條決定其準據法，依該條但書規定，其結婚的方式雖違反 B 國及 C 國法律的規定，但因符合 A 國法律的規定，仍屬有效；但如採準據法國國際私法說，則應依 A 國國際私法，A 國國際私法規定動產的繼承，應依被繼承人死亡時的住所地法，即 B 國法，B 國法律又規定，結婚的方式應依舉行地法，依反致原則，即應以舉行地法，即 C 國法為準據法，故甲、丁之結婚未具備法定方式。

我國涉外法對於國際私法上的先決問題或附隨問題，並未予以明文規定，關於其要件，如參考前述之說明，至少應包含下列三點限制：㈠主要問題的準據法為外國法；㈡先決問題或附隨問題雖與主要問題在同一案件中發生，但其在涉外案件中亦得獨立發生，且在涉外法上亦屬另一條文獨立規定之範圍；㈢依準據法國之國際私法，就先決問題或附隨問題確定之準據法，與我國涉外法所規定者不同。如從實用的角度著眼，此一問題的意義應在於判決結果將因為適用不同國家的國際私法，而獲致不同的實體結論，故似可再增加實體法的比對要件，即依我國涉外法確定的準據法，就先決問題或附隨問題規定的法律效果，與依準據法國的國際私法所確定的準據法，規定不同。

關於先決問題或附隨問題的準據法的確定，法院地國際私法說與本案準據法國國際私法說等二說所追求的，都是判決一致的利益，尚難斷言必然誰是誰非，所以其間爭議尚難平息。從實用的角度而言，任何涉外問題的解決誠不宜因其為先決問題或附隨問題，而獲得不同於以主要問題獨立起訴所獲致的結論，且避免適用外國國際私法，也較能減輕法院的負擔，因此法院通常會傾向於適用法庭地的國際私法，決定先決問題或附隨問題。不過，從國際私法追求各國判決一致的理想以觀，準據法國國際私法說在理論上更具有說服力，我國新涉外法第六條維持反致的條文，為準據法國國際私法說開闢了較寬闊的空間，但在兩說之中究應以何說為當，似宜認為乃立法者未明確決定，而得由法院在具體個案的判決中決定的政策問題。晚近雖有學者提出第三說 ❸ ，認為應視個案情況而定，無一定原則可循，但我國法院適用法律仍應以國際私法為依據，若每案皆視其情形以定應適用之法律，恐與我國涉外法之規定牴觸。故目前實務上的要務，應先正視先決問題或附隨問題的存在，並明確說明其採取該項見解的法律上理由。

在法律適用的過程中，通常無法精確預測最後的結果，因此某一問題是否為先決問題或附隨問題，認定上仍將發生問題。如放寬要件，只要二個涉外民事法律關係中，一個涉外民事必須以另一個涉外民事的爭訟結果

---

❸　請參閱 Dicey & Morris, p. 50; Cheshire & North, p. 56.

為斷，即可認為其彼此間有廣義的主要問題與先決問題的關係，或依類似的法律適用方法予以解決，將更具實益。

　　例如在最高法院九十六年度臺上字第一八〇四號民事判決中，香港地區人民甲在臺灣因車禍死亡，其父乙及母丙在臺灣地區法院對加害人丁起訴請求賠償，並就甲對乙及丙應否負扶養義務發生爭執。本案的主要問題為涉外侵權行為的法律關係，香港澳門關係條例第三十八條前段規定：「民事事件，涉及香港或澳門者，類推適用涉外民事法律適用法」，故法院援引舊涉外法第九條，而以我國法律為應適用的準據法。本案中關於甲對乙及丙應否負扶養義務的涉外問題，由於侵權行為的準據法並非外國法，其準據法國國際私法即為我國國際私法，即當時有效的舊涉外法，故並不符合國際私法上附隨問題的要件。不過，該問題仍然發生是否應獨立於侵權行為之外，而單獨決定其準據法的問題。最高法院在本件判決很正確地認為，本問題並非屬於侵權行為準據法的適用範圍，故應單獨予以定性，並依舊涉外法第二十一條決定其準據法，最後並認為應以香港法為其準據法。

　　最高法院本件判決的理由構成，認為本案的侵權行為乃是「主法律關係」，扶養則是「次法律關係」，「不妨分割該主要法律關係為數個平行之次法律關係，以適用不同之衝突法則來決定準據法，用以追求個案具體之妥當性」，其所採用者，似為前述準據法「分割適用」的方法。為方便理解，茲將其內容引錄如下，以供參考：

　　　「按某一民商法律關係（下稱主法律關係）往往由數個不同之次法律關係組合而成，因涉外民商法之關係極為複雜多樣而具有多元之聯繫因素，倘由數個不同之次法律關係所組合成之主法律關係，僅適用單一之衝突法則決定其準據法，恐有違具體妥當性之要求，故不妨分割該主要法律關係為數個平行之次法律關係，以適用不同之衝突法則來決定準據法，用以追求個案具體之妥當性。次按侵權行為法之理想，在給予被害人迅速及合理之賠償，務使其能獲得通常在其住所地可得到之保障及賠償。本件因被害人譚嘉茵是否對於上

訴人負有法定扶養義務，並非侵權行為（主要法律關係）不可分割之必然構成部分，並無一體適用單一之衝突法則決定其準據法之必要，是以關於被上訴人應否負侵權行為損害賠償責任部分，應依涉外民事法律適用法第九條第一項規定以侵權行為地法（即我國法）為其準據法；關於損害賠償事項，即被害人譚嘉茵是否對上訴人負有扶養義務部分，既非侵權行為不可分割之必然構成部分，且對於扶養義務之歸屬，各國法律有迥然不同之規定，故就此部分應依涉外民事法律適用法第二十一條規定，以扶養義務人之本國法（即香港法）為其準據法。查依香港法律規定，子女對於父母並無扶養義務，上訴人受香港政府扶養之權利，不因其女譚嘉茵死亡而喪失。故上訴人縱未受扶養費之賠償亦難謂其未受合理之賠償。況如依我國法判決給予扶養費之賠償，則上訴人就扶養費部分將受有雙重利益，已逾損害賠償之目的。」

　　本件判決中的扶養義務問題，雖因主要問題的準據法並非外國法，而未以國際私法上的附隨問題而被討論，也未出現是否適用外國國際私法的問題，但該問題是「不應該」適用侵權行為的準據法，而非最高法院所稱之「無必要」適用侵權行為的準據法。因為該扶養義務之問題乃獨立於侵權行為之另一問題，雖無適用外國準據法國國際私法之必要，無論其是否為附隨問題，均應依涉外法關於扶養之衝突規則（舊法第二十一條、新法第五十七條），單獨決定其準據法。

第七章 調整問題

第一節 調整問題之意義

　　法院就其所審理之涉外民事案件，如管轄權無問題，其作成結論或裁判之方法不外二端：即一、先依法院地之國際私法之規定，決定準據法為何國法律，再適用該準據法形成最後之實體結論；二、依法院地之法律判斷外國法院之判決是否得認其效力，再透過執行程序實現該判決確定之權利。此等涉外案件的裁判結論之形成，所須經過之思惟及程序較一般國內案件，更為冗長而複雜，而且每一階段在解釋論上，都存在許多選擇可能性，因此必須在每一階段都能精確掌握，否則必然會發生一般國內案件不會出現的問題。

　　涉外民事訴訟的進行，除須重視法律適用過程的程序正義之外，由於其間涉及外國法的適用問題，因此也必須容許法院最後再以法院地法的標準，檢測實體正義是否已獲得實現的問題。國際私法上反致及公序良俗條款的設計，在一定的程度內均可認為滿足此一目的所必需，但因為此二種條款均有其適用之要件，對於具有法規性質的國際私法及準據法對法院的拘束力，仍無法提供減壓或緩衝的空間，於是在法院最後仍認為訴訟的實體結論未盡合理時，亦須在理論上謀求救濟之道。這些在涉外民事訴訟的裁判結論，在法律的實體價值判斷下被認為不合理時，被用以解決問題或避免不合理結果發生的方法，法文稱為 adaptation，英文稱為 adjustment，德文稱為 Angleichung 或 Anpassung，我國學者論述甚少，學說上或可仿日文之譯詞，稱為「適應」或「調整」問題❶。

第二節 調整之功能

涉外事件之所以要適應或調整，其原因整體來說，乃是因為涉外案件的法律適用過程中，發生規範衝突 (Normenswiderspruch) 的現象。就類型而言，可以再分為二類：即一、規範累積 (Normenhäufung)，指因國際私法之規定或適用，容許同一案件適用數個國家之法律，而各該國家之法律規定不同，造成在互相衝突之權利間，發生互相衝突之認定結果；二、規範瑕疵 (Normenmangel)，指因國際私法規定的瑕疵，使依一般觀念可以獲得救濟的當事人，缺乏可以得出適當結論的準據法可以適用，而無法依法實現其權利的情形。為便於理解，特舉下列五例說明之。

例一，A 國國民甲及 B 國國民乙為父子，乙未成年但已與 A 國人丙結婚，為已結婚之未成年人，在 A 國有夫妻共同之住所，A 國法之規定係依實體法上之通例，認為已結婚之未成年人有行為能力（我國民法第十三條第三項參照），已非親權行使之客體；但依 B 國法規定，已結婚之未成年人於成年以前，仍應服從父母之親權。設甲就對乙之親權行使事項，在我國法院涉訟，此時法院就未成年子女是否因結婚而脫離親權，即父母是否因未成年子女之結婚，而喪失原得對其行使之親權之問題，如定性為新涉外法第四十七條規定之婚姻之效力問題，即應依夫妻共同之本國法，無共同之本國法時，依共同之住所地法，無共同之住所地法時，依與夫妻婚姻關係最切地之法律，即 A 國之法律決定，但如定性為第五十五條規定之父

---

❶ Karl Firsching, *Einführung in das Internationale Privatrecht (einschliesslich der Grundzüge des Internationalen Verfahrensrechts)*, 3. Aufl. (München: C. H. Beck'sche Verlagsbuchhandlung, 1987), S. 57 ff.; Leo Raape/Fritz Sturm, *Internationales Privatrecht*, Band I: Allgemeine Lehren, 6. neu. Aufl. (München: Verlag Franz Vahlen, 1977), S. 259 ff.; René van Rooij & Maurice V. Polak, *Private International Law in the Netherlands* (Deventer: Kluwer Law and Taxation Publisher, 1987), pp. 241～242；三浦正人，《國際私法の適應問題研究》（東京：有斐閣，昭和三十九年二月初版一刷）。

母與子女間之法律關係，則應依子女之本國法，即 B 國之法律決定。由於作為乙、丙婚姻效力準據法的 A 國法律，規定父母已不得行使親權，而作為親權準據法的 B 國法律，卻規定父母仍可行使親權，在無法精確而充分地說明此二條文的適用範圍的情形下，又由於其分別決定的準據法相去甚遠，法院既無法獲致與二準據法均相容的結論，如僅以 A 國法或 B 國法為準據法，已無法以「即使」適用另一法律，亦將獲得相同之結論為立論之依據，因此必須再進行適應或調整程序❷。

　　例二、德國法上有一個著名的案例，被當作調整或適應問題的典型，廣被引用❸。德國的夫妻於婚後移居瑞典，夫於歸化為瑞典人後死亡，死亡時並有住所於德國，妻於德國法院請求行使對夫之遺產依法可主張之權利。此時德國法院須先決定究將法律關係之性質，定性為夫妻財產制或繼承問題。如定性為夫妻財產制之問題，依德國舊民法施行法第十五條第一項規定，婚姻成立時夫為德國人者，其夫妻財產制應依德國法，但在德國法上，例中之妻因德國民法係以繼承權保障之方式予以保護，遂無法依有關夫妻財產制之規定，對屬於夫妻財產之遺產主張權利。如定性為繼承問題，因德國舊民法施行法第二十五條規定：「死亡時在德國有住所之外國人，其繼承依其本國法」，即應依瑞典法決定，但因瑞典法已於夫妻財產制之規定中，已規定妻可依法請求分配夫之遺產，亦不得依有關繼承之規定主張權利。此時該瑞典人之遺孀之請求，在一般觀念上雖應予以保護，但無論依夫妻財產制或繼承之準據法之規定，卻均無法獲得有效之救濟，故須予以適應或調整❹。

---

❷　舊涉外法關於監護於第二十條規定，應以受監護人之本國法為準據法，關於親權則於第十九條規定以父之本國法為準據法，如甲父為 A 國國民，其子乙為 B 國國民，依 A 國法律甲對乙得行使親權，依 B 國法律甲並不具備擔任乙之監護人之要件，亦發生類似之問題。此一問題在新涉外法中已不存在，因於第五十六條關於監護仍依受監護人之本國法，第五十五條關於親權已採依子女之本國法，前舉之例依各條確定之準據法，為同一法律，不再發生規範衝突。

❸　Paul Heinrich Neuhaus, *Die Grundbegriff des Internationalen Privatrechts* (Berlin: Walter de Gruyter & Co., 1962), S. 252.

　　例三、我國對於收養，於民法親屬編第一〇七九條以下規定，收養應以書面為之，並向法院聲請認可；收養有無效、得撤銷之原因或違反其他法律規定者，法院應不予認可；於家事事件法第一一四條以下規定相配合之程序性事項。前者為實體法，後者為程序法。在涉外收養事件中，設有均為外國人之 A 國人甲擬收養 B 國人乙為子女，請求我國法院依法予以認可，依新涉外法第五十四條第一項，我國法院就實體事項應分別依 A 國法及 B 國法，就程序事項應依我國法律，但因各國關於收養之規定內容及結構不同，例如我國家事事件法第一一六條規定「法院認可未成年人被收養前，得准收養人與未成年人共同生活一定期間，供法院決定之參考；共同生活期間，對於未成年人權利義務之行使負擔，由收養人為之。」外國法律可能未予規定，或於實體法上為不同之規定。換言之，對於同一問題，我國法、A 國法及 B 國法可能出現各種衝突：是否予以規定？如予以規定，應規定於實體法或程序法？規定的內容為何？在同一案件必須適用三國法律的情形下，決定各國法律的適用範圍後，如各國適用的法律規定發生衝突，致結論不合理時，即須予以適應或調整。

　　例四、我國已制定信託法，法院實務上亦承認民事信託行為之效力，認為委託人授與受託人超過經濟目的之權利，而僅許可其於經濟目的範圍內行使權利之法律關係，對當事人仍有拘束作用（最高法院六十六年臺再

---

❹　K. Lipstein, *Principles of the Conflict of Laws, National and International* (The Hague: Martinus Nijhoff Publishers, 1981), pp. 103～104 亦舉出類似案例：一對在其工作年齡中設定住所於像英國這種普通判例法國家的夫婦，退休後於美國加州取得住所。夫死後，依加州法律夫妻財產制應依夫妻結婚時之住所地法，動產之繼承應依其最後之住所地法。依普通判例法國家之法律，夫妻財產制是財產之分離，但活存之配偶可取得對先死亡之配偶之遺產之繼承權。依加州法律，配偶之生活費用由其共同財產支應，但配偶不得依繼承法之規定主張對於他方遺產之權利。其結果是普通判例法國家之法律與加州之法律，都使配偶獲得他方財產之一部分，但如夫妻財產制依普通判例法（因其為結婚時之住所地法），繼承依加州法律（因其為被繼承人之最後住所地法），活存之配偶即將一無所得，情形如相反，則將被重複認定權利。

字第四二號判例），但對於英美法上普遍承認的擬制信託 (constructive trust) 關係，例如法院無視物之所有人（失主）與侵權行為人（竊賊）間信賴關係之不存在，擬制其間已成立信託關係之情形，在法律上並未承認其信託關係。假設有人持外國關於擬制信託之判決，聲請我國法院予以承認或執行時，我國法院如單純以國內無相同或類似之規定為理由，拒絕予以承認或執行，即與國際私法之基本原則相違，如承認其效力，也將因欠缺擬制信託的相關執行法規，而難有效執行，故須予以適應或調整。

例五、我國民法第一〇八九條規定，對於未成年子女之權利義務（親權），原則上應由父母共同行使或負擔之，非婚生子女經生父認領者，亦適用此項規定（民法第一〇六五條第一項參照），如 A 國法規定對於非婚生子女，由生母行使或負擔，生父不享有親權，B 國法規定生父認領後，由生父行使或負擔，生母不享有親權，而 A 國國民甲男與我國國民乙女，就其所生之 B 國籍非婚生子女丙之親權行使負擔事項，發生爭執，則：㈠如在外國法院涉訟，而法院地之國際私法規定父母對子女之親權，應各依其本國法，因生母為我國國民，依我國法律本得與生父甲共同行使親權，即生父與生母各有「一半」親權，但因生父之本國法規定親權由生母獨占，生父不必負擔或行使，故將發生生母原僅負擔或行使一半之親權，竟被生父之本國法加上另一半，而應負擔或行使全部親權，發生二個準據法彼此重疊、互相衝突的現象，有待適應或調整。㈡如在我國法院涉訟，而定性為新涉外法第五十五條規定之親權問題，即應依子女丙之本國法決定，生母乙為我國國民，其原得與生父共同行使或負擔之「一半」親權，已被丙之本國法 （B 國法） 否定，倘不認為 B 國法之該規定違反我國之公序良俗，即須再進行適應或調整。

第三節　調整之發生原因

　　適應或調整問題之發生，主要是法院在依國際私法，適用外國的實體私法時，發現相關國家的實體法規定，有不一致或互相衝突、矛盾的現象，致無論如何判決，均無法實現國際私法的設計本意。此時為使判決之結果合理化，即須經由某一程序，使不同的法律制度之間彼此適應，化解不一致或衝突、矛盾之障礙，或以某一理念或目的為中心，調整國際私法或外國實體法之內容，使最後的法律效果趨於圓滑。

　　由前面所舉例證觀察，數個法制間發生衝突或矛盾現象者，可以再區分為下列各類：

　　1.幾個性質類似的法律關係之準據法，如例一中的親權與婚姻效力之準據法、例二中之夫妻財產制與繼承之準據法。此外，主要問題與附隨問題（先決問題）的準據法，對同一問題規定不一致時，例如繼承人就繼承權的有無或應繼分的多少，在繼承的準據法與附隨的收養或婚姻成立要件的準據法上，規定互相衝突的情形，也屬於此一類型。

　　2.法院地法與案件之準據法有關程序之規定，如例三之情形。

　　3.法院地法與外國法院判決所適用之法律，如例四之情形。

　　4.依國際私法應同時適用的不同準據法，如例五的第一種情形。

　　5.法院地法與準據法之實體規定，如例五的第二種情形。

　　上述各類型的問題之所以需要進行適應或調整，乃是因為判決結果被法院認為不合理，而其之所以被認為不合理，則是判決未能在各相關的法制之間，尋得共同的結論，或取得折衷至當的平衡點。不過，對於法院依據國際私法的規定，適用準據法所獲得的結論，後來再由法院宣告為不合理，此一過程本身即在說明一個現象：國際私法的規定不合理或準據法的適用不妥當，所以無法讓法院自信其結論為正確。更精確地說，適應或調整程序本身，乃是法院對國際私法表示不信任，並試圖予以規避的嘗試。如果依照其他在理論上已達圓熟境界的程序，可以順利化解理想與現實之

間的障礙，適應或調整的程序並非絕對必要。適應或調整程序在採硬性選法規則的大陸法系國家，已成為不可迴避的重要課題，在採用「適當之法(proper law)」或「最重要牽連關係」理論等較具彈性的選法方法的英、美等國，只受到低度的關切，其道理亦即在此。所以目前的重點，首先應該是檢討既有的國際私法的規定與理論是否完備，而予以適當之修正與補充，其次才是嚴肅思考適應或調整的方法。

第四節　調整之方法

我國法院尚無在涉外案件中，進行適應或調整程序之先例，學說間亦未曾提具體的建議方法。適應或調整本身在現階段仍屬於不確定的概念，故我國法院將來如發現適用國際私法卻得出不合理之結論，仍宜優先援用其他較成熟的理論或方法，非不得已而需進行適應或調整時，則宜在具體案件中，充分說明其理由。在涉外民事訴訟進行適應或調整的階段，主要是在國際私法的適用階段及後來之準據法之適用階段，為方便了解其內容及方法，謹再以前面所舉五例說明之。

例一、本例的問題，是親權之準據法與婚姻效力之準據法互相衝突、矛盾，但這種衝突、矛盾的現象，其實乃是國際私法發生的前提，所以應優先以定性的理論，決定其究應適用何一法律關係的衝突規則。由於有關定性的客體及標準，目前仍未統一，在定性的階段酌採適應或調整理論，仍有避免程序僵化，並使判決結果合理化的功能。不過在定性階段的適應或調整標準，在國際私法上通常並未特別規定，所以只能從理論上認為應優先依事物之性質及其他法律關係，決定與案件具有最密切關係之法制，因此例一之情形，應認為子女的婚姻效力的積極影響，重於親權關係之狀態消極受影響，從而應依新涉外法第四十七條規定，依夫妻共同之本國法，無共同之本國法時，依共同之住所地法，無共同之住所地法時，依與夫妻婚姻關係最切地之法律。此一方法主要係在修正國際私法操作僵化的缺失，而由法院運用國際私法的利益衡量方法，在決定準據法的階段中，依其原

來之預期，修正定性之結果，使其偏向影響力較大的法律關係（婚姻之效力），再依其衝突規則確定準據法作最後之判決❺。

　　例二、本例的問題是無論定性為何種法律關係，最後得出之判決結論均屬不當。這種結果的發生，與其悲觀地認為係國際私法的引致法(Verweisungsrecht)或間接規範的特性使然，在實務上係無法治癒的先天性缺陷，不如儘量再以較緩和的適應或調整程序尋求救濟的可能性。所以在理論上應認為如定性該問題為夫妻財產的分配，而依夫之本國法即德國法之規定時，即應以德國關於繼承的規定替代德國關於夫妻財產制的法律，反之，如定性為繼承的問題，即應適用瑞典法時，瑞典的夫妻財產法即應替代瑞典法有關繼承的規定而適用之，始可達到合理保護該寡婦的目的❻。德國法院此時所應運用者，並非如例一的國際私法的利益衡量，而是實體私法的解釋與適用階段的實體私法之利益衡量，所以例二的適應或調整程序進行的階段，係在準據法的適用部分。不過，如果認為法院在此處所進行的適應或調整程序，只是在依德國民法施行法適用瑞典法時，除適用其關於繼承之規定外，亦一併適用其關於夫妻財產制之規定，則似亦可認為其係在國際私法的適用階段，進行適應或調整程序❼。

❺　同樣的問題也發生在父母對於未成年子女的行使監護權，究應定性為父母子女之法律關係，或監護之法律關係。例如舊涉外法第十九條規定父母子女間之法律關係依父之本國法，第二十條規定監護依受監護人之本國法；假設已與母親離婚而享有親權之父，其本國法規定再婚對於其原已享有之親權無影響，受監護人（未成年子女）之本國法卻規定，再婚之父不得再行使親權。此時，因定性為親權或監護將導致完全相反之結論，亦將發生必須適應或調整之問題。

❻　請併參考 Martin Wolff, *Private International Law*, 2nd ed. (Oxford: Clarendon Press, 1950), pp. 165～166.

❼　夫妻財產準據法與繼承準據法之調整問題，請參閱久保岩太郎，《國際私法構造論》（東京：有斐閣，昭和三十年九月初版一刷），頁 358～369。另山田鐐一，《國際私法》（東京：筑摩書房，昭和六十三年十一月初版六刷），頁 148。認為如將問題定性為夫妻財產的分配，而依夫之本國法即德國法之規定時，即應適用德國的繼承法以取代德國的婚姻法，如定性為繼承的問題，即應適用瑞典法時，瑞典的夫妻財產法應取代瑞典法有關繼承的規定而適用之，以保護該寡婦。

　　例三、本例是實體法與程序法間之適應或調整問題。按實體法與程序法的性質區分乃國際私法上法律適用階段的基本原則，因為「程序應依法院地法」，並不發生如何選擇或指定準據法的問題，只有實體事項才有以外國法為準據法的可能，但是如前所述，一國之所有法律乃是不可分割的一個整體，不僅實體法的各部分密不可分，即實體法與程序法之間也有互相配合，不可或缺的相互依存關係。在實體部分可依外國法、程序部分必依法院地法的原則下，外國實體法與內國（法院地）之程序法當然可能發生齟齬，從而產生無法配合的不諧調現象。

　　例三的適應或調整方法，首先是法院依法院地程序法進行的行為，可否或如何代替外國法院依外國程序法原應踐履之程序之問題，即如何運用本書前述關於「準據法適用範圍之定性」之見解，以擴大準據法適用範圍之方法。例如依據構成要件之規定不同之準據法所成立之收養之認許，表面上看起來同為法院為意思表示之一程序，但各國法院在為此一意思表示以前的考慮因素，實際上並不相同，即以各該國實體法所設計或預期之情形為考量基礎，故宜認為法院的意思表示本身雖為程序事項，但為其意思表示之理由的要件之考量，仍為實體事項，從而內國法院仍得自居於外國法院之地位，代行外國法院所未踐履之考量程序。因此，內國法院之意思表示之法定名稱即使與外國法的規定不同（為認許、核可、裁定或判決），仍可依準據法國的實體法與該國程序法上的實體規定，而為裁判。

　　例四、本例涉及內國的程序法，無法有效實現外國法所規定的權利的問題。作為實體準據法的外國法，如果規定我國法上所未承認之權利或制度時，我國因在訴訟程序上並無可相對應之程序法，必然產生不諧調現象，我國法院為使外國法上所承認之權利或制度得以確定並實現，便有必要進行適應或調整程序。這種在程序法欠缺對應外國實體權利的措施規定的情形，不妨以法院地法的規定為主軸，重新斟酌該外國權利或制度所需適用之程序性規定，而為適應或調整。由於英、美法上的擬制信託之請求權，實屬於「回復 (restitution)」之性質，即應再依其情形之不同，適用我國關於不當得利或所有人之物上請求權之相關規定，所以此種方法其實是一種

與實體法律之適用無關的「廣義的」定性（法律關係之性質判定）程序。

　　例五、本例的第一種情形，是生父及生母對於同一子女之親權，因分別適用不同的準據法，使生父及生母的親權無法諧調。假如生父及生母對其非婚生子女之父母之親權，原可量化為百分之一百，各國法制大抵即在生父及生母間，將此百分之一百的親權，分配給父母雙方，即一方有百分之百而另一方全無親權、或雙方各有百分之五十的親權。涉外親權問題如果各依雙方之屬人法，由於分別適用不同的準據法，即可能造成生父依其本國法已取得百分之一百的親權後，又依生母之本國法取得百分之五十的親權，總數達於百分之一百五十，而生母卻僅依其本身之準據法，取得百分之五十之親權而已。此種不合理、不諧調的現象，實際上是因認為生父或生母之本國法，除其本身之親權外，尚得決定他方之親權。如發生上述不合理情況，即須進行適應或調整程序，認為各當事人之本國法皆規定，父母均得單獨行使親權，其權利均為可單獨行使之百分之一百或須共同行使的百分之五十的親權。我國新涉外法第五十五條採子女之本國法主義，上述不合理情形已無發生之可能。但例五的第二種情形，如準據法否認我國籍的生母的親權，可認為其適用之結果與我國公序良俗牴觸，依新涉外法第八條不適用之，否則在生父不願行使或負擔親權時，亦須進行適應或調整程序，認為父母均得行使親權。

※關於本章，其詳可再參閱：陳榮傳，〈國際私法上的適應或調整問題〉，《法學叢刊》，第一四五期（民國八十一年一月），頁 111～119。

第八章 時間因素問題

第一節 時間因素所引起之法律衝突

國際私法上的時間因素 (time factor) 問題，主要可分為下列三種形態：一、法院地國際私法變更，所引起之新、舊國際私法之衝突；二、連結因素變更，所引起之新、舊連結因素之衝突；三、準據法變更，所引起之新、舊準據法之衝突。

一、法院地國際私法變更所引起之新舊國際私法之衝突

法院地國際私法之變更，在制定法國家及普通法國家均可能發生，有以新制定法取代舊制定法或舊判例者，也有以新判例取代舊判例者，茲以下列二項分述之：

㈠新制定法變更舊制定法

法院地國際私法變更後，究應適用何時之國際私法？此於變更後所發生之涉外民事，自適用修正後之新法，當無問題；惟對變更前所發生之涉外民事，究應適用舊國際私法抑新國際私法，常發生爭議，有關解決此問題之學說，有如下述❶：

第一：適用法院地之過渡法（施行法）予以決定，通常包括法律不溯及既往之原則。

第二：適用新國際私法，承認其溯及力。

---

❶ 請參閱 F. A. Mann, *The Time Element in the Conflict of Laws*, 35 B.Y.I.L. 217 (1954).

第三：適用新國際私法，承認其溯及力，但有例外。

上述三說中，以第一說為通說，就制定法而言，符合方便及公平之原則。第二說反對適用法院地一般不溯及既往之原則，而認為法律不溯及既往之原則，於國際私法無適用之餘地。第三說則認為國際私法應有自己的過渡法（施行法），因其與實體法不同，所以原則上應適用新國際私法，承認其溯及力，但如依舊國際私法，應適用之準據法為法院地法時，此時就例外地不適用新國際私法。倘如與法院地無密切牽連關係時，則新國際私法自無不適用之理由。

以上第二及第三說，均有令人持疑之前提，即認定國際私法規則類似程序法，忽略了國際私法與其他私法間之相似點。實際上，國際私法衝突規則是間接法而非直接法，其就當事人間權利義務關係，規定其準據法，但非謂其僅是形式上或抽象的方法，其與其所指定之實體法，亦有不可分離之牽連關係。

綜合言之，一般私法基於公平及便利之理念，均採法律不溯及既往之原則，國際私法亦應採此一原則，因為新國際私法如有溯及力，即漠視當事人根據舊國際私法所指定之準據法應享有之權義，無法保護當事人之正當期待利益。以法院地實體法為依據之權利，及以法院地國際私法指向之準據法為依據之權利，在此應受相同原則之保護，如前者適用法律不溯及既往之原則，後者亦應適用同一原則。

㈡新判例變更舊判例

英美法系之國際私法，多為判例法所構成，惟當新的判例法取代舊判例法時，一般認為新判例可溯及既往，即適用於舊判例有效時所發生之涉外民事 ❷，其理由主要是實務上的需要。依黑爾 (Hale) 及布萊登 (Blackstone) 之傳統見解，法官僅宣示法律之內容，而不制定法律，故當法官採用新的法律規則時，乃在宣示早已存在之規則，舊判例之被推翻與舊制定法之廢止不同，前者只是發現法律的適用內容，並無被廢止的舊法律，因此當然有溯及力，法院在具體個案採用新規則，實際上是適用於舊判例

❷　參閱 Dicey & Morris, *The Conflict of Laws* (10th ed., 1980), I, p. 53.

時期的事實，就是承認判例之溯及既往效力。因此，新判例對於舊事實之適用，自然應採溯及既往原則❸。

國際私法判例之溯及既往效力，實際上則會導致困難，茲以英國案例說明之❹：英國國際私法有關承認外國離婚之規則，曾於一九五三年及一九六七年被法律判例予以根本改變，並於一九七一年被立法修正。在一九七一年的 Hornett v. Hornett 一案中，於英國有住所之甲男於一九一九年與婚前在法國有住所之乙女結婚，婚後二人居住於法國及英國，直至一九二四年乙女在法國獲得離婚判決為止。甲男於一九二五年獲悉乙女訴請離婚之事，惟二人又在英國同居，直至一九三六年始分手。一九六九年甲男請求英國法院承認乙女之離婚，雖然在一九六九年 Indyka v. Indyka 判例作成以前，該離婚不可能在英國被承認，但英國法院當年作成之裁判仍予以承認其效力，即認為一九六九年之判例得溯及既往地適用於一九二四年之法國離婚判決。

上述判決之事實如稍作改變，國際私法判例之溯及既往效力，可能即非合理，例如：

1.假定在離婚後，二人同居期間，有子女出生，則該子女在出生時，乃婚生子女（因彼時英國不承認外國離婚判決），但在一九七一年承認該離婚判決後，豈不成為私生子？

2.假定甲男於一九四五年與丙女舉行婚禮，同時其第二次婚姻因重婚而於一九五〇年被判無效，丙女隨後再度結婚。如法院於一九七一年承認甲男乙女之離婚，豈非宣布該判決第二次婚姻無效之判決為違法❺？

3.假定甲男於一九四〇年未立遺囑死亡，其財產之一部分由生存配偶乙女繼承，則當法院於一九七一年依新國際私法判例承認外國離婚判決時，

---

❸ 參閱 Salmond, *The Theory of Judicial Precedent*, 16 L.Q.R. 376, 384 (1900); Cross, *Precedent in English Law* (2nd ed., 1968), pp. 23～32.

❹ 參閱 Dicey & Morris, I, pp. 53～54. Hornett v. Hornett, [1971] 2 W.L.R. 181; [1971] 1 All E.R. 98.

❺ Indyka v. Indyka, [1969] 1 A.C. 33 (H.L.).

乙女豈非要返還該財產？

　　因此，英國法官鄧寧 (Denning) 所言：「法官雖有權宣布溯及力之判例，但更正確之說法，毋寧是法官亦能限制司法裁判之溯及既往，如果如此做是公平及適當的話。」頗值吾人三思。

二、連結因素變更所引起之新舊連結因素之衝突

　　就時間因素而言，有些連結因素不會因時間而改變，但有些會因時間而改變。前者指向某一特定之事件，或某一特定時間之不變情況，例如不動產所在地、婚姻舉行地、契約之締約地、遺囑成立地或侵權行為地等是；後者包含動產所在地、當事人國籍或住所、船旗國或航空器登記國等。國際私法的衝突規則就準據法，規定應依契約締約地法或侵權行為地法時，因該行為之時間確定，其連結因素的時間亦屬確定，但如其規定應依人之本國法、人之住所地法或動產之所在地法時，由於人之國籍或住所均可能變更，動產也可能自一國移往另一國，如何確定各該連結因素的時間點，乃發生問題。

　　連結因素如先、後不同，而發生時際衝突 (inter-temporal conflicts)，國際私法有時在條文中明定其解決之道，但如未明文規定其時間因素問題，則須依學理予以確定。常見的解決方法，大致有下列各種：

㈠連結因素最近具體化所指定之法律

　　適用連結因素最近具體化所指定之法律，即依最新的連結因素，確定其準據法，此一方法常在下述二類問題上適用：

1.有關動產物權問題

　　關於動產所有權及其他動產物權，一般認為應依其權利變動時之動產所在地法。例如動產被非所有權人由 A 國帶至 B 國，而於 B 國加以處分，如出賣給第三人。如 A、B 兩國法律不同，其連結因素之時際衝突，即甚明顯。一般認為動產物權之移轉或處分，應依其移轉或處分時，該動產之所在地法❻。此類爭執，通常涉及既得權尊重與交易安全之衝突，上述見

❻　參閱捷克一九六三年國際私法第六條；波蘭一九六五年國際私法第二十四條。

解也有捨靜的安全,而保護動的安全的意義。

2.有關行為能力問題

行為能力的爭議通常是因某一法律行為而發生,也與該行為之時間相牽連。例如當事人關於締結契約、結婚、訂立或撤回遺囑等之行為能力,通常依其本國法或住所地法,如嗣後其國籍或住所變更,則其變更後之締約、結婚之行為能力等,自應依國籍或住所確定其準據法。故某成年人如因浪費或心神喪失,而為法院宣告限制其行為能力,但其新本國法或住所地法不承認法院之宣告,則其行為能力即自動恢復。

有爭議的是,某人依其舊本國法或舊住所地法已成年而有行為能力,但依新本國法或新住所地法而無完全之行為能力,此時有根據「既已成年,永為成年」之法理,而適用舊法者❼;但也有認為不宜將行為能力問題視為既得權,而犧牲交易之安全者。

訂立遺囑之行為能力,依前述,其準據法乃遺囑人訂立遺囑時之本國法或住所地法。在英國,此乃多數說❽,但少數說則贊成適用最後住所地法❾,美國法律第二整編亦同❿。在德國法上,訂立或撤回遺囑視為對既得權之有限度處分,故如某外國人依其本國法,已成年而有行為能力,縱嗣後取得德國籍,依德國法尚無訂立或撤回遺囑之行為能力,仍承認其有該行為能力⓫。

㈡連結因素最初具體化所指定之法律

連結因素變更時,仍適用連結因素最初具體化所指定之法律者,多見於有關夫妻財產制之規定。如國際私法就此規定應依夫之屬人法,則究為其何時之本國法或住所地法?以結婚時或其他時間為準?各國法律通常就

---

❼　參閱德國民法施行法第七條第二項、第二十四條第三項。

❽　參閱 Dicey & Morris, *The Conflict of Laws* (10th ed., 1980), II, p. 614; Cheshire & North, *Private International Law* (10th ed., 1979), p. 600.

❾　參閱 Graveson, *Conflict of Laws* (7th ed., 1974), pp. 485～486.

❿　參閱 American Law Institute, *Restatement of the Law, Second, Conflict of Laws* (1971), §263.

⓫　參閱德國民法施行法第二十四條第三項。

夫妻財產制採不變更主義，即夫之國籍或住所地之變更，不影響夫妻財產制之準據法，即仍適用結婚時夫之本國法或住所地法❶，該準據法並適用於夫妻財產制是否可因法律之變更而變更，或是否可因雙方之協議而變更。

　　不變更主義的主要理由，乃其可保護妻之權益，使其不因夫之嗣後任意改變其國籍或住所，而受影響，並避免夫妻財產制先、後適用二個準據法，而不公平。不過，不變更主義也有下列缺點：一、可能導致適用已不存在、極端守舊的法律，但誠如後述❸，舊連結因素所指向的準據法未必即為舊法，故此一論點並不正確；二、在當事人已和該一國家斷絕一切關係後，如尋求政治庇護、集體逃難或被放逐後，如仍依舊國籍決定準據法，似非相宜。

　　為使不變更主義免於僵化不合理，立法例上已允許夫妻以契約選擇新本國法或新住所地法，為其夫妻財產制之準據法❹。在美國法律上，夫妻財產制依結婚時夫之住所地法，但婚後所取得之動產，則依取得時之住所地法❺。依此種方法，一對配偶之夫妻財產制，可能適用多數不同之法律，除須確定各動產取得之時間外，對配偶權利之保障，亦欠缺穩定之規範。

(三)選擇適用相關聯之法律

　　關於子女之身分，究應適用子女出生時或法院裁判時之本國法，常有疑問，有些法院為避免僵化，乃認為應適用對子女最有利之法律❻。海牙國際私法會議亦有二個公約，採取此種方式：一、一九五八年國際貨物買賣中所有權移轉之準據法之公約❼，其第五條允許貨物買受人就第三人主

---

❶　參閱日本法例第十五條第一項；德國民法施行法第十五條；一九〇五年海牙關於婚姻效力之公約第二條。

❸　參閱本節三、準據法變更所引起之新舊準據法之衝突。

❹　參閱一九〇五年海牙關於婚姻效力之公約第九條。

❺　參照 American Law Institute, *Restatement of the Law, Conflict of Laws* (1934), §290; *Restatement of the Law, Second, Conflict of Laws* (1971), §258.

❻　參照法國法院判決 (Cass. civ. 5 Dec. 1949, Rev. crit, d. i. p. 1950, 65)。

❼　本公約英文名稱為 The Hague Convention on the Law Applicable to the Transfer of Ownership in International Sales of Movables of 1958。

張對貨物享有所有權或其他權利時，請求適用訴訟時貨物所在地法或買受人取得占有時物之所在地法，此一規定雖為解決連結因素時間上衝突之方法，但其目的則為保護交易之安全；二、一九六一年關於遺囑方式之法律衝突之公約⓲，其第一條規定遺囑方式，符合遺囑人為遺囑時或死亡時之住所地法、習慣居所地法或本國法者，即為有效，其立法目的是為避免因遺囑方式之不合法，而使遺囑未有效成立，亦解決連結因素變更而生之時間上衝突，但與「行為應依當時之法律」之原則，並不相合。

㈣累積適用相關聯之法律

採用此種方法者，如海牙國際私法會議一九〇二年有關離婚及分居之準據法公約⓳，其第一條及第二條規定就離婚及離婚原因，適用起訴時配偶之本國法及法院地法，但第四條亦規定，離婚事由發生時，當事人具有他國國籍時，亦應適用當時之本國法。德國法也曾採此種方法，規定離婚原則上適用起訴時夫之本國法，但夫為他國人時所發生之原因事實，以依該他國法亦為離婚原因者為限，始得為之⓴。

㈤援用另一不同之連結因素

關於離婚，其連結因素變更者，法國即完全放棄該連結因素。因為離婚所採之連結因素，通常為當事人雙方之共同國籍，但如一方當事人改變其國籍時，則共同國籍即不存在，此時法國法院即適用婚姻住所地法；但如一方當事人改變共同住所地，法院即適用法院地法。此種方法亦為一九六五年波蘭國際私法第十八條所採。

三、準據法變更所引起之新舊準據法之衝突

準據法之變更，尤其新法的規定如有溯及力時，乃是國際私法上最重

⓲　本公約英文名稱為 The Hague Convention on the Conflict of Laws Relating to the Form of Testamentary Dispositions of 1961。

⓳　本公約英文名稱為 The Hague Convention on Divorce and Judicial Separation of 1902。

⓴　參照德國舊民法施行法第十七條第一項、第二項。

要也最困難的時際衝突問題。多數說認為受訴法院應適用該準據法之全部，包括其施行法在內，歐陸法系的法院及英國法院均採此種見解。

　　國際私法的規定常未區別不變的及可變的連結因素，例如法院地國際私法如規定，不動產之繼承依不動產所在地法，動產繼承依被繼承人住所地法，則前一句「不動產所在地」是不變的，但後一句的「被繼承人住所地」則是可變的，前者不必規定時間因素，後者則有規定的必要，因此即應加上「死亡時」，以說明以何時之住所為準。不過，「死亡時」之用語有時被延伸，認為法院適用之準據法或住所地法，僅以「死亡時」有效者為限不包含其後修正之規定，惟此種見解，並非正確。

　　準據法之變更，尤其是新法有溯及力時，法院地法院究應如何適用法律，理論上有三種方法：一、法院地法院不理會準據法之變更，仍適用其舊法；二、法院適用法院地之施行法予以解決；三、法院適用該準據法之施行法予以解決。其中，第三種見解最方便、合理，且符合國際私法之精神，乃多數學說及司法實務所採❷❶。

　　上述見解應屬正確。因法院依國際私法適用之準據法，是指依法院地專家之證言或其他證據方法，所證明之該準據法國之法律，其內容乃是當前有效的法律，並包含該國之國內法律適用規則。故法院依法院地國際私法確定準據法之後，即應以該準據法國之施行法，決定適用該國之新法或舊法。準據法國的舊法律如已經失效，而非得適用之法律，內國法院即不應武斷地為該法律「停格」在任何特定之時間點，倘內國法院竟仍適用該已失效之法律，實已違反國際私法的意旨。除準據法國實體規定外，如採反致，該國國際私法如因變更而有新、舊法，也應依其國際私法上過渡條款決定適用新法或舊法。如準據法國的新法未規定過渡條款或施行法，內國法院對其新、舊法的適用問題，仍應依該國關於法律適用之一般原則予以決定，而非逕依法院地之實體法或施行法決定之。或當事人就債權行為，依國際私法上當事人意思自主原則，合意選擇某外國法為準據法時，一般

---

❷❶　Spiro, *The Incidence of Time in the Conflict of Laws*, 9 I.C.L.Q. 366 (1960); Mann, *The Time Element in the Conflict of Laws*, 35 B.Y.I.L. 232 (1954).

亦無指定適用準據法國「當時」之法律，而排除其後修正之新法之意思。因為當事人此時合意選定之外國法，應指該外國法之整體，包含其因變動而先、後不同的各實體法及決定如何適用的過渡條款或施行法。但如當事人依實體法上契約自由原則，以外國法之特定規定作為其契約之約款時，則其約款所引用條文之內容即已確定，即使該外國法嗣後有修正或變更，仍不影響其約款之內容。

第二節　我國現行規定之研析

一、我國國際私法變更所引起之新、舊國際私法之衝突

我國自民國成立以後，國際私法之立法歷經三次重要變動，法院對於涉外民事，究應適用何時之國際私法？究應適用涉訟時之新國際私法，或應適用涉外民事發生時之舊國際私法？此種因國際私法變更，而引起新、舊國際私法衝突的時間因素問題，即前述第一種類型。以下擬分數點，予以研析：

㈠我國國際私法之變更

我國歷史上甚早即有類似國際私法之立法❷，但滿清末年不平等條約之簽訂，使外國在我國享有領事裁判權❷，致影響阻礙我國近代國際私法

---

❷　例如唐律名例門化外人相犯條：「諸化外人，同類自相犯者，各依本俗法。異類相犯者，以法律論。」疏義曰：「化外人，謂蕃夷之國別立君長者，各有風俗，制法不同。其有同類自相犯者，須問本國之制，依其俗法斷之。異類相犯者，若高麗之與百濟相犯之類，皆以國家法律論定刑名。」唐律此條律文，依疏義之解釋，即與近世國際私法之意義及前提要件，頗多暗合之處。所謂「各依本俗法」者，即今之所稱屬人法。所謂「以法律論」者，亦即今之所稱屬地法。所不同者，唐律不分民刑事件，一概適用此法；而近世立法，則將民刑事件分別規定是。

❷　清朝道光二十二年（一八四二年）鴉片戰後，我國與英國訂立南京條約（一八四三年）。除割地賠款、五口通商以外，並在通商章程第十三條，明文規定英

之發展。中華民國繼受滿清政府所簽訂之不平等條約，並在民國七年頒布「法律適用條例」作為國際私法法規，此舉在當時環境下，乃在宣示我國收復司法權之決心，而未必是因應涉外司法實務上之需求。該條例共有七章二十七條，就內外國法律之適用，規定頗詳，實行三十五年後，因民國四十二年「涉外民事法律適用法」之公布施行（簡稱為舊涉外法），而被廢止。此二法律之內容差別不大❷，但形式上屬於我國國際私法之變更，引

國在我國享有領事裁判權。次年，中美中法條約，亦有相同之規定。咸豐六年（一八五六年），英法聯軍攻陷天津，續訂所謂天津條約（一八五八年），規定尤詳。至是，領事裁判權之範圍，大致確定如下：

1. 凡同國籍之外國人民相互間之案件，不論民事刑事，均由其所屬國之領事依其本國法律審判。

2. 凡有約國人民與第三國人民間之一切爭訟，均由被告所屬國之領事審理。

3. 凡中國人民與外國人民間之案件，如被告為外國人民者，不論民事刑事，均由被告所屬國之領事依其本國法律審判。

非特如此，並創設所謂觀審、會審等制度，對於當時租界內中國人民為被告之案件，乃至純粹中國人民間之民刑訴訟，亦加干涉。於是，中國法院及法律非但不能管轄涉外案件，即對純粹內國案件亦難悉加審理矣。

請參閱馬著，頁 9～10。

❷ 法律適用條例係於民國七年八月五日，由北京政府以教令第三十二號公布，國民政府成立，復經國府於民國十六年八月十二日明令暫准援用，以迄民國四十二年涉外民事法律適用法之制定施行。二者相比較，可見其間之差別者，有以下各點：

1. 屬於文字之改正者：

　⑴原條例第十三條（本法第十七條）之「私生子」，改為「非婚生子」。

　⑵原條例第二十四條（本法第八條）之「事務管理，不當得利」，改為「無因管理，不當得利」。

　⑶原條例第二十五條（本法第九條）之「因不法行為」改為「由侵權行為」及「不法者」改為「侵權行為者」。

　⑷原條例之「中國」二字，一律改正為「中華民國」；「中國人」三字，一律改正為「中華民國國民」；「中國法」三字，一律改正為「中華民國法律」。

2. 屬於補充性質者：

起我國新、舊國際私法之衝突。

舊涉外法在民國九十九年全面修正，仍維持「涉外民事法律適用法」之名稱。新涉外法共有條文六十三條，分為八章：第一章「通則」（第一條至第八條）、第二章「權利主體」（第九條至第十五條）、第三章「法律行為之方式及代理」（第十六條至第十九條）、第四章「債」（第二十條至第三十七條）、第五章「物權」（第三十八條至第四十四條）、第六章「親屬」（第四十五條至第五十七條）、第七章「繼承」（第五十八條至第六十一條）及第八章「附則」（第六十二條至第六十三條），並自民國一百年五月二十六日開始施行。新涉外法和舊涉外法比較，無論在法條的數量、編排形式或實質內容方面，變動的幅度都很大，所引起的新、舊國際私法之衝突，也非常突出。

㈡法律衝突舉例

我國新、舊國際私法之間的衝突，可分為因舊涉外法的施行而與法律

⑴反致之擴充。本法第二十九條規定，除直接反致外，兼採轉據反致及間接反致，而原條例僅採直接反致。

⑵加強內國公私法益之保護。其重要條款如本法第三條第二項禁治產之宣告效力，依中華民國法律；本法第四條第二項失蹤外國人，其配偶或直系血親為中華民國國民，而現在中華民國有住所或居所者得聲請依中華民國法律為死亡宣告。他如本法第十二條但書及第二十二條但書，均為補充原條例之規定。其立法意旨，非徒保護涉外法律關係中我國國民之利益，且在維持內國公安與善良風俗。

3.屬於刪除部分者：法律適用條例之被刪除者，計有第七條、第十九條及第十七條。至其被刪除之理由，係因第七條所規定者為準禁治產之準據法，但我國現行民法並無準禁治產制度之規定，而第十九條之規定，為保佐準用關於監護之規定，但現行民法已無保佐制之規定，原條文已失其作用，自均應刪除。至第十七條只限於親屬關係之法律，範圍較狹，補充效用不大，本法第三十條，既許可司法者就一切涉外民事法律關係，依據法理以為判斷，則其所補充者，已廣括無遺，原規定無保留之必要，自應予以刪除。

4.屬於新增性質者：本法新增加之但書及各項者甚多，而整條文增加者共計有四條，此即第七條、第十五條、第二十三條及第三十條。

適用條例之間的衝突、因新涉外法的施行而與舊涉外法之間的衝突。前者例如法律適用條例第四條規定反致㉕，但僅採直接反致；而舊涉外法第二十九條予以擴大，除直接反致外，兼採轉據反致及間接反致。設 A 國人甲在 B 國有住所，於民國四十一年在臺灣結婚，關於其婚姻是否有效成立，於民國四十四年涉訟於臺北地方法院（假定管轄權無問題），雖法律適用條例第九條與舊涉外法第十一條規定相同，均適用各該當事人本國法，即 A 國法，然如 A 國國際私法規定，婚姻成立實質要件依當事人住所地法，則我國法院如適用舊法律適用條例，則因其不採轉據反致，自不能適用 B 國法，而仍適用 A 國法，但如依舊涉外法，則因其兼採轉據反致，自應適用 B 國法。如 A、B 二國有關婚姻成立要件規定不同，自影響判決之結果。

　　後者例如關於由侵權行為而生之債，舊涉外法第九條第一項規定，依侵權行為地法，但中華民國法律不認為侵權行為者，不適用之，採累積適用侵權行為法及法院地法之原則；新涉外法第二十五條則規定，「依侵權行為地法。但另有關係最切之法律者，依該法律。」實際上已改採最密切或最重要牽連關係之理論。設 A 國人甲及 B 國人乙，工作地及住所均在臺灣，民國一百年二月二日前往 C 國度假一星期，因甲在 C 國駕車之疏失，致乙受重傷，C 為侵權行為地，我國因保險及其他原因為關係最切之法律，而乙在同年八月八日在我國法院對甲起訴請求損害賠償，我國法院如適用舊涉外法第九條，應依侵權行為地法 C 國法，如適用新涉外法第二十五條，則應依關係最切之我國法律。此種情形，也是因我國之國際私法變更，而引起新、舊涉外法之衝突。

㈢我國現行法之解決方法

　　關於因法院地國際私法變更而引起的時間因素問題，學說上雖有前述各種解決方案，仍以立法予以明文規定，酌採新法不溯及既往之原則，較為妥適。

　　我國舊涉外法未明文規定其與舊法律適用條例之適用關係，解釋上自

㉕　法律適用條例第四條規定：「依本法適用當事人本國法時，如依其本國法應適用中國法者，依中國法。」

然發生疑義。新涉外法鑑於新、舊法的差異及可能發生的適用疑義，乃設第八章「附則」規定其相關問題。新涉外法第六十三條規定：「本法自公布日後一年施行。」因為新涉外法對舊涉外法修正的幅度甚大，與制定一部全新法典相去不遠，為使法院及各界在新法生效施行以前，均能充分認識新法的內容，乃規定新法在完成立法程序後，不立即施行。新涉外法自民國一百年五月二十六日開始施行，在此之前，舊涉外法依然有效，涉外民事的法律適用問題自應依該舊涉外法予以解決。

新涉外法在民國一百年施行之後，即發生其與舊涉外法因時間因素引起的衝突問題。雖然我國實務上經常將涉外民事的準據法問題，列為「程序」問題予以討論，新涉外法鑑於衝突規則的功能，主要是決定涉外實體問題的準據法，而具有實體法的「間接法」的性質，乃參照外國國際私法的立法例，於第六十二條規定：「涉外民事，在本法修正施行前發生者，不適用本法修正施行後之規定。但其法律效果於本法修正施行後始發生者，就該部分之法律效果，適用本法修正施行後之規定。」本條本文規定新涉外法不溯及既往之原則，即其僅適用於民國一百年五月二十六日以後發生的涉外民事法律關係，舊涉外法除本條但書規定的情形以外，則適用於同年月二十五日以前發生的涉外民事法律關係。換言之，依本條規定，涉外民事法律關係究應適用新法或舊法的問題，不是以起訴的時間點為準，而是原則上以其據以發生的法律事實的發生時點為準，例外的情況則以法律效果發生的時點為準。

例如最高法院於民國一○三年十月十六日就「伊朗國防部匯款案」作成的一○三年度臺上字第二一四五號民事判決中，系爭法律行為是伊朗國防部於一九八一年七月七日經由英國密得蘭銀行匯款一千五百萬美元到彰化銀行，當事人就其準據法並無明示的約定，其間爭議涉訟的時間也跨連新、舊涉外法的施行期間，即依本條本文規定，認為應以其匯款的時間為準，故應依舊涉外法第六條第一項決定其準據法，並以雙方默示同意適用的中華民國法律，為準據法。

至於本條但書，其對於持續發生法律效果之涉外民事法律關係，採取

區別適用的原則，即原則上仍以涉外民事關係發生時為準，但對於在新涉外法施行後始發生的法律效果，則規定例外應依新涉外法決定其準據法。例如最高法院就「越南母親爭取親權案」，於作成的一○三年度臺抗字第三六六號民事裁定中認為，甲為越南人，與乙於九十二年結婚，九十四年生下丙，乙死亡後，乙之姊丁主張甲濫用親權，與甲發生爭議，因丁主張甲濫用親權及未照護其未成年子女丙之事實，均發生於涉外法修正施行前，故應適用舊涉外法第十九條前段規定「父母與子女間之法律關係，依父之本國法，無父或父為贅夫者，依母之本國法。」且因乙已經死亡，丙為越南國人，應適用越南國法，以越南婚姻及家庭法為判定應否改定未成年子女之監護關係。丁主張適用新涉外法第五十五條依丙的本國法，即中華民國法律，即無理由。

二、連結因素變更所引起之新舊連結因素之衝突

㈠連結因素之設計

我國新涉外法第九條至第六十一條的規定，乃是國際私法的主要法規或衝突規則，其分別就各個涉外民事法律關係，規定得指向準據法的連結因素，俾法院於具體個案得據以決定準據法。新涉外法所規定的連結因素，依其是否可能因時間經過而變動，可分為不變的連結因素與可變的連結因素二大類。

不變的連結因素自成立時即已確定，不再變動，也不會發生因連結因素先、後不同，而應確定應以何時之連結因素為準的時間因素問題。新涉外法規定者，包含：法人設立之依據（第十三條、第十五條）、法律行為地（第十六條、第二十一條、第二十二條）、明示合意（第十七條至第二十一條、第三十一條、第四十四條、第五十條）、最切之關係（第十七條至第二十條、第二十五條、第二十八條、第四十四條、第四十五條第二項、第四十七條、第四十八條第二項、第五十條）、付款地（第二十一條、第二十二條）、事務管理地（第二十四條）、利益受領地（第二十四條）、侵權行為地（第二十五條、第二十八條）、被害人選定地（第二十六條）、商品買受地

（第二十六條）、市場所在地（第二十七條）、營業地（第二十八條）、事實發生地（第三十條）、不動產所在地（第二十條第四項、第三十八條、第四十八條第三項、第六十一條）、權利成立地（第三十八條）、中華民國（法院地）（第十一條、第十二條、第三十一條、第四十條、第四十九條、第五十六條、第五十九條）、目的地（第四十一條）、權利應受保護地（第四十二條）、文件之記載（第四十三條）、婚約訂立地（第四十五條）、婚姻舉行地（第四十六條）、遺囑訂立地（第六十一條）等。

可變的連結因素，是該連結因素可能因時間而變動，致連結因素因時間先、後而不同，發生先、後連結因素衝突的時間因素問題，在具體個案中確定準據法時，須先確定應以何時的連結因素為準。新涉外法規定者，包含：當事人之國籍（第九條、第十條、第十二條、第二十六條、第二十八條、第四十五條至第四十八條、第五十條、第五十一條、第五十三條至第五十八條、第六十條）、住所（第十一條、第十二條、第二十條第三項、第二十八條、第四十五條、第四十七條、第四十八條、第五十條、第六十一條）、居所（第十一條、第十二條）、動產所在地（第三十八條第一項、第三項、第四十條）、船籍國（第三十八條第四項）及航空器登記國（第三十八條第四項）等。

㈡可變的連結因素的確定

可變的連結因素變更時，如動產由 A 國移至 B 國被處分，甲之國籍由 A 國變更為 B 國，或乙之住所由 A 國遷至 B 國等情形，即使各該衝突規則僅規定一個連結因素，仍可能在具體個案指向二個以上國家的法律。新涉外法對於此種先、後連結因素的衝突，有時在條文中明文規定其時間，有時未予規定而由法院解釋予以解決。茲分下列二項，分別扼要說明如下：

1.立法確定

⑴外國人「失蹤時」之住所或居所、其中華民國籍之配偶或直系血親之「現在」住所或居所（第十一條）

本條第一項之適用是以失蹤之外國人「失蹤時」住所或居所在中華民國為要件，第二項則是以其中華民國籍之配偶或直系血親，「現在」的住所

或居所在中華民國為要件，第一項採不變更主義，第二項則採變更主義，目的均在確定中華民國法院得依中華民國法律對外國人為死亡宣告。

　　⑵離婚及其效力，依「協議時」或「起訴時」之國籍或住所為準（第五十條）

　　本條就離婚及其效力，規定依「協議時」或「起訴時」夫妻共同之本國法；無共同之本國法時，依共同之住所地法；無共同之住所地法時，依與夫妻婚姻關係最切地之法律。此等規定是區別協議離婚及裁判離婚，而分別規定以「協議時」或「起訴時」之國籍或住所為準，即均採不變更主義，不因夫妻國籍或住所變更之影響，即採變更主義。

　　⑶子女之身分，以「出生時」該子女、其母或其母之夫之國籍為準（第五十一條）

　　本條就子女之身分，規定多數準據法之選擇適用方式，以有利於子女婚生性之建立，惟原則上以子女「出生時」該子女、其母、其母之夫之國籍為準，如其母又婚姻關係於子女出生前已消滅者，則以「出生時」該子女之國籍、婚姻關係消滅時其母、其母之夫之國籍為準，只要三人中有一人之本國法規定其為婚生子女，即為婚生子女。此種方式，基本上亦屬於不變更主義，子女出生前婚姻關係已消滅的情形，包含其夫已死亡、離婚、或婚姻被撤銷等情形，此時改以婚姻關係消滅時其母及其母之夫之國籍為準，亦為不變更主義。

　　⑷非婚生子女之認領，以「認領時」或「起訴時」各該認領人或被認領人之國籍為準（第五十三條）

　　認領之效力，依認領人之本國法。認領係確定非婚生子女與生父之身分關係，依通例均以當事人之本國法為其準據法，為方便認領之成立，以保護被認領人之利益，本條乃採選擇適用認領人與被認領人之本國法，就任意認領及強制認領，分別規定以「認領時」或「起訴時」之國籍為準，只要依當時其中一人之本國法認領成立，其認領即為成立。如認領時被認領人尚未出生，以其母之本國法為胎兒之本國法，即以當時其母之國籍為準。此等方式，均屬於不變更主義。

(5)繼承以被繼承人「死亡時」之國籍為準（第五十八條前段）

繼承乃因人之死亡，而由一定之親屬承受死者之一切權利義務。對於處理涉外的繼承問題，向有動產不動產分別主義，與動產不動產統一主義之別，我國所採者乃後一立法例，並以被繼承人最後之本國法，即死亡時之本國法為準，而與被繼承人死亡以前國籍之曾否變更無關。此一方式，屬於變更主義。此外，新涉外法第五十九條規定：「外國人死亡時，在中華民國遺有財產，如依前條應適用之法律為無人繼承之財產者，依中華民國法律處理之。」條文中所謂「依前條應適用之法律」，即前條「被繼承人死亡時之本國法」，亦同以「死亡時」之國籍為準。

(6)遺囑之成立及效力，以「成立時」遺囑人之國籍為準（第六十條第一項），遺囑之撤回以「撤回時」遺囑人之國籍為準（第二項）

遺囑之成立要件及效力，係指遺囑文件本身是否有效成立而言，至於遺囑內容各別法律行為，例如以遺囑為認領、收養、指定繼承分或遺贈額等行為，則應依各該行為之準據法，不在本項規定範圍以內。遺囑依其成立時遺囑人之本國法，是為避免因嗣後遺囑人國籍變更而影響原有遺囑之效力。第二項規定撤回遺囑之準據法，所謂撤回，不僅指積極撤回遺囑而言，即以後一遺囑代替前一遺囑之行為，亦不失為遺囑之撤回，故以撤回時遺囑人之本國法為準，與第一項所採者同，均在尊重行為人之意思，其用意乃在避免當事人嗣後變更國籍，而影響原撤回行為之效力。此等規定均係採不變更主義。

(7)物之所在地如有變更，其物權之得喪，依其「原因事實完成時」物之所在地法（第三十八條第三項）

新涉外法第三十八條第一項規定：「關於物權依物之所在地法。」係就物權之性質、範圍及其取得、設定、變更、喪失諸問題，無論其為動產或不動產，均依其所在地法。動產之所在地變更時，究應以何時的所在地為準？同條第三項明文規定，其物權之得喪，依其原因事實完成時物之所在地法，原因事實如僅在一瞬間發生，例如物之交付或添附，固應依物當時之所在地法，如其原因事實跨連的時間較長，例如取得時效，則以該等原

因事實完成時物之所在地為準，而適用當地之法律。此時，因未適用原因
事實發生時之物之所在地法，似採變更主義，但其後動產所在地如再變更，
對該次物權變動仍適用其完成時之所在地法，就此而言，仍屬不變更主義。

2.解釋確定

新涉外法規定可變的連結因素，但未明定其作準的時間者，在具體個
案適用時，仍應妥予解釋。茲列舉數例於下，並試為解釋：

(1)行為能力依其本國法（第十條第一項）

本條項規定人之行為能力，包含何時成年、被限制及喪失的條件等問
題，均依其本國法。對於本國法，條文本身雖明文規定應以何時為準，但
因行為能力問題不會單獨發生，必係與某種法律行為結合，始有意義，而
行為能力又係法律行為成立及生效要件，故解釋上自應依「行為時」之本
國法，立法理由中亦指出應以行為時的國籍為準，方為妥適。因此，當事
人的國籍如於法律行為前變更，依其舊本國法為無行為能力，而依新本國
法有行為能力者，自當依行為時之新本國法，認定其有行為能力，但如當
事人依其舊國籍所定之本國法已有行為能力，而依行為時之國籍所定之本
國法卻無行為能力或僅有限制行為能力，仍不宜容許該當事人以其無行為
能力或僅有限制行為能力為抗辯。本條第二項乃表明「既為成年，永為成
年」之原則，明文規定：「有行為能力人之行為能力，不因其國籍變更而喪
失或受限制。」

(2)監護、輔助宣告原因之準據法（第十二條第一項）

新涉外法第十二條第一項規定：「在中華民國有住所或居所之外國人，
依其本國及中華民國法律同有受監護、輔助宣告之原因者，得為監護、輔
助宣告。」本條項就監護、輔助宣告之原因，採累積適用法院地法及外國
人之本國法之原則，須依該二準據法同有宣告之原因時，始得為之。外國
人之本國法，為其連結因素的國籍如有變更，究應以何時的國籍為準？由
於監護、輔助宣告是在保護該外國人的法益，解釋上應以「宣告時」該外
國人之國籍為準，即採變更主義。

⑶船舶、航空器物權之準據法（第三十八條第四項）

新涉外法第三十八條第四項規定船舶物權依船籍國法，航空器物權依航空器登記國法 ❷，惟如船舶或航空器改變其所屬國時，究應以何時的船籍或登記為準？為保護交易安全及利害關係人權益，不使船舶或航空器所有人任意改變船舶或航空器之所屬國，而影響準據法之適用，解釋上似應以發生物權得喪變更時之船籍國或登記國為準，即採不變更主義。

⑷婚姻之成立之準據法（第四十六條）

新涉外法第四十六條規定：「婚姻之成立，依各該當事人之本國法。但結婚之方式依當事人一方之本國法或依舉行地法，亦為有效。」本條所謂各該當事人本國法，或一方之本國法，究指如何時期之本國法？婚姻舉行後，如當事人變更其國籍，則於訴訟時，究適用以新國籍或舊國籍為準？關於此問題，如以訴訟時之國籍為準，當事人容易變更其國籍，藉以否定業已成立之婚姻關係，影響婚姻之安定，故解釋上應以舉行婚姻當時之舊國籍為準，較為合理。依婚姻舉行當時國籍所定之本國法，婚姻如有效成立，即不受嗣後國籍變更之影響，婚姻繼續有效存在。第四十五條第一項關於婚約之成立之規定，基於同一理由，亦應以婚約訂立時的國籍為準。此等解釋，即採不變更主義。

⑸婚姻之效力之準據法（第四十七條）

新涉外法第四十七條規定：「婚姻之效力，依夫妻共同之本國法；無共同之本國法時，依共同之住所地法；無共同之住所地法時，依與夫妻婚姻關係最切地之法律。」本條所稱婚姻之效力，基本上是指我國民法親屬編的「婚姻之普通效力」，主要是排除夫妻財產制的財產上效力，泛指因結婚而生之身分上法律關係，特別是夫妻間之配偶權、同居義務、貞操義務、

---

❷　此由於船舶及航空器經常移動，且船舶多半的時間可能在公海；航空器多半的時間可能在公空。若一定要適用所在地法，往往失所依據。故各國法例多採登記地法，例如一九二六年簽訂、一九三五年生效的布魯塞爾公約 (Convention of Bruxelles)；美洲國家的布斯特曼地法典 (Code of Bustamante) 於其第二七五條及第二七八條予以採用。

法定代理、行為能力因結婚而發生的變化等皆屬之。本條之準據法包含夫妻共同之本國法、共同之住所地法，其據以決定的國籍、住所，究指以何一時期為準？婚姻成立時或訴訟時？關於此問題，不變更主義認為應以婚姻成立當時為準，維持法律關係之安定，變更主義認為條文並無明確限定以結婚時為準，即應以訴訟當時國籍或住所為準。理論上言，變更主義較適合本條之規範意旨，新涉外法第四十五條第二項關於訂婚之效力之規定，亦應採同一見解。

(6)**離婚之準據法（第五十條）**

離婚直接發生解消婚姻關係之效果，隨後並發生子女親權之行使負擔、夫妻一方之賠償請求、贍養費之給與、姓氏之變更等問題。新涉外法第五十條規定：「離婚及其效力，依協議時或起訴時夫妻共同之本國法；無共同之本國法時，依共同之住所地法；無共同之住所地法時，依與夫妻婚姻關係最切地之法律。」本條據以決定其準據法的國籍、住所，究應以離婚原因事實發生時或訴訟時為準，離婚將直接影響婚姻之效力，本條之準據法與第四十七條亦採相同設計，理論上亦應同採變更主義，依起訴時夫妻之國籍或住所為準。

(7)**認領之效力之準據法（第五十三條第三項）**

認領係確定非婚生子女與生父之身分關係，其效力是指認領成立後，認領人與被認領人間，發生如何之法律上效果而言，即如被認領人是否因認領而成為婚生子女，其婚生子女之身分有無溯及效力等。新涉外法第五十三條第三項規定其應依認領人之本國法，乃因其關係最切，但究應以認領人何國之國籍為準？該條項並無明文，鑑於非婚生子女既由認領而確定其親子關係，為保護子女利益，宜與認領之成立同採不變更主義，以認領時認領人之國籍為準。

(8)**收養之成立及終止之準據法（第五十四條）**

收養之成立乃擬制血親關係之開始，而收養之終止，又為此種關係之消滅，性質重要，為兼顧雙方利益，新涉外法第五十四條乃規定：「收養之成立及終止，依各該收養者被收養者之本國法。」「收養及其終止之效力，

依收養者之本國法。」本條第一項就其成立採併行適用主義,使收養者與被收養者之要件,分別依各方之本國法決定,並非累積適用雙方之本國法,第二項就其效力依養親之本國法,均發生應以何時之國籍為準的問題。如對照關於認領之規定,本條亦宜採該條之原則,故應以收養時 (或終止時) 之各該國籍為準,方屬允當。收養及其終止之效力主要指發生在收養人與被收養人間之親子關係,為保護子女利益,宜採不變更主義,而分別以收養行為時及終止行為時收養人之國籍為準,以決定收養人之本國法。

(9)**父母與子女間之法律關係之準據法 (第五十五條)**

關於父母與子女間之法律關係,新涉外法第五十五條規定「依子女之本國法」,但如子女之國籍有變更,究應以何時之國籍為準?此一問題該條並未進一步明文規定,解決上宜採變更主義,即以訴訟當時之國籍為準,而決定其準據法。

(10)**監護之準據法 (第五十六條)**

監護制度係為保護欠缺行為能力人之利益而設,而人之行為能力依其本國法,新涉外法第五十六條乃規定,監護應依受監護人之本國法,即關於監護開始之原因、終止、監護人及其權限等,均適用受監護人之本國法。本條就應以何時之國籍決定其準據法,未予明文規定,因監護之目的係在保護欠缺行為能力人之利益,其關係最切者乃是現在之國籍,故應以訴訟時之受監護人國籍為準。

(11)**扶養之準據法 (第五十七條)**

扶養之權利義務乃親屬間依法律規定而生,我國新涉外法第五十七條就其準據法,規定:「扶養,依扶養權利人之本國法。」如扶養權利人之國籍有變更,究應以扶養權利人無力生活狀態發生時?或訴訟時之國籍為準?不變更主義從保護扶養權利人利益出發,認為應以扶養權利人無力生活狀態發生時為準,變更主義認為無力生活狀態何時發生難以認定,以訴訟時為準較能保護扶養權利人。二者相較,似以變更主義為當。

三、準據法變更所引起之新、舊準據法之衝突

㈠問題之所在

　　就特定涉外法律關係，依法院地國際私法確定之準據法，可能因修正、制定新法，甚至於國家繼承❷等原因，而發生適用該國何時法律之問題。茲就此種時間因素引起之新、舊準據法之衝突問題，舉一例說明之：甲因行為能力問題涉訟，設甲於為法律行為前為 A 國人，行為時為 B 國人，行為後復又變更為 C 國人，則就甲之行為能力問題，我國法院固應適用甲行為時之本國法即 B 國法，但準據法國 B 國關於行為能力之規定，於甲為法律行為後，曾經修正或以制定新法取代舊法，則我國法院對於甲之行為能力，究應適用 B 國現行之新法或行為時之舊法？此時即發生新、舊準據法的衝突問題。

　　關於上述問題之解決，學說上有三種主張，即一、內國法院不理會準據法之變更，仍適用當事人行為時的舊法；二、內國法院適用內國之法律施行規則予以解決；三、內國法院適用該準據法國之施行法。三說之中，

---

❷　應適用法律之變更，若係由於國家繼承之故，則有爭論。繼承無論係一部（領域之添加或割讓）或全部（領域獲得獨立國家之地位、國家喪失國之地位或分裂成數獨立國家），倘若新國家以其法律取代過去存在於該領土上之法律，特別規定新法有溯及力時，則此種法律對受訴法庭究產生如何拘束力，即成為問題。對此問題，無簡單之回答，此類事項，往往因政治因素及國際公法承認規則更趨複雜，也欠缺判例為明白之引導。

　　在理論上有二種不同之學說，其一，倘若舊國家仍繼續存在，縱其已喪失與案件事實相關聯之領域，仍應適用其法律；倘若舊國家已完全消失，則舊法時最後之規定應被適用。依照此一見解，則繼承國之法律（即新法律，包括其實體法與施行法），即例外地不予援用。另一學說，可能是多數說，則贊成適用通常之辦法，應適用之法律，乃提起訴訟時，事實上存在於發生問題領域上現行之法律，包括其施行法。政治上考慮，不應排除就私法事件存在於與爭執最有牽連關係地域上之法律，當然，很顯然的，公序良俗條款於此應扮演重要角色，以發揮調適之作用。請參閱 Note, Lyons, 32 B. Y. I. L. 288 (1955～1956); Grodecki, *Conflict of Laws in Time*, 35 B. Y. I. L. 70～71 (1959).

第三說較方便、合理，且符合國際私法之精神，最為可採，已見前述，於茲不贅。

㈡我國現行規定所採之立場

對於準據法之變更，我國舊涉外法第十三條第一項前段規定：「夫妻財產制依結婚時夫所屬國之法。」草案說明書指出：「其所以稱夫所屬國之法，而不沿襲原條例第十條第二項稱夫之本國法者，蓋法文著重之點，在結婚時夫之國籍，而不重在其時之法律，故如該國法律於結婚後變更，即應適用變更後之現行法，而不適用已廢止之法。」根據此一說明，準據法因變更而有新法、舊法時，即一律適用其新法。但如準據法國關於新、舊法適用的過渡條款或施行法，規定新法不溯及既往，則舊涉外法前述條文及說明，極可能產生與準據法的具體內容不一致的不合理結果，而新涉外法第四十八條修正上述規定後，原有的問題亦因而迎刃而解。

從理論上言，法院依內國國際私法之規定，就特定涉外法律關係適用其準據法時，其所適用者是指準據法國的法律整體，即原則上為該國現時有效之法律，已經廢止及修正前之舊法，並不在適用之範圍，但如該國法院就相同事實在適用該國法律時，將例外不適用現時的有效法律，反而依法適用其該國的舊法時，則內國法院亦應適用其舊法。換言之，此時應取決於準據法國的新法與舊法的過渡條款，如其新法採法律不溯及既往原則，則內國法院對於舊法時期之事實，固應依過渡條款，適用該國之舊法，倘該國規定新法得溯及既往而適用之，則內國法院即應適用該國之新法，而不得適用其已經修正或廢止的舊法。

上述原則在新涉外法上雖無明文規定，但其第五條關於當事人本國法一國數法的下列規定，其實已包含新、舊準據法的適用：「依本法適用當事人本國法時，如其國內法律因地域或其他因素有不同者，依該國關於法律適用之規定，定其應適用之法律；該國關於法律適用之規定不明者，適用該國與當事人關係最切之法律。」因為本條「如其國內法律因地域或其他因素有不同」，準據法因時間因素而有新、舊法的衝突，即包含在「其他因素」之中，其問題之解決，本條規定「依該國關於法律適用之規定」，而該

國關於新、舊法之適用之施行法或過渡條款，乃屬於本條「該國關於法律適用之規定」之一種，故原則上係採上述方案中之最佳者。此外，在該準據法雖有新、舊法之別，卻未規定其過渡條款或施行法時，本條未硬性規定是否即適用法律不溯及既往之原則，亦未規定以內國之法律時際衝突法理為準，而是「該國關於法律適用之規定不明者，適用該國與當事人關係最切之法律。」即由法院審酌個案及該國法院之作法，就該國之新法及舊法進行綜合比較，而適用其中與系爭法律關係之關係最切之新法或舊法。

　　內國法院以當事人本國法為準據法，而其本國法有新法、舊法時，法院固應依新涉外法第五條，決定適用該國的新法或舊法；如準據法並非當事人本國法，而是行為地法、侵權行為地法、管理行為地法、事實發生地法、當事人意思所定之準據法、關係最切之法律或其他連結因素指向的準據法時，仍宜類推適用該條之規定，以解決準據法國新、舊法的適用問題，即應先依該國之施行法或過渡條款予以決定，如其規定不明，則適用該國與系爭法律關係之關係最切之新法或舊法。

第七篇

涉外程序法論

第一章　國際審判管轄權

第一節　緒　言

我國目前並無「涉外程序法」的法典，此一名稱是指針對具有涉外因素或國際因素之訴訟程序中所發生，而不存在於一般國內案件之程序法上問題，所提出之解決對策或規則，也被稱為「國際民事訴訟法」。就內容而言，涉外民事訴訟法之範圍至少包括內國法院的國際審判管轄權（含國家豁免及外交豁免）、程序事項之法律適用（含外國法之適用、外國人之訴訟地位、證據之調查）、國際司法互助、外國訴訟程序之效力之承認、外國法院判決之承認、國際仲裁等項。本篇僅再就國際審判管轄權、外國法院判決之承認、涉外仲裁等三部分，分章說明之，其餘各項本書均已在相關部分有所討論，請逕參照之。

本章先討論內國法院之國際審判管轄權（涉外裁判管轄權）問題❶。從訴訟程序進行之角度言，法院適用國際私法解決涉外法律糾紛，乃以其就具體個案有審判管轄權為前提；倘非由有權審判管轄之國家之法院審理，其判決自難為其他國家之法院承認。故法院就涉外案件，首先應決定者即為其有無國際審判管轄權之問題。國際私法或國際民事訴訟法上審判管轄權之問題，是指就某涉外民事案件，究竟應由何國法院行使審判管轄權之

---

❶　「國際審判管轄權」在我國原無統一之用語，司法實務上多稱為「國際管轄權」，家事事件法於民國一〇一年制定，在第五十三條第一項規定「由中華民國法院審判管轄」之情形，其立法理由並有「國際審判管轄權」之用語。本書採此名稱，期待司法實務及學術界之用語亦能統一。

問題，其與一般民事訴訟法著重在某民事事件，究竟應由國內之何種法院或何地之法院管轄之問題，並非相同。

進一步言之，涉外民事案件之管轄權問題實有二個層次，即須先依國際私法之原則，決定內國法院有無審判管轄權或應由何國之法院管轄，再依內國或該國之民事訴訟法之規定，決定該案件應由內國或該國之何一法院管轄。上述第一層次與第二層次之問題，國際私法上或分別稱為「一般管轄權 (compétence générale)」及「特別管轄權 (compétence spéciale)」，或分別稱為「國際管轄權（法文 compétence internationale，英文 international jurisdiction，德文 internationales Zuständigkeit)」及「國內管轄權（法文 compétence interne，英文 local jurisdiction，德文 innerstaatliche Zuständigkeit)」。其中，第一層次乃是國際私法之問題，第二層次則屬國內民事訴訟法之問題。例如在我國有住所之英國籍之夫，在我國法院請求我國籍之妻交付子女時，我國法院首先須依國際私法，決定我國法院是否有國際審判管轄權，如有，再依我國民事訴訟法之規定，決定應由何地之法院行使國內管轄權。

國際私法之範圍，除法律衝突之問題外，是否尚包括法院之國際審判管轄權之問題在內，早期曾有些許爭議。晚近的立法例，如捷克一九六四年國際私法、土耳其一九八二年國際私法及南斯拉夫一九八二年國際私法，均闢有專章規定此一問題，瑞士一九八七年國際私法更在以法律關係為名的各章中，分別規定法院之管轄、準據法及外國法院判決之承認等三部分，可見國際私法之立法發展，已有從個體性 (micro) 轉變為總體性 (macro) 之趨勢。換言之，法院之國際審判管轄權之問題，已成為國際私法上不可忽視之重要課題。但國際私法所規定者，僅是「何國」之法院有國際審判管轄權而已，尚不及於該由該國「何一」法院裁判管轄之問題。

從內國法院依國際私法或國際民事訴訟法，審理涉外民事法律爭端之角度言，除在適用法律前須就涉外民事案件，決定內國法院有無國際審判管轄權外，有時也須就某涉外民事案件，決定外國法院有無管轄權。此二問題所涉者，雖均為法院之國際審判管轄權或一般管轄權之問題，惟其性

質仍非相同：前者係指內國法院依內國之法律（國際私法或國際民事訴訟法）之規定，有無國際審判管轄權之問題，性質上屬於國內法的問題；後者通常出現在承認或執行外國法院判決之案件，因為各國法律對外國法院判決之承認與執行，一般均規定為判決之外國法院須有管轄權（日本民事訴訟法第二〇〇條第一款、德國民事訴訟法第三二八條第一款及我國民事訴訟法第四〇二條第一款參照），此時有關外國法院有無管轄權之問題，其實乃該外國法院於其訴訟程序應審查之事項，其在內國因法院決定該判決是否有效或得否被承認及執行之問題，而重新在內國被審查，涉及對於「外國法院」的行為的審查，其規定含有國際法的成分。法國學者因此乃將前者稱為「直接一般管轄權 (compétence générale directe)」，後者稱為「間接一般管轄權 (compétence générale indirecte)」，以資區別 ❷。

第二節　國際審判管轄權之比較觀察

各國對於內國法院的國際審判管轄權問題，雖得依其主權自由認定，但仍須符合若干基本原則，以免引起外國之報復，致其判決無法在外國被承認或執行。大體上言，各國決定國際審判管轄權所依據之原則，主要有：一、保護當事人之利益，即為保護被告之利益，方便程序之進行，並使法

---

❷ 就涉外民事案件之國際審判管轄權問題，國際上尚未能如主權豁免及外交豁免等問題，形成普遍有效之規則，故目前除少數區域性之問題已透過區域立法或國際條約，例如歐盟理事會二〇〇〇年布魯塞爾條例 I （Council Regulation (EC) No 44/2001 of 22 December 2000 on jurisdiction and the recognition and enforcement of judgments in civil and commercial matters, 取代一九六八年布魯塞爾民商事案件之管轄權及判決執行公約），獲得解決以外，各國法院判斷外國法院就某涉外民事案件，有無管轄權之問題時，既非依國際法，亦非依該外國之法律決定，而僅依內國之法律或依職權決定。其結果遂使各國就國際裁判管轄權或一般管轄權，形成標準不同的二套法則，一是使內國法院對涉外民事案件，較可彈性行使管轄權的法則，一是對外國法院之管轄權，僅予較保留之承認的法則。從國際私法之角度觀察，雖屬事實，卻難謂妥。

院判決能有效執行，應以被告在起訴時之本國、住所、居所或所在地之法院，為管轄法院；如當事人已合意決定其管轄法院，亦應在一定條件下尊重其意思。二、兼顧公共利益，即訴訟標的涉及公共利益者，例如婚姻無效、撤銷婚姻、確認婚姻成立不成立、離婚等有關身分關係之訴訟，以及關於不動產物權之訴，各國如有專屬審判管轄之強行規定，即不得再由當事人合意定其管轄法院。

就決定國際審判管轄權之基本原則之特徵而言，主要可分為下列三類：

一、國籍主義

即以當事人之國籍，作為法院行使審判管轄權的主要依據。例如法國民法第十四條規定：「外國人在法國與法國人成立契約者，縱然不在法國居住，法院亦得傳喚，使之履行義務。外國人在外國與法國人訂立契約，而負有義務者，法國法院亦得管轄其訴訟。」第十五條規定：「法國人在外國訂立契約而負有義務者，得由法國法院管轄。」其他如義大利、比利時、荷蘭、盧森堡、西班牙、葡萄牙等國，亦以國籍作為定審判管轄權之依據。值得注意的是，基於「被告應受較大保護」之原則，國際管轄權之行使，應以被告之國籍，而非原告之國籍為依據，否則即有過度擴張審判管轄權之嫌，難謂合理。

二、住所主義

即以當事人之住所，作為法院行使審判管轄權的主要依據。例如依德國民事訴訟法第十二條、第十三條、第十七條規定，訴訟原則上由被告住所地之法院管轄，而此等規定亦得類推適用於涉外案件管轄權之決定。影響所及，日本、奧地利、希臘、泰國等國，基本上亦以被告之住所，為決定國際審判管轄權之依據。晚近加入海牙公約之國家，已有改以經常居所或習慣居所決定之趨勢，值得注意。

三、英美法系

英、美等普通判例法國家決定管轄權的兩大原則，是實效性原則 (effectiveness) 及服從性原則 (voluntary submission)，其特色是分別就對人訴訟 (actions in personam) 及對物訴訟 (actions in rem)，形成相輔相成的規則。早期英美法系國家關於對人訴訟的管轄權，主要是基於主權或權力理論 (power theory)，認為訴訟應由被告之住所、居所、所在地或其本國之法院管轄，晚近則已改變見解，認為只要被告與法院所在之法域間，有最基本或最低度之接觸 (minimum contacts)，使法院之行使管轄權仍具合理性 (reasonableness) 與公平性 (fairness)，即可有效行使審判管轄權。此項見解，使法院行使審判管轄權之範圍大幅擴充，甚值注意。

就決定國際審判管轄權之法源或法律依據言，英、美等普通判例法國家係由法院依其職權，透過判決形成其法律體系，其他成文法國家晚近對此問題，已有增訂明文規定之趨勢❸，如有法律應規定而未規定的法律漏洞存在，即須由法院以判例予以填補。就國內法未特別規定國際審判管轄權的國家而言，大致已形成數種見解：㈠其法律有關於法院之特別管轄權或國內管轄權之規定，在實務上就可同時適用於涉外民事訴訟的國際審判管轄權；㈡採「逆推知說」，即先依民事訴訟法之規定決定其國內是否有何一法院得行使特別管轄權，如有，再肯定該國法院有一般管轄權；㈢認為該國民事訴訟法有關特別管轄權之規定，一方面直接規定國內各法院間之職務分配，另方面亦間接劃定該國法院一般管轄權之界限；㈣認為國際審判管轄權問題之解決，應承認其為法律應規定而未規定的法律漏洞，在國內法上的類似規定，應為關於法院之特別管轄權或國內管轄權之規定，故應類推適用此等規定，以填補法律漏洞。

---

❸　例如日本在二〇一一年修正民事訴訟法，增訂國際裁判管轄權之規定，中國大陸於二〇一五年施行「最高人民法院關於適用『中華人民共和國民事訴訟法』的解釋」，其第二十二章「涉外民事訴訟程序的特別規定」亦對其一九九二年施行的司法解釋進行全面修正。

第三節　我國現行法之析論

一、緒　言

　　關於內國法院的國際審判管轄權或一般管轄權，目前我國法律仍未明文規定其一般原則，就個別問題的規定，也非常有限。新涉外法基本上僅就涉外民事規定其法律適用問題，但依舊涉外法之例，亦有二條條文含有國際裁判管轄權之成分。其第十一條第一項規定：「凡在中華民國有住所或居所之外國人失蹤時，就其在中華民國之財產或應依中華民國法律而定之法律關係，得依中華民國法律為死亡之宣告」，其中「得……為死亡之宣告」，即含有中華民國法院得就外國人之死亡宣告事件，行使國際審判管轄權之意；第十二條第一項規定：「凡在中華民國有住所或居所之外國人，依其本國及中華民國法律同有受監護、輔助宣告之原因者，得為監護、輔助宣告」，其中「得為監護、輔助宣告」，亦含有中華民國法院得就外國人之監護及輔助宣告事件，行使國際審判管轄權之意。

　　就中華民國法院對於涉外案件的國際審判管轄權，現行法上首先直接予以明文規定者，是民國一〇一年制定的家事事件法就涉外婚姻事件於第五十三條規定：「婚姻事件有下列各款情形之一者，由中華民國法院審判管轄：一、夫妻之一方為中華民國人。二、夫妻均非中華民國人而於中華民國境內有住所或持續一年以上有共同居所。三、夫妻之一方為無國籍人而於中華民國境內有經常居所。四、夫妻之一方於中華民國境內持續一年以上有經常居所。但中華民國法院之裁判顯不為夫或妻所屬國之法律承認者，不在此限。」「被告在中華民國應訴顯有不便者，不適用前項之規定。」

　　從邏輯上來說，我國法院特別管轄權之行使，係以我國法院有一般管轄權為前提，故在涉外民事訴訟中判斷我國法院之管轄權問題時，必先判斷我國法院是否有一般管轄權，如結論為肯定，再接著判斷我國之個別法院是否有特別管轄權。就結果而言，如我國法院依現行民事訴訟法之規定，

得行使特別管轄權之涉外民事案件，邏輯上亦應認為，為其先決問題的一般管轄權問題，已採取肯定見解，即認為我國法院對該案件亦有一般管轄權。從此一觀點來看，認為我國現行民事訴訟法關於特別管轄權的規定，實際上具有雙重機能，即同時可決定法院的特別管轄權及一般管轄權（國際審判管轄權）的見解，也有其可取之處。但由於我國在涉外法及家事事件法的上述規定中，確實特別設有關於一般管轄權或國際審判管轄權的規定，其他未設特別規定的案件或事件，乃不能否認為欠缺明文規定的情形。此時即使將我國民事訴訟法及家事事件法上有關特別管轄權之規定，解釋為亦具有間接劃分我國法院一般管轄權之界限之功能，亦應認為是欠缺明文規定的法律漏洞，而以類推適用上述明文規定的方式，填補該漏洞❹。

　　內國法院對於涉外民事訴訟，行使其國際審判管轄權或一般管轄權，無論是以法律上之明文規定為依據或類推適用相關之明文規定，通常亦有連結因素或審判籍為其依據，茲依民事訴訟法論著之例，就內國法院據以行使其國際審判管轄權或一般管轄權之普通審判籍與特別審判籍，逐項分別說明之。

二、普通審判籍

　　一國之法院依被告與法院所屬法域間之關係為標準，而對於被告之訴訟，行使國際審判管轄權者，該標準即為普通審判籍。法院對於此等被告之訴訟，除專屬於其他國家法院審判管轄者外，均有審判管轄權。

---

❹　我國司法實務上偶有在裁判中指出國際審判管轄權判斷之準則者，例如臺灣高等法院九十六年抗字第一五五三號民事裁定指出：「按關於國際民事訴訟事件之裁判管轄權問題，現行國際法上尚未確立明確之規則，學說上固有㈠逆推知說，依內國民事訴訟法之規定若認有管轄權，即認有國際管轄權；㈡修正類推說，以內國之土地管轄規定為參考原則，但仍應參酌涉外事件之特殊性，同時考量外國法之相關規定及國際條約之內容；㈢利益衡量說，即參酌當事人利益、公共利益、個案之內容及性質、與特定國家之牽連性等因素作綜合衡量而為判斷等爭論，但不論採何種學說，皆認須以法庭地與系爭事件間有合理之連繫因素，作為國際裁判權之基礎。」

㈠自然人之普通審判籍

我國民事訴訟法第一條就法院對訴訟行使管轄權的普通審判籍，規定：「訴訟，由被告住所地之法院管轄。被告住所地之法院不能行使職權者，由其居所地之法院管轄。訴之原因事實發生於被告居所地者，亦得由其居所地之法院管轄。」「被告在中華民國現無住所或住所不明者，以其在中華民國之居所，視為其住所；無居所或居所不明者，以其在中華民國最後之住所，視為其住所。」「在外國享有治外法權之中華民國人，不能依前二項規定定管轄法院者，以中央政府所在地視為其住所地。」上述規定是為保護被告之利益，而採「以原就被 (Actor sequitur forum rei)」之原則，並以住所及居所為普通審判籍。

上述規定適用於我國法院的特別管轄權，是以我國法院有國際審判管轄權為前提，故只要被告在中華民國有住所、居所或曾有住所，我國法院即有國際審判管轄權，故上述規定具有決定特別管轄權與一般管轄權的雙重機能。但上述規定所決定者，僅為我國法院之國際審判管轄權，至於外國法院有無國際審判管轄權之問題，原則上並非我國法律所能決定之事項。如被告為外國人時，我國法院須判斷者，為其在中華民國有無住所、居所或是否曾有住所之問題❺，至於其在外國有無住所或居所？該外國法院有無國際審判管轄權？等問題，均無須予以過問。

在外國享有治外法權之我國國民，如駐外之大使、公使等，如在我國並無住所或居所，外國依國際法又賦予其民刑事案件之豁免權時，為保護原告利益，我國法院依民事訴訟法第一條第三項規定，即有一般管轄權或國際審判管轄權。此時，我國法院對於被告訴訟行使國際審判管轄權的依據或普通審判籍，乃是被告與我國之間的國籍，即其為我國國民，而非其在我國的住所、居所或曾有的住所。不過，國籍對於民事訴訟所要求的紛

---

❺ 在最高法院一〇二年度臺抗字第一八八號民事裁定中，相對人為日本人，其於本件起訴時在我國無居所或住所，亦無所謂「在中華民國最後之住所」，法院認為無從依民事訴訟法第一條第一、二項規定，認我國法院就本件訴訟有管轄權。

爭解決及實際效果而言，關係並非密切，而基於屬人主權及前述國籍主義，亦無理由將其標準僅侷限於住所及居所，而排除國籍，故民事訴訟法第一條第三項之規定，可解釋為僅係此一原則之例示規定。

不過，在採取從寬認定我國法院之一般管轄權的情形下，為避免與外國法院之一般管轄權發生衝突，或造成有一般管轄權，卻無特別管轄權之規定以資配合的現象，亦宜考慮引進英美普通判例法上「不便利法庭(forum non conveniens)」之原則，由法院在具體個案中，宣告放棄對該案之一般管轄權。

㈡法人之普通審判籍

涉外民事訴訟之被告，為我國之公法人、私法人或其他非法人團體者，我國法院即有國際審判管轄權或一般管轄權，民事訴訟法第二條並就得行使特別管轄權的法院，予以明文規定。對於公法人之訴訟，由其公務所所在地之法院管轄，其以中央或地方機關為被告時，由該機關所在地之法院管轄；對於私法人或其他得為訴訟當事人之團體之訴訟，由其主事務所或主營業所所在地之法院管轄（第二條第一項、第二項）。至於被告為外國法人或其他得為訴訟當事人之團體者，我國法院並非當然欠缺國際審判管轄權，如其在我國境內為營業活動，而在我國設有事務所或營業所，同條第三項規定該訴訟即由其在中華民國之主事務所或主營業所所在地之法院管轄。此一規定是以我國法院享有國際審判管轄權為前提，可見對法人或非法人團體行使國際審判管轄權之普通審判籍，包括其國籍、主事務所及主營業所。

三、特別審判籍

涉外民事訴訟之特別審判籍，是指被告就特定之訴訟，應受或得受某國法院管轄之權利義務。由於特別審判籍與普通審判籍之標準不同，故法院對於同一涉外訴訟，得以普通審判籍或特別審判籍為其行使國際審判管轄權之依據，且各國各自訂定不同的標準定其審判籍的有無，也會發生各國關於國際審判管轄權的衝突問題。我國民事訴訟法就個別法院行使特別

管轄權所依據之特別審判籍，於第三條以下設有明文規定，此等規定亦可類推適用，作為決定國際審判管轄權之特別審判籍。茲將較重要之特別審判籍，再說明如下：

㈠在中華民國現無住所或住所不明者之特別審判籍

被告在中華民國現無住所或住所不明，而因財產權涉訟者，如被告在中華民國有可扣押之財產或請求標的在中華民國，則其所在地之中華民國法院即有特別管轄權；被告之財產或請求標的如為債權，以債務人之住所或該債權擔保之標的所在地，視為財產或請求標的之所在地（民事訴訟法第三條）。故涉外訴訟的被告為外國人或住所在外國之人，我國法院即使缺乏對其行使國際審判管轄權的普通審判籍（住所或國籍），仍得以其可扣押之財產或請求之標的之所在地為特別審判籍，而行使國際審判管轄權。

㈡不動產之特別審判籍

關於不動產之物權或其分割或經界涉訟者，專屬不動產所在地之法院管轄（民事訴訟法第十條第一項）。此種特別審判籍，除適用於國內法院之土地管轄外，並可類推適用其規定，而作為劃分我國法院國際審判管轄權界限之標準。由於採專屬管轄之設計，故就國際審判管轄權而言，有關在我國國內之不動產之此類訴訟，均屬我國法院專屬審判管轄，反之，有關在外國之不動產之此類訴訟，我國法院概無國際審判管轄權。

前述訴訟以外，其他因不動產涉訟者，得由不動產所在地之法院管轄（同條第二項）。由於此項特別審判籍係選擇管轄或任意管轄之設計，就有關在我國之不動產之債權行為所生之訴訟，我國法院固有國際審判管轄權，就有關在外國之不動產之債權行為所生之訴訟，我國法院如有普通審判籍或特別審判籍，亦得據以行使國際審判管轄權。

㈢契約債權之特別審判籍

因契約涉訟者，如確認契約是否成立，或因契約之履行、解除，或因契約不履行所生之損害賠償等而提起之訴訟，如經當事人定有債務履行地，得以該履行地為特別審判籍（民事訴訟法第十二條）。故如涉外契約之履行地在我國國內，無論被告之國籍或住所、居所在何國，我國法院就該契約

之訴訟，即有得據以行使國際審判管轄權的特別審判籍。

㈣侵權行為之特別審判籍

因侵權行為涉訟者，得由行為地之法院管轄（民事訴訟法第十五條第一項）。我國法院對於涉外侵權行為之訴訟，類推適用此一規定，亦得以侵權行為地為特別審判籍，而行使國際審判管轄權。至於被告在行為地國領域內有無財產，或被告之國籍及住所如何，在所不問。涉外侵權行為之侵權行為地之決定，宜從寬解釋，兼採行為地說及結果發生地說，凡為一部實行行為或其一部行為結果發生之地皆屬之（最高法院五十六年臺抗字第三六九號判例），只要其中之一在我國，我國法院對其訴訟，即可據以行使國際審判管轄權。

因船舶碰撞或其他海上事故，請求損害賠償而涉訟者，為便於證據之調查，得由受損害之船舶最初到達地，或加害船舶被扣留地，或其船籍港之法院管轄。因航空器飛航失事或其他空中事故，請求損害賠償而涉訟者，得由受損害之航空器最初降落地，或加害航空器被扣留地之法院管轄（同條第二項、第三項）。故在此類訴訟，無論侵權行為發生在我國之領海、領空，或受損害之船舶、航空器最初到達我國，或加害之船舶、航空器被扣留在我國，或其船籍港在我國，我國法院就其損害賠償之訴，均得據以行使國際審判管轄權。

㈤死因行為之特別審判籍

因自然人死亡而生效力之行為涉訟者，得由該自然人死亡時之住所地法院管轄（民事訴訟法第十八條第一項）。故該自然人死亡當時，如在我國設有住所，我國法院對此類訴訟，即有國際審判管轄權。此外，如該自然人死亡時住所地之法院不能行使職權，或訴之原因事實發生於該自然人居所地，或其為中華民國人，於死亡時，在中華民國無住所或住所不明者，亦得由其在我國之居所地、最後居所地或中央政府所在地之法院管轄（同條第二項準用民事訴訟法第一條第二項、第三項）。故此處我國法院行使國際審判管轄權之特別審判籍，實際上包括該自然人之國籍、住所及居所。

上述訴訟以外，其他因遺產上之負擔而涉訟，如其遺產之全部或一部，

在民事訴訟法第十八條所定法院管轄區域內者，得由該法院管轄（民事訴訟法第十九條）。故就涉外民事訴訟言，如該自然人之住所在我國，或具有我國國籍，而我國法院對上述訴訟，得依前述說明行使國際審判管轄權，且其遺產之全部或一部在我國者，我國法院對其他因遺產上之負擔而生之訴訟，亦有國際審判管轄權。

㈥家事事件之管轄權

我國於民國一〇一年制定家事事件法，分別規定調解事件、訴訟事件及非訟事件，其中家事調解事件之管轄，除別有規定外，由管轄家事事件之法院管轄（第二十五條），訴訟事件及非訟事件則依其類型，分別規定國內各法院行使特別管轄權的依據。茲謹就其中幾種事件，分別研析之。

1.婚姻事件

關於婚姻事件，該法先就其訴訟（事件），對國內各法院的特別管轄權，於第五十二條規定：「確認婚姻無效、撤銷婚姻、離婚、確認婚姻關係存在或不存在事件，專屬下列法院管轄：一、夫妻之住所地法院。二、夫妻經常共同居所地法院。三、訴之原因事實發生之夫或妻居所地法院。」「當事人得以書面合意定管轄法院，不受前項規定之限制。」「第一項事件夫或妻死亡者，專屬於夫或妻死亡時住所地之法院管轄。」「不能依前三項規定定法院管轄者，由被告住、居所地之法院管轄。被告之住、居所不明者，由中央政府所在地之法院管轄。」上述規定的「專屬」，與一般專屬管轄是某些案件或事件，由「特定單一」的國內法院為排他管轄的規定不同，其「專屬」管轄乃是該案件或事件，由「數個法院」共同管轄之意，其規範的重點是我國法院對於有國際審判管轄權的案件，如何分配特別管轄權給個別法院的問題。

我國法院對於涉外婚姻事件的國際審判管轄權，該法於第五十三條規定：「婚姻事件有下列各款情形之一者，由中華民國法院審判管轄：一、夫妻之一方為中華民國人。二、夫妻均非中華民國人而於中華民國境內有住所或持續一年以上有共同居所。三、夫妻之一方為無國籍人而於中華民國境內有經常居所。四、夫妻之一方於中華民國境內持續一年以上有經常居

所。但中華民國法院之裁判顯不為夫或妻所屬國之法律承認者，不在此限。」「被告在中華民國應訴顯有不便者，不適用前項之規定。」依上述規定，國籍、住所、共同居所及經常居所，均成為我國法院行使國際審判管轄權的特別審判籍，其中「經常居所」的「經常」的標準，法律上並無具體標準，故應由法院依個案具體事實判斷之。

　　家事事件法第五十三條第一項第四款及第二項使我國法院就原有特別審判籍之事件，例外就該事件無國際審判管轄權，均為不便利法庭 (forum non conveniens) 原則之規定。前者須以「我國裁判顯不為夫或妻所屬國之法律承認」為要件，即於毋庸特別加以調查即明顯可知不受承認時，基於尊重對造所屬國之審判管轄權，防止片面身分關係或跛行身分關係之發生，並節省訴訟勞力之理由，而否定我國法院之國際審判管轄權。後者是以「被告在中華民國應訴顯有不便」為要件，「顯有不便」乃不確定之法律概念，應由法院於具體個案認定被告在我國應訴是否已達到「顯有不便」之程度。

　　家事事件法第五十三條及第五十二條，分別規定我國法院就婚姻事件的國際審判管轄權及個別法院的特別管轄權，實務上須依第五十三條規定決定我國有國際審判管轄權後，再依第五十二條決定應由我國之何一法院管轄該事件，即使不能依同條第一項至第三項規定定法院管轄，仍得依同條第四項前段由被告住、居所地之法院管轄。至於婚姻事件中假扣押之聲請，依民事訴訟法第五百二十四條第一項、第二項本文，由本案管轄法院或假扣押標的所在地之地方法院管轄；本案管轄法院，為訴訟已繫屬或應繫屬之第一審法院。實務上認為此等規定，於涉外事件，並未違反當事人間之公平、裁判之正當與程序之迅速等原則，故我國法院如就涉外婚姻訴訟之本案有國際裁判管轄權，原則上亦可認我國法院對保全本案之假扣押事件有國際裁判管轄權（最高法院一〇三年度臺抗字第一〇二〇號民事裁定）。

　　家事事件法第五十三條及第五十二條，係就婚姻訴訟事件而規定，但依該法第九十八條規定，亦準用於夫妻同居、指定夫妻住所、請求報告夫妻財產狀況、給付家庭生活費用、扶養費、贍養費或宣告改用分別財產制等婚姻非訟事件之管轄。

2.親子關係事件

親子關係之訴訟，包含養父母與養子女間之訴、否認子女之訴、確定母再婚後所生子女生父之訴、認領之訴等，家事事件法第六十一條就我國個別法院之特別管轄權，規定：「專屬下列法院管轄：一、子女或養子女住所地之法院。二、父、母、養父或養母住所地之法院。」「前項事件，有未成年子女或養子女為被告時，由其住所地之法院專屬管轄。」此外，同法第六十九條規定前述第五十二條第二項至第四項、第五十三條之規定，準用於此等事件。

至於親子非訟事件之特別管轄權，同法亦就各類型為特別規定。第一〇四條第一項、第二項規定：「下列親子非訟事件，專屬子女住所或居所地法院管轄；無住所或居所者，得由法院認為適當之所在地法院管轄：一、關於未成年子女扶養請求、其他權利義務之行使或負擔之酌定、改定、變更或重大事項權利行使酌定事件。二、關於變更子女姓氏事件。三、關於停止親權事件。四、關於未成年子女選任特別代理人事件。五、關於交付子女事件。六、關於其他親子非訟事件。」「未成年子女有數人，其住所或居所不在一法院管轄區域內者，各該住所或居所地之法院俱有管轄權。」第一一四條規定：「認可收養子女事件，專屬收養人或被收養人住所地之法院管轄；收養人在中華民國無住所者，由被收養人住所地之法院管轄。」「認可終止收養事件、許可終止收養事件及宣告終止收養事件，專屬養子女住所地之法院管轄。」我國法院對於此等事件的國際審判管轄權，宜類推適用此等規定決定之。

3.繼承事件

關於繼承訴訟事件的特別管轄權，家事事件法第七十條規定：「因繼承回復、遺產分割、特留分、遺贈、確認遺囑真偽或繼承人間因繼承關係所生請求事件，得由下列法院管轄：一、繼承開始時被繼承人住所地之法院；被繼承人於國內無住所者，其在國內居所地之法院。二、主要遺產所在地之法院。」同法第一二七條則就繼承非訟事件，規定：「下列繼承事件，專屬繼承開始時被繼承人住所地法院管轄：一、關於遺產清冊陳報事件。二、

關於債權人聲請命繼承人提出遺產清冊事件。三、關於拋棄繼承事件。四、關於無人承認之繼承事件。五、關於保存遺產事件。六、關於指定或另行指定遺囑執行人事件。七、關於其他繼承事件。」「保存遺產事件，亦得由遺產所在地法院管轄。」「第五十二條第四項之規定，於第一項事件準用之。」至於我國法院對於此等事件的國際審判管轄權，宜類推適用此等規定決定之。

4.其他家事非訟事件

　　上述類型以外之非訟事件，家事事件法對於我國個別法院的特別管轄權，亦多所規定。其中，新涉外法已規定我國法院行使國際審判管轄權之要件者，例如第十一條關於宣告死亡及第十二條關於監護及輔助宣告的規定，此等事件的國際審判管轄權即應依其規定決定之，無再類推適用之必要，但對於與各該「宣告」相關的其他事件，仍宜類推適用關於宣告死亡的第一五四條、關於監護宣告的第一六四條、關於輔助宣告的第一七七條之規定。其餘在現行法上未明文規定國際審判管轄權的下列事件，理論上即應類推適用下列規定，以決定我國法院對此等涉外非訟事件之國際審判管轄權。

　　(1)未成年人監護事件：「下列未成年人監護事件，專屬未成年人住所地或居所地法院管轄；無住所或居所者，得由法院認為適當之所在地法院管轄：一、關於選定、另行選定或改定未成年人監護人事件。二、關於監護人報告或陳報事件。三、關於監護人辭任事件。四、關於酌定監護人行使權利事件。五、關於酌定監護人報酬事件。六、關於為受監護人選任特別代理人事件。七、關於許可監護人行為事件。八、關於交付子女事件。九、關於監護所生損害賠償事件。十、關於其他未成年人監護事件。」「第一百零四條第二項、第三項及第一百零五條之規定，於前項事件準用之。」（同法第一二○條）

　　(2)親屬間扶養事件：「下列扶養事件，除本法別有規定外，專屬受扶養權利人住所地或居所地法院管轄：一、關於扶養請求事件。二、關於請求減輕或免除扶養義務事件。三、關於因情事變更請求變更扶養之程度及方

法事件。四、關於其他扶養事件。」「第一百零四條第二項、第三項及第一百零五條之規定，於前項事件準用之。」（同法第一二五條）

(3)**失蹤人財產管理事件**：「關於失蹤人之財產管理事件，專屬其住所地之法院管轄。」「第五十二條第四項之規定，於前項事件準用之。」（同法第一四二條）

(4)**親屬會議事件**：「關於為未成年人及受監護或輔助宣告之人聲請指定親屬會議會員事件，專屬未成年人、受監護或輔助宣告之人住所地或居所地法院管轄。」「關於為遺產聲請指定親屬會議會員事件，專屬繼承開始時被繼承人住所地法院管轄。」「關於為養子女或未成年子女指定代為訴訟行為人事件，專屬養子女或未成年子女住所地法院管轄。」「關於聲請酌定扶養方法及變更扶養方法或程度事件，專屬受扶養權利人住所地或居所地法院管轄。」「聲請法院處理下列各款所定應經親屬會議處理之事件，專屬被繼承人住所地法院管轄：一、關於酌給遺產事件。二、關於監督遺產管理人事件。三、關於酌定遺產管理人報酬事件。四、關於認定口授遺囑真偽事件。五、關於提示遺囑事件。六、關於開視密封遺囑事件。七、關於其他應經親屬會議處理事件。」「第五十二條第四項之規定，於前五項事件準用之。」「第一百零四條第二項及第一百零五條之規定，於第四項事件準用之。」（同法第一八一條）

(七)合意管轄

合意管轄是指當事人藉其合意，變更法定之管轄，而使本無管轄權之法院變為有管轄權之情形。各國法律為調和法院管轄權過於硬性之規定，避免造成顯失公平之現象，以謀雙方當事人之利益，多承認當事人得於糾紛發生以前或以後，合意接受某國法院管轄。關於管轄之合意，各國有規定得以言詞者，有規定應以書面表示者，亦有就定型化條款為特別規定者，如當事人並無管轄之合意，但被告對於無管轄權之法院無異議，而進行本案之言詞辯論時，法律上也多擬制其已合意接受該法院的管轄。我國民事訴訟法關於我國個別法院的特別管轄權，基本上採用上述原則，而於第二十四條、第二十五條、第二十六條及第二十八條第二項設有明文規定，但

此等規定主要適用於我國各法院之間的選擇，如當事人就原得由我國某一法院管轄之訴訟或事件，合意由外國法院或外國某一法院管轄，或將原由外國法院管轄的訴訟或事件，合意由我國法院或我國某一法院管轄，即非屬於其適用範圍，此時因涉及各國法院的國際審判管轄權，其合意管轄仍宜類推適用前述之規定決定之❻。

　　具有涉外因素之管轄合意，性質上亦為當事人之涉外契約，理論上亦有獨立決定其準據法之必要。就合意管轄在訴訟上所發生之效力而言，例如內國法院是否因此而得行使管轄權，或因而須停止訴訟或駁回訴訟等，一般均認為其乃程序上之問題，故依通例是以法庭地法為準據法。因此，合意管轄對我國法院之一般管轄權，究竟發生何種效力或影響，自應依我國法律決定；在我國法律對此未明文規定的情形下，法院在實務上表示之見解及學說，即具相當之重要性。

　　不過，涉外之管轄合意是否成立及生效之問題，其準據法大致仍有下述三種不同見解：

---

❻　涉外案件是否得由當事人以合意選擇訴訟之法院，早期意見較不一致，晚近已趨向肯定合意管轄之統一見解。例如海牙國際私法會議早在一九六五年十一月二十五日即通過 「法院選擇公約」 (Convention of 25 November 1965 on the Choice of Court)，後來再於二〇〇五年六月三十日通過「法院選擇協議公約」 (Convention of 30 June 2005 on Choice of Court Agreements) ，並於二〇一五年十月一日生效。法院選擇協議公約第五條第一項及第二項規定，「排他性法院選擇協議指定之會員國之法院或個別法院，就該協議所指定之事項，除該協議依該國法律為無效或得撤銷外，即有管轄權。」 (The court or courts of a Contracting State designated in an exclusive choice of court agreement shall have jurisdiction to decide a dispute to which the agreement applies, unless the agreement is null and void under the law of that State.) 「依第一項有管轄權之法院，不得以該爭議應由另一締約國之法院管轄為理由，而拒絕行使其管轄權。」 (A court that has jurisdiction under paragraph 1 shall not decline to exercise jurisdiction on the ground that the dispute should be decided in a court of another State.)

1.法院地法說

此說認為管轄合意，乃以直接發生法定管轄法院變更之效果為目的，性質上屬於程序行為 (Prozesshandlung)，故應依通例適用法院地法判斷，與包含管轄權條款在內之整體契約之準據法，固無關聯，亦不問當事人究於起訴前或起訴後始達成合意，或合意之內容究係賦予或排除某法院之管轄權。

2.契約之準據法說

此說係認為管轄合意亦為契約之一種，故亦應適用有關契約之衝突規則，以決定其準據法。不過，由於對管轄合意性質之認定不同，立論仍有些微差異。法國最高法院曾認為契約中所載之管轄權條款，性質上乃附屬於實體契約，其乃具有經濟及法律單一性之契約不可分割之一部分，因此其是否成立及其效力，均應以契約應適用之法律，為準據法。但亦有認為管轄權條款雖常載於契約之中，並均具有實體之性質，但其既得在訂立契約後再達成合意，即非不得與主契約分離，故即使同時記載於同一書面之中，亦應不影響其獨立性，並應依一般契約之衝突規則，獨立判斷其準據法。

3.合意之法院地法說

此說認為管轄合意之成立，應適用當事人合意之法院地法。從被合意管轄之法院之角度言，其有無管轄權自應依其法院地法決定；但從管轄合意之契約性質而觀察，當事人既合意由該法院管轄，在未就契約之準據法為明示之合意時，通常即可認為其間有以當地之法律，為準據法之默示合意。

上述三說中，合意之法院地法說與法院地法說之差異不大，故主要仍為法院地法說及契約之準據法說的爭議。法院地法說雖有適用簡便之優點，但其認為管轄合意具有訴訟行為之性質，而忽略其契約之性質，自難認為係完全妥當。管轄合意之達成，雖然常在發生原因法律關係之主契約訂有管轄權條款，但該條款與該主契約並非不可分離，其法律效果係在決定當事人得起訴或不可起訴之法院，與主契約的核心效果亦非一致，故應將其視為單獨之契約，而獨立決定其準據法，始為妥當。換言之，主契約之是否有效成立，應依其本身之準據法決定，而管轄合意之是否有效成立，亦

應另依其準據法獨立認定，此二者之準據法雖可能一致，但非必然相同；如主契約如因與管轄合意無關之原因，而歸於無效或得撤銷者，管轄合意亦未必不能有效成立，蓋其準據法未必相同，其意思表示之瑕疵並非必然共通。

我國涉外法及民事訴訟法對管轄合意之準據法，均未設明文規定。雖然管轄合意並非發生債之關係之法律行為，鑑於管轄合意亦為私法自治之具體表現，似可類推適用新涉外法第二十條之規定，而認為當事人之管轄合意，原則上亦得合意決定其準據法，但此項合意亦應以明示之意思表示為之，如無明示之意思或其明示之意思依法無效時，則以關係最密切之法律，為其準據法。

準此以言，為尊重當事人之意思自治，我國法院在訴訟上遇有涉外管轄合意之爭執時，須先依新涉外法第二十條決定該管轄合意之準據法，以判斷該管轄合意或協議之是否有效成立，如為有效，則應判定其管轄合意或協議為排他性 (exclusive) 或非排他性 (non-exclusive)❼，再依據法院地法，即我國法律，決定該管轄合意於訴訟上所發生之具體效力。

我國現行法律對於國際合意管轄，特別是當事人合意由外國法院管轄，而排除我國法院國際審判管轄權之管轄協議，並未明文規定其效力，最高法院早期實務見解較為保守❽，後來改採開放態度，例如最高法院一〇三

---

❼　海牙法院選擇協議公約第三條第二款規定，「選擇一締約國之一個或數個特定之法院為管轄法院者，除當事人另以明示方法為其他表示之外，應視為排他性之選擇。」(a choice of court agreement which designates the courts of one Contracting State or one or more specific courts of one Contracting State shall be deemed to be exclusive unless the parties have expressly provided otherwise)

❽　最高法院六十四年度臺抗字第九六號裁定謂：「當事人為中華民國人，依法其訴訟原應由我國法院管轄，如以合意定外國法院為第一審管轄法院者，為保護當事人之利益，解釋上始認以外國之法律須承認當事人得以合意定管轄法院，且該外國法院之判決我國亦承認其效力者為必要，如當事人兩造均為外國人，其訴訟原非應由我國法院管轄（普通審判籍不在我國，亦非專屬我國法院管轄），而又以合意定外國法院為管轄法院者，一經合意後，即生排斥得由我國法院管轄之效力，至於該外國之法律是否承認當事人得以合意定管轄法院，以

年度臺抗字第五七一號民事裁定認為：「兩造既已成立合意的排他專屬管轄，則其合意之外國管轄法院即具排他性，受選定以外之法院縱有其他一般管轄或特別管轄之原因，亦因兩造之排他的合意而喪失其管轄權。」該裁定支持原法院的下列見解，可作為當前實務見解的代表：「訴訟當事人間，就非屬我國法律規定之專屬管轄，或其一造為法人或商人，依其預定用於同類契約之合意管轄條款，而與非法人或商人之他造訂立契約，按其情形顯失公平等以外之涉外事件，基於程序選擇權及處分權主義之原則，非不得合意由外國法院專屬管轄，以排除我國法院之審判管轄權。故當事人間就上開特定法律關係以外之涉外爭議，如明示合意為排他管轄，而選定某外國法院為專屬、排他之管轄法院者，該當事人所合意之外國管轄法院即具排他性，受選定以外之法院縱有其他一般管轄或特別管轄之原因，亦因當事人之排他合意而喪失其管轄權，僅受選定之法院得專屬、排他的行使管轄權。」❾

及該外國法院之判決我國是否承認其效力，我國法院已無考慮之必要，應聽任該外國當事人之自由，而承認其合意管轄之效力。」

❾ 原法院裁定上有下列見解值得重視：兩造於民國九十八年七月二十八日簽訂買賣文件，由相對人出售機器予再抗告人，再抗告人復於同年八月二十五日簽署相對人寄交之確認書（含所附之買賣與交貨總條款與條件）等情，有買賣文件及確認書可稽。 該附件第 12.3 條前段約定： "If the customer is an merchant ("Kaufmann") ...the exclusive venue for all disputes arising from the Contract shall be Stuttgart, Germany"（中譯：若客戶為商家……因本合約所生全部爭議之專屬管轄地應為德國斯圖加特），依其英文 "exclusive venue" 及中譯「專屬管轄地」之用語，顯然兩造已就本件特定法律關係所生之爭議，明示合意選定德國斯圖加特法院為專屬、排他之國際管轄法院。 至同條後段記載： "The same shall apply if the customer has no general venue in the Federal Republic of Germany or moved its ordinary residence to a countryoutside Germany after the conclusion of the Contract. MAYER & CIE. shall be entitled, however, to sue the customer at any other court having statutory jurisdiction"（中譯：若客戶未於德國聯邦共和國境內設有總營業所，或於本合約簽訂後將其一般居住地遷至德國境外，則 MAYER & CIE. 應有權於具法定管轄權之任何其他法院向客戶提起訴

第四節　審判管轄權之豁免

　　法院如依一般原則，對某一訴訟有一般管轄權，原則上即得行使審判權。各國為防止管轄權之國際衝突，固宜考慮在若干情形下，放棄其對該訴訟之管轄權，國際法為貫徹各國主權獨立平等的原則，也依「平等者相互間無審判權 (Par in param nom habet imperium)」之原則，對各國法院之審判管轄權，從國家豁免及外交豁免等方面，予以限制。

一、國家豁免

　　國家豁免又稱為主權豁免，是指任何國家之法院，均不得認為其司法主權高於其他國家，從而使該其他國家接受其司法審判，致損害該其他國家之尊嚴。國家豁免在各國之實踐，自十九世紀起即有絕對豁免說與相對豁免說之別。前者認為無論主權國家從事者為公法或私法行為，所涉之財產之使用目的是否直接與主權有關，訴訟之性質究係對人或對物，外國法院均不得對以國家為被告之訴訟，行使管轄權。後者則主張應將國家之行

訟），僅係約定相對人為原告時，得選擇在德國或其他法院提起訴訟，尚難謂兩造無明示合意排他之管轄。至定型化契約之條款，因違反誠信原則，顯失公平而無效者，應以契約當事人之一方於訂約當時，處於無從選擇締約對象或無拒絕締約餘地之情況，而簽訂顯然不利於己之約定者始足當之。又定型化契約之出現原因不一而足，是否符合平等互惠原則，不能主觀認定，而應依一般社會的客觀標準，以及當事人雙方是否彼此對約定內容有充分的認知來判斷。本件製造販賣類似系爭機器者非僅相對人，尚有其他可供選擇締約對象，再抗告人非無議價及選擇締約對象之能力與機會。再抗告人資本額達新臺幣五千三百八十萬元，有該公司基本資料查詢可考，應有相當經濟實力，非無拒絕締約之能力。兩造既均為企業，交易地位非不對等，再抗告人締約時亦非不得要求磋商、修改契約內容，或直接就個別約款表示不同意或加註保留意見。再抗告人於審閱相對人寄交之確認書（含附件）後，對相關條款無任何保留意見，即簽署遞送相對人，應係基於合理商業考量，故我國法院對本件涉外訴訟事件並無管轄權。

為再為區分，訴訟所涉之行為性質，如為主權行為、統治行為、公法行為或非商業行為，國家固可主張豁免，如為非主權行為、管理行為、私法行為或商業行為，即不能主張豁免權。我國現行法對於國家豁免的問題，並未明文規定，將來宜仿美國「外國主權豁免法」(Foreign Sovereign Immunity Act) 或其他國家相關法律，增訂相關規定，以為司法實務之依據，在立法之前，似可依相對豁免說之國際法原則，決定是否行使國際審判管轄權。

二、外交豁免

外交代表是派遣國駐在接受國的政治代表，其所以享有豁免權，論其依據，早期有認為外交館址乃派遣國之想像領域的「治外法權說」，與其乃享有豁免權的派遣國的代表之「代表說」，晚近則多依維也納公約，而主張「功能說」或「職務便利說」，即認為乃接受國為使外國之外交代表得順利、有效地執行職務，而自動放棄管轄權。領事人員雖非派遣國之外交代表，依國際法亦享有一定程度之豁免權。國家元首對外代表國家，亦有其應履行之職務與功能，故在國際法上亦享有豁免權。

各國對於外交人員的豁免及特權問題，如採取不一致的立場，甚有可能發生國際間的衝突，各國為此乃在一九六一年簽訂「維也納外交關係公約」（一九六四年生效），其中與本例題直接相關的部分，規定在該公約第三十一條：「外交代表對接受國之刑事管轄享有豁免。除下列案件外，外交代表對接受國之民事及行政管轄亦享有豁免：……三、關於外交代表於接受國內在公務範圍以外所從事之專業或商務活動之訴訟。」此一規定認為外交代表的豁免權並非完全不受限制，接受國在不違反公約的前提下，仍得再以國內法另為補充性的規定。我國目前雖然非屬聯合國的會員國，對於國際公約仍多本於憲法第一四一條的規定予以尊重，並於「駐華外國機構及其人員特權暨豁免條例」第五條規定：「駐華外國機構得享受左列特權暨豁免：……四、豁免民事、刑事及行政管轄。但左列情形不在此限：一、捨棄豁免。二、為反訴之被告。三、因商業行為而涉訟。四、因在中華民

國之不動產而涉訟。」司法實務即本此規定，而採相對豁免說❿。

　　我國法院之實務曾認為，與我國無外交關係之國家之外交人員，由於在我國不具駐華外交人員之身分，如非我國政府邀請來訪的外交人員，即使持外交護照入境，亦不能在我國主張外交關係公約所規定的豁免權；外國派駐我國之人員，原則上雖得主張豁免權，但仍應適用駐華外國機構及其人員特權暨豁免條例第三條規定：「駐華外機構及其人員依本條例享受之

---

❿　在臺灣高等法院九十二年度上易字第八七五號民事判決中，被告是外國大使館，原告為我國國民，因請求返還不當得利而對被告起訴，該判決指出：「查被告為巴拿馬共和國之駐外代表機關，亦為巴拿馬國主權之一部分，其於我國境內應享有權利能力而具有訴訟之當事人能力，而杜○格為巴拿馬共和國大使館之館長，雖其兼具巴拿馬共和國大使之身份，為巴拿馬共和國之外交代表，依維也納外交關係公約第三十一條第一項之規定，原則上對接受國之民事管轄享有民事管轄豁免權，然本件原告起訴之對象為大使館之機關，非杜○格大使本人，其於本件之身份為巴拿馬大使館之法定代理人，是就民事管轄豁免權之有無應就被告巴拿馬共和國大使館而論。按早期之國際實踐，基於主權國家間相互平等之原則，一個國家或其代表機關，不受其他國家之訴訟管轄，學說稱為「國家豁免」（或稱主權豁免）之絕對豁免理論；惟依現今國際實務及習慣國際法，有關「國家豁免」之理論已採「限制豁免理論」，即將國家行為區分為「主權行為」及「非主權行為」（或稱「商業行為」或「非商業行為」），而一個國家或其代表機關，不得對於其於其他國家內所為之「非主權行為」（商業行為）主張訴訟管轄豁免，美國之「外國主權豁免法」(Foreign Sovereign Immunities Act)、英國之「國家豁免法」(State Immunity Act)，均有類似之規範。至於主權國家的行為究係屬於主權行為（非商業行為）或非主權行為（商業行為），則由內國法院自行決定之。」「經查，本件被上訴人主張上訴人將系爭車輛出售後，復無權處分已屬被上訴人所有之系爭車輛，而受有利益，致被上訴人受有損害，爰依不當得利之法律關係請求上訴人返還利益，是上訴人出售系爭車輛並獲有利益之行為，性質上屬因商業行為而涉訟，與上訴人行使主權之行為無涉。揆之首揭說明，上訴人就本件涉訟即不得享有民事管轄之豁免，我國法院就本件訴訟自有管轄權。上訴人主張就本件享有民事管轄豁免權云云，自非可採。」相關討論，請參閱陳榮傳，《國際私法實用——涉外民事案例研析》（臺北：五南，民國一○四年九月初版），頁 1～6。

特權暨豁免，應基於互惠原則，以該外國亦畀予中華民國駐該外國之機構及其人員同等之特權暨豁免者為限。」故美國駐華人員之豁免權，即須比照我國駐美國人員之待遇，由於我方駐美人員在美所享訴訟及法律程序之豁免權，為一項功能性之豁免權，在程序上僅屬一種抗辯，倘我方人員涉訟，法院仍簽發傳票傳喚我方人員，我方人員須應法院傳喚，如我方人員認為該案屬職務上行為，欲享受豁免，則須主動向法院提出豁免之主張，否則法院不予主動審酌；以美國駐華人員為被告之案件，仍應在經法院傳喚後，由其主動提出豁免權之主張，法院始得以無管轄權為理由，裁定駁回，不得不經主張，即由法院依職權裁定駁回之❶。有關豁免權之範圍，除上述情形外，依現行國際法，並可及於外國政府船舶、外國駐軍、國際組織及其職員，判斷時亦應注意及之。

---

❶　參照臺灣高等法院七十七年五月二十五日七十七年度訴字第二號刑事判決、最高法院八十一年十月二十二日八十一年度臺非字第三七二號刑事判決。

第二章 外國法院判決之承認及執行

第一節 緒 言

　　法院對於民事法律關係所作成的判決，乃是法院行使其所屬國的司法主權，依法予以裁判的結果。從國家主權的角度言，一國法院的判決僅在該法院所屬國家之領域內有其效力，在該國領域外即無效力，當事人在其他國家的領域內，白亦不能主張該判決為有效，並據以實施強制執行。如貫徹此項原則，實際上對當事人權益之保障並不周到。例如債權人甲對其債務人乙，在 A 國法院起訴請求清償債務，獲得確定之勝訴判決後，始發現乙在 A 國之財產不足以清償全部債務，而在 B 國領域內仍有財產足以清償債務，甲依上述原則即須在 B 國法院另行起訴，耗費額外之時間、精神與費用，始能獲得可作為強制執行名義的判決，也可能因為 A 國法院與 B 國法院判決不一致的結果，而發生困擾。尤其在國際貿易發達，各國人民間之來往頻繁之今日，如仍堅持一國法院之判決在其他國家不能發生效力，不但不符合訴訟經濟原則，亦不足以保障當事人之權益。故外國法院的判決究應在內國如何予以承認及執行，乃成為國際私法上的重要課題。

第二節 外國法院判決之承認

　　各國雖然在邏輯上可以認為，外國法院之判決因受該外國的司法主權的限制，僅得在該外國有其效力，或認為該判決未必能實現正義，而在內國不承認其具有法院判決的效力，但此種立場有可能發生實際上的困難。

例如 A 國均不承認 B 國法院所為之離婚判決，而在 B 國獲得離婚判決的當事人後來在 A 國結婚，其後婚將發生在 B 國有效，在 A 國卻因重婚而無效的情形，並成為「跛行婚」。故從現實之觀點言，承認外國法院判決應較有助於建立私法關係的國際性，並可促進私法關係之穩定，在各國司法制度不一致的情形下，即使觀念上可以排除主權作用的限制，對於具有作為有效判決的基本性質或價值的外國法院判決，如何保障其在內國的效力的問題，仍須從理論及立法上予以正視。

現在各國對於外國法院之判決，原則上均採折衷之見解，即在一定條件下予以承認。為突破一國法院之判決，不得在他國領域內，本其屬地主權而有強制力之前提，乃有「禮讓 (comity)」說、「既得權 (aquired rights)」說、「義務 (obligation)」說、「正義 (justice)」說及「特別法 (lex specialis)」說之提出，分別以互惠、尊重已在外國取得之權利、有管轄權之法院藉判決創設擬制之契約關係、承認外國法院判決與適用外國法類似、一個判決即是規範該個案之特別法等理由，作為理論上之依據。由於以上各說均有所偏，也各有缺點，晚近學者已認為，承認及執行外國法院之判決，非但為公平正義所要求，亦為共同利益所必須，其較實際之理由，則包括：一、對於爭論已決之案件，避免重加審理，可節省時力；二、保障被告，避免因原告一再選擇法院興訟，而受損害；三、保障勝訴之一造，免受他造推脫逃避等伎倆之困擾；四、作成判決之法院，為較適當、方便之裁判地所在，甚至為關係最切之管轄法院，其為解決系爭問題所表示之見解，應勝一籌❶。

聯邦國家或多法域之國家，其國內之特定法域，對其他法域或友州 (sister state) 之法院所為之判決，亦有承認之問題。不過，由於有共同的憲法基礎，此等國家各法域法院之判決，基於憲法上「完全信任及信賴條款

---

❶ 詳細的討論，請參閱陳長文，〈外國判決之承認──從歐盟「布魯塞爾判決公約」及美國「對外法律關係新編」評析民事訴訟法第四○二條〉，《國際私法理論與實踐㈠──劉鐵錚教授六秩華誕祝壽論文集》（臺北：學林，民國八十七年九月出版），頁 214～218。

(full faith and credit clause)」的規定，幾乎在各法域均具有相同之效力，問題比較單純。本書將在第八篇討論大陸地區、香港、澳門法院裁判的承認與執行問題，此處所討論者，僅限於嚴格意義的「外國」法院判決之承認。

第三節　外國法院判決之執行

外國法院判決之承認及執行，理論上乃是不同之層次，因為外國法院所為給付判決之執行，固須以其曾經承認為前提，但確認判決及形成判決均無執行之問題。一般而言，承認外國法院判決之要件較寬，因為已被承認之外國法院判決，在內國仍不得逕付執行，須經內國公權力之參與，例如重審該案而為執行宣告 (exequatur)，或對外國法院判決再為新判決，或將外國法院之判決登記於公文書等後，始可執行。其所以如此，與其說是為判決之法院，受其所屬國主權之圍限，不能命令他國執行機關執行其判決，不如認為乃因採承認及執行的二階段或雙軌制，可以在審查是否承認外國法院判決的第一階段，先依法定之要件過濾外國法院之判決，執行該判決的第二階段則僅判斷與執行直接相關的法律問題。

在比較法上，各國承認及執行外國判決之條件，也非一致。例如在德國及瑞士就外國法院之判決，均採聲請承認及聲請執行併行的雙軌制，但均應經法院審查符合法定要件，始得為承認其效力的裁判或得付執行的執行判決 (Vollstreckungsurteil)，至於外國法院於該判決中就實體爭議表示之見解，包括適用之準據法是否符合內國國際私法之規定，均非法院得審查之事項。荷蘭及瑞典對外國法院之判決，目前仍甚少予以承認。

法國法在早期亦動輒以外國法院判決，於事實認定及法律適用有錯誤，該判決不當 (a éte mal jugé) 為理由，拒絕承認之。由於其採全盤審查 (révision au fond) 之方式，即使承認，亦可能因認為得酌減給付數額，使原來之判決面目全非，故實際上除有關身分關係之判決外，均無被承認之機會。但自一九六四年以後，法國法院即不再審查外國判決之內容，僅就非屬身分關係之判決，審查其準據法之適用是否符合法國國際私法之規定而已。

　　英國法院認為，外國法院之判決具備承認之要件者，即為「有效之訴因 (good cause of action)」，如原訴訟之一方當事人據以在英國法院起訴者，係外國法院之判決，則其所執行者即並非外國法院原來所為之判決，而是英國法院後來所為之判決，但由於外國法院判決在實體部分有既判力，即使英國法院認定其不當，亦非如法國法院得對其全盤重審，再拒絕為執行宣告。

　　各國國內法對於外國法院判決之承認及執行，通常各自規定其要件及方式，致使 A 國法院作成之同一判決，在 B 國及 C 國無法確定可獲得承認與執行，也因為須適用不同之規定，在 B 國及 C 國可能獲得不同結果。為此，國際間乃有簽訂雙邊條約及多邊公約之議。最早締結相互承認及執行對方法院判決之雙邊條約者，為一八六九年法國及瑞士之條約，其後許多關於國際司法互助的雙邊條約，均有類似規定。區域性的國際多邊條約以歐盟的前身較成功，主要為一九六八年布魯塞爾「民商事案件之管轄權及判決執行公約」及一九八八年盧加諾 (Lugano)「民商事案件之管轄權及判決執行公約」，歐盟於二〇〇一年通過布魯塞爾第一條例 (Council Regulation (EC) No 44/2001 of 22 December 2000 on jurisdiction and the recognition and enforcement of judgments in civil and commercial matters [2001] OJ L12/1)，再於二〇一二年重訂第一條例 (Regulation (EU) No 1215/2012 of the European Parliament and of the Council of 12 December 2012 on jurisdiction and the recognition and enforcement of judgments in civil and commercial matters (Recast) [2012] OJ L351/1)。

　　海牙國際私法會議致力於全球性公約之締結，於一九七一年通過「民商事案件中外國判決之承認及執行公約」(Convention of 1 February 1971 on the Recognition and Enforcement of Foreign Judgments in Civil and Commercial Matters) 及其附加議定書 (Supplementary Protocol)，並於一九七九年八月二十日生效，但批准該公約及附加議定書的國家為賽普勒斯、葡萄牙、荷蘭，迄至二〇一八年五月止，僅有阿爾巴尼亞及科威特加入該公約，科威特加入其附加議定書，成效非常有限，但其就特定法律關係的判

決的承認與執行所通過的公約，例如一九五八年「承認及執行關於子女扶養義務之判決之公約」、一九七〇年「離婚及分居之承認之公約」、一九七三年「扶養義務之判決之承認與執行之公約」、一九九六年「關於保護子女之父母責任及措施之管轄權、準據法、承認、執行及合作之公約」等，則均有一定之成效。

第四節　我國現行法之析論

第一項　緒　言

關於外國法院裁判的承認與執行，我國現行法就前者於民事訴訟法第四〇二條（民國九十二年二月修正）規定：「外國法院之確定判決，有下列各款情形之一者，不認其效力：一、依中華民國之法律，外國法院無管轄權者。二、敗訴之被告未應訴者。但開始訴訟之通知或命令已於相當時期在該國合法送達，或依中華民國法律上之協助送達者，不在此限。三、判決之內容或訴訟程序，有背中華民國之公共秩序或善良風俗者。四、無相互之承認者。」「前項規定，於外國法院之確定裁定準用之。」就後者，則於強制執行法第四條之一規定：「依外國法院確定判決聲請強制執行者，以該判決無民事訴訟法第四百零二條各款情形之一，並經中華民國法院以判決宣示許可其執行者為限，得為強制執行。」茲謹將此二適用上之各項問題，逐項析論之。

第二項　承認之方法

由民事訴訟法第四〇二條第一項上述規定可知，外國法院之判決如無該項所定四款情形之一，即具備應被承認之要件者，我國法院無須對其事實認定及法律適用，為事後之實質審查，即應承認其與我國法院之確定判決有同一之效力❷。但經承認之外國法院判決，在我國仍不得逕付強制執

❷　參照司法院秘書處民國七十七年十二月二日七十七秘臺廳一字第〇二一八三

行，而須如德國之制度，經我國法院判決表示准許其執行，始得作為強制執行法第四條所規定之執行名義，向我國法院聲請強制執行。至於其執行程序，則應如我國法院之確定判決一般，依我國強制執行法之規定處理。

我國法院宣示許可執行外國法院確定判決之訴，在司法實務上也有若干特殊之問題，例如管轄法院及當事人之適格等，均值得注意。在最高法院八十八年度臺上字第三〇七三號民事判決中，當事人就美國猶它州聯邦地方法院之系爭判決，就強制執行法第四條之一的適用，發生得否請求我國法院宣告准予強制執行之爭議，最高法院即對於當事人之適格問題指出：「按依外國法院確定判決聲請強制執行者，以該判決無民事訴訟法第四百零二條各款情形之一，並經我國法院以判決宣示許可其執行者為限，始得為強制執行，故請求許可外國法院確定判決強制執行，應以訴為之，其當事人除由該外國確定判決之債權人為原告，並以其債務人為被告外，雖依判決國法規定該外國確定判決效力所及之第三人，亦得為原告或被告，然必該判決國法律有此規定者，始得謂其當事人之適格無欠缺。」

第三項　承認之機關

民事訴訟法第四〇二條第一項上述規定就外國法院判決，未規定應先經我國法院裁判予以承認，而採「自動承認」之制度，故當事人對於外國法院之確定判決，除將以其作為執行名義者，應請求內國法院判決准予強制執行外，其他情形之承認外國法院確定判決之效力，在現行法上並無應由我國法院以裁判予以確認之規定，故非僅得由法院為之，其他機關，例如戶政機關遇有當事人持外國法院之離婚判決，請求為離婚登記時，亦均得依民事訴訟法第四〇二條第一項規定為形式上之審查，自行決定是否予以承認，遇有私權爭執時，利害關係人仍可循民事訴訟程序解決❸。

號函。承認外國法院之判決，並非相當於內國法院另為新判決，故不應對其判決之實質內容，包括事實認定及法律適用，再為事後審查。

❸　參照司法院秘書處民國八十一年九月二十一日八十一秘臺廳㈠字第一四四五八號函、司法院秘書處民國八十二年十月二十九日八十二秘臺廳民一字第一七

　　我國法院或其他機關對於外國法院之判決，應本其確信的法律見解，依民事訴訟法第四〇二條第一項規定從形式上判斷該判決在我國是否應被承認。法院認定外國法院判決應被承認的判決，並非在原外國法院判決之外，再作成內容完全相同的我國判決，也不是以形成判決，使原在我國無效的外國法院判決，成為有效❹，而只是對該外國法院判決在我國究為有效或無效，予以確認而已。故外國法院判決即使未經我國法院以判決承認，亦不得謂其完全無效，且法院以外的行政機關亦得依法認定之。

　　此外，外國法院之確定判決以承認為原則，以拒絕承認為例外，故當事人未就外國法院確定判決之效力有所爭執而涉訟，並經我國法院判決確定不承認其效力以前，仍難否認該外國判決之效力❺。我國法院不承認外國法院確定判決之效力時，須就民事訴訟法第四〇二條第一項規定之各款情形，為具體之說明及調查審認，不得徒以「依民事訴訟法第四百零二條

九六六號函。我國駐外單位對外國法院離婚判決書予以驗證，其作用僅係證明法院簽字或鈐記屬實，並不證明其法律效力。是以我國戶政機關受理國人持憑此種判決書申辦離婚登記案件，仍應逐案審查，如無民事訴訟法第四〇二條所列情形，始得據以變更戶籍登記，駐外單位應俟當事人向國內戶政單位或法院辦妥離婚登記或確認後，提出有關證件申請時，始得更改護照婚姻狀況為離婚。參照外交部民國七十三年八月八日七十三領三字第一九四七二號函。準此以觀，實務上已改變最高法院於七十年臺上字第九五二號判決，所表示之見解：「外國法院之確定判決，有民事訴訟法第四百零二條規定所列各款情形之一者，不認其效力，是外國法院之確定判決，須經我國法院審查確認並無前開規定各款情形之一者，始可認其效力，上訴人取得美國法院所為『兩造婚姻關係解除』之判決，並未先經我國法院確認有無前述規定情形之一，即持該外國判決以代被上訴人之為意思表示，向戶政機關申請辦理離婚登記，於法尚有未合。」《最高法院民、刑事裁判選輯》，第二卷第一冊，頁508。

❹　我國訴訟法學者，有認為我國法院以判決承認外國法院判決，係以形成判決賦予其執行力者。請參閱楊建華，《問題研析民事訴訟法㈠》（臺北：自版，民國七十四年五月），頁335。

❺　參照司法院秘書處民國七十七年十二月二日七十七秘臺廳一字第〇二一八三號函。

（第一項）之規定」等語為理由，即不承認該判決之效力❻。

我國法院或其他機關依民事訴訟法第四○二條第一項規定，決定是否承認外國法院之確定判決時，僅需本其確信之法律見解，就該條所列各款情事，詳為審酌，妥為裁判❼，即依強制執行法第四條之一之規定判決許可執行時，亦毋庸就外國法院之認定事實及適用法律，重予審查。在最高法院八十四年度臺上字第二五三四號民事判決中，當事人就得否對於美國加州法院之系爭判決，請求宣告准予強制執行之問題發生爭議，最高法院重申上述原則並指出：「按我國是否不認外國法院判決之效力，應以外國法院判決有無民事訴訟法第四百零二條所列各款情形，為認定之標準，並非就同一事件重為審判，對外國法院認定事實或適用法規是否無瑕，不得再行審認。是縱如上訴人主張，被上訴人以不實證據取得系爭外國法院判決，上訴人亦應循外國法律規定之程序救濟，其以我國法律非難系爭外國法院判決，尚有未洽。至於系爭外國法院判決所命給付之請求權已否罹於時效，亦非本件訴訟所應審究範圍，果已時效屆滿，上訴人應另以執行異議之訴救濟。」

基於上述，可知我國法在制度設計上與早期之法國法不同，而較類似德國法之規定。故被承認之外國法院之確定判決，原則上應承認該判決原有之確定力、既判力、形成力，在我國亦均有之。故如當事人就已經外國法院判決確定之同一事件，在我國法院更行起訴，而該外國法院判決亦為我國承認其效力時，我國法院即應依民事訴訟法第二四九條第一項第七款後段規定，以裁定駁回原告之訴❽。如我國法院已先就同一案件，作成確

---

❻　參照最高法院八十一年臺上字第六二號判決。《民事裁判發回更審要旨選輯㈥》，頁 563。

❼　參照司法院民國七十五年六月十六日七十五院臺廳一字第○三九八八號函。

❽　民事訴訟法第一八二條之二規定：「當事人就已繫屬於外國法院之事件更行起訴，如有相當理由足認該事件之外國法院判決在中華民國有承認其效力之可能，並於被告在外國應訴無重大不便者，法院得在外國法院判決確定前，以裁定停止訴訟程序。但兩造合意願由中華民國法院裁判者，不在此限。」「法院為前項裁定前，應使當事人有陳述意見之機會。」

定之判決，當事人再請求確認外國法院判決之效力時，似亦應以裁定駁回其請求。

　　就外國法院確定判決之執行力而言，依強制執行法第四條之一第一項規定，外國法院之確定判決聲請強制執行者，以該判決無民事訴訟法第四百零二條第一項各款情形之一，並經中華民國法院以判決宣示許可其執行者為限，得為強制執行，且因執行名義尚須具備給付內容為確定及可能等要件，強制執行方克落實，足見外國確定判決，必以與我國法院許可執行判決相結合，始得認其為具執行力之執行名義。是以，我國法院就外國法院之確定判決許可執行之訴，除審查該外國法院判決是否為終局給付判決？是否確定？有無民事訴訟法第四百零二條第一項所列不承認其效力之事由外，仍應就該外國法院之確定判決其內容是否明確、一定、具體、可能而適於強制執行等要件併予審究（最高法院一○○年度臺上字第四二號民事判決）。

　　我國現行法對外國法院判決之承認及准予執行等二項問題，所規定之要件雖完全相同，但審查的機關及程序似未盡相同，其結果使我國法院承認其效力之外國法院判決，在我國具有其既判力、確定力、形成力及執行力，其他機關的承認並不當然發生相同之效力，形成兩階段或雙軌的現象，此種設計在理論上似可再檢討、改進❾。

---

❾　如行政機關可自行審查是否承認外國法院判決，當事人嗣後對其審查結果復可請求法院確認，其為訴訟標的之法律關係似將陷於不穩定之狀態，故似應由法院統一審查並決定是否予以承認，較有利於法律關係之安定性。外國法院判決如應經內國法院予以承認，現行由法院以判決宣示准予執行之制度，實際上既無法發生控制之作用，僅構成司法資源之浪費而已，即不妨予以刪除。如仍維持此制，似應使其成為在承認外國法院判決以外，藉其他標準再就外國法院判決，為形式或實體的第二重控制之機制，或規定許可強制執行之判決已包括承認之意義，從而使外國法院之形成判決及確定判決適用民事訴訟法第四○二條之規定，給付判決適用強制執行法第四條之一之情形。我國臺灣地區與大陸地區人民關係條例第七十四條第一項、第二項規定：「在大陸地區作成之民事確定裁判、民事仲裁判斷，不違背臺灣地區公共秩序或善良風俗者，得聲請法院

第四項　得承認之裁判

依民事訴訟法第四〇二條第一項規定，得經我國法院或其他有權機關承認，而與我國法院之確定判決有同一效力者，乃是「外國法院之確定判決」。本條增訂第二項後，「外國法院之確定裁定」因準用第一項之結果，亦得依同一標準予以承認，故外國法院之確定裁判似均得在我國承認其效力。本條第二項之外國法院所為之確定裁定，並非泛指外國法院作成之所有裁定，如為基於訴訟指揮所為程序上之裁定，因隨時得加以變更，即非本項所指之確定裁定，故其主要是針對非訟事件中具有實體意義的裁定，例如命扶養或監護子女等有關身分關係之保全處分、確定訴訟費用額之裁定、就父母對於未成年子女權利義務之行使或負擔之事項所為之裁定等，為解決當事人間之紛爭，乃規定準用外國法院確定判決之規定，而承認其效力。

我國之承認外國法院確定裁判，並不以該裁判具有「判決」之名稱為要件，除因訴訟程序而獲得之結論外，也及於非訟事件之裁判，但外國法院關於程序性之事項之決定，則非屬於承認之範圍。我國並於民國九十四年增訂非訟事件法第四十九條，規定：「外國法院之確定非訟事件之裁判，有下列各款情形之一者，不認其效力：一、依中華民國之法律，外國法院無管轄權者。二、利害關係人為中華民國人，主張關於開始程序之書狀或通知未及時受送達，致不能行使其權利者。三、外國法院之裁判，有背公共秩序或善良風俗者。四、無相互之承認者。但外國法院之裁判，對中華民國人並無不利者，不在此限。」

裁定認可。」「前項經法院裁定認可之裁判或判斷，以給付為內容者，得為執行名義。」原可依上述原則予以解釋，但最高法院九十七年度臺上字第二三七六號民事判決認為，經我國法院裁定認可之大陸地區民事確定裁判，應祇具有執行力而無與我國法院確定判決同一效力之既判力，該大陸地區裁判，對於訴訟標的或訴訟標的以外當事人主張之重大爭點，不論有無為「實體」之認定，於我國當然無爭點效原則之適用，其結果使我國法院認可大陸地區裁判之裁定，效力過低，值得檢討。

　　民事訴訟法第四○二條規定之立法意旨，是認為就同一事件，不必由內國及外國審判機關重複審判，但為保護內國及外國人之利益免受損害，故有必要就外國法院之確定判決，規定其不能與內國法院之確定判決有同一效力的例外情形。根據此項意旨，被承認之判決必須是由外國有審判權之司法機關，就特定之私法關係，依法定程序所為之有效判決 (valid judgment)，且為不得再依正常程序，予以變更之確定判決 (rechtskräftiges Urteil, final judgment)；至於其審判機關之名稱，是否為民事法院或商事法院，並不重要，只要其依該外國法律之規定，得行使審判職務，即使名稱或性質上屬於行政法院、刑事法院、宗教機關，乃至行政機關，其所為之民事判決或附帶民事判決，均有本條之適用。

　　此外，其他非屬於法院判決，而該外國法院判決有同一效力之文件，例如成立訴訟上和解而作成之調書等❿，亦均適用本條規定。但該外國法

---

❿　參照最高法院六十一年臺上字第二八三五號判例：「在日據時期，訴訟上和解之成立，記載於和解調書者，與確定判決有同一之效力。又確定判決，對於當事人及於言詞辯論終結後為當事人之繼承人者，有其效力。分別為當時有效之日本民事訴訟法第二百零三條、第二百零一條第一項所明定。本件土地之當時共有人某甲、某乙、某丙、某丁於日據昭和十七年十二月二十一日在臺南地方法院控訴審受命推事履勘現場時，成立訴訟上之和解分割共有土地（持分四分之一），由某丙取得五分之二，某甲、某乙、某丁各取得五分之一，其詳細分割方法載明於和解調書，並有圖面表示。原審既認兩造對於上開和解之事實及和解調書之真正，均不爭執，則依當時之日本民法第一百七十六條之規定（物權之設定及移轉僅因當事人意思表示一致而生效力），自和解成立時，已生如和解調書所載分割之效力，不因未依約定於一個月內申請分割登記而受影響。此項日據時期訴訟上和解之效力，與我民事訴訟法第三百八十條第一項、第四百零一條第一項之規定相同，依同法第四百零二條規定，自應認其效力。至於臺灣光復後仍依日據時期之土地登記簿持分各四分之一登記，係不合真實情形之登記，亦不影響當時因和解成立而各已取得之單獨所有權。被上訴人某己、某戊、某庚，係和解當事人某丁之特定繼承人，為和解確定力之所及，依民事訴訟法第三百八十條第一項、第四百條第一項規定，不得更行訴請分割。」不過，司法院民國七十九年七月二十一日七十九秘臺廳一字第○一八三二號函

院之判決，如為與終局判決不同之中間判決，即非就訴訟標的，而僅就各種獨立之攻擊、防禦方法或中間之爭點，先為之判決，或乃是法院於保全程序中，所為之假扣押或假處分等不具終局性之裁判，即不得承認其效力❶。

第五項　例外不承認外國法院裁判之情形

民事訴訟法第四〇二條為保障被承認為有效的外國法院判決，均具有作為有效判決的基本價值，而得與內國法院判決具有相同之效力，乃於第一項規定四種不認其效力的消極要件。茲將各種要件分別評析如次：

一、外國法院無管轄權

為判決之外國法院如無國際審判管轄權，該判決之效力即欠缺適當之來源，內國法院自無法承認其效力。我國民事訴訟法第四〇二條第一項第一款規定，「依中華民國之法律，外國法院無管轄權者」，不承認其判決之效力。此處所稱之管轄權，是指「一般管轄權」或「國際審判管轄權」而言，即該涉外案件如非為判決之法院所屬國之法院得行使一般管轄權者，我國法院即不承認其效力。至於該外國法院得行使一般管轄權之涉外案件，其國內法院違反有關「特別管轄權」或「國內管轄權」之規定而不當行使特別管轄權而作成判決者，仍不得執為拒絕承認其效力之理由❷。我國法

謂：「按本案之日本國法院和解筆錄，非民事訴訟法第四百零二條及強制執行法第四十三條規定之外國法院判決，亦非可比擬在我國法院成立之和解，然如可認當事人係基於雙方之合意，而於外國法院成立和解者，似非不可認其具有民法上和解之效力。」此項見解非但過於保守，亦與前揭判例意旨牴觸，應非可採。

❶　參照前司法行政部民國四十七年九月二日臺四十七函民字第四七六九號函：「外國法院所為假扣押或假處分裁定，不得認其效力，故土地登記簿所載日據時代受日本大阪法院囑託而為之假扣押登記，於臺灣光復後，即難認為有效。」

❷　此乃國內通說之見解，故我國法院判斷是否承認日本法院之判決時，倘依法已

院拒絕承認外國法院判決之原因，乃是該法院之行使管轄權違反我國廣義之「國際私法」之規定，而該案件在具有一般管轄權之該外國境內，究應由其國內之何一法院管轄，乃該外國之國內法之問題，並非我國國際私法得規範之事項。

外國法院就該涉外事件有無國際審判管轄權之問題，依本款規定應依「中華民國法律」而非該外國之法律決定。通常對於外國法院之得否就特定之涉外案件行使國際審判管轄權，是由該外國法院依該國之法律予以決定，故判斷是否予以承認時，理論上亦無妨逕依該外國之法律決定該國法院是否有國際審判管轄權❸。我國既採應依內國法律判斷該外國法院有無國際審判管轄權之立法政策，法律上即宜對該問題設有基本規定，惟現行法對於外國法院之國際審判管轄權問題，不但未規定其在何種情形有國際審判管轄權，亦未規定其無國際審判管轄權的特定情況，在具體個案的認定上遂發生困難。

我國法院判斷為判決之外國法院有無國際審判管轄權時，依本款規定應適用「中華民國法律」判斷之，但該「法律」目前仍未制定完成，屬於應規定而未規定的法律漏洞或法規欠缺，故應以類推適用民事訴訟法或家

認定日本法院有一般管轄權，無論其究為日本國內之東京地方裁判所、大阪地方裁判所、京都地方裁判所或其他地方裁判所作成者，均應認為符合應具有管轄權之要件。

❸　對於此一問題，有「衍生說 (derivative theory)」及「非衍生說 (nonderivative theory)」等二項基本見解。衍生說認為外國法院判決之所以得予以承認，乃因為判決之法院具有管轄權，而管轄權之認定不妨以判決國、承認國之法律，或同時以該二國之法律為準，法國學說並進一步將其區分為三種見解，即由原判決國法律片面決定的「單純片面說 (unilatéralité simple)」、原判決國法律之片面決定不得牴觸承認國專屬管轄權的「雙重片面說 (unilatéralité double)」、及由承認國之法律決定之「雙面說 (bilatéralité)」。非衍生說認為內國之所以承認外國法院之判決，並非邏輯上須受該判決之拘束，而只是承認國之政策如此而已，其實際適用之規則雖然可能與衍生說無殊，但衍生說係採較僵化的邏輯推演，而非衍生說則是採較彈性的政策決定方式。

事事件法上有關特別管轄權之規定之方式，予以填補。但在最高法院六十九年度臺上字第三七二九號民事判決中，當事人獲有美國加州洛杉機高等法院離婚事件之確定判決，該判決並就離婚後子女的監護問題作成決定，後來因一方拒絕依該判決交付子女，乃在我國法院起訴，請求判決宣示許可其就該外國法院確定判決得為強制執行，最高法院對於該外國法院有無管轄權之爭議，並未依我國法律認定其訴訟應專屬我國法院管轄，而直接依美國法律認定美國法院有國際審判管轄權❶❹。

值得注意的，是國際私法上的一般管轄權（國際審判管轄權）問題，依其作用的不同，可以區分為內國法院對於涉外案件行使國際審判管轄權時所必需的一般管轄權，以及外國法院之判決在內國被承認所必需的一般管轄權，前者為「直接一般管轄權 (compétence générale directe)」，後者為「間接一般管轄權 (compétence générale indirecte)」，而本款所涉及者乃是間接一般管轄權。我國法律對於外國法院的直接一般管轄權，雖不宜逕予明文規定，但對於外國法院的間接一般管轄權，為使承認外國法院判決的標準趨於明確，則宜設有基本規定，故將來有必要配合以承認外國法院判決之效力為原則之立法政策，增訂若干條文，明定外國法院在我國法上視為無管轄權的具體例外情形，以消除本款適用的不確定性。

在現行條文的適用上，一般認為我國法院所得據以行使一般管轄權（國際審判管轄權）之依據，均得作為肯定外國法院具有一般管轄權之基礎，即外國法院無論係依據普通審判籍或特別審判籍，而行使一般管轄權，我國法院均不宜以我國法院亦同時得行使一般管轄權為理由，而認為該外國法院欠缺一般管轄權。因為同一涉外案件的一般管轄權，本來就不妨認為數國之法院均同時有之，而形成一般管轄權之競合情形。例如我國法院對於涉外契約的爭議，固不妨以被告為我國國民且在我國設有住所，而依普

---

❶❹　最高法院六十九年度臺上字第三七二九號民事判決謂：「美國加州洛杉機高等法院就此子女監護事件，有初審管轄權，亦有美國在臺協會致北美事務協調委員會證明函一件為證，不生該法院無管轄權之問題。」《最高法院民、刑事裁判選輯》，第一卷第四冊（民國六十九年），頁 521。

通審判籍的原則，主張我國法院有一般管轄權（類推適用民事訴訟法第一條第一項），但如該契約的標的是被告應在外國交付一批電子零件，即其債務之履行地在外國，則該外國法院依特別審判籍之原則，亦應具有一般管轄權（類推適用民事訴訟法第十二條）。此時如當事人持為債務之履行地的該外國法院之判決，聲請我國法院承認，我國法院即不宜因內國法院依法有一般管轄權，而否認該外國法院的一般管轄權。

值得再商榷者，是我國法院依民事訴訟法或家事事件法之明文規定，就某涉外案件享有專屬管轄權時，外國法院之一般管轄權是否因而喪失之問題。我國實務對此問題曾採肯定說❶，惟民事訴訟法或家事事件法就特別管轄權所設之專屬管轄之規定，其適用固以我國法院具有一般管轄權為前提，但其適用，並非以我國法院亦有「專屬的」一般管轄權者為限。故除有關座落在我國之不動產之物權之訴訟，其一般管轄權專屬於我國法院，特別管轄權則專屬於其所在地之我國法院管轄之情形，與各國國際私法之通例尚無牴觸外，於其他情形判斷外國法院有無一般管轄權時，仍宜依國際私法之一般原則及理論為之。

民事訴訟法第四〇二條第一項的規定形式，是以承認外國法院判決為原則，拒絕承認為例外，故其第一款有關消極要件之規定亦應從嚴解釋，不宜動輒認為外國法院欠缺一般管轄權。故類推適用我國民事訴訟法或家事事件法有關特別管轄之規定，以決定外國法院有無間接一般管轄權時，即應依國際私法之理論妥予處理，不宜直接以各該條文的文字，作為否定外國法院的間接一般管轄權的依據。換言之，即使相關條文對於我國特定

---

❶ 我國舊民事訴訟法第五六四條規定：「婚姻無效或撤銷婚姻，與確認婚姻成立或不成立及離婚或夫妻同居之訴，專屬夫之住所地或其死亡時住所地之法院管轄。」「夫在中華民國無住所或住所不明者，準用第一條第二項之規定，定前項之住所地。」「夫或妻為中華民國人，不能依前二項規定，定管轄之法院者，由首都所在地之法院管轄。」司法院乃於函示中表示，離婚之訴係專屬管轄權，外國法院並無管轄權，無管轄權之外國法院所為之離婚判決，我國自不能承認。見司法院民國四十七年十二月六日臺四十七函民字第六三六八號函及民國五十三年一月二十八日臺五十三函民字第五〇一號函。

法院的管轄權有「專屬」的用語，該規定是否即屬於「專屬管轄」之規定，亦不宜直接望文生義，而應綜合其整體條文的規範意旨認定之。

　　例如家事事件法第五十二條規定：「確認婚姻無效、撤銷婚姻、離婚、確認婚姻關係存在或不存在事件，專屬下列法院管轄：一、夫妻之住所地法院。二、夫妻經常共同居所地法院。三、訴之原因事實發生之夫或妻居所地法院。」「當事人得以書面合意定管轄法院，不受前項規定之限制。」「第一項事件夫或妻死亡者，專屬於夫或妻死亡時住所地之法院管轄。」「不能依前三項規定定法院管轄者，由被告住、居所地之法院管轄。被告之住、居所不明者，由中央政府所在地之法院管轄。」其中「專屬」一詞，實際上並非「特定單一」的國內法院有「排他」的管轄權之意，同法第五十三條規定對於此等事件的國際審判管轄後，不再類推適用此等以「專屬管轄」為名的規定，應可避免實務上前此發生之若干問題❶❻。

二、訴訟程序不符合自然正義

　　外國法院判決之所以得在內國被承認為有效，通常不是因為其實體見解具有高度之正確性，而是因為其乃該外國法院踐履符合程序正義之法定程序，而獲致之結論。訴訟程序在目前雖仍無舉世皆準的標準，各國在此一方面也都僅以消極要件之方式，規定外國法院之訴訟程序，不得違反自然正義或實質正義 (natural or substantial justice)，其中尤其不得違反「應聽取他方當事人意見 (audiaturet altera pars)」之原則。質言之，如被告未被賦予在本案之程序中為陳述之合理機會，尤其未在足夠之期間內受訴訟通知之送達，以在

❶❻　我國法院實務對美國法院就我國國民所為之離婚判決，亦常依此項規定，認定該案件應專屬我國法院管轄，外國任何法院均無管轄權，而拒絕予以承認。例如臺北地方法院板橋分院七十七年度婚字第三二一號判決，《中國國際法與國際事務年報》，第三卷（民國七十八年），頁 675～683；臺北地方法院板橋分院七十八年度婚字第三四七號判決，《中國國際法與國際事務年報》，第五卷（民國八十一年），頁 379～382。針對類推適用舊民事訴訟法第五六八條所發生問題之討論，請參閱陳榮傳，〈外國法院之管轄權及離婚判決之承認〉，《月旦法學雜誌》，第九期（民國八十五年一月），頁 61～62。

程序中為必要之防禦者，該外國法院之判決即被認為違反自然正義❼。

為充分保障當事人的程序上利益，實現前述自然正義或實質正義，我國民事訴訟法第四○二條第一項第二款乃對於有下列情形的外國法院判決，規定不認其效力：「敗訴之被告未應訴者。但開始訴訟之通知或命令已於相當時期在該國合法送達，或依中華民國法律上之協助送達者，不在此限。」此一規定對程序權之保障，普及於內、外國人，凡在外國法院遭受敗訴判決之當事人，無論是因其在我國有財產或其他原因，而在我國被請求承認該外國判決之效力時，均應予以保障。

為保障當事人之程序權，外國法院開始訴訟之通知或命令不僅應合法送達，並應給予當事人相當期間以準備行使防禦權。如外國法院對在中華民國之被告，送達有關訴訟程序開始之通知或命令時，揆之「送達，乃國家司法主權之展現」及「程序依據法庭地法之原則」，自應依我國制定公布之「外國法院委託事件協助法」、「司法協助事件之處理程序」及其他司法互助協定暨作業要點等相關法規為協助送達，不得逕由外國法院依職權或由原告律師以郵送或直接交付在我國為送達。否則，即難認該外國法院訴訟程序開始之通知或命令，已在我國發生合法送達被告之效力，且不因於該外國認對被告發生送達之效力而受影響，此觀民事訴訟法第四百零二條第一項第二款但書前段係規定為「但開始訴訟之通知或命令已於相當時期在『該國』（指該外國域內）合法送達」，而非以「但開始訴訟之通知或命令已於相當時期依該國法律為合法送達」等文字予以規範；並於但書後段規定「或依中華民國法律上之協助送達者，不在此限」，以兼顧該被告如在該外國域外時，應如何送達，始承認其效力自明（最高法院一○○年度臺上字第四二號民事判決）。如外國法院逕依職權或由原告律師以郵送或直接交付在我國之被告為送達，即使法院依該外國法律已對被告發生送達之效力，仍難認該外國法院訴訟程序開始之通知或命令，已在我國發生合法送

❼　海牙公約第五條規定「判決有下列情形之一者，得不予以承認或執行：一、……判決作成之程序違反法律之正當程序，或任何一造當事人無公平之機會，以公平在本案為陳述者。」

達被告之效力，且不因於該外國認對被告發生送達之效力而受影響（最高法院一〇一年度臺上字第一三六〇號民事判決）。

外國法院之送達如在外國行之，為保護當事人之利益，亦應以因此使當事人有應訴機會者為限，故公示送達或補充送達即使依法為之，如其未能給予當事人相當期間以準備行使防禦權，仍不宜承認該外國法院判決。對於送達之方法，例如是否以送達當事人本人為必要，理論上應以外國法院所在的法院地法為準據法，故最高法院一〇五年度臺上字第二三二號民事判決認為，系爭外國（義大利）確定裁定送達至 A 公司登記營業所，由設於同址之 B 律師事務所受僱律師 C 簽收，該 C 無代收之權限，惟已於法定期間內將之轉交有受領權之 D 本人時，雖依最高法院十九年抗字第四六號判例意旨，代收送達雖不合法，而於代收人轉交有受送達權限人時起，應視為合法送達，仍應判定下列問題：無收受送達權限之人，將所收受之法院文書實際轉交予有收受送達權限之人，依義大利法律規定是否仍生送達效力？

依本款規定的內容觀之，本款規定之意旨是在保護敗訴之被告，其方法則是拒絕承認其未能應訴，而被剝奪防禦機會之外國法院之判決。故本款規定之「應訴」，不以關於本案之應訴為限，提出訴訟不合法之抗辯者，亦在其內❶，但其程度應以被告之實質防禦權是否獲得充分保障行使為斷，如當事人於外國訴訟程序中，客觀狀態下可知悉訴訟之開始，可充分準備應訴，可實質行使防禦權，即已符合應訴要件，不以當事人本人是否親收開始訴訟之通知，是否親自參與言詞辯論程序為必要（最高法院一〇二年度臺上字第一三六七號民事判決）。被告雖得授權代理人代其應訴，但如被告未委任代理人，而由外國法院逕行選任某特別代理人，並由其代理被告進行訴訟程序，此時因為被告實際上並未獲得應訴的機會，仍不宜認為被告已經應訴。

---

❶　該外國法院是否因被告應訴而行使管轄權，是另一問題，因為如被告之「應訴」，目的僅在抗辯法院無管轄權，而非進行有關實體部分之陳述或抗辯，此時雖不得解釋為「被告未應訴」，但仍可質疑為判決之外國法院之管轄權。

三、判決之內容違反公共秩序、善良風俗

外國法院之判決，如有背於內國之公共秩序或善良風俗，為維持內國公益，各國均不承認其效力。我國民事訴訟法第四〇二條第一項第三款亦規定：「判決之內容或訴訟程序，有背中華民國之公共秩序或善良風俗者」，不認其效力。本款規定外國法院判決之「內容或訴訟程序」，均有違背內國公序良俗之可能，前者指其內容在實體法上違背我國公序良俗，後者係指其訴訟程序違背我國公序良俗，故其中「中華民國之公共秩序或善良風俗」一詞，兼括我國之「實體法上公序良俗」及「程序法上公序良俗」。由於「公序良俗」乃是不確定的法律概念，應由法院就具體個案的情形分別決定之，但我國法院依本款所為之判斷，並非就同一事件重為審判，對該外國法院判決適用法規是否無瑕，不得再行審認（最高法院一〇三年度臺上字第二二一三號民事判決），而外國法院之判決有無違背我國之公序良俗，乃係法官應依職權加以斟酌之事項，法官應促使當事人為適當之主張及舉證後加以判斷。

外國法院判決之內容違背我國公序良俗之情形，是指外國法院所宣告之法律上效果或宣告法律效果所依據之原因，違反我國之基本立法政策或法律理念、社會之普遍價值或基本原則（最高法院一〇二年度臺上字第一三六七號民事判決），即承認該外國法院確定判決效力之結果，將牴觸我國法秩序或倫理秩序之基本原則或基本理念。大體上言，其內容違反我國之強行法者，例如命交付違禁物或為犯罪之行為之判決，或違反一般倫理道德之觀念者，例如准許履行販賣人口之契約、履行一夫多妻或一妻多夫之夫妻同居義務之判決等，均可認為違反我國之公序良俗，而不承認之❶❾。

外國法院判決所適用準據法如與我國涉外法的規定不同，其判決的內容是否違背我國的公序良俗？如採肯定見解，由於準據法的確定須對案件

---

❶❾　瑞士一九八九年生效之國際私法第二十七條第一項規定：「外國法院判決之承認，顯與瑞士之實質公共秩序牴觸者，不承認之。」其限制公共秩序之適用範圍，乃是採取較有利於承認外國判決 (favor recognitionis) 之立法精神之表現。

的事實，為相當深入的認定與分析，我國法院對外國判決的事實依我國涉外法判斷其準據法時，已具有對外國法院判決為實體審查的性質，與本條規定的基本精神不合。此外，如該外國法院判決所適用之準據法的內容與我國實體法的規定不同，或我國法院於同一案件將作成之判決與該外國法院之判決內容不同，亦均不得作為不認其效力的依據❷。

美國法院有關懲罰性賠償金的判決，在許多國家都發生應否予以承認與執行的疑義❷。美國普通判例法上為處罰不法行為、嚇阻類似行為，乃在民事訴訟上判令行為人應支付懲罰性賠償金，並以行為人惡性、財產之多寡等因素決定其賠償金額，該金額既不固定亦無上限，此與多數歐陸法系國家認為民事損害賠償以填補損害及回復原狀為目的，不具有制裁功能者，頗不相同。承認美國法院關於懲罰性賠償金的判決，是否與承認國的公序良俗相違背，乃成為各國國際私法上的重要問題。

上述問題涉及我國關於損害賠償之公序良俗之認定。最高法院曾驗九十九年度臺上字第九六四號民事判決中，為下列原則性說明：公共秩序或善良風俗，係維持我國法律秩序之基本原則，外國法院之確定判決內容或訴訟程序，倘違背我國法律秩序之基本原則，即屬違背公共秩序或善良風俗，應不予承認其效力。查民法第二百十六條第一項規定：損害賠償，除法律另有規定或契約另有訂定外，應以填補債權人所受損害及所失利益為限。上訴人抗辯：系爭美國法院確定判決命伊給付之懲罰性賠償金六百萬元，具有刑事懲罰性質等語。則該確定判決所命給付之懲罰性賠償金，如僅具處罰或嚇阻目的，似有違我國法律秩序之基本原則。果爾，該部分之美國法院確定判決能否謂未違反我國之公共秩序或善良風俗而得予承認其

---

❷ 內國法院宜就各外國法院判決之具體情形，分別判斷是否有背於內國之公序良俗，其中較有疑義的判決類型，請參閱李後政，〈外國法院確定裁判之承認要件及效力之問題〉，《國際私法論文集——慶祝馬教授漢寶七秩華誕》（臺北：五南，民國八十五年九月），頁 211。

❷ 請參閱沈冠伶，〈美國懲罰性賠償判決在德國之承認與執行〉；許士宦，〈美國懲罰性賠償金判決在日本之承認與執行〉；陳忠五，〈美國懲罰性賠償金判決在法國之承認與執行〉，《台灣本土法學》，第二十五期（民國九十年八月），頁 37～67。

效力，即非無疑。

　　不過，我國法律已在一定程度內承認懲罰性的損害賠償，例如依消費者保護法第五十一條規定，消費者對於因企業經營者之故意所致之損害，得請求損害額五倍以下的懲罰性賠償金，公平交易法第三十一條第一項規定，法院得在不超過已證明損害額三倍之限度內，酌定損害額以上之賠償，其他如證券交易法第一五七條之一、專利法第九十七條第二項、營業秘密法第十三條、金融消費者保護法第十一條之三等亦有類似規定。上述規定顯示，我國法律並非完全否定懲罰性賠償金的功能，但細繹各該條文之立法目的，可知其乃因事件性質特殊或舉證困難，而以特別規定予以解決，其規定尚無法作為一般民事侵權行為及債務不履行損害賠償之基本法則，故判定我國公序良俗之具體內容時，仍應從嚴認定其適用之範圍。最高法院一〇〇年度臺上字第五五二號民事判決乃指出，美國懲罰性賠償制度，足使受害人獲得意外之財，並非舉世共認之法則，我國就懲罰性賠償之立法例中，皆以損害之一定倍數為賠償上限，非以行為人財產為度，與美國法制不同，故美國法院就兩造因共同投資所衍生之商業糾紛，判令一方當事人應給付懲罰性賠償金，係屬就懲罰性賠償之宣示，與我國法律秩序之基本原則相違背，亦與我國公共秩序不合。

　　本款上述規定以我國「程序法上公序良俗」，保障當事人之程序權，與第二款之規範功能類似，但其具體內容仍待確定。例如當事人雖已受送達，但未被賦予聽審或辯論之機會；或法官應迴避而未迴避，其判決明顯違反司法之中立性及獨立性時，均可認為其訴訟程序違背公序良俗。但如外國法院就國際間之平行訴訟，其決定訴訟繫屬或確定判決之標準，與我國民事訴訟法第一百八十二條之二運用之結果不同，即其未停止訴訟而搶先判決等情形時，固與我國法院之訴訟繫屬或確定判決有所牴觸，但該外國法院之訴訟程序是否違背我國公序良俗，仍應依個別具體狀況判定之。

四、無國際相互之承認

　　外國判決之承認，是否應以內、外國間有相互承認為其要件，各國法

例並非完全一致。大致而言，對外國法院判決為實質審查之國家，因為內國法院已完全控制判決之內容，與自為新的內國判決無異，故均不再要求相互承認。我國民事訴訟法第四○二條第一項第四款規定「無相互之承認者」，不承認該外國法院之判決，似可說明就外國法院判決不進行實質審查之立場。

本款「相互之承認」一詞，並非國際法上的「國家承認」或「政府承認」之意，而是指我國與作成判決之法院所屬國之間，在司法彼此承認對方的法院判決，故其性質屬於「國際」間的司法互惠 (reciprocity, Gengenseitigkeit)。至於大陸地區或香港、澳門的法院作成的判決的承認問題，即使法律就不承認此等「地區」的法院判決的理由，規定與本款類似❷，其規定的性質仍屬於區際私法，乃是以「無區際相互之承認」為不承認的理由，故與本款的性質不同。

內、外國法院判決的國際相互承認，在作成判決的法院所屬國為聯邦國家，或為其他司法權未統一之國家時，由於各法域可能自行決定外國法院判決之承認，是否應以互惠為要件，因此判斷是否具有國際相互承認的要件時，其判斷的單位應直指為判決的法院所屬的特定法域，而非指向包含數法域的「國家」。根據上述說明，即使為判決之外國法院所屬國，與我國並未建立邦交國家，甚至在外交上亦不願對我國為「國家承認」或「政府承認」，亦不宜遽而拒絕承認該國法院之判決❸；只要我國法院之判決在

---

❷ 臺灣地區與大陸地區人民關係條例第七十四條規定：「在大陸地區作成之民事確定裁判、民事仲裁判斷，不違背臺灣地區公共秩序或善良風俗者，得聲請法院裁定認可。」「前項經法院裁定認可之裁判或判斷，以給付為內容者，得為執行名義。」「前二項規定，以在臺灣地區作成之民事確定裁判、民事仲裁判斷，得聲請大陸地區法院裁定認可或為執行名義者，始適用之。」香港澳門關係條例第四十二條第一項規定：「在香港或澳門作成之民事確定裁判，其效力、管轄及得為強制執行之要件，準用民事訴訟法第四百零二條及強制執行法第四條之一之規定。」

❸ 在最高法院六十九年度臺上字第三七二九號民事判決中，最高法院維持原審所為之承認美國法院判決之決定，及原審認為美國承認中共並與我國斷交後，仍

該外國法域，亦被承認為有效，無論內、外國間是否為此曾訂定國際條約，是否已建立正式之外交關係，我國對該外國法院之判決，均應為互惠之對待承認。當然，如外國法院不承認我國法院之判決，依本款規定，我國法院亦難承認該外國法院判決之效力❷，此時如當事人在我國有主張該判決所確定之法律關係之必要，即須對於相對人另行起訴，以便獲得為執行名義之我國法院之判決。

　　內、外國間法院判決的相互承認，應不限於該外國法院已有具體承認我國判決之事實存在，如該外國法院尚無不承認我國法院判決之例，只要客觀上可期待其將來承認我國法院之判決，即可認為符合互惠之要件❷。

有國際相互承認之事實之下列說明：美國訂有「臺灣關係法案」，與我國繼續實質上之關係；依美國最高法院判例揭示國際相互承認原則，該外國確定判決殊無民事訴訟法第四百零二條各款情形之一，自應宣示許可強制執行。《最高法院民、刑事裁判選輯》，第一卷第四冊（民國六十九年），頁 521。

❷　司法院民國六十九年十一月十五日六十九院臺廳一字第〇三九三八號函謂：「英國（香港）與我國現無外交關係，彼此法院之確定判決，亦無相互承認之協議（據外交部六十九年十一月六日以外六十九條二字第二四〇三九函稱：香港法院不承認我國法院民事確定判決之效力），故英國（香港）法院之確定判決，依民事訴訟法第四百零二條第四款之規定，我國仍難認其效力。」在香港之主權回歸中國後，香港終審法院於二〇〇〇年一月二十七日作成一件新判決 (Chen Li Hung & Anor v. Ting Lei Miao & Ors, 2000–1 HKC 461.)，指出香港對臺灣政府的承認與否，在回歸中國以後與中華人民共和國採相同的立場，而臺灣的法院仍屬香港不承認的法院，但其判決在符合下列要件時，仍應為香港法院承認之：㈠臺灣法院之判決所涉之權利為私權，㈡承認其效力符合正義之利益、一般通念之原則及法治之需求，㈢承認其效力於主權利益無妨害，且無其他牴觸公共政策之情事。本件香港法院指出，承認臺灣之判決與承認臺灣為國際法之主體有別，其目的係在保護私權，而非保護臺灣政府。此項新發展值得我國實務界重視，因為香港法院既已開始承認臺灣法院之判決，臺灣對於香港法院之判決，即不得再以欠缺互惠承認之要件為理由，而不承認其效力。請參閱陳榮傳，〈香港法院判決宜予互惠承認〉，《月旦法學雜誌》，第八十一期（民國九十一年二月），頁 32～33。

❷　最高法院一〇一年度臺上字第一三六〇號民事判決謂：「所謂相互之承認，非

不過，就該外國法院對我國法院判決之「承認」而言，並非僅以形式上具有相互承認之可能性，即為已足，其承認之實質條件，亦必須包括彼此就重要之原則大致相當❷⑥。質言之，該外國承認我國法院判決之要件，無論較我國民事訴訟法第四〇二條第一項各款所列之要件稍嚴或稍寬者，我國仍均以該條項規定之要件，為決定是否承認該外國法院判決之標準；如該外國法院就我國法院之判決，名為「承認」，實際上卻是就我國之判決內容進行實質審查，而為新判決者，因與我國法制相差過於懸殊，即難認為彼此之間有相互之承認。

依本款規定不認其效力的外國法院判決，並非該判決在程序或實體上有任何瑕疵，而是因為相互承認判決的政策使然，故該外國法院之判決雖不具有判決之法律上效力，但在訴訟上仍不妨認定其有事實上之效力。最高法院七十五年度臺上字第一〇九六號民事判決即持此一見解，其內容謂：「查英國法院之判決為該國之公文書，其真正業經我駐英國之機構簽證，依法應推定為真正。雖我國與英國並無國際相互之承認，依民事訴訟法第四百零二條（第一項）第四款規定，不認其效力，不能以之為執行名義請求強制執行，但並非不得為法院調查斟酌之證據。」

本款規定之適用範圍，依現行法並無任何限制，在實際適用上仍有問題。例如外國人經其本國法院判決離婚後，欲在我國與第三人結婚，此時如其本國與我國未就判決為相互承認，依本款規定該離婚判決在我國即無

指該國與我國互為國際法上的國家承認或政府承認，而係指法院間相互承認判決的互惠而言。如該外國未明示拒絕承認我國判決之效力，應儘量從寬及主動立於互惠觀點，承認該國判決之效力。外國法院承認我國法院判決之要件，祇須與民事訴訟法承認外國判決效力之重要原則不太懸殊即可，非以與我國規定內容完全相同為必要。」「我國法院之判決得依新加坡普通法，以我國判決為訴因，獨立提起訴訟據以執行。是以新加坡法院既無積極否認我國法院確定判決效力，且可期待以普通法承認執行我國法院之判決，自無民事訴訟法第四百零二條第一項第四款所定無相互承認之情形。」

❷⑥ 請參閱陳榮傳，〈互惠與外國離婚判決之承認〉，《月旦法學雜誌》，第十期（民國八十五年二月），頁61～62。

效力。故該外國人勢必向我國法院，另行提起離婚之訴，惟若我國法院判決與其本國法院不同，或甚至對該案件不得行使一般管轄權時，該外國人雖有其本國法院之離婚判決，始終不得在我國與第三人結婚，其身分關係實大受影響。為解決此一問題，德國民事訴訟法第三二八條乃於第一項第五款規定「無互惠之保證者 (wenn die Gengenseitigkeit nicht verbürgt ist)」後，另於第二項規定，本款之法律，於判決非關財產權之請求，且依德國法律，內國法院無審判權，或其乃親子關係事件者，不適用之。此項規定，應可作為我國他日修法時之參考❷❼。

---

❷❼　有關財產權之外國法院判決之承認，之所以應具備相互承認之要件，係因承認該外國判決，則有影響於在內國之財產，且將來在內國執行時，須經內國司法機關予以特別之協助，始能實現其目的。關於無須強制執行，即可直接使法律關係發生變動的形成判決，既無請求承認國積極協助之必要，如承認國對同一案件亦無一般管轄權，理論上似無須再以互惠為承認該判決之要件。

第三章　涉外仲裁之國際私法問題

第一節　緒　言

　　仲裁是指雙方當事人依其合意，選定第三人為仲裁人，依法律或公平原則審理其間之法律爭端，並受仲裁人判斷之拘束，而解決爭端之制度❶。國際商務仲裁則是指在國際商務往來中，不同國籍之當事人依其協議，自願將其間之法律爭端，提付臨時組成或常設之仲裁庭審理，並受仲裁人作成之判斷拘束之制度。

　　隨著國際貿易之發展，因國際商務而生之法律爭端亦與日俱增。解決此等爭端的途徑中，當以透過私法自治而達成的和解及調解最符合理想，但因其須雙方誠心讓步，實際上不易成功。於是，大部分的當事人仍須求諸於訴訟及仲裁。訴訟制度須嚴格遵守各項程序法規，使當事人深感不便；且有上訴制度，自起訴至判決確定，不免曠日廢時；訴訟程序公開，當事人之營業秘密可能因而曝光；如遇法官未諳商務慣例，每難期待裁判正確，故當事人往往敬而遠之。反之，仲裁制度在程序上較有彈性；不採上訴制度，一審終結；不對外公開，對營業秘密較有保障；仲裁人為當事人所接受之專家，亦可提高判斷的可接受度。再加上仲裁可適度減輕法院之負擔，各國遂不斷在立法及實務上肯定仲裁之地位，聯合國且於一九五八年在紐約通過「外國仲裁判斷之承認與執行公約」（Convention on the Recognition

---

❶　仲裁曾有認為乃仲裁人之個人行為，對當事人無拘束力可言者，但晚近多數學說均已認為其有拘束力，至其法律性質，仍大致有下列各說：一、判決說，二、契約說，三、複合說，四、獨立概念說。

and Enforcement of Foreign Arbitral Awards，以下簡稱一九五八年紐約公約），截至二〇一八年五月，已經對全球一五九個國家或地區生效❷，足見各國非但各自完善內國的仲裁法規定，並已建立起綿密的全球仲裁網。

　　我國關於仲裁之規範，始於民國五十年制定商務仲裁條例共三十條，後來於民國八十七年予以大幅修正並更改名稱為仲裁法，條文總數增為五十六條，民國九十一年、九十八年及一〇四年復有微幅修正，但迄今仍未能參加前述一九五八年紐約公約。我國仲裁法區分涉外仲裁及非涉外仲裁，並於第二十五條規定：「涉外仲裁事件，當事人得約定仲裁程序所使用之語文。但仲裁庭或當事人之一方得要求就仲裁相關文件附具其他語文譯本。」「當事人或仲裁人，如不諳國語，仲裁庭應用通譯。」涉外仲裁是指當事人、仲裁人之國籍、住所、契約訂立地、仲裁程序進行地或仲裁標的等，含有涉外因素而言，較常見的是當事人或仲裁人為外國人。涉外仲裁在國際私法上必須討論的主要問題，尚包括：㈠當事人間所訂定之仲裁協議，其成立要件及效力之準據法為何？㈡仲裁人所據以進行仲裁程序的準據法為何？㈢仲裁人所據以判斷當事人間法律關係的準據法為何？㈣外國仲裁判斷在何種條件下，內國法院得予以承認及執行？以下謹就此四項問題，分別說明之。

第二節　仲裁協議之準據法

一、我國仲裁法關於仲裁協議之規定

　　仲裁之進行有二項必要條件，其一為系爭之爭議須具有可仲裁性(arbitrability)，其二為當事人須合意以仲裁之方式解決該爭議，各國因此亦多就仲裁合意之成立要件及效力，在國內法上設有明文規定❸。

---

❷　http://www.uncitral.org/uncitral/en/uncitral_texts/arbitration/NYConvention_status. html (last visited 2018/5/20).

❸　關於此一部分，請參閱劉鐵錚，〈論涉外仲裁契約之準據法〉，收錄於最高法院

我國仲裁法第一條規定：「有關現在或將來之爭議，當事人得訂立仲裁協議，約定由仲裁人一人或單數之數人成立仲裁庭仲裁之。」「前項爭議，以依法得和解者為限。」由此可知仲裁法關於仲裁之合意，在名稱上捨「仲裁契約」而就「仲裁協議」；關於「可仲裁性」的標準，則以法律上的「可和解性」，即該法律關係所生的權利義務是否可由當事人自由處分為斷。此外，關於仲裁的範圍採取限制的見解，不許當事人不設限制地概括就一切法律關係及其所生爭議，均約定應付仲裁。故仲裁法第二條規定：「約定應付仲裁之協議，非關於一定之法律關係，及由該法律關係所生之爭議而為者，不生效力。」所謂「一定之法律關係」，係指具體特定之法律關係而言，例如承攬工程、買賣貨物、投資設廠、承諾表演、侵權行為等，其應付仲裁之爭議，則可包括仲裁協議達成時已發生，及將來可能發生之所有爭議。

仲裁協議依前述說明，是指當事人就一定之法律關係，及由該法律關係所生之現在或將來之爭議，合意由仲裁人仲裁，並終局服從其判斷之協議，其性質屬於廣義之契約，通常的約定方式，是以在關於一定法律關係的主要契約的條款中，加入仲裁條款而訂定之。仲裁協議的方式，依仲裁法第一條第三項規定，應以書面為之。此種書面如採狹義解釋，依民法第三條規定，雖不必由當事人親自書寫，但至少應由其親自簽名。最高法院六十四年度臺抗字第二三九號判例採此見解，認為仲裁協議須「由當事人簽名，始為相當，否則不生效力。載貨證券係由運送人或船長簽名之證券，難謂係當事人雙方簽訂書面」；最高法院民國六十七年四月二十五日六十七年度第四次民事庭庭推總會議決議㈡的第三點亦指出，載貨證券係由運送人或船長單方簽名之證券，其有關仲裁條款之記載，尚不能認係仲裁協議。不過，現行仲裁法第一條第四項就「書面」係採廣義見解，規定：「當事人間之文書、證券、信函、電傳、電報或其他類似方式之通訊，足認有仲裁合意者，視為仲裁協議成立。」故對於僅有一方簽名的書面，或彼此通訊

學術研究會編，《關於商務仲裁契約妨訴抗辯之效力》（臺北：自版，民國八十一年十二月），頁 359 以下。

之電磁紀錄等，均應綜合當事人間以往之習慣、所屬行業之慣例及其他客觀因素，於「足認有仲裁合意」時，即認為其書面方式之要件並無欠缺。

　　上述仲裁協議，在形式上只是主要契約之一部分，實質上是獨立於該主要契約以外，而為應單獨決定其要件及效力之另一契約或協議，如何處理，非無疑問❹。對此問題，仲裁法採「仲裁條款獨立性原則」，於第三條明文規定：「當事人間之契約訂有仲裁條款者，該條款之效力，應獨立認定；其契約縱不成立、無效或經撤銷、解除、終止，不影響仲裁條款之效力。」換言之，仲裁協議具有獨立性及無因性，故即使仲裁協議與主要契約在形式上結合為同一書面之各部分，其在法律上仍彼此分立，各有其獨立之成立要件及效力，仲裁協議之有效不以主要契約之有效為必要，也不因原來從屬於主要契約而訂立之事實，致受主要契約之不成立、無效被撤銷、解除或終止之影響，而失去其獨立之效力。在最高法院九十二年度臺抗字第二八五號民事裁定中，當事人之間訂有產品研發及行銷合作契約，該合作契約已於起訴之前終止，兩造對於契約關係自契約終止日後，既向將來失其效力，是否仍受原契約所訂之仲裁條款之拘束發生爭議，最高法院認為該條在解釋上，於契約因期限屆滿而消滅之情形，亦應有其適用。

❹　在我國實務上，臺灣臺北地方法院七十五年度仲字第五號民事裁定亦採此項見解。在本案中，聲請人是英國公司，相對人為我國公司，兩造締結之買賣契約第六條第二項約定：「因或關於本契約致生之任何糾紛或損害賠償之請求，應先經由雙方以和解方式嘗試解決，如不能以和解方式解決，則應依國際商會調解及仲裁規則之規定提付仲裁，其所作成之仲裁判斷為終局確定且有拘束力。」嗣因履行契約問題發生糾紛，無法循和解方式解決，乃依仲裁條款之約定提付國際商會仲裁法庭請求仲裁紛爭，經國際商會仲裁法庭指定仲裁人於大韓民國漢城作成仲裁判斷，相對人未依判斷履行，聲請人遂向我國法院聲請承認該韓國仲裁判斷。案件審理中，相對人就仲裁條款之效力提出抗辯，認為兩造之買賣契約，業經聲請人向相對人表示解除，已溯及失其效力，仲裁條款係該契約條款之一，自亦失其效力，故仲裁判斷無所依據。但法院認為相對人之辯解違背仲裁法理，不足採信，其理由略以：仲裁條款之機能乃在解決主契約所生之一切紛爭，是以主契約之無效、不成立、失效，當然不能影響仲裁條款之有效存在，否則仲裁條款豈非無用。

至於仲裁協議在程序法上所生的具體效力內容，仲裁法第四條規定：「仲裁協議，如一方不遵守，另行提起訴訟時，法院應依他方聲請裁定停止訴訟程序，並命原告於一定期間內提付仲裁。但被告已為本案之言詞辯論者，不在此限。原告逾前項期間未提付仲裁者，法院應以裁定駁回其訴。」「第一項之訴訟，經法院裁定停止訴訟程序後，如仲裁成立，視為於仲裁庭作成判斷時撤回起訴。」本條之仲裁協議包括純粹內國仲裁協議及涉外仲裁協議，至於妨訴抗辯是否成立的判斷，在最高法院九十二年度臺抗字第二八五號民事裁定中，當事人間之契約訂有仲裁條款，但一方當事人於第一審起訴時，即表明係以所有物返還請求權為訴訟標的，而非基於契約之法律關係為請求，雙方並就該訴訟應否在系爭仲裁條款約定範圍之問題發生爭議，最高法院指出：「被告為仲裁之妨訴抗辯是否成立，非單以原告所主張之訴訟標的決之，尚應斟酌原告所主張之原因事實及被告抗辯之事實與原告請求間之關係如何為衡量。」❺

二、準據法之決定

仲裁協議具有涉外因素者，無論是當事人所約定的仲裁地在外國、當事人為外國人、仲裁協議是在外國領域所達成、當事人約定外國人為仲裁人等，性質上都屬於涉外仲裁協議。涉外仲裁協議是否有效成立及效力之問題，在仲裁協議為獨立的契約，且各國關於仲裁協議的具體規定內容不一致之情形下，自有依據國際私法決定其準據法的必要。

有關仲裁協議的準據法，主要有下列四種立法主義或學說❻：

---

❺ 本件裁定並認為：「查本件相對人以所有人之地位起訴，請求再抗告人返還系爭機器，再抗告人迭次抗辯，相對人請求伊返還之系爭機器，係其依兩造所立合作契約交付與伊使用，該契約訂有仲裁條款，相對人應在英國提出仲裁，不得逕向中華民國法院提起訴訟等語，並提出系爭合作契約書影本及中譯本為證。原法院未查明再抗告人前開抗辯是否屬實，遽以前揭情詞，將臺北地院所為停止訴訟程序至命相對人於英國提付仲裁之裁定廢棄，自有未合。」

❻ 有關仲裁協議準據法之學說，實與仲裁協議之性質有關，而仲裁協議之性質，則有一、司法說 (jurisdictional theory)，二、契約說 (contractual theory)，三、

㈠當事人意思自主說

此說認為涉外仲裁協議，就其提付仲裁解決爭議，並服從仲裁判斷之觀點而言，與和解契約相似，蓋和解契約亦係中止紛爭，而確定當事人間法律關係之契約。故仲裁協議性質上亦與和解契約所屬之債權契約接近，其準據法亦應與一般涉外私法上契約相同，均以當事人間之合意為連結因素。

㈡法院地法說

此說認為仲裁係國家為排除法院對於特定爭議之裁判，而將該爭議之解決，委請私人性質之仲裁人作終局之決定，並對此決定予以服從之訴訟法上之契約，其程序法之性質極為濃厚，根據訴訟程序依訴訟地法之原則，仲裁協議之要件及效力，自應依訴訟繫屬之法院地法。美國過去之判例，大都採法院地法說，惟晚近已有變更❼。

㈢仲裁舉行地法說

此說認為當事人在仲裁協議中，通常亦有仲裁舉行地之約定，而仲裁人通常也適用仲裁地之法律，故應以當地之法律為仲裁協議之準據法。此外，仲裁協議之有效性，如為仲裁地法所否定，則當事人即無法在當地受仲裁判斷；如一方取得其他國家之仲裁判斷，該仲裁判斷亦難在當地被承認與執行。仲裁地法之承認該仲裁協議為有效，既為強制履行仲裁協議之最低度要求，仲裁協議之成立及效力，自應以仲裁地法為準據法❽。

㈣主要契約之準據法說

此說認為仲裁協議係為解決主要契約之爭議而訂定，其與主要契約之

混合說 (mixed or hybrid theory)，四、自主說 (autonomous theory)。

❼　見 American Law Institute, *Restatement of the Law, Second, Conflict of Laws* (1971), §218. 本條不僅對仲裁協議之成立及效力，採當事人意思自主說，即對妨訴抗辯，亦依該當事人合意所選擇之法律。

❽　仲裁地法可能有仲裁舉行地法及仲裁判斷地法之區別，此二者在通常情形，固屬相同，但有時仲裁舉行地甚難確定，特別是當仲裁人分別於不同國家數次集會，乃至於僅以書面交換意見之情形，究竟應以何者為仲裁地，即有疑問。故晚近立法例均以較易確定之仲裁判斷作成地法，取代仲裁舉行地法。

關係密切，具有不可分性，故仲裁協議之要件與效力，即應以主要契約所適用之法律為準據法。但反對此說者則認為，仲裁協議並非當然係為解決主要契約之爭議而存在，其以解決因其他法律關係而生之爭議者，也所在多有；況二者並非不可分離，主要契約有無效或得撤銷之原因，並不當然影響仲裁協議之有效性，二者所適用之法律並非在理論上必然相同❾。

　　以上四種有關仲裁協議準據法之學說中，法院地法說對於程序性較濃之仲裁協議效力問題，例如仲裁協議之妨訴抗辯之效力，即其有排除法院管轄之效果等，固甚妥當，但如關於仲裁協議之成立及生效，亦採法院地法，則非但將使仲裁協議之準據法陷於不確定，且易造成當事人任擇法庭之弊端，而影響仲裁協議之安定性。主要契約之準據法說忽視仲裁協議與主要契約彼此獨立之事實，而且在規範主要契約之衝突規則不採當事人意思自主原則時，其造成任擇法庭、影響判決一致等缺點，均於仲裁協議中出現。仲裁舉行地法說或仲裁判斷地法說，雖常為當事人所同意者，具有明確、固定之優點，亦與整個仲裁之法律關係相當密切，惟是否與仲裁協議之本質符合，仍有待商榷。當事人意思自主說從肯定仲裁協議之獨立性出發，而以雙方合意選定之法律，作為解決仲裁協議是否成立及生效問題

---

❾　仲裁條款係當事人間在主契約中所載的一個約款，其與主契約之關係如何，有認為仲裁條款應受主契約之支配，主契約無效時，仲裁條款亦隨之無效，糾紛發生時，不得付諸仲裁，僅能循訴訟途徑解決。換言之，即認為仲裁條款具有從契約之性質。亦有認為仲裁條款係獨立於主契約而存在，稱為仲裁條款獨立性原則 (Separability of the arbitration clause)。惟就仲裁條款之功能言，即係在解決當事人間主契約所生之糾紛，則主契約無效或不成立，應不能影響仲裁條款之有效性，否則仲裁條款僅於主契約有效時始有作用，其功能將大受削減。美國聯邦最高法院於 Prima Paint Corp. v. Flood and Conkin MFG Co., 87 S. Ct. 1801 (1967) 一案，及❹所引我國臺灣臺北地方法院於七十五年度仲字第五號民事裁定中，均採仲裁條款獨立性原則。一九八〇年羅馬契約之債準據法公約第一條第二項規定該公約不適用於仲裁協議，英國政府曾建議該公約之適用範圍應及於仲裁契約，但被其他包括德國在內之國家反對，其主要理由即係仲裁契約對主契約而言，乃是一項可分而獨立之契約。

之準據法，就結論言，最為公平、合理，且易達成判決一致之效果，應係可採，實際上亦為目前涉外仲裁之重要趨勢。

三、我國現行規定之析論

我國仲裁法第三條明定仲裁協議具有獨立性，依前述說明，在我國國際私法上，亦應肯定仲裁協議有當事人意思自主原則之適用。依仲裁法第四十條第一項第二款規定，「仲裁協議不成立、無效，或於仲裁庭詢問終結時尚未生效或已失效者」，當事人得對於他方提起撤銷仲裁判斷之訴❿，故如當事人在訴訟上對於涉外仲裁協議之是否成立生效問題，發生爭議，法院即需依我國國際私法決定其準據法。

最高法院九十二年度臺上字第二三四號判決指出，「仲裁協議乃祇指當事人間就有關現在或將來之爭議，選擇以私程序仲裁取代司法程序，並同意依仲裁判斷方式以解決紛爭之程序約定而已，並不涵攝上開提付仲裁程序約定以外涉及實體之其他契約內容。」可見我國涉外法對於發生仲裁法律關係的仲裁協議，並無明文規定，當事人意思自主原則依新涉外法第二十條第一項規定，所適用者乃「法律行為發生債之關係者」，即債權行為而已。仲裁協議之目的係在選定解決糾紛之方式，而非創設債權債務的法律關係，自不得直接適用該條項有關債權行為的規定。解釋上似宜認為我國現行法漏未規定涉外仲裁協議的準據法，發生應予以補全的法規欠缺現象或法律漏洞，應類推適用新涉外法第二十條之規定，承認當事人得合意定其仲裁協議之準據法。

進一步言之，如當事人就仲裁協議明示指定其準據法者，即應依明示合意所定之準據法，但如無明示之意思表示，即須就考量各種相關因素，尤其是約定的仲裁地，而以其關係最切之法律為準據法。由於仲裁協議與

---

❿　關於本款所稱仲裁協議「失效」之意義，最高法院九十一年度臺上字第一四九號判決認為係指仲裁協議「因撤銷、解除、終止、解除條件成就或終期屆至等情形失其效力而言。若契約當事人已依約履行完畢，僅係當事人履行義務已經完畢不必再為給付，並非契約失效。」

主要契約彼此獨立，仲裁協議之準據法也未必與主要契約之準據法一致，此時當事人如就主要契約已明示指定 A 國法為準據法，但就仲裁協議則選定 B 國為仲裁之舉行地時，仍不應認為當事人關於主要契約之準據法 A 國法，當然亦適用於仲裁協議之是否有效成立。當然，如當事人就其仲裁協議未明示指定其準據法，即當事人意思不明時，即應類推適用新涉外法第二十條第二項、第三項，而以關係最切之法律為其準據法。

依我國仲裁法第五十條第二款規定，當事人聲請法院承認之外國仲裁判斷，如其「仲裁協議，依當事人所約定之法律為無效；未約定時，依判斷地法為無效者」，他方當事人得於收受通知後二十日內聲請法院駁回其聲請。其中關於仲裁協議之是否有效，應依「當事人所約定之法律」決定，此項「約定之法律」，係指關於仲裁協議所約定者而言，應與當事人關於主要契約所約定之法律，嚴予區別，自不待言；該款所謂「判斷地法」，是指實際已進行仲裁而達成判斷之地域之法律，故如當事人所約定之仲裁地和實際仲裁之判斷地不同時，仍應以前者為當事人「約定之法律」，其就系爭仲裁協議之是否有效成立，應優先於「判斷地法」而適用之。此一規定僅適用已經作成外國仲裁判斷的情形，如當事人僅就涉外仲裁協議的成立及效力問題發生爭議，該仲裁協議的準據法仍宜類推適用新涉外法第二十條的規定決定之。

由上可知，當事人如就涉外仲裁協議之是否有效成立，在我國法院涉訟，我國法院雖未必應適用我國仲裁法予以決定，但至少在當事人合意以我國法律為仲裁協議之準據法，或當事人合意在我國領域內接受仲裁判斷，即我國法為仲裁判斷地法時，均應依我國仲裁法的前述規定，判斷系爭仲裁協議的問題。尚值得注意的是，涉外仲裁協議的準據法適用的範圍，應僅限於其成立要件及其本身的實體效力問題，至於其在訴訟上究竟應發生何種效力的問題，例如當事人得否提出妨訴抗辯，或法院得否駁回訴訟或命當事人提付仲裁等，應依受訴法院的所在地法決定，故我國法院應一律依仲裁法第四條決定之[11]。

---

[11]　日本東京高裁平成六年五月三十日判決認為，以美國紐約市仲裁機構所應適用

第三節　仲裁程序之準據法

　　仲裁程序之進行，從仲裁庭的組成、仲裁人的資格、仲裁人的選定、仲裁人的義務及迴避、仲裁地的決定、相關文書的送達、仲裁判斷的作成期限、當事人的陳述及異議、相關爭議的處理、仲裁判斷的評議及仲裁判斷書的記載事項等問題，各國法律的規定既未盡一致，而每一仲裁判斷又均有其本身所應遵守的程序規則，在國際私法上乃有為各仲裁程序決定其準據法（即仲裁之法，lex arbitri）的必要。

一、仲裁程序之自主

　　依我國仲裁法第四十條第一項第四款規定，「仲裁庭之組成或仲裁程序，違反仲裁協議或法律規定者」，當事人得對於他方提起撤銷仲裁判斷之訴。其中關於仲裁程序之定義，參照最高法院八十六年度臺再字第八八號判決，「舉凡仲裁時應遵守仲裁契約及各項程序，乃至於仲裁判斷之作成等，均應包括在內」，即仲裁人是否逾越權限而作成仲裁判斷，亦包含在內。故如兩造所訂契約已約定就仲裁契約標的之爭議應以我國實體法為其準據法，系爭仲裁判斷摒棄我國民法之規定於不顧，逕依衡平法則判斷時，其仲裁判斷即有仲裁程序違反仲裁協議或法律規定之瑕疵。

　　仲裁判斷之效力，既在一定之程度內與法院之判決具有相同效力，其程序及相關事項必然應以國家之法律為依據，但其在另一方面亦為當事人意思自主原則適用之結果，所以仲裁程序的問題，便陷入究應專依國家法律之規定，或亦容許當事人意思自主之兩難。我國仲裁法關於內國的仲裁

　　　　之法律為準據法的涉外仲裁協議，如經美國紐約聯邦地方法院裁定命當事人提付仲裁，即不得就同一爭議在日本法院起訴。請參閱李後政，〈外國仲裁協議、妨訴抗辯與假扣押、假處分──臺灣高等法院八十四年度抗字第一四三四號民事裁定、最高法院八十五年度臺抗字第二二七號民事裁定評釋〉，《台灣本土法學雜誌》，第二十六期（民國九十年九月），頁47。

的進行程序，在第十八條至第二十一條、第二十三條、第二十五條、第三十一條、第三十二條及第三十六條，均明文規定當事人得以合意排除各相關的規定。此外，依仲裁法第五十條第五款規定，當事人聲請法院承認之外國仲裁判斷，如其「仲裁庭之組織或仲裁程序違反當事人之約定；當事人無約定時，違反仲裁地法者」，他方當事人得於收受通知後二十日內聲請法院駁回其聲請。本款所謂「當事人之約定」，應包括其對仲裁程序之具體事項之約定，及關於其仲裁程序所應適用之法律之約定，故外國仲裁之程序，可因當事人之約定，而適用我國法或其他外國之法律，我國之仲裁之程序，也可因當事人之約定而適用外國法。

二、仲裁程序準據法之決定

依我國仲裁法第四十條第一項各款的規定，當事人得提起撤銷仲裁判斷之訴的理由，大部分都與仲裁程序密切相關。此等規定說明依我國法律進行之仲裁程序，其瑕疵之有無及其瑕疵對仲裁判斷的影響，均應依我國法律決定之。至於何種涉外仲裁的仲裁程序應適用我國法律？何種涉外仲裁的仲裁程序應適用外國法律？均值得仔細研究。

仲裁程序之準據法，依前述說明，得由當事人合意決定之，故如當事人關於仲裁程序之準據法發生爭議，在我國法院涉訟時，如當事人明示合意其仲裁程序之準據法，固應適用該法律判斷其程序有無違法，如僅指定其仲裁舉行地者，該地之法律可能為關係最切之法律，而為仲裁程序之準據法。進一步言之，涉外仲裁程序之準據法雖獨立決定，其準據法卻常與仲裁協議之準據法一致，但如仲裁協議之準據法與仲裁程序之準據法（常為仲裁舉行地法）不一致，或認為當事人之意思不明時，參酌一九五八年紐約公約第五條第一項第四款之規定，則應依仲裁舉行地法❷。我國仲裁法第五十條第五款的「仲裁地法」，在約定的仲裁地法與實際進行或一方擬

---

❷ 關於一九五八年紐約公約的相關問題，請參閱劉鐵錚，〈聯合國「外國仲裁判斷之承認及執行公約」之研究〉，收錄於《國際私法論叢》（臺北：三民，民國八十年三月修訂再版），頁 277 以下。

進行仲裁程序的仲裁地法不一致時，宜優先適用約定的仲裁地法。最高法院在舊商務仲裁條例施行期間，曾於實例中採此見解❸，值得贊同。

　　晚近的國際仲裁實務，為避免仲裁程序過度受限於仲裁舉行地，乃發展出一項 「浮動 (floating)」、「除地域化 (delocalised)」 或 「除國家化 (denationalised)」之理論。該理論認為仲裁與法院之審判本不相同，故無須受限於仲裁舉行地法之限制，即當事人訂立仲裁協議時，得僅為概括之協議，無須具體指明其程序適用何國法律、其準據法依何國國際私法決定、或其實體關係應依何國法律判斷等。因此，除仲裁程序得依當事人合意適用之法律外，仲裁人亦得僅適用其認為妥適之衝突規則，關於為仲裁標的之法律關係之判斷，亦非以適用某特定國家之實體法為必要，如適用因商事習慣而形成之「商人法 (lex mercatoria)」中之法律原則，亦屬無妨。此種「浮動仲裁」之制度，使仲裁更具有彈性，其將來之發展，值得注意。

三、仲裁程序準據法之適用範圍

　　仲裁程序之準據法之適用範圍，理論上至少包括仲裁法第三章「仲裁程序」及第二章「仲裁庭之組織」規定的事項。所以當事人應如何指定仲裁人？一造未指定仲裁人時發生何種效果？得否由一造指定之仲裁人單獨

---

❸　我國實務上亦採此一見解，例如在最高法院七十五年臺抗字第三二四號民事裁定中，聲請人為日本公司，相對人為我國公司，雙方訂定代理契約，由相對人代理聲請人所有船隻在臺灣之船務及收取運費或其他款項等事務，依代理契約第十九條規定，因代理契約所生之爭議在東京以仲裁方式解決之。嗣雙方因代收運費事宜發生糾紛，乃在東京進行仲裁，聲請人指定仲裁人後，相對人未依約選定仲裁人，聲請人乃聲請我國法院為相對人選定仲裁人。案中所涉及之問題，為選定仲裁人之管轄法院應為日本法院或我國法院？最高法院認為「兩造為不同國籍之法人，雙方所訂契約第十八條及第十九條既分別約定，契約之準據法為日本法，所生之爭議在東京仲裁，則關於雙方爭議之仲裁程序自應適用日本法。而關於選定仲裁人之管轄法院，日本民事訴訟法第八百零五條定有明文。惟依該條規定，祇能定日本法院為管轄法院，不能定我國法院為管轄法院。」

審理？得否由獨任仲裁人依簡易仲裁程序審理？仲裁人應具備何種積極資格及消極資格？仲裁人應如何適用法律？仲裁人應否嚴格適用法律或得否適用衡平原則或公允善良原則 (ex aequo et bono) 為仲裁判斷？當事人得否賦予仲裁人得適用公允善良原則之職權？仲裁人有何種職權及義務？仲裁人應遵守何種行為規範？仲裁判斷書應具備何種形式？等問題，均應適用仲裁程序的準據法。

第四節　仲裁事件之準據法

　　仲裁解決爭端之方法，既與法院之訴訟不同，仲裁人據以解決當事人之間的爭議的方法及依據，也就比較具有彈性。此項彈性的範圍，理論上應由各國關於仲裁的法律決定之。我國最高法院於八十七年度臺抗字第四六號裁定指出：「仲裁契約，係基於私法上契約自由原則，由雙方當事人將其紛爭交付第三人即仲裁人為判斷之合致意思表示。仲裁人基於其得為仲裁判斷之法律上地位，於解決當事人間之實體法律爭議事項，判斷其法律上之效果時，參照本院二十六年渝上字第三五○號、四十三年臺上字第六○七號等判例意旨，原即有適用法律之職權，而無待於當事人之約定，亦不受當事人所述法律見解之拘束。」依此見解，我國之仲裁庭基本上仍應依法律規定為仲裁，不得任意以抽象的公平正義或衡平原則判斷之。

　　我國仲裁法第四十條第一項所列得提起撤銷仲裁判斷之訴之原因，以及第三十八條關於法院應駁回聲請執行仲裁判斷之原因之規定，大部分似均為有關仲裁程序之瑕疵❶，顯示法院所得依據法律對於仲裁判斷為外部控制者，或仲裁庭必須嚴格依法律予以決定者，僅係第三十八條第一款及第三款所列之問題，即：仲裁判斷是否與仲裁協議標的之爭議無關，或逾

---

❶　最高法院九十年度臺上字第一三六二號判決指出：「撤銷仲裁判斷之訴，並非就原仲裁程序再為審判，法院應僅就原仲裁判斷是否具有仲裁法第四十條第一項所列各款情事，加以審查，至於原仲裁判斷所持之法律見解及對於實體內容之判斷是否妥適，則為仲裁人之權限，自非法院所得過問。」

越仲裁協議之範圍？仲裁判斷是否係命當事人為法律上所不許之行為？法院對於仲裁判斷的理由的控制，僅限於該條第二款，而其規定為：「仲裁判斷書應附理由而未附者。但經仲裁庭補正後，不在此限。」可見法院僅得審酌有無理由，至於理由是否完全妥當或是否與法律規定之論理相同，則非所問。在仲裁法並未課予仲裁庭嚴格適用法律之義務之情形下，究竟何種情形屬於「應附理由而未附」，涉及法院審查仲裁判斷的密度，也關係到仲裁庭遵守法律之程度，確實值得注意❶。

　　上述仲裁判斷書應附理由的規定，固得適用於我國之仲裁判斷，但外國之仲裁判斷書是否均應附具理由，則應以該外國之法律規定為準。例如涉及美國之仲裁判斷時，即應以美國之仲裁制度在此方面之規定為準（參照最高法院七十三年度臺抗字第二三四號裁定）。外國之仲裁判斷如適用衡平原則，其是否合法妥當之問題，亦應依該外國之法律規定判斷之。準此，我國仲裁法第三十一條規定：「仲裁庭經當事人明示合意者，得適用衡平原則為判斷。」此一規定應僅適用我國之仲裁判斷而已。反面言之，如當事人未明示合意適用衡平原則，仲裁庭即應如法院一般，應依職權適用法律。惟對於仲裁庭所適用之衡平原則，實務上係採狹義見解。

　　例如最高法院九十二年度臺上字第一六八九號判決指出：「八十七年六月二十四日修正公布之仲裁法第三十一條，固引進聯合國國際貿易法委員會國際商務仲裁模範法第二十八條第三項之規定，增設『法律仲裁』外之『衡平仲裁』制度，惟該條所稱之『衡平仲裁』，係指仲裁庭如發現適用法律之嚴格規定，將產生不公平之結果者，得經由當事人之明示合意授權，基於公平、合理之考量，摒除法律之嚴格規定，改適用衡平原則為判斷而言，若當事人間之契約內容或約定不明者，仲裁庭僅依民法第一條、第一

---

❶　依最高法院九十一年度臺上字第一一〇六號判決，所謂「仲裁判斷書應附理由而未附」，係指仲裁判斷書完全不附理由者而言，該款規定與民事訴訟法第四百六十九條第六款規定「判決不備理由或理由矛盾者為當然違背法令」者有殊，仲裁判斷書如已附理由，縱其理由不完備，僅為判斷之理由未盡，亦與判斷不附理由有間，尚不得據以請求撤銷仲裁判斷。

百四十八條及第二百二十七條之二規定之『法理』、『誠實信用原則』或『情事變更原則』進一步探究、解釋而為判斷,並未將法律之嚴格規定加以摒棄,自仍屬『法律仲裁』判斷之範疇,不生上述經當事人明示合意始得『衡平仲裁』之問題。」

依我國仲裁法組成的仲裁庭,對於涉外仲裁事件的實體問題,參考上述關於我國仲裁法之說明,基本上應依我國涉外法決定其準據法,為貫徹仲裁制度的設立本旨及當事人意思自主原則的精神,如當事人就其法律關係或爭議之解決,合意適用特定國家之法律時,依新涉外法第二十條第一項,自應適用其合意應適用之法律。在仲裁程序應依我國法律決定的情形下,如當事人明示合意適用衡平原則為判斷依據,即使在涉外仲裁事件中,仲裁庭亦得適用之。

在國際間的仲裁實務上,當事人除經常合意選擇特定國家的實體法,為仲裁事件的準據法外,亦常就一方當事人為主權國家的「國家契約」,選擇適用國際間通用的「商人法」或國際慣例;當事人未合意決定其準據法,仲裁庭就涉外實體問題為仲裁判斷時,除參考仲裁地之國際私法之規定,而決定其準據法的情形外,也有直接以衡平原則、公允善良原則或誠信原則為依據之例❻。但無論如何,準據法的決定亦為仲裁程序之一部分,仍應符合該仲裁程序之準據法,即該仲裁庭所據以進行仲裁之法律之規定。為使當事人所合意適用的衡平原則、公允善良原則或誠信原則,在內容上不致差異太大,並使此類仲裁判斷之結論更具有可預測性,國際間已形成某些柔性的新法源,例如國際統一私法協會 (UNIDROIT) 相繼於一九九四年、二〇〇四年、二〇一〇年、二〇一六年通過之國際商務契約通則 (Principles of International Commercial Contracts),其未來之發展頗值得注意。

---

❻ 柯澤東,〈國家與外國私企業間貿易契約國際商務仲裁之法律適用〉,《臺大法學論叢》,第二十四卷第二期 (民國八十四年六月),頁 375 以下;《國際私法》(臺北:自版,民國八十八年十月),頁 243 以下。

第五節　外國仲裁判斷之承認與執行

一、仲裁判斷之國籍

　　在各國之仲裁法尚不一致，而仲裁判斷又可作為執行名義的情形下，各國立法通常都將仲裁判斷區分為內國仲裁判斷及外國仲裁判斷，而分別設其規定，涉外仲裁判斷究應如何歸類為內國或外國之仲裁判斷，實為重要之問題。涉外仲裁判斷的所屬國或其國籍的決定基準，在學理上有以仲裁判斷的作成地、所依據的準據法、仲裁判斷書應交存或備查的法院所在地、當事人的國籍、當事人的住所或仲裁人的國籍為準等不同見解，其中尤以仲裁判斷的作成地說及準據法說最受重視。

　　作成地說認為涉外仲裁判斷的國籍所屬國，為其判斷作成地所在的國家，準據法說則認為是制定其準據法的國家。前說整體而言較明確，而易於認定，但如仲裁地與判斷地不同，或仲裁程序係在不同的國家分別進行時，認定也有困難，而且在某一國家作成仲裁判斷，往往乃出於偶然，因此即謂仲裁判斷有該國之國籍，不無牽強之失。後說的優點是較符合國籍「真實牽連 (genuine link)」的要求，但也因準據法不易確定，而有未盡明確的缺點。一九五八年紐約公約第一條兼採上述二說，規定「在請求承認及執行判斷國以外之國家內所作之判斷」 (arbitral awards made in the territory of a State other than the State where the recognition and enforcement of such awards are sought)，及 「請求承認及執行判斷國不認為內國判斷之判斷」 (arbitral awards not considered as domestic awards in the State where their recognition and enforcement are sought)，均適用外國仲裁判斷之規定。

　　我國仲裁法第四十七條第一項規定：「在中華民國領域外作成之仲裁判斷或在中華民國領域內依外國法律作成之仲裁判斷，為外國仲裁判斷。」依此規定，就仲裁判斷的內國國籍的認定，我國似係兼採作成地說及準據法說，其結果是內國仲裁判斷的範圍較小，必須仲裁判斷係在我國境內作

成且係依我國法律作成，始可認為其係我國之仲裁判斷。上述關於內國及外國仲裁判斷的區別，對於要擴大其適用範圍的一九五八年紐約公約而言，固屬妥當，對於我國仲裁法而言，擴大外國仲裁判斷的範圍，壓縮內國仲裁判斷的空間，是否妥適，則有待商榷。

　　仲裁判斷是否係在我國領域內作成及是否依外國法律作成，既為認定該仲裁判斷之內、外國籍之關鍵，其標準在實務上自具有相當之重要性。關於仲裁判斷之作成地，我國仲裁法第三十四條第二項既規定仲裁判斷書，應另備正本，連同送達證書，送請仲裁地法院備查，似不妨以有無送請我國法院備查為標準，而認定其有無我國之國籍，至於其外國國籍，則應依其具體之作成地認定之。至於所謂「依外國法律」作成，究竟是指其仲裁程序之準據法或仲裁事件之準據法為外國法律，解釋上似非無疑義。如兼採二者，將使外國仲裁判斷的範圍擴大，似無必要，如採仲裁事件之準據法說，則必須深入探究仲裁判斷之具體內容，也非妥適，故以仲裁程序之準據法說較為妥適。

　　仲裁法第四十八條第一項第三款規定聲請承認外國仲裁判斷時，應附具「仲裁判斷適用外國仲裁法規、外國仲裁機構仲裁規則或國際組織仲裁規則者，其全文。」可見仲裁庭之仲裁程序如非以我國法為準據法，即屬「依外國法律」作成之仲裁判斷，故此處之外國法律，除特定國家關於仲裁程序的國內法的規定外，亦包括國際間所形成的規範或國際組織的仲裁規則。在我國實務上，國際商會之仲裁判斷一向被認為外國仲裁判斷，前此主要是因其在中華民國領域外作成❶，此後宜認為國際商會之仲裁判斷即使是在我國境內作成，因其仲裁程序非為我國法律，亦為外國之仲裁判斷。

---

❶　司法院民國八十四年十一月二十二日八十四秘臺廳民三字第二〇二三一號函，《民事法令釋示彙編續編㈠》（民國八十八年六月版），頁 220～223；「巴黎國際商會仲裁法庭所為之仲裁判斷，性質上仍屬外國仲裁判斷」，司法院七十九廳民三字第八二二號函，《民事法令釋示彙編》（民國八十三年六月版），頁 1067、1069。

　　我國仲裁法第四十七條第二項規定：「外國仲裁判斷，經聲請法院裁定承認後，於當事人間，與法院之確定判決有同一效力，並得為執行名義。」本項係於民國一〇四年修正，其立法理由指出：法院對外國判決或仲裁判斷之承認，最基本者當為承認該判決或仲裁判斷之既判力，使得兩造當事人與承認國之法院，均必須尊重該判決或判斷所確定或形成之法律關係，而不得試圖再另為爭執或重新為實質認定；再參照一九五八年聯合國承認及執行外國仲裁判斷公約第三條亦明定「各締約國應承認仲裁判斷具有拘束力及執行力 (recognize arbitral award as binding and enforce them)」，故外國仲裁判斷經我國法院承認後，應與法院確定判決有同樣的實質確定力及執行力❽。

　　相對於此，在大陸地區作成之仲裁判斷，並非「外國」仲裁判斷，臺灣地區與大陸地區人民關係條例第七十四條第一項、第二項亦規定：「在大陸地區作成之民事確定裁判、民事仲裁判斷，不違背臺灣地區公共秩序或善良風俗者，得聲請法院裁定認可。」「前項經法院裁定認可之裁判或判斷，以給付為內容者，得為執行名義。」由於本條欠缺「於當事人間，與法院之確定判決有同一效力」之規定，最高法院一〇四年度臺上字第三三號民事判決乃認為經法院裁定認可的大陸地區民事仲裁判斷，僅有執行力，而無既判力或實質確定力。

二、聲請承認之程序

　　依我國仲裁法作成之仲裁判斷，於當事人間，固與法院之確定判決，有同一效力，但除有同法第三十七條第二項但書所列之情形外，原則上須聲請法院為執行裁定後，方得為強制執行。外國仲裁判斷，依同法第四十七條第二項規定，一律須經聲請法院裁定承認後，始得為執行名義，未經法院裁定承認者，即不具有仲裁判斷之效力。

---

❽　司法實務上認為外國仲裁判斷只要經我國法院裁定承認，均具有既判力，不因其在本項修正以前被承認，而有不同。見：臺灣高等法院一〇四年度重上字第九六六號民事判決。

外國仲裁判斷之聲請承認，依仲裁法第四十八條第一項規定，「應向法院提出聲請狀，並附具下列文件：一、仲裁判斷書之正本或經認證之繕本。二、仲裁協議之原本或經認證之繕本。三、仲裁判斷適用外國仲裁法規、外國仲裁機構仲裁規則或國際組織仲裁規則者，其全文。」「前項文件以外文作成者，應提出中文譯本。」「第一項第一款、第二款所稱之認證，指中華民國駐外使領館、代表處、辦事處或其他經政府授權之機構所為之認證。」如系爭仲裁協議業經國外公證機關公證，並經我國駐外代表蓋章證明在案，參照民事訴訟法第三五六條規定，應可推定為真正，法院如認該駐外代表之蓋章尚有可疑，非不可函請外交部查明是否真實，依最高法院七十七年度臺抗字第一三五號裁定意旨，即不得遽以其是否真偽無從為實體上之認定為由，裁定駁回相對人承認外國仲裁判斷之聲請。

仲裁法第四十八條第四項規定：「第一項之聲請狀，應按應受送達之他方人數，提出繕本，由法院送達之。」此項規定為強行規定，法院如未依上開規定為送達，其訴訟程序即顯有重大瑕疵，即使已作成裁定，為顧及當事人之審級利益並維持審級制度，仍應予以廢棄[19]。

三、例外不予承認之原因

我國法院對於外國仲裁判斷之承認與否，法律上頗有決定其標準的必要。對此，仲裁法未設應予以承認的積極要件，而於第四十九條規定「法院應以裁定駁回」及「法院得以裁定駁回」，第五十條規定「他方當事人得聲請法院駁回」的消極要件，可見關於外國仲裁判斷，我國法是以承認為原則，不承認為例外，故除外國仲裁判斷有此二條文所明文規定的「應駁回」、「得駁回」及「得依聲請駁回」之原因外，法院均應裁定承認之。茲綜合此二條文之規定，分別說明各項原因如次。

㈠應駁回之原因

仲裁法第四十九條第一項規定：「當事人聲請法院承認之外國仲裁判斷，有下列各款情形之一者，法院應以裁定駁回其聲請：一、仲裁判斷之

---

[19] 參照臺灣高等法院八十六年度抗字第六〇九號裁定。

承認或執行，有背於中華民國公共秩序或善良風俗者。二、仲裁判斷依中華民國法律，其爭議事項不能以仲裁解決者。」

1.仲裁牴觸內國之公序良俗

內國之仲裁判斷，如係命當事人為法律上所不許之行為者，依仲裁法第三十八條第三款之規定，法院應駁回其執行裁定之聲請。外國仲裁判斷如有類似情形，內國法院自應裁定駁回其承認之聲請，故仲裁法第四十九條第一項第一款之解釋，應參酌前者之實務見解。最高法院九十一年度臺上字第一一〇六號判決曾指出：「仲裁判斷係命當事人為法律所不許之行為者，係指該行為本身違反民法第七十一條強制或禁止規定，或違反公序良俗者而言。被上訴人有無給付租金之義務及上訴人有無賠償之責任，均屬於契約之解釋與運用問題，為仲裁人於仲裁判斷中得依職權為之者，只須判斷主文所命之給付行為，並無違反法律強制或禁止規定，或有背於公共秩序或善良風俗之情事。」準此，仲裁法第四十九條第一項第一款之「中華民國公共秩序或善良風俗」，應從寬解釋，包括已具體規定於強制或禁止規定之內者，但作為法院審查之內容者，應為該外國仲裁判斷之主文所命之給付行為，即其承認或執行之結果，是否有背於中華民國公共秩序或善良風俗，倘若僅是為該外國仲裁判斷之依據之法規或理由本身與內國之公共秩序或善良風俗有違，尚不宜駁回其承認之聲請。

2.仲裁標的不具可仲裁性

仲裁判斷的效力，是以法律上承認仲裁制度得作為爭議解決的另類途徑 (alternative dispute resolution, ADR) 為前提。就內國之仲裁判斷而言，得作為仲裁判斷之爭議，依仲裁法第一條規定，僅限於依法得和解的現在或將來之爭議，如以不得仲裁之爭議為仲裁判斷之標的，其仲裁協議即因違反強行規定而無效，當事人自得依仲裁法第四十條第一項第二款之規定，聲請撤銷其仲裁判斷。就外國之仲裁判斷而言，為仲裁判斷之標的之爭議如依該外國之法律不得仲裁，所涉及者乃是其仲裁協議是否有效或該仲裁判斷是否合法生效的問題，有問題者是其爭議依外國法得付仲裁判斷，但依內國法律不具可仲裁性時，如仍予以執行，必然與內國關於仲裁許容性

的公共秩序或善良風俗，發生相牴觸的情形，故宜予以限制。本款規定「仲裁判斷依中華民國法律，其爭議事項不能以仲裁解決者」，法院應以裁定駁回其聲請，值得肯定。

我國之仲裁制度，實務上認為係基於私法自治原則，以解決私法紛爭之途徑，故僅適用於私權上之爭執而成立之仲裁，於事涉公法性質之仲裁，即不能予以援用[20]。此外，實務上亦根據上述原則，形成下列見解，值得參考[21]：一、關於中美雙邊投資協定所生之爭議，其屬公法性質者，例如租稅或徵收，若交付仲裁，不啻使國家公權力之行使交由外國仲裁機構決定，有關機關是否同意，並願自動履行仲裁判斷之結果，宜先徵詢其意見。二、我國前曾參加「解決國家與他國國民間投資爭端公約」，關於我國與外國投資人間之投資爭議，本得提請「解決投資爭端國際中心」仲裁。又「解決國家與他國國民間投資爭端公約施行條例」第八條規定「法院對於依公約所為之一切仲裁判斷中之全部或一部，須由本國法院執行者，應予強制執行」，故經由解決投資爭端國際中心仲裁之結果，雖涉及行政權之行使，依上開條例之規定，法院仍可強制執行，惟我國業已退出前述公約，解決國家與他國國民間投資爭端公約施行細則亦於八十二年七月三十日廢止，涉及公法性質之仲裁判斷可由司法機關（對行政機關）強制執行一節，已失其依據。至於仲裁法或舊商務仲裁條例解決商務上爭議之規定，其中關於外國仲裁判斷於我國強制執行之規定，僅適用於私權上之爭執而成立之仲裁，投資爭議之公法性質之仲裁，似不能予以援用。

㈡得駁回之原因：互惠承認之欠缺

承認外國仲裁判斷的目的，主要是使其在內國亦有執行力，本身具有國際互助之性質，因此各國往往採互惠承認之原則，以外國承認內國之仲裁判斷為限，始承認該外國之仲裁判斷。我國仲裁法亦採此項原則，於第

---

[20] 司法院民國八十七年十一月十九日八十七廳民三字第二二六一六號函，《民事法令釋示彙編續編㈠》（八十八年六月版），頁 225～226。

[21] 司法院民國八十六年五月二十二日八十六秘臺廳民三字第八九八六號函，《民事法令釋示彙編續編㈠》（八十八年六月版），頁 223～224。

四十九條第二項規定：「外國仲裁判斷，其判斷地國或判斷所適用之仲裁法規所屬國對於中華民國之仲裁判斷不予承認者，法院得以裁定駁回其聲請。」

依上述規定，如外國仲裁判斷係在 A 國由仲裁庭依 B 國法律作成，無論 A 國及 B 國不承認我國之仲裁判斷，法院似均得以裁定駁回其聲請。惟每一仲裁判斷互惠承認之外國應以一個為原則，且法院裁定承認後執行外國仲裁判斷，主要乃貫徹其仲裁程序之準據法就仲裁判斷所規定之效力，故原則上宜以準據法所屬國（B 國）之是否承認我國仲裁判斷為審酌標準，例外在該仲裁判斷係於外國依我國仲裁法或國際組織之仲裁規則作成時，始斟酌判斷地國之立場，以免失之過嚴，致失承認外國仲裁判斷之基本意旨❷。此外，由於外國法上有關仲裁判斷之國籍之認定標準，並非必然與我國仲裁法一致，故外國所未承認之仲裁判斷是否具有我國國籍，似宜依該外國之標準認定較妥，換言之，無論該仲裁判斷係在我國境內作成或依我國之仲裁程序所為，均須以該外國係是因系爭仲裁判斷具有中華民國國籍，而不予以承認者為限，始得認為該外國不承認我國之仲裁判斷。

本項規定之互惠承認，是指外國承認我國仲裁判斷之效力而言，與該國在外交上是否承認我國政府無關❷。我國司法實務亦傾向於彈性解釋本

---

❷　據司法院民國八十四年十一月二十二日八十四秘臺廳民三字第二〇二三一號函所稱，「迄今已有多件國際商會之仲裁判斷獲我國法院裁定承認，例如臺灣高等法院七十六年度抗更一字第八號民事裁定。」《民事法令釋示彙編續編㈠》（八十八年六月版），頁 220～223。

❷　參考司法院民國七十五年四月十七日七十五院臺廳一字第二九八八號函：准外交部民國七十五年四月四日外七十五條二字第〇七九二一號函稱：「駐英國代表處前曾因案向 London Court of International Arbitration 查詢，據告英國為一九二七年日內瓦仲裁公約及一九五八年紐約仲裁公約之締約國，故凡在上述任一公約締約國所作之仲裁判斷均可在英國獲得承認與執行，對於非在上述兩公約締約國所作之外國仲裁判斷，英國法院基於英國一九五〇年仲裁法第二六節之精神多予承認與執行，惟尚需考慮該國之國際地位為條件。至於英國法院對我國國際地位所採之立場以及此立場是否影響其對我國仲裁判斷之承認與執

項規定，以擴大外國仲裁判斷之承認。例如最高法院七十五年度臺抗字第三三五號裁定指出：「查此項互惠原則，並非謂外國仲裁判斷，須其判斷地國對於我國之仲裁判斷先予承認，我國法院始得承認該外國仲裁判斷，否則，非但有失禮讓之精神，且對於促進國際間之司法合作關係，亦屬有礙」，並認為參以上述法條規定，外國對於我國之仲裁判斷不予承認者，我國法院並非「應」駁回其承認該外國仲裁判斷之聲請，而係僅「得」駁回尤明❷。所以關於在外國作成之仲裁判斷之是否為我國法院承認之問題，受理聲請之法院得斟酌各該外國仲裁判斷之具體情事，而為承認或駁回之裁定，仍有相當之裁量空間❷。

為避免內國法院對於同一外國（英國）之仲裁判斷，由於該外國對我國仲裁判斷的立場不明朗，而發生裁定承認或駁回的不一致情形，實務上曾有下列建議：「為使中英兩國業者間之貿易糾紛於仲裁後得據以在我國執行，除仲裁契約明文約定在中華民國領域內依中華民國法律進行仲裁，以取得本國仲裁判斷地位外，宜建請英方法院採取與我方法院所採之國際禮讓、國際互惠、司法互助等相同之原則。」❷

行及影響至何程度等節，係屬法院之權責，且乏先例，故無法表示意見。」《民事法令釋示彙編》（民國八十三年六月版），頁 1065。

❷ 後來的司法實務進一步認為，司法上之相互承認與國際法上或政治上之承認不同，司法上之承認基於國際間司法權相互尊重及禮讓之原則，如外國法院已有具體承認我國判決之事實存在，或客觀上可期待其將來承認我國法院判決，即可認有相互承認。故捷克共和國目前雖無承認我國仲裁判斷之先例，然該國國際私法第一二〇條規定與我國仲裁法第四十九條第二項之立法意旨相當，客觀上可期待捷克共和國將來基於互惠原則，對我國仲裁判斷為承認及執行，我國法院即可先承認該國之仲裁判斷(臺灣高等法院一〇四年非抗字第一二四號民事裁定)。

❷ 參考司法院民國七十七年七月九日七十七廳民三字第八二九號函，《民事法令釋示彙編》（民國八十三年六月版），頁 1063～1064、1065～1066。

❷ 司法院民國八十七年二月十二日八十七廳民三字第三二六〇號函，《民事法令釋示彙編續編㈠》（民國八十八年六月版），頁 224～225。

㈢得依聲請駁回之原因

內國法院對於外國仲裁判斷的審查，必須是以當事人聲請法院承認為前提，而法院之拒絕承認或駁回聲請，依其原因或瑕疵對該仲裁判斷的影響程度較低者，仲裁法第五十條規定其控制方式為：「當事人聲請法院承認之外國仲裁判斷，有下列各款情形之一者，他方當事人得於收受通知後二十日內聲請法院駁回其聲請」。質言之，外國仲裁判斷即使具有本條規定的各款瑕疵，如當事人未依法聲請法院予以駁回，仍應裁定承認之，並認為其在當事人間，與法院之確定判決具有同一效力。仲裁法第四十八條第四項亦因而規定應由法院向他方當事人送達繕本。茲謹依序將各款原因，分別說明如次。

1.行為能力欠缺

第一款規定之瑕疵，為：「仲裁協議，因當事人依所應適用之法律係欠缺行為能力而不生效力者」。仲裁協議乃是當事人之法律行為，所以其當事人亦應具有行為能力。至於行為能力的有無，在國際私法上已有獨立的規定，故應單獨決定其準據法，而不得因其與仲裁協議的效力密切相關，即直接適用仲裁協議的準據法予以決定。本款規定的表面原因為仲裁協議不生效力，惟實質的原因則為「當事人依所應適用之法律欠缺行為能力」，其中「所應適用之法律」即指行為能力的準據法而言。此一規定所宣示者，乃行為能力之有無並非具有可仲裁性之爭議，而應絕對依行為能力之準據法（通常為當事人之屬人法）決定，只是行為能力之準據法之決定，究應依仲裁程序之準據法國之國際私法，或法庭地之國際私法（即我國新涉外法第十條）決定，仍有疑問。本書以為承認外國仲裁判斷，並非就為仲裁判斷標的之爭議重新予以審判，故應以仲裁程序之準據法國之國際私法為準，不宜以法庭地國際私法之標準，就原依外國國際私法決定的事項，重啟實質審查之程序。

2.仲裁協議無效

第二款規定之瑕疵，為：「仲裁協議，依當事人所約定之法律為無效；未約定時，依判斷地法為無效者」。蓋仲裁協議是整個仲裁制度的基礎，仲

裁程序、仲裁判斷均唯仲裁協議是賴，仲裁判斷的效力亦淵源於仲裁協議，如仲裁協議無效或失效，仲裁判斷之效力將無所附麗。依最高法院七十九年度臺抗字第三五二號裁定之意旨，仲裁協議應先為「形式上」真正之認定，其在「形式上」顯非真實，該外國仲裁判斷之程序合法性即根本動搖，其他瑕疵之有無即非屬重要。惟為外國仲裁判斷之基礎的仲裁協議，其是否無效之問題，應依該仲裁協議本身之準據法決定之，故原則上應依當事人所約定之法律，未約定時，則依其判斷地法。此處所謂「無效」應採廣義解釋，包括自始無效及嗣後無效的情形，並宜參酌仲裁法第四十條第一項第二款規定，是指「仲裁協議不成立、無效，或於仲裁庭詢問終結時尚未生效或已失效」之情形。

3.仲裁欠缺正當程序

第三款規定之瑕疵，為：「當事人之一方，就仲裁人之選定或仲裁程序應通知之事項未受適當通知，或有其他情事足認仲裁欠缺正當程序者」。依本款規定，仲裁程序雖得依各國法律之規定而較具有彈性，惟其本身亦有應遵守的「正當程序 (due process)」。此項正當程序的意義及具體內容，原應依仲裁程序之準據法決定之，並屬於第五款之適用範圍；本款之所以予以重申，似係認為正當程序已成為仲裁國際法制之重要核心理念，各國不得以內國法之規定，而予以不當扭曲或限制，故關於其內容之認定，特別是通知必須達到「適當通知」之程度，除受仲裁程序準據法之拘束外，亦應符合我國法律上對「適當通知」的標準。此外，當事人如就是否已經合法送達或適當通知發生爭議，法院對於受送達或通知地之法律，亦應併予審酌。在我國司法實務上，法院多依仲裁程序之準據法決定是否已為適當通知。例如在最高法院八十三年度臺抗字第八八號裁定中，香港仲裁人於八十年五月二十九日、六月二十六日、十月十五日以電話傳真方式送達有關仲裁通知，並未送達於當事人，仲裁人於同年十月二十一日以雙掛號投寄，命當事人於同月二十二日前提出答辯之通知，係於同月二十八日始送達於當事人，已逾答辯期限，當事人不及陳述，仲裁人即逕行作成仲裁判斷。依香港仲裁條例第三十一條規定，有關仲裁之規定，須以交付、留置、

掛號郵寄或仲裁契約所約定之其他方式送達始可。本件法院正確地指出，系爭香港仲裁判斷應否予以承認之決定，應先查明該送達方式是否不合於香港仲裁條例之規定？當事人是否無相當時間於仲裁判斷前提出陳述？

最高法院八十九年度臺抗字第八二號民事裁定中，亦指出：「仲裁程序之通知是否適當，應依當事人約定或其他應適用之仲裁規則決定之，倘受不利判斷之我國當事人已依相關規則、收到開始仲裁程序及選任仲裁人之通知，而拒絕參與該仲裁程序，自不能認係仲裁法第五十條第三款所定欠缺適當通知或欠缺正當程序之情形。本件依雙方於編號 269/87 服務契約第十七條(a)有關仲裁協議之約定就本契約所生或與本契約有關之爭議，包括託運人交付費用或違反本契約之條文，將於香港或其他雙方同意之地點以仲裁方式解決。仲裁程序應由雙方選任之單一仲裁人進行，若雙方無法合意選任，任一方得向香港國際仲裁中心提出聲請，由其選任之。故系爭仲裁程序是否經適當通知之正當程序，應依據仲裁地之香港仲裁條例以為斷。」

關於正當程序之內容，本款僅例示規定當事人之一方，就仲裁人之選定或仲裁程序應通知之事項未受「適當通知」，至於其他內容，則得由法院依具體情事予以認定，故如有「仲裁庭於詢問終結前未使當事人陳述，或當事人於仲裁程序未經合法代理」之情形（參照仲裁法第四十條第一項第三款），將來法院如何認定及評價，頗值得注意。

4. 無權仲裁或逾權仲裁

第四款規定之瑕疵，為：「仲裁判斷與仲裁協議標的之爭議無關，或逾越仲裁協議之範圍者。但除去該部分亦可成立者，其餘部分，不在此限」。內國之仲裁判斷如有相同之瑕疵，依仲裁法第三十八條第一款規定，法院應駁回其執行裁定之聲請。本款的規定的意旨，參照一九五八年紐約公約第五條第一項第三款的規定，似指欠缺仲裁協議為依據的仲裁判斷而言，換言之，是指仲裁協議雖屬有效，但仲裁判斷卻超過雙方所約定得仲裁之爭議的範圍的情形。至於類似法院的「訴外裁判」的情形，即當事人未請求仲裁之事項，在他方當事人未為充分陳述的情形，仲裁庭逕為「突襲性

仲裁判斷」之情形，應屬仲裁程序違法之問題。但最高法院八十七年度臺上字第一一〇號判決認為，所謂「仲裁判斷與仲裁協議標的之爭議無關」，是指仲裁人就請求仲裁事項聲明以外之事項為仲裁判斷，易言之，仲裁判斷係就約定仲裁事項以外之爭議作成判斷，或就未請求仲裁事項作成判斷而言。

5.仲裁程序違法

　　第五款規定之瑕疵，為：「仲裁庭之組織或仲裁程序違反當事人之約定；當事人無約定時，違反仲裁地法者」。仲裁庭之組織或其他屬於仲裁程序之問題，均應適用仲裁程序準據法的規定，所以原則上應依當事人所約定的內容及約定的準據法，未約定時則依仲裁地法。仲裁程序的範圍包含甚廣，但仲裁事件的準據法的適用問題並不在其內，後者也不屬於我國法院所得審查的事項。故如仲裁人「非依法律或契約正當選定而參與仲裁，或其仲裁未依當事人於訂約及履約時所共同認知之實體法律規定，任意自為判斷」，均有依仲裁程序之準據法認定其是否合法的必要，至於「仲裁判斷之結果是否允當，以及其適用法律是否不當等情形」，則不應予以審查❷❼。

6.仲裁判斷效力之瑕疵

　　第六款規定之瑕疵，為：「仲裁判斷，對於當事人尚無拘束力或經管轄機關撤銷或停止其效力者」。承認外國仲裁判斷本非為另一新的仲裁判斷，亦無法使已失效之仲裁判斷復甦，故須以被承認之仲裁判斷合法生效，且未經撤銷或停止其效力為前提。外國仲裁判斷之是否生效及其效力內容之問題，應依其仲裁程序之準據法決定，而不應以法庭地法為準，故本款關於其在當事人間有無拘束力或是否已經管轄機關撤銷或停止其效力等各項問題，均應以仲裁程序之準據法決定。

　　承認外國仲裁判斷的法院裁定，為非訟事件之裁定，且外國仲裁判斷經內國法院裁定承認後，原則上即與內國仲裁判斷具有同一效力，如被承認之該外國仲裁判斷本身，事後被發現有其效力上之瑕疵，即應對因承認

---

❷❼　參照最高法院九十一年度臺上字第一一〇六號判決。

之裁定而受不利益之當事人，提供救濟。故仲裁法第五十一條規定：「外國仲裁判斷，於法院裁定承認或強制執行終結前，當事人已請求撤銷仲裁判斷或停止其效力者，法院得依聲請，命供相當並確實之擔保，裁定停止其承認或執行之程序。」「前項外國仲裁判斷經依法撤銷確定者，法院應駁回其承認之聲請或依聲請撤銷其承認。」至於承認外國仲裁判斷的法院裁定已經確定，才發現該外國仲裁判斷經依法撤銷確定者，其承認之裁定即有法定再審之事由，依非訟事件法第四十六條之一，得準用民事訴訟法第五編再審程序之規定，對該確定裁定提起再審。

第八篇

區際私法論

第一章　區際私法之比較觀察

第一節　緒　言

　　自一九四九年國家分裂以來，海峽兩岸之政權歷經軍事武裝對立、和平對峙等時期後，臺灣地區終於從民國七十六年十一月二日起開放一般民眾赴大陸探親，並不斷擴大交流範圍。此後涉及兩岸的法律問題的解決，首先須調整以往認定我國境內僅有單一法域、全國僅有單一法律之思維，而承認在「中華民國」之內至少同時存有二個法域、至少有二套不同來源的法律及相應的司法制度的事實。

　　國家因各地區各自為政、自行治理而分裂，在未回復分裂以前的狀態前，因一個「國家」之內，同時有二個以上法域及法制並存，致人民進行跨地區之民間交流而發生之法律關係，不僅與某一地區之法律有牽連，此時究應適用何一地區之法律解決爭議，在實務上已益形重要。本篇之主要目的，即在探討此等問題之解決對策及相關事項。第一章先從比較法上，觀察各國在類似情形之因應對策。

第二節　區際法律衝突在各國之實際情形

　　各國因一個國家之內，同時存在二個以上因地而異之法制者，例如美國、澳大利亞、加拿大、墨西哥、瑞士、西班牙、比利時及英國（大不列顛與北愛爾蘭聯合王國）等國，無論在體制的設計上採取聯邦、邦聯或其他形式，其共通現象乃各個行政地域單位（州、郡等），皆有其獨立之立法

權限與司法系統，致法院針對不具涉外因素之法律適用，如涉及該國境內之數法域時，亦有先決定其準據法的必要。分裂國家，例如南、北韓間，統一以前的東、西德，解體以前的前蘇聯各加盟共和國間，甚至因國際公法上之原因，而先後納入一國版圖之數領域間，例如日據時期的臺灣與日本內地之間，也有類似之問題。

上述各國對於其內國各種不同的法律間的適用問題，都有一套成文或不成文的處理規則，在學術上通常稱為內部國際私法 (internal private international law)、區際私法 (interlokale Privatrecht) 或準國際私法 (quasi private international law)。我國現行臺灣地區與大陸地區人民關係條例（以下簡稱兩岸條例）有關民事部分之規定，其立法理由亦係希望「本於『一國兩地區』之理念」，倣效各國先例「適度納入區際法律衝突之理論，以解決實際問題外，亦基於實際需要，對大陸人民在中共控制下所產生之權利、義務，予以有條件之承認」。

當然此項立法的前提，必須是先承認「目前我政府統治權尚不及於大陸地區」，所以我國法律的效力在地的方面並不及於大陸地區，在人的方面也不及於大陸地區人民，也唯有如此，才可以想像在「國際」私法之外尚有「區際」私法之存在。換言之，在此種理念下，以往被與國家間劃下等號的「法域 (Rechtsgebiet)」的意義已不再必然是國家，而可能是一個國家中的某一「地區」。此種因應數法域同時存在之事實，而承認我國境內同時有因地而異之法律，並在具體個案中可能形成法律衝突之現象，在法律層面頗值得正視。

第三節　區際法律衝突之解決

一國境內數法並存或法律不統一的現象的形成，往往起因於特殊的歷史背景，有時其原因之探索甚至應溯至各國的政治權力的發展與演變層面上。例如美國、澳大利亞、加拿大與墨西哥等聯邦或邦聯國家，其之所以產生複數國內法域，使區際法律衝突之問題接踵而至，除歷史上的淵源外，

有時更是聯邦或邦聯概念背後的哲學思想的產物，也因此這些國家的立憲者在憲法上的設計，也必須予以配合，並預留各法域充分獨立發展的空間。其最典型者，係在各法域之法律無法一致的情況下，藉規定類似聯邦「各州對於其他州的法令、紀錄與司法程序，應予完全之信任與信賴」的「完全信賴 (full faith and credit) 條款」（美國憲法增修條文第四條第一項），與「不得未經正當法律程序，使任何人喪失生命、自由及財產」的「正當程序 (due process) 條款」（第十四條第一項）等條款，明定各法域之法律之地位相同。

　　除上述在憲法中明文規定者外，各國尚有因其他需要及背景，而形成區際法律衝突規則者。有些國家係因人口或種族的長期隔閡，而形成複數法域之國家，例如英國及西班牙等開國較早的國家，因其屬地法制的複數性，與其國家發展歷史及版圖逐漸擴充密不可分，其國內屬地法之複數性，已成為其法律結構中永久性的一面，因此在法律政策上亦均比照國際私法，形成相當穩固的區際法律衝突規則。一些因偶然因素而接受多數法域制度的國家，如瑞士、前蘇聯、前南斯拉夫及波蘭等國，則都在確立國家體制之後，逐步統一各法域之法律內容，將區際法律衝突之問題與困難，克服到最輕微的程度。至於因為國際公法上的理由而形成複數法域制度的國家，如希臘、波蘭及捷克等開國較晚的國家，由於其國內的複數法域制度的形成，都是因為國土強制移轉的事實所致，此時的區際法律衝突現象不但與其憲法上的設計無法配合，也造成法律適用上之不便，故通常均在國家安定之後，立即以強制手段統一其國內法，消除區際法律衝突之現象。

　　從歷史的經驗來看，因為戰爭的對峙或國際公法的原因而形成的區際法律衝突，就原為統一法制之國家言，在法制上消除暫時性與過渡性的衝突、重建統一制度在技術上比較容易，所需時間也比較短，因為只要擴充其原有法律之適用範圍，即可畢其功於一役。例如香港經過近百年的英國統治，在許多地方仍不改其原有的中國味道，主要可能就是因為英國政府對一國數法的現象，早已習慣並能接受，但回歸中國並以中華人民共和國為中央政府之後，其舊有法制在「一國兩制」的框架中，究竟得以延續多

久,值得觀察。

　　分裂國家在各個作為法域的地區間的法律衝突,由於在憲法上缺乏承認此種區際法律衝突問題之空間,其法律適用問題即浮游於區際法律衝突與國際法律衝突之間,界線相當不確定,性質上似屬於介在二種傳統法律衝突之間的新類型。我國臺灣地區與大陸地區間的法律衝突問題,在這種認知下,要鑑定究屬區際或國際性質不僅有其難以克服的困難,從國際私法源自區際私法,而區際私法借用國際私法上的規則之精神的角度來看,可能也是多餘。惟在中華民國憲法及其增修條款的規定之下,其性質乃係一個國家境內二個獨立法域間之法律衝突,故應界定其為區際法律衝突。

※關於本章,其詳可再參閱:黃進,〈國際衝突法與區際衝突法比較研究〉,《中國國際法年刊 (1989 年)》;陳榮傳,〈兩岸法律衝突規則的立法問題〉,《軍法專刊》,第三十七卷第十二期 (民國八十年十二月)。

第二章　兩岸條例中之區際私法

第一節　區際私法之法源及適用範圍

　　兩岸條例第四十一條第一項就法源的問題，規定「臺灣地區人民與大陸地區人民間之民事事件，除本條例另有規定外，適用臺灣地區之法律。」臺灣地區之法律是指中華民國法律而言（施行細則第五十六條），從便於法院適用的角度而言，以臺灣地區的法律作為備位的準據法，固然有其優點，但區際私法的重點應在為區際性的民事法律關係，妥當地決定其應適用之法律，而不在急於指定法庭地法為裁判之依據，故此一以適用法庭地法為原則，其他地區之法律僅於例外情形始有適用餘地的規定，當有再檢討的必要。而且，發生區際法律衝突的各法域的法律，在區際私法上應如國際私法之視各國法律為一律平等，所以理論上實不宜以臺灣地區之法律為優先或備位之規範。

　　我國區際私法的發生，原是因國家分裂後、統一前，我國境內同時存在二個以上地區的不同法律，為解決究應適用那一地區的法律的問題，而發展出來的一套規則。所以兩岸條例第三章「民事」第四十一條以下條文的適用範圍，僅限於我國境內不同地區的法律之衝突問題，至於各地區的法律與外國法律間的法律衝突問題，應分別依該地區的國際私法解決之，如案件僅涉及法院所在之地區之法律，而未涉及其他地區或外國之法律者，既無區際或國際法律衝突的現象，自應單純適用該地區之法律解決之。就臺灣地區的法院之適用法律而言，案件如為涉外案件，無論是否涉及大陸地區人民，均應適用涉外法（涉外民事法律適用法），決定應以何國之法律

為準據法；如應適用我國之法律，而涉及大陸地區之法律之適用時，則應再依兩岸條例之規定，決定適用臺灣地區或大陸地區之規定；案件完全與外國或大陸地區之法律之適用無關時，則純依臺灣地區之法律解決之。

　　從現況來看，臺灣地區及大陸地區均正發展自己之衝突規則，法律衝突無論在國際面及區際面，尚無在兩岸之間統一之法律規範。在此種情形下，除非適用反致的規定，各地區之法院解釋上均應無適用「對岸」之國際私法與區際私法的可能，從此一角度來看，兩岸條例第四十一條第二項規定，「大陸地區人民相互間及其與外國人間之民事事件，除本條例另有規定外，適用大陸地區之規定」，即應不包括適用大陸地區的國際私法及兩岸間的區際私法，而主要指適用大陸地區的實體規定而言。不過，訴訟如由臺灣地區的法院審理，大陸地區人民相互間之法律關係，即應依其所由發生的法律事實，究竟係在我國或外國發生，而分別依兩岸條例及涉外法之規定，決定其準據法，至於大陸地區人民與外國人間之法律關係，則應依涉外民事法律適用法之規定決定其準據法。因此，本項規定「除本條例另有規定外，適用大陸地區之規定」，頗有再商榷之必要❶。

---

❶　類似之問題曾被提請法務部大陸法規研究委員會討論，但仍被保留，茲引錄其內容如下：
　　由臺灣地區與大陸地區人民關係條例（以下簡稱本條例）第四十一條規定觀之，其適用準據係以當事人作為基準，亦即：1.臺灣地區人民與大陸地區人民間之民事事件，適用本條例之規定，為其選定準據法。2.大陸地區人民相互間之民事事件，適用大陸地區之法律。3.大陸地區人民與外國人間之民事事件，適用大陸地區之法律。則一民事事件如涉及臺灣地區、大陸地區及外國者，應如何適用涉外民事法律適用法或本條例？另臺灣地區人民間，其標的物所在地、事實發生地或行為地在大陸地區之民事事件或大陸地區人民間，其標的物所在地、行為地或事實發生地在臺灣地區之民事事件，是否適用本條例，不無疑義，故兩岸人民關係條例中有關區際法律衝突之規定是否有增訂條文補充之必要，提請討論。
　　甲說：本條例欠缺相關之程序規定，例如：1.涉及臺灣地區與大陸地區之民事事件，臺灣地區法院有無管轄權？2.大陸地區人民可否在臺灣地區法院提起訴訟？3.大陸地區人民之當事人能力與訴訟能力如何判斷？4.同一事件在兩地區

　　兩岸條例的適用，除在事物的效力上有前述問題外，在地域上應僅對臺灣地區的法院具有拘束力，在時間上亦無溯及既往之效力。但當一國之內發生區際法律衝突的問題時，各地區就應有予以解決的區際私法，所以兩岸的區際法律衝突開始之時，就應該是我國區際私法萌芽之時。理論上言，當我國從「一國一法」的單一法制結構，因國家分裂而形成「二法域二法律」的複數法制結構時，即已開始發生區際私法的問題，只是臺灣地區與大陸地區當時處於敵對的狀態，不願正視此一事實而已。質言之，當大陸地區在一九四九年「獨立建國」，並廢止原在大陸地區適用的中華民國之法律，而發展另一獨立之法制時，即已創設了區際私法發展的客觀條件，只是各地區均受限於政治聲明的框架，而無法在各地區倡導其觀念而已。

　　可見我國境內的區際法律衝突，是早已有之，區際私法的規則也應該是早就已在醞釀之中，兩岸條例不是，也不足以創造法律的區際衝突，而

重複訴訟，是否構成在臺灣地區法院之訴訟不合法？同一事件之判斷標準如何？在在均有疑義，故應增列補充規定。

乙說：大陸地區為中華民國領土，大陸地區人民與臺灣地區人民為中華民國人民，其彼此間往來所生民事法律事件，無論在臺灣地區或大陸地區，除兩岸人民關係條例中有特別規定得適用大陸地區之規定者外，均應適用臺灣地區之法律（即現行中華民國法律），故：㈠臺灣地區人民相互間之民事事件，當然適用現行中華民國法律，無庸再為特別規定。㈡涉及臺灣地區與大陸地區之民事事件，臺灣地區法院當然有管轄權，否則兩岸條例中即無設法律適用準據規定之必要。㈢縱為大陸地區人民相互間之民事事件，亦有在臺灣地區法院提起訴訟之可能，臺灣地區法院受理後，即應依兩岸條例第四十一條第二項定其準據法。㈣大陸地區之裁判，除以給付為內容，經依兩岸條例第七十四條聲請臺灣地區法院裁定認可得為執行名義者，或將來其他法律或特別法授權訂定之協議中就其效力有特別規定者外，並不承認其效力，故似不構成所稱在臺灣地區之訴訟不合法問題。綜上論之，兩岸條例第四十一條尚無增列補充規定之必要。

初步研究意見：未能定案，提請討論公決。

研討結論：保留。

請參閱法務部編印，《法務部大陸法規研究委員會資料彙編㈡》（民國八十四年六月），頁 25～26。

只能對其既存的現象及問題，提出法律上的解決對策而已。從此一觀點言，兩岸條例的適用，並非不必考慮是否溯及既往的問題❷。在臺灣地區制定兩岸條例承認大陸地區法律的效力之後，晚近大陸地區之司法實務亦開始依區際法律衝突之原則，規定大陸地區人民法院得適用臺灣地區之法律❸。

第二節　區際私法之要素

一、法　域

兩岸條例的立法目的，是要解決國家統一前，即分裂的狀態中各地區人民間因往來所生的法律爭端，依其第二條規定，臺灣地區是指臺灣、澎

---

❷　例如兩岸條例第六十七條於民國九十八年七月一日修正，最高法院在一〇〇年臺上字第一二五號民事判決中即指出，該條新規定並不適用於修法前已發生之繼承事件。

❸　大陸地區立法及司法實務早期迴避臺灣地區法律的適用問題，例如一九八五年《涉外經濟合同法》規定「合同當事人可以選擇處理合同爭議所適用的法律」，最高人民法院一九八七年十月十九日《關於適用〈涉外經濟合同法〉若干問題的解答》指出：「當事人選擇的法律，可以是中國法，也可以是港澳地區的法律或者是外國法」，均未規定臺灣法律的適用問題，該法及上述《解答》於一九九九年廢止後，大陸法院審理涉臺案件仍拒絕適用臺灣法律。直到二〇一〇年十二月二十七日最高人民法院頒布《關於審理涉臺民商事案件法律適用問題的規定》（自二〇一一年一月一日起施行），始規定人民法院審理涉臺民商事案件，根據法律和司法解釋中選擇適用法律的規則，確定適用臺灣地區民事法律的，人民法院予以適用；臺灣地區當事人在人民法院參與民事訴訟，與大陸當事人有同等的訴訟權利和義務，其合法權益受法律平等保護；適用有關法律違反國家法律的基本原則或者社會公共利益的，不予適用。上述《規定》說明大陸地區關於涉臺國際私法的三個基本原則：⑴各類涉臺民商事案件，當事人選擇適用臺灣法律，或者根據法律適用規範指引適用臺灣法律的，適用臺灣法律；⑵臺灣地區當事人在大陸的民事訴訟法律地位與大陸當事人平等；⑶臺灣民商事法律的適用不得違反大陸公共秩序。

湖、金門、馬祖及政府統治權所及之其他地區，大陸地區是指臺灣地區以外之中華民國領土，包括所有中共控制之地區（施行細則第三條）。所以基本上是將中華民國分裂以前的領土分為二地區，而規定區際法律衝突及其他相關問題的解決對策，至於因與外國間之國際因素，致各地區之領土範圍有所增減時，均應不影響本條例之適用。兩岸條例既已肯定中華民國已分裂為二個地區，自有必要規定區際私法之條文，以便決定「涉陸」（涉及大陸地區）法律關係之準據法❹。

　　在中華民國分裂成二地區的情形下，兩岸條例就決定準據法的連結因素，乃於第四十一條第三項規定：「本章所稱行為地、訂約地、發生地、履行地、所在地、訴訟地或仲裁地，指在臺灣地區或大陸地區」，明確指出各連結因素的確定，只是在兩岸之間選擇其一而已。至於「民事法律關係之行為地或事實發生地跨連臺灣地區與大陸地區者，以臺灣地區為行為地或事實發生地」（第四十五條），雖仍維持在兩岸之法律間決定其一為準據法的原則，但擴張法院地法適用範圍的「臺灣優先」之立場，則難謂符合區際衝突規則的基本精神❺。

二、人　民

　　兩岸條例既在一國二地區的原則下，亦將全部國民分為二類，即臺灣地區人民與大陸地區人民。臺灣地區人民是指在臺灣地區設有戶籍之人民（兩岸條例第二條第三款），包含：一、曾在臺灣地區設有戶籍，中華民國

---

❹　區際私法的意義應該有廣狹之別，最狹義的僅指解決在單一主權國家的內部，彼此互異的各地區間的私法間衝突的法律適用法，此處應採較廣義的意義，其範圍可以包括法院管轄權、區際衝突規則、判決及仲裁的區際承認、外區人民之地位等。

❺　各國對於區際衝突法及國際衝突法，在理論及實務上均大略可分為三種不同見解，即一、認為二者截然可分的區別說，二、認為二者類似或同一的相似說或同一說，三、兼採上述二說的折衷說。惟就整體而言，區際衝突法應更重視各衝突之法律間的平等性，使外區法比國際衝突法中的外國法，得到更多適用的機會，並去除在法律適用上的「歸鄉 (homeward)」趨勢。

九十年二月十九日以前轉換身分為大陸地區人民，依第六條規定回復臺灣地區人民身分者；二、在臺灣地區出生，其父母均為臺灣地區人民，或一方為臺灣地區人民，一方為大陸地區人民者；三、在大陸地區出生，其父母均為臺灣地區人民，未在大陸地區設有戶籍或領用大陸地區護照者；四、依本條例第九條之二第一項規定，經內政部許可回復臺灣地區人民身分，並返回臺灣地區定居者；大陸地區人民經許可進入臺灣地區定居，並設有戶籍者，為臺灣地區人民（兩岸條例施行細則第四條）。大陸地區人民是指在大陸地區設有戶籍之人民（兩岸條例第二條第四款），包括：一、在大陸地區出生並繼續居住之人民，其父母雙方或一方為大陸地區人民者；二、在臺灣地區出生，其父母均為大陸地區人民者；三、在臺灣地區設有戶籍，中華民國九十年二月十九日以前轉換身分為大陸地區人民，未依第六條規定回復臺灣地區人民身分者；四、依本條例第九條之一第二項規定在大陸地區設有戶籍或領用大陸地區護照，而喪失臺灣地區人民身分者（兩岸條例施行細則第五條）；關於大陸地區人民之規定，於大陸地區人民旅居國外者，適用之（兩岸條例第三條）。

兩岸條例原應將所有國民，區分為臺灣地區人民及大陸地區人民，但上述規定在適用上仍有甚多疑義。鑑於兩岸的國籍法規定不同的事實，兩岸條例第九條之一乃規定：「臺灣地區人民不得在大陸地區設有戶籍或領用大陸地區護照。」「違反前項規定在大陸地區設有戶籍或領用大陸地區護照者，除經有關機關認有特殊考量必要外，喪失臺灣地區人民身分及其在臺灣地區選舉、罷免、創制、複決、擔任軍職、公職及其他以在臺灣地區設有戶籍所衍生相關權利，並由戶政機關註銷其臺灣地區之戶籍登記；但其因臺灣地區人民身分所負之責任及義務，不因而喪失或免除。」「本條例修正施行前，臺灣地區人民已在大陸地區設籍或領用大陸地區護照者，其在本條例修正施行之日起六個月內，註銷大陸地區戶籍或放棄領用大陸地區護照並向內政部提出相關證明者，不喪失臺灣地區人民身分。」司法實務上認為兩岸條例第九條之一所謂「認有特殊考量必要」之立法目的，係指臺灣地區人民必須在大陸地區設籍或領用大陸地區護照，且無法註銷大陸

地區戶籍或放棄領用大陸地區護照,而須有臺灣地區人民與大陸地區人民雙重身分之情形者而言 (最高法院一〇六年度臺上字第二二八號民事判決)。

此外,為避免認定之困難,兩岸條例第十六條第二項亦規定下列人員,為大陸地區人民(非臺灣地區人民),但得申請在臺灣地區定居:一、臺灣地區人民之直系血親及配偶,年齡在十十歲以上、十二歲以下者。二、其臺灣地區之配偶死亡,須在臺灣地區照顧未成年之親生子女者。三、民國三十四年後,因兵役關係滯留大陸地區之臺籍軍人及其配偶。四、民國三十八年政府遷臺後,因作戰或執行特種任務被俘之前國軍官兵及其配偶。五、民國三十八年政府遷臺前,以公費派赴大陸地區求學人員及其配偶。六、民國七十六年十一月一日前,因船舶故障、海難或其他不可抗力之事由滯留大陸地區,且在臺灣地區原有戶籍之漁民或船員。

三、準據法

兩岸條例就民事關係的規定,既為區際私法,其主要意旨即是在確定法律關係的準據法。兩岸條例對作為準據法的兩岸之法律,分別規定為「臺灣地區之法律」及「大陸地區之規定」,極易使人認為是不承認大陸地區之民事規範為法律,或僅為位階較法律更低的規範而已。立法者雖著眼於大陸地區的法源形式與臺灣地區的法源形式不同的事實,但兩岸條例的規範功能,既僅在決定應適用何一地區之法律規範而已,各該地區之法律規範究竟以何種形式存在,已屬於準據法適用階段的問題,實際上並無特別予以考慮之必要。所以兩岸條例中「大陸地區之規定」之用詞,宜修正為「大陸地區之法律」。

準據法如為大陸地區之法律,法院即應以大陸地區之法院適用大陸地區之法律之立場,尋求應適用之具體規範。此時如遇大陸地區之法律不統一,即因地方或當事人之特性,而有多數內容不同的法律同時併存時,理論上自宜依大陸地區內部各法域之衝突規則,決定究應適用何一法律。兩岸條例第四十二條仿舊涉外法第二十八條之例,規定「依本條例規定應適

用大陸地區之規定時，如該地區內各地方有不同規定者，依當事人戶籍地之規定。」惟新涉外法第五條已修正舊涉外法第二十八條之直接指定主義，而改採間接指定主義，且戶籍地係指當事人之戶籍所在地而言（施行細則第五十七條），此項規定未必與大陸地區各法域的衝突規則一致，理論上亦將使兩岸法院的判決趨於更不一致，違反兩岸條例的立法本旨，故似宜仿新涉外法第五條之例，修正為「依大陸地區之法律，決定應適用之法律」。

適用大陸地區的法律時，其範圍應包括在該地區具有規範效力的所有成文及不成文的規範。關於此點，兩岸條例第四十三條規定：「依本條例規定應適用大陸地區之規定時，如大陸地區就該法律關係無明文規定或依其規定應適用臺灣地區之法律者，適用臺灣地區之法律。」本條前段忽略所有不成文的大陸地區法律❻，所以在該地區無明文規定時，即以臺灣地區之法律代替之，從法律衝突法的理論上來看，不但擴大大陸地區法律「不明」的範圍，並且也擴大法院地法的適用範圍，均有再檢討的必要。本條後段實際上是有關反致的規定，即說明法院在適用大陸地區的法律時，範圍亦包括其有關兩岸間的法律衝突規則，其內容及性質均與前段迥不相同，似係另於其他條文規定較妥。

第三節　現行區際私法之通則規定

一、單面衝突規則之採用

為解決法律衝突問題而設計的衝突規則，其種類本可分為單面衝突規則 (einseitige Kollisionsnormen) 及雙面規則 (zweiseitige Kollisionsnormen)，

---

❻　大陸的民法法源並不以明文規定者為限。中華人民共和國民法通則（自一九八七年一月一日起施行）第六條規定：「民事活動必須遵守法律，法律沒有規定的，應當遵守國家政策。」中華人民共和國民法總則（自二○一七年十月一日起施行）第十條規定：「處理民事糾紛，應當依照法律；法律沒有規定的，可以適用習慣，但是不得違背公序良俗。」

前者是指僅指定內國法或法庭地法之適用範圍的衝突規則，後者是指就所有法域的法律，無分內、外國法，均一併規定何種情形得予以適用的衝突規則，所以又稱為全面法則或完全法則。兩岸條例第四十六條、第四十九條、第五十三條、第五十八條、第六十條、第六十一條、第六十二條均採單面衝突規則之方式制定。姑且不論單面衝突規則已因無法就特定之法律關係，全面解決其準據法之問題，而造成法律漏洞，並被認為是較不妥當的立法方式；一般單面規則的重點，通常被認為是在說明法院地法的適用範圍，因此僅規定在何種情形下，應適用法院地法而已，而兩岸條例中的單面衝突規則，卻大部分以規定大陸地區的法律之適用範圍為重點，即以臺灣地區之法律規定大陸地區法律之適用範圍，在體例上亟待重新檢討。

二、公序良俗條款

公序良俗在兩岸條例中的主要作用之一，是作為排斥大陸地區法律之依據。兩岸條例第四十四條規定：「依本條例規定應適用大陸地區之規定時，如其規定有背於臺灣地區之公共秩序或善良風俗者，適用臺灣地區之法律。」公共秩序及善良風俗都是不確定的法律概念，均有待法院在裁判中，就個案之情形，為較具體之說明。大致而言，公共秩序是指國家社會的一般利益，尤其指中華民國在臺灣地區，一向堅持的立國精神及基本國策之所有具體內涵，善良風俗是指一般的道德觀念，即發源於臺灣地區民間之倫理觀念。不過適用時仍須注意此乃一項應謹慎認定的例外規定，故除該法律之規定適用之結果，確實與公序良俗牴觸外，不宜動輒認定與臺灣地區之法律規定不同者，為違反公序良俗。本條規定大陸地區之法律被排斥後，法院直接適用臺灣地區之法律，解釋乃是國家只分裂為二地區的情形下，必然的一種選擇，尚不得與以法院地法為預備之情形相提並論。

三、既有法律關係之承認及處理

兩岸人民間之法律關係，在大陸中共政權尚未建立前，均僅適用中華民國法律，一九四九年十月中共政權建立後，即已開始發生區際法律衝突

之現象，但兩岸條例卻遲至四十多年後始公布施行，因此該條例是否具有溯及既往之效力，或前此已發生之法律關係應如何處理之問題，即值得注意。

關於此一問題，兩岸條例於第六十三條第一項規定：「本條例施行前，臺灣地區人民與大陸地區人民間、大陸地區人民相互間及其與外國人間，在大陸地區成立之民事法律關係及因此取得之權利、負擔之義務，以不違背臺灣地區公共秩序或善良風俗者為限，承認其效力。」其立法理由是因為「大陸地區係我國領土，在法理上固應適用中華民國法律，惟自民國三十八年政府播遷來臺之後，中華民國法律事實上不能施行於大陸地區」，此等人民「在大陸地區所成立之民事法律關係及已取得之權利與負擔之義務，若不予承認，顯然有悖情理，為保障既得權益」，乃承認其效力。

臺灣地區本為我國領土之一部分，單純中央政府播遷的事實，其實尚不足以發生區際法律衝突，所以上述立法理由仍有說理未詳之缺點。本條項保護既得權益，立法政策固甚妥當，惟從法律衝突法的立場觀察，該既得之權益究係依據何一法域之法律而取得，也是應予以規定的重點，惟本條項對此卻付諸闕如。本條項中涉及外國人的法律關係，乃是「國際私法」的問題，並非「區際私法」領域，故其在此規定，體例上即非妥當；國家分裂以前在大陸地區發生的法律關係，在時間上雖然亦為本條項規定的範圍所包括，但當時並無法律區際衝突之現象，理論上亦應予以排除。至於大陸地區在國家分裂以前，適用中華民國之法律，其後獨立發展其法制而造成法律的「時際」衝突，性質上屬於大陸地區法制上的「時間因素」之問題，應由大陸地區之法律決定前法、後法如何適用之問題，本條項未予以明文規定，則係正確。

兩岸條例於第六十三條第一項之前述規定，重點如果係在公序良俗對既得權益之限制，與公序良俗條款（第四十四條）即有重複，而該條第二項規定「前項規定，於本條例施行前已另有法令限制其權利之行使或移轉者，不適用之」，亦可視為臺灣地區公序良俗之再度強調。國家分裂以前發生，應由政府負責清償之債務，在國家分裂後究應由何一地區之政府，依繼承之原則繼續負擔清償之義務，因為涉及較不易釐清的政治問題，解釋

上應由兩岸之政府協商解決之，故該條第三項規定：「國家統一前，左列債務不予處理：一、民國三十八年以前在大陸發行尚未清償之外幣債券及民國三十八年黃金短期公債。二、國家行局及收受存款之金融機構在大陸撤退前所有各項債務。」表面上似有其不得不然之合理性，但將來如何填補債權人之損害，亦應及早綢繆。此外，本項第一款「民國三十八年」一詞，在意義上仍未能精確指出國家分裂或區際法律衝突發生之起點，似有待檢討。

四、屬人法之連結因素

屬人法是指與個人具有永固關係之法律，不問當事人身在何處，有關其能力及身分上之事項，均依該法律決定。國際私法屬人法的連結因素，大抵可分為國籍、住所及習慣居所等三種。我國舊涉外法及新涉外法均規定國籍為屬人法之連結因素，其適用範圍至少包括人之行為能力、婚姻、夫妻財產制、離婚、子女之身分、認領、收養、親子關係、監護、扶養、繼承及遺囑等。兩岸條例理論上言，也應就此等法律關係之準據法，設計較明確的統一連結因素，但或許是因為國家只分裂為二個地區，立法者對某些法律關係，並未制定可適用於臺灣地區人民及大陸地區人民的雙面法則（全面法則），而僅規定在特定的情形下，該法律關係應適用臺灣地區或大陸地區之法律（即單面法則），較難理解其連結因素。

兩岸條例由規定為雙面法則的第五十五條至第五十九條觀察，屬人法為「設籍地區之規定」，即當事人設有戶籍之臺灣地區或大陸地區之法律（施行細則第五十七條），可見其連結因素乃是戶籍。戶籍的確定原應依各該地區的法律分別認定之，解釋上不無考慮一人同時在二地區設籍的「積極衝突」，與在二地區內均無設籍的「消極衝突」的必要，但兩岸條例及其施行細則在這一部分並無明確規定，所以仍有待立法上之補充。在立法論上如將人之屬人法，規定為「適用各該地區之法律」，再就各地區人民之定義為較周延之規定，避免身分之「積極衝突」及「消極衝突」，當更妥適❼。

---

❼　法務部大陸法規研究委員會曾認為：「兩岸條例基本上似不承認一人得同時兼具兩地區人民身分」，但仍無法否認一人可能同時在二地區登記戶籍之事實。

五、大陸地區法人之認可

大陸地區法人在大陸地區固得依該地區之法律規定，而有其權利能力與行為能力，但未經許可者，在臺灣地區仍屬非法人團體。兩岸條例為維護交易安全及保障臺灣地區人民之權益，乃規定「未經許可之大陸地區法人、團體或其他機構，以其名義在臺灣地區與他人為法律行為者，其行為人就該法律行為，應與該大陸地區法人、團體或其他機構，負連帶責任。」（第七十一條）

六、大陸地區人民之法律地位

在臺灣地區與大陸地區同屬於一個國家的情形下，大陸地區人民亦為廣義的我國國民，但因兩岸之間的往來在客觀上仍受到相當的限制，因此大陸地區人民在臺灣地區的法律地位，仍無法依憲法第七條規定，與臺灣地區人民完全相等。兩岸條例中亦設有若干限制其「特別權利能力」之規定，茲分別說明如次：

㈠不動產物權及土地承租權

兩岸條例第六十九條規定：「大陸地區人民、法人、團體或其他機構，或其於第三地區投資之公司，非經主管機關許可，不得在臺灣地區取得、設定或移轉不動產物權。但土地法第十七條第一項所列各款土地，不得取得、設定負擔或承租。」「前項申請人資格、許可條件及用途、申請程序、申報事項、應備文件、審核方式、未依許可用途使用之處理及其他應遵行事項之辦法，由主管機關擬訂，報請行政院核定之。」大陸地區人民依此

蓋人民雖常以其戶籍登記地所屬之地區，判斷其究竟為臺灣地區或大陸地區之人民，但人民設籍地區與其所屬之地區並非必然一致，例如已轉換身分為臺灣地區人民者，在大陸地區仍可能尚有戶籍，已轉換身分為大陸地區人民者，也可能仍保留在臺灣地區之戶籍，臺灣地區人民進入大陸地區後，如未繼續居住逾四年，縱已取得當地身分證或已依當地規定履行戶口登記，其身分仍為臺灣地區人民。請參閱法務部編印，《法務部大陸法規研究委員會資料彙編㈡》（民國八十四年六月），頁 31。

等規定，原則上比照外國人的規定，對於特定之土地，不具有享受不動產物權及土地承租權之權利能力，對於其餘之不動產物權，則應經主管機關許可，始得在臺灣地區取得、設定或移轉之。當事人違反此規定之法律行為，依民法第七十一條應屬無效，但如係因繼承而取得該等權利者，從兩岸條例第六十七條第四項規定「應將該權利折算為價額」之意旨以觀，似係認為並非欠缺特別權利能力，故在法律上仍得就該權利之變形利益，依法取得。

　　上述規定如與土地法上有關外國人取得或設定土地權利之規定對照，將可發現大陸地區人民之地位較遜於外國人，箇中理由應該只能在國家安全的邏輯中獲得解答。

(二)經營權

　　為保障臺灣地區經濟發展與安定，企業之經營權自應保留操之在我的主觀優勢，故兩岸條例第七十二條乃規定：「大陸地區人民、法人、團體或其他機構，非經主管機關許可，不得為臺灣地區法人、團體或其他機構之成員或擔任其任何職務。」「前項許可辦法，由有關主管機關擬訂，報請行政院核定後。」此外，兩岸條例為防止大陸地區人民、法人、團體或其他機構，藉由設立外國公司之方式，規避此項應經許可之規定，第七十三條乃進一步規定：「大陸地區人民、法人、團體、其他機構或其於第三地區投資之公司，非經主管機關許可，不得在臺灣地區從事投資行為。」「依前項規定投資之事業依公司法設立公司者，投資人不受同法第二百十六條第一項關於國內住所之限制。」「第一項所定投資人之資格、許可條件、程序、投資之方式、業別項目與限額、投資比率、結匯、審定、轉投資、申報事項與程序、申請書格式及其他應遵行事項之辦法，由有關主管機關擬訂，報請行政院核定之。」「依第一項規定投資之事業，應依前項所定辦法規定或主管機關命令申報財務報表、股東持股變化或其他指定之資料；主管機關得派員前往檢查，投資事業不得規避、妨礙或拒絕。」「投資人轉讓其投資時，轉讓人及受讓人應會同向主管機關申請許可。」

七、大陸地區之裁判或判斷之認可

兩岸條例就大陸地區之裁判或判斷之認可問題，原僅在第七十四條規定：「在大陸地區作成之民事確定裁判、民事仲裁判斷，不違背臺灣地區公共秩序或善良風俗者，得聲請法院裁定認可。」「前項經法院裁定認可之裁判或判斷，以給付為內容者，得為執行名義。」後來在民國八十六年增訂第三項規定：「前二項規定，以在臺灣地區作成之民事確定裁判、民事仲裁判斷，得聲請大陸地區法院裁定認可或為執行名義者，始適用之。」使大陸地區依互惠、對等原則，認可並執行臺灣地區作成之民事確定裁判、民事仲裁判斷。

如將本條與民事訴訟法第四○二條有關承認外國法院判決之規定對照，將可發現本條的立法政策是希望儘量承認大陸地區的判決，所以即使有下列情形，只要不違反公序良俗，亦將予以承認：一、為判決之大陸地區法院依臺灣地區法律無管轄權，二、敗訴之一造，為臺灣地區人民而未應訴，且開始訴訟所需之通知或命令未在大陸地區送達本人，或依臺灣地區法律上之協助送達。因此，臺灣地區法院拒絕裁定認可大陸地區法院裁判的唯一理由，乃是其違反臺灣地區公共秩序或善良風俗。公共秩序及善良風俗的意義已見前述，此二者雖不無重疊之處，在範圍上仍未盡一致，且均為不確定之法律概念，必須由法官在個別案件中，依一般人共同價值為判斷之依據，不得徒憑個人之特殊理念為主觀之判斷❽。此種設計使大

---

❽ 楊建華教授認為認定公共秩序或善良風俗時，應遵守下列原則：一、依循中華民國憲法保障人民基本權利之原則，二、保障臺灣地區人民利益之原則，三、公共秩序之概念應與大陸政策相配合，四、我法律上強行禁止規定，可作為認定是否違背公共秩序或善良風俗之重要參考。例如「使大陸地區人民非法進入臺灣地區」，為兩岸條例第十五條第一款所禁止，並為同條例第七十九條之犯罪行為，假設有臺灣地區人民與大陸地區人民因接運非法進入臺灣地區之報酬涉訟，經大陸地區作成應為給付之民事確定判決者，自得認其判決為違背臺灣地區之公共秩序；又假如臺灣地區人民與大陸地區人民因介紹「大陸新娘」支付報酬涉訟，經大陸地區作成應為給付之民事確定判決者，有違我民法第五七

陸地區的確定裁判，較容易獲得認可，從其屬於「外區」而非「外國」法院裁判，認可之標準可行寬設計的角度言，其基本政策尚屬正確❾。

　　不過，上述條文規定的差異，並未成為從寬認可大陸地區法院裁判的依據。在司法實務上，可聲請認可的大陸地區「法院裁判」，採狹義解釋，不包含非以「裁判」為名的其他文件，故大陸地區法院在離婚程序作成的「離婚調解書」，在大陸地區雖與法院離婚判決具有相同效力，仍不得聲請臺灣地區法院予以認可。此外，司法實務上亦認為大陸地區法院裁判縱使已獲臺灣地區法院認可，其在臺灣地區的效力，仍非等同於臺灣地區法院之裁判。茲再就本條之相關問題，再分點析述、商榷之。

　　1.依本條規定，大陸地區法院作成之民事確定裁判，無論是給付判決、確認判決或形成判決，亦不問判決究竟是否以財產權為訴訟標的，均得聲請法院認可。此與外國法院之判決，以須聲請我國法院強制執行的給付判決為限，始有必要聲請法院承認之情形不同。由本條之立法理由觀之❿，「得聲請認可」之大陸地區之確定裁判或仲裁判斷，始有可能在臺灣地區，因法院裁定認可而有其效力⓫。準此，無須聲請強制執行之外國法院判決，

　　　　三條之禁止規定，自得認其違反善良風俗而不予認可。惟法律上強行禁止規定，亦有非為公共秩序或善良風俗之本身者，適用時仍應就個別具體情形探討之。見所著〈大陸地區民事確定裁判之認可（下）〉，《司法周刊》，第五九〇期（民國八十一年九月三十日），頁3。

❾　當然，如認為所有未予以明文規定的理由，均屬違反公序良俗的事項時，將使公序良俗條款的適用範圍不當膨脹，而與區際衝突法應限制該條款之適用範圍的基本原則牴觸。

❿　本條的立法理由，是「兩岸地區之民事訴訟制度及商務仲裁體制有異，為維護我法律制度，並兼顧當事人權益，爰規定因爭議而在大陸地區作成之民事確定裁判或仲裁判斷，須不違背臺灣地區公共秩序或善良風俗，始得聲請法院裁定認可。」

⓫　認可只是就聲請之裁判或仲裁判斷，審查是否在臺灣地區有其效力，並非另為新判決，故經認可之大陸地區確定裁判或仲裁判斷，在臺灣地區應有其判決本身之確定力、既判力、形成力及執行力。但學者中有認為本條謹言判決之「效力」二字，即無從直接認定大陸地區法院之判決，可能在臺灣地區發生法律上

既可不經我國法院裁判，而在我國境內有其效力，大陸地區之裁判卻一律應經法院裁定認可，始能有其效力，在理論上實難以自圓。

2.法院的管轄權乃是其判決效力之來源，在區際私法中承認外地區之判決，雖可規定較寬鬆之要件，但管轄權之要件似仍為不可或缺。例如就在臺灣地區之不動產之物權、分割或經界訴訟者，由於涉及臺灣地區之公共利益，應專屬臺灣地區之法院管轄，大陸地區法院如無管轄權，而仍為裁判者，即不得予以認可。被告如為臺灣地區人民，並未應訴，亦未受開始訴訟之通知，而受敗訴之缺席裁判者，該判決之法院程序即已違反自然正義，判決之法院亦可能根本就無管轄權，亦不宜予以承認❷。此等雖無明文規定，但因為「公共秩序或善良風俗」可採廣義解釋，認為可包含實體法上的公共秩序或善良風俗，以及程序法上的公共秩序或善良風俗，故前述漏未規定的違反程序正義的事項，似均可以違反程序法上公序良俗為理由，而不予以認可。

3.相互承認雖然即使在國際私法上，也不是絕對不可或缺的消極要件，而在一般國家的區際私法中，更是被認為沒有必要。不過在聯邦或邦聯國家中，憲法中通常訂有類似美國憲法上「完全信任及信賴條款 (Full Faith and Credit Clause)」的條文，所以國內各地區法院的相互承認判決，實際上是以共同的憲法作為基礎❸。臺灣地區及大陸地區的司法權並無共同的憲

之效力，經法院裁定認可後，亦僅承認其事實上之效力而已，發生法律上之效力者，乃是臺灣地區法院認可之裁定，而非大陸地區之判決本身。見楊建華，〈大陸地區民事確定裁判之認可（上）〉，《司法周刊》，第五八九期（民國八十一年九月二十三日），頁3。

❷ 大陸地區民事訴訟法雖與臺灣地區民事訴訟法接近，訴訟以由被告住所地法院管轄為原則（第二十二條），不動產訴訟亦為專屬管轄（第三十四條第一款），亦有缺席判決之規定（第一二九條、第一三○條），而使不被認可的情形減少許多，但這只是一種偶然的結果，似不宜因為在多數的情形下，即使在形式上審查管轄權等要件，亦不致使法院拒絕認可，而認為此等要件均非必要。此等要件均屬程序正義之正當要求，立法及實務上似應設法加強兩岸之間的司法互助，而不應棄程序正義於不顧。

法依據，本條於民國八十六年增訂第三項關於相互承認的要件⓮，理論上並無不當，後來也促成大陸地區關於認可臺灣地區法院裁判及仲裁判斷法制之發展⓯，兩岸並於二○○九年四月二十六日簽署海峽兩岸共同打擊犯

⓭　在應依所批准之條約，而原則上互相承認判決的國家，由於亦有共同的條約為基礎，也有承認其「友邦」間的關係，與聯邦國家的各「友州或友邦 (sister state)」間的關係，亦有可相提並論之處。

⓮　此處相互承認是指在判決效力上的互惠而言，不是指政治或外交上的承認，所以即使事實上兩岸仍未能互相承認為對等之政治實體，並不意味兩岸亦不可能互相承認其裁判。

⓯　大陸地區司法實務對於臺灣法院裁判之認可，由早期之刻意迴避到近期之積極主動，甚值得注意。在兩岸條例增訂互惠條款之後，最高人民法院於一九九八年發布「關於人民法院認可臺灣地區有關法院民事判決的規定」，規定臺灣地區有關法院的民事判決和仲裁機構的裁決所確定的民事權利，在不違反一個中國原則和法律基本原則、不損害社會公共利益的前提下，經大陸人民法院審查認可後，可以在大陸予以執行；一九九九年作出「關於當事人持臺灣地區有關法院民事調解書或者有關機構出具或確認的調解協議書向人民法院申請認可人民法院應否受理的批復」，規定此類案件比照「關於人民法院認可臺灣地區有關法院民事判決的規定」予以受理；二○○一年作出「關於當事人持臺灣地區有關法院支付命令向人民法院申請認可人民法院應否受理的批復」，規定內地法院比照「關於人民法院認可臺灣地區有關法院民事判決的規定」予以受理；二○○九年頒布「關於人民法院認可臺灣地區有關法院民事判決的補充規定」，擴大了認可臺灣法院民事判決的範圍；二○一五年六月公布「關於認可和執行臺灣地區法院民事判決的規定」（自二○一五年七月一日起施行），以取代上述文件，規定可聲請認可及執行「臺灣地區法院作出的生效民事判決、裁定、和解筆錄、調解筆錄、支付命令等」、「臺灣地區法院在刑事案件中作出的有關民事損害賠償的生效判決、裁定、和解筆錄」、「臺灣地區鄉鎮市調解委員會等出具並經臺灣地區法院核定，與臺灣地區法院生效民事判決具有同等效力的調解文書」（第二條）。上述文件具有下列情形之一的，裁定不予認可：㈠申請認可的民事判決，是在被申請人缺席又未經合法傳喚或者在被申請人無訴訟行為能力又未得到適當代理的情況下作出的；㈡案件系人民法院專屬管轄的；㈢案件雙方當事人訂有有效仲裁協議，且無放棄仲裁管轄情形的；㈣案件系人民法院已作出判決或者中國大陸的仲裁庭已作出仲裁裁決的；㈤香港特別行政

罪及司法互助協議，於第十點約定「裁判認可：雙方同意基於互惠原則，於不違反公共秩序或善良風俗之情況下，相互認可及執行民事確定裁判與仲裁裁決（仲裁判斷）。」但協議內容僅為原則性之意向，且未經立法院審議，其依兩岸條例第五條第二項規定，在臺灣地區目前無優先於法律或與法律相同之效力 ❶⑥。

　　4.兩岸條例第七十四條規定經法院裁定認可之大陸地區民事確定裁判，以給付為內容者，得為執行名義，但並未明定在大陸地區作成之民事確定裁判，與我國之確定判決有同一之效力，在司法實務乃發生應如何認定其在臺灣地區的效力問題。該條例立法理由指出，就大陸地區判決未採自動承認制，而須經我國法院以裁定認可者始予以承認並取得執行力，其聲請強制執行之執行名義，乃屬於強制執行法第四條第一項第六款規定：

區、澳門特別行政區或者外國的法院已就同一爭議作出判決且已為人民法院所認可或者承認的；㈥臺灣地區、香港特別行政區、澳門特別行政區或者外國的仲裁庭已就同一爭議作出仲裁裁決且已為人民法院所認可或者承認的。認可上述文件將違反一個中國原則等國家法律的基本原則或者損害社會公共利益的，人民法院應當裁定不予認可（第十五條）；經人民法院裁定認可的臺灣地區法院民事判決，與人民法院作出的生效判決具有同等效力（第十七條）；對人民法院裁定不予認可的臺灣地區法院民事判決，申請人再次提出申請的，人民法院不予受理，但申請人可以就同一爭議向人民法院起訴（第十九條）。

❶⑥　兩岸條例第五條規定：「依第四條第三項或第四條之二第二項，受委託簽署協議之機構、民間團體或其他具公益性質之法人，應將協議草案報經委託機關陳報行政院同意，始得簽署。」「協議之內容涉及法律之修正或應以法律定之者，協議辦理機關應於協議簽署後三十日內報請行政院核轉立法院審議；其內容未涉及法律之修正或無須另以法律定之者，協議辦理機關應於協議簽署後三十日內報請行政院核定，並送立法院備查，其程序，必要時以機密方式處理。」最高法院一〇四年度臺上字第三三號民事判決謂：「九十八年四月發布之海峽兩岸共同打擊犯罪及司法互助協議第十條規定，與兩岸人民關係條例第七十四條之規定並無不同，其內容未涉及法律之修正，僅由行政院核定後送立法院備查（相關程序見兩岸人民關係條例第五條第二項規定），自不影響上開條例第七十四條規定之解釋。」

其他依法律之規定得為強制執行之名義，實務上乃認為經我國法院裁定認可之大陸地區民事確定裁判，與同款之其他執行名義相同，均應只具有執行力而無與我國法院確定判決同一效力之既判力，兩造及我國法院均不受其拘束。最高法院九十七年度臺上字第二三七六號民事判決更明確指出：「大陸地區判決經我國法院依兩岸關係條例第七十四條規定裁定許可強制執行，固使該判決成為強制執行法第四條第一項第六款規定之執行名義而有執行力，然並無與我國確定判決同一效力之既判力。債務人如認於執行名義成立前，有債權不成立或消滅或妨礙債權人請求之事由發生者，在強制執行事件程序終結前，即得依同法第十四條第二項規定，提起債務人異議之訴。」

　　5.關於大陸地區作成之民事仲裁判斷的效力，司法實務上亦已形成與民事確定裁判類似的見解。最高法院一〇四年度臺上字第三三號民事判決指出，兩岸條例對於在大陸地區作成之民事確定裁判、民事仲裁判斷，未如其後制定公布之港澳條例第四十二條明定:「民事確定裁判之效力、管轄及得為強制執行之要件，準用民事訴訟法第四百零二條、強制執行法第四條之一規定。民事仲裁判斷之效力、聲請法院承認及停止執行，準用商務仲裁條例第三十條至第三十四條之規定。」而僅簡略為上述規定，其認可並適用當時較為簡易之非訟程序。參酌兩岸條例第一條規定「國家統一前，為確保臺灣地區安全與民眾福祉，規範臺灣地區與大陸地區人民之往來，並處理衍生之法律事件，特制定本條例。本條例未規定者，適用其他有關法令之規定」，港澳條例第一條規定「為規範及促進與香港及澳門之經貿、文化及其他關係，特制定本條例。本條例未規定者，適用其他有關法令之規定。但臺灣地區與大陸地區人民關係條例，除本條例有明文規定者外，不適用之」。對照兩岸條例第七十四條、港澳條例第四十二條規定之差異，及後條例係為排除前條例於港澳地區適用而特為立法，可見係立法者有意為不同之規範，即基於兩岸之特殊關係，為解決實際問題，對於在大陸地區作成之民事確定裁判、民事仲裁判斷，特以非訟程序為認可裁定，並僅就以給付內容者，明定其有執行力，而未賦予實質確定力。立法者既係基

於兩岸地區民事訴訟制度及仲裁體制差異，為維護我法律制度，並兼顧當
事人權益（見該條文立法理由），而為上開規定，自不容再援引民事訴訟
法、仲裁法關於外國民事確定裁判、外國仲裁判斷效力之相關規定及法理，
認在大陸地區作成之民事確定裁判及仲裁判斷，經我法院裁定認可者，即
發生既判力。

第四節　現行區際私法之衝突規則

一、權利能力及行為能力

在國家分裂的情形下，人民之權利能力及行為能力均有必要依其準據
法決定之，兩岸條例第四十六條對此採單面法則之方式，規定：「大陸地區
人民之行為能力，依該地區之規定。但未成年人已結婚者，就其在臺灣地
區之法律行為，視為有行為能力。」「大陸地區之法人、團體或其他機構，
其權利能力及行為能力，依該地區之規定。」

先就規定之範圍而言，本條第一項規定自然人之行為能力，第二項則
規定法人之權利能力及行為能力，似認為自然人之權利能力並無準據法之
問題，但權利能力與行為能力不同，亦有獨立決定其準據法之必要，故應
認為自然人之權利能力問題，乃是有待補充的法律漏洞。本條對臺灣地區
之自然人及法人之權利能力及行為能力，均未規定及之，但既係區際私法，
實應以雙面法則一併解決所有自然人及法人之能力問題，較為周延。

其次就具體規定之妥當性而論，本條第一項但書就大陸地區未成年人
已結婚者之行為能力，為特別規定，並非妥當，因為未成年之大陸地區人
民得否結婚，是否因結婚而有行為能力，乃是大陸地區法律的政策問題❶，

---

❶　大陸地區關於成年年齡，一九八六年民法通則第十一條規定：「十八周歲以上
的公民是成年人，具有完全民事行為能力，可以獨立進行民事活動，是完全民
事行為能力人。」「十六周歲以上不滿十八周歲的公民，以自己的勞動收入為
主要生活來源的，視為完全民事行為能力人。」二〇一七年民法總則第十七條

無論定性為行為能力或結婚之效力問題，似均應另依其準據法決定之，不宜於此處為上述規定。如立法之目的係在保護臺灣地區之公共利益，避免不諳大陸地區之法律，而承受與無完全之行為能力者進行交易之風險，似可規定為「大陸地區人民依大陸地區之法律，僅有限制行為能力或無行為能力者，就其在臺灣地區所為之法律行為，視為有行為能力。」第二項就大陸地區之法人，規定為「法人、團體或其他機構」，但其實在區際私法中，本宜將自然人以外其他得享有權利能力及行為能力者，定性為「法人」，即使大陸地區與臺灣地區之法律規定不同，亦屬無妨。因為無論國際私法或區際私法之衝突規則，設計時均無必要預知外國法或外區法之內容。此外，大陸地區之法人須先經認可，方得在臺灣地區有其權利能力及行為能力，故第二項之規定似應修正為「大陸地區之法人經認可者，其權利能力及行為能力，依該地區之規定。」

　　死亡宣告及監護、輔助宣告與人之權利能力及行為能力均有關連，臺灣地區的法院之管轄權及該事件之準據法，其實均有待明文規定，但兩岸條例卻不予以明文規定，箇中原因亦未見說明，似為一項疏漏。

二、法律行為

㈠法律行為之方式

　　兩岸條例第四十七條規定：「法律行為之方式，依該行為所應適用之規定。但依行為地之規定所定之方式者，亦為有效。」「物權之法律行為，其方式依物之所在地之規定。」「行使或保全票據上權利之法律行為，其方式依行為地之規定。」本條係仿舊涉外法第五條而規定，將來可再參考新涉外法的體例調整其規定之形式與內容。

規定：「十八周歲以上的自然人為成年人。不滿十八周歲的自然人為未成年人。」關於結婚年齡，一九八○年婚姻法第六條規定：「結婚年齡，男不得早於二十二周歲，女不得早於二十周歲。晚婚晚育應予鼓勵。」可見大陸地區之未成年人民，依法不得結婚，與臺灣地區民法的規定（第九八○條、第十三條第三項）不同。

㈡債權契約

兩岸條例第四十八條規定:「債之契約依訂約地之規定。但當事人另有約定者,從其約定。」「前項訂約地不明而當事人又無約定者,依履行地之規定,履行地不明者,依訴訟地或仲裁地之規定。」國際私法上的當事人意思自主原則,原已被普遍認為是決定債權行為準據法的主要依據,以其他連結因素決定準據法的硬性一般規則,僅在當事人就契約之準據法意思不明時,始有適用餘地,本條在體例上使當事人意思自主原則成為例外,而以訂約地法主義為原則,有再商榷之必要。

本條第二項或許可視為當事人意思不明時的硬性規則,其規定除先考慮訂約地法,再以履行地法為補充外,更有直接以法庭地法或仲裁地法為準據法的規定,相當特殊。當事人意思不明而應以訂約地法為準據法時,要約人及承諾人如在不同地區為意思表示,即為舊涉外法第六條第二項所規定的「行為地不同」,本條並未就如何確定訂約地予以規定,解釋上似宜類推適用該條項之規定,以發要約通知地為行為地,如相對人於承諾時不知其發要約通知地者,以要約人之設籍地視為行為地。訂約地如跨連臺灣地區與大陸地區者,兩岸條例既以臺灣地區為訂約地(第四十五條),故適用時應不致發生「訂約地不明」的現象,本項規定從此一觀點來看,似有欠嚴謹。

本條之規定不符合衝突正義之原則,將來宜參考新涉外法第二十條修正之。

㈢捐　助

捐助是以設立財團法人為目的,而同意無償提供一定財產之法律行為,性質上屬於單方的債權行為。兩岸條例第六十二條規定:「大陸地區人民之捐助行為,其成立或撤回之要件及效力,依該地區之規定。但捐助財產在臺灣地區者,適用臺灣地區之法律。」即認為捐助財產在臺灣地區者,因與財產所在地關係密切,故應適用臺灣地區之法律。就體例而言,兩岸條例既將債權行為區分為契約及捐助等二類行為,似應於同一條文,或於接續之條文中規定較妥。就內容而言,同為債權行為,為何在契約原則上係

採行為地法主義，而在捐助卻採屬人法主義，且前者不受其標的物之所在地法之支配，而後者又認為與標的物之所在地法關係密切，理論上似乏充分之說服力。

三、法定之債

㈠無因管理及不當得利

兩岸條例第四十九條規定：「關於在大陸地區由無因管理、不當得利或其他法律事實而生之債，依大陸地區之規定。」本條係採單面法則的方式，僅規定應適用大陸地區之法律之情形，規定的邏輯似是「在大陸地區發生之債，依大陸地區之規定。」如從傳統事實發生地法主義之觀點言之，本條規定似無可厚非，但未能適度反映國際私法在此一部分之發展趨勢，仍屬可惜。將來宜參考新涉外法第二十三條、第二十四條及第三十條修正之。

㈡侵權行為

兩岸條例第五十條規定：「侵權行為依損害發生地之規定。但臺灣地區之法律不認其為侵權行為者，不適用之。」本條基本上是舊涉外法第九條第一項的翻版，並將該法上的「侵權行為地法」，進一步確定為損害發生地法，惟此項規定難謂符合衝突正義之原則，將來宜參考新涉外法第二十五條修正之。

四、物　權

兩岸條例第五十一條規定：「物權依物之所在地之規定。」「關於以權利為標的之物權，依權利成立地之規定。」「物之所在地如有變更，其物權之得喪，依其原因事實完成時之所在地之規定。」「船舶之物權，依船籍登記地之規定，航空器之物權，依航空器登記地之規定。」本條是仿舊涉外法第十條規定而設，惟此等規定已不足以涵蓋所有物權的問題，將來宜參考新涉外法第五章「物權」的規定修正之。

五、婚　姻

㈠結婚及離婚之要件

　　國際私法就結婚及兩願離婚之要件，通常認為是屬人法的適用範圍，故僅在例外的情形，才適用「場所支配行為」的原則，以行為地法為形式要件的準據法。故新涉外法乃於第四十六條規定：「婚姻之成立，依各該當事人之本國法。但結婚之方式，依當事人一方之本國法或依舉行地法者，亦為有效。」（舊涉外法第十一條第一項）但兩岸條例卻一反我國國際私法上已確立之此項原則，而於第五十二條第一項規定：「結婚或兩願離婚之方式及其他要件，依行為地之規定。」即認為結婚或兩願離婚之實質要件及形式要件，均應受行為地法之支配，在理論依據及體系完整上似有欠考量。

　　裁判離婚原為法院判決的形成力之問題，但因其直接影響當事人之身分關係，為兼顧各方利益，新涉外法第五十條乃規定：「離婚及其效力，依協議時或起訴時夫妻共同之本國法；無共同之本國法時，依共同之住所地法；無共同之住所地法時，依與夫妻婚姻關係最切地之法律。」從此一角度而言，兩岸條例第五十二條第二項規定：「判決離婚之事由，依臺灣地區之法律。」其邏輯僅可從「訴訟程序，依法院地法」的原則去索解，即將裁判離婚的問題，單純化到成為純粹的訴訟程序之事項，造成大陸地區人民可以不顧大陸地區之法律規定，直接依臺灣地區之法律請求裁判離婚之現象，其合理性頗有再商榷之必要。將來可參考新涉外法第五十條修正之。

　　我國國民在國家分裂後，夫妻雙方受臺灣海峽分隔，既不能自由往來，經營共同生活，也無法經由兩願離婚或裁判離婚之方式，解消處於「凍結狀態的婚姻關係」，但其中又不乏依其居住地區之法律重婚，而已兒孫滿堂者。此一事實如不予以承認，即可能乖違人情，滋生家庭糾紛，造成社會問題，兩岸條例乃從維持後婚效力之觀點著眼，於第六十四條第一項規定：「夫妻因一方在臺灣地區，一方在大陸地區，不能同居，而一方於民國七十四年六月四日以前重婚者，利害關係人不得聲請撤銷；其於七十四年六月五日以後七十六年十一月一日以前重婚者，該後婚視為有效。」此外，

夫妻雙方如於七十六年十一月一日以前，已分別在臺灣地區、大陸地區重婚，足認雙方均已無意維持婚姻關係，為避免法律關係過於複雜，同條第二項乃規定：「前項情形，如夫妻雙方均重婚者，於後婚者重婚之日起，原婚姻關係消滅。」

(二)結婚及離婚之效力

新涉外法就結婚及離婚之效力，分別在第四十七條規定：「婚姻之效力，依夫妻共同之本國法；無共同之本國法時，依共同之住所地法；無共同之住所地法時，依與夫妻婚姻關係最切地之法律。」另於第五十條設前述規定，即原則上認為其乃屬人法之適用範圍，但兩岸條例第五十三條規定：「夫妻之一方為臺灣地區人民，一方為大陸地區人民者，其結婚或離婚之效力，依臺灣地區之法律。」從保護臺灣地區配偶之角度觀察，雖有一定之說服力，但該條對大陸地區人民在臺灣地區結婚或離婚，及臺灣地區人民在大陸地區結婚或離婚之效力，均未設明文規定，理論上言當以其所屬之地區之法律為準，但亦將造成依「此地區」之法律成立之結婚或離婚，其效力應依「彼地區」之法律決定之不諧調現象。為解決此等問題，將來可參考新涉外法上述規定修正之。

(三)夫妻財產制

夫妻財產制是身分法及財產法交錯的法律領域，國際私法一般都是從身分法的角度確定其準據法，再輔以財產之所在地法。兩岸條例第五十四條規定：「臺灣地區人民與大陸地區人民在大陸地區結婚，其夫妻財產制，依該地區之規定。但在臺灣地區之財產，適用臺灣地區之法律。」本條之規定，除須再商榷以結婚之行為地法，為夫妻財產制之準據法之原則外，對於大陸地區人民在大陸地區結婚者，就在臺灣地區之財產是否應適用臺灣地區之法律，及臺灣地區人民與大陸地區人民在臺灣地區結婚，或臺灣地區人民在臺灣地區結婚者，就其在大陸地區之夫妻財產，是否應適用大陸地區之法律之問題，也留下難以理解之疑問。新涉外法第四十八條及第四十九條已就涉外夫妻財產制問題，設有兼顧交易安全及夫妻財產處分之相對人之規定，本條將來亦可參考而修正之。

六、親子關係

㈠認　領

兩岸條例第五十五條規定:「非婚生子女認領之成立要件,依各該認領人被認領人認領時設籍地區之規定。」「認領之效力,依認領人設籍地區之規定。」本條係仿舊涉外法第十七條而設,唯新涉外法第五十三條就涉外認領之要件,已改採二個準據法之選擇適用主義,規定:「非婚生子女之認領,依認領時或起訴時認領人或被認領人之本國法認領成立者,其認領成立。」「前項被認領人為胎兒時,以其母之本國法為胎兒之本國法。」「認領之效力,依認領人之本國法。」本條將來宜參考修正之,此外,本條例未就子女婚生性之問題予以規定,此項疏漏亦有待將來參考新涉外法予以補救。

㈡收　養

兩岸條例第五十六條規定:「收養之成立及終止,依各該收養者被收養者設籍地區之規定。」「收養之效力,依收養者設籍地區之規定。」此項規定係仿新涉外法第五十四條(舊涉外法第十八條)而設計,即臺灣地區人民無論作為收養人或被收養人,就收養之成立要件中與其有關之部分,均應依臺灣地區民法之規定決定,即應依民法第一○七九條第一項規定聲請法院認許。此外,為顧及臺灣地區人口壓力及國家安全、社會安定,並避免因大陸地區幅員廣大,收養之事實查證不易所可能滋生之流弊,兩岸條例乃於第六十五條規定:「臺灣地區人民收養大陸地區人民為養子女,除依民法第一千零七十九條第五項規定外,有左列情形之一者,法院亦應不予認可:一、已有子女或養子女者。二、同時收養二人以上為養子女者。三、未經行政院設立或指定之機構或委託之民間團體驗證收養之事實者。」本條第一款限制臺灣地區人民收養大陸地區人民之自由,與其所保護之公共利益顯失均衡,限制過當,司法院大法官於民國一○二年十月四日釋字第七一二號解釋乃宣告其違憲,並自解釋公布日起失其效力。

㈢親　權

兩岸條例第五十七條規定:「父母之一方為臺灣地區人民,一方為大陸

地區人民者，其與子女間之法律關係，依父設籍地區之規定，無父或父為贅夫者，依母設籍地區之規定。」本條係仿舊涉外法第十九條規定父母子女間之法律關係，兩岸條例施行細則第四十二條並認為本條之父母是直系血親尊親屬，故不包括繼父或繼母在內。不過，大陸地區司法實務認為對未成年子女行使監護權之父母包括繼父或繼母在內，施行細則該條規定似有商榷之必要。此外，上述規定之內容似乎認為親權準據法之所以發生問題，是因為父母之設籍地區不同，不過，真正重要的原因，應是父母與子女之身分屬性上的不同，故本條未能規定父母與子女分屬不同地區之人民時，其親權之準據法如何決定，不能不謂為一項疏漏。本條例在結婚及離婚之問題既未區分嫁娶婚及招贅婚，而分別規定其成立要件及效力之準據法，為何在親權的法律關係，又突然強調招贅婚時以妻之屬人法為準的原則，也有待進一步說明。新涉外法第五十五條關於父母子女間之法律關係，已改採子女之屬人法主義，上述條文仍採父女之屬人法主義，將來宜參考修正之。

七、監護及扶養

㈠監　護

　　監護及輔助是為保護受監護人、受輔助宣告人之利益而設之制度，兩岸條例第五十八條規定：「受監護人為大陸地區人民者，關於監護，依該地區之規定。但受監護人在臺灣地區有居所者，依臺灣地區之法律。」本條係仿修正前之舊涉外法第二十條而規定，但為配合民法廢除禁治產宣告制度，創設監護宣告及輔助宣告制度，新涉外法第十二條及第五十六條已就內國法院為此等宣告之管轄權、要件與效力問題，以及涉外監護及輔助之法律關係，分別予以規定，相對而言，本條例漏未規定輔助宣告之問題，監護之規定亦有待完善，將來宜參考新涉外法之規定修正之。

㈡扶　養

　　兩岸條例第五十九條規定：「扶養之義務，依扶養義務人設籍地區之規定。」本條採扶養義務人屬人法主義，係仿舊涉外法第二十一條而設，唯新涉外法第五十七條已改採扶養權利人之屬人法主義，將來自宜參考修正之。

八、繼承及遺囑

㈠繼　承

　　兩岸條例就繼承之準據法，在類型上係採單面法則的設計，於第六十條規定：「被繼承人為大陸地區人民者，關於繼承，依該地區之規定。但在臺灣地區之遺產，適用臺灣地區之法律。」本條係仿新涉外法第五十八條（舊涉外法第二十二條）而設，採被繼承人之屬人法主義，並認為在臺灣地區之遺產，與遺產所在地關係密切，故大陸地區人民為被繼承人之案件，僅得就在大陸地區之遺產，適用大陸地區之法律。

　　依前述規定，可知大陸地區人民亦得依臺灣地區之法律，繼承在臺灣地區之遺產，但由於國家分裂已久，繼承關係不易確定，為避免繼承狀態久懸不決，影響臺灣地區經濟秩序之穩定及共同繼承人之權益，兩岸條例第六十六條第一項乃規定：「大陸地區人民繼承臺灣地區人民之遺產，應於繼承開始起三年內以書面向被繼承人住所地之法院為繼承之表示；逾期視為拋棄其繼承權。」大陸地區人民依本項規定，即非依臺灣地區民法第一一四八條之規定，於被繼承人死亡時當然取得其財產上之權利義務，其繼承權於向法院表示繼承後，始在法律上被承認，其向法院之表示乃使其由無繼承權狀態，變更成為有繼承權的準法律行為，其表示之權利在性質上乃是形成權，故三年之期間乃是除斥期間，而非消滅時效之期間。為使除斥期間之起算趨於合理，本條乃再規定：「大陸地區人民繼承本條例施行前已由主管機關處理，且在臺灣地區無繼承人之現役軍人或退除役官兵遺產者，前項繼承表示之期間為四年。」（第二項）「繼承在本條例施行前開始者，前二項期間自本條例施行之日起算。」（第三項）❸

---

❸　本條規定使臺灣地區之法律，對大陸地區人民之繼承權之規定，與臺灣地區人民不同，從憲法第七條所有人民一律平等的觀點檢驗，並非無再商權之必要。尤其在此一規定下，大陸地區人民之繼承不得直接適用大陸地區之法律規定，也不得與臺灣地區人民適用同一規定，其在繼承法上的地位，不得不謂已較遜於外國人，實有待檢討。

適用臺灣地區之法律時，為避免臺灣地區資金大量流入大陸地區，危及國家安全與社會安定，並兼顧大陸地區人民因遺產為以不動產為標的之權利，而依規定不能繼承取得時之不公平現象，兩岸條例乃於第六十七條規定：「被繼承人在臺灣地區之遺產，由大陸地區人民依法繼承者，其所得財產總額，每人不得逾新臺幣二百萬元。超過部分，歸屬臺灣地區同為繼承之人；臺灣地區無同為繼承之人者，歸屬臺灣地區後順序之繼承人；臺灣地區無繼承人者，歸屬國庫。」「前項遺產，在本條例施行前已依法歸屬國庫者，不適用本條例之規定。其依法令以保管款專戶暫為存儲者，仍依本條例之規定辦理。」「遺囑人以其在臺灣地區之財產遺贈大陸地區人民、法人、團體或其他機構者，其總額不得逾新臺幣二百萬元。」「第一項遺產中，有以不動產為標的者，應將大陸地區繼承人之繼承權利折算為價額。但其為臺灣地區繼承人賴以居住之不動產者，大陸地區繼承人不得繼承之，於定大陸地區繼承人應得部分時，其價額不計入遺產總額。」「大陸地區人民為臺灣地區人民配偶，其繼承在臺灣地區之遺產或受遺贈者，依下列規定辦理：一、不適用第一項及第三項總額不得逾新臺幣二百萬元之限制規定。二、其經許可長期居留者，得繼承以不動產為標的之遺產，不適用前項有關繼承權利應折算為價額之規定。但不動產為臺灣地區繼承人賴以居住者，不得繼承之，於定大陸地區繼承人應得部分時，其價額不計入遺產總額。三、前款繼承之不動產，如為土地法第十七條第一項各款所列土地，準用同條第二項但書規定辦理。」**⑲**

兩岸條例第六十七條第五項上述規定，係因兩岸人民交往頻繁後，大陸配偶雖仍為大陸地區人民，但其基於婚姻關係與臺灣配偶共營生活，與臺灣社會及家庭建立緊密連帶關係，有別於一般大陸地區人民。為維護大陸配偶本於婚姻關係之生活及財產權益，乃進一步保障其繼承權，使其繼承不適用有關總額不得逾二百萬元之限制；經許可長期居留之大陸配偶，

---

⑲　本條規定的妥當性之依據，並不是不同地區的人民本可適用不同的規定，而是在兩岸仍處於對立的狀態下，不得不從國家安全的觀點，管制可能移往大陸地區之財產總額上限。

並得繼承不動產。此項規定已於民國九十八年八月十四日施行。惟此一規定是否得適用於修法前已發生之繼承事件，在實務上仍有疑義。最高法院在一〇〇年臺上字第一二五號民事判決指出，兩岸條例並無明文規定得溯及既往而適用，但因兩岸條例第六十七條有關大陸地區人民繼承遺產限制之規定乃民法繼承之特別規定，依該條例第一條後段規定，本條例未規定者，適用其他有關法令之規定，自應依民法繼承編施行法第一條後段規定，繼承在修正前開始者，除本施行法有特別規定外，不適用修正後之規定，而該施行法就修法前已發生之繼承事件所應適用之法律並無特別規定，自不適用修正後兩岸條例第六十七條之規定，「而應以繼承開始即被繼承人死亡時，定其法律之適用，否則依舊法已處理終結之繼承事件，再適用新法重為處理，勢必影響繼承人之既有權益，而有礙於法律關係之安定性」。

　　自大陸地區隨政府播遷來臺灣地區的現役軍人或退除役官兵死亡，由於其可能的繼承人係在大陸地區，經常發生繼承人有無不明的情形，此時依臺灣地區民法第一一七七條及第一一七八條第二項之規定，固得由親屬會議於一個月內選定遺產管理人，無親屬會議或親屬會議未於一個月內選定遺產管理人者，則得由利害關係人或檢察官，聲請法院選任遺產管理人。而依家事事件法第一三六條規定，利害關係人或檢察官聲請法院選任遺產管理人之程序既複雜又耗時，可能無法因應亟待處理喪葬及遺物之迫切需要。再加上現役軍人或退除役官兵死亡而無繼承人、繼承人之有無不明或繼承人因故不能管理遺產者，目前均依國軍陣（死）亡官兵遺骸暨遺物處理辦法或國軍退除役官兵死亡暨遺留財物處理辦法之規定，分由勤務總司令部留守業務署或國軍退除役官兵輔導委員會等機關管理其遺產，其現狀仍不妨予以維持。兩岸條例乃於第六十八條規定：「現役軍人或退除役官兵死亡而無繼承人、繼承人之有無不明或繼承人因故不能管理遺產者，由主管機關管理其遺產。」「前項遺產事件，在本條例施行前，已由主管機關處理者，依其處理。」「第一項遺產管理辦法，由國防部及行政院國軍退除役官兵輔導委員會分別擬訂，報請行政院核定後發布之。」「本條例中華民國八十五年九月十八日修正生效前，大陸地區人民未於第六十六條所定期限

內完成繼承之第一項及第二項遺產，由主管機關逕行捐助設置財團法人榮民榮眷基金會，辦理下列業務，不受第六十七條第一項歸屬國庫規定之限制：一、亡故現役軍人或退除役官兵在大陸地區繼承人申請遺產之核發事項。二、榮民重大災害救助事項。三、清寒榮民子女教育獎助學金及教育補助事項。四、其他有關榮民、榮眷福利及服務事項。」「依前項第一款申請遺產核發者，以其亡故現役軍人或退除役官兵遺產，已納入財團法人榮民榮眷基金會者為限。」「財團法人榮民榮眷基金會章程，由行政院國軍退除役官兵輔導委員會擬訂，報請行政院核定之。」

　　被繼承人在臺灣地區之遺產，如繼承人皆為大陸地區人民時，為保障其對遺產因繼產所可取得之權利，兩岸條例第六十七條之一乃規定：「前條第一項之遺產事件，其繼承人全部為大陸地區人民者，除應適用第六十八條之情形外，由繼承人、利害關係人或檢察官聲請法院指定財政部國有財產局為遺產管理人，管理其遺產。」「被繼承人之遺產依法應登記者，遺產管理人應向該管登記機關登記。」「第一項遺產管理辦法，由財政部擬訂，報請行政院核定之。」

㈡遺　囑

　　遺囑為遺囑人所為之單獨行為，其成立及撤回自有其法定要件，兩岸條例第六十一條：「大陸地區人民之遺囑，其成立或撤回之要件及效力，依該地區之規定。但以遺囑就其在臺灣地區之財產為贈與者，適用臺灣地區之法律。」即認為大陸地區人民就其在臺灣地區之財產為遺贈者，與財產所在地關係密切，故應適用臺灣地區之法律。不過，遺囑之成立及撤回之要件及效力，係指該遺囑本身之問題，與遺囑所述及之財產處分，應屬二事，新涉外法對於遺囑之方式並於第六十一條採選擇適用主義，以有利遺囑行為之成立，尊重立遺囑人之意思。本條例將來可再參考其規定修正之。

※關於本章，其詳可再參閱：陳榮傳，《兩岸法律衝突的現況與實務》（臺北：學林，
　民國九十二年九月）。

第三章　港澳條例中之區際私法

第一節　立法緣由

　　香港及澳門（以下簡稱港澳）在十九世紀間，分別由滿清政府將主權移轉由英國及葡萄牙行使。此後對中國而言，港澳已非內國法律主權所及之領域，其與中國間之民事法律衝突問題，應依國際私法解決之。一九四九年國家分裂為臺灣地區與大陸地區後，港澳無論對於臺灣地區或大陸地區而言，亦均屬於外國管轄之領域，其與各地區間之民事法律衝突問題，亦均為各該地區之國際私法適用之範圍。

　　在兩岸條例公布施行後，該條例所規範的大陸地區，依其施行法第三條規定包括所有中共控制之地區。故英國自一九九七年七月一日起，將香港之主權移轉給中共，葡萄牙自一九九九年十二月二十日起，結束對澳門之治理，而由中共對其行使主權後，理論上港澳即不妨認為是大陸地區之一部分，並可考慮適用兩岸條例，解決其與臺灣地區間之法律衝突問題。惟倘若如是，前此臺港澳間之各項密切往來關係，將因兩岸條例之限制，而出現倒退之情形，而港澳同胞的權益也將受到影響，甚至遭到損害。港澳目前均已成為中華人民共和國之「特別行政區」，依其「基本法」、「一國兩制」的精神，享有一定程度之自治權，其法制亦與大陸地區不同，國際社會在經貿及有關事務上，亦視港澳為與大陸地區不同之自治區域。在港澳仍維持其自由經濟制度與自治地位之前提下，我國乃將港澳定位為有別於大陸地區之特別區域，於民國八十六年三月完成香港澳門關係條例（以下簡稱港澳條例），用以規範臺港澳間之關係。

第二節　港澳條例中區際私法之規定

一、港澳條例與兩岸條例之關係

港澳條例之制定，係為在英國及葡萄牙將香港及澳門之主權歸還我國後，規範及促進臺灣地區與港澳間之經貿、文化及其他關係（第一條第一項）。但因此等關係涉及之事項繁多，其在本條例未設明文規定者，仍應適用其他有關法令之規定（第一條第二項前段），以免失其準據。

港澳條例所規定之法律關係，性質上與兩岸條例所規定者，應同屬我國境內不同地區間之區際法院衝突問題，惟立法者認為臺灣地區與港澳間之密切關係，原非兩岸關係所可比擬，其主權歸還中國後，港澳與大陸地區仍將有甚大差異，不宜逕行適用兩岸條例，故特別予以排除，規定「除本條例有明文規定者外，不適用之」（第一條第二項後段）。又為保留彈性，預留將來對港澳重新在法律上定位之可能，港澳條例第六十條乃規定：「本條例施行後，香港或澳門情況發生變化，致本條例之施行有危害臺灣地區安全之虞時，行政院得報請總統依憲法增修條文第二條第四項之規定，停止本條例一部或全部之適用，並應即將其決定附具理由於十日內送請立法院追認，如立法院二分之一不同意或不為審議時，該決定立即失效。恢復一部或全部適用時，亦同。」「本條例停止適用之部分，如未另定法律規範，與香港或澳門之關係，適用臺灣地區與大陸地區人民關係條例相關規定。」

二、區際法律衝突通則之要素

區際法律衝突發生之前提，乃適用於我國境內不同地區及各地區人民之法律規定不同。港澳條例所要規範者，係臺灣地區及港澳間之區際法律衝突，自有必要明確界定各地區之範圍及各地區人民之定義。就各地區言，本條例所稱香港，指原由英國治理之香港島、九龍半島、新界及其附屬部

分（第二條第一項）；所稱澳門，指原由葡萄牙治理之澳門半島、氹仔島、路環島及其附屬部分；所稱臺灣地區，依兩岸條例之規定（第三條），即指臺灣、澎湖、金門、馬祖及政府統治權所及之其他地區。就各地區之居民或人民言，本條例所稱香港居民，指具有香港永久居留資格，且未持有英國國民（海外）護照或香港護照以外之旅行證照者（第四條第一項）；所稱澳門居民，指具有澳門永久居留資格，且未持有澳門護照以外之旅行證照或雖持有葡萄牙護照但係於葡萄牙結束治理前於澳門取得者（第四條第二項）；所稱臺灣地區人民，依兩岸條例之規定（第三條），即指在臺灣地區設有戶籍之人民。

三、衝突規則

㈠時間因素及既得權之保障

香港及澳門居民在「九七」、「九九」以前，原為英國及葡萄牙國民，其後雖因主權移轉之國際法原因，而變更其身分，並因此而發生法律關係之變化，但由於其非出於當事人之所願，港澳條例面對此種法律適用環境之急遽變化，為維持法律適用之安定，並宣示保障既得權益之意旨，自須定有基本規範。為此，乃明定香港或澳門居民，如於香港或澳門分別於英國及葡萄牙結束其治理前，取得華僑身分者及其符合中華民國國籍取得要件之配偶及子女，在本條例施行前之既有權益，應予以維護（第四條第三項）。

㈡準據法之決定

港澳條例中有關區際私法之規定，未如涉外民事法律適用法及兩岸條例就各種法律關係，明定其決定準據法之規則，而僅於第三十八條規定：「民事事件，涉及香港或澳門者，類推適用涉外民事法律適用法。涉外民事法律適用法未規定者，適用與民事法律關係最重要牽連關係地之法律。」本條規定比照國際私法之正當性，乃區際私法與國際私法之衝突規則在性質上仍有若干共通之處，而不在法律制度之孰優孰劣。區際法律衝突問題之解決，在未以立法明文規定區際私法的國家，司法實務雖有以類推適用

國際私法規定之方法，填補法律之漏洞者。惟類推適用在法學方法論上，係針對法律應規定而未規定之事項，由法院「比附援引」利益狀態相同之其他事項之明文規定，而為之法律補充，其前提乃是立法者未就系爭問題，在立法時予以規定，其主體亦應為法院。本條前段，係立法規定法院應比照國際私法之規定決定準據法的原則宣示，經由此一規定，已無「應規定而未規定」的漏洞存在，規定為「類推適用」，似非妥適。將來修法時，可考慮修正為「準用」，以符合法制用語及法學方法。

本條前段之規定，與兩岸條例民事章的規定不同，未對於各種法律關係分別規定其衝突規則，而僅以準用規範或引致性規範 (Verweisungsnormen) 之形式，規定「類推適用涉外民事法律適用法」，其優點是可以與涉外法的修正同步，只要涉外法實質修正，本條的實質亦間接同步修正，缺點是法院無法徒憑此一規定，即決定涉港澳之某一法律關係之準據法，而應依本條準用新涉外法或舊涉外法之具體條文，始得竟其功。換言之，涉及港澳之民事事件，法院應依其法律事實發生之時間點（新涉外法第六十二條），決定準用新涉外法或舊涉外法，再依其定性之結論，分別準用涉外法之各該規定。

本條的適用，是以民事事件「涉及香港或澳門」為要件，而且只要具備此一要件，法院即應依職權適用本條之規定。在最高法院一〇三年度臺上字第一四一五號民事判決中，兩造均為臺灣地區人民，系爭遊艇亦在臺灣製造，未牽涉外國地，原審乃認為其無涉外因素，非涉外事件，無港澳條例、涉外民事法律適用法、香港法律之適用，應適用我國民事法律；最高法院則指出：「所稱涉及香港或澳門，係指構成民事事件事實，包括當事人、法律行為地、事實發生地等連繫因素，與香港或澳門具有牽連關係者而言」，本件上訴人係於住居香港時與被上訴人為本件法律行為，並在香港經香港上海匯豐銀行有限公司 (The Hong Kong and Shanghai Banking Corporation Limited) 匯款一百萬元至被上訴人公司之銀行帳戶，「則系爭法律關係之行為地已涉及香港，自應依香港澳門關係條例第三十八條之規定，確定其準據法。」再如香港居民甲，在澳門被臺灣地區人民乙所飼養之猛

犬所傷，在臺灣地區法院起訴請求損害賠償，法院即應依本條規定，準用舊涉外法第九條或新涉外法第二十五條規定，以澳門之法律為準據法，決定乙是否應負何種損害賠償之責；如香港居民丙嫁給臺灣地區人民丁為妻，在臺灣地區共同生活，其就婚姻之身分上效力發生爭執時，即應準用舊涉外法第十二條或新涉外法第四十七條，即臺灣地區之法律為準據法。

依本條前段規定，涉港澳之民事法律關係中，涉外法已有類似規定者，固應「類推適用」各該規定，其無類似規定者，依本條後段規定，應適用「與民事法律關係最重要牽連關係地之法律」。法院適用此一規定時，可就可能與系爭法律關係有關之各地區之法律，比較其與法律關係之牽連程度，並就個案情形決定何者具有最重要之牽連關係 (the most significant relationship)，其方法與新涉外法規定的「關係最切地法律」之確定相同。在此種決定準據法之過程，法院未受硬性衝突規則之拘束，裁量權之範圍相當大，其決定亦具有相當之彈性。不過，「最重要牽連關係」理論之適用範圍，依本條後段規定，以「涉外民事法律適用法未規定者」為限，其實益相當有限。因為本條關於「類推適用」涉外法的規定，乃是宣示區際私法應準用國際私法，即指示法院應以類似審理涉外民事案件之方式，審理涉港澳之民事案件。涉外法本身固有規定不完全之處，但無論是法規之一部或全部欠缺，在理論上均可依法理予以填補及解決（新涉外法第一條參照），港澳條例「類推適用」之涉外法內容，似宜包括該法所有明文規定及法理在內，即指國際私法之全部法源，而非僅限於涉外法之明文規定而已❶。換言之，得適用「最重要牽連關係」理論之涉港澳民事案件，須其為涉外民事案件，且我國法院無法決定其準據法者，而此種情形，實殊難想像其存在。此外，如認為港澳條例所「類推適用」者，僅限於涉外法之

---

❶ 例如，澳門政府開放包含賭場在內的娛樂場之經營，經營者請求臺灣地區人民就其在澳門娛樂場內積欠之賭債，起訴請求清償時，法院準用新涉外法第八條規定決定是否不適用澳門肯定賭債效力之法律時，即不得純因在公共場所或公眾得出入之場所賭博財物，在臺灣地區仍為刑法第二六六條禁止的犯罪行為，而認為該澳門之法律違反臺灣地區之公序良俗。

明文規定，由於該法並非完全依據「最重要牽連關係」理論而制定，港澳條例之區際私法之立法原則，即與涉外法之國際私法不同，將發生混亂而不協調之缺失。

　　依前述說明，我國區際法律衝突問題之解決，將因其究為涉及大陸地區或涉及港澳的法律衝突，而分別適用兩岸條例或港澳條例。惟如區際私法事件，除同時涉及臺灣地區、港澳及大陸地區，例如香港居民甲、乙二人在大陸地區訂定債權契約，其後就該契約之效力問題在臺灣地區之法院涉訟，此時究應適用兩岸條例或港澳條例，頗有疑義。本書以為，由於港澳條例之規範目的，並非將港澳定位為大陸地區內之某一特別地區，使港澳條例成為兩岸條例之特別法，而是在法律之適用上，將其定位為根本不適用兩岸條例之另一獨立地區，且基本上希望維持法律適用之結果，與港澳「回歸」前相當或類似之狀態，故應優先適用港澳條例之規定，決定究應以何一地區之法律為準據法。

四、港澳法人之地位及許可

　　港澳之法人在該地區，固得依該地區之法律規定，而有其權利能力與行為能力，但未經許可者，在臺灣地區仍屬非法人團體。港澳條例為維護交易安全及保障臺灣地區人民之權益，乃仿照民法總則施行法有關外國法人規定之例，於第三十九條規定：「未經許可之香港或澳門法人、團體或其他機構，不得在臺灣地區為法律行為」。本條上述規定，最高法院認為其乃法律禁止之規定，違反該規定未經許可在臺灣地區為法律行為者，其法律行為依民法第七十一條前段規定，固屬無效；惟為保護交易之安全，並保障與各該法人、團體或機構為法律行為相對人之權益，同條例第四十條乃明定，未經許可之香港或澳門法人、團體或其他機構，以其名義在臺灣地區與他人為法律行為時，其行為人就該法律行為，應與該香港或澳門法人、團體或其他機構，負連帶責任，特別將此種情形所為之法律行為，與有效之法律行為同視，使行為人就該法律行為，與上開法人、團體或機構負連帶責任，俾與民法總則施行法第十五條規定之旨趣相吻，而不失該條規定

連帶責任之真義（最高法院九十六年臺上字第一二三八號民事判決）。

　　港澳條例第三十九條上述規定，所禁止者是其在臺灣地區為實體法律行為，而非限制其在臺灣地區法院為當事人或為訴訟行為，故港澳條例第四十六條乃規定：「香港或澳門居民及經許可或認許之法人，其權利在臺灣地區受侵害者，享有告訴或自訴之權利。」「未經許可或認許之香港或澳門法人，就前項權利之享有，以臺灣地區法人在香港或澳門享有同等權利者為限。」「依臺灣地區法律關於未經認許之外國法人、團體或其他機構得為告訴或自訴之規定，於香港或澳門之法人、團體或其他機構準用之。」最高法院根據上述規定之立法精神，並參酌舊涉外法第一條（新涉外法第九條、第十條）之規定，亦曾指出：基於保護我國當事人之利益，對於港澳未經認許之法人，應認其得在我國為民事訴訟之原告、被告，港澳條例第三十九條所稱之「法律行為」，應不包括訴訟行為在內（最高法院九十一年臺上字第二六四七號民事判決），亦應不包括訴訟行為及進行訴訟所為之催告或觀念通知在內（最高法院九十二年臺簡上字第四號民事裁定）。

　　此外，港澳條例第四十一條規定：「香港或澳門之公司組織，在臺灣地區營業，準用公司法有關外國公司之規定」，即其認許、責任及其他相關之事項，均將仍與外國公司受相同之待遇。第四十一條之一規定：「大陸地區人民、法人、團體或其他機構於香港或澳門投資之公司，有臺灣地區與大陸地區人民關係條例第七十三條所定情形者，得適用同條例關於在臺投資及稅捐之相關規定」，故有關投資及稅捐之法律之適用，公司所屬之地區或其「區籍」之認定，係採控制說，而非以公司之設立準據法或住所地法為準。

五、港澳法院裁判與仲裁判斷之承認與執行

　　港澳法院之裁判與港澳之仲裁判斷，其承認與執行在「回歸」以前原適用國際私法解決之，如「回歸」以後仍應比照外國裁判及外國仲裁判斷之規定，予以承認，較能緩和其因港澳地位變更，致先後之標準及程序不同之落差。故港澳條例第四十二條規定：「在香港或澳門作成之民事確定裁

判，其效力及得為強制執行之要件，準用民事訴訟法第四百零二條及強制執行法第四條之一之規定」；「在香港或澳門作成之民事仲裁判斷，其效力、聲請法院承認及停止執行，準用商務仲裁條例第三十條至第三十四條之規定」。本條採用「準用」國際私法的方式，使港澳「回歸」前、後之標準及程序，實質上相同，對法律關係之穩定確有助益❷。

　　在適用本條之司法實務上，香港「回歸」以前因英國不承認我國法院裁判，依民事訴訟法第四百零二條第一項第四款關於互惠承認之要件，我國亦不承認其法院裁判，其在香港「回歸」之後，究應如何處理此問題，頗值得注意。由於本款「相互之承認」，係指法院間相互承認判決之互惠而言，與香港政府在政治上是否承認中華民國政府無關，香港「回歸」之後不再與英國政府採相同立場，在香港未明示拒絕承認臺灣地區法院裁判之效力的情形下，即可儘量從寬及主動立於互惠觀點，承認香港法院判決之效力；況香港特別行政區終審法院已於八十九年一月二十七日在 Chen Li Hung & Anor v. Ting Lei Miao & Ors, 2000–1 HKC 461 判決中指出：臺灣法院判決涉及私權，承認其效力符合正義之利益、一般通念之原則及法治之需求，且未牴觸公共政策時，應為香港地區法院承認之，故應認為承認香港法院判決在臺灣之效力，已符合「相互承認」之要件❸。此一立場，近來在司法實務已迭經最高法院確認（最高法院九十三年度臺上字第一九四三號、一〇〇年度臺上字第二〇二九號民事判決）。

---

❷　商務仲裁條例已修正並更名為仲裁法，本條第二項所準用者，將來宜修正為仲裁法第四十七條至第五十一條之規定。

❸　請參閱陳榮傳，〈香港法院判決宜予互惠承認〉，《月旦法學雜誌》第八一期（民國九十一年三月）；《國際私法實用——涉外民事案例研析》（民國一〇四年九月初版），頁 95。

新、舊涉外法（涉外民事法律適用法）條文及說明對照表

新涉外法修正條文（民國100年5月26日起施行）	舊涉外法（修正前）條文	說　明
第一章　通　則		一、新增章名。 二、本法所涵蓋之條文，可依其性質適度予以區分為數章，以確立整體架構。爰將其中關於法律適用之基本問題之規定，集為一章，並定名為「通則」。
第一條　涉外民事，本法未規定者，適用其他法律之規定；其他法律無規定者，依法理。	第三十條　涉外民事，本法未規定者，適用其他法律之規定，其他法律無規定者，依法理。	條次變更。
第二條　依本法應適用當事人本國法，而當事人有多數國籍時，**依其關係最切之國籍定其本國法。**	第二十六條　依本法應適用當事人本國法，而當事人有多數國籍時，**其先後取得者，依其最後取得之國籍定其本國法。同時取得者依其關係最切之國之法。但依中華民國國籍法，應認為中華民國國民者，依中華民國法律。**	一、條次變更。 二、依本法應適用當事人本國法，而當事人有多數國籍時，現行條文規定依其國籍先後取得或同時取得之不同，而分別定其本國法，並於先後取得者，規定一律依其最後取得之國籍定其本國法。此一規定，於最後取得之國籍並非關係最切之國籍時，難免發生不當之結果，且按諸當前國際慣例，亦非合宜。爰參考義大利一九九五年第二一八號法律（以下簡稱義大利國際私法）第十九條第二項規定之精神，明定當事人有多數國籍之情形，一律依其關係最切之國籍定其本國法，俾使法律適用臻於合理、妥當。至於當事人與各國籍關係之密切程度，則宜參酌當事人之主觀意願（例如最後取得之國籍是否為當事人真心嚮往）及各種客觀因素（例如當事人之住所、營業所、工作、求學及財產之所在地等），綜合判斷之。此外，中華民國賦予當事人國籍，因此而生之法律適用之利益，既得一併於各國牽連關係之比較中，予以充分衡量，已無單獨規定適用中華民國法律之必要，爰刪除但書之規定。
第三條　依本法應適用當事人本國法，而當事人無國	第二十七條　依本法應適用當事人本國法，而當事人	一、條次變更。 二、現行條文第二十七條第一項前段係規

籍時，適用其住所地法。

第四條　依本法應適用當事人之住所地法，而當事人有多數住所時，適用其關係最切之住所地法。

　　當事人住所不明時，適用其居所地法。

　　當事人有多數居所時，適用其關係最切之居所地法；居所不明者，適用現在地法。

無國籍時，依其住所地法，住所不明時，依其居所地法。

　　當事人有多數住所時，依其關係最切之住所地法，但在中華民國有住所者，依中華民國法律。

　　當事人有多數居所時，準用前項之規定，居所不明者，依現在地法。

定無國籍人之本國法之問題，其餘部分則規定當事人之住所地法問題，體例上宜分條規定之。爰將其前段單獨移列第三條，其餘部分移列第四條，並將「依」其住所地法，修正為「適用」其住所地法，使條文之文字前後呼應。

三、現行條文第二十七條第二項前段、第一項後段、第三項，分別移列第四條第一項至第三項，並均比照第三條酌為文字修正。此外，「關係最切之住所地法」之原則已可兼顧中華民國法律適用之利益，爰刪除現行條文第二項但書之規定。

第五條　依本法適用當事人本國法時，如其國內法律因地域或其他因素有不同者，依該國關於法律適用之規定，定其應適用之法律；該國關於法律適用之規定不明者，適用該國與當事人關係最切之法律。

第二十八條　依本法適用當事人本國法時，如其國內各地方法律不同者，依其國內住所地法，國內住所不明者，依其首都所在地法。

一、條次變更。

二、依本法適用當事人本國法時，現行條文就其國內各地方之不同法律，直接明定其應適用之法律，惟該國法律除因地域之劃分而有不同外，亦可能因其他因素而不同，且該國對其國內各不同法律之適用，通常亦有其法律對策。爰參考義大利國際私法第十八條規定之精神，就其國內法律不同之原因，修正為地域或其他因素，並對當事人本國法之確定，改採間接指定原則及關係最切原則，規定依該國關於法律適用之規定，定其應適用之法律，該國關於法律適用之規定不明者，適用該國與當事人關係最切之法律。

第六條　依本法適用當事人本國法時，如依其本國法就該法律關係須依其他法律而定者，應適用該其他法律。但依其本國法或該其他法律應適用中華民國法律者，適用中華民國法律。

第二十九條　依本法適用當事人本國法時，如依其本國法就該法律關係須依其他法律而定者，應適用該其他法律，依該其他法律更應適用其他法律者亦同。但依該其他法律應適用中華民國法律者，適用中華民國法律。

一、條次變更。

二、現行條文關於反致之規定，兼採直接反致、間接反致及轉據反致，已能充分落實反致之理論，惟晚近各國立法例已傾向於限縮反致之範圍，以簡化法律之適用，並有僅保留直接反致之例。爰刪除現行條文中段「依該其他法律更應適用其他法律者，亦同」之規定，以示折衷。

三、直接反致在現行條文是否有明文規定，學說上之解釋並不一致。爰於但書增列「其本國法或」等文字，俾直接反致及間接反致，均得以本條但書

		為依據。
第七條　涉外民事之當事人規避中華民國法律之強制或禁止規定者，仍適用該強制或禁止規定。		一、本條新增。 二、涉外民事事件原應適用中華民國法律，但當事人巧設連結因素或連繫因素，使其得主張適用外國法，而規避中華民國法律之強制或禁止規定之適用，並獲取原為中華民國法律所不承認之利益者，該連結因素或連繫因素已喪失真實及公平之性質，適用之法律亦難期合理，實有適度限制其適用之必要。蓋涉外民事之當事人，原則上雖得依法變更若干連結因素或連繫因素（例如國籍或住所），惟倘就其變更之過程及變更後之結果整體觀察，可認定其係以外觀合法之行為（變更連結因素或連繫因素之行為），遂行違反中華民國之強制或禁止規定之行為者，由於變更連結因素或連繫因素之階段，乃其規避中華民國強制或禁止規定之計畫之一部分，故不應適用依變更後之連結因素或連繫因素所定應適用之法律，而仍適用中華民國之強制或禁止規定，以維持正當適用中華民國法律之利益。現行條文對此尚無明文可據，爰增訂之。
第八條　依本法適用外國法時，如其**適用之結果**有背於中華民國公共秩序或善良風俗者，不適用之。	第二十五條　依本法適用外國法時，如其**規定**有背於中華民國公共秩序或善良風俗者，不適用之。	一、條次變更。 二、按關於外國法適用之限制，現行條文係以「其規定」有背於中華民國公共秩序或善良風俗為要件，如純從「其規定」判斷，難免失之過嚴，而限制外國法之正當適用。爰將「其規定」一詞修正為「其適用之結果」，以維持內、外國法律平等之原則，並彰顯本條為例外規定之立法原意。
第二章　權利主體		一、新增章名。 二、法律上之權利主體為人，而無論自然人或法人之能力及地位等問題，各國法律之規定均未一致，並發生法律衝突之現象。爰就現行條文酌予修正、增訂數條，並集為一章，而以「權利主體」為章名。
第九條　人之權利能力，依		一、**本條新增。**

其本國法。		二、現行條文關於人之一般權利能力,並未規定其應適用之法律,關於人之權利能力之始期及終期等問題,難免發生法律適用之疑義。衡諸權利能力問題之性質,仍以適用當事人之屬人法為當。爰參考德國民法施行法第七條第一項關於權利能力應適用之法律之規定,增訂本條,明定應依當事人之本國法。
第十條 人之行為能力依其本國法。 　　**有行為能力人之行為能力,不因其國籍變更而喪失或受限制。** 　　外國人依其本國法無行為能力或僅有限制行為能力,而依中華民國法律有行為能力者,就其在中華民國之法律行為,視為有行為能力。 　　關於親屬法或繼承法之法律行為,或就在外國不動產所為之法律行為,不適用前項規定。	第一條　人之行為能力依其本國法。 　　外國人依其本國法無行為能力或僅有限制行為能力,而依中華民國法律有行為能力者,就其在中華民國之法律行為,視為有行為能力。 　　關於親屬法或繼承法之法律行為,或就在外國不動產所為之法律行為,不適用前項規定。	一、條次變更。 二、現行條文第一條,移列本條第一項、第三項及第四項。 三、人之行為能力之準據法所據以決定之連結因素或連繫因素,依第一項規定應以行為時為準,但如當事人依其舊國籍所定之本國法已有行為能力,而依行為時之國籍所定之本國法卻無行為能力或僅有限制行為能力,仍不宜容許該當事人以其無行為能力或僅有限制行為能力為抗辯。爰參考德國民法施行法第七條第二項規定之精神,增訂第二項,表明「既為成年,永為成年」之原則。
第十一條 凡在中華民國有住所或居所之外國人失蹤時,就其在中華民國之財產或應依中華民國法律而定之法律關係,得依中華民國法律為死亡之宣告。 　　前項失蹤之外國人,其配偶或直系血親為中華民國國民,而現在中華民國有住所或居所者,得因其聲請依中華民國法律為死亡之宣告,不受前項之限制。 　　**前二項死亡之宣告,其效力依中華民國法律。**	第四條　凡在中華民國有住所或居所之外國人失蹤時,就其在中華民國之財產或應依中華民國法律而定之法律關係,得依中華民國法律為死亡之宣告。 　　前項失蹤之外國人,其配偶或直系血親為中華民國國民,而現在中華民國有住所或居所者,得因其聲請依中華民國法律為死亡之宣告,不受前項之限制。	一、條次變更。 二、現行條文第四條,移列本條第一項及第二項。 三、中華民國法院對外國人為死亡之宣告者,現行條文未規定其效力應適用之法律。由於該死亡之宣告依第一項規定係依中華民國法律所為,其效力亦應依同一法律,較為妥當。爰增訂第三項,明定其效力依中華民國法律,以杜爭議。
第十二條 凡在中華民國有住所或居所之外國人,依其本國及中華民國法律同有**受監護、輔助宣告之原**	第三條　凡在中華民國有住所或居所之外國人,依其本國及中華民國法律同有**禁治產**之原因者,得**宣告**	一、條次變更。 二、民法總則編與親屬編甫於九十七年五月二十三日修正公布,將禁治產宣告修正為監護宣告,並增訂輔助宣告之

因者，得為監護、輔助宣告。 　前項監護、輔助宣告，其效力依中華民國法律。 司法院、行政院原提案條文： 第十二條　凡在中華民國有住所或居所之外國人，依其本國及中華民國法律同有宣告監護之原因者，得為監護之宣告。 　前項監護之宣告，其效力依中華民國法律。 　輔助之宣告，準用前二項規定。	禁治產。 　前項禁治產宣告，其效力依中華民國法律。	制度，爰依此項修正之意旨，調整第一項、第二項有關禁治產為監護之文字；並配合增訂第三項，規定輔助之宣告準用前二項規定，即關於輔助之原因，準用第一項，關於輔助宣告之效力，準用第二項之規定。 三、民法總則編與親屬編之修正條文將於九十八年十一月二十三日施行，如本條之修正條文於該期日之前即已施行，於該期日之前，解釋上仍宜將條文中之監護，調整為禁治產，以利法律之適用。 審查會： 一、修正通過。 二、現行法第三條條文於98年12月15日修正通過，並於98年12月30日公布，已將禁治產宣告改為監護宣告，並增加輔助宣告之相關規定，爰以現行該條文之內容移列為本條文字，並將司法院、行政院提案條文之第三項刪除，不再修正內容，只作條次之變更。
第十三條　法人，以其據以設立之法律為其本國法。	第二條　外國法人，經中華民國認許成立者，以其住所地法為其本國法。	一、條次變更。 二、按內、外國之法人均有應依其屬人法決定之事項（詳如第十四條所列），本條所規定者即為法人之屬人法。現行條文僅就外國法人予以規定，並以經中華民國認許成立為條件，漏未規定中華民國法人及未經中華民國認許成立之外國法人之屬人法，顯有不足，實有擴大規範範圍之必要。現行條文規定外國法人以其住所地法為其本國法，至於依中華民國法律設立之中華民國法人，則依法理以中華民國法律為其本國法，二者所依循之原則不同，而有使其一致之必要。爰參考一九七九年泛美商業公司之法律衝突公約第二條及義大利國際私法第二十五條第一項等立法例之精神，均採法人之設立準據法主義，明定所有法人均以其所據以設立之法律，為其本國法。
第十四條　外國法人之下列		一、本條新增。

內部事項，依其本國法：
一、法人之設立、性質、權利能力及行為能力。
二、社團法人社員之入社及退社。
三、社團法人社員之權利義務。
四、法人之機關及其組織。
五、法人之代表人及代表權之限制。
六、法人及其機關對第三人責任之內部分擔。
七、章程之變更。
八、法人之解散及清算。
九、法人之其他內部事項。

二、外國法人依前條所定之屬人法，其主要適用之範圍，乃該法人之內部事務，至其具體內容，則因包含甚廣，難以盡列。爰參考瑞士國際私法第一百五十五條及義大利國際私法第二十五條第二項等立法例之精神，就外國法人之內部事務於第一款至第八款為例示性之規定，再輔以第九款之補充規定，以期完全涵括。

第十五條　依中華民國法律設立之外國法人分支機構，其內部事項依中華民國法律。

一、**本條新增。**
二、外國法人依中華民國法律設立分支機構者，例如外國公司經中華民國政府認許而設立在中華民國之分公司之情形，該分支機構在法律上雖仍為該外國法人之一部分，其設立卻是該外國法人在中華民國境內營業或為其他法律行為之必要條件，實務上並有直接以其為權利主體或行為主體之例，故亦有必要就該分支機構，單獨決定其內部事項應適用之法律。此等分支機構性質上固非屬於中華民國法人，但因其乃依據中華民國法律設立，關於該分支機構本身之內部事項，自宜適用中華民國法律。爰增訂明文規定，以應實際需要。本條規定僅適用於外國法人在內國之分支機構依前條所定之內部事項，如為該分支機構之外部事項或對外法律關係（例如與第三人訂定契約所生之問題等），因該外部事項或對外法律關係另有其應適用之法律，自非本條之適用範圍；至於外國法人依內國法律設立另一內國法人之情形，例如外國公司轉投資而依中華民國法律設立中華民國之子公司

		等，其內部事項乃具有單獨人格之該中華民國法人（子公司）本身之問題，亦非屬本條之適用範圍。
第三章　法律行為之方式及代理		一、新增章名。 二、因法律行為而發生涉外法律關係者，與該法律行為有關之涉外問題，通常依其性質規定於各該法律關係專章之中（例如債、物權、親屬及繼承等），然各種法律行為亦有其共同之問題，而適合以通則方式予以規定者，例如法律行為之方式及代理等問題是。現行條文有關法律行為方式之規定，係在同一條文之中，將一般法律行為之方式及特別法律行為之方式，併予處理，體例上仍可再予以細分。爰取其關於一般法律行為方式之規定，酌予修正，再增訂關於代理之規定數條，並集為一章，而以「法律行為之方式及代理」為章名。
第十六條　法律行為之方式，依該行為所應適用之法律。但依行為地法所定之方式者，亦為有效；**行為地不同時，依任一行為地法所定之方式者，皆為有效。**	第五條　法律行為之方式，依該行為所應適用之法律，但依行為地法所定之方式者，亦為有效。 　物權之法律行為，其方式依物之所在地法。 　行使或保全票據上權利之法律行為，其方式依行為地法。	一、條次變更。 二、現行條文第五條規定之各類法律行為，性質本不相同，其方式問題宜配合各該法律行為之成立要件及效力予以規定，較為妥適。爰將其第一項有關一般法律行為（主要為債權行為）之規定，移列為本條，並增訂行為地不同時，依任一行為地法所定之方式者，皆為有效，以貫徹立法旨意。
第十七條　代理權係以法律行為授與者，其代理權之成立及在本人與代理人間之效力，依本人及代理人所明示合意應適用之法律；無明示之合意者，依與代理行為關係最切地之法律。		一、**本條新增。** 二、代理權之授與，與其原因法律關係（如委任契約）本各自獨立，並各有其準據法。本條係針對代理權授與之行為，明定其應適用之法律，至其原因法律關係應適用之法律，則宜另依該法律關係（如委任契約）之衝突規則決定之。代理權係以法律行為授與者，本人及代理人常可直接就其相關問題達成協議。爰參考一九七八年海牙代理之準據法公約第五條、第六條規定之精神，明定代理權之成立及在本人與代理人間之效力，應依本人及代理人明示之合意定其應適用之法律，以貫徹當事人意思自主原則。至

		於當事人無明示之合意者，則由法院就具體個案中之各種主觀、客觀因素及實際情形，比較代理行為及相關各地之間之關係，而以其中與代理行為關係最切地之法律，為應適用之法律。例如 A 國人甲（本人）授權在 B 國營業之 B 國人乙（代理人）處分甲在 B 國之財產，甲、乙未明示合意定其應適用之法律，則就甲、乙之間關於其授權之內容及範圍之爭議，B 國法律乃關係最切地之法律。
第十八條　代理人以本人之名義與相對人為法律行為時，在本人與相對人間，關於代理權之有無、限制及行使代理權所生之法律效果，依本人與相對人所明示合意應適用之法律；無明示之合意者，依與代理行為關係最切地之法律。		一、本條新增。 二、本人因代理人代為法律行為，而與相對人發生之法律關係，與代理權之授與及代理人代為之法律行為，關係均甚密切。爰參考一九七八年海牙代理之準據法公約第十一條至第十四條規定之精神，規定在本人與相對人間之法律關係，原則上應依本人與相對人所明示合意應適用之法律，如其對此無明示之合意，則依與代理行為關係最切地之法律。法院於認定某地是否為關係最切地時，應斟酌所有主觀及客觀之因素，除當事人之意願及對各地之認識情形外，尚應包括該地是否為代理人或其僱用人於代理行為成立時之營業地、標的物之所在地、代理行為地或代理人之住所地等因素。例如 A 國人甲（本人）授權在 B 國營業之 B 國人乙（代理人）處分甲在 C 國之財產，並由 C 國人丙（相對人）買受，如甲、丙未明示合意定其應適用之法律，則就甲、丙之間關於乙所受授權之內容及範圍之爭議，C 國法律關於保護丙之信賴具有重要之利益，可認為關係最切地之法律。
第十九條　代理人以本人之名義與相對人為法律行為時，在相對人與代理人間，關於代理人依其代理權、逾越代理權限或無代理權而為法律行為所生之法律效果，依前條所定		一、本條新增。 二、代理人欠缺代理權或逾越代理權限，仍以本人之名義為法律行為者，其相對人與代理人因此所生之法律關係，例如就其所受損害請求賠償之問題等，亦有決定其準據法之必要。爰參考一九七八年海牙代理之準據法公約

應適用之法律。		第十五條規定之精神，規定應與前條所定之法律關係適用相同之準據法。例如 A 國人甲（本人）未授權 B 國人乙（無權代理人）處分甲在 C 國之財產，乙竟以甲之代理人名義予以出售，並由 C 國人丙（相對人）買受之，如該代理行為因甲未予以承認而未生效，丙擬向乙請求損害賠償，則應依本人與相對人所明示合意應適用之法律，無明示之合意者，則依與代理行為關係最切地之法律，以保護丙之信賴利益。
第四章　債		一、新增章名。 二、涉外民事事件之性質為債權債務之法律關係者，其準據法之決定原則，亦可集為一章。爰增訂章名為「債」，並將我國民法及其特別法上之債權債務問題，取其包含涉外因素之部分，一併予以納入。
第二十條　法律行為發生債之關係者，其成立及效力，依當事人意思定其應適用之法律。 　　當事人無明示之意思或其明示之意思依所定應適用之法律無效時，依關係最切之法律。 　　法律行為所生之債務中有足為該法律行為之特徵者，負擔該債務之當事人行為時之住所地法，推定為關係最切之法律。但就不動產所為之法律行為，其所在地法推定為關係最切之法律。	第六條　法律行為發生債之關係者，其成立**要件**及效力，依當事人意思定其應適用之法律。 　　當事人意思不明時，同國籍者依其本國法，國籍不同者依行為地法，行為地不同者以發要約通知地為行為地，如相對人於承諾時不知其發要約通知地者，以要約人之住所地視為行為地。 　　前項行為地，如兼跨二國以上或不屬於任何國家時，依履行地法。	一、條次變更。 二、現行條文第六條第一項，移列本條第一項，維持當事人意思自主原則，並為配合本法用語之統一，將「成立要件」一詞修正為「成立」。 三、現行條文關於債權行為適用之法律，於當事人意思不明時係以硬性之一般規則予以決定，有時發生不合理情事。爰參考德國民法施行法第二十八條規定之精神，於本條第二項改採關係最切之原則，由法院依具體案情個別決定其應適用之法律，並在比較相關國家之利益及關係後，以其中關係最切之法律為準據法，以兼顧當事人之主觀期待與具體客觀情況之需求。此外，為減少本條適用上之疑義，現行條文第二項關於「當事人意思不明」之用語，亦修正為「當事人無明示之意思或其明示之意思依所定應適用之法律無效」，以重申第一項當事人之意思限定於明示之意思，且當事人就準據法表示之意思，應依其事實上已表示之準據法，決定其是否有效成立之問題。

| | | 四、本條第二項關係最切之法律之認定，各國法院常有漫無標準之困擾，為兼顧當事人對於其準據法之預測可能性。爰參考一九八○年歐洲共同體契約之債準據法公約（即羅馬公約）第四條之精神，規定法律行為所生之債務中有足為該法律行為之特徵者，負擔該債務之當事人行為時之住所地法，推定為關係最切之法律。至於具有特徵性之債務之判斷，則宜參考相關國家之實踐，分別就個案認定，並逐漸整理其類型，以為法院優先考量適用之依據。法院就既已定型之案件類型，固應推定負擔該具有特徵性之債務之當事人行為時之住所地法，為關係最切之法律，並以其為準據法，但如另有其他法律與法律行為之牽連關係更密切，仍得適用之，其應比較此二法律與法律行為之牽連關係，乃屬當然。就不動產所為之法律行為，該不動產之所在地法，與負擔具有特徵性之債務之當事人行為時之住所地法相較，仍以該不動產之所在地法關係較切，爰於但書推定其為關係最切之法律。
五、現行條文第六條第三項原係配合同條第二項之規定而設，現因本條第二項已改採關係最切之原則，爰配合予以刪除。 |
| 第二十一條　法律行為發生票據上權利者，其成立及效力，依當事人意思定其應適用之法律。
　　當事人無明示之意思或其明示之意思依所定應適用之法律無效時，依行為地法；行為地不明者，依付款地法
　　行使或保全票據上權利之法律行為，其方式依行為地法。
司法院、行政院原提案條文： | 第五條　法律行為之方式，依該行為所應適用之法律，但依行為地法所定之方式者，亦為有效。
　　物權之法律行為，其方式依物之所在地法。
　　行使或保全票據上權利之法律行為，其方式依行為地法。 | 一、條次變更。
二、法律行為發生票據上權利者，關於票據債務人之債務內容，現行條文未設明文規定，適用上不免發生疑問。爰參考一九七五年泛美匯票、本票及發票法律衝突公約第三條至第五條及一九七九年泛美支票法律衝突公約第三條規定之精神，增訂第一項，明定法律行為發生票據上權利者，其成立及效力，依行為地法，行為地不明者，依付款地法。票據上如有關於應適用之法律之記載，該記載之效力，亦宜依本項所定之法律予以決定。同一票據上有數票據行為之記載者，頗為常 |

第二十一條　法律行為發生票據上權利者，其成立及效力，依行為地法；行為地不明者，依付款地法。 　　行使或保全票據上權利之法律行為，其方式依行為地法。		見，此時各票據行為均個別獨立，其應適用之法律亦應各別判斷。即某一票據上權利依其應適用之法律不成立者，對其他依本身應適用之法律已成立之票據上權利不生影響。 三、現行條文第五條第三項，移列為本條第二項。 **審查會：** 一、國際金融業務分行 (OBU) 的授信對象為境外法人，其行為地多為境外，依現行實務作法，銀行均會與授信戶約定依我國法律辦理。爰依當事人意思自主原則及國際金融業務分行實務運作之需求，將第一項後段「依行為地法；行為地不明者，依付款地法」修正為「依當事人意思定其應適用之法律」。並增訂第二項「當事人無明示之意思或其明示之意思依所定應適用之法律無效時，依行為地法；行為地不明者，依付款地法」。原第二項文字改列為第三項。 二、餘照案通過。
第二十二條　法律行為發生指示證券或無記名證券之債者，其成立及效力，依行為地法；行為地不明者，依付款地法。		一、**本條新增。** 二、各國法律在票據制度之外，多設有指示證券及無記名證券之制度，以補票據制度之不足，而關於指示證券及無記名證券之規定，各國法律並非一致。爰仿票據之例，明定其成立及效力，依行為地法，行為地不明者，依付款地法。
第二十三條　關於由無因管理而生之債，依<u>其事務管理地法</u>。 第二十四條　關於由不當得利而生之債，依其利益之受領地法。但不當得利係因給付而發生者，依該給付所由發生之法律關係所應適用之法律。	第八條　關於由無因管理，**不當得利或其他法律事實**而生之債，依**事實發生地法**。	一、條次變更。 二、現行條文第八條有關無因管理之部分移列第二十三條，關於不當得利之部分，移列第二十四條，並修正其內容。 三、本法對於法律行為及侵權行為而生之債，均單獨規定其應適用之法律。現行條文第八條就關於由無因管理、不當得利或其他法律事實而生之債，固明定應依事實發生地法，但無因管理與不當得利之法律事實之性質未盡一致，有對其個別獨立規定之必要。爰將現行條文第八條關於由無因管理而生之債部分移列第二十三條，關於由

		不當得利而生之債部分移列第二十四條，並衡酌無因管理之法律事實之重心，參考奧地利國際私法第四十七條、德國民法施行法第三十九條等立法例之精神，修正其應適用之法律，為其事務管理地法。
		四、關於由不當得利而生之債，有因當事人對於不存在之債務提出給付而發生者，亦有因其他原因而發生者，凡此二種法律事實是否構成不當得利，受領人所受利益應返還之範圍等問題，均有必要明定其應適用之法律。按因當事人之給付而生之不當得利，例如出賣人為履行無效之買賣契約，而交付並移轉標的物之所有權，其所發生之不當得利問題，實際上與該給付所由發生之法律關係，即該買賣契約之是否有效之問題，關係非常密切，其本質甚至可解為該買賣契約無效所衍生之問題，故宜依同一法律予以解決。非因給付而生之其他不當得利，其法律關係乃因當事人受領利益而發生，法律事實之重心係在於當事人之受領利益，則宜適用利益之受領地法，以決定不當得利之相關問題。爰參考奧地利國際私法第四十六條、瑞士國際私法第一百二十八條、德國民法施行法第三十八條等立法例之精神，規定關於由不當得利而生之債，原則上應依其利益之受領地法，並於但書規定不當得利係因給付而發生者，依該給付所由發生之法律關係所應適用之法律。
第二十五條　關於由侵權行為而生之債，依侵權行為地法。但另有關係最切之法律者，依該法律。	第九條　關於由侵權行為而生之債，依侵權行為地法。但中華民國法律不認為侵權行為者，不適用之。 　　侵權行為之損害賠償及其他處分之請求，以中華民國法律認許者為限。	一、條次變更。 二、現行條文第九條移列本條，並修正其內容。 三、現行條文就因侵權行為而生之債，原則上採侵權行為地法主義，有時發生不合理之結果。爰參考奧地利國際私法第四十八條第一項、德國民法施行法第四十一條等立法例之精神，酌採最重要牽連關係理論，於但書規定另有關係最切之法律者，依該法律，以

		濟其窮。此外，本法對因特殊侵權行為而生之債，於第二十六條至第二十八條規定其應適用之法律，其內容即屬本條但書所稱之關係最切之法律，故應優先適用之。 四、涉外侵權行為之被害人，於我國法院對於侵權行為人，請求損害賠償及其他處分時，其準據法之決定既已考量各法律之牽連關係之程度，中華民國法律之適用利益及認許範圍，亦當已於同一過程充分衡酌，無須再受中華民國法律認許範圍之限制，爰刪除現行條文第二項。
第二十六條　因商品之通常使用或消費致生損害者，被害人與商品製造人間之法律關係，依商品製造人之本國法。但如商品製造人事前同意或可預見該商品於下列任一法律施行之地域內銷售，並經被害人選定該法律為應適用之法律者，依該法律： 一、損害發生地法。 二、被害人買受該商品地之法。 三、被害人之本國法。		一、**本條新增。** 二、因商品之通常使用或消費致生損害者，被害人與商品製造人間之法律關係，涉及商品製造人之本國法關於其商品製造過程之注意義務及所生責任之規定，爰規定原則上應適用商品製造人之本國法。此一規定不問商品係經外國製造人事前同意而進口，或經由貿易商依真品平行輸入之方式而進口者，均有其適用。如前述被害人之所以因商品之通常使用或消費而受損害，乃是因為商品製造人之創造或增加被害人與商品接觸之機會所致，或謂其間具有相當之牽連關係者，即有特別保護被害人之必要。爰參考一九七三年海牙產品責任準據法公約第四條至第七條、瑞士國際私法第一百三十五條、義大利國際私法第六十三條等立法例之精神，於但書明定如商品製造人事前同意或可預見該商品於損害發生地、被害人買受該商品地或被害人之本國銷售者，被害人得就該等地域之法律選定其一，為應適用之法律。
第二十七條　市場競爭秩序因不公平競爭或限制競爭之行為而受妨害者，其因此所生之債，依該市場之所在地法。但不公平競爭或限制競爭係因法律行為		一、**本條新增。** 二、不公平競爭或限制競爭等違反競爭法規或公平交易法之行為，對於藉該等法規維持之市場競爭狀態或競爭秩序，均構成妨害，其因此而發生之債權債務關係，亦與該市場所屬國家之

造成，而該法律行為所應適用之法律較有利於被害人者，依該法律行為所應適用之法律。		法律密切相關。爰參考奧地利國際私法第四十八條第二項、瑞士國際私法第一百三十六條、第一百三十七條等立法例之精神，明定其應依該市場所在地法或所屬國家之法律。不公平競爭或限制競爭行為所妨害之市場橫跨二國以上者，各該國均為市場之所在地，就該等行為在各地所生之債，應分別依各該市場之所在地法。如不公平競爭或限制競爭之行為係以法律行為（例如契約或聯合行為）實施，而該法律行為所應適用之法律較有利於被害人者，為保護被害人之利益，自應依該法律行為所應適用之法律。
第二十八條　侵權行為係經由出版、廣播、電視、電腦網路或其他傳播方法為之者，其所生之債，依下列各款中與其關係最切之法律： 一、行為地法；行為地不明者，行為人之住所地法。 二、行為人得預見損害發生地者，其損害發生地法。 三、被害人之人格權被侵害者，其本國法。 　前項侵權行為之行為人，係以出版、廣播、電視、電腦網路或其他傳播方法為營業者，依其營業地法。		一、**本條新增**。 二、侵權行為係經由出版、廣播、電視、電腦網路或其他傳播方法實施者，其損害之範圍較廣，而行為地與損害發生地之認定亦較困難。為保護被害人並兼顧有關侵權行為之基本原則。爰參考瑞士國際私法第一百三十九條規定之精神，規定被害人得依與其關係最切之下列法律，而主張其權利：一、行為地法，行為地不明者，作為行為人私法生活重心之住所地法；二、行為人得預見損害發生地者，其損害發生地法；三、人格權被侵害者，為被害人人格權應適用之法律，即其本國法。法院認定某法律是否為關係最切之法律時，應斟酌包括被害人之意願及損害填補之程度等在內之所有主觀及客觀之因素，再綜合比較評定之。 三、侵權行為之行為人，係以出版、廣播、電視、電腦網路或其他傳播方法為營業者，即公共傳播媒介業者本身為侵權行為之行為人時，該侵權行為與其營業行為密不可分，有依同一法律決定該行為之合法性及損害賠償等問題之必要。爰規定應依其營業地法，以兼顧公共傳播媒介之社會責任原則。
第二十九條　侵權行為之被害人對賠償義務人之保險人之直接請求權，依保險		一、**本條新增**。 二、侵權行為人投保責任保險者，被害人並非保險契約之當事人，保險人非為

契約所應適用之法律。但依該侵權行為所生之債應適用之法律得直接請求者，亦得直接請求。		侵權行為之債之當事人，被害人之得否直接向保險人請求給付，有認為應依該保險契約之準據法者，也有認為應依侵權行為之準據法者。惟為保護被害人之利益，宜使被害人得就此二準據法選擇適用，以直接向保險人請求給付，較為妥當。爰參考德國民法施行法第四十條第四項、瑞士國際私法第一百四十一條等立法例之精神，規定侵權行為之被害人對賠償義務人之保險人之直接請求權，依保險契約所應適用之法律；但依該侵權行為所生之債應適用之法律得直接請求者，亦得直接請求。
第三十條　關於由**第二十條至前條以外之法律事實而生之債**，依事實發生地法。	第八條　關於由**無因管理，不當得利或其他法律事實而生之債**，依事實發生地法。	一、條次變更。 二、債之關係傳統上固以因法律行為、侵權行為、無因管理或不當得利而發生者為主，但由於科技發展及社會活動日新月異，債之發生原因必將日趨多樣性，為免掛一漏萬。爰將現行條文第八條有關其他法律事實之規定，移列本條，並酌作文字修正，以資涵蓋。
第三十一條　非因法律行為而生之債，其當事人於中華民國法院起訴後合意適用中華民國法律者，適用中華民國法律。		一、**本條新增。** 二、當事人就非因法律行為而生之債涉訟者，法院多盼當事人能達成訴訟上和解，如未能達成和解，其在訴訟中達成適用法院所在地法之合意者，對訴訟經濟亦有助益，當為法之所許。爰參考德國民法施行法第四十二條、瑞士國際私法第一百三十二條等立法例之精神，規定當事人於中華民國法院起訴後合意適用中華民國法律者，即以中華民國法律為準據法。
第三十二條　債權之讓與，對於**債務人**之效力，依原債權之成立及效力所**應適**用之法律。 　　債權附有第三人提供之擔保權者，該債權之讓與對該第三人之效力，依其擔保權之成立及效力所應適用之法律。	第七條　債權之讓與，對於**第三人**之效力，依原債權之成立及效力所適用之法律。	一、條次變更。 二、現行條文關於「第三人」之範圍未予以限定，但債權讓與時，在讓與人及受讓人以外之所謂第三人，其範圍包括債務人及其他第三擔保人，債權讓與對此二者之效力，並各有其應適用之法律。爰將現行條文第七條移列本條第一項，明定為債權讓與對於債務人之效力之規定，並增訂第二項，明定為債權讓與對於第三擔保人之效力

之規定。又債權之讓與人及受讓人之所以為債權之讓與，有時係以債權契約（如債權之買賣契約）為原因法律關係，並合意定其應適用之法律，此時如債務人亦同意適用該法律，即可兼顧當事人意思自主原則及債務人利益之保護，德國民法施行法第三十三條第一項、第二項、瑞士國際私法第一百四十五條、奧地利國際私法第四十五條等立法例亦有明文規定，然其實際上係三方同意之債之變更，不待增訂明文規定即應為相同之處理，併此敘明。

三、債權附有第三擔保人提供之擔保者，該第三擔保人與債權人間通常有以擔保債權為目的之法律行為（如訂定保證契約或設定擔保物權），此時該債權之讓與對其所附擔保權之影響或對於該第三擔保人之效力，例如該第三人得否因而免責或其擔保權是否應隨債權而由債權受讓人取得等問題，均宜依該擔保權之成立及效力所應適用之法律，始足以維持公平並保護該第三人。爰參考德國民法施行法第三十三條第三項規定之精神，增訂第二項。例如 A 國人甲與 B 國人乙訂定最高限額一百萬元之保證契約，擔保乙對於 C 國人丙之債權，而乙讓與其對丙之六十萬元之債權給丁，則甲之保證債務是否隨乙之債權讓與而擔保丁所取得之六十萬元債權，及甲是否另於四十萬元之額度內擔保乙或丁對丙之其他債權等問題，均宜依該保證契約應適用之法律決定之。

第三十三條　承擔人與債務人訂立契約承擔其債務時，該債務之承擔對於債權人之效力，依原債權之成立及效力所應適用之法律。 　　債務之履行有債權人對第三人之擔保權之擔保者，該債務之承擔對於該		一、**本條新增**。 二、承擔人與債務人訂立契約承擔其債務時，債權人既未參與其間承擔該債務之法律行為，即不應因該債務之承擔而蒙受不測之不利益。爰規定其對於債權人之效力，應依原債權之成立及效力所應適用之法律，以保護債權人之利益。 三、債務由承擔人承擔時，原有之債權債

第三人之效力，依該擔保權之成立及效力所應適用之法律。		務關係之內容即已變更，故如第三人曾為原債權提供擔保，該第三人所擔保之債權內容亦因而有所不同，故該第三人得否因而免責或其擔保是否仍繼續有效等問題，宜依該擔保權之成立及效力所應適用之法律，以保護該第三擔保人之利益。例如 A 國人甲與 B 國人乙訂定最高限額一百萬元之保證契約，擔保乙對於 C 國人丙之債權，如丁承擔丙對乙之六十萬元之債務，則甲之保證契約是否轉而擔保丁對乙承擔之六十萬元債務所對應之債權，及甲是否仍應擔保丙對乙之其他債務所對應之債權等問題，均宜依該保證契約應適用之法律決定之。
第三十四條　第三人因特定法律關係而為債務人清償債務者，該第三人對債務人求償之權利，依該特定法律關係所應適用之法律。		一、**本條新增。** 二、第三人因特定法律關係而為債務人清償債務者，例如保證人或其他擔保人代債務人清償債務時，該第三人是否得承受或代位行使原債權人對債務人之權利或向債務人求償之問題，所涉及者主要為原債權人及繼受人間之利益衡量，其與第三人所據以清償之法律關係（保證契約）之準據法關係密切。爰參考德國民法施行法第三十三條第三項、瑞士國際私法第一百四十六條等立法例之精神，明定應依該特定法律關係所應適用之法律。
第三十五條　數人負同一債務，而由部分債務人清償全部債務者，為清償之債務人對其他債務人求償之權利，依債務人間之法律關係所應適用之法律。		一、**本條新增。** 二、數人負同一債務，而由部分債務人清償全部債務者，為清償之債務人就超過其應分擔額之部分之清償，與前條關於第三人清償債務之情形類似，清償者對其他債務人求償之權利，按理應依相同原則決定其準據法。此外，多數債務人之所以負同一債務，可能係基於特定之法律關係（例如委任契約或繼承），該法律關係與在債權人與債務人間之債之法律關係，性質並不相同，亦均各有其應適用之法律，債務人內部之責任分擔或求償問題，適用前者應適用之法律，實較妥適。爰參考瑞士國際私法第一百四十四條

		規定之精神增訂本條，以為依據。
第三十六條　請求權之消滅時效，依該請求權所由發生之法律關係所應適用之法律。		一、**本條新增**。 二、請求權之消滅時效，因各國關於其法律效果之規定不同，國際私法上有認定其為實體問題者，亦有以之為程序問題者。消滅時效規定於我國實體法，本法亦認定其為實體問題，並規定其準據法決定之問題。由於消滅時效係針對特定之請求權而發生，而請求權又為法律關係效力之一部分，爰參考瑞士國際私法第一百四十八條規定之精神，規定消滅時效之問題，應依其請求權所由發生之法律關係之準據法。
第三十七條　債之消滅，依原債權之成立及效力所應適用之法律。		一、**本條新增**。 二、債之關係存續中，當事人如以法律行為予以免除，或有其他法律所規定之原因者，債之關係均可能歸於消滅。特定之法律事實是否足以使債之關係消滅，或何種法律事實可構成債之消滅原因之問題，其本質與原債權之存續與否問題直接相關，均應適用同一法律，較為妥適，爰規定其應依原債權之準據法。
第五章　物　權		一、**新增章名**。 二、涉外民事事件之性質為物權關係者，關於決定其準據法之條文，可集為一章。爰增訂章名為「物權」，並將我國民法及其特別法上之物權，取其包含涉外因素者之法律適用問題，一併予以納入。
第三十八條　關於物權依物之所在地法。 　　關於以權利為標的之物權，依權利之成立地法。 　　物之所在地如有變更，其物權之**取**得、**喪失或變更**，依其原因事實完成時物之所在地法。 　　關於船舶之物權依船籍國法，航空器之物權，	第十條　關於物權依物之所在地法。 　　關於以權利為標的之物權，依權利之成立地法。 　　物之所在地如有變更，其物權之得喪，依其原因事實完成時物之所在地法。 　　關於船舶之物權依船籍國法，航空器之物權，	一、條次變更。 二、物權因法律事實而變動者，除當事人因而取得或喪失物權之外，該物權亦有可能因而變更。現行條文第三項「得喪」為「取得、喪失」之簡稱，不足以完全涵括其變動情形。爰依民法之用語，將其修正為「取得、喪失或變更」。

依登記國法。	依登記國法。	
第三十九條　物權之法律行為，其方式依該物權所應適用之法律。	第五條　法律行為之方式，依該行為所應適用之法律，但依行為地法所定之方式者，亦為有效。 　　物權之法律行為，其方式依物之所在地法。 　　行使或保全票據上權利之法律行為，其方式依行為地法。	一、條次變更。 二、物權之法律行為之方式，現行條文僅於第五條第二項規定應依物之所在地法，然此一規定僅能適用於以物為標的物之物權，至於前條第二項及第四項之物權，其物權行為之方式，則宜依各該物權所應適用之法律。爰將其移列增訂為單獨條文，並依此意旨予以修正，俾能適用於各種類型之物權行為。
第四十條　自外國輸入中華民國領域之動產，於輸入前依其所在地法成立之物權，其效力依中華民國法律。		一、本條新增。 二、動產經移動致其所在地前後不同時，動產物權即應依其新所在地法。此一原則有時與保護已依其舊所在地法取得之物權之原則，難以配合。自外國輸入中華民國領域之動產，於輸入前已依其所在地法成立之物權（例如動產擔保交易之擔保利益），權利人如欲在中華民國境內行使該物權，即須先在我國境內依法承認其仍有效，並決定其具體之權利內容。為使在外國成立之該物權，得以轉換為內國之物權之形式，在內國被適度承認其效力，並保護內國財產之交易安全，爰規定該物權之效力，應依中華民國法律。
第四十一條　動產於託運期間，其物權之取得、設定、喪失或變更，依其目的地法。		一、本條新增。 二、託運中之動產之所在地，處於移動狀態，不易確定，其物權之準據法，向有爭議。按託運中之動產非由所有人自為運送或隨身攜帶，且其物權係因法律行為而取得、設定、喪失或變更者，該物權即與當事人之意思或期待關連甚切。爰參考義大利國際私法第五十二條、瑞士國際私法第一百零三條等立法例之精神，規定依該動產之運送目的地法，以兼顧當事人期待及交易安全。至於託運中之動產非因法律行為而變動者，仍宜依物之現實所在地法，以符合實際之需求。
第四十二條　以智慧財產為		一、本條新增。

標的之權利，依該權利應
受保護地之法律。
　　受僱人於職務上完成
之智慧財產，其權利之歸
屬，依其僱傭契約應適用
之法律。

二、智慧財產權，無論在內國應以登記為
成立要件者，如專利權及商標專用
權等，或不以登記為成立要件者，如
著作權及營業秘密等，均係因法律規定
而發生之權利，其於各國領域內所受
之保護，原則上亦應以各該國之法律
為準。爰參考義大利國際私法第五十
四條、瑞士國際私法第一百十條第一
項等立法例之精神，規定以智慧財產
為標的之權利，其成立及效力應依權
利主張者認其權利應受保護之地之法
律，俾使智慧財產權之種類、內容、
存續期間、取得、喪失及變更等，均
依同一法律決定。該法律係依主張權
利者之主張而定，並不當然為法院所
在國之法律，即當事人主張其依某國
法律有應受保護之智慧財產權者，即
應依該國法律確定其是否有該權利。
例如甲主張乙在 A 國侵害其智慧財
產權，乙抗辯甲在 A 國無該權利，則
我國法院應適用 A 國法律，而非我國
法律，以解決在 A 國應否保護及如何
保護之問題；如甲依我國法律取得智
慧財產權，乙在 A 國有疑似侵害其權
利之行為，則我國法院應依 A 國法決
定甲在 A 國有無權利之問題。
三、受僱人於職務上完成之智慧財產，其
權利之歸屬問題固與該權利之發生或
成立密切相關，同時亦涉及當事人於
該僱傭契約內之約定，惟就其法律適
用問題而言，則與該僱傭契約之準據
法關係較密切。爰明定受僱人於職務
上完成之智慧財產，其權利之歸屬，
依其僱傭契約應適用之法律。

第四十三條　因載貨證券而
生之法律關係，依該載貨
證券所記載應適用之法
律；載貨證券未記載應適
用之法律時，依關係最切
地之法律。
　　對載貨證券所記載之
貨物，數人分別依載貨證
券及直接對該貨物主張物

一、**本條新增。**
二、載貨證券係因運送契約而發給，但其
與運送契約之法律關係截然分立，故
因載貨證券而生之法律關係，其準據
法應獨立予以決定，而非當然適用運
送契約之準據法。海商法第七十七條
之所以規定應依本法決定其應適用之
法律，亦為此故。因載貨證券而生之
法律關係，主要是運送人及其使用人

權時，其優先次序，依該
貨物之物權所應適用之法
律。
　　因倉單或提單而生之
法律關係所應適用之法
律，準用前二項關於載貨
證券之規定。

或代理人對於載貨證券之持有人，應
依載貨證券之文義負責之關係。故即
使載貨證券之內容多為運送人及其使
用人或代理人片面決定，甚或其具有
僅為單方當事人之意思表示之性質，
仍應承認該載貨證券關於應適用之法
律之效力，以維持法律適用之明確及
一致，並保護交易安全，至於無記載
應適用之法律者，則應依關係最切地
之法律，以示公平。爰增訂第一項，
以修正現行司法實務之見解。載貨證
券上關於準據法之記載，如有使運送
人藉以減免責任，而對於載貨證券之
持有人形成不公平情形者，仍可依法
認定其記載為無效，而適用關係最切
地之法律，併此。

三、數人分別依載貨證券主張權利，或對
　　證券所載貨物直接主張權利者，其所
　　主張之權利，既各有準據法，自難決
　　定各權利之優先次序。爰參考瑞士國
　　際私法第一百零六條第三項規定之精
　　神，規定此時應適用該貨物物權之準
　　據法，以杜爭議。至於載貨證券所記
　　載之貨物之物權之準據法，啟運之前
　　固為其當時之所在地法，即出發地
　　法，啟運之後即屬第四十一條所規定
　　之託運中物品，依該條規定應為其目
　　的地法，併此。

四、因倉單或提單而生之法律關係，其性
　　質既與因載貨證券所生者類似，其所
　　應適用之法律自宜本同一原則予以決
　　定。爰規定其準用本第一項及第二項
　　關於載貨證券之規定，以利法律之適
　　用。

第四十四條　有價證券由證
券集中保管人保管者，該
證券權利之取得、喪失、
處分或變更，依集中保管
契約所明示應適用之法
律；集中保管契約未明示
應適用之法律時，依關係
最切地之法律。

一、**本條新增。**

二、有價證券由證券集中保管人保管者，
　　就該證券進行交易之當事人與證券集
　　中保管人之間，均訂有證券集中保管
　　契約以為依據，且該證券權利之取
　　得、喪失、處分或變更，均僅透過證
　　券業者就當事人在證券集中保管人開
　　立之帳戶，為劃撥、交割或其他登記，
　　當事人在證券存摺上關於證券權利變

		動之登記，並已取代傳統上以直接交付該有價證券之方式，而成為該證券權利變動之公示及證明方法。透過電腦網路而進行之有價證券之涉外交易，已日益頻繁，實有必要確定其準據法，以維護交易安全。爰參考二〇〇二年海牙中介者所保管之證券若干權利之準據法公約第四條至第六條之精神，規定該證券權利之取得、喪失、處分或變更，均應依集中保管契約所明示應適用之法律，集中保管契約未明示應適用之法律者，依關係最切地之法律。法院確定關係最切地之法律時，應依具體情事，參照前述公約相關規定之精神決定之。
第六章　親　屬		一、**新增章名。** 二、涉外民事事件之性質為親屬關係者，關於決定其準據法之條文，可集為一章，爰增訂章名為「親屬」。
第四十五條　婚約之成立，依各該當事人之本國法。但婚約之方式依當事人一方之本國法或依婚約訂定地法者，亦為有效。 　　婚約之效力，依婚約當事人共同之本國法；無共同之本國法時，依共同之住所地法；無共同之住所地法時，依與婚約當事人關係最切地之法律。		一、**本條新增。** 二、婚約在實體法上為結婚以外之另一法律行為，其成立要件應適用之法律，亦有必要予以明文規定。爰參考現行條文關於婚姻成立要件之規定，明定原則上應依各該當事人之本國法，但婚約之方式依當事人一方之本國法或依婚約訂立地法者，亦為有效，以利婚約之成立。 三、婚約之效力及違反婚約之責任問題，其準據法之決定宜與婚姻之效力採類似之原則。爰明定依婚約當事人共同之本國法；無共同之本國法時，依共同之住所地法；無共同之住所地法時，依與婚約當事人關係最切地之法律。至於各地與婚約當事人關係密切之程度，則應綜合考量各當事人之居所、工作或事業之重心地、財產之主要所在地、學業及宗教背景、婚約之訂定地等各項因素判斷之。
第四十六條　婚姻之成立，依各該當事人之本國法。但結婚之方式依當事人一方之本國法，或依舉行地	第十一條　婚姻**成立之要件**，依各該當事人之本國法。但結婚之方式依當事人一方之本國法，或依舉	一、條次變更。 二、現行條文關於法律行為之成立要件，有規定為「之成立」者，有「成立之要件」者，爰統一採用前者，以求其

法者，亦為有效。	行地法者，亦為有效。 　　結婚之方式，當事人之一方為中華民國國民，並在中華民國舉行者，依中華民國法律。	一致。 三、晚近各國國際私法之立法例，關於結婚之方式已有自由化之傾向，現行條文第十一條第二項有過度強調內國法律之適用之嫌。爰予以刪除，以符合國際趨勢。 審查會：修正通過，將「當事人之一方」修正為「當事人一方」，餘照案通過。
第四十七條　婚姻之效力，依夫妻共同之本國法；無共同之本國法時，依共同之住所地法；無共同之住所地法時，依與夫妻婚姻關係最切地之法律。	第十二條　婚姻之效力依夫之本國法，但為外國人妻未喪失中華民國國籍，並在中華民國有住所或居所，或外國人為中華民國國民之贅夫者，其效力依中華民國法律。	一、條次變更。 二、關於婚姻之效力，現行條文第十二條專以夫或妻單方之本國法為準據法，與兩性平等原則之精神並不符合。爰參考德國民法施行法第十四條、日本法律適用通則法第二十五條、義大利國際私法第二十九條等立法例之精神，修正為應依夫妻共同之本國法，無共同之本國法時，依共同之住所地法，無共同之住所地法時，則由法院綜合考量攸關夫妻婚姻之各項因素，包括夫妻之居所、工作或事業之重心地、財產之主要所在地、家庭成員生活重心之地、學業及宗教背景等，而以其中關係最切地之法律，為應適用之法律，俾能符合兩性平等原則及當前國際趨勢。
第四十八條　夫妻財產制，夫妻以書面合意適用其一方之本國法或住所地法者，依其合意所定之法律。 　　夫妻無前項之合意或其合意依前項之法律無效時，其夫妻財產制依夫妻共同之本國法；無共同之本國法時，依共同之住所地法；無共同之住所地法時，依與夫妻婚姻關係最切地之法律。 　　前二項之規定，關於夫妻之不動產，如依其所在地法，應從特別規定者，不適用之。	第十三條　夫妻財產制依結婚時夫所屬國之法。但依中華民國法律訂立財產制者，亦為有效。 　　外國人為中華民國國民之贅夫者，其夫妻財產制依中華民國法律。 　　前二項之規定，關於夫妻之不動產，如依其所在地法，應從特別規定者，不適用之。	一、條次變更。 二、現行條文第十三條關於夫妻財產制應適用之法律，未能平衡兼顧夫妻雙方之屬人法，有違當前兩性平等之世界潮流，且其中關於嫁娶婚及招贅婚之區別，已不合時宜，有合併該條第一項及第二項並修正其內容之必要。關於夫妻財產制之實體法在平衡夫妻間之權利義務之外，亦應兼顧保護交易第三人之原則，而國際私法上亦應有相關規定。爰合併現行條文第十三條第一項及第二項，並參考一九七八年海牙夫妻財產制準據法公約第三條、第四條、德國民法施行法第十五條、日本法律適用通則法第二十六條、義大利國際私法第三十條、瑞士國際私法第五十二條等立法例之精神，規定夫妻財產制得由夫妻合意定其應適用

		之法律，但以由夫妻以書面合意適用其一方之本國法或住所地法之情形為限。 三、夫妻無本條第一項之合意或其合意依本條第一項應適用之法律無效時，其夫妻財產制應適用之法律，仍應與夫妻之婚姻關係具有密切關係。爰規定其應依夫妻共同之本國法，無共同之本國法時，依共同之住所地法，無共同之住所地法時，依與夫妻婚姻關係最切地之法律。關於與夫妻婚姻關係最切地之認定標準，可參考第四十七條之。 四、現行條文第三項不修正，移列為本條第三項。
第四十九條　夫妻財產制應適用外國法，而夫妻就其在中華民國之財產與善意第三人為法律行為者，關於其夫妻財產制對該善意第三人之效力，依中華民國法律。		一、**本條新增**。 二、夫妻財產制應適用之法律，原應適用於所有涉及夫妻財產之法律關係，但夫妻處分夫妻財產時，如其相對人（第三人）不知該準據法之內容，即可能受到不測之損害。為保護內國之財產交易安全，對於夫妻財產制之準據法為外國法，被處分之特定財產在中華民國境內，而該外國法之內容為相對人（第三人）所不知時，實宜適度限制該準據法對相對人（第三人）之適用範圍。爰規定夫妻財產制應適用外國法，而夫妻就其在中華民國之財產與善意第三人為法律行為者，關於其夫妻財產制對該善意第三人之效力，依中華民國法律。蓋關於其夫妻財產制對該善意第三人之效力，即善意第三人與夫妻財產制間之關係，與內國之交易秩序實關係密切，應適用中華民國法律，以維護內國之交易秩序。
第五十條　離婚及其效力，依協議時或起訴時夫妻共同之本國法；無共同之本國法時，依共同之住所地法；無共同之住所地法時，依與夫妻婚姻關係最切地之法律。	第十四條　離婚依起訴時夫之本國法及中華民國法律，均認其事實為離婚之原因者，得宣告之。但配偶之一方為中華民國國民者，依中華民國法律。	一、條次變更。 二、現行條文關於離婚僅規定裁判離婚，而不及於兩願離婚，其關於離婚及其效力應適用之法律，規定亦非一致。爰合併現行條文第十四條及第十五條，移列為本條，並就其內容酌予修正及補充。

	第十五條　離婚之效力，依夫之本國法。 為外國人妻未喪失中華民國國籍或外國人為中華民國國民之贅夫者，其離婚之效力依中華民國法律。	三、關於離婚及其效力應適用之法律，現行條文並未兼顧夫妻雙方之連結因素或連繫因素，與兩性平等原則及當前立法趨勢，均難謂合。爰修正決定準據法之原則，以各相關法律與夫妻婚姻關係密切之程度為主要衡酌標準，並規定夫妻之兩願離婚及裁判離婚，應分別依協議時及起訴時夫妻共同之本國法，無共同之本國法時，依共同之住所地法，無共同之住所地法時，依與夫妻婚姻關係最切地之法律。本條所稱離婚之效力，係指離婚對於配偶在身分上所發生之效力而言，至於夫妻財產或夫妻對於子女之權利義務在離婚後之調整問題等，則應依關於各該法律關係之規定，定其應適用之法律，現行實務見解有與此相牴觸之部分，應不再援用，以維持法律適用之正確，併此。
第五十一條　子女之身分，依出生時該子女、其母或其母之夫之本國法為婚生子女者，為婚生子女。但婚姻關係於子女出生前已消滅者，依出生時該子女之本國法、婚姻關係消滅時其母或其母之夫之本國法，為婚生子女者，為婚生子女。	第十六條　子女之身分，依出生時其母之夫之本國法，如婚姻關係於子女出生前已消滅者，依婚姻關係消滅時其夫之本國法。 前項所稱之夫為贅夫者，依其母之本國法。	一、條次變更。 二、關於子女之身分，現行條文規定應依其母之夫之本國法，與當前兩性平等之思潮尚有未合，且晚近如奧地利國際私法第二十一條、德國民法施行法第十九條第一項、義大利國際私法第三十三條第二項及日本法律適用通則法第二十八條第一項等立法例，亦有藉選擇適用多數國家之法律，以儘量承認子女婚生性之立法趨勢。爰將現行條文第一項及第二項合併，並修正為應依出生時該子女、其母或其母之夫之本國法為婚生子女者，為婚生子女。但書關於婚姻關係於子女出生前已消滅者之規定，亦修正為應依出生時該子女之本國法、婚姻關係消滅時其母或其母之夫之本國法。
第五十二條　非婚生子女之生父與生母結婚者，其身分依生父與生母婚姻之效力所應適用之法律。		一、本條新增。 二、非婚生子女之生父與生母結婚者，該非婚生子女是否因準正而取得與婚生子女相同之身分之問題，原為各國立法政策之表現，並與其生父及生母婚姻之效力息息相關。爰參照奧地利國際私法第二十二條及日本法律適用通

		則法第三十條等立法例之精神，規定其亦應適用該婚姻之效力所應適用之法律。
第五十三條　非婚生子女之認領，依認領時或起訴時認領人或被認領人之本國法認領成立者，其認領成立。 　　前項被認領人為胎兒時，以其母之本國法為胎兒之本國法。 　　認領之效力，依認領人之本國法。	第十七條　非婚生子女認領之成立要件，依各該認領人被認領人認領時之本國法。 　　認領之效力，依認領人之本國法。	一、條次變更。 二、非婚生子女之認領，所確認者為自然血親關係而非法定血親關係，其方式有任意認領及強制認領等二種。現行條文關於非婚生子女認領之成立，採認領人與被認領人本國法並行適用主義，易誤會認領為類似收養行為之身分契約，並不利於涉外認領之有效成立，影響非婚生子女之利益至鉅。爰刪除「之成立要件」等字，並改採認領人或被認領人本國法選擇適用主義，以儘量使非婚生子女取得婚生地位，並保護被認領人之利益。 三、被認領人在出生前以胎兒之身分被認領者，其國籍尚無法單獨予以認定，爰明定以其母之本國法為胎兒之本國法，以利認領準據法之確定。
第五十四條　收養之成立及終止，依各該收養者被收養者之本國法。 　　收養及其終止之效力，依收養者之本國法。	第十八條　收養之成立及終止，依各該收養者被收養者之本國法。 　　收養之效力，依收養者之本國法。	一、條次變更。 二、現行條文第一項未修正，移列本條第一項。 三、現行條文第二項僅就收養之效力，規定應依收養者之本國法，然收養終止之效力，亦有依同一法律決定之必要，爰予以增列，以利法律之適用。
第五十五條　父母與子女間之法律關係，依子女之本國法。	第十九條　父母與子女間之法律關係，依父之本國法，無父或父為贅夫者，依母之本國法。但父喪失中華民國國籍而母及子女仍為中華民國國民者，依中華民國法律。	一、條次變更。 二、關於父母與子女間之法律關係，現行規定以依父或母之本國法為原則，參諸一九八九年聯合國兒童權利保護公約及一九九六年海牙關於父母保護子女之責任及措施之管轄權、準據法、承認、執行及合作公約所揭示之原則，已非適宜。爰參考日本法律適用通則法第三十二條、瑞士國際私法第八十二條等立法例之精神，修正為依子女之本國法，並刪除但書之規定，以貫徹子女之本國法優先適用及保護子女利益之原則。本條所稱父母與子女間之法律關係，是指父母對於未成年子女關於親權之權利義務而言，其重點係在此項權利義務之分配及行使

		問題，至於父母對於未成年子女之扶養義務之問題、已成年子女對於父母之扶養義務、父母與子女間彼此互相繼承之問題等，則應分別依扶養權利義務及繼承之準據法予以決定，併此。
第五十六條　監護，依受監護人之本國法。但在中華民國有住所或居所之外國人有下列情形之一者，其監護依中華民國法律： 一、依受監護人之本國法，有應置監護人之原因而無人行使監護之職務。 二、受監護人在中華民國受監護宣告。 　輔助宣告之輔助，準用前項規定。 司法院、行政院原提案條文： 第五十六條　監護，依受監護人之本國法。但在中華民國有住所或居所之外國人有下列情形之一者，其監護依中華民國法律： 一、依受監護人之本國法，有應置監護人之原因而無人行使監護之職務。 二、受監護人在中華民國受監護之宣告。 　輔助宣告之輔助，準用前項規定。	第二十條　監護，依受監護人之本國法。但在中華民國有住所或居所之外國人有左列情形之一者，其監護依中華民國法律： 一、依受監護人之本國法，有應置監護人之原因而無人行使監護之職務者。 二、受監護人在中華民國受禁治產之宣告者。	一、條次變更。 二、現行條文第二十條，移列本條，並依法制作業通例，刪除各款之「者」字，並將「左列」修正為「下列」。另為配合民法總則編與親屬編之修正，將第二款「禁治產之宣告」調整為「監護之宣告」，並增訂第二項輔助宣告之關於輔助準用監護之規定。 三、民法總則編與親屬編關於監護宣告及輔助宣告之修正條文將於九十八年十一月二十三日施行，如本條之修正條文於該期日之前即已施行，於該期日之前，解釋上仍宜將監護之宣告調整為禁治產宣告，以利法律之適用。 審查會： 一、修正通過。 二、現行法第二十條條文於 98 年 12 月 15 日修正通過，並於 98 年 12 月 30 日公布，已將禁治產宣告改為監護宣告，並增加輔助宣告之相關規定，爰以現行該條文之內容移列為本條文字，不再修正內容，只作條次之變更。
第五十七條　扶養，依扶養權利人之本國法。	第二十一條　扶養之義務，依扶養義務人之本國法。	一、條次變更。 二、關於扶養之權利義務，現行條文規定應依扶養義務人之本國法，參諸一九七三年海牙扶養義務準據法公約及一九八九年泛美扶養義務公約所揭示之原則，已非合宜。爰參考一九七三年海牙扶養義務準據法公約第四條之精神，修正為應依扶養權利人之本國法。

第七章　繼　承		一、**新增章名**。 二、涉外民事事件之性質為繼承關係者，關於決定其準據法之諸條文，可集為一章，爰增訂章名為「繼承」。
第五十八條　繼承，依被繼承人死亡時之本國法。但依中華民國法律中華民國國民應為繼承人者，得就其在中華民國之遺產繼承之。	第二十二條　繼承，依被繼承人死亡時之本國法。但依中華民國法律中華民國國民應為繼承人者，得就其在中華民國之遺產繼承之。	條次變更。
第五十九條　外國人死亡時，在中華民國遺有財產，如依**前條應適用之法律**為無人繼承之財產者，依中華民國法律處理之。	第二十三條　外國人死亡時，在中華民國遺有財產，如依**其本國法**為無人繼承之財產者，依中華民國法律處理之。	一、條次變更。 二、現行條文就外國人死亡，而在中華民國遺有財產之情形，規定如依其本國法為無人繼承之財產者，即依中華民國法律處理之，惟此時仍應考慮中華民國國民得依中華民國法律為繼承人之規定。爰將現行條文「依其本國法」，修正為「依前條應適用之法律」，以符合立法本旨。
第六十條　遺囑之成立及效力，依成立時遺囑人之本國法。 　　遺囑之撤**回**依撤**回**時遺囑人之本國法。	第二十四條　遺囑之成立**要件**及效力，依成立時遺囑人之本國法。 　　遺囑之撤**銷**依撤**銷**時遺囑人之本國法。	一、條次變更。 二、現行條文第一項移列本條第一項，並配合本法用語之統一，將「成立要件」一詞修正為「成立」。 三、現行條文第二項關於遺囑之「撤銷」，在實體法上為遺囑之「撤回」。爰修正為「撤回」，以統一用詞。
第六十一條　遺囑及其撤回之方式，除依前條所定應適用之法律外，亦得依下列任一法律為之： 一、遺囑之訂立地法。 二、遺囑人死亡時之住所地法。 三、遺囑有關不動產者，該不動產之所在地法。		一、**本條新增**。 二、關於遺囑之訂立及撤回之方式，晚近立法例均採數國法律選擇適用之原則，以利遺囑之有效成立及撤回，並尊重遺囑人之意思。爰參考一九六一年海牙遺囑方式之法律衝突公約第一條及第二條、德國民法施行法第二十六條規定之精神，增訂本條。
第八章　附　則		一、**新增章名**。 二、本章規定本法修正及增訂條文之施行問題，並仿國內法規之例，增訂章名為「附則」。
第六十二條　涉外民事，在本法修正施行前發生者，		一、**本條新增**。 二、本法增訂及修正條文之適用，以法律

不適用本法修正施行後之規定。但其法律效果於本法修正施行後始發生者，就該部分之法律效果，適用本法修正施行後之規定。		事實發生日為準，原則上不溯及既往。爰於本文規定涉外民事，在本法修正施行前發生者，不適用本法修正施行後之規定。例如因法律行為或侵權行為而生之涉外民事法律關係，即應以該法律行為之成立日或侵權行為之實施日等為準，其在本法修正施行前發生者，原則上即不適用本法修正施行後之規定。對於持續發生法律效果之涉外民事法律關係，例如夫妻在本法修正施行前結婚者，其結婚之效力，或子女在本法修正施行前出生者，其父母子女間之法律關係等，即使其原因法律事實發生在本法修正施行之前，亦不宜一律適用本法修正施行前之規定。此等法律關係，應以系爭法律效果發生時為準，就其於本法修正施行後始發生之法律效果，適用本法修正施行後之規定，其於此前所發生之法律效果，始適用本法修正施行前之規定。爰參考瑞士國際私法第一百九十六條之精神，於但書規定其法律效果於本法修正施行後始發生者，該部分之法律效果，適用本法修正施行後之規定。
第六十三條　本法自公布日後一年施行。	第三十一條　本法自公布日施行。	一、條次變更。 二、本次修正，變動現行條文之程度甚鉅，立法作業上相當於制定新法，對法院審理涉外民事事件亦有重大影響，允宜加強宣導，充分準備，以利施行，爰規定修正後之新法自公布日後一年施行。新法施行前，仍應妥善適用現行條文，併此。

最新綜合六法全書

陶百川、王澤鑑、葛克昌、劉宗榮／編纂

　　三民書局綜合六法全書嚴選常用法規近七百種，依憲、民、民訴、刑、刑訴、行政及國際法七類編排，條號項下參酌立法原意，例示最新法規要旨，重要法規如民、刑法等並輯錄立法理由、修正理由、相關條文及實務判解。書末列有法規索引及簡稱索引，悉依筆畫次序排列，幫助快速搜尋法規；並於每類法規首頁設計簡易目錄、內文兩側加註條序邊款及法規分類標幟，提高查閱便利。另蒐錄最新司法院大法官解釋等資料，可以說是資料最豐富、更新最即時、查閱最便利的綜合六法全書，適合法學研究、實務工作、考試準備之用，為不可或缺之工具書。